La responsabilité des grandes entreprises à l'aune du devoir de vigilance

Le droit aujourd'hui

La collection « Le droit aujourd'hui » regroupe des études juridiques concernant des problèmes d'actualité nationale et internationale, dans divers domaines (éthique, politique, questions de société…).

Dernières parutions

Jacques DELGA, *Avocat, Parcours et règles essentielles*, 2024.
Béatrice BLOHORN-BRENNEUR (dir.), *La médiation sur les cinq continents, rêve ou réalité ? GEMME 20 ans déjà !*, 2024.
Anaïs VIAL, *Le droit à la mort*, 2024.
Béatrice BLOHORN-BRENNEUR (dir.), *Médiation, écologie, environnement et intelligence artificielle*, 2024.
François GERBER, *Tempête Xynthia. La responsabilité des acteurs locaux dans les conséquences de la submersion*, 2023.
Olivier SALOMON, *Interprétation artistique et propriété intellectuelle, Essai d'une théorie du voisinage des droits exclusifs au sein de la propriété littéraire et artistique*, 2023.
Sarah TOUBAL, *Le rebond du débiteur. Contribution à l'étude du droit de la défaillance économique,* 2023.
Claire BORREL, Loïc PELISSIER, Abélisse PINCHON, *Altruisme et Droit*, 2023.
Cristina Elena POPA TACHE, *Le dynamisme du droit international public contemporain et la transdisciplinarité,* 2023.
Charles COLOMAR, *Le droit de l'art en question(s). 20 réponses juridiques sur des thématiques artistiques*, 2023.
Marcel Yannick MISONGUI, *La protection juridictionnelle par la Cour de justice dans l'ELSJ et la PESC après le Brexit*, 2023.
François CAMPAGNOLA, *Précis de droit de l'énergie*, 2023.
Sébastien DEMAY, *La charge de travail à l'ère du numérique*, 2023.
Meganne NATALI, *Le droit international face au trafic illégal de biodiversité sauvage,* 2023.
Rahma BENTIROU MATHLOUTHI (dir.), *Proportionnalité, droits fondamentaux et juge, Proportionality, fundamental rights and judges*, 2023.

Reagan Intolé

La responsabilité des grandes entreprises à l'aune du devoir de vigilance

Analyse comparée des droits français et OHADA

L'Harmattan

La thèse dont est issu cet ouvrage a reçu le Prix de thèse de l'université Paris Panthéon-Assas.

5-7, rue de l'École-Polytechnique, 75005 Paris

http://www.editions-harmattan.fr/

ISBN : 978-2-336-48322-1
EAN : 9782336483221

A mon fils Nathan, Bonheur INTOLE

Préface

Avec cet ouvrage consacré à la responsabilité des grandes entreprises en matière sociétale et environnementale à l'aune du devoir de vigilance, M. Reagan Intolé présente une analyse comparée, plus particulièrement des droits français et OHADA, tout en y ajoutant des incursions fort instructives en droit canadien. L'ouvrage est particulièrement riche d'analyses nouvelles comme de propositions. On ne s'en étonnera pas tant le parcours de M. Reagan Intolé est exceptionnel. Boursier d'excellence de l'agence Universitaire de la Francophonie, après une maîtrise en droit à Kinshasa, et titulaire de deux diplômes de Master, l'un de droit des affaires de l'université Paris Panthéon-Assas délocalisé au Vietnam, l'autre de l'université Paris Saclay spécialisé dans la conformité, l'auteur a effectué un séjour de recherche à l'université de Montréal financé par l'organisme canadien Mitacs Global Link et la région Ile-de-France. C'est dire l'énergie et la persévérance de M. Reagan Intolé qui publie ici sa thèse de doctorat honorée des plus hautes distinctions.

Le sujet est d'une grande actualité compte tenu de la concurrence des acteurs privés et publics en ce domaine, à la frontière du droit des affaires, du commerce international et des droits fondamentaux. Dans une première partie, l'auteur s'interroge sur le devoir de vigilance et la responsabilisation des entreprises, pour ensuite dans une seconde partie évoquer le devoir de vigilance et ce qu'il nomme la responsabilité-anticipation. La première partie est l'occasion pour l'auteur de souligner que si les entreprises françaises ont déjà pu mesurer l'impact des normes non contraignantes de RSE, source de devoir de vigilance, il n'en est pas ainsi en Afrique. Dans l'espace OHADA, il existe quelques germes, pour reprendre l'expression de l'auteur, d'une approche volontaire favorisée par les actions de certains acteurs tant publics que privés, nationaux et internationaux, approche qui connait des limites. L'auteur montre le processus de mise sous contrôle de la démarche volontaire du devoir de vigilance en matière de RSE auquel répond un accroissement des contraintes juridiques mises à la charge des entreprises privées, ainsi transformées en cibles privilégiées des pouvoirs publics. Les entreprises ont dorénavant l'obligation légale de recourir au devoir de vigilance et la France est de ce point de vue un précurseur. L'auteur défend l'idée que le droit de l'OHADA est actuellement le mieux placé pour véhiculer légalement le devoir de vigilance en Afrique. Si les « germes » de l'approche volontaire du devoir de vigilance ne sont pas encore très développés, les grandes entreprises internationales prennent néanmoins conscience des enjeux sociétaux et environnementaux liés à leurs activités, et souhaitent « redéfinir le contrat social et moral entre le monde de l'entreprise et la société ». Dans l'espace OHADA, la majorité de ces grandes entreprises internationales sont dans le secteur à risque (mines, pétrole, distribution et des technologies ou communication). Même s'il n'existe pas encore de régulation publique par le truchement du devoir de vigilance, M. Reagan Intolé montre que divers organismes publics, des institutions régionales, sous-régionales, nationales et certains organismes privés participent très concrètement à la mise en évidence d'une pratique de diligence raisonnable, notamment dans les secteurs qualifiés de haut risque. A côté des partenariats multilatéraux, il y a, sur le plan régional, l'Union africaine, l'Institut Africain de la gouvernance, ou certains organismes nationaux dont l'auteur nous donne l'exemple au Togo et au Congo Kinshasa. A juste titre, l'auteur fait justice du rôle d'institutions publiques étrangères comme le Canada dont le rôle est connu en Afrique comme chef de file de l'exploitation minière, les entreprises canadiennes étant omniprésentes au sein de l'espace OHADA malheureusement impliquées – mais elles ne sont pas les seules – dans des dommages sociétaux et environnementaux. Aussi bien l'auteur, réaliste, pense préférable d'opter pour l'adoption de réelles dispositions contraignantes afin de voir la protection de droits humains et de l'environnement enfin respectée.

D'où, l'étude très précise par l'auteur de l'approche contraignante du devoir de vigilance, notamment en France, approche qui est le fait des pouvoirs publics, le devoir de vigilance apparaissant comme un mécanisme de *compliance* qui impose une obligation de prévention quant à la réalisation des risques sociétaux et environnementaux relevant des activités des entreprises dont le non-respect engage la responsabilité juridique de l'entreprise. L'Afrique, tout particulièrement l'espace OHADA, ne peut rester en marge. L'auteur souligne les coûts que fait peser la *compliance* qu'il n'est pas possible d'ignorer. Cette démarche de conformité obligatoire dont les germes ne se vérifient principalement qu'en matière financière en Afrique aujourd'hui doit être nécessairement poursuivi dans le cadre de l'OHADA en s'étendant au domaine environnemental et sociétal par le recours aux mécanismes du devoir de vigilance. Conscient des réalités concrètes, M. Reagan Intolé met en évidence les facteurs qui rendent le déploiement des règles de conformité obligatoire en Afrique difficile, voire ineffectif, en particulier l'importance du secteur informel, et la fragilité des institutions étatiques. Ces difficultés ne suffisent pas à décourager l'auteur qui y trouvant un supplément d'énergie trouve dans la modernité et l'adaptabilité des règles communes adoptées ou en projet, de même que dans le rôle du juge OHADA ainsi que dans l'encouragement à l'arbitrage et à la médiation, une possibilité de déploiement effectif du devoir de vigilance. C'est l'occasion pour l'auteur d'analyser sous ce prisme les qualités et faiblesses des actes uniformes. La démonstration de l'auteur est instructive en ce qu'il rappelle que le rôle et l'objectif de l'entreprise ne saurait être réduit à la simple création de valeur pour l'actionnaire une telle attitude étant de moins en moins légitime. Il convient de concilier l'activité économique avec l'utilité où l'équité sociale ce qui le conduit à proposer de façon très pertinente une analyse de l'intérêt social élargi aux finalités sociales et environnementales en France comme dans le droit OHADA. D'où ces propositions d'une adaptation de l'article 4 de l'Acte uniforme sur les sociétés commerciales comme l'utilité des mécanismes déjà prévus par le législateur OHADA pour traiter les situations de crise au sein de la société. Si ces mécanismes sociétaires ne visent pas prioritairement des objectifs sociétaux et environnementaux, ils n'en sont pas moins utiles pour éviter ou limiter les effets induits par les risques environnementaux.

La seconde partie est consacrée à l'analyse de la responsabilité-anticipation, la prévention permettant d'éviter que l'irréparable ne soit commis – fondée sur l'existence d'un risque particulier et à celle des outils de formalisation du devoir de vigilance. Le devoir de vigilance illustre bien le phénomène selon lequel la fonction réparatrice de la responsabilité civile est en train de devenir secondaire par rapport à la fonction préventive. C'est l'occasion pour l'auteur de proposer la consécration d'un devoir de vigilance dans le droit OHADA consécration qui est au cœur de cet important travail. Après avoir analysé de manière très précise les forces et les faiblesses du devoir de vigilance dans la loi française, l'auteur construit et détaille sa proposition du devoir de vigilance dans son contenu normatif qu'il fonde sur les traditions africaines comme sur les normes internationales de comportement. Le devoir de vigilance pourrait également s'inscrire, selon lui, dans la conception africaine des droits de l'homme en se référant à la Charte africaine des droits de l'homme laquelle renvoie aux pratiques africaines conformes aux normes internationales relatives aux droits de l'homme et des peuples. Le dernier titre de l'ouvrage est entièrement consacré aux outils de formalisation du devoir de vigilance en France et dans l'espace OHADA, l'auteur insistant d'une part sur le phénomène de contractualisation et d'autre part sur celui de juridictionnalisation du devoir de vigilance. S'agissant du contrat l'auteur évoque avec beaucoup de pertinence les difficultés soulevées par le contrat de partenariat public-privé et comme les problèmes posés par les contrats miniers plus particulièrement. Dans son dernier chapitre consacré à la juridictionnalisation, l'auteur rappelle qu'à l'instar de la médiation et de l'arbitrage la juridiction privée révèle une importance considérable pour véhiculer le respect des valeurs éthiques. On lira avec beaucoup d'intérêt les développements relatifs au juge OHADA et à l'interprétation jurisprudentielle de l'intérêt social par la Cour suprême du Canada respectivement en 2004 et 2008 qui fournissent des enseignements fort instructifs. Enfin l'auteur met en évidence le rôle qu'il appelle « juridictionnel » des entreprises en France et dans l'espace OHADA, rappelant à juste titre que le devoir de vigilance oblige l'entreprise à s'auto surveiller.

On aura compris que le travail de M. Reagan Intolé est un travail de réflexion nourrie par une très bonne connaissance du droit français, une excellente maîtrise du droit OHADA et de son potentiel, réflexion enrichie par son expérience canadienne. C'est également une réflexion consciente des enjeux pratiques, tant politiques qu'humains. C'est une œuvre constructive, l'auteur ne s'en tenant pas à des développements théoriques, mais formulant des propositions très concrètes qui sauront inspirer les professionnels, les législateurs et les enseignants chercheurs. C'est dire l'ampleur du travail accompli avec succès par M. Reagan Intolé.

Marie Goré
Professeur à l'université Paris Panthéon-Assas
Directeur de l'Institut de droit comparé

Principales abréviations

ACI : Accord-cadre international
AFA : Agence Française Anti-corruption
AFDD : Association Française des Docteurs en Droit
AFNOR : Association Française de Normalisation
AG : Assemblée générale
AJDA : Actualité Juridique Droit Administratif
AN : Assemblée nationale
Art. : Article
Ass. plén. : Assemblée plénière de la Cour de cassation ou de la Cour Commune de Justice et d'Arbitrage
AUA : Acte uniforme relatif au droit de l'arbitrage
UDCG : Acte uniforme sur le droit commercial général
AUDGO : Acte uniforme portant droit général des obligations (projet)
AUDCIF : Acte uniforme relatif au droit comptable et à l'information financière
AUDSCGIE : Acte uniforme relatif au droit des sociétés commerciales et groupement d'intérêt économique.
AUDT : Acte uniforme relatif au droit du travail (avant-projet)
AUM : Acte uniforme relatif à la médiation
AUPCAP : Acte uniforme portant organisation des procédures collectives d'apurement du passif.
AUPSRVE : Acte uniforme portant organisation des procédures simplifiées de recouvrement et voies d'exécution
AUS : Acte uniforme portant organisation des sûretés
BA-BO : Bulletin administratif ou officiel du Congo-Belge
BAD : Banque Africaine de Développement
BCEAO : Banque Centrale des États de l'Afrique de l'Ouest
Bull. : Bulletin de la Cour de cassation
Bull. civ. : Bulletin des arrêts des chambres civiles de la Cour de cassation
C. civ. : Code civil
C. env. : Code de l'environnement
C. com. : Code de commerce
C. consom. : Code de la consommation
C. pén. : Code pénal
CA : Cour d'appel ou Conseil d'administration
CAC : Commissaire aux comptes
Cass. civ. : Chambre civile de la Cour de cassation
Cass. com. : Chambre commerciale de la Cour de cassation
Cass. crim. : Chambre criminelle de la Cour de cassation
Cass. soc. : Chambre sociale de la Cour de cassation
CCJA : Cour Commune de Justice et d'Arbitrage

CE : Conseil d'État
CJCE : Cour de Justice des Communautés européennes
CJIP : Convention judicaire d'intérêt public
CJUE : Cour de Justice de l'Union européenne
CPP : Code de procédure pénale
CSC : Cour Suprême du Canada
CPC : Code de procédure civile
CERIC : Centre d'études et de recherches internationales et communautaires
CEMAC : Communauté économique et monétaire de l'Afrique centrale
CEDEAO : Communauté économique des États de l'Afrique de l'Ouest
CFA : Communauté financière africaine
CHSCT : Comité d'hygiène, de sécurité et des conditions de travail
CIAN : Conseil français des investisseurs en Afrique
CIRGL : Conférence internationale sur la région des Grands Lacs
CSRD : Directive sur le rapport de durabilité des entreprises
CSST : Comité de la santé et de la sécurité au travail
Coll. : Collection
Comm. : Commentaire
Cons. const. : Conseil constitutionnel
Cons. : Considérant
CREDIJ : Centre de Recherches et d'Études en Droit et Institutions Judiciaires en Afrique
D. : Décret
Déc. : Décision
Dir. : Directive européenne
Doctr. : Doctrine
DPEF : Déclaration de performance extra-financière
Dr. ouvr. : Revue Droit ouvrier
Dr. société : Revue Droit des sociétés
Dr. social : Revue Dalloz Droit social
DUDH : Déclaration universelle des droits de l'homme
DDDH : Déclaration des droits de l'homme et du citoyen de 1789
Ed. : Edition
ERSUMA : École régionale supérieure de la magistrature
ESS : Économie sociale et solidaire
ESG : Environnement, Social et Gouvernance
FMI : Fonds monétaire international
GRI : Global Reporting Initiative
Gaz. Pal. : Gazette du Palais
Ibid. : Ibidem
IFDD : Institut de la Francophonie pour le Développement Durable
IFRS : International Financial Reporting Standards
in : Dans
Infra : Ci-dessous

ISO : Organisation internationale de normalisation
ISR : Investissement socialement responsable
ITIE : Initiative pour la transparence dans les industries extractives
ITRI : Association internationale des producteurs et fonderies de l'étain
JDI : Journal du droit international (Clunet)
JORF : Journal Officiel de la République française
JOZ : Journal Officiel du Zaïre
JORDC : Journal Officiel de la République démocratique du Congo.
JOUE : Journal Officiel de l'Union européenne
L. : Loi
LPA : Les Petites Affiches
LGDJ : Librairie générale de droit et de jurisprudence
LRE : Loi sur la responsabilité environnementale
MARD : Mode alternatif de règlement de différend
MEDEF : Mouvement des entreprises de France
NRE : Nouvelle régulation économique
OCDE : Organisation de coopération et de développement économique
ODD : Objectifs de développement durable
OGM : organisme génétiquement modifié
OHADA : Organisation pour l'harmonisation en Afrique du droit des affaires
OIT : Organisation internationale du travail
ONG : Organisation non gouvernementale
ONU : Organisation des Nations Unies
Op. cit. : *Opere citato* (cité précédemment)
OTI : Organisme tiers indépendant
p. ou pp. : Pages
Pacte : Loi relative à la croissance et la transformation des entreprises
PCN : Points des Contact Nationaux
PIDCP : Pacte international relatif aux droits civils et politiques
PIDESC : Pacte international relatif aux droits économiques, sociaux et culturels
PME / PMO : Petite et moyenne entreprise ou organisation
PPP : Partenariat public-privé
PUF : Presses universitaires de France
PUAM : Presses universitaires de Provence – Aix-Marseille Université
RCCM : Registre du commerce et du crédit mobilier
RCS : Registre du commerce et des sociétés
RDC : République démocratique du Congo (Congo-Kinshasa)
RDI : Revue Dalloz Droit immobilier
Rec. : Recueil
Rev. société : Revue Dalloz des sociétés
RGPD : Règlement général sur la protection des données
RRJ : Revue de la recherche juridique
RSE : Responsabilité sociétale et environnementale de l'entreprise

RTD com. : Revue trimestrielle de droit commercial
RTD civ. : Revue trimestrielle de droit civil
SA : Société anonyme
SARL : Société à responsabilité limitée
SAS : Société par actions simplifiée
SCA : Société en commandite par actions
SCS : Société en commandite simple
SE : Société européenne
SFI : Société financière internationale
SNC : Société en nom collectif
Spéc. : Spécialement
Supra : Ci-dessus
TBI : Traité bilatéral d'investissement
TGI : Tribunal de grande instance
UA : Union africaine
UE : Union européenne
UEMOA : Union économique et monétaire Ouest-Africaine

Introduction

« La vertu de l'homme libre se révèle également grande à éviter les dangers qu'à les surmonter ».
Baruch SPINOZA, *L'éthique (1677)*, Livre IV.

Nous faisons face à un changement culturel mais également social et environnemental notable, auquel les entreprises doivent s'adapter. La place des grandes entreprises, dans notre société, sont remises en question du fait de leur influence ou leur impact sur les problèmes environnementaux, sociétaux et économiques. Les diverses catastrophes humaines et écologiques ou encore les scandales[1] résultent souvent de leurs activités économiques.

Il est vrai que les origines historiques des grandes entreprises, notamment les sociétés par actions sont le prolongement des sociétés prémodernes. A l'origine, elles étaient donc des acteurs au rôle sociétal voire politique considérable. Par exemple, le droit de constituer ces sociétés par actions était accordé par le Souverain pour porter des projets servant l'intérêt général notamment la colonisation, la construction de canaux, de ponts, ou de routes avec des implications et enjeux sociaux et humains majeurs. Dans cette lignée, l'entreprise moderne entretient avec l'ensemble de la société une multitude de relations. Cette interaction est poussée par la mondialisation de l'économie. Il en est résulté une internationalisation rapide et accrue des activités des grandes entreprises, leur montée en puissance, voire en ressource. Dès lors, si au départ les sociétés prémodernes poursuivaient l'intérêt général, aujourd'hui, l'entreprise moderne est soucieuse de sa seule productivité au détriment de la planète ou l'environnement, des travailleurs, consommateurs, clients, riverains ou populations locales, États, collectivités territoriales, ONG, etc.

Parler de la « responsabilité des grandes entreprises en matière sociétale et environnementale à l'aune du devoir de vigilance » prouve que la responsabilité de ces entreprises est en train d'évoluer. La notion de « responsabilité » est ancrée dans le domaine juridique. Le devoir de vigilance, tel que pris dans le cadre de notre sujet, est un outil ou principe de la « responsabilité sociale de l'entreprise[2] » ou RSE dont la responsabilité

---

[1] Nous citons, à titre d'exemple, les fuites de pétrole dans le delta du Niger au Nigeria, le déversement illégal des déchets toxiques du *Probo-Koala* en Côte d'Ivoire, l'affaire *Erika* en France, l'effondrement du *Rana Plaza* à Dacca au Bangladesh, le travail des enfants et la non-protection des travailleurs dans les mines aux Congo-Kinshasa, Gabon, Niger. Pour plus d'exemples sur les catastrophes humaines et écologiques ou scandales, voir : « Les prédateurs. La nature face au crime organisé. Une enquête Le Monde », éd. Ateliers Henry Dougier, 17/25, oct. 2015, 127 p.

[2] Appelée autrement « responsabilité sociale et environnementale de l'entreprise », elle est une notion qui dépasse la simple finalité financière en visant l'intégration des

prônée n'est pas juridique[1] et paraît multiforme. Celle-ci tend à saisir l'entreprise dans toute son organisation[2]. Envisager un rapprochement de la « responsabilité juridique » et du « devoir de vigilance » semble bien relever, *prima facie*, de l'alliance morganatique. Fruit d'une union – pas totalement consommée ce jour – la responsabilité juridique relevant du devoir de vigilance fait figure, dans les paysages des juristes, non seulement d'une certaine « bizarrerie juridique » mais surtout d'une « nouveauté » qui pique la curiosité et mérite, à cet égard, qu'une étude lui soit consacrée.

Si la formulation du sujet, et ce, dans son approche comparative, peut laisser entendre de profondes dissonances dans le discours juridiquement correct, en prêtant bien l'oreille, la responsabilité des grandes entreprises d'une part, et le devoir de vigilance d'autre part, sont chacun l'objet de discours omniprésents tant en France qu'en Afrique, traduction d'une situation de crise sociétale et écologique, laquelle traverse notre société humaine. Le devoir de vigilance a donc le mérite de répondre à la crise sociétale et environnementale provoquée par les activités économiques des grandes entreprises. D'où, l'étude de notre thèse. Pour mieux appréhender cette étude, il paraît nécessaire de s'arrêter un temps sur la clarification des termes de notre sujet, ensuite préciser la problématique.

Il convient de définir les concepts de « grande entreprise », « responsabilité et devoir de vigilance » ainsi que « risque sociétal » et « risque environnemental ».

Nous ne pouvons parler de « grande entreprise » sans rappeler ce qu'une « entreprise ». Si aujourd'hui il est affirmé que « l'entreprise est un animal juridique génétiquement modifié qui mêle la logique du contrat à celle de l'organisation de nature politique[3] », il demeure avant tout, en droit, un concept dépourvu de personnalité juridique. Si l'on se réfère aux droits français et OHADA, l'entreprise devient sujet uniquement à partir du moment où elle opte pour une forme déterminée de « société » laquelle renvoie au contrat liant les actionnaires ou associés. La personnalité

---

préoccupations non-économiques. Son intégration par les entreprises a pour objectif de rendre ces dernières responsables. A cet effet, la Commission européenne, après l'avoir définie en 2001, elle l'a adaptée, dix ans plus tard, en ces termes : « la responsabilité des entreprises vis-à-vis des effets qu'elles exercent sur la société » (voir : Communication de l'UE, « Responsabilité sociale des entreprises : une nouvelle stratégie de l'UE pour la période 2011-2014 », COM. (2011) 681 final, 25 oct. 2011, spéc., p.7).

[1] Si on scrute le sens étymologique du concept de la RSE, issue de la traduction de *Corporate Social Responsibility*, le mot *responsibility* signifie responsabilité morale, la responsabilité juridique étant exprimée par le mot *liability*.

[2] M-C. CAILLET (dir. I. DAUGAREILH), « Le droit à l'épreuve de la responsabilité sociétale des entreprises : étude à partir des entreprises transnationales », Thèse, Université de Bordeaux, 2014, 663 p., spéc. p. 34, n°48.

[3] F. BERROD et A. ULLESTAD, « Le droit de l'Union européenne et la notion d'entreprise : donner un sens juridique à l'exercice de l'activité économique », in *La RSE saisie par le droit. Perspectives interne et internationale (dir. K. MARTIN-CHENUT et R. DE QUENAUDON)*, éd. Pedone, Paris, 2016, 717 p., pp. 135-149, spéc. p. 135.

juridique permet de distinguer l'entreprise des parties au contrat. Celles-ci peuvent, par conséquent, limiter leur responsabilité. Par ailleurs, l'entreprise est une notion liée aux sciences économiques et de gestion qui, selon des auteurs, « demeure apparemment rebelle à une appréhension par le droit[1] ». Néanmoins, même s'il n'existe pas de définition juridique de l'entreprise, ni en droit français, ni en droit de l'OHADA et si ces deux systèmes juridiques reconnaissent son existence car consacrée par différents textes (notamment en droit du travail, droit comptable, procédures collectives), la jurisprudence de l'UE prévoit une définition. Elle la définit comme « toute entité exerçant une activité économique indépendamment de son statut juridique et de son mode de financement[2] ». Cette définition mérite d'être saluée car elle est centrée sur « l'activité économique ». Celle-ci justifie que pèse sur l'entreprise certaines obligations comme le devoir de vigilance. A cela, l'activité économique est un moyen efficace d'aller au-delà de la stricte personnalité morale et « se révèle plus adaptée à la mise en œuvre d'une RSE effective[3] ». Rappelons que la responsabilité des sociétés commerciales s'évapore « dans la complexité de l'organisation des entreprises entre elles ou entre plusieurs territoires correspondants à autant de logiques juridiques différentes[4] ».

La notion de grande entreprise est donc naturellement économique. En France, selon l'article 51 de la loi de modernisation de l'économie[5], elle est l'une des 4 catégories d'entreprises pour les besoins de l'analyse statistique et économique. Un décret d'application du 18 décembre 2008[6] de cette loi considère une grande entreprise comme celle qui vérifie au moins une des trois conditions suivantes : soit avoir au moins 5000 salariés, soit avoir plus de 1,5 milliard d'euros de chiffres d'affaires soit plus de 2 milliards d'euros de total de bilan. Dans la même optique, selon la classification comptable des entreprises issue de la directive européenne du 17 octobre 2023[7] et applicable en France depuis le 1er mars 2024[8], une grande entreprise ou un grand groupe est celui qui dépasse les limites d'au moins 2 des 3 critères

---

[1] Idem., spéc. p. 136.
[2] CJCE, 23 avril 1991, n°C-41/90, spéc. n°21.
[3] Ibid.
[4] Ibid.
[5] L. n°2008-776, 4 août 2008, JORF du 5 août 2008 : « Pour les besoins de l'analyse statistique et économique, les entreprises peuvent être distinguées selon les quatre catégories suivantes : les micro-entreprises ; les petites et moyennes entreprises ; les entreprises de taille intermédiaire ; les grandes entreprises ».
[6] D. n°2008-1354, 18 déc. 2008 relatif aux critères permettant de déterminer la catégorie d'appartenance d'une entreprise pour les besoins de l'analyse statistique et économique, JORF n°0296 du 20 déc. 2008, art. 3.
[7] Dir. déléguée (UE) 2023/2775 de la Commission du 17 oct. 2023 modifiant la directive n°2013/34/UE du Parlement européen et du Conseil en ce qui concerne l'ajustement des critères de taille pour les micros, petites, moyennes et grandes entreprises ou pour les groupes.
[8] D. n°2024-152 du 28 fév. 2024 relatif à l'ajustement des critères de taille pour les sociétés et groupes de sociétés.

suivants : total du bilan de 25 000 000 d'euros, chiffre d'affaires de 50 000 000 d'euros et l'effectif de 250 salariés. Si le décret du 18 décembre 2008 a fortement influencé la question de seuil des entreprises assujetties à la loi sur le devoir de vigilance du 27 mars 2017, la directive européenne du 17 octobre 2023, quant à elle, a influencé le processus d'élaboration de la directive européenne sur le devoir de vigilance et celle sur le rapport de durabilité ou CSRD. Il convient de comprendre de ce qui précède que la grande entreprise est avant tout une entreprise qui répond à un critère au choix. Celui-ci peut être soit l'effectif (conséquent) des salariés, soit le chiffre d'affaires, soit le bilan, lequel doit être supérieur ou égal à un quota bien fixe. En droit de l'OHADA, ces critères ne semblent pas étrangers[1].

Par ces critères du nombre de salariés, du chiffre d'affaires et du bilan, il paraît évident qu'une grande entreprise puisse développer ses activités sur l'étendue nationale ou à l'étranger. On parlera, alors, à l'étranger, de l'internationalisation des activités des grandes entreprises. A ce titre, celles-ci sont qualifiées de « multinationales » ou « transnationales ».

Le développement des activités des grandes entreprises peut essentiellement prendre trois formes[2]. Une grande entreprise peut d'abord choisir de faire appel à des sous-traitants ou fournisseurs situés sur le territoire national ou à l'étranger, pour assurer une part plus au moins importante du processus de production. Cette première forme de développement des activités de l'entreprise se traduit par un simple allongement de la chaîne de production ou d'approvisionnement, répartie entre un nombre de plus en plus important d'agents. Mais les relations entre ces acteurs demeurent d'ordre purement contractuel favorisant une certaine dépendance économique[3]. Dans cette hypothèse, la grande entreprise devient « société donneuse d'ordre ». A l'inverse, c'est la présence d'un lien d'investissement qui caractérise les deux autres formes de développement des activités économiques. Une grande entreprise peut, en effet, étendre ses activités, en créant sur le territoire national ou à l'étranger une agence ou une succursale, ou tout autre établissement. Enfin, elle peut créer une filiale sur le territoire national ou à l'étranger. Dans ce cas, elle devient une « société mère ». La « société fille » a une personnalité juridique distincte de la société mère. A l'étranger, elle est établie conformément à la législation

---

[1] Pour un exemple édifiant concernant le recours aux critères de bilan, chiffre d'affaires, et effectif des salariés, voir l'art. 853-13 de l'AUDSCGIE.

[2] Sur le sujet, voir : O. DE SCHUTTER, « Rapport général. La responsabilité des États dans le contrôle des sociétés transnationales : vers une convention internationale sur la lutte contre les atteintes aux droits de l'homme commises par les sociétés transnationales », in *La responsabilité des entreprises multinationales en matière de droits de l'homme. Journée d'études du CRDH, Centre de Recherche sur les droits de l'homme et le droit humanitaire, et du PIEP, Pole international et européen de l'Université Panthéon-Assas Paris II (dir. E. DECAUX)*, Bruylant, coll. Droit et Justice 89, Bruxelles, 2010, 292 p., pp. 19-100, spéc. pp. 21-25.

[3] G. J. VIRASSAMY, « Les contrats de dépendance. Essai sur les activités professionnelles exercées dans une dépendance économique », LGDJ, coll. Bibliothèque de droit privé Tome 190, Paris, 1986, 334 p.

de l'État hôte. Mais elle est contrôlée, plus ou moins étroitement, par la société mère, qui peut, par exemple, désigner une majorité ou la totalité des membres de son conseil d'administration (CA) ou qui demeure l'actionnaire majoritaire ou de référence.

Il sied de noter que la première forme de développement des activités des grandes entreprises renvoie au périmètre extra-groupe d'entreprises. Ce qui signifie que les deux dernières formes constituent le périmètre groupe. Le groupe d'entreprises peut être défini comme « un ensemble de sociétés liées entre elles par des liens privilégiés pouvant être de nature diverse (capitalistiques, financiers ou de coopération)[1] ». Cette définition se rapproche de celle prévue en droit de l'OHADA. Ce dernier, conformément à l'article 173 de l'AUDSCGIE, entend du groupe comme « un ensemble formé par des sociétés unies entre elles par des liens divers qui permettent à l'une d'elles de contrôler les autres ». Il ressort de ces définitions trois critères essentiels du groupe[2] : la domination, c'est-à-dire le contrôle d'une entreprise ; l'organisation propre conçue au fur et à mesure de son développement ; et enfin le flux en capitaux et en personnel. Il faut immédiatement relever que tant la jurisprudence française[3] que celle de l'OHADA[4] refusent de reconnaître la personnalité morale au groupe de sociétés.

Donc, la grande entreprise, selon nous, est celle qui prend la forme d'une organisation complexe, en développant ses activités soit sur un territoire national soit à l'étranger, à travers de multiples entreprises liées entre elles par des investissements, des contrats ou relations d'affaires. Face à ce phénomène de développement des activités des entreprises, par le biais de la mondialisation des économies et d'une plus grande concentration économique et financière, les grandes entreprises se sont transformées en un gigantesque réseau d'influence. Elles ont également développé un pouvoir qui dépasse parfois celui des États. De quoi orienter en profondeur les politiques d'intérêt général dans le sens de leurs intérêts, et échapper à la justice lorsque leurs activités méconnaissent les droits humains, provoquent de graves dommages environnementaux[5]. Ainsi se pose la question de la responsabilité.

En droit, la responsabilité désigne une « obligation de répondre d'un dommage devant la justice et d'en assumer les conséquences civiles, pénales,

---

[1] N. BLANC, A-V. LE FUR, T. LE GUEUT, et A-C. MARTIN, « Droit des affaires », 4è éd., LGDJ, coll. CRFPA, Paris, 2021, 607 p., spéc. p. 268.

[2] M. COZIAN, A. VIANDIER et F. DEBOISSY, « Droit des sociétés », 34èd., LexisNexis, coll. Manuel, Paris, 2021, 963 p., spéc. pp. 872-884, n°2404-2441.

[3] Cass. com. 2 avril 1996, n°94-16-16380, Bull. civ. IV, n°113 ; Cass. com. 9 déc. 1997, n°96-17916 et 96-18134, Bull. civ. IV, n°332 ; Cass. com. 15 nov. 2011, n°10-21701.

[4] CA Abidjan (Côte d'Ivoire), Ch. civ. & comm., Arr. n°10, 9 janv. 2004, BIAO-CI, Code Bleu OHADA, éd. Juriafrica, Douala, 2018, 1278 p, spéc p. 362.

[5] J-F. MATTEI, « L'Éthique de la mondialisation », in *Mondialisation et éthique des échanges (dir. J-Y. NAUDET)*, Librairie de l'Université d'Aix-en-Provence, coll. Éthique et Déontologie, 2003, 331 p., pp. 19-31, spéc. pp. 24-25.

disciplinaires, etc., soit envers la victime, soit envers la société[1] ». Aussi, employé seul, elle désigne « toute obligation, pour l'auteur d'un dommage causé à autrui, de le réparer[2] ». De ces définitions, nous comprenons que la responsabilité, au sens juridique du terme, consiste en une responsabilité tournée vers la réparation des dommages causés, donc vers le passé. C'est une conception limitée. Or le langage commun démontre la richesse du concept de « responsabilité ». Ce qui revient à dire que le droit, quant à lui, a restreint la portée du terme « responsabilité » dont l'étymologie et la polysémie font une notion large. A ce titre, la responsabilité a une racine latine issue du mot *sponsio* qui signifie la promesse[3]. De *respondere*, traduit par le verbe « répondre » et qui renvoie à *sponsio*, la promesse, il implique l'idée « de se tenir garant du cours d'événements à venir[4] ». Avec *spondeo*, je promets, et *respondere*, répondre ou promettre, nous pouvons avancer que la responsabilité, c'est répondre de sa promesse, faire ce qu'on a promis, ou « on répond à une exigence, ce qui est faire face à un devoir, à une charge qui vous incombe[5] ». Le devoir de vigilance vient, à cet égard, faire évoluer la notion de responsabilité en droit[6]. Madame Thibierge, il y a de cela plus de vingt ans, dans sa splendide métaphore, augurait : « (…) imaginer que la responsabilité puisse être non plus seulement " curative ", mais aussi " préventive ", qu'elle nous demande de réparer, d'indemniser, mais aussi de prévenir, d'anticiper[7] ». Avec le devoir de vigilance, les grandes entreprises ont désormais des promesses, non seulement, celles de garantir aux personnes des conséquences dommageables liées à l'exercice de l'activité, mais aussi celles d'anticiper le dommage en l'empêchant d'apparaître ou le cas échéant d'assumer les désagréments subis. Comme relevé à juste titre par Madame Thibierge, c'est une « évolution profonde et nécessaire à la qualité de nos vies, au respect de notre environnement et de notre santé, à la survie de notre espèce et au bien-être de nos enfants et des générations à venir[8] ». Il convient de définir concrètement le devoir de vigilance.

Le devoir de vigilance est une obligation, tout à la fois, éthique et légale pour les grandes entreprises de mettre en place des procédures de prévention et de suivi de leurs opérations commerciales dans le but d'éviter

---

[1] G. CORNU, Vocabulaire juridique, Ass. Henri Capitant, 13e éd., PUF, Paris, 2020, 1091 p., spéc. pp. 909-910.
[2] Idem.
[3] M. VILLEY, « Esquisse historique sur le mot responsable », in *La responsabilité à travers les âges (dir. M. BOULET-SAUTEL, G. CARDASCIA, J-P. LEVY et al.)*, éd. Economica, Paris, 1989, 153 p., pp. 75-88, spéc. p. 76.
[4] Idem.
[5] Ibid., spéc. p. 77.
[6] T. SACHS et J. TRICOT, « La loi sur le devoir de vigilance : un modèle pour (re) penser la responsabilité des entreprises », Lextenso, Droit et société, 2020/3, n°106, pp. 683-698.
[7] C. THIBIERGE, « Libres propos sur l'évolution du droit de la responsabilité (vers un élargissement de la fonction de la responsabilité civile ?) », Dalloz RTD civ. 1999, p. 561, spéc. p. 562.
[8] Idem.

les violations de droits humains et de l'environnement. Il est l'une des traductions variantes de *due diligence* ou *duty of care*. Autrement dit, on retrouve la trace de ces termes anglo-saxon dans la langue française sous des appellations diverses : « diligence raisonnable », « obligation de vigilance », « obligation de prudence », « devoir de vigilance ». Messieurs Loeve et Doucin nous renseignent que ce concept de devoir de vigilance, utilisé dans plusieurs domaines juridiques (droit international de l'environnement, droit international des investissements, droit privé...) a comme caractéristique commune « le portage d'une obligation de moyens, exigeant la réalisation d'un comportement minimum et dont l'appréciation demeure largement subjective[1] ». Son application, dans la régulation des comportements des grandes entreprises, est l'œuvre des normes non contraignantes de RSE. Il demeure donc au cœur de RSE et constitue un mécanisme de *compliance*[2] ou conformité. Ce qui signifie qu'il se déploie comme « des processus qui permettent d'assurer la conformité des comportements de l'entreprise et de ses dirigeants aux normes éthiques et juridiques qui leur sont applicables[3] ». Il a pour avantage de favoriser la prise en compte de parties intéressées en général et, en particulier, les partenaires commerciaux (filiales, sous-traitants et fournisseurs) ainsi que la prise en compte de risques sociétaux et environnementaux dans les processus décisionnels. Soulignons qu'au départ, il relevait de l'approche volontaire, par le biais de normes non contraignantes de RSE. Il est aujourd'hui marqué par un interventionnisme de l'État visant à imposer légalement aux entreprises de recourir à ce dernier. La France est le précurseur car elle a adopté l'approche contraignante par la loi sur le devoir de vigilance des sociétés mères et donneuses d'ordre[4]. Cette concurrence normative

---

[1] B. LOEVE (dir. M. DOUCIN), « Analyse des notions de " due diligence " et de " sphère d'influence " dans le contexte du respect des droits de l'homme par les entreprises : enjeux de la définition du champ d'application des standards en matière de RSE », Cahier de droit de l'entreprise n°3, mai 2010, dossier 16.

[2] Il s'agit d'une matière juridique en pleine construction faisant partie du droit des affaires, et nourrie des principes de RSE. Selon Madame FRISON-ROCHE, elle est la continuation voire l'épanouissement du droit de la régulation et un outil central du droit de la concurrence. Les règles de *compliance* poursuivent des « buts monumentaux » en exigeant « des informations et des interdictions ». Elles permettent de moraliser les pratiques dans le système économique. Concernant la notion de *compliance* et ses difficultés de traduction et définition, voir les travaux de Madame FRISON-ROCHE et autres auteurs cités dans la version de la thèse soutenue le 8 mars 2023 : à titre indicatif, voir : « Le droit de la compliance », Rec. Dalloz 2016, p. 1871 ; « Du droit de la régulation au droit de la compliance », in *Régulation, Supervision, Compliance (dir. M-A. FRISSON-ROCHE)*, Dalloz, coll. Thèmes et comm., Paris, 2017, 140 p., pp. 1-14 ; « Le droit de la compliance au-delà du droit de la régulation », Rec. Dalloz 2018, p. 1561 ; M-A. FRISON-ROCHE (dir.), « Les outils de la compliance », Dalloz, coll. Thèmes et comm., Paris, 2021, 323 p.

[3] A. GAUDEMET, « Introduction », in *La compliance : un monde nouveau ? Aspects d'une mutation du droit (dir. A. GAUDEMET)*, éd. Panthéon-Assas, coll. Colloques, Paris, 2016, 161 p., pp. 9-14, spéc. p. 9.

[4] L. n°2017-399, 27 mars 2017 relative au devoir de vigilance des sociétés mères et des entreprises donneuses d'ordre, JORF n°0074 du 28 mars 2017.

n'étonne pas car la RSE se voit confronter, en pratique, deux conceptions, d'un côté comme une démarche volontaire, d'un autre côté, comme une démarche contraignante.

La responsabilité des grandes entreprises à l'aune du devoir de vigilance s'exerce en matière sociétale et environnementale. Une définition des risques sociétaux et environnementaux est nécessaire.

Une grande entreprise, qu'elle soit donneuse d'ordre ou société mère, doit être en mesure de prévenir les risques sociétaux et environnementaux. Il convient de noter que le concept « sociétal » va plus loin que le « social ». Autrement dit, il est le prolongement du social. Ce dernier a deux conceptions. D'un côté, il désigne la solidarité, la protection et la sécurité des membres les plus faibles d'une société, avec comme conséquence dans l'entreprise, la protection des salariés, partie historiquement faible du contrat de travail[1]. Donc, le mot « social » renvoie essentiellement au droit du travail. De l'autre côté, il correspond à la vie des hommes en communauté ou en société[2], donc l'intérêt général[3]. Si dans la première conception, nous pouvons remarquer l'idée de sécurité des employés par l'employeur, c'est dans la seconde conception que naîtrait le néologisme « sociétal[4] ». Celui-ci est plus inclusif et, à cet effet, renverrait, plus que « social », aux enjeux relatifs aux droits humains. Dans le cadre de cette étude, nous préférons recourir au terme de « sociétal » qui est plus inclusif que « social ». Par ailleurs, le concept « environnement » est dérivé du mot « environs ». Il a acquis un sens plus large[5]. On peut le définir comme « un ensemble des facteurs qui influent sur le milieu dans lequel l'homme vit[6] ». Remarquons qu'aucune définition légale ne lui est consacrée en droit français[7]. En revanche, le droit africain particulièrement les droits congolais[8] et tchadien[9], pays de l'espace OHADA, pour ne citer que ces deux-là, proposent des définitions légales qui se rapprochent de celle susdite.

---

[1] G. LYON-CAEN, « Divagation sur un adjectif qualificatif », in *Les orientations sociales du droit contemporain, Écrits en l'honneur de J. SAVATIER*, PUF, Paris, 1992, 441 p., pp. 345-351, spéc. p. 351.

[2] Idem.

[3] G. CORNU, Vocabulaire juridique, op. cit., spéc. p. 962.

[4] A. BERTHOIN ANTALE et A. SOBCZAK, « Au-delà de la RSE : la responsabilité globale », Semaine Sociale Lamy, n°1186, 18 oct. 2004.

[5] M. PRIEUR, M-A. COHENDET, J. MAKOWIAK et al., « Droit de l'environnement », 8è éd., Dalloz, coll. Précis, Paris, 2019, 1394 p., spéc. pp. 2-6, en ce sens que les auteurs le qualifient d'une « notion caméléon » avec comme conséquence qu'il est entendu selon le contexte dans lequel il est utilisé.

[6] Idem.

[7] Ibid.

[8] L. n°11/009, 9 juill. 2011, portant principes fondamentaux relatifs à la protection de l'environnement, JORDC spécial, 52ème année, 16 juill. 2011, art. 2.

[9] L. n°014/PR/98, définissant les principes généraux de la protection de l'environnement, art. 2, 1°.

Ainsi, les grandes entreprises peuvent répondre des risques de dommages majeurs ou graves sociétaux et environnementaux. Le concept « risque » est une notion très ancienne. On lui attribue[1] une origine latine plus ancienne *resecare* ou *rixicare* pour traduction « enlever en coupant ». La notion de risque suppose le fait de porter son regard sur le futur. En d'autres termes, elle suppose la possibilité de la survenance d'un aléa[2]. C'est à juste titre qu'il est défini comme « un événement dommageable dont la survenance est incertaine quant à sa réalisation ou à la date de cette réalisation[3] ». Il peut être qualifié de naturel ou d'anthropique[4]. Les risques naturels sont ceux qui sont causés par la nature et les risques anthropiques sont ceux qui sont dus à l'homme, étant provoqués, directement ou indirectement, par une activité de celui-ci. Il existe une interférence entre les deux catégories. Le risque en matière de vigilance, à ce titre, est anthropique. Il s'agit d'un dommage futur, aléatoire, consécutif à l'activité des grandes entreprises, de ses filiales ou de leurs fournisseurs et sous-traitants. Ces dommages constituent bel et bien les risques juridiques. Le risque est « de nature juridique si sa source implique une norme juridique[5] ». Autrement dit, c'est « le résultat de la conjonction d'un événement et d'une norme juridique[6] ». Dans le cadre des obligations légales de vigilance, l'événement consiste en un risque sociétal (violation des interdictions liées aux droits humains, libertés fondamentales, à la santé et la sécurité des personnes) ou environnemental et de gouvernance (lutte contre la corruption). La directive européenne sur le devoir de vigilance évoque la notion de l'incidence négative sur l'environnement ou sur les droits de l'homme. A ce propos, l'incidence négative sur les droits de l'homme est celle sur les personnes résultant d'une violation de l'un des droits de l'homme consacrés dans les instruments internationaux rappelés dans l'annexe de la directive[7]. Il en est de même de l'incidence négative sur l'environnement qui résulte de la violation de l'une des interdictions et obligations énumérées à l'annexe de la directive compte tenu de la

---

[1] T. PEZ (dir. P. DELVOLVE), « Le risque dans les contrats administratifs », Thèse, Université Paris II Panthéon-Assas, LGDJ, Paris, 2013, 950 p., pp. 10-11.
[2] J-M. PONTIER, « Le droit de la prévention des risques, droit en devenir des sociétés développées d'aujourd'hui et de demain », in *Les plans de prévention des risques. Journée d'étude CRA*, PUAM, Marseille, 2007, 230 p., pp. 16-20 ; du même auteur, « La puissance publique et la prévention des risques », Dalloz AJDA, oct. 2003, p. 1752 et s.
[3] G. CORNU, Vocabulaire juridique, op. cit., spéc. p. 923.
[4] J-M. PONTIER, « Le droit de la prévention des risques, droit en devenir des sociétés développées d'aujourd'hui et de demain », op. cit., pp. 28-36.
[5] C. COLLARD, « Le risque juridique existe-t-il ? Contribution à la définition du risque juridique », Cahiers de droit de l'entreprise n°1, janv. 2008, dossier 3.
[6] F. VERDUN, « La gestion des risques juridiques », éd. d'Organisation, Paris, 2006, 174 p., spéc. p. 25.
[7] Dir. (UE) 2024/1760 du Parlement européen et du Conseil du 13 juin 2024 sur le devoir de vigilance des entreprises en matière de durabilité et modifiant la directive (UE) 2019/1937 et le règlement (UE) 2023/2859, JOUE, L du 5 juill. 2024, art. 3, n°1, b), c), d).

législation nationale liée aux dispositions des instruments qui y sont énumérés[1].

Les différents termes du sujet étant bien définis, il nous faut désormais de préciser la problématique de notre thèse.

En effet, à l'origine, les entreprises sont des entités qui participent aux marchés sans vraiment porter une réflexion sur l'impact des activités menées. Cela se traduit par le but principal assigné au contrat de société : « la réalisation du bénéfice en vue de son partage par les associés[2] ». Alors, concilier les questions sociétales et environnementales avec les impératifs de rentabilité économique et financière peut paraître difficile dans la mesure où l'entreprise fonctionne afin de générer du résultat et obtenir du profit. La problématique sociétale et environnementale, quant à elle, est souvent abordée en vue notamment de l'amélioration des conditions des vies des travailleurs, la préservation, la protection ou la réparation de l'environnement, lesquelles diligences génèrent des coûts. Ce qui implique qu'une action positive de l'entreprise peut requérir des dépenses qui seront inscrites soit en charges soit en provisions dans les comptes sociaux. C'est pour cette raison que les entreprises conduisent leurs affaires sans se soucier des impacts de leurs activités sur la société et parties intéressées puisque couteuses. Avec le concept de développement durable promu par le rapport de Brundtland[3], les entreprises adoptent un nouveau modèle de développement dit « développement durable » comprenant trois dimensions : économique, sociale et environnementale. Elles prennent alors conscience que l'intégration des actions sociétales et environnementales à leur système permettrait d'assurer un bon rendement financier, minimiser et maîtriser leurs impacts vis-à-vis des parties intéressées. Cette intégration se fait au travers de la RSE. Cette dernière n'est rien d'autre que la déclinaison du développement durable dans une entreprise.

Le succès que rencontre la RSE depuis deux décennies témoigne de l'évolution du rôle des entreprises dans la société et des attentes qu'elles suscitent. Ce succès est dû puisqu'elle traduit d'une part une reconnaissance implicite du flou qui entoure l'encadrement des activités des grandes entreprises et, d'autre part, un aveu de leur irresponsabilité dans la conduite de leurs activités[4]. Dès lors, en matière de RSE, « les entreprises auxquelles on reconnait volontiers une fonction citoyenne, ne peuvent plus ignorer les

---

[1] Idem.

[2] C. civ., art. 1832 ; AUDSCGIE, art. 4.

[3] « Notre avenir à tous », le Rapport Brundtland, est issu des travaux de la commission de l'ONU pour l'environnement et le développement. Paru en 1987 en anglais et en 1988 en traduction française, il donne la première définition officielle du développement durable : « un mode de développement qui répond aux besoins du présent sans compromettre les capacités des générations futures à répondre aux leurs ».

[4] M-C. CAILLET (dir. I. DAUGAREILH), « Le droit à l'épreuve de la responsabilité sociétale des entreprises : étude à partir des entreprises transnationales », op. cit., spéc. p. 17, n°24.

impacts, notamment en termes d'image mais aussi de coût, des conséquences (sociétales et) environnementales découlant de leurs activités[1] ».

Le mouvement de la RSE légitime donc la prise en compte par des entreprises d'impératifs relevant de la communauté et non de la seule activité économique. Cette question est appréhendée sous deux angles. D'une part, on estime que la prise en considération des parties intéressées conduit nécessairement l'entreprise à créer de la valeur sur le long terme. D'autre part, on estime qu'elle doit s'interroger sur son comportement et devrait minimiser son impact sociétal et environnemental notamment, mais également prendre en considération les intérêts des parties prenantes dans la mesure où l'entreprise a nécessairement un impact sur ces dernières. A cet effet, il est possible de considérer que l'entreprise peut augmenter ses profits à long terme en adoptant un comportement fondé sur des considérations qui ne soient pas simplement de rentabilité à court terme. De même, il n'est pas possible de réduire l'entreprise à ses actionnaires et dirigeants. Ces derniers, tout comme l'entité sociétaire qu'ils représentent, sont des personnes sensibles capables de moralité comme d'amoralité. Dans l'exercice de leur activité économique, ils sont susceptibles, pour emprunter les mots de Monsieur Trébulle, de « se mouvoir dans l'amoralité, être comme le cosmonaute en apesanteur[2] ».

C'est pourquoi, les effets négatifs résultant des activités des entreprises ne cessent de rendre difficile la conjoncture socio-économique et environnementale. La tentation de se tourner, alors, vers les entreprises paraît de plus en plus nécessaire. C'est dans ce mouvement de recours à l'entreprise que certains ont sollicité la notion « d'entreprise citoyenne[3] », qui selon Monsieur Trébulle, est indissociable avec la RSE[4]. Ils ont une finalité unique c'est-à-dire celle de « replacer l'entreprise dans une perspective qui ne soit pas exclusivement celle de la valorisation capitalistique mais qui intègre l'intérêt général[5] ».

C'est une revendication politique. Elle consiste à remettre en cause le rôle des entreprises prenant la forme de « la contestation de la mondialisation[6] ». L'entreprise est appelée à hériter des problèmes que l'État et les hommes politiques seuls ne peuvent plus maîtriser ou résoudre[7]. Ces problèmes, résultant souvent des activités économiques des entreprises,

---

[1] P. MALINGREY, « Introduction au droit de l'environnement », 2e éd., Éditions TEC & DOC, Lavoisier, Paris, 2004, 284 p., spéc. p. 2.

[2] F-G. TREBULLE, « L'entreprise citoyenne ? », in *Figures de la citoyenneté (dir. E. DESMONS)*, L'Harmattan, Paris, 2006, 247 p., pp. 195-238, spéc. p. 199.

[3] F-G. TREBULLE, « Personnalité morale et citoyenneté, considérations sur " l'entreprise citoyenne " », Dalloz rev. sociétés n°1, janv – mars 2006, p. 41. ; du même auteur, « L'entreprise citoyenne ? », op. cit., pp. 195-238.

[4] F-G. TREBULLE, « L'entreprise citoyenne ? », op. cit., spéc. p. 199

[5] Idem.

[6] Ibid., spéc. p. 203

[7] Ibid.

peuvent être notamment : le changement climatique, la détérioration de l'environnement, les droits humains, la santé et la sécurité des personnes. Ce qui explique que la pression sur l'entreprise a quitté le seul domaine de l'emploi pour intégrer l'environnement ou le respect des droits humains. Désormais, avec la référence au développement durable, les entreprises sont au cœur de la problématique d'un développement respectueux de l'homme et de l'environnement. Dans la mesure où ils sont au centre du système de production, il apparait souhaitable de leur enjoindre d'adopter un comportement éthique[1].

Si depuis plus de deux décennies, on a encouragé les entreprises en ce sens dans le cadre de démarches volontaires, aujourd'hui, les démarches sont devenues contraignantes. Pour cette raison, les législateurs n'hésitent plus à remettre en cause certains principes du droit des sociétés et se montrent protecteurs de la communauté et de l'entreprise.

C'est dans ce mouvement que le droit français a évolué. Non seulement, le législateur français a fait évoluer ses textes juridiques imposant les grandes entreprises à prendre en considération les conséquences sociétales et environnementales de leurs activités dans le cadre de la RSE contraignante[2], mais surtout il a adopté des lois de *compliance* ou de conformité : « la loi sur le devoir de vigilance des sociétés mères et donneuses d'ordre ainsi que la loi dite Sapin II[3] ». Aussi, le législateur français, dans ses efforts de responsabilisation des entreprises et dans le sillage des obligations légales de vigilance, a modifié le Code civil et le Code de commerce par la loi dite Pacte[4]. Cette dernière consacre la « notion jurisprudentielle d'intérêt social », la « raison d'être » des sociétés commerciales, la qualité de « société à mission » ainsi que l'obligation générale pour les entreprises françaises de « prendre en considération les enjeux sociaux et environnementaux ». Avant la loi Pacte, il a affirmé la responsabilité environnementale[5] des sociétés mères et filiales par la loi Grenelle II ainsi que le préjudice écologique[6] par la loi sur la biodiversité[7].

---

[1] Ibid.

[2] La France est considérée comme l'un des pays précurseurs en Europe. Dès 2001, la loi sur les nouvelles régulations économiques, NRE (voir : L. n°2001-420, 15 mai 2001, texte n°2, JORF n°113 du 16 mai 2001, p. 7776) demandait à l'ensemble des sociétés cotées de publier dans leur rapport de gestion des informations sociales et environnementales. Cette impulsion a été approfondie et étendue par différentes lois ou ordonnances postérieures transposant souvent les directives européennes en la matière.

[3] L. n°2016-1691, 9 déc. 2016 relative à la transparence, à la lutte contre la corruption et à la modernisation de la vie économique, texte n°2, JORF n°0287 du 10 déc. 2016.

[4] L. n°2019-486, 22 mai 2019 relative à la croissance et la transformation des entreprises, texte n°2, JORF n°0119 du 23 mai 2019.

[5] C. env., art. 512-17.

[6] C. civ., art. 1246 : « Toute personne responsable d'un préjudice écologique est tenue de le réparer ».

[7] L. n°2016-1087, 8 août 2016 pour la reconquête de la biodiversité, de la nature et des paysages, texte n°2, JORF n°0184 du 9 août 2016.

En effet, la loi française sur le devoir de vigilance, inspirée des normes de *soft law* ou non contraignantes de RSE, a été créée afin de répondre aux nombreux scandales et catastrophes humains et écologiques et, ainsi, de prévenir de graves dommages sociétaux et environnementaux tout en responsabilisant les sociétés mères ou donneuses d'ordre. Ces dernières profitent des vides juridiques et faiblesses institutionnelles et législatives. Elles se cachent derrière des structures juridiques et des chaînes d'approvisionnement complexes, à travers des filiales, des sous-traitants ou fournisseurs qui leur permettent de produire à bas coût, au détriment de la planète et des conditions de travail des collaborateurs. A cela, elles font remonter les profits tout en échappant à leurs responsabilités.

L'obligation légale de vigilance en France marque un pas important dans la responsabilité des grandes entreprises[1]. Nous remarquons, dans l'esprit de cette obligation légale, tout à la fois, un devoir de garantie de risque grave (sociétal ou environnemental) et un risque de responsabilité à la charge des sociétés mères et donneuses d'ordre du fait de leurs activités. Ce devoir de garantie de risque grave confirme l'idée selon laquelle cette obligation privilégie la prévention à la réaction, et plus encore, l'autonomie, l'auto-organisation ou l'auto-surveillance à la punition[2]. Par ailleurs, concernant le risque de responsabilité juridique, elle construit l'idée de responsabilité sur celle de prévention ou précaution et fait appel à la vertu de prudence[3]. Il ne s'agit pas de substituer la prévention à la réparation mais bien de ne pas attendre que l'irréparable soit commis pour agir. C'est la responsabilité-anticipation, une responsabilité fondée sur l'existence d'un risque particulier. Ce qui signifie que la loi innove en ce qu'elle a expressément prévu, outre les sanctions préventives, une responsabilité de la société mère dans les conditions du droit commun de la responsabilité civile. C'est la sanction coercitive. Celle-ci est retenue à partir du moment où le manquement à l'obligation d'établir et de mettre en œuvre le « plan de vigilance » a causé l'un des préjudices que ce plan est censé éviter. Malgré ce renvoi aux conditions du droit commun de la responsabilité civile, le but de cette loi est bien plus de prévenir les risques visés que de sanctionner un comportement fautif. C'est la responsabilité revêtant la forme d'une promesse d'éviter les conséquences préjudiciables des activités de l'entreprise. Celle-ci est censée, désormais, surveiller ses filiales, sous-

---

[1] M-C. CAILLET, « Le devoir de vigilance et les relations d'affaires : vers une responsabilité collective ? », in *La responsabilité sociale de l'entreprise, vecteur d'un droit de la mondialisation ? (dir. I. DAUGAREILH)*, Bruylant, coll. Paradigme, Bruxelles, 2017, 569 p., pp. 515-546, spéc. p. 532.

[2] X. BOUCOBZA et M-Y. SERINET, « Loi Sapin 2 et devoir de vigilance : l'entreprise face aux nouveaux défis de la compliance », Rec. Dalloz 2017, p. 1619 ; M-A. MOREAU, « L'originalité de la loi française du 27 mars 2017 relative au devoir de vigilance dans les chaines d'approvisionnement mondiales », Dalloz droit social 2017, p. 792.

[3] B. PARANCE, « Les entreprises face au principe de précaution », in *Développement durable et entreprise (dir. L. FONBAUSTIER et V. MAGNIER)*, Dalloz, coll. Actes thèmes et comm., Paris, 2013, 169 p., pp. 59-71.

traitants et fournisseurs, ce qui donne à cette obligation légale un effet extraterritorial. La directive européenne sur le devoir de vigilance, inspirée de la loi française, conserve cette spécificité française. Son intégration en France aura le mérite de renforcer le dispositif français et pallier certaines de ses lacunes.

Par ailleurs, nous pouvons nous interroger sur le contexte africain où peu d'entreprises locales se préoccupent des questions sociétales et environnementales. Cependant, même si beaucoup d'entreprises locales se préoccupent de leurs survies économiques, il est légitime de s'interroger sur le comportement de quelques grandes entreprises africaines et surtout des filiales des grandes entreprises internationales implantées en Afrique quant à leur intérêt au sujet des questions sociétales et environnementales. Ceci paraît évident d'autant plus qu'il n'est pas rare de voir, par exemple, des entreprises extractives, qui s'adonnent surtout aux activités minières, pétrolières, gazières, voire des entreprises agricoles ou de communication, sont généralement des entreprises étrangères. Les activités de ces entreprises en Afrique ne sont pas sans conséquence : épuisement des ressources naturelles, violation des droits humains, accentuation de la pauvreté, corruption et conflits d'intérêts, destruction de l'environnement, etc.

A ce propos, soulignons que l'Afrique a subi les affres de la mondialisation trop tôt, qu'elle est devenue même un « objet de la mondialisation[1] ». Ce qui revient à dire que si elle a été obligée de devenir un objet de la mondialisation avant la lettre – mondialisation prise ici dans son sens premier – elle n'a malheureusement pas pu bénéficier des effets positifs de cette mondialisation précoce[2]. Aujourd'hui encore, après plus de quatre siècles de contact avec les autres continents dont l'Europe, elle reste toujours un objet de la mondialisation[3]. La nouvelle mondialisation interpelle l'Afrique et cette dernière doit, à cet égard, cesser d'être un objet de mondialisation pour en devenir une actrice[4]. Le devoir de vigilance est un mécanisme de *compliance*. Or la multiplication des règles de *compliance* s'inscrit dans le contexte international de sensibilisation à la responsabilité

---

[1] D. ABWA, « L'Afrique entre intégration régionale, unité africaine et mondialisation », in *Dynamiques de développement. Débats théoriques et enjeux politiques à l'aube du XXe siècle. Mél. G-W. NGANGO*, CEREG, éd. Montchrestien, coll. Grands colloques, Paris, 2003, 595 p., pp. 467-478, spéc. p. 467.

[2] Idem., spéc. pp. 468-469. L'auteur relève que l'Afrique est « une vielle élève de la mondialisation » mais tout en étant un objet. Dès le 16ème siècle, elle entre de plain-pied à la mondialisation car les noirs deviennent l'objet d'un commerce mondial reliant l'Afrique à l'Europe et à l'Amérique. C'est le commerce triangulaire.

[3] Ibid., spéc. pp. 470-473. L'auteur relève que l'Afrique est une « mauvaise élève de la mondialisation ». Introduite malgré elle dans la mondialisation du fait de son contact avec l'occident, elle n'a pas réussi à convaincre ses maîtres, ni se convaincre elle-même de sa capacité à participer efficacement à la nécessaire concurrence qu'exige cette nouvelle vision du monde appelée aujourd'hui mondialisation.

[4] Ibid., spéc. p. 473.

des entreprises. Ces règles qui concernent historiquement le domaine bancaire et financier, s'étendent désormais dans d'autres domaines comme l'environnement et les droits humains. Étant un instrument du droit global, elles s'universalisent[1]. Elles nécessitent, pour son déploiement effectif, un État de droit. Dès lors, l'Afrique doit devenir une actrice en trouvant, affirmant et affermissant sa place dans ce mouvement d'universalisation. L'OHADA, ayant une vocation panafricaine[2], constitue, selon nous, pour l'Afrique, une alternative indispensable.

Il convient de souligner que l'OHADA pour « Organisation pour l'harmonisation en Afrique du droit des affaires », est une organisation créée le 17 octobre 1993 par le traité de Port-Louis (Ile Maurice). Elle regroupe à ce jour 17 États membres[3] et 5 acteurs[4]. Il est remarqué dans l'intitulé de son nom qu'il est question d'harmonisation. Cependant, dans la pratique, elle s'inscrit dans un véritable cadre d'intégration juridique en visant, à cet effet, une unification à trois étages. Il s'agit d'une unification juridique, judiciaire et politique. Si l'unification politique se fait par le canal des organes ayant le rôle de légiférer comme le Conseil des ministres[5] et la Conférence des Chefs d'État[6], l'unification judiciaire repose par l'institutionnalisation de la Cour Commune de Justice et d'Arbitrage (CCJA), unique juge de cassation du droit de l'OHADA. Pour ce qui est de l'unification juridique, celle-ci se réalise au travers des actes uniformes. Ainsi, l'OHADA entend favoriser l'intégration régionale et promouvoir l'amélioration du climat des affaires en misant sur la sécurité juridique et judiciaire[7].

La sécurité juridique est incarnée par les actes uniformes définis à l'article 5 du Traité comme « les actes pris pour l'adoption des règles communes (...) ». Celles-ci sont adoptées à l'unanimité par le Conseil des ministres selon l'article 8 du Traité pour la mise en œuvre de l'harmonisation du droit des affaires. En adoptant ces textes du droit harmonisé, les 17 États

---

[1] X. BOUCOBZA et Y-M. SERINET, « La régulation des groupes internationaux de sociétés : universalité de la compliance versus contrôles nationaux », JDI (Clunet) 2019, LexisNexis, n°26, p. 5.

[2] Traité de l'OHADA, art. 53 : « Le présent traité est, dès son entrée en vigueur, ouvert à l'adhésion de tout État membre de l'OUA (Organisation de l'Union africaine) et non signataire du traité (...) ».

[3] Le Benin, le Burkina Faso, le Cameroun, la Centrafrique, les Comores, le Congo-Brazzaville, le Congo-Kinshasa, la Côte d'Ivoire, le Gabon, la Guinée, la Guinée-Bissau, la Guinée Équatoriale, le Mali, le Niger, le Sénégal, le Tchad, le Togo.

[4] 1°) La conférence des Chefs d'État et de Gouvernement 2°) Le Conseil des Ministres 3°) La Cour Commune de Justice et d'Arbitrage, CCJA 4°) Le Secrétariat Permanent 5°) L'École Régionale Supérieure de la Magistrature, ERSUMA. Sur le sujet, voir : P-G. POUGOUE (dir.), « Encyclopédie du droit OHADA », Entrée Organisation pour l'Harmonisation en Afrique du droit des affaires, Lamy, Paris, 2011, 2174 p., spéc. pp. 1321-1324, n°17-24.

[5] Traité de l'OHADA, art. 8, 28 à 30.

[6] Idem., art. 27.

[7] Ibid., art. 1er.

membres abrogent les textes antérieurs contraires en opérant un véritable « toilettage complet de droit des affaires[1] ». Ces textes antérieurs applicables au droit des affaires constituaient une source d'insécurité puisqu'ils étaient vétustes et inadaptés datant de l'époque coloniale. Il en résulte que les praticiens du droit, comme les opérateurs économiques, rencontraient des difficultés pour connaître la règle de droit applicable. Les actes uniformes constituent donc un support par excellence des règles matérielles communes élaborées par l'OHADA et présente une efficacité hors-norme[2]. Cette efficacité s'explique du fait que trois principes se dégagent de cet instrument d'intégration juridique conformément à l'esprit de l'article 10 du Traité qui dispose : « les actes uniformes sont directement applicables et obligatoires dans les États Parties nonobstant toute disposition contraire de droit interne, antérieur ou postérieur ».

De prime abord, l'acte uniforme a une applicabilité immédiate[3]. Ce qui revient à dire qu'il est appliqué sans procédure nationale intermédiaire. Son intégration dans le droit interne d'un État partie est de plein droit. Aussi, il est opposable dès lors qu'il est entré en vigueur. C'est dire qu'il fait partie du droit interne et se substitue au droit interne antérieur en tant que norme OHADA. Deuxièmement, il a une applicabilité directe[4]. Puisqu'il énonce des règles substantielles, à ce titre, il est une source de droits et obligations dans l'ordre interne de chaque État partie avec comme conséquence que les personnes concernées par l'acte uniforme sont directement affectées dans leur patrimoine par les règles communes. Enfin, il s'agit de la primauté de l'acte uniforme[5] sur les normes règlementaires et législatives du droit interne de chaque État partie.

Il existe actuellement 11 Actes uniformes qui couvrent l'intégralité des matières définies par l'article 2 du Traité. Ces actes uniformes se rapportent au droit des sociétés et au statut juridique des commerçants, au recouvrement des créances et aux voies d'exécution, aux sûretés, au régime du redressement des entreprises et de la liquidation judiciaire, au droit de l'arbitrage, au droit comptable, au droit de la vente et des transports, et au droit du travail[6]. Toutes ces matières ne sont pas limitatives puisque la même disposition prévoit que « toute autre matière » peut être incluse dans

---

[1] P. TIGER, « Le droit des affaires en Afrique (OHADA) », 3ème éd., PUF, coll. Que sais-je, Paris, 2001, 127 p., spéc. p. 20.

[2] Voir : R. DAVID, C. JAUFFRET-SPINOSI, et M. GORE, « Les grands systèmes de droit contemporains », 12è éd., Dalloz, Précis, Paris, 2016, 539 p., pp. 507-509. ; P-G. POUGOUE (dir.), « Encyclopédie du droit OHADA », Entrée Actes uniformes, Lamy, Paris, 2011, 2174 p., spéc. pp. 35-38, n°39-46.

[3] P-G. POUGOUE (dir.), « Encyclopédie du droit OHADA », Entrée Actes uniformes, Lamy, Paris, 2011, 2174 p., spéc. pp. 35-36, n°40.

[4] Idem, spéc. p. 36, n°41.

[5] Ibid., spéc. pp. 36-37, n°42-43.

[6] Énuméré mais aucun acte uniforme n'a été adopté ce jour. Il existe un projet d'acte uniforme relatif au droit du travail, AUDT dont la première version date de 2006 et la seconde de 2010. Dans le cadre de cette thèse, nous allons recourir à la version de 2010.

le droit des affaires pour autant que le Conseil des ministres décide à l'unanimité. C'est le cas de la médiation dont l'acte a été adopté en 2017. Cette élasticité ou souplesse mérite d'être saluée du fait qu'elle reflète l'idée selon laquelle « le droit des affaires a vocation à englober toutes les matières de droit relatives à l'entreprise et à la production et la circulation des richesses économiques[1] ».

La sécurité juridique, dans le cadre de l'OHADA, à travers les actes uniformes, est « renforcée par la sécurité judiciaire[2] ». Avant l'avènement de l'OHADA, l'insécurité judiciaire était la conséquence de la corruption, de l'insuffisance de la formation des juges et des auxiliaires de justice notamment en matière économique et financière et des faibles moyens dont ils étaient dotés. Il en résultait une jurisprudence instable et aléatoire, des difficultés dans l'exécution des décisions judiciaires, une perte de confiance dans le système judiciaire et subséquemment celle des investisseurs[3]. Ces derniers étaient soit victimes de décisions judiciaires abouliques, soit ils échappaient aisément à leurs responsabilités. L'OHADA jugule ce mal grâce à l'institutionnalisation de la CCJA, la formation des magistrats à travers l'ERSUMA et le recours à l'arbitrage et la médiation. Ces deux mécanismes sont des instruments de règlement des différends contractuels. Ce qui notamment rend le droit de l'OHADA, pour emprunter les mots de Madame Goré et Monsieur Grimaldi, un « droit dynamique et moderne[4] ». Aussi, la formation tant continue qu'initiale des magistrats, assurée par l'ERSUMA, est, selon les termes utilisés par Monsieur Tiger, « au cœur de la réponse que devra recevoir le problème de l'insécurité judiciaire[5] ». S'il est établi qu'il existe bien un « espace judiciaire OHADA[6] », il n'en demeure pas moins que certains auteurs s'interrogent sur son efficacité. La raison majeure est l'exclusion de certaines questions de ses compétences notamment la circulation des jugements et décisions impliquant des sanctions pénales[7].

Au vu de l'esquisse théorique précédente, nous pouvons remarquer que l'OHADA regorge d'atouts. C'est à juste titre qu'elle est qualifiée de

---

[1] P. MEYER, « La sécurité juridique et judiciaire dans l'espace OHADA », Rec. Penant, éd. Juris Africa n°855, avril-juin 2006, pp. 151-175, spéc. 153.

[2] H-M. MONEBOULOU MINKADA, « L'OHADA, le système juridique et le système judiciaire », Rec. Penant, éd. Juris Africa n°905, oct. – déc. 2018, pp. 417-453.

[3] P. TIGER, « Le droit des affaires en Afrique (OHADA) », op. cit., spéc. pp. 21-22.

[4] M. GORE et C. GRIMALDI, « Arbitrage, médiation et règlement de la CCJA : les nouveaux textes sont en vigueur depuis le 15 mars 2018. La résolution des différends dans le droit OHADA : les enjeux d'un droit dynamique et moderne », L'essentiel droits africains des affaires, Lextenso, n°5, mai 2018, 111g3.

[5] P. TIGER, « Le droit des affaires en Afrique (OHADA) », op. cit., spéc. p. 22.

[6] V-C. NGONO, « Réflexions sur l'espace judiciaire OHADA », Revue de l'ERSUMA, n°6, nouvelle édition janv. 2016, 620 p., pp. 197-225.

[7] M. GORE, « Compétence de la CCJA : exclusion des décisions appliquant des sanctions pénales (Traité OHADA, art. 14 al. 3 et 4) », L'essentiel droits africains des affaires, Lextenso, janv. 2017, n°110b5.

« modèle énergique d'intégration juridique[1] », reposant sur « quatre piliers cardinaux transversaux[2] » dont « l'intégration juridique, la sécurité juridique, l'attractivité et l'effectivité ». A cet égard, Monsieur Paillusseau, à juste raison, soutiendra qu'une « révolution juridique » s'est produite dans l'espace OHADA[3]. L'intégration juridique, voulue par le législateur OHADA, est un lien indispensable de l'intégration économique. Il est un droit des activités économiques et constitue « un outil d'affermissement continu de l'État de droit[4] ».

L'Afrique est « le lieu de toutes les convoitises[5] » puisqu'elle connaît une forte croissance démographique et économique, regorge d'innombrables ressources naturelles, ce qui attire les investisseurs africains et étrangers. En particulier, l'attractivité du droit de l'OHADA[6] ainsi que celle des États membres, du fait de leurs potentielles ressources naturelles, amènent dans cette partie du continent les entreprises dont les activités jouent inexorablement sur le sociétal et l'environnement. Ces entreprises africaines et étrangères bénéficient souvent des autorisations et prennent les formes des sociétés commerciales prévues dans le droit de l'OHADA. Aussi, elles recourent de plus en plus aux sous-traitants locaux constitués selon le droit de l'OHADA. Dès lors, des questions légitimes s'imposent dans le cadre du droit uniforme de l'espace OHADA. Les filiales des entreprises étrangères ainsi que les entreprises locales, constituées selon le droit uniformisé des sociétés commerciales OHADA, prennent-elles en compte les conséquences sociétales et environnementales de leurs activités ? L'OHADA peut-elle devenir un canal pour insuffler en Afrique la protection de l'environnement et des droits humains par la prévention d'externalité négative des activités de ses entreprises ? Autrement dit, l'intégration du devoir de vigilance ne peut-il pas être pour l'Afrique un levier de développement économique et social ? Son intégration n'est-elle pas une nécessité pour les entreprises africaines désireuses de renforcer leur attractivité pour maintenir et développer leur réseau contractuel avec les

---

[1] P-G. POUGOUE, « Doctrine OHADA et théorie juridique », Revue de l'ERSUMA, Numéro spécial, nov.-déc. 2011, 208 p., pp. 9-21, spéc. p. 11.

[2] P-G. POUGOUE, « Les quatre piliers cardinaux de la sagesse du droit OHADA », in *Les horizons du droit OHADA. Mél. F-M. SAWADOGO*, CREDIJ, Cotonou, 2018, 914 p., pp. 391-404.

[3] J. PAILLUSSEAU, « une révolution juridique en Afrique francophone. L'OHADA », in *Perspectives de droit économique : dialogues avec Michel JEANTIN*, Dalloz, Paris, 1999, 502 p., pp. 93-100.

[4] Traité de l'OHADA, Préambule, paragraphe 2.

[5] P. LAPORTE, « La compliance en Afrique : état des forces en présence sur un terrain de jeu objet de toutes les convoitises », Revue internationale de la compliance et de l'éthique des affaires, LexisNexis, n°4, août 2019, étude 130.

[6] L. CADIET (dir.), « Droit et attractivité économique : le cas de l'OHADA », Travaux de l'Association pour l'efficacité du droit et de la justice (AEDJ) dans l'espace OHADA, éd. IRJS Éditions, coll. Bibliothèque de l'IRJS – André Tunc, Paris, 2013, 232 p.

multinationales occidentales dont les partenaires dans la chaîne d'activités doivent répondre aux exigences RSE ?

Ainsi, l'objet de la présente étude est de s'interroger non seulement sur l'applicabilité du devoir de vigilance en France mais aussi et surtout sa possible intégration en droit de l'OHADA à la lumière de l'évolution du droit français. En d'autres termes, cette étude permet de mettre en évidence la contribution du mécanisme de devoir de vigilance, affranchi des limites de son applicabilité en France, dans la prévention des risques sociétaux et environnementaux en Afrique et particulièrement dans l'espace OHADA. Même s'il existe un écart majeur entre ces deux systèmes juridiques en la matière[1], la présente étude comparative conserve tout son intérêt car elle permettra au droit de l'OHADA d'emprunter les bonnes pratiques de vigilance sociétale applicables en France[2].

Il faudra alors soutenir l'analyse ou l'argumentation selon laquelle le devoir de vigilance prône la responsabilisation des grandes entreprises en matière sociétale et environnementale, en ce que, en permettant l'appréhension des grandes entreprises et de leurs réseaux dans leur ensemble, sans aucune distinction des sociétés commerciales qui les composent, le devoir de vigilance amène toute l'organisation à agir globalement de manière responsable. Il convient de souligner que celui-ci s'écarte des solutions classiques du droit de la responsabilité, et cela à au moins deux points de vue. Les normes applicables au devoir de vigilance privilégient une approche fondée sur l'auto-contrôle autonome des entreprises plutôt que sur la répression (**Première partie**). En même temps, le devoir de vigilance apporte une logique de contrainte entrainant plus spécifiquement une nouvelle construction du droit de la responsabilité fondée sur la prévention : la responsabilité-anticipation (**Seconde partie**).

Dès lors, dans la première partie, il sera question de traiter concrètement de la responsabilisation des entreprises par l'intégration de ce devoir en leur sein par les mécanismes de conformité ou *compliance*, « une notion étrange entre le totalement volontaire et le totalement contraint[3] » ; et par l'importance croissante de la gestion des risques sociétaux et environnementaux, dont les entreprises ne peuvent plus faire l'économie, puisqu'elle semble s'être accouplées à l'intérêt social. C'est de l'application évidente des outils de gestion au service du devoir de vigilance[4]. Il sera alors

[1] Compte tenu de l'écart majeur entre le droit français et le droit de l'OHADA en la matière, nous mettrons à contribution l'existant sur le plan national dans les 17 États membres de l'espace OHADA, et ce, d'une manière plus spécifique le Congo-Kinshasa.

[2] T. RAMBAUD, « Introduction au droit comparé. Les grandes traditions juridiques dans le monde », PUF, coll. Quadrige manuels, Paris, 2014, 342 p., spéc. p. 35.

[3] M-A. FRISON-ROCHE, « Le droit de la compliance », Rec. Dalloz 2016, p. 1871.

[4] A. HACTHUEL et B. SEGRESTIN, « Devoir de vigilance : la norme de gestion comme source de droit ? », Lextenso, Droit et société, 2020/3, n°106, pp. 667-682 ; P. BARRAUD DE LAGERIE, E. BETHOUX, et al., « La mise en œuvre du devoir de vigilance : une managérialisation de la loi ? », Lextenso, Droit et société, 2020/3, n°106, pp. 699-714.

proposé la transposition de ces pratiques qui ont pénétré le droit français en droit de l'OHADA. La seconde partie consistera à examiner en quoi le devoir de vigilance permet de gérer les risques particuliers des entreprises dont le manquement engage la responsabilité juridique de l'entreprise et traiter également les voies par lesquelles la mise en œuvre du devoir de vigilance est garantie, à savoir d'une part, la contractualisation et, d'autre part, la juridictionnalisation du devoir de vigilance.

Première Partie
Le devoir de vigilance et la responsabilisation des entreprises

Titre I
La responsabilisation par le mécanisme de conformité ou compliance

Chapitre I. L'approche volontaire du devoir de vigilance

La RSE apparaît surtout comme un objectif de responsabilisation à atteindre pour les entreprises. Elle est étudiée à travers les principes de comportement dont l'objectif est de permettre aux entreprises de prévenir, de limiter, et d'atténuer les effets potentiellement négatifs liés à leurs activités. Le devoir de vigilance ou devoir de diligence raisonnable constitue l'un de ces principes qui est présent dans les instruments internationaux de la RSE. Ces derniers sont des normes dites de *soft law* ou droit souple puisqu'elles sont non contraignantes ou volontaires. Dans cette logique, le développement d'une telle politique de vigilance ou de diligence raisonnable relève d'un « choix » ou d'une « volonté » et ne peut résulter que d'une démarche propre à l'entreprise[1]. C'est de l'auto-régulation incitant les entreprises à dépasser les prescriptions normatives.

Si la France et nombre de ses entreprises reconnaissent et recourent dans leurs stratégies RSE à ces normes[2], les pratiques de RSE et de prise en considération des enjeux sociétaux et environnementaux par la prévention des effets potentiellement négatifs liés aux activités des entreprises à travers le devoir de vigilance sont embryonnaires voire balbutiantes dans les pays de l'espace OHADA[3]. A cet effet, seules des filiales des grandes entreprises internationales ou multinationales, dans le cadre des actions volontaires, tentent d'internaliser ces enjeux dans leurs activités issues globalement des secteurs à risque. Aussi, certains organismes publics et privés essayent d'en faire la promotion et participent ainsi à l'émergence de la pratique des procédures de diligence raisonnable.

Il convient de relever les normes de *soft law*, sources du devoir de vigilance (**Section I**) ainsi que les germes d'une approche volontaire du devoir de vigilance dans l'espace OHADA (**Section II**).

Section I. Les normes de soft law sources du devoir de vigilance

[1] V. LABROT, « Approches volontaires et droit de l'environnement. Propos sur la volonté », in *Les approches volontaires et le droit de l'environnement (dir. N. HERVE-FOURNEREAU)*, PUR, coll. L'univers des normes, Rennes, 2008, 326 p., pp. 53-64.

[2] D. POTIER, Rapport sur la proposition de loi n°2578 relative au devoir de vigilance, A.N, 11 mars 2015, 95 p., spéc. p. 59. Selon le rapport, « les entreprises françaises et européennes les plus compétitives (…) pratiquent d'elles-mêmes la RSE dans le cadre de la *soft law*. Ainsi, 84% des entreprises françaises sont au-dessus de la moyenne des normes RSE européennes. Et l'on compte 11 championnes françaises parmi les 31 entreprises internationales les mieux cotées en matière de RSE ».

[3] Y-H. DAOUDA, « Responsabilité sociétale des multinationales en Afrique subsaharienne : enjeux et controverses. Cas du groupe AREVA au Niger », Revue électronique en Sciences de l'Environnement, vol. 14, n°1, mai 2014, 19 p.

Le Conseil d'État en France définit les normes de *soft law* comme celles réunissant trois conditions cumulatives[1] : elles ont premièrement « pour objet de modifier ou d'orienter les comportements de leurs destinataires en suscitant, dans la mesure du possible, leur adhésion » ; deuxièmement elles ne créent pas « par eux-mêmes de droits ou d'obligations pour leurs destinataires » et, enfin, elles présentent, « par leur contenu et leur mode d'élaboration, un degré de formalisation et de structuration qui les apparente aux règles de droit ». Il considère donc les normes internationales de RSE comme étant de *soft law*[2]. En qualifiant celles-ci comme celles ayant pour « objet de modifier ou d'orienter les comportements de leurs destinataires », il paraît évident que les normes de la RSE puissent favoriser, en pratique, l'éthique des affaires[3]. A ce titre, le devoir de vigilance qui permet de réguler le comportement des grandes entreprises trouve sa source dans les textes internationaux non contraignants de RSE. Dès lors, la norme ISO 26000 conçoit le devoir de vigilance en demandant aux entreprises d'étudier de façon consciencieuse et méthodique l'impact réel et éventuellement négatif de leurs activités. Il en est de même du Pacte mondial de l'ONU, les principes directeurs de l'ONU et de l'OCDE. L'OIT conçoit également la notion de diligence raisonnable dans le texte de la déclaration des principes tripartite sur les entreprises multinationales et la politique sociale en établissant un renvoi[4] aux principes directeurs de l'ONU et l'OCDE.

Ainsi, pour mieux illustrer nos propos, et canaliser nos réflexions pour une bonne compréhension, il est primordial de commencer l'analyse des sources du devoir de vigilance par les principes directeurs tels que ceux de l'OCDE et de l'ONU d'une part (§**1**) et les normes ISO 26000 et Pacte mondial de l'ONU d'autre part (§**2**).

§1. Les principes directeurs de l'ONU et l'OCDE

Dans le cadre des principes directeurs de l'ONU, « la diligence raisonnable en matière de droits de l'homme comprend une procédure de gestion continue, qu'une entreprise raisonnable et prudente se doit de

---

[1] Voir : « Le droit souple », Étude annuelle du Conseil d'État, Coll. Les rapports du Conseil d'État, Paris, 2013, 297 p., spéc. p. 9.
[2] Idem., spéc. pp. 45 et 46.
[3] P. LE TOURNEAU, « L'éthique des affaires et du management au XXIe siècle », Essai, Dalloz, Paris, 2000, 269 p., spéc. pp. 3, 76-92. L'auteur affirme que l'éthique et la morale sont des mots équivalents ou synonymes. Ils désignent « une considération régulatrice des comportements ». Appliquée aux affaires ou à la vie des entreprises, elle poursuit comme finalités « la dignité de l'homme » et « le bien commun ».
[4] Déclaration de principes tripartite sur les entreprises multinationales et la politique sociale, adoptée par le Conseil d'administration du Bureau international du Travail, 329e session, mars 2017, 27 p., spéc. politique générale, n° 10., a) à e), pp. 4-5.

réaliser, à la lumière des circonstances (à savoir le secteur, le contexte d'exploitation, la taille et autres facteurs similaires) pour accomplir sa responsabilité en matière de respect des droits de l'homme[1] ». Les principes directeurs de l'OCDE évoquent également la diligence raisonnable des entreprises pour désigner les « processus qui, en tant que partie intégrante de leurs systèmes de prise de décision et de gestion des risques, permet aux entreprises d'identifier, de prévenir et d'atténuer les impacts négatifs, réels ou potentiels, de leurs activités, ainsi que de rendre compte de la manière dont elles abordent cette question[2] ». Il résulte de ces deux définitions que, le devoir de diligence raisonnable, conçu par les principes directeurs, requiert, d'une part, la délimitation du domaine de diligence raisonnable (**A**) et, d'autre part, l'organisation des mesures de diligence raisonnable en quatre axes reflétant la « roue de Deming[3] » (**B**).

A. La délimitation du domaine de la diligence raisonnable

La délimitation du domaine de la diligence raisonnable concerne la couverture et l'étendue des entreprises concernées par le devoir de diligence. Aussi, elle s'applique à la matière ou thème ainsi qu'à l'implication des parties prenantes ou intéressées dans la démarche d'établissement et du déploiement des procédures de diligence raisonnable.

En effet, il ressort des principes directeurs de l'ONU que la responsabilité incombant aux entreprises de respecter les droits de l'homme doit s'appliquer à toutes les entreprises indépendamment de leur taille, de leur secteur, de leur cadre de fonctionnement, de leur régime de propriété ou de leur structure[4]. De même, ceux de l'OCDE s'adressent à toutes les entreprises multinationales, sans distinction de forme sociale ou d'importance économique[5]. Ce qui revient à dire que les entreprises sont appelées à exercer une diligence raisonnable de l'entreprise et des groupes

---

[1] « La responsabilité des entreprises de respecter les droits de l'homme », Guide interprétatif, Haut-Commissariat pour les droits de l'homme de l'ONU, 2012, 110 p., spéc. p. 6.

[2] Les principes directeurs de l'OCDE à l'intention des entreprises multinationales sur la conduite responsable des entreprises, éd. 2023, 90 p., spéc. II, comm., n°15, p. 19.

[3] La construction d'un système de gestion des risques se fait selon 4 étapes de la roue de Deming ou PDCA : *Plan* (identifier ou planifier), *Do* (réaliser ou mettre en œuvre), *Check* (vérifier ou mesurer), *Act* (réagir ou corriger) permettant d'engager une démarche d'amélioration continue. Sur le sujet, voir : F. GILLET-GOINARD et C. MONAR, « Qualité Santé Sécurité Environnement, Toute la fonction », 2è éd., Dunod, Paris, 2017, 528 p., spéc. pp. 85-87.

[4] Principes directeurs de l'ONU relatifs aux entreprises et aux droits de l'homme, éd. 2011, 47 p., spéc. II, A. n°14, p. 17.

[5] Les principes directeurs de l'OCDE à l'intention des entreprises multinationales sur la conduite responsable des entreprises, éd. 2023, spéc. I, n°4 ; voir aussi : Principes directeurs de l'OCDE à l'intention des entreprises multinationales, éd. 2011, spéc. I, n°1 et 4, p. 19.

d'entreprises fondée sur le risque portant sur les incidences négatives qu'elles causent, auxquelles elles contribuent ou sont directement liées par leurs activités ou relations d'affaires[1]. Il sied de comprendre que toutes les entreprises, indépendamment de leur structure sociale et de leur taille, peuvent potentiellement avoir une incidence négative sur les droits de l'homme ou l'environnement. Exonérer de responsabilités certaines entreprises équivaut à autoriser les violations des droits de l'homme ou l'environnement et à refuser d'offrir un quelconque recours aux victimes. La taille et la structure de l'entreprise n'affectent que la manière dont la diligence raisonnable est effectuée. Ceci est particulièrement important pour les PME. Les principes directeurs reconnaissent que si leur taille peut les exonérer, il est indubitable que certaines d'entre elles participent aux violations des droits de l'homme[2]. D'où, il convient de fournir davantage de soutiens et d'orientations quant à la mise en œuvre de diligence raisonnable aux PME. En outre, l'application de diligence raisonnable à toutes les entreprises indépendamment de leur taille, de leur secteur, de leur cadre de fonctionnement est nécessaire car les exigences relatives à l'établissement de rapports doivent correspondre à la taille des opérations et des activités.

Par ailleurs, se référer aux relations d'affaires dénote la volonté exprimée par les principes directeurs d'étendre le devoir de diligence raisonnable à toutes les entités auxquelles l'entreprise est connectée, que ce soit par des investissements ou des relations contractuelles. Limiter le devoir de diligence raisonnable aux seules « activités propres » de l'entreprise ne permettra pas de saisir la réalité de la structure des grandes entreprises dans une économie mondialisée[3]. C'est l'idée de la maîtrise de la « sphère d'influence » dont les principes directeurs de l'OCDE ont été les premiers à définir[4]. A ce propos, ils énoncent que les entreprises devraient « encourager, dans la mesure du possible, leurs partenaires commerciaux, y compris leurs fournisseurs et leurs sous-traitants, à appliquer des principes de conduite des affaires conformes aux Principes directeurs[5] ». Les commentaires, reproduits dans le même document, font référence à « la capacité de faire modifier les pratiques néfastes de l'entité responsable du dommage[6] » ou l'utilisation par l'entreprise de son influence pour intervenir auprès de l'entité responsable de l'incidence négative afin de prévenir ou d'atténuer cette incidence[7]. Dès lors, l'utilisation complémentaire de notion

---

[1] Idem., spéc. II, n° A. 11 à 14, et IV, n°1 à 3 et 5, pp. 16 et 28 ; principes de l'ONU relatifs aux entreprises et aux droits de l'homme, éd. 2011, spéc. II, A. n°13, et 15 à 19, pp. 16-24.
[2] Principes directeurs de l'ONU relatifs aux entreprises et aux droits de l'homme, éd. 2011, spéc. II, A. comm. n°14, p. 17.
[3] Idem., spéc. II, B. n°18, p. 22.
[4] Les principes directeurs de l'OCDE à l'intention des entreprises multinationales, éd. 2008, spéc. n°10. p. 17.
[5] Les principes directeurs de l'OCDE à l'intention des entreprises multinationales sur la conduite responsable des entreprises, éd. 2023, spéc. II, A. n°14, p. 16.
[6] Idem., spéc. II, comm. n°22, p. 20.
[7] Ibid., spéc. II, A. comm. n°23 et 24, pp. 20-21.

de devoir de diligence et de sphère d'influence « permet de répondre aux défis posés par les caractéristiques des sociétés multinationales[1] ». Celles-ci ne sont pas de simples entités, mais plutôt un réseau d'unités juridiques distinctes et actives dans différentes juridictions dont le niveau de contrôle fluctue selon l'entité. Actuellement, il existe des obstacles juridiques et pratiques considérables qui protègent les sociétés mères de toute responsabilité découlant d'actes préjudiciables de leurs filiales. De même, les sociétés donneuses d'ordre sont en général à l'abri de toute responsabilité découlant d'actes préjudiciables commis par leurs fournisseurs ou sous-traitants. L'absence de responsabilisation qui en résulte a poussé les États à se lancer dans une compétition visant à revoir leur réglementation.

Les principes directeurs de l'OCDE prévoient que les entreprises doivent s'engager auprès des parties prenantes ou intéressées concernées en leur donnant de réelles possibilités de faire valoir leurs points de vue lorsqu'il s'agit de planifier et de prendre des décisions relatives à des projets ou activités susceptibles d'impacter significativement les populations locales[2]. Les principes directeurs de l'ONU précisent que l'évaluation des risques doit comprendre de véritables consultations avec des groupes et autres acteurs concernés susceptibles d'être touchés[3]. Les échanges entre les entreprises avec les parties intéressées dans le cadre du devoir de diligence doivent être « constructifs[4] ». Ces échanges constituent un élément important de l'ensemble du processus de diligence raisonnable.

Ainsi, pour appréhender le caractère constructif de ces échanges, les principes directeurs de l'OCDE précisent que les échanges avec les parties prenantes « doivent être réciproques et reposer sur une bonne foi mutuelle[5] » et également « être réceptifs et continus, et dans de nombreux cas précéder toute décision[6] ». Ces parties prenantes qui diffèrent en fonction des activités des entreprises peuvent être notamment « des

---

[1] B. LOEVE (dir. M. DOUCIN), « Analyse des notions de " due diligence " et de " sphère d'influence " dans le contexte du respect des droits de l'homme par les entreprises : enjeux de la définition du champ d'application des standards en matière de RSE », Cahier de droit de l'entreprise n°3, mai 2010, dossier 16.

[2] Les principes directeurs de l'OCDE à l'intention des entreprises multinationales sur la conduite responsable des entreprises, éd. 2023, spéc. II, A. n°15, p. 16. ; Guide de l'OCDE sur le devoir de diligence pour une conduite responsable des entreprises, éd. 2018, 108 p., spéc. pp. 52-53.

[3] Principes directeurs de l'ONU relatifs aux entreprises et aux droits de l'homme, éd. 2011, spéc. II, B. n°18 b), p.22.

[4] Guide de l'OCDE sur le devoir de diligence raisonnable pour une conduite responsable des entreprises, éd. 2018, spéc. p. 54.

[5] Les principes directeurs de l'OCDE à l'intention des entreprises multinationales sur la conduite responsable des entreprises, éd. 2023, spéc. II, comm. n°28, p. 22 ; Guide de l'OCDE sur le devoir de diligence pour une conduite responsable des entreprises, éd. 2018, spéc. p. 54.

[6] Guide de l'OCDE sur le devoir de diligence pour une conduite responsable des entreprises, éd. 2018, spéc. p. 54.

communautés au niveau local, des travailleurs et employés, des consommateurs, des ONG, organisations de la société civile locales, pouvoirs publics, partenaires commerciaux, actionnaires[1] ». Il ressort de cette exigence « de bonne foi et réciprocité » que l'entreprise doit être invitée à chercher à éclairer ses décisions en sollicitant l'avis de celles et ceux qui sont susceptibles d'être impactés par ses décisions. Ces échanges constructifs doivent être continus. En d'autres termes, les échanges avec les parties prenantes doivent se poursuivre tout au long du cycle de vie des opérations et des activités de l'entreprise. Ils ne doivent pas se limiter à une initiative ponctuelle. Ce point est particulièrement important s'agissant par exemple des droits des travailleurs qui participent aux opérations et aux activités de l'entreprise et qui peuvent donc à tout moment subir des effets néfastes. Il est évident que la meilleure voie indiquant l'aspect de ces échanges continus est la relation professionnelle. Cette dernière est une forme d'échanges garantissant des échanges continus entre les entreprises et les syndicats. Les entreprises devraient donc conclure des partenariats ou des accords directs avec les syndicats pour faciliter la participation des travailleurs à la conception et à la mise en œuvre de processus de diligence raisonnable, à l'application des normes relatives aux droits des travailleurs et au dépôt de plaintes.

Le devoir de diligence doit être étendu à tous les droits de l'homme internationalement reconnus, y compris les droits au travail, sans distinction[2]. Les entreprises doivent également être tenues d'exercer une diligence raisonnable en matière d'impact environnemental, notamment sur le climat. Les droits de l'homme sont des droits fondamentaux universels, inaliénables, et inhérents à la personne humaine. Aujourd'hui, on préfère utiliser le concept de « droits humains » plutôt que celui de « droits de l'homme » qui ne cessent de subir des critiques[3]. Les entreprises pourraient avoir une incidence négative sur l'ensemble des droits humains internationalement reconnus. Les principes directeurs de l'ONU énumèrent une liste des principaux droits humains internationalement reconnus[4], tels que ceux contenus dans la charte internationale des droits de l'homme et la déclaration de l'OIT relative aux principes et droits fondamentaux au travail ainsi que ses diverses conventions.

---

[1] Idem., spéc. p. 53.

[2] Principes directeurs de l'ONU relatifs aux entreprises et aux droits de l'homme, spéc. II, A. n°12, p. 15. ; Les principes directeurs de l'OCDE à l'intention des entreprises multinationales sur la conduite responsable des entreprises, éd. 2023, spéc. II, A. n°2, p. 15.

[3] S. HENNETTE VAUCHEZ et D. ROMAN, « Droits de l'homme et libertés fondamentales », 4è éd., Dalloz, Hypercours, Paris, 2020, 735 p., spéc. p. 77 et s., n°84 et 85.

[4] Principes directeurs de l'ONU relatifs aux entreprises et aux droits de l'homme, spéc. II, A. n°12, p.15.

La charte internationale des droits de l'homme de l'ONU comprend la déclaration universelle des droits de l'homme, DUDH de 1948 ainsi que les deux pactes de 1966, pacte international relatif aux droits civils et politiques, PIDCP, et pacte international relatif aux droits économiques, sociaux et culturels, PIDESC. Elle se fonde sur la reconnaissance de l'indivisibilité et de l'interdépendance de tous les droits humains, et précise clairement que le déni d'un droit empêche invariablement la jouissance des autres. Dès lors, la responsabilité des entreprises en matière de respect doit s'appliquer à tous les droits humains internationalement reconnus.

Les PIDCP et PIDESC représentent la première et la seconde génération des droits de l'homme. Une nouvelle génération est apparue, la troisième, celle des droits collectifs ou solidaires dont le droit à un environnement sain. Ainsi, l'initiative française de l'adoption dans la sphère internationale sous l'égide de l'ONU du pacte mondial pour l'environnement est un acte à saluer. Ce projet de 26 articles élaboré et préparé par le Club des Juristes en France[1], est présenté par le Président Macron à l'ONU le 19 septembre 2017.

S'il est vrai que les principes directeurs de l'ONU n'abordent pas spécifiquement les questions environnementales, il est évident que les droits humains internationalement reconnus comprennent des aspects environnementaux, comme notamment les droits à la vie, à la santé, à l'accès à l'eau et à l'alimentation, ou les droits des populations autochtones[2]. Les Principes directeurs de l'OCDE le reconnaissent également en définissant la conduite que les grandes entreprises devraient adopter pour tenir compte de la nécessité de protéger l'environnement, la santé et la sécurité tout en contribuant au développement durable[3]. Une saine gestion de l'environnement est « une responsabilité et une opportunité pour les entreprises[4]». Elles doivent, à ce titre, prêter attention aux problèmes environnementaux dans leurs stratégies.

Les principes directeurs de l'OCDE, à la différence majeure des ceux de l'ONU, visent aussi, entre autres la prévention des risques particuliers de corruption et d'autres formes d'extorsions[5], la préservation des intérêts des consommateurs où les entreprises doivent se conformer, dans leurs relations avec les consommateurs, à des pratiques loyales en matière commerciale, de marketing et de publicité en prenant toutes les mesures

---

[1] Projet de Pacte mondial pour l'environnement, La Sorbonne, Paris, 24 juin 2017.

[2] Sur le sujet, voir CEDH (Cour européenne des droits de l'homme), Guide sur la jurisprudence de la Convention – Environnement, 1ère éd., juill. 2021, 93 p. Ce guide analyse et résume la jurisprudence relative aux dispositions de la Convention européenne des droits de l'homme applicables en matière d'environnement.

[3] Les principes directeurs de l'OCDE à l'intention des entreprises multinationales sur la conduite responsable des entreprises, éd. 2023, spéc. VI, p. 37 et s.

[4] Principes directeurs de l'OCDE à l'intention des entreprises multinationales, éd. 2011, spéc. VI, comm. n°62, p. 52.

[5] Les principes directeurs de l'OCDE à l'intention des entreprises multinationales sur la conduite responsable des entreprises, éd. 2023, spéc. VII, pp. 44-48.

raisonnables pour garantir la qualité et la fiabilité des biens ou des services qu'elles fournissent[1].

Outre la délimitation du domaine de diligence raisonnable évoquée, les mesures qui constituent les processus de diligence doivent, selon le Guide de l'OCDE[2], reposer sur quatre axes : identification des risques, prévention et atténuation des risques, remédiation et réparation et, enfin, rendre compte et communiquer. Ce sont des outils de gestion au service de la diligence raisonnable[3].

B. Les quatre axes des mesures de diligence raisonnable

Les principes directeurs de l'ONU prévoient qu' « afin d'identifier leurs incidences sur les droits de l'homme, prévenir ces incidences et en atténuer les effets, et rendre compte de la manière dont elles y remédient, les entreprises doivent faire preuve de diligence raisonnable (…). Ce processus devrait consister à évaluer les incidences effectives et potentielles sur les droits de l'homme, à regrouper les constatations et à leur donner une suite, à suivre les mesures prises et à faire savoir comment il est remédié à ces incidences[4] ». Nous comprenons que les entreprises sont tenues d'éviter de porter atteinte aux droits humains et à l'environnement et remédier aux effets négatifs que peuvent avoir leurs activités en identifiant, prévenant et atténuant les incidences négatives, et en rendant compte de la manière dont elles y remédient. Le devoir de diligence raisonnable apparaît alors non pas comme une obligation de résultat mais de moyen qui consiste à adopter une série de mesures appropriées dans l'objectif d'atteindre des cibles bien définies et à respecter un niveau minimal de prudence.

Le premier axe consiste à identifier et évaluer les risques. A cet effet, les principes directeurs de l'ONU allèguent que « les entreprises devraient commencer par prévenir et atténuer les atteintes les plus graves ou celles auxquelles tout retard d'intervention donnerait un caractère irrémédiable[5] ». Quant aux principes directeurs de l'OCDE, la nouvelle version de 2023, tout en précisant que les entreprises doivent appliquer « une diligence raisonnable fondé sur les risques », son guide dispose : « (…) à partir des informations obtenues sur les impacts négatifs réels et potentiels de l'entreprise, classer si nécessaire les risques d'impacts négatifs (…) par ordre de priorité, et définir les mesures à prendre en fonction de la gravité et de

---

[1] Idem, spéc. VIII, pp. 49-52.

[2] Guide de l'OCDE sur le devoir de diligence pour une conduite responsable des entreprises, éd. 2018, spéc. pp. 24-38.

[3] A. HACTHUEL et B. SEGRESTIN, « Devoir de vigilance : la norme de gestion comme source de droit ? », Droit et société, 2020/3, n°106, pp. 667-682.

[4] Principes directeurs de l'ONU relatifs aux entreprises et aux droits de l'homme, spéc. II, B., n°17, p. 20.

[5] Idem., spéc. II, B., n°24, p. 30.

la probabilité de ces derniers[1] ». Il ressort de ces dispositions qu'il incombe aux entreprises d'effectuer des analyses ou identifications. L'outil efficace pour effectuer de telles analyses relève, selon les termes des principes directeurs, des « systèmes généraux de gestion des risques[2] ». Ces systèmes de gestion permettent d'obtenir des résultats fiables. La cartographie des risques en est l'outil.

Les entreprises doivent alors établir des cartographies des risques, d'impacts négatifs potentiels à l'égard des populations et parties intéressées concernées et de l'environnement, liés aux activités de l'entreprise et à ses relations d'affaires. Celles-ci devraient inclure les incidences négatives générées par l'entreprise elle-même et ses filiales, ainsi que celles induites par les partenaires commerciaux de l'entreprise. Elle doit également identifier et évaluer les pratiques contractuelles et commerciales qui pourraient être à l'origine d'incidences négatives. Une telle cartographie peut se fonder sur une approche par domaines, par secteurs d'activité, par zones géographiques et par fournisseurs. L'entreprise peut également recourir à un autre outil des systèmes de gestion des risques qui est « la matrice de matérialité ». Celle-ci favorisera la priorisation des risques. Leurs classifications peuvent s'établir en fonction de la sévérité, la probabilité de survenance et la capacité à les maîtriser.

L'évaluation doit être continue ou permanente. Les entreprises doivent favoriser et s'appuyer sur un processus continu de mise à jour et d'analyse de leurs cartographies des risques. A ce titre, les principes directeurs de l'ONU affirment que la diligence raisonnable devrait « s'exercer en permanence, étant donné que les risques en matière de droits de l'homme peuvent changer à terme au fur et à mesure de l'évolution des activités et du cadre de fonctionnement de l'entreprise commerciale[3] ». En ce qui concerne les principes directeurs de l'OCDE, la diligence raisonnable est « une activité continue, étant entendu que les risques concernant les droits de l'homme peuvent changer à mesure que les activités de l'entreprise et son environnement évoluent[4] ».

Le deuxième axe est relatif à la prévention et l'atténuation des incidences négatives. Selon les principes de l'ONU, afin de prévenir et d'atténuer les

---

[1] Guide de l'OCDE sur le devoir de diligence pour une conduite responsable des entreprises, éd. 2018, spéc. p. 29 et 81.

[2] Principes directeurs de l'ONU relatifs aux entreprises et aux droits de l'homme, spéc. II, B., comm. n°17, p. 21. ; Principes directeurs de l'OCDE à l'intention des entreprises multinationales sur la conduite responsable des entreprises, éd. 2023, spéc. II, comm. n°15-16, p. 19.

[3] Principes directeurs de l'ONU relatifs aux entreprises et aux droits de l'homme, spéc. II, B., n°17, p. 20.

[4] Principes directeurs de l'OCDE à l'intention des entreprises multinationales, éd. 2011, spéc. IV., comm. n°45, p. 40. ; Les principes directeurs de l'OCDE à l'intention des entreprises multinationales sur la conduite responsable des entreprises, éd. 2023, spéc. IV, comm. 45, p. 29.

incidences négatives, les entreprises « devraient tenir compte des résultats de leurs études d'impact pour toute l'étendue des fonctions et processus internes pertinents et prendre les mesures qui s'imposent. Le processus décisionnel interne, les allocations budgétaires et les processus de contrôle permettent de prendre des mesures efficaces contre ces incidences[1] ». Les incidences potentielles ou non réalisées « doivent être traitées grâce à des mesures de prévention ou d'atténuation[2]». Les incidences réelles ou effectives « doivent être traitées grâce à des mesures de réparations[3] ».

Il convient de comprendre de ces dispositions qu'il est alors nécessaire d'engager l'entreprise au plus haut niveau sur la politique de diligence raisonnable, afin de favoriser la bonne mise en œuvre de ces politiques dans la société mère comme dans ses filiales et auprès de ses relations d'affaires. L'entreprise doit former l'ensemble des métiers et favoriser la diffusion de bonnes pratiques. Elle doit permettre l'émergence des synergies au sein de l'entreprise. Celles-ci impliquent notamment de former les personnels ou acheteurs, fournisseurs, sous-traitants qui seront tenus de veiller à bien intégrer des critères sociaux et environnementaux dans les processus d'achat, mais aussi en fonction de risques identifiés. Ce qui revient à dire qu'il est également important de mettre en œuvre de processus dynamiques sur les pratiques de l'entreprise et celles de ses fournisseurs et sous-traitants, dont les engagements en matière de diligence raisonnable doivent être inclus dans des clauses du contrat les liant à la société mère ou donneuse d'ordre. Il est aussi nécessaire de les accompagner pour l'amélioration de leurs pratiques. En fonction de risques identifiés, il faut prévoir des évaluations, des audits, des plans d'action correctifs.

En revanche, il existe des situations dans lesquelles l'entreprise n'a pas le pouvoir de prévenir ou d'atténuer les incidences négatives ni n'est en mesure d'accroître son influence. Dans ce cas, selon les principes directeurs de l'ONU, « elle devrait envisager de mettre un terme à la relation, en prenant en compte les évaluations fiables qui pourraient être faites des incidences négatives sur les droits de l'homme d'une telle initiative[4] ». L'entreprise peut alors envisager « en dernier recours de rompre une relation d'affaires après échec de mesures prises pour prévenir ou atténuer des impacts négatifs graves ; lorsque les impacts négatifs sont irrémédiables ; lorsqu'il n'y a aucune perspective raisonnable de changement ; ou lorsqu'elle a identifié des risques ou impacts négatifs

[1] Principes directeurs de l'ONU relatifs aux entreprises et aux droits de l'homme, spéc. II, B., n°19, p. 24.
[2] Les principes directeurs de l'OCDE à l'intention des entreprises multinationales sur la conduite responsable des entreprises, éd. 2023, spéc. II, comm. n°16, p. 19 ; Principes directeurs de l'ONU relatifs aux entreprises et aux droits de l'homme, spéc. II, B., comm. n°17, p. 21.
[3] Idem.
[4] Principes directeurs de l'ONU relatifs aux entreprises et aux droits de l'homme, spéc. III, B., n°18, p. 22.

graves et que l'entité causant lesdits risques ou impacts négatifs ne prend pas de mesures immédiates pour les prévenir ou les atténuer[1]». Dès lors, selon les principes de l'OCDE, « les réponses appropriées peuvent prendre plusieurs formes : poursuite de la relation pendant les efforts d'atténuation des risques ; suspension temporaire avec poursuite des efforts d'atténuation des risques ; ou, en dernier recours, rupture de la relation avec le fournisseur, soit après que les efforts d'atténuation des risques ont échoué, soit parce que l'entreprise estime qu'aucune atténuation n'est possible, soit à cause de la gravité de l'incidence négative[2] ».

Le troisième axe se rapporte à la remédiation et réparation des incidences négatives. La remédiation implique que l'entreprise puisse établir et participer à des contrôles d'efficacité de mesures prises, des mécanismes de réclamation et de médiation. Les entreprises « devraient contrôler l'efficacité des mesures qu'elles ont prises. Ce contrôle devrait se fonder sur des indicateurs qualitatifs et quantitatifs appropriés et s'appuyer sur les appréciations de sources tant internes qu'externes, y compris des acteurs concernés[3] ». Aussi, concernant les mécanismes de réclamation, les principes directeurs de l'ONU prévoient que « pour pouvoir examiner rapidement les plaintes et y remédier directement, les entreprises devraient établir des mécanismes de réclamation au niveau opérationnel ou y participer pour les individus et les collectivités qui risquent d'être lésés[4] ».

Ces mécanismes, pour être efficaces, doivent réunir certains critères. Par conséquent, les principes directeurs de l'OCDE envisagent que « les mécanismes de réclamation au sein de l'entreprise, disponibles pour les personnes susceptibles d'être affectées par les entreprises, peuvent être efficaces à condition de remplir les critères suivants : légitimité, accessibilité, prévisibilité, caractère équitable, compatibilité avec les Principes directeurs et la transparence[5] ». La présence de mécanismes efficaces de réclamation au niveau opérationnel est essentielle pour l'exercice de la diligence raisonnable. Ils aident, en effet, à identifier les incidences négatives sur de tels droits dans le cadre de la diligence raisonnable dont doit faire preuve l'entreprise en offrant aux personnes directement concernées un moyen de faire connaître leurs préoccupations lorsqu'elles estiment que les activités d'une entreprise ont, ou auront, une incidence négative.

---

1 Guide de l'OCDE sur le devoir de diligence pour une conduite responsable des entreprises, éd. 2018, spéc. pp. 33 et 89.

2 Les principes directeurs de l'OCDE à l'intention des entreprises multinationales sur la conduite responsable des entreprises, éd. 2023, spéc. II, comm. n°25, p. 21.

3 Principes directeurs de l'ONU relatifs aux entreprises et aux droits de l'homme, spéc. II, B., n°20, p. 26.

4 Idem., spéc. III, B., n°29, p. 36.

5 Principes directeurs de l'OCDE à l'intention des entreprises multinationales, éd. 2011, spéc. IV., comm. n°46, p. 40-41 ; principes directeurs de l'ONU relatifs aux entreprises et aux droits de l'homme, spéc. III, B., n°31, p. 38.

De plus, ces mécanismes peuvent offrir une possibilité de résoudre les plaintes une fois identifiées et permettre à l'entreprise de remédier rapidement et directement aux effets néfastes de ses activités. Ils peuvent ainsi éviter l'aggravation des préjudices et l'intensification des griefs. L'entreprise doit examiner l'ensemble des outils de remédiation à sa disposition afin de mettre en œuvre les plus adaptés à la situation constatée. Ces actions peuvent être de différentes natures telles que : reconnaissance des faits, excuses publiques, restitution, réhabilitation, compensation financière ou non-financière, engagement d'améliorations ou encore financement de programmes éducatifs. Au-delà des actions mises en œuvre par l'entreprise, la réparation peut également passer par l'accès des victimes à la justice[1]. Dans le cadre de principes directeurs de l'OCDE, les États parties s'engagent, toutefois, à encourager le respect du devoir de diligence sur le territoire national à travers leurs points de contacts nationaux, PCN[2]. Ces derniers assurent la régulation des relations entre les entreprises et la société civile. N'étant pas des instances judiciaires, ils sont saisis par le biais de « circonstances spécifiques » et reçoivent les plaintes et dénonciations des mauvais agissements des entreprises multinationales et de leurs filiales dans les pays en développement.

Le quatrième axe est la communication. Les principes directeurs de l'ONU affirment que « pour rendre compte de la façon dont elles remédient à leurs incidences sur les droits de l'homme, les entreprises devraient être prêtes à communiquer l'information en externe[3] ». Ceux de l'OCDE encouragent les entreprises à la « publication ou (...) communication portant sur des domaines où les normes d'information sont encore en train d'évoluer (par exemple données sociales, informations environnementales ou informations concernant les risques) (...), il peut s'étendre, par exemple, à des informations sur les activités de sous-traitants et de fournisseurs, ou de partenaires dans le cadre de co-entreprise[4] ». Ils précisent dans sa version de 2023 qu'il est important que « les entreprises publient des informations en matière de conduite responsable des entreprises, notamment dans le cadre de leur responsabilité de mettre en œuvre le devoir de diligence[5] ».

Il convient de communiquer, dans la mesure du possible, non seulement sur les risques identifiés par l'entreprise mais aussi sur la méthode d'évaluation, les mesures mises en œuvre pour prévenir et atténuer les

---

[1] Principes directeurs de l'ONU relatifs aux entreprises et aux droits de l'homme, spéc. III, B., n°26, p. 32.

[2] Sur le sujet, voir : M. SOUQUE, « La structure et le rôle des PCN, diversité et culture nationale », in *40 ans des lignes directrices de l'OCDE pour les entreprises multinationales (dir. N. BONUCCI et C. KESSEDJIAN)*, éd. Pedone, Paris, 2018, 212 p., pp. 141-155.

[3] Principes directeurs de l'ONU relatifs aux entreprises et aux droits de l'homme, spéc., II, A., n°21, p. 27.

[4] Principes directeurs de l'OCDE à l'intention des entreprises multinationales, éd. 2011, spéc. III, comm. n°33, p. 35.

[5] Les principes directeurs de l'OCDE à l'intention des entreprises multinationales sur la conduite responsable des entreprises, éd. 2023, spéc. III, n°3, p. 23.

risques et les résultats obtenus. La communication pourra s'effectuer, au minimum, annuellement dans le cadre du reporting de l'entreprise. Ces communications doivent être accessibles puisqu'elles intéressent les parties prenantes. Elles devront le plus souvent possible être rendues publiques via un site internet accessible à tous.

Le devoir de diligence ne découle pas seulement des principes directeurs, il est aussi prévu par les normes ISO 26000 et Pacte mondial de l'ONU.

§2. Les normes ISO 26000 et Pacte mondial de l'ONU

La norme ISO 26000 utilise la terminologie de « devoir de vigilance ». Il est défini comme « une démarche globale, proactive d'identification, visant à éviter et atténuer les impacts négatifs sociaux, environnementaux et économiques, réels et potentiels, qui résultent des décisions et activités d'une organisation sur tout le cycle de vie d'un de ses projets ou activités[1] ». Le Pacte mondial de l'ONU ne prévoit pas directement le devoir de vigilance. Mais l'analyse de ses trois principes du domaine de l'environnement renvoie à l'idée de vigilance. Il ressort de ces trois principes, lesquels interagissent avec les sept autres[2], une approche de précaution en incitant les entreprises de veiller à assurer la gestion rationnelle et rigoureuse des produits et des procédés dans un souci de protection de la santé, de la sécurité et du respect de l'environnement[3]. Ainsi, il sera question de revenir premièrement sur la norme ISO 26000 (**A**), ensuite analyser le Pacte mondial de l'ONU (**B**).

A. La norme ISO 26000

La norme ISO 26000, par ses caractéristiques, est considérée comme « une norme " hors-norme " [4] ». Elle est le fruit d'une collaboration qui s'est échelonnée sur six années. Elle a été élaborée par des centaines d'experts de 90 pays et de 40 organisations internationales représentant les consommateurs, le gouvernement, l'industrie, le milieu du travail, les ONG

---

[1] Norme NF ISO 26000, Lignes directrices relatives à la responsabilité sociétale, AFNOR, X30-026, 2010, art. 2.4.

[2] Pour une étude des 10 principes du Pacte mondial, voir notamment : L. BOISSON DE CHAZOURNES et E. MAZUYER, « Le Pacte mondial des Nations Unies, 10 ans après », CERIC, Bruylant, Bruxelles, 206 p.

[3] I. MICHALLET, « Le Pacte mondial et la protection de l'environnement », in *Le Pacte mondial des Nations Unies, 10 ans après (dir. L. BOISSON DE CHAZOURNES et E. MAZUYER)*, CERIC, Bruylant, Bruxelles, 206 p., pp. 111-123.

[4] M. CAPRON, « Introduction », in *ISO 26000 : une norme « hors-norme » ? Vers une conception mondiale de la responsabilité sociétale (dir. M. CAPRON, F. QUAIREL-LANOIZELEE et M-F. TURCOTTE)*, éd. Economica, Paris, 2011, 223 p., pp. 5-15, spéc. p. 6.

et les services, le milieu des experts-conseils, la recherche, etc., tant dans les pays développés que dans les pays en développement[1]. Cette norme se distingue dans son caractère non contraignant et n'est pas destinée à la certification comme c'est le cas pour d'autres normes du système de management ISO. L'emploi du concept « responsabilité sociale des organisations » dans la norme ISO 26000 fait « écho au fait que d'autres organisations que les entreprises sont aussi interpelées par le développement durable et le bien-être de la société[2] ». Elle concerne les entreprises de toutes tailles, autant les PME que la grande entreprise mondialisée.

En suivant la définition de la RSE qu'elle consacre, il ressort que son objet est de convier les dirigeants des organisations à s'interroger sur leurs propres valeurs, leurs attitudes, leur culture, et à se remettre en question. Autrement dit, elle invite les organisations à revisiter leur place ou rôle dans la société en adoptant un comportement éthique qui requiert également la reconnaissance et prise en compte des attentes des parties prenantes. La norme ISO 26000 considère l'éthique comme la pierre d'assise de tout « comportement conforme en accord aux principes acceptés d'une conduite juste ou bonne dans le contexte d'une situation particulière, et en cohérence avec les normes internationales de comportement[3] ». A ce titre, le devoir de vigilance, reconnue comme l'une des normes internationales de comportement, est consacrée par la norme ISO 26000 non seulement dans la question centrale relative aux droits de l'homme[4] mais aussi dans d'autres questions centrales[5]. La norme affirme que « comme le devoir de vigilance s'applique à toutes les questions centrales, y compris aux droits de l'homme, d'autres refondations peuvent être consultées sur le devoir de vigilance en 7.3.1[6] ». Il y apparait donc comme l'un des domaines d'action des droits de l'homme consistant en une démarche globale et proactive qui permet d'identifier les impacts négatifs sociaux, environnementaux et économiques, réels et potentiels, résultant des décisions et activités d'une organisation, dans le but de les éviter ou les atténuer.

En effet, prendre des mesures pour comprendre et empêcher son entreprise d'avoir un impact négatif sur les droits humains implique de

---

[1] C. RUWET, « ISO 26000 : vers une démocratisation de la procédure ISO ? », in *préc.*, pp. 55-71.

[2] C. GENDRON, « ISO 26000 : une définition socialement construite de la responsabilité sociale », in *préc.*, pp. 17-36, spéc. p.22.

[3] Norme NF ISO 26000, Lignes directrices relatives à la responsabilité sociétale, AFNOR, X30-026, 2010, art. 2.7.

[4] Idem., art. 6.3. 3.

[5] L'ISO 26000 aborde sept questions centrales de responsabilité sociétale définies dans la norme spécialement en son article 6 : droits de l'homme (art. 6.3), relations et conditions de travail (art. 6.4), l'environnement (art. 6.5), loyauté des pratiques (art. 6.6), questions relatives aux consommateurs (art. 6.7), et enfin communautés et développement local (art. 6.8.).

[6] Ibid., art. 6.3.3.2.

recourir au devoir de vigilance. Par ce mécanisme, l'entreprise doit aussi influencer le comportement d'autres entités avec lesquelles elle entretient des liens étroits. Ces entités peuvent être les filiales, sous-traitants ou fournisseurs lorsqu'ils peuvent être à l'origine de violations des droits humains. La norme ISO 26000 exhorte l'entreprise, dans le cadre du déploiement du devoir de vigilance, à contrôler plusieurs éléments[1].

Ainsi, l'entreprise est tenue de déployer une politique des droits humains qui fournisse des lignes directrices faisant sens pour ceux qui font partie de l'organisation et pour leurs proches interlocuteurs. Elle doit mettre en place un moyen d'évaluer la manière dont les activités proposées ou déjà existantes peuvent avoir une incidence sur les droits humains ; un moyen d'intégrer la politique des droits humains dans l'ensemble de l'organisation ; des moyens d'effectuer un suivi des performances dans le temps, pour être en mesure de réaliser les ajustements nécessaires au niveau des priorités et de l'approche adoptée ; des actions destinées à traiter les impacts négatifs des décisions et activités de l'organisation. Certaines situations peuvent engendrer des défis et des dilemmes pour l'entreprise à propos des droits humains. Si le comportement que l'entreprise doit adopter en pareil cas nécessite des décisions difficiles, la résolution doit reposer sur le respect total des droits humains. A ce propos, la norme ISO 26000 rappelle que la complexité d'une situation ne peut être invoquée comme prétexte pour l'inaction. L'entreprise est donc tenue de faire en sorte que l'objectif de respecter les droits humains soit réellement atteint[2].

Les éléments sus-évoqués que doivent contrôler l'entreprise dans le cadre du déploiement du devoir de vigilance, devraient se faire avec la participation ou l'implication des parties prenantes. Elles sont définies, selon les termes de la norme ISO 26000, comme « individu ou groupe ayant un intérêt dans les décisions ou activités d'une organisation[3] ». Son identification par l'entreprise et le dialogue de celle-ci « avec elles sont essentiels pour aborder la responsabilité sociétale d'une organisation[4] ». La norme ISO 26000 apporte un éclairage sur les relations que doivent avoir l'entreprise avec les parties prenantes. Trois types de relations se dégagent[5]. Premièrement, la relation entre l'entreprise et la société en ce qu'il convient que celle-ci comprenne la manière dont ses décisions et activités impactent la société et l'environnement. Deuxièmement, la relation entre l'entreprise et ses parties prenantes qui s'explique du fait que l'entreprise doit avoir conscience de la diversité de ses parties prenantes dont les intérêts pourraient être affectés par ses décisions et activités. Enfin, la relation entre les parties prenantes et la société. Pour cette dernière relation, il convient à

---

[1] Ibid.
[2] Ibid., art. 6.3.4.2.
[3] Ibid., art. 2.20.
[4] Ibid., art.5.3.1.
[5] Ibid., art.5.2.1.

l'entreprise de comprendre le lien existant d'une part entre les intérêts des parties prenantes qui sont touchées et, d'autre part, les attentes de la société. L'implication des parties prenantes est souhaitable dans l'établissement de ses priorités d'action. Les choix pourraient porter sur une action à long terme, ou d'intérêt immédiat pour une partie prenante, ou sur une action qui peut se réaliser rapidement et facilement pour entraîner une atténuation.

La norme ISO 26000 recourt à la notion de sphère d'influence. Elle y est définie comme « portée, ampleur des relations politiques, contractuelles, économiques ou autres à travers lesquelles une organisation a la capacité d'influer sur les décisions ou les activités des personnes ou d'autres organisations[1] ». Elle désigne l'aire d'exercice d'un pouvoir entendu comme la capacité pour une entreprise d'orienter les conduites et l'activité d'autres entreprises, sans remettre en cause leur autonomie juridique. Un auteur relève à juste titre que la notion de sphère d'influence, dans le cadre de la norme ISO 26000, doit être comprise en lien avec la notion de devoir de vigilance[2]. Pour un autre, « les références au devoir de vigilance et à la sphère d'influence sont omniprésentes, parfois même expressément combinées, le lien entre les deux étant établi. C'est dire qu'une importance cruciale est attachée à la due diligence et à la sphère d'influence comme moyen de matérialiser la responsabilité sociétale au sein des entreprises et dans les rapports qu'elles entretiennent dans leur périmètre d'activité[3] ».

La notion de sphère d'influence est l'une des pistes pour déterminer le champ d'application et l'étendue des procédures de devoir de vigilance mises en œuvre par les grandes entreprises. La capacité pour une grande entreprise d'orienter les conduites et l'activité d'autres entreprises peut être déterminée par différents facteurs comme le degré de contrôle direct par la grande entreprise sur l'entité, s'il existe ; sa capacité à inciter l'entité à améliorer les résultats en matière de droits humains eu égard aux avantages liés à la réputation ; les termes du contrat entre la grande entreprise et l'entité ; la proportion d'affaires que la grande entreprise représente pour l'entité ; la capacité de la grande entreprise à s'engager avec le gouvernement local ou central en exigeant de meilleurs résultats en matière de droits humains par l'entité, à travers la mise en œuvre de règlements, contrôles, sanctions, etc.

La sphère d'influence, dans le cadre de la norme ISO 26000, ne vise pas directement la grande entreprise comme étant responsable des impacts occasionnés par des entités qu'elle contrôle. En revanche, selon son degré de contribution aux impacts négatifs, « il y aura des situations où une

---

[1] Ibid., art.2.19.

[2] N. MATHEY « La responsabilité sociale des entreprises et les droits de l'homme », in *Responsabilité sociale des entreprises : regards croisés Droit et Gestion (dir. F-G. TREBULLE et O. UZAN)*, éd. Economica, Paris, 2011, 530 p., pp. 163-189, spéc. p. 180.

[3] B. PEREIRA, « ISO 26000, due diligence, sphère d'influence et droits de l'homme », Revue de l'organisation responsable, 2014/2, vol. 9, pp. 60-75, spéc. p. 61.

organisation aura la responsabilité d'exercer une influence[1] ». La grande entreprise a un devoir de vigilance quant aux activités relevant de sa chaîne de valeur ou de la chaîne d'approvisionnement. Concrètement, selon sa taille et les circonstances, cette vigilance pourra se traduire par les actions[2] ou éléments susdits telles que l'instauration, pour une question centrale donnée, d'une politique fournissant des lignes directrices aux membres de l'organisation et à ceux qui travaillent étroitement avec elle ; le déploiement de moyens pour évaluer les incidences sur les objectifs de la politique en regard aux activités proposées ou existantes ; la proposition de moyens d'intégrer la responsabilité sociétale dans l'ensemble de l'organisation tout en sachant que ces plans devront être revus périodiquement.

L'entreprise est alors invitée à adopter, soutenir et appliquer dans sa sphère d'influence un ensemble de valeurs fondamentales dans le domaine des droits humains ou des droits fondamentaux au travail et l'environnement. La norme ISO 26000 précise qu'une entreprise se doit de respecter en tout temps les droits humains, et d'aider à garantir leur respect dans sa sphère d'influence. Parmi ces droits humains, elle cite les droits civils et politiques qui sont des « droits absolus tels que le droit à la vie, le droit de vivre dans la dignité, le droit d'être protégé contre la torture, le droit à la sécurité de sa personne, le droit à la propriété individuelle, à la liberté et à l'intégrité de la personne ainsi que le droit à un procès en bonne et due forme (...)[3] » ; les droits économiques, sociaux et culturels qui représentent des droits dont bénéficie chaque individu en sa qualité de membre de la société et qui sont indispensables à sa dignité et à son accomplissement personnel. Ils comprennent, notamment, « le droit à la santé, à l'éducation, au travail, à la nourriture, à la religion et à la culture, y compris à un niveau de vie suffisant pour assurer sa santé physique et morale et son bien-être ainsi que celui de sa famille[4] ».

Les recommandations de la norme ISO 26000 en matière de droits fondamentaux au travail sont fondées sur les conventions de l'OIT. Elles visent à assurer la liberté d'association et la reconnaissance effective du droit aux négociations collectives ; éliminer toutes les formes de travail forcé ou obligatoire ; abolir le travail des enfants ; éliminer la discrimination en matière d'emploi et de profession[5]. L'entreprise doit garantir le respect des droits fondamentaux au travail en exerçant son obligation de vigilance, indépendamment de la législation en vigueur dans les pays dans lesquels elle est active. Aussi, elle est appelée à prévenir le risque de complicité en se conformant aux exigences juridiques et sociétales en vigueur et en s'assurant que ses règlements de sécurité, y compris ses contrats négociés avec des

[1] Ibid., art.5.2.3.
[2] Ibid., art.7.3.1.
[3] Ibid., art.6.3.8.1.
[4] Ibid., art.6.3.9.1.
[5] Ibid., art.6.3.10.1.

sous-traitants, ne violent pas les droits humains et droits fondamentaux au travail[1].

Concernant l'environnement, ses questions sont étroitement liées à l'engagement sociétal, aux droits de l'homme, et divers degrés, aux autres questions centrales traitées dans la norme notamment les relations et conditions de travail, la loyauté des pratiques, les questions relatives aux consommateurs et implication aux communautés locales. La norme ISO 26000 fournit des principes et des approches destinés à orienter les organisations dans l'examen de leurs pratiques et dans la mise en œuvre de modes de fonctionnement plus respectueux de l'environnement. Les principes et les approches retenus par l'ISO s'inspirent, entre autres, des principes de la déclaration de Rio sur l'environnement et le développement. Une entreprise responsable évalue et réduit les risques pour l'environnement en alignant ses activités sur les principes de développement durable notamment ceux relatifs à la prévention, la précaution, la responsabilité environnementale. Elle doit également mettre en œuvre des procédures d'urgence visant à limiter les conséquences d'accidents sur l'environnement et communiquer toute conséquence nocive aux autorités et aux communautés intéressées. La norme ISO 26000 recommande plusieurs approches et stratégies éprouvées permettant aux entreprises de remédier aux impacts environnementaux négatifs[2] tels que l'approche de cycle de vie, l'évaluation des impacts sur l'environnement, une production plus propre et éco-efficiente, l'approche de système produits-services, la mise en œuvre de techniques et de pratiques saines, une politique d'achat durable.

Enfin, la norme ISO 26000 prévoit le mécanisme de réclamation et de remédiation. L'entreprise doit mettre en place des mécanismes organisationnels pour corriger les atteintes aux droits humains et à l'environnement permettant à une partie prenante de demander réparation parallèlement aux mécanismes judiciaires existants et non en substitution de ces mécanismes[3]. Pour être efficace, ils doivent être : légitimes, accessibles, prévisibles, équitables, compatibles avec les droits, clairs et transparents et fondés sur le dialogue et la médiation[4].

Outre l'ISO 26000, soulignons que le devoir de vigilance n'est pas ignoré par le Pacte mondial de l'ONU.

B. Le Pacte mondial de l'ONU

---

[1] Ibid., art.6.3.5.1.

[2] Ibid., art.6.5.2.2.

[3] Ibid., art.6.3.6.2.

[4] Ibid., art.6.3.6.2.

Le Pacte mondial de l'ONU ou *UN Global compact* en anglais est adopté en 2000[1] et mis à jour en 2006 avec comme objectif de faire progresser des entreprises en matière de RSE. Il n'est pas un instrument contraignant ni de certification mais une initiative volontaire. Autrement dit, il s'agit d'un cadre d'engagement volontaire par lequel les entreprises, associations ou ONG sont invitées à respecter les dix principes universellement acceptés touchant quatre domaines : les droits de l'homme, les normes du travail, l'environnement et la lutte contre la corruption.

En adhérant, l'entreprise proclame publiquement son attachement à ces dix principes qui d'ailleurs sont inspirés des principes inscrits dans la DUDH, les Conventions et déclarations de l'OIT, les résolutions du sommet de Rio sur l'environnement de 1992, les résolutions du sommet de Copenhague sur les questions sociales de 1995 et la Convention de l'ONU contre la corruption. Ainsi, l'adhérent s'engage à prendre des mesures pour modifier la façon dont il opère afin que le Pacte mondial et ses principes s'intègrent à son mode d'administration, à sa stratégie, à sa culture et à ses activités. Aussi, il est tenu de les décrire dans son rapport annuel ou dans un rapport de gestion similaire et à faire campagne en faveur du Pacte mondial et de ses principes. Ce référentiel d'engagement a le mérite de marquer d'une manière concrète l'engagement des entreprises et de les inscrire dans une démarche de progrès[2].

L'idée d'un devoir de vigilance apparaît principalement dans l'analyse des trois principes relevant du domaine de l'environnement. Il s'agit de trois invitations à destination des entreprises : appliquer l'approche de précaution aux problèmes touchant l'environnement (Principe n°7), prendre des initiatives tendant à promouvoir une plus grande responsabilité en matière d'environnement (Principe n°8) et favoriser la mise au point et la diffusion de technologies respectueuses de l'environnement (Principe n°9). Ces trois principes, comme le relève un auteur, « traitent de l'environnement au sens large et indiquent des orientations qui, si elles sont suivies, peuvent engendrer un véritable renversement du fonctionnement des entreprises, en intégrant la protection de l'environnement comme paramètre de toute prise de décision[3] ».

En effet, le principe n°7 invite les entreprises à appliquer « l'approche de précaution ». Quoiqu'inspiré de la déclaration de Rio, qui évoque dans

---

[1] Il est né d'une initiative de Monsieur KOFFI ANNAN, alors Secrétaire général de l'ONU exposée au forum économique mondial de Davos le 31 janv. 1999. Un an et demi plus tard, soit le 26 juill. 2000, le Pacte mondial sera lancé officiellement. Voir : H. GHERARI, « Le profil juridique et politique du Pacte mondial », in *Le Pacte mondial des Nations Unies, 10 ans après (dir. L. BOISSON DE CHAZOURNES et E. MAZUYER)*, CERIC, Bruylant, Bruxelles, 206 p., pp. 7-32, spéc. p. 7.

[2] J-C. NAJAR, « La responsabilité sociale de l'entreprise », in *L'entreprise multinationale dans tous ses états (dir. R. SEVE)*, Dalloz, coll. Archives de philosophie du droit, tome 56, Paris, 2013, 464 p., pp. 295-319, spéc. p. 299.

[3] I. MICHALLET, « Le Pacte mondial et la protection de l'environnement », op. cit., spéc. p. 111.

son principe n°15 le « principe de précaution », le Pacte mondial ne reprend pas le terme exact de la déclaration de Rio. Dans le principe n°15 de la déclaration de Rio, il est question qu' « en cas de risque de dommages graves ou irréversibles, l'absence de certitude scientifique absolue ne doit pas servir de prétexte pour remettre à plus tard l'adoption de mesures effectives visant à prévenir la dégradation de l'environnement ». Telle n'est pas la logique issue du Pacte mondial[1]. En privilégiant « l'approche de précaution » et non le « principe de précaution », nous pouvons voir la volonté d'appliquer la diligence raisonnable ou le devoir de vigilance que, en cas de risque de dommage grave ou irréversible, l'entreprise est tenue de le mettre en œuvre car il tend à prévenir la dégradation de l'environnement sans attendre de disposer de certitudes scientifiques absolues. L'approche de précaution envisagée se veut la traduction pour les entreprises des mesures de prévention où l'idée des risques y est traitée de manière centrale[2].

La même ouverture est également visible pour le principe n°8 qui invite les entreprises à promouvoir une plus grande responsabilité en matière d'environnement. Il ne s'agit « ici que d'une responsabilité d'ordre moral, le terme étant utilisé au sens du langage courant et non de son acception juridique[3] ». Ce principe n°8 est directement inspiré de l'Agenda 21 selon lequel les entreprises devraient assurer une gestion responsable et éthique des produits et des procédés du point de vue de la santé, de la sécurité et de l'environnement[4]. La responsabilité consiste à prendre conscience de l'existence de risque de dommage et d'intervenir en amont afin d'en réduire l'ampleur. Le principe n°9, quant à lui, renvoie aux initiatives responsables et propres des entreprises pour favoriser la mise au point et la diffusion de technologies respectueuses de l'environnement.

Cette idée de devoir de vigilance peut être étendue à d'autres domaines dont traite le Pacte mondial. Les deux premiers principes relèvent du domaine de droits de l'homme : les entreprises sont invitées à promouvoir et à respecter la protection du droit international relatif aux droits de l'homme dans leur sphère d'influence (Principe n°1) et à veiller à ce que leurs propres compagnies ne se rendent pas complices de violations des droits de l'homme (Principe n°2).

Comme nous l'avons précédemment évoqué, le devoir de vigilance implique la reconnaissance et le respect des droits de l'homme internationalement reconnus. Le Pacte mondial ne déroge pas à cette

---

[1] Idem., spéc. p. 112.

[2] R. DE QUENAUDON, « Pacte mondial et procédure d'exclusion », in *La RSE saisie par le droit. Perspectives interne et internationale (dir.* K. *MARTIN-CHENUT et* R. *DE QUENAUDON)*, éd. Pedone, Paris, 2016, 717 p., pp. 331-346, spéc. p. 341.

[3] Ibid., spéc. p. 112.

[4] Agenda 21, 14 juin 1992, spéc. chap. 30 « renforcement du rôle du commerce et de l'industrie », spéc. n°30.26, p. 292.

logique. Visant la responsabilisation des entreprises[1], celles-ci sont encouragées dans le Principe n°1 à chercher les moyens de respecter les principes des droits de l'homme internationalement reconnus. Ce respect doit être étendu à sa zone d'influence. Il n'est pas sans ambiguïté que le Pacte mondial recourt au concept de « sphère d'influence » précédemment défini. Il s'agit du périmètre à l'intérieur duquel l'adhérent au Pacte mondial exerce un pouvoir de droit ou de fait sur une ou plusieurs entreprises. Il est donc invité à faire en sorte que les entités sur lesquelles il exerce son influence respectent les droits humains.

Le principe n°2 renvoie à l'idée que le fait qu'une entreprise soit vigilante dans le respect des droits humains ne lui enlève pas tout risque d'être complice de la violation de tels droits lorsque l'atteinte est commise par une entité relevant de sa sphère d'influence. Le devoir de vigilance apparaît clairement dans ce principe n°2 car les entreprises sont invitées à veiller à ce que leurs propres compagnies ne se rendent pas complices de violations des droits de l'homme. Cette surveillance devra également se faire sur les autres principes du Pacte mondial qui relèvent, d'une part, du domaine de travail et, d'autre part, de la loyauté des pratiques. Il s'agit des principes suivants : les entreprises sont invitées à respecter la liberté d'association et à reconnaitre le droit de négociation collective (Principe n°3), l'élimination de toutes les formes de travail forcé ou obligatoire (Principe n°4), l'abolition effective du travail des enfants (Principe n°5), l'élimination de la discrimination en matière d'emploi et de profession (Principe n°6). Enfin, les entreprises sont invitées à agir contre la corruption sous toutes ses formes y compris l'extorsion de fonds et les pots-de-vin (Principe n°10).

Le Pacte mondial prévoit aussi l'aspect communication. Comme nous l'avons relevé antérieurement, la communication est un des axes importants du déploiement de processus de diligence raisonnable ou devoir de vigilance. Dans le cadre du Pacte mondial de l'ONU, les adhérents doivent attester chaque année de la mise en œuvre effective de ces principes dans une « communication de progrès » ou *communication on progress, COP* en anglais, rapport qui est mis en ligne sur le site internet du Pacte. Communiquer des informations et rendre des comptes aux divers acteurs impliqués dans le Pacte mondial doivent permettre qu'un dialogue soit engagé en faveur de la promotion des valeurs et principes précédemment évoqués. Ce dialogue est perçu comme un élément moteur d'incitation à leur respect.

En guise de conclusion pour cette section, il est montré que les principes directeurs de l'ONU, ceux de l'OCDE, l'ISO 26000 et le Pacte mondial constituent les sources du devoir de vigilance applicable aux entreprises

---

[1] H. ASCENSIO, « Le Pacte mondial et l'apparition d'une responsabilité internationale des entreprises », in *Le Pacte mondial des Nations Unies, 10 ans après (dir. L. BOISSON DE CHAZOURNES et E. MAZUYER)*, CERIC, Bruylant, Bruxelles, 206 p., pp. 166-184.

dans la prévention des risques sociétaux et environnementaux. Si les principes directeurs de l'ONU furent le premier à le prévoir en utilisant le vocabulaire « devoir de diligence raisonnable », les autres textes ont repris le texte de l'ONU. C'est ainsi que les principes directeurs de l'OCDE utilisent le même vocabulaire. L'ISO 26000 se démarque en optant pour l'expression « devoir de vigilance » et le Pacte mondial, pour celle de « l'approche de précaution ». Tous ces textes poursuivent le même objectif consistant à améliorer les pratiques ou comportements des entreprises pour une mondialisation durable sur le plan sociétal et environnemental. A ce titre, ils s'adressent à toutes les grandes entreprises sans distinction de forme sociale ou d'importance économique. Subséquemment, ils se réfèrent aux relations d'affaires en promouvant la notion de « sphère d'influence ». A la différence des principes directeurs de l'ONU qui n'appréhendent que les droits de l'homme, les principes directeurs de l'OCDE, l'ISO 26000 et le Pacte mondial vont plus loin et visent, à cet égard, non seulement les droits humains, mais aussi l'environnement et la lutte contre la corruption. Néanmoins, les principes directeurs de l'ONU mettent en avant les droits humains internationalement reconnus. Ces derniers comprennent des aspects environnementaux, comme notamment les droits à la vie, à la santé, à l'accès à l'eau et à l'alimentation, ou les droits des populations autochtones. Les quatre textes non contraignants de RSE se rejoignent en ce que la place des parties intéressées est affirmée. Aussi, il convient de noter que, dans l'exercice de diligence raisonnable, ces textes prévoient, dans des termes plus ou moins proches, que les entreprises doivent prendre comme mesures : l'identification des risques, la prévention et l'atténuation des risques, la remédiation et la réparation et, enfin, la reddition de compte et la communication.

Par ailleurs, l'essor du devoir de diligence en Afrique en général, et en particulier dans les pays de l'espace OHADA, est favorisé en grande partie par les grandes entreprises mondialisées implantées dans cette partie du continent et des initiatives de certains organismes publics et privés.

Section II. Les germes d'une approche volontaire du devoir de vigilance dans les pays de l'espace OHADA

Le terme « germe » désigne généralement la forme initiale à partir de laquelle se développent les êtres vivants[1]. Au sens figuré, il signifie une source ou ce qui donne naissance à quelque chose[2]. En droit, on le retrouve dans la notion de créance. Cette dernière est dite « en germe » lorsque le fait

[1] Dictionnaire Le Grand Larousse illustré 2020, spéc. p. 542 : « Bourgeon rudimentaire qui se développe sur certains organes souterrains ».
[2] Idem.

générateur est identifié. Cette créance existe, ne serait-ce que dans son principe et, en tant que telle, elle peut donner lieu à des opérations juridiques[1]. Peu importe qu'elle ne soit pas encore développée, qu'elle ne soit ni certaine ni liquide ni exigible ; dès l'instant qu'elle a été légalement formée, elle peut former l'objet d'une ou de plusieurs conventions juridiques, quelles qu'elles soient[2]. Comprenant ainsi le sens de ce terme « germe », nous pouvons arguer qu'en Afrique, il existe quelques germes de l'approche volontaire du devoir de vigilance. Ce dernier n'est pas encore développé mais il fait, néanmoins, l'objet de l'engagement volontaire des grandes entreprises. Dans les pays de l'espace OHADA, la majorité de ces grandes entreprises sont dans le secteur à risque (mines, pétrole, distribution, technologies ou communication). Pour éviter de nombreux dommages sociétaux et environnementaux, elles recourent volontairement et timidement au devoir de diligence raisonnable. Aussi, ce recours est influencé par les lois extraterritoriales de certains pays dont notamment les Etats-Unis et l'UE ainsi que certaines initiatives des institutions tant publiques que privées.

L'analyse des engagements socialement responsables des entreprises implantées dans les pays de l'espace OHADA qui évoluent dans les secteurs qualifiés de haut risque (**§1**) précèdera celle des initiatives promues par divers organismes qu'ils soient publics ou privés, nationaux ou internationaux (**§2**).

§1. Les engagements socialement responsables des entreprises à haut risque

Les pays de l'espace OHADA sont des pays au sud du Sahara riches en ressources naturelles[3]. Or celles-ci sont considérées comme un secteur à haut risque. Si les minerais restent stratégiques pour le modèle économique de ces pays, il n'a cependant pas offert la possibilité d'un véritable développement durable. C'est ainsi qu'au cours des dernières années, l'OCDE a développé des directives pratiques plus spécifiques sur la manière dont le devoir de diligence doit être effectué dans le cadre de secteurs particuliers. Le premier guide sur le devoir de diligence spécifique à un secteur est le Guide de l'OCDE sur le devoir de diligence pour des chaînes d'approvisionnement responsables en minerais provenant de zones de

[1] P. DELEBECQUE, « De la créance éventuelle à la créance existant en germe », Rec. Dalloz 2001, p. 1138.
[2] Idem.
[3] Nous pouvons prendre l'exemple des ressources telles que le coltan et le cobalt pour le Congo-Kinshasa ; l'uranium pour le Niger ; le pétrole pour le Congo-Brazzaville, le Gabon, la Guinée équatoriale, le Tchad ; la bauxite pour la Guinée Conakry ; l'or pour le Mali, pour ne citer que ceux-là.

conflits ou à haut risque[1]. De même, tout comme la RSE exige aux entreprises un comportement responsable, la norme ITIE, initiative pour la transparence dans les industries extractives, est la norme internationale qui vise à promouvoir une gestion ouverte et responsable des ressources extractives. Par conséquent, on voit le devoir de diligence être promu en Afrique par l'OCDE dans le cadre de son Guide spécifique dédié au secteur à haut risque (**A**). Les entreprises ainsi que les États africains, notamment membres de l'espace OHADA[2], se soumettent volontairement à la norme ITIE dont ses principes et exigences véhiculent l'idée de devoir de diligence (**B**).

A. Le devoir de diligence promu par le Guide de l'OCDE

Le Guide de l'OCDE constitue le premier exemple d'une initiative concertée qui fait participer de multiples parties prenantes. Il s'agit d'une initiative soutenue par les pouvoirs publics africains qu'occidentaux dans l'objectif d'atteindre une gestion responsable de la chaîne d'approvisionnement en minerais provenant de zones de conflit ou à haut risque.

Le Guide de l'OCDE entend par zones ou secteurs de conflits celles qui se caractérisent par « l'existence d'un conflit armé, d'une violence généralisée ou d'autres risques d'atteinte aux populations[3] ». Il s'y ajoute qu'il appréhende les zones ou secteurs à haut risque comme celles qui « se caractérisent souvent par l'instabilité politique ou la répression, la faiblesse des institutions, l'insécurité, l'effondrement des infrastructures civiles ou une violence généralisée, mais aussi des atteintes systématiques aux droits de l'homme et des violations du droit national et international[4] ». Si les entreprises engagées dans l'extraction et le commerce des minerais sont susceptibles de générer des revenus, de la croissance et de la prospérité, ou de favoriser le développement local dans les zones de conflits ou à risque, il est vrai que les situations de ces pays peuvent en même temps les exposer au risque de contribuer ou d'être associées à des impacts négatifs graves, y compris de graves atteintes aux droits humains et des conflits. C'est pourquoi, le Guide de l'OCDE vise non seulement à préciser la manière

[1] Guide de l'OCDE sur le devoir de diligence pour des chaînes d'approvisionnement responsables en minerais provenant de zones de conflits ou à haut risque, 3è éd., Paris, 2016, 139 p.

[2] Nous pouvons citer : le Burkina Faso, le Cameroun, la Centrafrique, le Congo-Brazzaville, le Congo-Kinshasa, la Côte d'Ivoire, la Guinée, le Mali, le Niger, le Sénégal, le Tchad, et le Togo.

[3] Guide de l'OCDE sur le devoir de diligence pour des chaînes d'approvisionnement responsables en minerais provenant de zones de conflits ou à haut risque, 3è éd., Paris, 2016, 139 p, spéc. p. 13.

[4] Idem.

dont les entreprises peuvent respecter les droits humains et à fournir des orientations pratiques permettant d'éviter toute implication dans des conflits, mais il favorise aussi un engagement durable des entreprises dans le secteur des industries extractives.

Le Guide de l'OCDE fait suite à la résolution du Conseil de sécurité de l'ONU (1952) de 2010. Cette dernière est le résultat des recommandations sur le devoir de diligence contenu dans le rapport final du Groupe d'experts des Nations-Unies sur la République démocratique du Congo. Le rapport en question du Groupe d'expert s'est inspiré des diligences raisonnables des principes directeurs de l'OCDE ainsi que son guide sur le devoir de diligence pour une conduite responsable des entreprises. Depuis plusieurs années, les rentes minières sont devenues une source de violations durables à l'Est du Congo-Kinshasa mais aussi dans d'autres pays africains[1]. Le rapport du Groupe d'experts de 2008 a bien noté l'importance du devoir de diligence raisonnable réalisé par les entreprises elles-mêmes, contribuant à la construction de véritables règles de conformité et la promotion d'un véritable comportement éthique[2]. Cette recommandation de s'appuyer sur les processus de diligence raisonnable, appliqués par les entreprises, est nécessaire d'autant plus qu'une obligation issue de résolutions de l'ONU, dont l'application repose sur l'action des États, n'est applicable dans les faits que si les grandes entreprises retracent l'origine des produits qu'elles achètent. Du fait de ce manque de traçabilité, plusieurs initiatives onusiennes, reposant sur les actions seules des États, n'ont pas produit d'effets escomptés[3].

C'est ainsi qu'en se référant à cette recommandation du Groupe d'experts, l'UE a pris un règlement en 2017[4], renforcé en 2024 par la directive européenne sur le devoir de vigilance, et le plus significatif datant d'avant l'initiative de l'UE de 2017 reste la loi américaine extraterritoriale de 2010 dénommée *Dodd-Frank Act*. Cette loi américaine a le mérite de prévoir une disposition concernant l'industrie minière au Congo-Kinshasa[5].

---

[1] Pour une compréhension des guerres au Congo-Kinshasa et l'exploitation ou l'utilisation des minerais de sang par les grandes entreprises, voir notamment : T. VIRCOULON, « Éthique et commerce des matières premières », SER, Études 2011/2, tome 415, pp. 595-604 ; G. LHUILLIER, « Minerais de guerre. Une nouvelle théorie de la mondialisation du droit ? », Lextenso, Droit et société, 2016/1, n°92, pp. 117-135.

[2] Rapport final du Groupe d'experts sur le Congo auprès du comité des sanctions du Conseil de sécurité de l'ONU, 13 fév. 2008, S/2008/43, spéc. p. 21, n°85.

[3] Notamment les différentes résolutions de l'ONU concernant l'Est du Congo-Kinshasa. Pour un développement complet et une bibliographie sur cette question, voir la version soutenue de la thèse.

[4] Règlement UE 2017/821 du Parlement européen et du Conseil adopté le 17 mai 2017 fixant des obligations liées au devoir de diligence à l'égard de la chaîne d'approvisionnement pour les importateurs de l'Union qui importent de l'étain, du tantale, du tungstène, leurs minerais et de l'or provenant de zones de conflits ou à haut risque, spéc. Préambule, cons. 5 et 6.

[5] *Dodd-Frank Wall Street Reform and Consumer Protection Act, Chapter 15, Section 1502.*

Cette disposition (section 1502) exige des entreprises inscrites en Bourse aux Etats-Unis qu'elles déclarent annuellement à la commission des titres et de la Bourse (*Security and Exchange Commission – SEC*) si des minerais en provenance du Congo-Kinshasa ont été utilisés pour la fabrication de leurs produits et qu'elles décrivent les mesures de diligence appliquées pour s'assurer que les minerais utilisés ne proviennent pas d'une zone de conflit. Autrement dit, les entreprises doivent publier des informations qui comprennent la description des produits fabriqués, ou qui font l'objet de contrats de sous-traitance pour leur fabrication, dès lors qu'ils sont liés au conflit au Congo et le pays précis d'origine de ces minéraux. Les entreprises doivent aussi divulguer les mesures qu'elles ont prises pour surveiller et vérifier l'origine des minéraux qu'elles utilisent, et ce, depuis la mine d'extraction, ainsi que l'identification de l'entité privée qui a effectué la vérification indépendante. Il s'agit bien, comme l'a souligné à juste titre un auteur, « pour une première fois, un gouvernement imposait à des entreprises un devoir de diligence au regard des droits humains dans leurs activités à l'étranger[1] ».

C'est pour cette raison que l'OCDE a mise en place ce Guide spécifique volontaire en vue d'accompagner les entreprises implantées en Afrique susceptibles d'être concernées par cette loi américaine. Il est le fruit d'un processus faisant appel à de multiples parties prenantes avec un engagement approfondi des pays-membres de l'OCDE et de 11 pays africains membres de la Conférence internationale sur la région des Grands Lacs, CIRGL, de l'industrie, de la société civile, ainsi que le Groupe d'experts de l'ONU sur le Congo-Kinshasa. Ainsi, « aujourd'hui ce guide représente la norme mondiale pour éviter l'approvisionnement en minéraux de conflit, est cité dans les législations de l'UE et des Etats-Unis, et son application est exigé en République démocratique du Congo, au Burundi et au Rwanda[2] ».

En effet, selon le Guide de l'OCDE, le devoir de diligence appliqué à la chaîne d'approvisionnement en minerais s'entend comme « le processus continu, proactif et réactif qui permet aux entreprises de s'assurer qu'elles respectent les droits humains, qu'elles ne contribuent pas aux conflits, et qu'elles observent le droit international et se conforment aux législations nationales, y compris celles qui concernent le commerce illicite de minerais et les sanctions des Nations Unies[3] ». C'est un véritable outil de conformité

---

[1] D. TOUGAS, « Responsabilité sociale des entreprises et minerais de conflit. L'Est de la République démocratique du Congo comme laboratoire », in *La responsabilité sociale des entreprises dans le secteur minier. Réponse ou obstacle aux enjeux de légitimité et de développement en Afrique ? (dir. B. CAMPELL et M. LAFORCE)*, Presses de l'Université du Québec, Québec, 2016, 252 p., pp. 163-229, spéc. p. 189.

[2] N. BONNUCCI et C. KESSEDJIAN (dir.), « 40 ans des lignes directrices de l'OCDE pour les entreprises multinationales », éd. Pedone, Paris, 2018, 212 p., spéc. Préface p. 16.

[3] Guide de l'OCDE sur le devoir de diligence pour des chaînes d'approvisionnement responsables en minerais provenant de zones de conflits ou à haut risque, 3è éd., Paris, 2016, 139 p, spéc. p. 13

pour les entreprises qui sont censées prévenir les risques. Ces derniers sont définis en lien avec les impacts négatifs que peut avoir le fonctionnement d'une entreprise, résultant soit de ses activités, soit de ses relations avec des tiers, y compris avec ses fournisseurs et les autres acteurs de la chaîne d'approvisionnement. En s'appliquant aux entreprises à tous les stades de la chaîne d'approvisionnement en minerais, qui sont susceptibles de fournir ou d'utiliser des minerais provenant de zones de conflit ou à haut risque, il est indubitable que l'exercice du devoir de diligence dans ce cas peut présenter des difficultés d'ordre pratique[1]. Cet exercice exigeant de la flexibilité, sa nature et son ampleur vont nécessairement dépendre des conditions propres à chaque situation et de facteurs tels que la taille de l'entreprise, la localisation de ses activités, la situation prévalant dans un pays donné, le secteur et la nature des produits ou services concernés. Ainsi, le Guide énumère plusieurs initiatives qui peuvent aider les entreprises à surmonter ces difficultés. Notamment la coopération à l'échelle du secteur pour renforcer la capacité à s'acquitter du devoir de diligence, la participation à des initiatives concernant la gestion responsable de la chaîne d'approvisionnement, la création de partenariats avec les organisations internationales et les organismes de la société civile, l'utilisation du modèle de politique en annexe II[2] pour les contrats et/ou les accords conclus avec les fournisseurs.

Il convient de souligner que le devoir de diligence appliqué à la chaîne d'approvisionnement en minerais est tourné vers la prévention et l'atténuation des risques. Ce qui revient à dire qu'il renvoie aux étapes que les entreprises doivent suivre pour identifier et gérer les risques en vue de les prévenir et les atténuer. Il s'agit des atteintes graves lors de l'extraction, du transport ou du commerce de minerais[3], dont « toute forme de torture ou de traitement cruel, inhumain et dégradant » ; « toute forme de travail forcé ou obligatoire » ; « les pires formes de travail des enfants » ; « les atteintes aux droits humains telles que les violences sexuelles généralisées » ; « les crimes de guerre, les risques de corruption, les fausses déclarations d'origine des minerais et blanchiment des capitaux ». Selon le Guide, les entreprises doivent intégrer, en l'espèce, cinq étapes dans leurs systèmes de gestion[4].

Premièrement, elles sont tenues de mettre en place de « solides systèmes de gestion » en adoptant et diffusant clairement au public et aux fournisseurs leur politique relative à la chaîne d'approvisionnement en minerais provenant des zones de conflit ou à haut risque. Cette politique devrait incorporer les normes d'exercice du devoir de diligence, énoncées dans le modèle de politique relative à la chaîne d'approvisionnement à

[1] Idem., spéc. p. 15.
[2] Ibid., spéc. pp. 22-27.
[3] Ibid., spéc. p. 23.
[4] Ibid., spéc. pp. 19-21.

l'annexe II. Aussi, elles doivent organiser les systèmes de gestion internes en vue d'appuyer l'exercice du devoir de diligence appliqué à la chaîne d'approvisionnement. Là, nous remarquons la recommandation à utiliser des cartographies des risques, à mettre en place le système de contrôle et de transparence de la chaîne d'approvisionnement en minerais. Ce système de contrôle peut se traduire soit en instituant une chaîne de responsabilité, soit un système de traçabilité ou par la mise en place à l'échelle de l'entreprise ou du secteur de mécanisme de traitement des plaintes à titre de système d'alerte rapide pour la connaissance des risques[1].

Deuxièmement, les entreprises doivent identifier et évaluer les risques sus-évoqués liés à la chaîne d'approvisionnement. A ce titre, elles sont appelées à les évaluer au regard des normes énoncées dans leur politique relative à la chaîne d'approvisionnement, et établie conformément à l'annexe II et aux recommandations du présent guide sur le devoir de diligence[2].

Troisièmement, les entreprises sont censées concevoir et mettre en œuvre une stratégie pour répondre aux risques identifiés. Cette stratégie peut prendre la forme de communication des conclusions de l'évaluation des risques liés à la chaîne d'approvisionnement aux dirigeants de l'entreprise. Aussi, cette stratégie servant pour une bonne gestion des risques permettra à l'entreprise de prendre des décisions. Elle peut soit décider de poursuivre les échanges pendant toute la durée des efforts d'atténuation mesurable des risques ou suspendre temporairement les échanges tout en mettant en œuvre une stratégie d'atténuation mesurable des risques. Elle peut, en dernier recours, cesser toute relation avec un fournisseur après l'échec des tentatives d'atténuation des risques ou dans les cas où l'atténuation des risques ne paraît pas faisable ou acceptable[3]. Nous pouvons prendre comme exemple le cas du groupe suisse *Glencore*. C'est une entreprise multinationale leader des marchés mondiaux de matières premières et de la transition énergétique. Il a reconnu être responsable d'une corruption généralisée et systématique dans de nombreux pays dont certains de l'espace OHADA[4]. C'est une suite logique du fait que sa stratégie d'identification et de gestion des risques ne répondait pas correctement aux risques réellement identifiés notamment les risques de corruption, de blanchiment des capitaux et celui des droits humains. Après avoir plaidé coupable pour corruption devant les tribunaux américains, britanniques et brésiliens en 2022, il affirme que sa culture d'entreprise préjudiciable fait désormais partie du passé[5]. Par conséquent, elle a considérablement réduit son recours (suspension et cessation de relation) à

---

[1] Ibid., spéc. pp. 19-20.
[2] Ibid., spéc. p 20.
[3] Ibid., spéc. p 20.
[4] Le Cameroun, la Centrafrique et le Congo-Kinshasa.
[5] Voir : le Rapport 2021 de *Glencore* sur l'éthique et la conformité.

des agents de vente et d'achat (intermédiaires, sous-traitants ou fournisseurs, qui agissaient comme vecteurs des pots-de-vin dans de multiples pays) notamment en Afrique. Il a adopté des contrôles plus rigides des agents restants, y compris la divulgation du nom des agents et des bénéficiaires réels[1].

Pour mieux appréhender ces aspects de l'atténuation des risques, le Guide recommande que les entreprises tiennent compte de leur sphère d'influence. Autrement dit, elles doivent prendre en compte leur capacité d'exercer et, si nécessaire, accroître leur influence sur les fournisseurs aptes à maîtriser le plus efficacement les risques détectés[2].

Les parties prenantes étant nécessaires dans le déploiement des processus de diligence, le Guide prévoit que les entreprises, dans la conception de leur stratégie, doivent consulter leurs fournisseurs et les autres parties prenantes concernées, notamment les autorités locales et centrales, les organisations internationales ou les organismes de la société civile et les tiers concernés, et arrêter la stratégie d'atténuation mesurable des risques dans leur plan de gestion des risques. Ce dernier doit, alors, être mis en œuvre et les entreprises sont tenues de suivre les résultats des mesures d'atténuation des risques et en rendre compte aux dirigeants[3].

Quatrièmement, elles doivent faire réaliser par un tiers un audit indépendant de l'exercice du devoir de diligence concernant la chaîne d'approvisionnement en des points déterminés de cette chaîne[4].

Enfin, cinquièmement, les entreprises devraient rendre compte de leurs politiques et pratiques de diligence concernant la chaîne d'approvisionnement. Ce reporting peut être une reddition de compte élargie. C'est dire que les entreprises peuvent rendre compte de leurs politiques en élargissant, le cas échéant, le champ de leurs pratiques durables, de leurs responsabilités sociales ou de leurs rapports annuels pour y intégrer des informations supplémentaires sur le devoir de diligence appliqué à la chaîne d'approvisionnement en minerais[5].

A côté du Guide de l'OCDE, il y a aussi la norme élaborée par l'ITIE qui promeut, par le biais de ses principes et exigences, le devoir de diligence en Afrique.

B. Le devoir de diligence promu par les principes de l'ITIE

---

[1] Idem.

[2] Guide de l'OCDE sur le devoir de diligence pour des chaînes d'approvisionnement responsables en minerais provenant de zones de conflits ou à haut risque, 3è éd., Paris, 2016, 139 p, spéc. p. 20

[3] Idem., spéc. p 21.

[4] Ibid.

[5] Ibid.

L'ITIE, ou *EITI* en anglais, pour *extractive industries transparency initiatives*, a été lancée en 2003 à la suite de la conférence de *Lancaster House* organisée par le gouvernement britannique. Un groupe de divers pays, dont les pays africains, des grandes entreprises exploitant les ressources naturelles et des organisations de la société civile, ont pris part à cette conférence. Les entreprises qui exploitent le pétrole, le gaz, les métaux et les minerais sont invitées à adopter des démarches responsables et volontaires non seulement au vu des effets de leurs activités sur la société mais aussi vis-à-vis de leurs parties prenantes notamment les États, les sociétés civiles, ou les populations. Il en est de même pour les États vis-à-vis des entreprises et société civile. C'est pourquoi, il est issu de cette conférence une déclaration de principes, exigences et attentes destinée à accroître la transparence dans le secteur extractif. Ces principes sont connus sous le nom de principes de l'ITIE et en constituent la pierre angulaire de la norme. Celle-ci est un document évolutif unique inspiré par les 52 pays la mettant en œuvre dont beaucoup de pays africains et, en particulier, 12 pays de l'espace OHADA. La version en vigueur date de 2019[1] et chacune des versions de la norme ITIE se fonde sur les pratiques émergentes au niveau national et international pour faire la lumière sur les aspects opaques du secteur et lutter contre les différentes formes souvent sophistiquées de corruption. Cette version en vigueur apporte une innovation en ce sens qu'elle inclut, pour la première fois, un ensemble d'attentes à l'égards d'entreprises soutenant l'ITIE ainsi que des dispositions environnementales, sociales et liées au genre. Ces préoccupations figurent parmi les priorités au niveau mondial et leur incorporation garantit la pertinence de l'ITIE dans un monde en constante mutation.

En effet, il est attendu des entreprises non seulement de déclarer publiquement leur soutien aux principes de l'ITIE, faire la promotion de la transparence dans les industries extractives, soutenir le débat public, fournir des opportunités de développement durable, divulguer publiquement les versements d'impôts et autres paiements, mais aussi et surtout de s'engager dans des processus d'achats rigoureux y compris la diligence raisonnable pour ce qui est de partenaires commerciaux[2]. A ce titre, elles doivent divulguer publiquement l'identité de leurs propriétaires effectifs conformément aux exigences de propriété effective de l'ITIE et qu'elles prennent des mesures pour identifier les bénéficiaires effectifs de leurs partenariats commerciaux directs, y compris les coentreprises et les sous-contractants.

Cette recommandation de s'engager dans les processus de diligence raisonnable fait écho au premier principe de l'ITIE qui prévoit que : « nous partageons la même conviction, en ce sens que l'exploitation prudente des richesses en ressources naturelles devrait constituer un moteur important

---

[1] Norme ITIE 2019, 2e éd., Oslo, 15 oct. 2019, 72 p.

[2] Idem., spéc. chap. I, points 7, p. 48.

de la croissance économique contribuant au développement durable et à la réduction de la pauvreté mais qui, faute d'une bonne gestion, pourrait avoir des répercussions défavorables sur le plan économique et social[1] ». Elle résulte également de la sixième exigence relative aux dépenses sociales et économiques[2]. On y retrouve la recommandation de divulguer les informations liées à la gestion des revenus et aux dépenses qui doivent aider les parties prenantes à évaluer dans quelle mesure le secteur extractif permet d'obtenir les résultats et impacts sociaux, économiques et environnementaux souhaités.

Cette sixième exigence portant sur les dépenses économiques et sociales se réfère aux dépenses sociales et environnementales par entreprise, aux dépenses quasi budgétaires des entreprises d'État, à l'aperçu de la contribution du secteur extractif à l'économie et enfin à l'impact environnemental des activités extractives. Les pays mettant en œuvre l'ITIE sont encouragés à divulguer des informations sur la gestion et le suivi de l'impact environnemental des industries extractives. Ces informations pourraient inclure un aperçu des dispositions légales, réglementaires, des normes administratives et des pratiques réelles liées à la gestion de l'environnement et au suivi des investissements extractifs dans le pays. Cet aperçu pourrait contenir des informations sur les évaluations d'impact environnemental, les programmes de certification, les licences et droits octroyés aux entreprises pétrolières, gazières et minières, de même que sur le rôle et les responsabilités des entités de l'État dans la mise en œuvre des règles et réglementations. Les réformes planifiées, ou en cours, pourraient aussi être décrites. Il pourrait aussi inclure d'une part des informations sur les mécanismes réguliers de surveillance environnementale qui dénote encore la volonté de l'ITIE pour les entreprises d'appliquer le devoir de diligence, et d'autre part, les règles administratives et systèmes de sanctions appliqués par l'État ainsi que les obligations environnementales, les programmes de dépollution et de remise en état de l'environnement[3].

Rappelons que les processus de diligence raisonnable exigent le respect des droits humains internationalement reconnus dont les normes de l'OIT. A cela, ils favorisent le développement durable qui, hormis l'aspect environnemental, tient compte de l'aspect social et économique. Ces deux aspects sont très présents dans la norme ITIE. Par exemple, la norme ITIE recommande aux pays mettant en œuvre ses principes et exigences de divulguer, lorsqu'elles sont disponibles, des informations sur la contribution des industries extractives à l'économie pour l'exercice fiscal couvert par la mise en œuvre ITIE. Il est demandé que ces informations portent sur l'importance des industries extractives, l'estimation de l'activité du secteur informel, y compris mais ne se limitant pas uniquement au secteur minier

---

[1] Ibid., spéc. chap. I, point 1, p.6.
[2] Ibid., spéc. chap. I, point 3, pp. 29-30.
[3] Ibid., spéc. chap. I, point 3, p. 30.

artisanal et à petite échelle, les recettes publiques totales générées par les industries extractives, les exportations des industries extractives, le nombre des effectifs employés dans les industries extractives, en termes absolus et en pourcentage par rapport à la totalité de la population active occupée, et enfin les régions ou zones clés où la production est concentrée.

Nous pouvons prendre pour exemple le rapport ITIE du Congo-Kinshasa[1]. Il comprend des informations sur les revenus générés par le secteur extractif au cours des exercices 2018, 2019 et 1er semestre 2020. Ayant été élaboré dans un contexte particulier lié à la Covid-19, ce rapport décrit aussi l'impact de cette pandémie sur les industries extractives en 2020. Outre les annexes, ce rapport comprend sept parties. La première partie est introductive. La deuxième partie traite du contexte général des industries extractives et comprend 8 chapitres. C'est dans cette deuxième partie, particulièrement son quatrième chapitre, que figure le devoir de diligence à travers la « divulgation exhaustive des contrats ». La troisième partie décrit le contexte particulier des industries extractives caractérisé par les impacts de la pandémie de la Covid-19. La quatrième partie traite des informations financières. Il s'agit des paiements effectués par les entreprises extractives, d'une part, et d'autre part, des revenus de l'État générés par le secteur extractif. La cinquième partie traite de l'affectation des revenus du secteur extractif. La sixième partie traite des contributions sociale et économique de l'industrie extractive. L'information sur la contribution sociale est donnée en termes des dépenses sociales engagées par les entreprises tant minières que pétrolières au profit des communautés locales. Ce chapitre donne aussi une vue sur les recettes environnementales perçues par les entités de l'État et sur les engagements sociaux et environnementaux des entreprises extractives.

La norme ITIE se fonde sur la communication et la diffusion des informations, un des éléments clés des processus de diligence raisonnable qui nécessite la participation des parties prenantes. A ce propos, la première exigence de la norme ITIE consiste à un suivi efficace par les parties prenantes, assuré notamment par un groupe multipartite fonctionnel qui associe le gouvernement et les entreprises, et requiert la pleine participation indépendante, active et effective de la société civile[2]. D'ailleurs, un protocole pour la participation active de la société civile est prévu dans le cadre de la norme ITIE[3]. Cette participation constitue un élément fondamental pour atteindre les objectifs de l'ITIE, et notamment le quatrième principe qui dispose que « nous reconnaissons que plus la compréhension du public concernant les recettes et les dépenses étatiques sur la durée est grande, plus elle est susceptible de contribuer au débat

---

[1] ITIE-RDC, Rapport assoupli – Exercices 2018, 2019, 2020 (1er semestre 2020), Comité exécutif de l'ITIE-RDC, adopté le 16 mars 2021, 301 p.

[2] Ibid., spéc. chap. I, point 3, p. 10-14.

[3] Ibid., spéc. chap. I, point 6, p. 44-47.

général et de faciliter le choix d'options appropriées et réalistes favorisant le développement durable[1] ». En d'autres termes, le désir de publier des informations plus pertinentes, fiables et utilisables constitue un motif important de l'adoption de la norme ITIE qui de ce fait, nécessite de mieux associer des citoyens à travailler activement pour mettre à profit les informations générées par l'ITIE.

L'éclosion du devoir de diligence en Afrique et dans les pays de l'espace OHADA est aussi favorisée par les initiatives relevant des organismes publics et privés.

§2. Les initiatives promues par les organismes publics et privés

Le devoir de diligence est promu par divers organismes relevant des instances internationales, régionales ou sous-régionales et de la sphère nationale. Nous ne pouvons négliger l'apport considérable des entreprises elles-mêmes qui font naturellement partie des organismes privés. Qu'elles soient des filiales des grandes entreprises internationales installées en Afrique ou des entreprises africaines, elles participent à l'émergence des pratiques de diligence raisonnable à travers différentes initiatives. Nous commencerons par analyser les initiatives des organismes publics (**A**) et nous nous attacherons ensuite aux initiatives des organismes privés (**B**).

A. Les initiatives des organismes publics

En première position, il sied de relever les institutions multilatérales rattachées à l'ONU. Parmi elles, nous citons la Banque mondiale et le Fonds monétaire international (FMI). Ces deux institutions ont, depuis longtemps, orienté leurs politiques vis-à-vis des États africains, après l'échec des programmes d'ajustement structurel, sur celles prônant la « bonne gouvernance[2] ». Les dirigeants africains « ont dû reconnaître ou admettre que la bonne gouvernance est une condition sine qua non de la stabilité et de la légitimité politiques ainsi que du progrès économique et social[3] ». Alors, la bonne gouvernance, prônée par ces deux institutions, est incompatible avec le développement des comportements tels que la corruption et le blanchiment d'argent, le détournement de fonds, les trafics illicites, la destruction de l'environnement. Ces pratiques semblent traduire

---

[1] Ibid., spéc. chap. I, point 1, p. 6.

[2] H. DIATA, « Gouvernance et efficacité de l'investissement en Afrique », in *Dynamiques de développement. Débats théoriques et enjeux politiques à l'aube du XXe siècle. Mél. G-W. NGANGO*, CEREG, éd. Montchrestien, coll. Grands colloques, Paris, 2003, 595 p., pp. 265-286, spéc. p. 266.

[3] Idem., spéc. p. 265.

en Afrique un déficit de comportement éthique. Ce qui fait que les deux institutions de *Bretton Woods* suspendent systématiquement le financement de tout projet entaché des pratiques non éthiques. Il est important de nuancer que même si cela ne semble pas toujours le cas dans la pratique, cette position des institutions de *Bretton Woods* favorise l'émergence des processus de diligence car les États comme les entreprises sont, à ce titre, obligés de prendre les mesures nécessaires pour prévenir ou éviter de telles pratiques.

Soulignons que, si les activités de prêts et de financement de la Banque mondiale ont toujours eu pour objet principal un développement de type économique, son attention se focalise désormais sur la prise en compte du développement durable. Par conséquent, la Banque mondiale finance des projets qui respectent les critères sociaux et environnementaux dans une logique dite de finance durable[1]. Ses politiques opérationnelles, instruments pour mener à bien ses objectifs de durabilité, s'appliquent aux États bénéficiaires d'un financement[2]. Ces politiques se trouvent à s'appliquer aux domaines suivants : l'évaluation environnementale, l'habitat naturel, la gestion des pesticides, le repeuplement involontaire, les peuples indigènes, les forêts, etc.

Par ailleurs, la Banque mondiale ne prête cependant pas qu'aux seuls États mais aussi aux entreprises privées pour le financement de leurs investissements. Il est important de noter que la Société financière internationale (SFI), institution spécialisée de la Banque mondiale, finance des activités d'investissement privé sans besoin de garantie étatique. Son objectif est d'encourager la création des entreprises privées et le développement de leurs activités, notamment dans les pays en développement dont l'Afrique[3].

En effet, les entreprises privées africaines, afin de bénéficier des prêts ou soutiens financiers de la Banque mondiale, ont l'obligation de respecter certaines conditions imposées par la SFI. Les activités de cette institution s'articulent avec la RSE car seuls les investisseurs ayant un comportement socialement responsable peuvent bénéficier d'un prêt. A cela, la SFI, lors de ses activités de prêt, exige aux entreprises d'exercer une diligence raisonnable dans le calcul des risques socio-environnementaux inhérents aux activités. En se référant à ses huit normes de performance, la SFI incite les entreprises en ces termes : « (...) la mise en place d'un processus de diligence raisonnable sur le plan environnemental et social permettra d'identifier les risques et les impacts à venir (...) Le processus donnera lieu

---

[1] N. MONEBHURRUN, « Répondre de l'avenir par les normes de performance de la Société financière internationale », in *La RSE saisie par le droit. Perspectives interne et internationale (dir. K. MARTIN-CHENUT et* R. *DE QUENAUDON)*, éd. Pedone, Paris, 2016, 717 p., pp. 497-509, spéc. p. 497.

[2] Banque mondiale, *Piloting the Use of Borrower Systems to Adress Environmental and Social Safeguard Issues in Bank Supported Projects*, BP 4.00, March 2005, révisé en 2012 et 2013.

[3] Voir : Statuts de la SFI adoptés le 25 mai 1955, modifiés au 27 juin 2012, art. 1er.

à l'évaluation de tous les risques et impacts environnementaux et sociaux pertinents du projet (…)[1] ».

A côté des partenariats multilatéraux, il y a, sur le plan régional, l'Union africaine. Celle-ci favorise l'émergence des processus de diligence raisonnable dans le cadre des actions de « l'Institut Africain de la Gouvernance », organisme panafricain, à la fois lié à l'Union africaine et indépendant dans son fonctionnement. C'est un cadre de travail pour approfondir les réflexions sur la gouvernance à l'échelle du continent. A côté de cet organisme, il sied de reconnaître *l'Africa Compliance Unit* qui agit de concert avec l'Institut Africain de Gouvernance. Son objectif est de lutter contre la corruption et le blanchiment des capitaux en Afrique et de promouvoir le développement durable et les droits fondamentaux.

Au niveau sous-régional, la CIRGL participe activement à l'éclosion des processus de diligence raisonnable. Les 11 pays membres, dont trois faisant partie de l'espace OHADA, les deux Congo et la Centrafrique, ont adopté, le 15 décembre 2006, un protocole régional de lutte contre l'exploitation illégale des ressources naturelles, qui fournit la base juridique à l'initiative régionale de lutte contre l'exploitation illégale des ressources naturelles, ou IRRN. Cette initiative vise à rompre le lien entre les revenus provenant des produits minéraux et le financement de groupes rebelles, et intègre six instruments destinés à contrer l'exploitation illégale des ressources naturelles et à contribuer à la consolidation de la paix régionale. A cet effet, elle met en place notamment un outil le plus avancé au regard de son développement et de sa mise en œuvre. Il s'agit du « mécanisme de certification régionale, MCR[2] ». C'est un système de certification, dont l'objectif est de faciliter l'exercice du devoir de diligence applicable aux chaînes d'approvisionnement en 3T[3] et en or dans les États membres de la CIRGL. En principe, chaque État membre concerné a l'obligation d'établir un système d'inspection des mines exploitées sur son territoire, un suivi de la chaîne de surveillances et un système de certification des exportations. Les autorités nationales des États membres sont chargées de délivrer un certificat CIRGL pour chaque livraison de minerais à destination de l'étranger, la certification englobant le produit et l'ensemble du processus d'extraction et de négoce. Des tierces parties indépendantes vérifient la conformité aux normes MCR au moyen de procédures d'audit et d'évaluation des risques coordonnées à l'échelon régional.

Il y a aussi des organismes nationaux qui jouent un rôle important notamment au Congo-Kinshasa. Eu égard à l'accroissement des dommages environnementaux et des violations des droits humains, notamment le

---

[1] SFI, Norme de performance en matière de durabilité environnementale et sociale, 1er janv. 2012, p. 9, n° 7.

[2] Protocole régional sur la lutte contre l'exploitation illégale des ressources naturelles, 30 nov. 2006, art. 10 et 11.

[3] L'étain (cassitérite), le tungstène (wolframite) et le tantale (coltan) sont des minéraux collectivement désignés sous le vocable « 3T ».

travail des enfants et femmes enceintes dans des mines artisanales auxquelles recourent souvent les grandes entreprises[1], le gouvernement congolais a mis en place, depuis 2019, après le rapport alarmant d'Amnesty international de 2016, une sorte d'entreprise de l'économie sociale et solidaire dénommée « Entreprise Générale du Cobalt[2] ». Elle est une filiale de Gécamines, une société d'État. Elle a reçu pour mandat de l'État d'exercer au Congo-Kinshasa un monopole d'achat sur le cobalt issu de l'exploitation artisanale nécessitant une transformation préalable à son exportation avant de le commercialiser et de veiller à ce que cette production respecte les meilleurs standards en matière de responsabilité sociale et environnementale et de traçabilité. Autrement dit, elle assure l'achat, la transformation et la commercialisation exclusive des substances minérales stratégiques du Congo-Kinshasa provenant de l'exploitation artisanale tout en veillant à respecter des normes rigoureuses notamment le devoir de diligence raisonnable promu par le Guide de l'OCDE. Elle œuvre donc à l'amélioration permanente des conditions de travail des artisans miniers dans un cadre conforme aux meilleures normes sociales et environnementales.

Nous ne pouvons oublier l'influence des initiatives des institutions publiques étrangères situées en dehors du continent africain. A cet égard, le rôle du gouvernement du Canada en Afrique mérite d'être souligné. Le Canada est reconnu sur la scène internationale comme une « importante nation minière[3] » voire « le chef de file de l'exploitation minière[4] ». De ce fait, nous ne pouvons probablement pas faire abstraction du fait que, d'une part les entreprises canadiennes sont omniprésentes au sein des pays de l'espace OHADA[5] et, d'autre part, elles sont réputées pour avoir commis des abus en matière de criminalité économique, et impliquées dans de graves

[1] A ce propos, voir : « voilà pourquoi on meurt. Les atteintes aux droits humains en République démocratique du Congo alimentent le commerce mondial du cobalt », Rapport de l'Amnesty international, 2016.

[2] D. n°19/15, 5 nov. 2019 portant sauvegarde des activités relatives aux substances minérales stratégiques d'exploitation artisanale.

[3] B. BARTON, *Canadian Law of Mining*, Second edition, LexisNexis, Canada, 2019, 1030 p, spéc. p. 4

[4] Mines Canada, « Le Plan Canadien pour les Minéraux et les Métaux (PCMM) », Mars 2019, 44 p., spéc. p. 4. Il ressort de ce rapport que plus de 50% des sociétés d'exploration et d'exploitation minières mondiales cotées en bourse dans le monde ont leur siège au Canada.

[5] Selon l'organisme canadien « Ressources naturelles canada », en se référant à son tableau d'actifs miniers canadiens (AMC) selon les pays et la région en 2019 et 2020, il est constaté en nombre des sociétés minières canadiennes notamment en 2020 : en Afrique centrale 10 sociétés (dont 8 au Congo-Kinshasa et 1 en Centrafrique, tous deux, membres de l'OHADA), et en Afrique de l'ouest 47 sociétés (dont 17 au Burkina Faso, 13 au Mali, 8 en Côte d'ivoire, 5 au Sénégal, 3 en Guinée, et 3 au Niger, tous membres de l'OHADA). Voir : Ressources naturelles canada, Actifs miniers canadiens (AMC) selon les pays et la région, en 2019 et 2020.

dommages sociétaux et environnementaux[1]. C'est ainsi que l'implication du Canada en matière de RSE dans les pays en développement, particulièrement en Afrique, et son intérêt particulier pour le secteur extractif, s'est imposé dans l'espace public lorsque le comité permanent des affaires étrangères et du commerce international présente un rapport sur les activités des entreprises minières canadiennes à l'étranger en 2005. En effet, le gouvernement du Canada définit la RSE comme « les activités volontaires, au-delà des obligations légales minimales, menées de front par les entreprises d'une manière durable aux points de vue économique, social et environnemental[2] ». Cette définition confirme sa stratégie en matière de développement durable ou de RSE, qui, depuis deux décennies, est fondée sur les approches volontaires. Dans cette perspective, il a fourni des efforts particuliers pour que l'industrie minière canadienne se dote d'un encadrement en matière de RSE dans le cadre de ses activités à l'étranger. Ainsi, après des Tables rondes nationales sur la responsabilité sociale et l'industrie dans les pays en développement, le gouvernement du Canada a adopté une série de stratégies de RSE pour les sociétés extractives canadiennes présentes à l'étranger. Il convient de préciser que la nouvelle stratégie gouvernementale, dénommée « conduite responsable des entreprises à l'étranger, stratégie du Canada pour l'avenir » et publiée en 2021, apporte plusieurs changements aux stratégies précédentes. Elle affirme ainsi qu'une de ses composantes est de mettre l'accent sur la « diligence raisonnable[3] » et la « responsabilisation[4] ». Par conséquent, la « conduite responsable des entreprises ou CRE[5] », étant donc « une priorité pour le Canada[6] », celui-ci attend désormais des entreprises « peu importe leur statut juridique, leur taille, leur propriété ou leur secteur d'activité, qu'elles contribuent au développement durable, tout en évitant les répercussions négatives de leurs opérations et en y remédiant, et qu'elles reconnaissent que les sociétés peuvent tirer parti de leur chaîne d'approvisionnement et de leurs relations commerciales pour promouvoir ces valeurs[7] ». Nous pensons que cette stratégie n'étonne pas et ne peut que contribuer à l'atténuation des risques, la réduction des coûts et la facilitation de l'accès au capital qu'offre une conduite responsable. Ce qui revient à dire

---

[1] A. DENEAULT, D. ABADIE et W. SACHER, « Noir Canada : pillage, corruption, et criminalité en Afrique », éd. Eco société, Montréal, 2008, 348 p.

[2] Canada, Gouvernement du Canada, La Responsabilité sociale des entreprises : Renforcer l'avantage Canadien : stratégies de responsabilité sociale des entreprises (RSE) pour les sociétés extractives Canadiennes présentes à l'étranger, mars 2009.

[3] Canada, Gouvernement du Canada, Conduite responsable des entreprises. Stratégie du Canada pour l'avenir, 2021, spéc. p. 11.

[4] Idem.

[5] Définie par la nouvelle stratégie comme « le processus d'intégration de la gestion des risques pour l'environnement, les personnes et la société aux activités principales d'une entreprise ». Voir : ibid., spéc. p. 18.

[6] Ibid., spéc. p. 2.

[7] Ibid., spéc. p. 4.

qu'elle s'inscrit dans le débat actuel sur la vigilance raisonnable dont devraient faire preuve les entreprises canadiennes qui déploient leurs activités à l'étranger et, particulièrement, dans les pays de l'espace OHADA.

Il existe également des initiatives favorisées par des organismes privés dont notamment les entreprises.

B. Les initiatives des organismes privés

Les organismes privés contribuent à l'émergence des pratiques des processus de diligence raisonnable en Afrique. Parmi ces organismes, il y a l'organisation des principaux producteurs et fonderies de l'étain, ITRI, qui participe à la pratique du devoir de diligence en Afrique à travers de sa certification. Alors que les acheteurs de métaux avaient tendance à se concentrer sur les exigences de *Dodd Frank Act*, l'ITRI a participé à la rédaction du Guide de l'OCDE sur le devoir de diligence à l'intention des entreprises qui s'approvisionnent dans des endroits à haut risque et a également mis en œuvre de solutions pratiques dans le cadre du programme, initiative d'ITRI pour la chaîne d'approvisionnement de l'étain, ITSCI. Ce programme permet d'assurer la traçabilité de l'étain en examinant ainsi toute la chaîne d'approvisionnement, de l'exportateur ou du comptoir à la fonderie. Il introduit, de ce fait, des procédures de contrôle et surveillance qui garantissent l'origine des minerais que les fournisseurs exportent. En 2016, un changement dans l'approche des questions relatives à la chaîne d'approvisionnement est devenu évident. Les discussions s'orientent vers la mise en œuvre de processus de diligence raisonnable et incluent un éventail plus large de questions, en particulier le travail des enfants, et des zones géographiques illimitées.

Il est aussi important de relever le rôle du Conseil français des investisseurs en Afrique, CIAN. C'est une organisation patronale privée française qui rassemble les entreprises industrielles et de services, grands groupes ou PME-PMI, qui investissent en Afrique. Du fait de la pression des lois de *compliance* ou de la montée en puissance des normes de RSE en France, le CIAN incite ses entreprises en Afrique à être des organisations économiquement profitables mais aussi socialement correctes, citoyennes et écologiquement propres[1]. C'est dire qu'il encourage ses membres, dont 50 % sont des grandes entreprises[2], à rendre visible, dans le déploiement de leurs activités en Afrique, la conciliation des buts premiers poursuivis par une entreprise (profit, pérennité) avec le respect des règles de durabilité. Celles-ci renvoient aux règles en matière de conditions de travail, de droits

---

[1] Sur le sujet, voir : P. JACQUEMOT et A-K. DOLIUN, « la responsabilité sociale et environnementale des entreprises françaises en Afrique. Enjeux, pratiques et recommandations », Guide pratique, CIAN, 98 p.

[2] Idem., spéc. p. 10.

de l'homme, de protection de l'environnement et une sollicitude envers les biens publics. Ce qui implique les entreprises françaises opérant en Afrique à appliquer les processus de diligence raisonnable. Aussi, le CIAN est à la base du premier sommet d'engagement sociétal des entreprises entre l'Afrique, la France et l'Europe, organisé le 7 et 8 juillet 2021, concomitamment, en Afrique dans plusieurs villes et à Paris, en pleine pandémie de la covid-19, en collaboration avec le Cabinet de conseil Affectio Mutandis. Ce sommet avait comme objectif de mettre la responsabilité sociétale, l'inclusion, l'économie sociale et solidaire, l'investissement socialement responsable, l'impact et les objectifs de développement durable au cœur de la nouvelle relation soutenable, solidaire et équitable entre l'Afrique, la France et l'Europe. Autrement dit, durant le sommet, les entreprises ont été encouragées à tenir compte des pratiques de diligence raisonnable.

Les organismes privés représentent aussi les entreprises elles-mêmes. Les initiatives des entreprises, qu'elles soient des filiales de groupes implantées en Afrique ou grandes et petites entreprises africaines, participent à l'éclosion des pratiques de diligence raisonnable[1]. D'une manière générale, il existe une véritable prolifération des engagements éthiques, particulièrement marqués par les problématiques environnementales, celles liées aux conditions de travail, suivies par la protection des consommateurs ainsi que les questions de gouvernance dont la lutte contre la corruption. On assiste à un phénomène accru de normalisation permettant de moraliser les activités des entreprises privées[2]. Ce phénomène de moralisation se traduit par la mise en place de codes éthiques, de déclarations d'intention ainsi que de spécifications techniques sur le plan social et environnemental[3]. Ils correspondent à des techniques d'autorégulation ou de réglementations privées alternatives ou complémentaires des normes juridiques[4]. Ces instruments privés prennent diverses formes et recouvrent différentes appellations. Ainsi, nous trouvons au sein de cette liste non exhaustive d'instruments de droit mou entre autres des « déclarations », « préambules », « recommandations », « chartes éthiques », « codes de conduite », « engagements d'honneur », « lettres d'intention », et des intitulés comportant un déterminant possessif tels « nos valeurs », « nos principes de responsabilité », « nos engagements en faveur du développement durable », etc. Ces engagements visent à inciter les entreprises à devenir socialement

---

[1] C.M. DIOP et A. NGAHA BAH, « Peut-on parler de l'émergence d'un modèle RSE africain : la situation du Sénégal ? », Revue Congolaise de Gestion, 2018/1 n°25, pp. 67-96.
[2] B. LE BARS., « La " moralisation " de la vie des affaires est-elle en cours ? », La Semaine Juridique Edition Générale, n°10-11, 4 mars 2009, act. 115.
[3] V. MERCIER et S. BRUNENGO-BASSO, « Les normes environnementales privées internationales », in *Les normes privées internationales, Cahiers de méthodologie juridique n° 25, RRJ*, 2011-5 numéro spécial, p. 2317.
[4] I. DESBARATS, « La RSE " à la française " : où en est-on ? », Dalloz droit social n°6, juin 2018, p. 525.

et écologiquement responsables. D'une manière concrète, ces déclarations d'engagement prennent souvent la forme d'un « code de conduite » ou d'une « charte éthique ». Si le code de conduite vise les associés, dirigeants sociaux, partenaires commerciaux (fournisseurs, sous-traitants) en stipulant les conditions éthiques ou déontologiques, sociales, et environnementales à respecter par ces deniers, la charte éthique est destinée au public interne comme salarié ou usagers. La plupart de ces codes ne se contentent pas d'énoncer les valeurs fondamentales de l'entreprise, ils ont pour objectif l'élaboration des règles propres à l'organisation au sein de laquelle ils s'appliquent.

A ce sujet, on peut citer le Guide RSE à l'attention des entreprises internationales et locales exerçant dans la Province minière du Katanga au Congo-Kinshasa, élaboré par la chambre des mines, avec l'appui de la coopération allemande dans son projet bonne gouvernance dans le secteur minier[1]. Il s'agit d'un code de conduite adapté au contexte congolais, intégrant les réalités locales, les coutumes et traditions, les lois nationales et les meilleures pratiques d'exploitation minière, ainsi que les normes internationales. Il recommande aux entreprises, dans le cadre de la mise en œuvre de la RSE, non seulement d'appliquer les normes internationales en matière de santé et sécurité au travail et de respect des droits humains, et notamment du droit des femmes et des enfants, mais aussi de « privilégier une approche proactive (...) et d'appliquer en tout temps les principes de diligence raisonnable afin d'éviter les dérapages éventuels[2] ».

En épilogue, pour conclure cette section, il sied de souligner que les initiatives volontaires susdites, relevant aussi bien du secteur public que privé, paraissent limitées. Nous remarquons que la conformité aux normes véhiculant les pratiques durables comme le devoir de diligence est laissée au bon vouloir des entreprises.

Cette situation démontre les limites des approches volontaires. Un auteur explique ces limites en ces termes : « cependant, cette avancée pourrait s'avérer théorique avant tout. L'exécution du devoir de diligence en cinq points du Guide de l'OCDE reste facultative pour tous ses adhérents et aucune institution publique autorisée ne peut se porter garante de la conformité et de la fiabilité de processus entrepris (...) les initiatives à l'œuvre en RDC, qui toutes affirment se conformer au Guide de l'OCDE, publient rarement leurs rapports d'évaluation de conformité ou de performance, quand il en existe[3] ».

C'est aussi le cas des entreprises canadiennes extractives en Afrique. Les deux stratégies du Canada en matière de RSE de 2009 et 2014, concernant

---

[1] Guide sur la responsabilité sociétale des entreprises. Secteur minier au Katanga, juin 2016, 106 p.

[2] Idem., spéc. p. 53.

[3] D. TOUGAS, « Responsabilité sociale des entreprises et minerais de conflit. L'Est de la République démocratique du Congo comme laboratoire », op. cit., spéc. pp. 210-211.

les industries extractives canadiennes à l'étranger, incitent les entreprises canadiennes à adopter une conduite responsable. Elles assurent la promotion des codes de conduites, normes et référentiels internationaux dont notamment les principes directeurs de l'OCDE, ses guides sur le devoir de diligence, le Pacte mondial et l'ISO 26000 en recourant au devoir de diligence. Toutefois, dans la pratique, si certaines de ces entreprises exerçant en Afrique et dans l'espace OHADA, recourent aux normes de *soft law*, essayent de déployer des projets RSE appuyés par les institutions canadiennes, il s'avère que plusieurs d'entre elles conduisent leurs activités sans tenir compte des enjeux sociétaux et environnementaux par la prévention des risques résultant de leurs activités[1]. L'objectif affiché par le gouvernement du Canada dans sa nouvelle stratégie de 2021 confirme cette hypothèse. Cette stratégie gouvernementale veut « accroître l'intégration de la diligence raisonnable en matière de CRE dans les entreprises canadiennes, y compris dans leurs chaînes d'approvisionnement[2] ». Ainsi, le gouvernement du Canada « s'attend à ce que les entreprises canadiennes mettent en place des mesures pour s'acquitter de leurs responsabilités en matière de diligence raisonnable[3] ». Consciente des limites des approches volontaires, la nouvelle stratégie du gouvernement du Canada ouvre la porte à de possibles futures contraintes[4].

Dès lors, nous comprenons que les textes de *soft law*, régissant les démarches volontaires des entreprises, ne sont pas nécessairement à caractère juridique et subséquemment, ne sont pas forcément contraignants. Ces textes fournissent des recommandations et non des obligations, libre aux principaux concernés de les suivre ou non. Ce qui revient à dire que la question de l'applicabilité est variable, car elle dépend surtout de la volonté des entreprises pour les appliquer. Aussi, par manque d'une réelle volonté affirmée de changement ou par défaut de consensus, les objectifs sociétaux et environnementaux à atteindre, ou les méthodes à adopter, sont souvent peu clairement formulés. Ainsi, ne serait-il pas préférable d'opter pour l'adoption de réelles dispositions contraignantes afin de voir la protection de droits humains et de l'environnement enfin respectée ? Les limites des

---

[1] G. GOYETTE-COTE, « Responsabilité sociale des entreprises dans le secteur minier. Quelle contribution pour le développement ? », op. cit, spéc. pp. 40-45. L'auteur estime que « quand on analyse les aspects de cette stratégie directement liés à la RSE pour identifier le type de pratiques promues et financés (...), on constate qu'il s'agit de formes très rudimentaires de stratégies d'entreprise qui demeurent sur le plan défensif (projets), de conformité (multilatéral), voire qui représentent une simple promotion des intérêts canadiens (...) ».

[2] Canada, Gouvernement du Canada, Conduite responsable des entreprises. Stratégie du Canada pour l'avenir, 2021, spéc. p 11.

[3] Idem., spéc. p 12.

[4] Voir : Ibid., spéc., pp. 9 et 12.

approches volontaires nécessitent alors un renversement de perspective[1]. Ce dernier se traduit par un processus de mise sous contrôle des démarches volontaires en matière de RSE auquel répond un accroissement des contraintes juridiques mises à la charge des entreprises privées, ainsi transformées en cibles privilégiées des pouvoirs publics[2]. Par voie de conséquence, le comportement responsable attendu, qui s'inscrit jusque-là dans une approche volontaire, les entreprises en auront dorénavant l'obligation légale[3].

D'où, l'étude de l'approche contraignante du devoir de vigilance dont la France est le précurseur. Par ailleurs, le droit de l'OHADA, en scrutant ses normes, est actuellement le mieux placé pour véhiculer légalement le devoir de vigilance en Afrique.

---

[1] V. MERCIER, « De la transparence à la vigilance ou le renforcement des obligations en matière de RSE », in *RSE et Médiation. Regards croisé France-Canada (dir. V. MERCIER)*, PUAM, coll. Institut de droit des affaires, Marseille, 2018, 171 p., pp. 21-51, spéc. p. 23.

[2] I. DESBARATS, « La RSE " à la française " : où en est-on ? », Dalloz droit social n°6, juin 2018, p. 525.

[3] X. BOUCOBZA et M-Y. SERINET., « Loi Sapin 2 et devoir de vigilance : l'entreprise face aux nouveaux défis de la compliance », Rec. Dalloz 2017, p. 1619.

Chapitre II. L'approche contraignante du devoir de vigilance

Il est question, dans ce chapitre, de comprendre que le devoir de vigilance se place désormais dans le contexte de conformité obligatoire. Autrement dit, le renforcement de la dimension contraignante de la RSE par l'encadrement légal des démarches autrefois volontaires[1]. Ce renforcement étant le fait des pouvoirs publics, il rentre dans le mouvement de moralisation et de modernisation du droit des affaires. Dans cette logique, le devoir de vigilance paraît comme un mécanisme de conformité obligatoire ou de *compliance*. Rappelons que celui-ci est « une notion étrange entre le totalement volontaire et le totalement contraint[2] ». Les juges, dans cette même optique, précisent que la loi sur le devoir de vigilance « assigne ainsi des buts monumentaux de protection des droits humains et de l'environnement à certaines catégories d'entreprise[3] ». Par conséquent, cette loi, à l'instar des autres textes de conformité comme la loi Sapin II, que le législateur a préféré organiser séparément, impose une anticipation obligatoire des risques par la mise en place de plan et/ou d'outils de vigilance. Par le passage d'une approche volontariste du devoir de vigilance à celle de conformité obligatoire, la France devient un pionnier et inspire l'UE qui a mis en place une directive sur le devoir de vigilance. Il paraît alors nécessaire de saisir les forces et faiblesses de cette loi française inspiratrice[4] et relever l'apport de la directive européenne[5].

L'Afrique en général, et particulièrement l'espace OHADA qui a une vocation panafricaine, ne peut rester en marge. A cet effet, il existe déjà des germes d'une démarche de conformité obligatoire en Afrique[6] et, particulièrement, dans les pays faisant partie de l'OHADA. L'analyse de l'existant dans ces pays ainsi que dans le droit de l'OHADA pourrait permettre à cette dernière de mettre à profit sa compétence et ses règles communes en les adaptant pour intégrer le devoir de vigilance, mécanisme de *compliance*.

---

[1] K. MARTIN-CHENUT, « Devoir de vigilance : inter-normativité et durcissement de la RSE », Dalloz droit social 2017, p. 798.

[2] M-A. FRISON-ROCHE, « Le droit de la compliance », Rec. Dalloz 2016, p. 1871.

[3] TJ Paris, 28 févr. 2023, n° 22/53942 et 22/53943.

[4] Un certain nombre des rapports et études évoquent les forces et faiblesses de la loi sur le devoir de vigilance. Pour une présentation complète des références bibliographiques citées, voir la version soutenue de la thèse.

[5] Voir notamment : B. LECOURT, « Proposition de directive sur le devoir de vigilance : le nouveau tournant du droit européen des sociétés », Rev. sociétés 2022, p. 310 ; A. DANIS-FATÔME, « La responsabilité civile dans la proposition de directive européenne sur le devoir de vigilance », Rec. Dalloz 2022, p. 1107.

[6] M. MOHAMED SALAH, « Conception et application de la compliance en Afrique », in *Les outils de la compliance (dir. M-A. FRISON-ROCHE)*, Dalloz, coll. Thèmes et comm., Paris, 2021, 323 p., pp. 165-180.

Dès lors, avant de scruter l'étude de l'émergence de la démarche de conformité obligatoire du devoir de vigilance dans l'espace OHADA (**Section 2**), il convient de présenter d'abord l'examen du contenu de l'obligation légale de vigilance en France renouvelée par la directive européenne (**Section 1**).

Section I. L'obligation légale de vigilance en France

L'obligation légale de vigilance, « innovation juridique[1] », est la traduction dans le droit français du devoir de diligence raisonnable tel qu'il est progressivement apparu dans les textes internationaux relatifs à la RSE. Il s'agit d'une obligation générale de comportement, ayant pour finalité l'identification des risques et la prévention « des atteintes graves envers les droits humains et les libertés fondamentales, la santé et la sécurité des personnes ainsi que l'environnement », résultant des activités d'un groupe et de sa chaîne de valeur. Cette obligation de vigilance, qui remonte déjà dans le cadre de la lutte contre le travail dissimulé[2], requiert aux grandes entreprises d'agir pour connaître et prévenir les conséquences négatives de leur organisation. Elles doivent aussi analyser les répercussions de ses activités et réduire les risques. Elle se matérialise par le plan de vigilance. Même si l'intitulé « plan de vigilance » n'est pas repris dans la directive européenne, il est, selon la loi française, un outil permettant la mise en œuvre des procédures de prévention et de suivi des opérations de la société mère ou donneuse d'ordre, de ses filiales et sous-traitants ou fournisseurs dans le but d'éviter les risques sociaux, environnementaux et des droits humains avérés. Pour ce faire, les entreprises concernées ont l'obligation de l'établir, le mettre en œuvre de façon effective et le publier annuellement en l'incluant dans le rapport de gestion.

La loi, tout comme la directive européenne, définit un contenu minimal du plan de vigilance ou des obligations de vigilance ainsi que des conditions de leur élaboration en précisant ses périmètres. Il convient de scruter les périmètres du devoir de vigilance (**§1**) ainsi que les mesures matérielles de prévention que doivent contenir le plan de vigilance (**§2**).

§1. Les périmètres du devoir de vigilance

[1] L. D'AMBROSIO, « Le devoir de vigilance : une innovation juridique entre continuités et ruptures », Lextenso, Droit et société, 2020/3, n°106, pp. 633-647.

[2] L. n°2014-790, 10 juill. 2014 visant à lutter contre la concurrence sociale déloyale a créé une obligation de vigilance du donneur d'ordre en matière d'hébergement portant atteinte à la dignité des salariés. Cette obligation pèse sur tout client d'un entrepreneur aux fins de vérifier la régularité de la situation de son contractant (C. trav. L. 4231-1 et L. 8222-1).

La loi sur le devoir de vigilance, « loi improbable[1] », est adoptée en 2017 et comporte trois articles dont deux codifiés dans le Code de commerce[2] et un article d'application[3]. Si elle est moins-disante du fait qu'elle tient sur « une seule page A4 », la directive européenne de 2024 en la matière est beaucoup plus détaillée. Elle comprend 39 articles et un préambule contenant presque 99 considérants. S'inspirant des textes internationaux non contraignants de RSE ou de *soft law*, la loi sur le devoir de vigilance ainsi que le dispositif européen reprennent l'idée de la délimitation du domaine de vigilance. Il est alors nécessaire de préciser, d'une part, le contour substantiel faisant écho aux thèmes des risques ou incidences négatives devant être appréhendés par les grandes entreprises ainsi que la détermination des sociétés commerciales débitrices de l'obligation de vigilance (**A**) ; et, d'autre part, le contour organisationnel consistant non seulement en la coordination des acteurs économiques à l'égard desquels la vigilance des sociétés commerciales débitrices devra s'exercer, mais aussi en ce que l'obligation de vigilance devra être exercée avec l'association ou la participation des parties intéressées (**B**).

A. Le périmètre substantiel du devoir de vigilance

La question du périmètre substantiel du devoir de vigilance soulève celle des sociétés commerciales assujetties à cette obligation et celle de la gestion des risques par lesdites sociétés.

L'obligation de vigilance dans la loi française du 27 mars 2017 prend en compte l'existence éventuelle d'un groupe. Une configuration proche de celle déjà utilisée dans la loi Sapin II pour définir les sociétés débitrices de l'obligation de prévention de la corruption et autres manquements à la probité[4]. La loi sur le devoir de vigilance vise « toute société » qui emploie à la clôture de deux exercices consécutifs au moins 5 000 salariés en son sein et dans ses filiales directes ou indirectes dont le siège est fixé en France. Elle vise aussi celle (étrangère) qui emploie 10 000 salariés en son sein et dans ses filiales directes ou indirectes dont le siège social est fixé en France ou à l'étranger[5]. Ces seuils sont jugés très élevés et font échapper du champ d'application de la loi certains groupes à risque[6]. Puisque pour des activités,

[1] G. DELALIEUX, « La loi sur le devoir de vigilance des sociétés multinationales : parcours d'une loi improbable », Lextenso, Droit et société, 2020/3, n°106, pp. 649-665.
[2] Sous les références des articles L. 225-102-4 et L. 225-102-5.
[3] Cet article d'application précise l'entrée en vigueur de la loi sur deux années consécutives, en 2018 au titre de l'exercice 2017 et en 2019 au titre de 2018 respectivement pour le plan de vigilance et pour le premier compte-rendu à publier par les entreprises.
[4] L. n°2016-1691, 9 déc. 2016, art. 17.
[5] C. com., art. L. 225-102-4, I.
[6] N. CUZACQ, « Le nouveau visage du reporting extra-financier français », Dalloz rev. sociétés n°6, juin 2018, p. 347.

chiffres d'affaires, secteurs et impacts équivalents, certaines sociétés seraient couvertes et d'autres non. L'exemple édifiant est le secteur du textile qui échappe à l'application du devoir de vigilance, alors que l'une des motivations principales de la loi était le drame de *Rana Plaza* qui mettait en cause le dit secteur[1]. Il paraît alors judicieux de prévoir un abaissement et une simplification ou harmonisation des seuils avec d'autres obligations connexes comme celles de la lutte anti-corruption ou de reporting extra-financier. Néanmoins, la directive européenne sur le devoir de vigilance prévoit cet abaissement. A ce propos, la proposition de directive envisageait à l'origine de distinguer selon la sensibilité du secteur économique en cause pour affiner son champ d'application, avec des seuils de salariés et de chiffre d'affaires annuel au niveau mondial qui auraient été respectivement de 250 et de 500 pour les premiers nommés, et de 40 et 150 millions d'euros pour la seconde variable[2]. Le texte final rompt avec cette logique en unifiant les seuils et en les rehaussant substantiellement : seules seront en définitive concernées les entreprises dépassant les seuils de 1 000 salariés en moyenne et de 450 millions d'euros de chiffre d'affaires annuel au niveau mondial, que ce soit en tant qu'entité autonome ou dans le cadre d'un groupe[3]. Notons que cette disposition finale écarte la possibilité de différenciation des seuils d'application (plus bas) pour des entreprises des secteurs extractif, agricole, textile et de la construction, considérés comme les secteurs les plus à risque. Aussi, pour les entreprises étrangères, ce devoir de vigilance européen concerne celles ayant réalisé un chiffre d'affaires net d'au moins 450 millions d'euros dans l'union[4]. C'est le principe de l'extraterritorialité, indispensable pour éviter que les acteurs européens n'aient à faire face à des coûts sensiblement supérieurs à ceux de leurs concurrents en conséquence des obligations nouvelles posées par le texte.

En outre, il est précisé dans la loi sur le devoir de vigilance du 27 mars 2017 que, dans des termes très proches de ceux utilisés dans la loi Sapin II[5], les filiales ou sociétés contrôlées qui dépassent les seuils sont réputées satisfaire aux obligations de la loi dès lors que la société qui les contrôle établit et met en œuvre un plan de vigilance. Il s'agit d'un mécanisme d'exemption au sein du groupe. La directive européenne sur le devoir de vigilance prévoit également ce mécanisme d'exemption. Selon la directive, lorsque « la société mère ultime » a pour activité principale la détention

---

[1] Idem.

[2] Amendements adoptés par le Parlement européen le 1er juin 2023 sur la proposition de directive du Parlement européen et du Conseil relative au devoir de vigilance raisonnable en matière de développement durable des entreprises et modifiant la directive (UE) 2019/1937, art 2.

[3] Dir. (UE) 2024/1760 du Parlement européen et du Conseil du 13 juin 2024 sur le devoir de vigilance des entreprises en matière de durabilité et modifiant la directive (UE) 2019/1937 et le règlement (UE) 2023/2859, art. 2.

[4] Idem.

[5] L. n°2016-1691, 9 déc. 2016, art. 17, I, 2°.

d'actions dans des filiales opérationnelles et ne prend pas part à la prise de décisions de gestion, opérationnelles ou financières qui touchent le groupe ou une ou plusieurs de ses filiales, elle peut être exemptée de l'exécution des obligations prévues par la présente directive[1]. Cette exemption est subordonnée à la condition que l'une des filiales de la « société mère ultime » établies dans l'Union soit désignée pour remplir les obligations de vigilance au nom de la « société mère ultime », y compris les obligations de la société mère ultime en ce qui concerne les activités de ses filiales[2]. Soulignons que le dispositif européen ne prévoit pas de consolidation systématique des obligations relatives au devoir de vigilance au niveau de la société mère. Ainsi, plusieurs sociétés d'un même groupe pourraient (si elles dépassent respectivement les seuils fixés par la directive) être individuellement amenées à mettre en œuvre les obligations prévues au titre du devoir de vigilance. Néanmoins, pour éviter l'exonération de la responsabilité, la directive affirme que « la société mère ultime » demeure conjointement responsable avec la filiale désignée du non-respect, par cette dernière, des obligations qui lui incombent[3].

Si la directive précise ce que l'on entend de la « filiale », de la « société mère » ou de la « société mère ultime[4] », la loi française ne précise pas le critère de définition d'une filiale. Dans le silence du texte, la règle générale de l'article L. 233-1 du Code de commerce a vocation à s'appliquer[5]. Le terme « filiales directes ou indirectes » s'entend au sens de l'article L. 233-3 du Code de commerce qui définit la notion du contrôle. Le contrôle peut alors s'exercer directement par la société mère ou indirectement par le biais d'autres sociétés commerciales également contrôlées. Pour l'identification des salariés, les sociétés commerciales doivent se reporter aux définitions données par le Code du travail en ses articles L. 1111-1, L.1111-2 et L. 1111-3. Nous comprenons que les sociétés commerciales débitrices de l'obligation de vigilance sont donc celles ayant un siège en France qui atteignent les seuils relatifs au nombre de salariés pour deux exercices

---

[1] Ibid., art. 2, n°3.

[2] Ibid.

[3] Ibid.

[4] Ibid., art. 3, e), q), r) : « Une filiale » est comprise comme une personne morale au sens de l'article 2, point 10), de la directive 2013/34/UE, et une personne morale par l'intermédiaire de laquelle l'activité d'une « entreprise contrôlée » est exercée au sens de l'article 2, paragraphe 1, point f), de la directive 2004/109/CE du Parlement européen et du Conseil. « Une société mère » est une entreprise qui contrôle une ou plusieurs filiales et on entend par « société mère ultime », celle qui contrôle, directement ou indirectement une ou plusieurs filiales et qui n'est pas contrôlée par une autre société conformément aux critères énoncés à l'article 22, paragraphes 1 à 5, de la directive 2013/34/UE.

[5] C. com., art. L. 233-1 : « Lorsqu'une société possède plus de la moitié du capital d'une autre société, la seconde est considérée, pour l'application des sections 2 et 4 du présent chapitre, comme filiale de la première ». Il sied par exemple de rapprocher les art. L. 225-102-1, al. 6 du C. com et l'art. 17, I, 2° de la loi Sapin II, ces deux textes visent les « filiales » au sens de l'art. L. 233-1 du C. com.

consécutifs. Le calcul se fait à partir de la société commerciale débitrice du devoir de vigilance. Peuvent également entrer dans le champ d'application de la loi, les sociétés commerciales filiales de groupes étrangers par le canal de leurs propres filiales françaises et étrangères[1]. La directive européenne, quant à elle, prévoit que lorsqu'une entreprise remplit les conditions, les obligations de vigilance ne s'appliquent que si ces conditions sont remplies au cours de deux exercices consécutifs[2].

Un point qui ne semble pas clair dans la loi sur le devoir de vigilance est celui de savoir si toutes les formes sociales sont couvertes. En effet, quand bien même elle est applicable à « toute société », il est remarqué que la disposition est localisée dans le chapitre V dévolu aux SA. Ce qui sous-entend que l'obligation de vigilance concerne au premier chef les SA. Dès lors, il paraît légitime de se demander si l'obligation de vigilance concerne également d'autres formes sociales. La réponse est ambiguë. Si elle peut s'appliquer aisément aux SCA par renvoi[3], la question est délicate à trancher concernant les SAS. Le Gouvernement, dans ses observations au Conseil constitutionnel, a répondu favorablement en ces termes : « ces obligations s'appliqueront aux sociétés anonymes mais aussi aux sociétés en commandite par actions et aux sociétés par actions simplifiées, conformément aux renvois prévus par les articles L. 226-1 et L. 227-1 du Code de commerce ». Une partie de la doctrine a accueilli positivement le supplément du gouvernement[4]. Pour une autre partie, elle semble toutefois contestable[5]. A ce propos, l'obligation de vigilance ne saurait s'appliquer aux SAS, pas plus qu'aux SARL, quand bien même ces derniers atteindraient les seuils légaux. Il est notamment avancé comme argument que le dispositif de l'article L. 225-102-4 est clairement conçu pour conduire à l'inclusion du plan dans le rapport mentionné à l'article L. 225-102. Comme le législateur établit un lien substantiel entre le devoir de vigilance et le rapport de l'article L. 225-102 et que l'établissement de ce rapport est expressément exclu dans les SAS par l'art. 227-1, on ne peut qu'en déduire que le devoir de vigilance

---

[1] Obs. du gouvernement au Cons. const concernant la loi sur le devoir de vigilance, NOR : CSCL1708427X, JORF n°0074, 28 mars 2017, texte n°5 : « les dispositions s'appliqueront ainsi aux sociétés mères françaises mais aussi aux filiales françaises de groupes étrangers ».

[2] Dir. (UE) 2024/1760 du Parlement européen et du Conseil du 13 juin 2024 sur le devoir de vigilance des entreprises en matière de durabilité et modifiant la directive (UE) 2019/1937 et le règlement (UE) 2023/2859, art. 2, n°5.

[3] Les art. L. 225-102-4 et L.225-102-5 régissant le devoir de vigilance ne font pas partie de ceux qui sont écartés par l'article L. 226-1, al. 2 du C. com.

[4] S-M. CIONNAITH, G. JAZOTTES, et S. SABATHIER, « Délimiter le périmètre de la vigilance : entre concepts de soft law et de hard law », Revue Lamy droit des affaires, 2017/124, n°6168 ; C. MALECKI, « le devoir de vigilance des sociétés mères et entreprises donneuses d'ordre : était-ce bien raisonnable ? », Bulletin Joly Société, mai 2017, n°116j8, p. 298.

[5] Voir à ce propos : A. REYGROBELLET, « Devoir de vigilance ou risque d'insomnie ? », Revue Lamy droit des affaires, n°128, juill. 2017. L'auteur avance 3 raisons qui justifieraient la mise à l'écart de la forme sociale SAS.

ne peut, en l'état du droit positif, être imposé aux SAS. Nous pensons que les SAS sont assujetties d'autant plus que la loi elle-même ne distingue pas la forme sociale en visant indifféremment « toute société », et tenant compte de la vision adoptée par le Gouvernement dans ses observations d'inclure les SAS. Du moins, la directive européenne sur le devoir de vigilance aura le mérite d'éviter que cette interprétation relative à la forme sociale ne soit soulevée devant les juridictions pour la trancher. Elle définit l'entreprise comme « une personne morale constituée sous l'une des formes juridiques énumérées aux annexes I et II de la directive 2013/34/UE[1] ». Or les deux annexes de cette dernière reprennent comme formes sociales pour la France : la SA, la SCA, la SARL, la SAS, la SNC, la SCS. La directive résout donc la crainte de voir une entreprise clamer à raison, à cause de l'imprécision de la loi sur le devoir de vigilance, la forme de son contrat de société afin de ne pas avoir à identifier et prévenir les atteintes aux droits humains et à l'environnement générés par ses activités.

Les informations relatives aux filiales contrôlées et aux nombres de salariés permettent aux parties intéressées d'identifier clairement les sociétés commerciales porteuses de l'obligation et celles bénéficiant du mécanisme d'exemption au sein du groupe. Si le suivi actuel de la conformité de ces entreprises à la loi demeure délicat du fait que les critères de détermination des seuils sont assez complexes et qu'il n'existe pas une liste officielle[2] des sociétés couvertes, avec la directive européenne sur le devoir de vigilance, on estime qu'en France 450 entreprises seront concernées à terme contre 250 aujourd'hui. Il est clair que la directive européenne simplifie les critères de détermination des seuils. Elle harmonise donc les critères avec ceux de « grandes entreprises ». Ce qui justifie d'ailleurs le choix du sujet de notre thèse qui étudie la responsabilité des « grandes entreprises » puisque ces dernières reposent sur trois conditions non cumulatives, soit le nombre des salariés, soit le chiffre d'affaires ou le bilan. Or la loi française ne prévoit qu'un seul critère, celui du nombre des salariés, de surcroît jugé très élevé.

La question de la gestion des risques est devenue un réel devoir pour les grandes entreprises ainsi que leurs composantes. Il convient de rappeler que le risque en matière de vigilance est anthropique. Il s'agit d'un dommage futur, aléatoire, consécutif à l'activité des grandes entreprises, de ses filiales ou de leurs fournisseurs et sous-traitants. Le risque peut être avéré ou suspecté. Il doit nécessairement faire l'objet de mesures de prévention ou de précaution même si la loi sur le devoir de vigilance ne les distingue pas dans son exigence d'identification des risques. A ce propos, dans le cadre du devoir de vigilance, nous constatons que la précaution est de mise

[1] Dir. (UE) 2024/1760 du Parlement européen et du Conseil du 13 juin 2024 sur le devoir de vigilance des entreprises en matière de durabilité et modifiant la directive (UE) 2019/1937 et le règlement (UE) 2023/2859, art. 3, n°1, a) i et ii.

[2] Obs. du gouvernement au Cons. const concernant la loi sur le devoir de vigilance, NOR : CSCL1708427X, JORF n°0074, 28 mars 2017, texte n°5 : « les quelque 150 sociétés concernées sont des entreprises multinationales ».

puisque cette dernière est en cohérence en matière environnementale avec les prescriptions de la Charte de l'environnement. Ce dernier inscrit dans la constitution française les principes de précaution et de prévention[1]. Il en existe, alors, une diversité des risques relevant des activités des grandes entreprises. Ceux à l'égard du groupe et de ses satellites et ceux à l'égard des tiers.

A l'égard du groupe, le lien de domination économique entraine des risques spécifiques qui se résument au risque financier, au risque juridique et au risque d'activité proprement dit. C'est ce dernier qui est appréhendé par le devoir de vigilance vu, à ce titre, à l'égard des tiers. A cet effet, la création d'une obligation d'établir un plan de vigilance et la responsabilité qui en découle le cas échéant tendent à aller au-delà et à créer un risque d'activité pour les sociétés mères ou donneuses d'ordre dont l'activité est exercée à travers ses filiales et ses sous-traitants. Dans ce cadre, il y a véritablement un changement de perspective, déjà amorcé par l'obligation de reporting extra-financier, car les risques doivent alors être vus à l'égard des tiers et non les risques sur l'entreprise elle-même.

La loi sur le devoir de vigilance précise que le plan de vigilance doit comporter des mesures propres à « identifier les risques et à prévenir les atteintes graves envers les droits humains et les libertés fondamentales, la santé et la sécurité des personnes ainsi que l'environnement[2]». En prévoyant ces thèmes, la loi sur le devoir de vigilance s'inscrit dans la conception française des droits humains et libertés fondamentales, de l'environnement, de la santé et de la sécurité des personnes. C'est cette conception qui doit guider l'établissement et la mise en œuvre de la vigilance. Aussi, ils correspondent aux engagements internationaux pris par la France[3]. De là, les questions environnementales, de santé et sécurité des personnes doivent être abordées de façon interdépendante des questions relatives aux droits humains.

La question de la définition des risques à l'égard des tiers a fait l'objet d'une censure du Conseil constitutionnel. Dans sa décision du 23 mars 2017, le Conseil a décidé que la définition des risques par la loi sur le devoir de vigilance était trop large pour pouvoir attacher une amende civile, au regard du principe de légalité des délits et des peines. En effet, dans son considérant 13, il souligne le caractère large et indéterminé de la mention des « droits humains » et des « libertés fondamentales ». Toutefois, dans son considérant 22, la décision des sages note que « si certaines des notions employées par le législateur sont, pour les motifs énoncés plus haut,

---

[1] Charte de l'env., art. 3 et 5.

[2] C. com. art. L.225-102-4, I. al. 3.

[3] Le rapport D. POTIER, « Rapport 2628 sur la proposition de loi relative au devoir de vigilance des sociétés mères et des entreprises donneuses d'ordre », Assemblée nationale, mars 2015, affirme : « On admet généralement une définition formelle suivant laquelle les droits fondamentaux sont proclamés par des textes de rang constitutionnel (…) ainsi que par des conventions internationales et européennes », spéc. p. 66.

insuffisamment précises pour permettre de définir un manquement de nature à justifier une sanction ayant le caractère d'une punition, celles-ci ne présentent toutefois pas un caractère inintelligible (…) ». Cette précision suffisante reconnue par le Conseil constitutionnel, se comprend aisément au regard des textes relatifs à ces droits et libertés reconnus constitutionnels que les codes d'éthique des sociétés commerciales reprennent habituellement, tels la DUDH ou le Pacte mondial de l'ONU[1].

Notons la clarification apportée par la directive européenne concernant les droits et interdictions dont la violation constitue une incidence négative sur les droits de l'homme et l'environnement, corrélés aux textes internationaux ratifiés par tous les États membres. Ce qui revient à dire que la directive établit des règles quant aux « incidences négatives réelles » et « incidences négatives potentielles » sur les droits de l'homme et sur l'environnement, en ce qui concerne les propres activités des grandes entreprises, celles de leurs filiales et de leurs partenaires commerciaux. L'incidence négative est entendue comme incidence sur les personnes ou l'environnement résultant de la violation de certains droits, obligations et interdictions découlant de conventions internationales qui sont énumérées en annexe à la directive[2]. De même, initialement en retrait lors de l'examen de la proposition de directive, le changement climatique avait gagné en retour ses lettres de noblesse via une obligation de moyens renforcée d'adopter et de mettre en œuvre, en faisant tout son possible, un plan de transition climatique[3].

Une autre précision est que les risques et atteintes que doivent identifier et prévenir les mesures de vigilance sont relevés par le législateur français au-dessus d'un certain seuil de gravité. Ce qui semble également l'approche adoptée par le dispositif européen. Même si la loi sur le devoir de vigilance ne précise pas la manière dont l'échelle de cette gravité doit être appréciée, il n'en demeure pas moins que les principes directeurs de l'OCDE et de l'ONU peuvent offrir une possible interprétation en ce sens que cette gravité peut se mesurer par rapport à sa dimension, son objectif ou son caractère irrémédiable[4]. Regrettons à ce point la position adoptée par les juges sur les premières décisions de procédure en arguant que le devoir de vigilance et les mesures qu'il sous-tend ne peuvent s'appuyer sur aucune

---

[1] P. DEUMIER « Les codes de conduite des entreprises et l'effectivité des droits de l'homme », in *Droits économiques et droit de l'homme (dir. L. BOY, J-B RACINE, et F. SIIRIAINEN)*, Larcier, coll. Droit-économie international, Bruxelles, 2009, 710 p., pp. 671-696, spéc. p. 672.

[2] Dir. (UE) 2024/1760 du Parlement européen et du Conseil du 13 juin 2024 sur le devoir de vigilance des entreprises en matière de durabilité et modifiant la directive (UE) 2019/1937 et le règlement (UE) 2023/2859, art. 3, n°1, b) c) et d).

[3] Idem., art. 22.

[4] Principes directeurs de l'ONU relatifs aux entreprises et aux droits de l'homme, spéc. II, A., n°14 et B., n°24, p. 20 et 30.

norme précise[1]. Contrairement à la loi française, la directive européenne offre une interprétation inspirée des principes directeurs de l'OCDE et de l'ONU concernant la notion de « gravité ». Elle prévoit que l'entreprise devrait prendre les mesures adéquates permettant d'atteindre les objectifs liés au devoir de vigilance en remédiant efficacement aux incidences négatives, d'une manière proportionnée au degré de gravité et à la probabilité des incidences négatives[2]. Il définit « l'incidence négative grave » comme celle qui est particulièrement importante par sa nature, telle qu'une incidence qui nuirait à la vie, à la santé ou à la liberté des personnes, ou par son ampleur, sa portée ou son caractère irrémédiable[3] et « facteurs de risque », comme les faits, situations ou circonstances liés à la gravité et à la probabilité d'une incidence négative[4]. En outre, elle estime que la gravité peut être appréciée en regard des circonstances de l'espèce, de la nature et de l'étendue de l'incidence négative et des facteurs de risque pertinents, y compris, dans le cadre de la prévention et de l'atténuation des incidences négatives, des particularités des activités commerciales de l'entreprise et de sa chaîne d'activités, du secteur ou de la zone géographique servant de cadre aux activités de ses partenaires commerciaux, de la capacité de l'entreprise à influencer ses partenaires commerciaux directs et indirects, mais aussi de la question de savoir si l'entreprise pourrait accroître son pouvoir d'influence[5].

La loi sur le devoir de vigilance et le dispositif européen prévoient également le périmètre organisationnel de vigilance.

B. Le périmètre organisationnel du devoir de vigilance

Après avoir relevé les sociétés commerciales débitrices de l'obligation de vigilance ainsi que les risques comme contour substantiel de l'obligation de vigilance, il en va d'identifier le périmètre organisationnel de vigilance. En d'autres termes, les sociétés commerciales ou acteurs économiques à l'égard desquels la vigilance des sociétés commerciales débitrices devra s'exercer d'une part et d'autre part l'obligation devra être exercée avec l'association ou la participation des parties intéressées[6].

En effet, ces acteurs économiques représentent trois catégories. Ils constituent les périmètres groupe et extra-groupe. Cette configuration

---

[1] TJ Paris, 28 févr. 2023, n° 22/53942 et 22/53943. Le tribunal a jugé que « la loi ne vise directement aucun principe directeur, ni aucune autre norme internationale préétablie, ni ne comporte de nomenclature ou de classification des devoirs de vigilance s'imposant aux entreprises concernées ».

[2] Ibid., Préambule, cons. 19.

[3] Ibid., art. 3, n°1, l).

[4] Ibid., art. 3, n°1, u).

[5] Ibid.

[6] C. com., art. L. 225-102-4, I, al. 3 et 4.

voulue tant par la loi sur le devoir de vigilance que par le dispositif européen permet de refléter en droit la réalité de l'impact économique, social et environnemental du groupe des sociétés. Les sociétés mères ne peuvent plus se retrancher derrière l'opacité de leur chaîne de valeur ou l'autonomie des personnes morales pour éviter toute forme de responsabilité légale. Ce qui confirme que l'obligation de vigilance perce ainsi le voile sociétaire.

La loi française vise, dans le cadre du périmètre du groupe, en suivant la logique des textes internationaux non contraignants de RSE, l'activité de celles des sociétés commerciales que la société mère contrôle directement ou indirectement au sens de l'article L. 233-16 du Code de commerce. Nous avons vu précédemment, pour décider si les seuils légaux déclenchant le devoir de vigilance sont atteints dans le cadre des sociétés commerciales débitrices de vigilance, l'on doit prendre en considération les notions de filiales et de contrôle au sens de l'article L. 233-3. Il n'en est pas ainsi dans le cadre des sociétés commerciales contrôlées sur lesquelles la vigilance doit s'exercer. A cet effet, l'étendue de la vigilance est définie par référence à l'article L. 233-16, critère de consolidation comptable des groupes de sociétés. Cette conception est bel et bien présente dans le dispositif européen. Ce dernier pose la notion de « société mère ultime ». Il la définit comme celle qui contrôle, directement ou indirectement, conformément aux critères énoncés à l'article 22, paragraphes 1 à 5, de la directive 2013/34/UE, une ou plusieurs filiales et qui n'est pas contrôlée par une autre société. Or l'article 22, paragraphes 1 à 5 de la directive 2013/34/UE retient la notion de contrôle exclusif transposé en droit français à l'article L. 233-16 du Code de commerce.

Cette notion de consolidation comptable des groupes de sociétés a un sens pour deux raisons. Premièrement, il permet d'appréhender les risques induits par une activité[1] et deuxièmement, il englobe au-delà du contrôle défini à l'article L. 233-3 l'influence dominante sur une entreprise exercée « en vertu d'un contrat » indépendamment de l'exercice des droits de vote. D'où, au-delà des seules filiales, sont visées en réalité, dans cette première catégorie, l'ensemble des sociétés commerciales contrôlées au sens du II de l'article L. 233-16, soit la notion de « contrôle exclusif ».

Dans le cadre de ce contrôle exclusif, nous retrouvons la deuxième et la troisième catégorie des sociétés commerciales sur lesquelles la vigilance devra s'exercer c'est-à-dire, « l'activité des sous-traitants ou fournisseurs avec lesquels est entretenue une relation commerciale établie, lorsque ces activités sont rattachées à cette relation[2] ». Sont ainsi mentionnées deux catégories de partenaires économiques de la société commerciale débitrice, qui ont pour caractéristique commune de fournir des prestations à celle-ci : les sous-traitants et les fournisseurs. Ils représentent le périmètre extra-

---

[1] C. MALECKI., « le devoir de vigilance des sociétés mères et entreprises donneuses d'ordre : était-ce bien raisonnable ? », Bulletin Joly Société, mai 2017, n°116j8, p. 298.
[2] C. com., art. L. 225-102-4, I, al. 3.

groupe. Il est clair que la loi vise les partenaires directement liés à la société commerciale débitrice ou à l'une de ses filiales ou des sociétés qu'elle contrôle.

En France, la vigilance n'a pas à s'exercer à l'endroit des sous-traitants indirects ou des fournisseurs des fournisseurs. La référence à la sous-traitance appelle une observation. Ce terme présente un sens juridique plus étroit que sa signification économique[1]. En matière économique, l'on qualifiera de sous-traitance, « chaque fois qu'un agent de production n'assure pas personnellement toutes les opérations conduisant à la confection du produit qu'il élabore, mais recourt, pour tout ou partie de ces opérations, à un autre agent[2] ». Cette sous-traitance économique peut prendre bien d'autres formes que la sous-traitance juridique et reposer par exemple sur un contrat d'entreprise. L'acception juridique étroite ressort de la disposition de l'article 1er de la loi du 31 décembre 1975 relative à la sous-traitance[3]. Il s'agit d'une « sous-traitance de marché[4] » où elle vient se greffer sur le contrat principal qui est un contrat d'entreprise et prend elle-même le moyen d'un contrat de même nature. C'est l'hypothèse de sous-contrat. Il en résulte que pour donner un sens au texte sur le devoir de vigilance, et dans la mesure où il est fait référence aux « fournisseurs », l'on doit se pencher sur l'approche stricte. Cette dernière est confirmée dans les premiers jugements de procédure rendus sur le fondement du devoir de vigilance. Dès lors, l'activité devra être celle de partenaires avec lesquels un sous-contrat d'entreprise a été conclu. Également, pour que l'activité d'un sous-traitant entre dans le sillage de la vigilance, il faudrait que le contrat, comme celui noué avec un fournisseur, s'inscrive dans une « relation commerciale établie », une sorte de sphère d'influence à la française. Celle-ci fait référence à l'ancien article L. 442-6, I du Code de commerce, devenu l'article L. 442-1 qui érige en délit civil la sanction brutale desdites relations. Il paraît évident que la loi sur le devoir de vigilance vise également d'une manière explicite les entreprises donneuses d'ordre. Il s'agit d'un objectif affiché de prévention de drames sociétaux et environnementaux consécutifs au développement des chaînes de valeur caractérisées par de la sous-traitance incontrôlée[5].

Notons que la proposition de directive européenne sur le devoir de vigilance prévoyait la notion de « relation commerciale bien établie[6] ». Celle-

---

[1] A. BENABENT., « Droit des contrats spéciaux civils et commerciaux », 11è éd., LGDJ, Paris, 2015, 696 p., spéc. p. 418, n°612.

[2] Idem.

[3] L. n° 75-1334, 31 déc. 1975, art. 1er : « au sens de la présente loi, la sous-traitance est l'opération par laquelle un entrepreneur confie par un sous-traité, et sous sa responsabilité, à une autre personne appelée sous-traitant l'exécution de tout ou partie du contrat d'entreprise ou d'une partie du marché public conclu avec le maître de l'ouvrage ».

[4] Ibid., spéc. p. 418, n°612.

[5] Voir infra : Partie II, Titre II, Chap. I.

[6] Amendements adoptés par le Parlement européen le 1er juin 2023 sur la proposition de directive du Parlement européen et du Conseil relative au devoir de vigilance raisonnable

ci est une relation commerciale, directe ou indirecte, qui est ou devrait être durable, compte tenu de son intensité ou de sa durée, et qui ne constitue pas une partie négligeable ou simplement accessoire de la chaîne de valeur[1]. La version définitive de la directive ne reprend pas cette notion à cause de l'incertitude de son interprétation en droit français. Elle retient à la place de « relation commerciale bien établie » la notion des « partenaires commerciaux » qui ressort clairement de la définition de la « chaîne d'activité », notion qui remplace chaîne de valeur et comprise comme activités des partenaires commerciaux principalement en amont et en partie en aval, ce qui a pour conséquence la prise en compte des partenaires commerciaux directs et indirects[2]. Elle considère comme « partenaire commercial direct » (en amont) celui avec lequel l'entreprise a conclu un accord commercial en rapport avec les activités, produits ou services de l'entreprise ou auquel elle fournit des services ; et « partenaire commercial indirect » (en aval), celui qui n'est pas un partenaire commercial direct, mais qui exerce des activités commerciales liées aux activités, produits ou services de l'entreprise[3]. Il convient de préciser que le périmètre des activités couvertes par l'obligation de vigilance inscrit dans la directive est plus large que celui prévu par la loi française. En effet, il inclut explicitement les partenaires directs et indirects dans les chaînes d'approvisionnement des produits et services et une partie des partenaires en aval qui agissent pour le compte de l'entreprise ou au nom de l'entreprise en lien avec la distribution, le transport et le stockage des produits. Ainsi, l'objet de la directive est d'établir les obligations des entreprises quant aux incidences négatives sur les droits de l'homme et aux incidences négatives sur l'environnement, qu'elles soient réelles ou potentielles, en ce qui concerne « leurs propres activités », « les activités de leurs filiales » et les « opérations réalisées par leurs partenaires commerciaux dans les chaînes d'activités de ces entreprises[4] ».

En instaurant les périmètres groupe et extra-groupe de l'obligation de vigilance reflétant le contour organisationnel, la loi sur le devoir de vigilance ainsi que le dispositif européen marquent un pas considérable dans la responsabilité au sein des groupes. Elle réalise une percée audacieuse dans le principe de l'autonomie juridique des entités du groupe. Si les différentes exceptions au principe d'autonomie se fondent sur la faute ou un

---

en matière de développement durable des entreprises et modifiant la directive (UE) 2019/1937, art. 3, g).

[1] Idem.

[2] Dir. (UE) 2024/1760 du Parlement européen et du Conseil du 13 juin 2024 sur le devoir de vigilance des entreprises en matière de durabilité et modifiant la directive (UE) 2019/1937 et le règlement (UE) 2023/2859, art. 3, n°1, f) et g).

[3] Idem., art. 3, n°1, f).

[4] Ibid., art. 1er, n°1, a).

comportement fautif[1], la responsabilité des grandes entreprises, dans le cadre du devoir de vigilance, repose désormais sur l'existence d'un risque particulier[2].

Un autre élément qui reflète le contour organisationnel du devoir de vigilance, c'est l'association ou la participation des parties intéressées ou parties prenantes en ces termes : « le plan a vocation à être élaboré en association avec les parties prenantes de la société, le cas échéant dans le cadre d'initiatives pluripartites au sein de filières ou à l'échelle territoriale[3] ». Aussi, la loi précise que le mécanisme d'alerte et de recueil de signalement, une des mesures matérielles de prévention, doit être « établi en concertation avec les organisations syndicales représentatives dans ladite société[4] ».

En effet, l'implication des parties intéressées dans l'établissement et la mise en œuvre du plan de vigilance doit se faire à toutes les étapes et en permanence. C'est ce que prévoit la directive européenne. Son article 13 précise que la consultation des parties prenantes se déroule aux étapes du processus de vigilance suivantes : lors de la collecte des informations nécessaires relatives aux incidences négatives réelles ou potentielles, afin de recenser, d'évaluer et de hiérarchiser les incidences négatives conformément aux articles 8 et 9 ; lors de l'élaboration du plan d'action en matière de prévention et du plan de mesures correctives conformément à l'article 10 et à l'article 11, et de l'élaboration du plan d'action renforcé en matière de prévention et du plan de mesures correctives renforcé ; lors de la décision de suspendre une relation commerciale ou d'y mettre un terme conformément à l'article 10 et à l'article 11; lors de l'adoption des mesures appropriées visant à remédier aux incidences négatives conformément à l'article 12 ; le cas échéant, lors de l'élaboration d'indicateurs qualitatifs et quantitatifs aux fins du suivi requis en vertu de l'article 15.

Malgré l'imprécision de la loi sur le devoir de vigilance, notons que les parties prenantes sont devenues incontournables non seulement en raison de l'objet même du plan de vigilance et de son contenu[5] mais aussi en raison du rôle qu'elles jouent dans le contrôle de la mise en œuvre effective du plan de vigilance à travers la mise en demeure, l'injonction sous astreinte et l'action en responsabilité en cas de dommage. Même si la formulation de la loi n'est pas impérative, exceptée dans le cadre du mécanisme d'alerte qui requiert explicitement la concertation avec les syndicats, cette disposition présente un caractère normatif rappelé par le Conseil constitutionnel en ce sens que « si sa normativité paraît moindre, elle ne disparaît pas pour

---

[1] A. LYON-CAEN, « Le droit sans l'entreprise », in *L'entreprise : point aveugle du savoir (dir. B. SEGRESTIN, B. ROGER et S. VERNAC.)*, éd. Sciences Humaines, Auxerre, 2014, 343 p., pp. 23-31, spéc. p. 26 et 30.

[2] Voir infra : Partie II, Titre I.

[3] C. com., art. L. 225-2-4, I, al. 4.

[4] C. com., art. L 222-2-4, I, 4°. Disposition similaire à la loi Sapin II, art. 17, II, 1°

[5] N. CUZACQ, « Quelle place peut-on octroyer les parties prenantes dans le puzzle de la gouvernance des sociétés ? », Rec. Dalloz 2017, p. 1844.

autant[1] ». Rien d'étonnant à ce que les juges, sur les premières décisions de procédure sur le devoir de vigilance, imposent aux parties (entreprises et parties prenantes) une étape obligatoire de dialogue après l'envoi de la mise en demeure. Ils explicitent cela en ces termes, c'est « une phase obligatoire de dialogue et d'échange amiable au cours de laquelle la société pourra répondre aux critiques formulées à l'encontre de son plan de vigilance et lui apporter les modifications nécessaires[2] ». Même si la Cour d'appel de Paris, dans ses arrêts rendus le 18 juin 2024[3] sur le fondement du devoir de vigilance, écarte le caractère obligatoire du dialogue imposé par les juges de première instance, elle confirme que « si en pratique la mise en demeure peut être utilisée comme un levier de dialogue avant la saisine du juge, la loi n'en fait pas un préalable à l'ouverture de négociations entre la société concernée et les parties prenantes, mais une interpellation émanant de toute partie ayant intérêt à agir, aux termes de laquelle est notifiée une demande de mise en conformité dans un délai de trois mois[4] ». Elle semble confirmer que la lettre de mise en demeure présente l'intérêt de poser les bases d'une possible négociation entre toutes les parties. De surcroît, la première décision de fond rendue sur le fondement du devoir de vigilance rappelle explicitement le dialogue tout au long du jugement comme un élément à part entière de la démarche de vigilance et doit intervenir dès la cartographie des risques[5]. Les juges estiment que, concernant, le dispositif d'alerte qui doit être selon la loi établi en concertation avec les syndicats, une entreprise ne peut se contenter d'informer et recueillir les avis sur un dispositif d'alerte. Elle doit s'efforcer de le construire avec les parties prenantes. Ce qui revient à dire qu'il appartient à l'entreprise de prouver qu'elle a bien concerté les syndicats sur le mécanisme d'alerte, et qu'elle ne s'est pas contentée de « recueillir un avis sur un dispositif d'ores et déjà finalisé[6] ».

La loi sur le devoir de vigilance ne définit pas la notion des parties prenantes ou intéressées. En revanche, le dispositif européen entend de cette notion : « les salariés de l'entreprise, les salariés de ses filiales, les syndicats et les représentants des travailleurs, les consommateurs et d'autres individus, groupements, communautés ou entités dont les droits ou intérêts sont ou pourraient être affectés par les produits, services et activités de cette entreprise, de ses filiales et de ses partenaires commerciaux, y compris les salariés des partenaires commerciaux et les syndicats et les représentants des

[1] Les députés et les sénateurs critiquaient cette disposition, qu'ils considéraient dépourvue de caractère normatif. Le Conseil constitutionnel a rejeté cet argument en précisant que la disposition présentait une portée « incitative ». Voir : Cons. const., déc. n°2017-750 DC, 23 mars 2017, cons. 22.

[2] TJ Paris, 28 févr. 2023, n° 22/53942 et 22/53943.

[3] CA Paris, 18 juin 2024, pôle 5 - ch. 12, *TotalEnergies*, n ° 23/14348 ; *EDF*, n° 21/22319 ; *Suez (Vigie Groupe)*, n° 23/10583.

[4] CA Paris, 18 juin 2024, pole 5 – ch. 12, *EDF*, n°21/22319.

[5] TJ Paris, 5 déc. 2023, n°21/15827

[6] Idem., spéc. p. 22.

travailleurs des partenaires commerciaux de l'entreprise, les institutions nationales des droits de l'homme et de l'environnement, les organisations de la société civile dont l'objectif inclut la protection de l'environnement, et les représentants légitimes de ces individus, groupements, communautés ou entités[1] ». Cette définition abstraite permet de laisser une certaine souplesse aux entreprises pour identifier les parties prenantes pertinentes. Il paraît alors évident que leur champ ne peut qu'être très vaste, d'autant qu'elles ont vocation à être impliquées de façon transversale à chaque étape de la vigilance. Il peut être nécessaire pour la société commerciale non seulement de sélectionner certaines d'entre elles mais aussi de s'assurer de leur légitimité et de leur pertinence.

Il en va maintenant de relever la question relative aux différentes mesures matérielles de prévention que doivent contenir le plan de vigilance.

§2. Le contenu normatif du devoir de vigilance

La loi sur le devoir de vigilance entend assujettir les sociétés mères et donneuses d'ordre à une obligation de réalisation d'un plan de vigilance. Ce dernier doit contenir « les mesures de vigilance raisonnables destinées à prévenir des atteintes aux droits de l'homme, à l'environnement et à la santé et la sécurité des personnes[2] ». Le dispositif européen, même s'il n'utilise pas le concept « plan de vigilance », envisage que les entreprises doivent faire preuve « d'un devoir de vigilance fondé sur les risques » en prenant des mesures de vigilance[3]. La notion des mesures raisonnables de prévention des atteintes utilisée par la loi française et celle des mesures appropriées empruntée par le dispositif européen, font, tous deux, écho à celle de « diligence raisonnable » avancée par les principes directeurs de l'ONU et de l'OCDE. Ainsi, le plan de vigilance qui matérialise le respect de l'obligation, comprend cinq mesures obligatoires là où le dispositif européen en prévoit huit. Nous pouvons, à notre avis, regrouper ces différentes mesures d'une part en mesures préventives (**A**) et, d'autre part, en mesures curatives (**B**).

A. Les mesures préventives du plan de vigilance

Une action préventive est celle permettant d'éviter un risque qui n'est pas encore apparu. Il s'agit, selon nous, de deux premières mesures prévues

---

[1] Dir. (UE) 2024/1760 du Parlement européen et du Conseil du 13 juin 2024 sur le devoir de vigilance des entreprises en matière de durabilité et modifiant la directive (UE) 2019/1937 et le règlement (UE) 2023/2859, art. 3, n°1, n).

[2] C. com., art. L. 225-2-4, I, al. 3.

[3] Préc., art. 5, n°1.

par la loi sur le devoir de vigilance et concernant le dispositif européen, de trois premières mesures. En France, la première mesure consiste en l'établissement « d'une cartographie des risques destinée à leur identification, leur analyse et leur hiérarchisation[1] ». La seconde consiste en la mise en place « des procédures d'évaluation régulière de la situation des filiales, des sous-traitants ou fournisseurs avec lesquels est entretenue une relation commerciale établie, au regard de la cartographie des risques[2] ». Pour la directive européenne[3], la première mesure est relative à l'intégration du « devoir de vigilance dans leurs politiques et leurs systèmes de gestion des risques conformément à l'article 7 » ; la deuxième consiste à « recenser et évaluer les incidences négatives réelles ou potentielles conformément à l'article 8 et, si nécessaire, hiérarchiser les incidences négatives réelles et potentielles » ; et la troisième mesure se résume à « prévenir et atténuer les incidences négatives potentielles, mettre un terme aux incidences négatives réelles et en atténuer l'ampleur conformément aux articles 10 et 11 ».

En effet, la cartographie des risques s'entend comme une démarche permettant d'identifier, d'évaluer, de hiérarchiser et de gérer les risques inhérents aux activités d'une organisation. Elle constitue un outil incontournable au pilotage des risques et est le socle de la stratégie de gestion des risques[4]. Comme nous l'avons soulevé précédemment, la loi sur le devoir de vigilance place les risques sur un certain seuil de gravité. Autrement dit, l'atteinte doit présenter un certain caractère de gravité. Si elle n'est pas définie dans la loi sur le devoir de vigilance, il n'en demeure pas moins que la notion de gravité n'est pas pour autant inconnue du droit français. Nous retrouvons cette notion notamment dans la procédure d'alerte du Code du travail en cas de danger grave et imminent pour la vie ou la santé des travailleurs[5]. On entend, dans ce cadre, la gravité comme un danger susceptible de conséquences fâcheuses. D'où, dans l'établissement d'une cartographie des risques, l'identification doit concerner les risques et atteintes graves. Ces derniers doivent porter sur les différents périmètres sus-évoqués et être présentés de manière détaillée notamment par produits, régions, entités, activités et secteurs. Ces risques graves identifiés doivent être publiés et mis à jour de façon régulière pour refléter le caractère constant de la vigilance.

---

[1] C. com., art. L. 225-102-4, I, al. 4, 1°.
[2] C. com., art. L. 225-102-4, I, al. 4, 2°.
[3] Dir. (UE) 2024/1760 du Parlement européen et du Conseil du 13 juin 2024 sur le devoir de vigilance des entreprises en matière de durabilité et modifiant la directive (UE) 2019/1937 et le règlement (UE) 2023/2859, art. 5, n°1.
[4] M-A. FRISON-ROCHE, « Dresser des cartographies des risques comme obligation et le paradoxe des risques de conformité », in *Les outils de la compliance (dir. M-A FRISON-ROCHE*), Dalloz, coll. Thèmes et comm., Paris, 2021, 323 p., pp. 53-62. ; W. FEUGERE, « La compliance en pratique : cartographier ses risques », Éditions législatives, Paris, 2020, 77 p.
[5] C. trav., art. L. 4131-1, L. 4133-1.

Cette première mesure du plan de vigilance français fait écho à la deuxième mesure du dispositif européen relative au recensement et évaluation des incidences négatives réelles et potentielles. Il est précisé que compte tenu des facteurs de risque pertinents, les entreprises prennent des mesures appropriées pour cartographier leurs propres activités, celles de leurs filiales et, lorsqu'elles sont liées à leurs chaînes d'activités, celles de leurs partenaires commerciaux, afin de recenser les domaines généraux dans lesquels les incidences négatives sont les plus susceptibles de se produire et d'être les plus graves[1].

L'identification des risques graves est nécessaire car elle met un terme à l'ignorance plaidée souvent par des grandes entreprises. De plus, la loi ainsi que le dispositif européen imposent désormais aux grandes entreprises de connaître les risques générés par leurs activités et celles des entités présentées dans leur périmètre de vigilance. Ils incitent les sociétés commerciales débitrices de l'obligation de vigilance à se rapprocher d'initiatives multipartites sectorielles ou régionales. Ce rapprochement constitue un atout pour les sociétés commerciales débitrices à être efficace dans l'identification des risques. Ces initiatives multipartites, y compris les ONG, maîtrisent bien les risques dans un secteur ou une région donnée.

Outre l'identification des risques graves dans l'établissement de la cartographie, les sociétés débitrices de l'obligation de vigilance doivent également déterminer les critères d'analyse et de hiérarchisation des risques. Il en est de même du dispositif européen qui prévoit que lorsqu'il n'est pas possible de prévenir, d'atténuer, de supprimer ou de réduire au minimum toutes les incidences négatives recensées simultanément et dans leur intégralité, les entreprises hiérarchisent les incidences négatives recensées conformément à l'article 8[2]. Même si la loi française est imprécise, l'importance du risque doit être évaluée à la fois à l'aune de la gravité de l'atteinte et de sa probabilité. Ce que retient le dispositif européen en précisant que la hiérarchisation visée se fonde sur la gravité et la probabilité des incidences négatives[3]. Notons que la gravité implique le degré de l'atteinte aux droits humains ou à l'environnement et à ses fonctions, l'ampleur des atteintes et leur caractère réversible ou non. La probabilité s'évalue au regard du caractère confirmé ou non du risque, de sa fréquence, du niveau de gouvernance, du contrôle et de la transparence. La finalité de l'analyse et de la hiérarchisation est de prioriser les actions de prévention, d'atténuation ou de remédiation qui doivent en découler. Elle permet d'identifier les risques qui doivent faire l'objet d'une action prioritaire en raison de leur gravité ou de l'imminence de leur réalisation. D'ailleurs, le

[1] Dir. (UE) 2024/1760 du Parlement européen et du Conseil du 13 juin 2024 sur le devoir de vigilance des entreprises en matière de durabilité et modifiant la directive (UE) 2019/1937 et le règlement (UE) 2023/2859, art. 8, n°2, a).
[2] Idem., art. 9, n°1.
[3] Ibid., art. 9, n°2.

caractère raisonnable de la vigilance tient à la proportionnalité des mesures prises par rapport aux risques. Cette philosophie tant de la loi sur le devoir de vigilance que du dispositif européen est présente dans le droit souple duquel ils se sont inspirés.

En revanche, l'analyse et la hiérarchisation ne doivent pas être synonymes d'exclusion de certains risques. La société commerciale débitrice de l'obligation doit mener sa cartographie au regard de tous les droits et principes et identifier tous les risques qu'elle fait peser sur eux. Nous estimons que l'exclusion de certains risques du champ de traitement doit rester l'exception et non la règle. Il revient à la société de démontrer qu'elle n'est pas en mesure de répondre à ce risque dans l'immédiat. La directive européenne apporte, à ce propos, une clarté en ce qu'une fois que les incidences négatives les plus graves et les plus probables ont été traitées conformément à l'article 10 ou 11 dans un délai raisonnable, l'entreprise remédie aux incidences négatives moins graves et moins probables. Donc, il n'y a pas d'exclusion. La cartographie des risques n'est alors qu'une obligation juridique de résultat, accessoire à l'obligation principale de moyen d'atteindre comme but monumental la prévention des atteintes aux droits humains, à l'environnement et à la santé et la sécurité des personnes[1].

Le jugement rendu au fond sur le fondement du devoir de vigilance le 5 décembre 2023 dans l'affaire *La Poste* permet de tirer un enseignement important sur la cartographie des risques[2]. Les juges relèvent que celle-ci ne répond pas aux exigences de la loi en raison de son imprécision. Les risques sont décrits à un très haut niveau de généralité puis analysés et hiérarchisés au niveau global, ce qui ne permet pas de faire émerger les risques de vigilance prioritaires[3]. On comprend de cette position prise par les juges que la cartographie des risques doit permettre au public de connaître l'identification précise des risques que l'entreprise fait courir. Autrement dit, il est entendu des éléments avec un certain niveau de précision sur la méthodologie, les facteurs de risque, l'identification et la hiérarchisation des risques bruts et nets pour permettre au lecteur de comprendre la matérialité exacte des risques vigilance, leur sévérité ainsi que les actions prioritaires.

Pour la deuxième mesure préventive, la loi sur le devoir de vigilance prévoit que les sociétés doivent établir, mettre en place et publier dans leurs plans les « procédures d'évaluation régulière de la situation des filiales, des sous-traitants ou fournisseurs avec lesquels est entretenue une relation commerciale établie, au regard de la cartographie des risques[4] ». Ces mesures portent donc sur le périmètre organisationnel groupe et extra-groupe précédemment identifié. Elles font écho au second aspect de la deuxième

---

[1] M-A. FRISON-ROCHE, « Dresser des cartographies des risques comme obligation et le paradoxe des risques de conformité », op. cit., spéc. pp. 57-59.
[2] TJ Paris, 5 déc. 2023, n°21/15827.
[3] Idem., spec. p. 18.
[4] C. com., art. L. 225-102-4, I, al. 4, 2°.

mesure du dispositif européen. Celui-ci établit que compte tenu des facteurs de risque pertinents, les entreprises prennent des mesures appropriées pour procéder, sur la base des résultats de la cartographie des risques à une évaluation approfondie de leurs propres activités, de celles de leurs filiales et, lorsqu'elles sont liées à leurs chaînes d'activités, de celles de leurs partenaires commerciaux, dans les domaines dans lesquels les incidences négatives ont été recensées comme étant les plus susceptibles de se produire et les plus graves[1]. Dans la même optique, le texte français apporte une précision et dispose que ces procédures sont établies, mises en œuvre et publiées au regard de la cartographie des risques. Ce qui revient à dire qu'en cas d'impossibilité technique ou financière de procéder à de telles évaluations, la cartographie, qui a permis de hiérarchiser les risques, peut aider à repartir les ressources pour l'établissement et la mise en œuvre des procédures d'évaluation.

La nature de ces mesures d'évaluation n'est pas précisée, mais comme l'indique le recours au pluriel, elles doivent être multiples : les audits, les enquêtes, les visites inopinées par des tiers indépendants, les auto-évaluations, les questionnaires, etc. De telles procédures répondent à plusieurs objectifs en matière de vigilance. D'une part, elles permettent de mettre à jour de façon régulière le contenu de l'identification, de l'analyse et de la hiérarchie des risques. D'autre part, elles rendent possible de prévoir des mesures d'atténuation, de prévention et de remédiation en conséquence des résultats des évaluations. Aussi, elles permettent de prévenir l'entrée d'entités à risques dans le périmètre ou d'exclure les entités à risques. Il s'y ajoute que ces procédures favorisent l'établissement et la récolte des indicateurs qualitatifs et quantitatifs de suivi du risque. Ces indicateurs sont nécessaires car ils permettent de démontrer le caractère effectif ou non de la vigilance.

Par ailleurs, ces mécanismes d'évaluation doivent faire l'objet d'évaluations régulières pour une réelle efficacité puisqu'il paraît clair que par ces mécanismes les sociétés mères et donneuses d'ordre blanchissent leur image auprès des consommateurs, sans aborder réellement les problématiques de fond[2]. Cette réelle efficacité des mécanismes d'évaluation par des évaluations régulières aidera les entreprises à s'échapper du délit de *greenwashing* institué par la loi sur la lutte contre le dérèglement climatique[3].

---

[1] Dir. (UE) 2024/1760 du Parlement européen et du Conseil du 13 juin 2024 sur le devoir de vigilance des entreprises en matière de durabilité et modifiant la directive (UE) 2019/1937 et le règlement (UE) 2023/2859, art. 8, n°2, b).

[2] B. CORDELIER, « *Greenwashing* ou écoblanchiment. Cadrer la communication environnementale », Sens-Dessous 2020/2, n°26, pp. 21-32.

[3] L. n° 2021-1104, 22 août 2021 portant lutte contre le dérèglement climatique et renforcement de la résilience face à ses effets, JORF n°0196, 24 août 2021, Texte n°1, art. 7 et 12.

Il est intéressant de souligner que le dispositif européen met en place une mesure inconnue de la loi française. Il prévoit que les entreprises assujetties doivent intégrer le devoir de vigilance dans leur politique d'entreprise et disposer d'une politique de vigilance régulièrement mise à jour[1]. C'est directement inspiré des textes de *soft law* antérieurement évoqués. Élaborée en concertation avec les salariés de l'entreprise et leurs représentants, cette politique de vigilance contient comme éléments un code de conduite et une description des procédures mises en place pour intégrer le devoir de vigilance dans les politiques pertinentes de l'entreprise. Aussi, le dispositif européen a le mérite de préciser quelques règles relatives à la prévention des incidences négatives potentielles[2]. Il évoque notamment l'obtention de garanties contractuelles par lesquelles les partenaires sont obligés à respecter des codes de conduite. Il est précisé que les entreprises doivent s'assurer du respect de ces garanties en se référant notamment à des initiatives sectorielles appropriées ou à une vérification par un tiers indépendant. Également, l'entreprise qui n'a pas pu éviter ou atténuer un risque peut conclure un contrat avec un partenaire indirect en vue de garantir le respect du code de conduite de l'entreprise ou la mise en œuvre d'un plan d'action en matière de prévention.

Le plan de vigilance et mesures de vigilance dans le cadre du dispositif européen comprennent également les mesures destinées à éliminer ou atténuer les risques. Ce sont des mesures curatives ou correctives.

B. Les mesures curatives du plan de vigilance

Une action curative peut s'entendre comme celle qui vise à éliminer ou atténuer un risque. La loi sur le devoir de vigilance prévoit trois mesures obligatoires qui constituent, selon nous, des mesures curatives et le dispositif européen en prévoit cinq. Concernant la loi française, la première est relative à l'obligation de mettre en place « des actions adaptées d'atténuation des risques ou de prévention des atteintes graves[3] ». La deuxième consiste en l'instauration « d'un mécanisme d'alerte et de recueil des signalements relatifs à l'existence ou à la réalisation des risques, établi en concertation avec les organisations syndicales représentatives dans ladite société[4] ». Enfin, la troisième concerne l'établissement « d'un dispositif de suivi des mesures mises en œuvre et d'évaluation de leur efficacité[5] ». Pour

---

[1] Dir. (UE) 2024/1760 du Parlement européen et du Conseil du 13 juin 2024 sur le devoir de vigilance des entreprises en matière de durabilité et modifiant la directive (UE) 2019/1937 et le règlement (UE) 2023/2859, art. 7.
[2] Idem., art. 10.
[3] C. com., art. L. 225-102-4, I, al.4, 3°.
[4] C. com., art. L. 225-102-4, I, al. 4,4°.
[5] C. com., art. L. 225-102-4, I, al. 4,5°.

le dispositif européen, la première mesure concerne la « suppression des incidences négatives réelles », la deuxième mesure, c'est la « réparation des incidences négatives réelles », la troisième le « mécanisme de notification et procédure relative aux plaintes », la quatrième mesure est relative au « suivi » et à la « communication ». La cinquième mesure est transversale, elle concerne les parties prenantes à chaque étape, évoquées précédemment.

En effet, eu égard à la loi, la société mère ou donneuse d'ordre ou la société commerciale débitrice de l'obligation, doit établir, mettre en œuvre de façon effective et publier dans son plan des « actions adaptées d'atténuation des risques ou de prévention des atteintes graves », lesquelles doivent être établies, en association avec les parties intéressées pertinentes de la société mère ou donneuse d'ordre. Le dispositif européen évoque que lorsqu'il n'est pas possible de mettre un terme à l'incidence négative « immédiatement », les États membres veillent à ce que les entreprises réduisent au minimum l'ampleur de cette incidence[1]. Les entreprises sont tenues de prendre les « mesures appropriées » pour neutraliser l'incidence négative ou réduire son ampleur au minimum. Ces mesures sont proportionnées à la gravité de l'incidence négative ainsi qu'à l'implication de l'entreprise dans l'incidence négative[2]. Il est clair que les « actions adaptées » ou « mesures appropriées » ont pour finalité d'atténuer et de prévenir les risques et atteintes graves et y remédier le cas échéant. Le recours aux concepts « actions adaptées » ou « mesures appropriées » appelle trois observations.

La première observation s'entend en ce sens que les sociétés commerciales assujetties ne peuvent se contenter de mesures déclaratives ou non spécifiques à chaque risque. Ce qui revient à dire que les plans qui ne répondraient pas à chaque risque ou atteinte identifiée ne seraient pas « adaptés[3] ». Par exemple, il ne suffit plus de prendre des engagements éthiques ou volontaires comme codes de conduites ou chartes éthiques, il faut que les actions s'en suivent. Les juges rappellent cette approche. Dans la première décision de fond rendue le 5 décembre 2023, affaire *La Poste*, ils relèvent notamment que « les actions adaptées d'atténuation des risques ou de prévention des atteintes graves ne peuvent se limiter à des déclarations générales d'intention mais doivent porter sur les risques identifiés, prioritairement ceux pour lesquels les risques d'atteinte aux personnes et à l'environnement ont été jugés les plus critiques dans la cartographie[4] ». C'est pourquoi, le dispositif européen renchérit en précisant clairement que

[1] Dir. (UE) 2024/1760 du Parlement européen et du Conseil du 13 juin 2024 sur le devoir de vigilance des entreprises en matière de durabilité et modifiant la directive (UE) 2019/1937 et le règlement (UE) 2023/2859, art. 11, n°2.
[2] Idem., art. 11, n°3, a).
[3] N. GUILLAUME, « Cartographie des risques de compliance : premiers aperçus des enjeux, des limites et des bonnes pratiques », in *Les outils de la compliance (dir. M-A FRISON-ROCHE)*, Dalloz, coll. Thèmes et comm., Paris, 2021, 323 p, pp. 63-69, spéc. p. 64.
[4] TJ Paris, 5 déc. 2023, n°21/15827, spéc. p. 25.

lorsqu'il n'est pas possible de mettre immédiatement un terme à l'incidence négative, les entreprises doivent élaborer et mettre en œuvre sans retard injustifié un « plan de mesures correctives, assorti de calendriers raisonnables et clairement définis pour la mise en œuvre des mesures appropriées et d'indicateurs qualitatifs et quantitatifs permettant de mesurer les améliorations[1] ».

La deuxième observation est relative à l'adjectif « adapté » ou « approprié » qui renvoie à la notion de « raisonnable ». Une action « adaptée » ou « appropriée » doit être proportionnelle au risque ou à l'atteinte qu'elle vise à atténuer ou prévenir. Elle doit dépendre naturellement des ressources affectées. Aussi, la mise en œuvre de chaque action est réalisée en fonction de la cartographie des risques. Cela implique, comme nous l'avons récemment évoqué, que l'exclusion de certains risques du champ des mesures d'atténuation ou de prévention doit rester l'exception et non la règle. Il reviendra à la société mère ou donneuse d'ordre de démontrer qu'elle n'est pas financièrement ou techniquement en mesure de répondre à ce risque dans l'immédiat. Il en résulterait que le manque sincère de ressources pour traiter les risques devrait logiquement conduire la société mère ou donneuse d'ordre à interrompre ou ne pas entamer de nouvelles activités ou relations commerciales. Cette solution est bien présente dans les référentiels de droit souple rappelé antérieurement. Toutefois, l'arrêt de certaines activités ou la rupture des relations commerciales doivent être envisagées de façon claire entre la société commerciale et ses relations d'affaires, par exemple dans ses dispositions contractuelles. La société mère ou donneuse d'ordre peut annoncer explicitement les conséquences potentielles des violations des engagements ou de l'occurrence des risques et atteintes telles que la possible rupture de la relation commerciale, la suspension de la relation le temps que l'atténuation ou la prévention du risque soit assurée ou la poursuite de la relation conditionnée à la mise en place effective d'actions curatives ou correctives[2]. Ces différentes solutions doivent apparaître comme une issue possible dès le début de la relation. Elles doivent se faire en conformité avec le droit national et international et ne pas porter atteinte notamment aux droits des travailleurs. Cette conception est bel et bien présente dans le dispositif européen[3].

---

[1] Ibid., art. 11, n°3, b).

[2] Pour un exemple, voir notamment : « Rupture des relations commerciales : non-respect d'un programme de compliance – Cour de cassation, com. 20 nov. 2019 », Rec. Dalloz 2020, p. 913. La Cour de cassation a approuvé une Cour d'appel qui a pu estimer que, compte tenu des règles fixées par le programme de *compliance* de l'accord conclu, le manquement d'une société à ses obligations contractuelles, en ce qu'il était susceptible d'engager la propre responsabilité de la société contractante, était suffisamment grave pour justifier la rupture de la relation commerciale sans préavis.

[3] Ibid., art. 11.

La troisième observation s'explique en ce sens que par « des actions adaptées », pour chacune d'entre elles, la société mère ou donneuse d'ordre doit prévoir, comme rappelé par le dispositif européen, un calendrier avec des objectifs qualitatifs et quantitatifs ainsi que des indicateurs pertinents permettant de démontrer son effectivité et son efficacité. Cette disposition de mise en place des actions adaptées d'atténuation met en lumière le caractère essentiellement préventif-curatif du plan de vigilance. Le dispositif européen va plus loin en précisant également la mesure relative à la « réparation des incidences négatives réelles ». Par conséquent, lorsque l'incidence négative réelle est causée uniquement par le partenaire commercial de l'entreprise, l'entreprise peut apporter réparation à titre volontaire[1]. Aussi, l'entreprise peut également utiliser sa capacité à influencer le partenaire commercial qui cause l'incidence négative pour y apporter réparation[2].

Le plan de vigilance de la société mère ou donneuse d'ordre doit également contenir, à titre des mesures curatives, un mécanisme d'alerte et de recueil des signalements relatifs à l'existence ou à la réalisation des risques. Il doit être établi en concertation avec les organisations syndicales représentatives dans ladite société. Le dispositif européen, quant à lui, retient le « mécanisme de notification et procédure relative aux plaintes[3] ». Selon la directive européenne, les personnes et entités concernées peuvent déposer des plaintes auprès des entreprises lorsqu'elles ont des préoccupations légitimes quant aux incidences négatives réelles ou potentielles résultant de leurs activités et celles de leurs partenaires commerciaux ou également elles peuvent notifier les entreprises via un mécanisme accessible. Quant au droit français, le mécanisme d'alerte et de recueil des signalements doit couvrir les risques en matière des droits humains, d'environnement et de santé et de sécurité des personnes. Il doit pouvoir être utilisé pour « l'existence ou la réalisation des risques ». En d'autres termes, les destinataires de ce mécanisme peuvent y avoir recours pour alerter la société commerciale de risques avérés qui n'auraient pas été identifiés. Aussi, ils doivent y avoir recours pour des atteintes graves qui n'auraient pas été prévenues.

Les mécanismes d'alerte et de recueil des signalements ne tombent pas du ciel. Ils sont déjà exigés non seulement par les référentiels de droit souple, évoqués antérieurement mais aussi par l'Union européenne[4] et le droit positif. En droit français, dans le cadre de l'établissement et la mise en place des mécanismes d'alerte, une protection est accordée aux lanceurs

---

[1] Ibid., art. 12.

[2] Ibid.

[3] Ibid., art. 14.

[4] Dir. du 23 oct. 2019 sur la protection des personnes qui signalent des violations du droit de l'Union s'inspire du modèle français. Pour autant, elle accorde aux lanceurs d'alerte une protection plus généreuse que la règlementation française.

d'alerte. Ainsi, les personnes donnant l'alerte ne devraient pas faire l'objet de représailles.

Le mécanisme d'alerte doit couvrir également des atteintes graves qui n'auront pas été effectivement prévenues. Le recours au singulier du « mécanisme d'alerte » en France mais aussi du « mécanisme de notification et procédure » dans le cadre du dispositif européen, semble signifier que ceux-ci doivent être centralisés au niveau de la société mère ou donneuse d'ordre. Néanmoins, nous estimons qu'ils devront se diviser en de multiples outils et procédures déployés largement dans tout le périmètre opérationnel. Ce qui signifie qu'en raison de son périmètre, le mécanisme doit être saisi au sein de filiales, ou par des fournisseurs ou sous-traitants de la société mère et de ses filiales. Cette déconcentration permettra aux mécanismes d'alerte d'être mis en mouvement par des destinataires variés et être efficacement mis en œuvre. Également, elle rendra possible la mise à jour en temps réel de la cartographie des risques ainsi que de toutes les mesures d'atténuation, de prévention et de suivi qui peuvent en découler.

Le mécanisme doit faire l'objet d'un suivi régulier, nécessaire à son effectivité. Sa réflexion et son établissement ne peuvent et ne doivent se faire sans le concours réel des syndicats. Le choix du législateur d'intégrer les syndicats peut s'expliquer en ce que l'alerte est un outil connu des travailleurs et de leurs organisations représentatives. En d'autres termes, la raison évidente est la préexistence de leur droit d'alerte et de retrait en cas de danger grave et imminent pour la santé et la sécurité. Aussi, le choix de la « concertation » par le législateur français se comprend du fait que celle-ci constitue un mode de dialogue connu des entreprises et de leurs organisations syndicales.

Une troisième mesure curative devant figurer dans le plan de vigilance consiste en la mise en place « d'un dispositif de suivi des mesures mises en œuvre et d'évaluation de leur efficacité ». Le dispositif européen prévoit que les États membres veillent à ce que les entreprises procèdent à des évaluations périodiques de leurs propres activités et mesures, de celles de leurs filiales et, lorsqu'elles sont liées à la chaîne d'activités de l'entreprise, de celles de leurs partenaires commerciaux, afin d'évaluer la mise en œuvre et de contrôler l'adéquation et l'efficacité du recensement, de la prévention, de l'atténuation, de la suppression et de la réduction au minimum des incidences négative[1]. Ainsi, en France, le dispositif de suivi doit, dans le cadre de la loi sur le devoir de vigilance, porter en particulier sur la « mise en œuvre » et l'évaluation de « l'efficacité ». Il s'agit ici de deux éléments distincts. Ces deux éléments appellent quelques observations.

Premièrement, le dispositif de suivi de la mise en œuvre doit permettre de démontrer le caractère effectif de la vigilance. Puisqu'il s'agit d'une obligation de moyen, le plan ne doit pas être un simple caractère déclaratif

---

[1] Ibid., art. 15.

mais il doit correspondre en interne à un déploiement effectif propre à identifier et prévenir les atteintes graves.

Deuxièmement, le dispositif doit porter sur l'évaluation de l'efficacité. Cette dernière va au-delà de l'effectivité. Elle représente le fait, non seulement que la mesure produise des effets, mais aussi qu'elle participe réellement à la réalisation de l'objectif poursuivi. Une mesure efficace doit nécessairement produire les effets escomptés. Le dispositif doit couvrir, à cet effet, tout le périmètre organisationnel et substantiel, sans exception ainsi que toutes les mesures prises dans le plan, depuis les mesures d'identification et d'évaluation du risque de la cartographie, au mécanisme d'alerte, en passant par les procédures d'évaluation des fournisseurs et sous-traitants et toute autre mesure prise au titre du devoir de vigilance. Les sociétés mères et donneuses d'ordre auront concrètement à mettre en place, d'une part, des procédures internes propres à vérifier le caractère efficace de la vigilance qui implique des mesures de vérification régulière[1] et, d'autre part, les indicateurs qui à la fois démontreront l'effectivité de la vigilance et son efficacité.

A ce propos, le dispositif européen précise que ces évaluations sont fondées, le cas échéant, sur des indicateurs qualitatifs et quantitatifs et sont réalisées sans retard injustifié après qu'un changement important est intervenu, mais au moins tous les 12 mois et chaque fois qu'il existe des motifs raisonnables de croire que de nouveaux risques liés à ces incidences négatives peuvent survenir[2]. Sur ce, les entreprises peuvent établir des indicateurs de processus ou de moyens et les indicateurs de résultats qui correspondent aux objectifs d'effectivité et d'efficacité. Les deux types d'indicateurs doivent revêtir, pour qu'ils soient pertinents, les caractères « SMART », acronyme signifiant « Spécifiques, Mesurables, Acceptables, Réalistes et Temporellement définis[3] ». Les indicateurs de processus ou de moyens permettront de démontrer que la société commerciale a effectivement mis en œuvre tous les moyens techniques, humains et financiers à sa disposition pour parvenir à la réalisation de l'objectif poursuivi par la mesure, soit l'identification, la prévention ou l'atténuation d'un risque donné, en proportion de sa gravité. Les indicateurs de résultats permettront de mettre à jour le dispositif et démontrer la réduction et la prévention efficace des risques et atteintes aux droits humains, à l'environnement, la santé et à la sécurité. A ce titre, la directive européenne clarifie que lorsqu'il y a lieu, la politique en matière de devoir de vigilance,

[1] « Les entreprises devraient contrôler l'efficacité des mesures qu'elles ont prises. Ce contrôle devrait se fonder sur des indicateurs qualitatifs et quantitatifs appropriés et s'appuyer sur les appréciations de sources tant internes qu'externes, y compris des acteurs concernés ». Voir : Principes directeurs de l'ONU relatifs aux entreprises et aux droits de l'homme, spéc. III, B., n°20 a) et b), p. 26 et 27.

[2] Ibid., art. 15.

[3] F. GILLET-GOINARD et C. MONAR., « Qualité Santé Sécurité Environnement, Toute la fonction », op. cit, spéc. p. 365 et s.

les incidences négatives recensées et les mesures appropriées qui en découlent sont mises à jour en fonction des résultats de ces évaluations et compte tenu des informations pertinentes communiquées par les parties prenantes[1]. Les grandes entreprises devraient s'inspirer des divers outils existant pour développer de tels indicateurs comme notamment le Guide de l'ONU[2].

Soulignons qu'en France, la première décision de fond rendue sur le fondement du devoir de vigilance précise que le dispositif de suivi et le compte-rendu de mise en œuvre opérationnel doivent être assez développés et couvrir l'ensemble des mesures de vigilance pour « servir de bilan utile pour orienter l'action en matière de vigilance[3] ».

Une dernière mesure prévue par le dispositif européen est la communication. La spécificité du plan de vigilance français est qu'il est non seulement publié sur le site internet de l'entreprise mais surtout il est intégré dans le rapport de gestion. Ce qui ne semble pas le cas pour le dispositif européen qui prévoit uniquement la publication de la déclaration annuelle des mesures de vigilance sur internet[4]. Il convient également de relever d'autres mesures importantes dans le cadre du dispositif européen comme celle pour les entreprises d'établir un plan de transition climatique et l'arrivée d'une autorité de suivi, qui aura des pouvoirs de contrôle, d'enquête et de sanction. Aujourd'hui, au titre de la loi française, seuls les juges ont la charge d'évaluer et sanctionner le non-respect de l'obligation de vigilance.

Cela étant, le défaut d'une mise en œuvre effective et efficace du plan de vigilance peut constituer une faute. Il convient de relever que l'obligation de vigilance, qui renvoie d'ailleurs aux articles 1240[5] et 1241[6] du Code civil, est entendue comme une obligation de comportement généralement prudent et diligent, ou un comportement raisonnable. Puisqu'il est évident aujourd'hui que la doctrine considère que les articles 1240 et 1241 correspondent à une obligation de prudence et de diligence, il est indéniable que le défaut de mis en œuvre de l'obligation de vigilance engagera la responsabilité civile de la société mère et donneuse d'ordre. La loi sur le devoir de vigilance ainsi que le dispositif européen se rattachent à cette approche de *compliance* qui doit permettre d'empêcher ou éviter les dommages, de les faire cesser ou de les réparer une fois commis[7].

---

[1] Ibid., art. 15.

[2] ONU (OHCHR), « Les indicateurs des Droits de l'Homme : un guide pour mesurer et mettre en œuvre », Genève, 2012.

[3] TJ Paris, 5 déc. 2023, n°21/15827, spéc. p. 29.

[4] Ibid., art. 16.

[5] Ancien art. 1382 devenu 1240 : « Tout fait quelconque de l'homme, qui cause à autrui un dommage, oblige celui par la faute duquel il est arrivé à le réparer ».

[6] Ancien art. 1383 devenu 1241 : « Chacun est responsable du dommage qu'il a causé non seulement par son fait, mais encore par sa négligence ou par son imprudence ».

[7] Il s'agit d'une responsabilité-anticipation, sur le sujet, voir : infra Partie II.

Par ailleurs, l'Afrique en général, et particulièrement les pays de l'espace OHADA, conçoivent cette approche de *compliance* ou de conformité obligatoire et la mettent en œuvre dans certains domaines, quand bien même il n'existe pas de mécanisme légal de devoir de vigilance tel qu'appliqué en France en matière sociétale et écologique.

Section II. L'émergence de la démarche de conformité obligatoire dans l'espace OHADA

Comme rappelé antérieurement, les règles de conformité obligatoire constituent un instrument du droit global[1]. L'Afrique a sa place dans ce mouvement d'universalisation car ses législations souvent en matière financière (lutte contre la corruption et blanchiment des capitaux) participent d'une manière ou d'une autre à un droit global de *compliance*[2]. Par ailleurs, l'existence d'un cadre règlementaire et de gouvernance clair est essentielle pour impulser et promouvoir la conformité obligatoire. Or les institutions étatiques africaines qui produisent et appliquent les normes juridiques sont réputées être fragiles et faibles. De même, le caractère informel des économies des pays africains en constitue l'une des causes majeures de fragilité. Les règles de conformité obligatoire exigent pour son déploiement effectif des institutions fiables. En ce sens, l'OHADA qui a vocation à affermir l'État de droit et à promouvoir l'intégration juridique et économique au sein des États membres tout en « stimulant[3] » le secteur informel, est une alternative indispensable. Cette démarche de conformité obligatoire, dont les germes ne se démontrent principalement qu'en matière financière en Afrique, doit être nécessairement poursuivie, dans le cadre de l'OHADA, en s'étendant au domaine environnemental et sociétal par le recours au mécanisme du devoir de vigilance.

Ainsi, il sera question, avant de scruter concrètement l'apport de l'OHADA (§**2**), de présenter les traductions des règles de conformité obligatoire en Afrique (§**1**).

§1. Les traductions des règles de conformité obligatoire des entreprises dans les pays de l'espace OHADA

---

[1] X. BOUCOBZA et Y-M. SERINET, « La régulation des groupes internationaux de sociétés : universalité de la compliance versus contrôles nationaux », JDI (Clunet) 2019, LexisNexis, n°26, p. 5.

[2] M. MOHAMED SALAH, « Conception et application de la compliance en Afrique », op. cit., spéc. p. 173.

[3] « Stimuler » est compris ici dans sa première acception comme « pousser à agir, encourager » (voir : Dictionnaire Le Grand Larousse illustré 2020, spéc. p. 1101). Donc l'OHADA, du fait de ses règles, pousse ou encourage les acteurs des activités du secteur informel d'intégrer l'économie formelle.

Les règles de conformité obligatoire ou *compliance* en Afrique n'est pas le fruit du hasard. Elles sont véhiculées par différents acteurs. Elles peuvent concerner plusieurs domaines. Toutefois, certains facteurs rendent difficile voire inefficace le déploiement de ces règles. Pour la clarté de l'analyse de la traduction des règles de conformité obligatoire dans les pays de l'espace OHADA, il serait judicieux, d'une part, de comprendre qui sont les acteurs et quels sont les domaines (**A**) et, d'autre part, de relever les obstacles au déploiement effectif des règles de conformité obligatoire dans l'espace OHADA (**B**).

A. Les acteurs et domaines de la conformité obligatoire

Les règles de conformité obligatoire sont essentiellement les résultats, d'une part, des acteurs régionaux et sous-régionaux dont les actes facilitent une certaine harmonisation et, d'autre part, des acteurs nationaux, sans mettre de côté l'influence grandissante des lois extraterritoriales des pays situés en dehors du continent. Si la principale matière concernée par les actes de ces acteurs demeure le secteur bancaire et financier, les législateurs africains tentent difficilement de déployer ces règles dans le domaine écologique ou sociétal. Dès lors, ils essayent d'intégrer timidement certaines règles qui renvoient à l'idée de *compliance* ou dénotent la volonté de soumettre les entreprises aux règles de conformité obligatoire. Toutes ces règles ont pour dénominateur commun l'institution d'une obligation générale de vigilance à la charge de diverses institutions leur imposant de mettre en place des principes, politiques ou processus permettant de prévenir avant tout et le cas échéant de gérer les risques de corruption, de blanchiment des capitaux et financement du terrorisme, de violation des droits sociaux et de l'environnement.

En effet, le droit communautaire inspire fortement le droit interne puisque chaque État, en ratifiant les traités ou les conventions, va se voir imposer les normes édictées lesquelles influent sur son droit positif. L'UA, sur le plan régional, joue un rôle important. Cette institution régionale s'est dotée, en matière financière, de la première convention anti-corruption de son histoire, le 11 juillet 2003, à Maputo, dite Convention de l'UA sur la prévention et la lutte contre la corruption. Ratifiée par tous les pays de l'espace OHADA, cette Convention de l'UA sur la corruption a le mérite de présenter la définition complète de la corruption et autres infractions assimilées à destination non seulement du secteur public mais aussi du secteur privé, ce qui la différentie des autres conventions. Pour cette raison, un auteur la qualifie d'un « instrument juridique singulier et précurseur » et souhaite « son juste retour[1] ». Les objectifs de la Convention sont notamment de promouvoir et de renforcer la mise en place en Afrique par chacun des États parties mais aussi de coordonner et d'harmoniser les mécanismes et politiques nécessaires pour prévenir, détecter, réprimer et éradiquer la corruption et autres infractions assimilées[2]. S'appliquant au secteur privé, les États doivent adopter et mettre en place des mécanismes, d'une part, pour prévenir et lutter contre les actes de corruptions et autres manquements à la probité commis dans le secteur privé et par les agents de ce secteur et, d'autre part, pour encourager la participation du secteur privé à la lutte contre la concurrence déloyale[3].

En réponse à la Convention, les États africains ont adopté des lois sur la corruption. Il s'avère que toutes ces législations africaines incriminent toutes les différentes formes de corruption et déterminent, dans des termes voisins, les procédures, les sanctions, les règles facilitant la coopération internationale, la protection des témoins et lanceurs d'alerte, la responsabilité civile et pénale des personnes morales ainsi que l'obligation de vigilance ou celle de prévention de la corruption. Pour cette dernière, les différences entre les législations sont notables. Si certaines sont silencieuses sur ce point[4], d'autres semblent prévoir cette obligation de prévention[5]. Ces règles de *compliance* ou de conformité obligatoire dans le domaine de la corruption constituent un souffle nouveau sur l'efficacité de moyen de lutte contre le fléau de la corruption dans le monde des affaires[6]. Comme le souligne à juste titre un auteur, les entreprises opérant en Afrique ne doivent pas ignorer cette Convention de l'UA tant dans leurs codes éthiques que dans leurs cartographies des risques et autres procédures, et ce, en raison de sa dimension juridique[7]. Ce qui semble le cas des fonds de capital-investissement qui ne l'ignore pas dans l'intégration des règles de bonne gouvernance[8].

En matière environnementale, l'UA, a adopté la Convention africaine sur la conservation de la nature et des ressources naturelles, le 11 juillet 2003 à Maputo. Elle est un instrument à l'avant-garde des préoccupations liées à la

[1] M. SEGONDS, « Pour un juste retour à la Convention de Maputo », Revue internationale de la compliance et de l'éthique des affaires, LexisNexis, n°4, août 2019, étude 131.
[2] Convention de l'UA sur la prévention et la lutte contre la corruption, art. 2.
[3] Idem., art. 11.
[4] Par exemple L. n°5-2009 du 22 sept. 2009 sur la corruption, la concussion et la fraude et les infractions assimilées en République du Congo.
[5] L'ord. n°2013-660 du 20 sept. 2013 relative à la prévention et la lutte contre la corruption et les infractions assimilées en République de Côte d'Ivoire.
[6] P-A. BADOZ et L-C. CISS, « Lutte contre la corruption : où en sommes-nous en Afrique ? », Revue internationale de la compliance et de l'éthique des affaires, LexisNexis, n°4, août 2019, étude 133.
[7] M. SEGONDS, « Pour un juste retour à la Convention de Maputo », op. cit.
[8] R. MZAH et S. OUERTANI, « L'intégration des règles de bonne gouvernance par les fonds de capital-investissement en Afrique », Revue internationale de la compliance et de l'éthique des affaires », LexisNexis, n°4, août 2019, étude 138.

conservation de la nature, à la protection de l'environnement et au développement durable[1]. Cette Convention de Maputo, remplaçant celle d'Alger du 15 juin 1968, peut être considérée comme prémices de diffusion des logiques de *compliance* en matière écologique. Même si elle ne prévoit pas directement la terminologie de devoir de vigilance, elle a donc le mérite de consacrer aux termes de l'article 4, une « une obligation fondamentale » pesant sur les États consistant à adopter les mesures de prévention, et l'application du principe de précaution. Aussi, il est requis, dans la perspective de mise en œuvre des normes nationales spécifiques, de tenir compte de la prévention des dommages environnementaux[2]. Il s'agit concrètement d'un régime de responsabilité environnementale fondée sur le risque et non la faute[3]. On comprend alors que l'institution de cette « obligation fondamentale » est l'expression de la volonté de l'UA de soumettre les organisations aux règles de conformité obligatoire ou *compliance* car celles-ci consistent à « prévenir les crises systémiques » notamment écologiques[4]. Les mesures de conformité obligatoire que doivent prendre les États à destination des entreprises ont pour intérêt d'une part de faire prendre conscience aux porteurs de projets d'investissement ou aux entreprises des impacts résultants de leurs activités et, d'autre part, les amener à prendre des actions adaptées pour prévenir et atténuer autant que possible l'empreinte laissée sur l'environnement. C'est de la vigilance raisonnable. Ainsi, l'obligation fondamentale de prévention en matière environnementale promue par l'article 4 de la Convention de l'UA sur la conservation de la nature et des ressources naturelles constitue la clé pour impulser le devoir de vigilance en matière écologique.

Au niveau sous-régional, les organisations communautaires participent d'une manière efficace dans la diffusion des règles de conformité obligatoire particulièrement en matière bancaire et financière. Il s'agit par exemple de l'Union économique et monétaire ouest africain, UEMOA, dont les 8 pays membres[5] font partie de l'OHADA, et de la Communauté économique et monétaire de l'Afrique centrale, CEMAC, qui regroupe 6 pays membres[6], tous également membres de l'OHADA. Ces deux institutions sous régionales assurent le rapprochement ou l'harmonisation des législations

---

[1] S. DOUMBE-BILLE., « La nouvelle convention africaine de Maputo sur la conservation de la nature et des ressources naturelles », Revue juridique de l'environnement, 2005, n°1, pp. 5-17.

[2] Convention de l'UA sur la conservation de la nature et des ressources naturelles, art. 10, al. 2 b).

[3] Idem., art. 24.

[4] M-A. FRISON-ROCHE, « Un droit substantiel de la compliance, appuyé sur la tradition européenne humaniste », op. cit., spéc. pp. 24-26 ; du même auteur, « Compliance : avant, maintenant, après », op. cit., spéc. p. 28.

[5] Le Benin, le Burkina Faso, la Côte d'Ivoire, la Guinée Bissau, le Mali, le Niger, le Sénégal, le Togo.

[6] Le Cameroun, la Centrafrique, le Congo-Brazzaville, le Gabon, la Guinée Équatoriale, le Tchad.

économiques des États africains dans l'optique d'intégration régionale[1]. Par conséquent, elles sont à la base des lois uniformes que les États membres adoptent dans leurs droits internes.

Étant devenues des zones d'attention particulière des problématiques de blanchiment des capitaux et financement du terrorisme[2], les deux organisations sous-régionales, hormis leur implication au sein des groupes intergouvernementaux d'action contre le blanchiment d'argent en Afrique centrale ou occidentale, ont édicté des lois d'harmonisation contribuant significativement à la diffusion des règles de conformité obligatoire en matière financière[3].

Nous trouvons, par exemple, dans le cadre de l'UEMOA, l'application de l'obligation de vigilance presque similaire à celle appliquée en France dans le cadre de la loi Sapin II et celle sur le devoir de vigilance. Cette obligation requiert des institutions financières[4] d'élaborer et de mettre en œuvre des programmes internes de prévention du blanchiment de capitaux et du financement du terrorisme[5]. Ces programmes doivent être validés par le CA ou l'organe délibérant de l'institution financière. Ils doivent également faire l'objet d'un examen périodique de leur efficacité par la structure chargée de l'audit interne ou contrôle[6]. Ainsi, les procédures internes que doivent se doter les institutions financières assujetties, prescrivent les diligences et règles[7] à respecter, notamment en matière d'identification et de connaissance de la clientèle ; de constitution et d'actualisation des dossiers ; d'identification et de suivi des opérations concernant les personnes politiquement exposées aux risques de blanchiment de capitaux et de financement du terrorisme ; d'élaboration d'une cartographie des risques de blanchiment de capitaux et de financement du terrorisme laquelle l'institution est exposée ; d'établissement de relations avec les correspondants bancaires transfrontaliers ; de mise en œuvre de gel de fonds ; de suivi des opérations réalisées par internet et autres supports etc. Elles doivent aussi se doter d'un

---

[1] F. ONANA ETOUNDI, « Les expériences d'harmonisation des lois en Afrique », in *Recueil d'études sur l'OHADA et les normes juridiques africaines. Collections Horizons Juridiques Africains. (dir. J. MESTRE),* Centre de droit économique, vol. VI, PUAM, Marseille, 2013, 421 p., pp. 15-18.

[2] J-L. KOFFI VOVOR, « Les problématiques de lutte contre le blanchiment des capitaux en Afrique occidentale », Revue internationale de la compliance et de l'éthique des affaires, LexisNexis, n°4, août 2019, étude 132.

[3] Voir les références des lois citées dans la version soutenue de la thèse.

[4] L'article 3 de l'instruction de la BCEAO n° 007-09-2017 considère comme institutions financières : les établissements de crédits, les compagnies financières, les systèmes financiers décentralisés, les agrées de change manuel, les établissements de monnaie électronique.

[5] Loi uniforme de l'UEMOA relative à la lutte contre le blanchiment de capitaux, art 24 ; Instruction de la BCEAO n° 007-09-2017, art. 4 et s.

[6] Instruction de la BCEAO n° 007-09-2017, art. 4, al.4.

[7] Idem., art. 5.

système d'information permettant le profilage des clients et des comptes ouverts dans leurs livres, le filtrage en temps réel des clients et des transactions, le suivi des mouvements sur le compte, l'identification des transactions à caractère suspect ou inhabituel[1]. Elles doivent aussi mettre en place de structure spécifique de lutte contre le blanchiment des capitaux. Cette structure spécifique doit s'adapter à l'organisation et être chargée de la gestion des risques ou de la fonction conformité[2]. Elle assure la mise en œuvre d'un système de surveillance et de contrôle. La loi uniforme de l'UEMOA exige aux États membres de créer une cellule de renseignement financier en charge du traitement et de l'exploitation[3] des informations transmises par les institutions financières assujetties à cette obligation de vigilance[4]. Comme toute règle de *compliance* dont la formation du personnel est appréhendée comme *l'Alpha et l'Omega* pour emprunter le concept de Madame Frison-Roche[5], il est requis aux institutions financières de mettre en place au profit de leur personnel un programme de formation et de sensibilisation en matière de lutte contre le blanchiment de capitaux et le financement du terrorisme[6]. Enfin, elles doivent élaborer un rapport annuel sur la mise en œuvre de l'ensemble de leur dispositif interne de lutte contre le blanchiment de capitaux et le financement du terrorisme[7]. Le non-respect de ces diligences implique une sanction administrative ou pénale de la part des organes de contrôle dont notamment la commission bancaire de l'UEMOA et la BCEAO[8].

L'appréciation théorique explicitée ici n'exclut pas d'évoquer dans les lignes qui suivent le problème d'effectivité des règles susdites.

Concernant les acteurs nationaux, il sied de relever que les législateurs africains ont timidement adoptés des textes juridiques prenant en compte la RSE notamment dans le secteur minier[9]. A titre d'exemple, au Congo-Kinshasa, le législateur a imposé la prise en considération obligatoire de la responsabilité sociétale par des entreprises exerçant des activités minières[10]. C'est un pas important dans la protection des droits humains ou droit des

---

[1] Ibid., art. 6.

[2] Ibid., art. 7.

[3] Cette cellule se dénomme CENTIF, Cellule Nationale de Traitement des Informations Financières.

[4] Ibid., art. 8.

[5] M-A. FRISON ROCHE, « La formation : contenu et contenant de la compliance », in *Les outils de la compliance (dir. M-A FRISON ROCHE)*, Dalloz, coll. Thèmes et comm., Paris, 2021, 323 p., pp. 227-243.

[6] Ibid., art. 9.

[7] Ibid., art. 12.

[8] Ibid., art. 13 et 14.

[9] T. MBUYU KABWE (dir. Y. NOUVEL), « La responsabilité sociétale des entreprises selon les nouveaux codes miniers africains », Thèse, Université Paris II Panthéon-Assas, 2019, 392 p, spéc. pp. 111-140.

[10] Sur le sujet, voir : art. 285 *sexies* et *septies* de la loi n°18/001 du 09 mars 2018 modifiant et complétant la loi n°007/2002 du 11 juill. 2002 portant Code minier, JORDC n° spécial, 59ème année, 28 mars 2018.

communautés locales souvent victimes des effets négatifs résultant des activités minières des entreprises. En effet, il est demandé au titulaire des droits miniers de consigner ses obligations dans un cahier des charges en vue d'orienter et d'organiser la mise en œuvre de ses engagements relatifs à la réalisation des infrastructures socio-économiques et services sociaux au profit de communautés locales affectées par ses activités minières. A cette fin, ces entreprises doivent réserver une dotation minimale de 0,3 % de leur chiffre d'affaires à des projets de développement communautaire, laquelle est gérée par une entité juridique comprenant des représentants de l'entreprise et des communautés locales environnantes directement concernées par le projet. De plus, l'article 108 *quinquies* du Code minier congolais renvoie à la loi n°2017-01 du 8 février 2017 fixant les règles applicables à la sous-traitance dans le secteur privé. L'article 6 de cette loi précise que l'activité de sous-traitance est réservée aux entreprises à capitaux congolais promues par les Congolais quelle que soit leur forme juridique dont le siège est situé sur le territoire national. L'article 12 de cette même loi mentionne que toute entreprise installée sur le territoire national a l'obligation de publier annuellement le chiffre d'affaires qu'elle réalise avec ses sous-traitants ainsi que la liste de ces derniers. De plus, l'entreprise doit mettre en œuvre, en son sein, une politique de formation devant permettre aux nationaux d'acquérir la technicité et la qualification nécessaires à l'accomplissement de certaines activités. L'on voit bien, à travers ces dispositions, les différentes règles qui s'apparentent à celles du devoir de vigilance. Nous verrons après le problème d'effectivité de ces règles.

Enfin, les lois extraterritoriales, qui produisent leurs effets hors du territoire de l'État qui les a édictées, jouent un rôle nécessaire dans la diffusion de la culture de *compliance* en Afrique[1]. Elles proviennent des Etats-Unis, de l'Europe, de la France et du Royaume-Uni. Ces lois peuvent concerner, dans une certaine mesure, les entreprises africaines et les filiales des grandes entreprises occidentales implantées ou opérant en Afrique dès lors que les conditions de rattachement qu'elles prévoient sont réunies[2].

Il convient de citer, par exemple, la loi américaine *Dodd-Frank Act*, précédemment relevée. Cette loi prévoit une disposition concernant l'industrie minière au Congo-Kinshasa et pose l'obligation aux entreprises de publier des informations qui comprennent la description des produits fabriqués, ou qui font l'objet de contrats de sous-traitance pour leur fabrication, dès lors qu'ils sont liés au conflit au Congo. Aussi, nous pouvons citer une autre loi américaine dénommée *Practices Act*[3]. Cette loi américaine réprime la corruption par une entreprise des agents publics

[1] M. MOHAMED SALAH, « Conception et application de la compliance en Afrique », op. cit., spéc. pp. 171-172.

[2] Idem.

[3] Dénommée *Foreign Corrupt Practices Act*, *FCPA*, voir : R. LUSKIN et B. JENNINGS, « Dossier thématique – *Foreign corrupt practices in US law* », Revue de droit international d'Assas, n°1, janv. 2018, pp. 89-102.

étrangers en vue d'obtenir un marché ou un avantage indu. Il s'applique à une société en Afrique dès lors qu'elle est cotée sur un marché américain, ou a pris part à des actes de corruption depuis les Etats-Unis, ou a utilisé des outils liés à ce même territoire comme comptes bancaires ouverts aux Etats-Unis, etc.

Nous pouvons également citer, en Europe, le règlement général sur la protection des données à caractère personnel, « RGPD[1] » mais aussi la directive européenne sur le devoir de vigilance. Le RGPD peut concerner les entreprises africaines ou celles opérant en Afrique. Elles sont concernées si elles disposent d'un établissement dans l'espace économique européen dans le cadre duquel le traitement des données est réalisé. Aussi, il s'applique si l'entreprise africaine cible des personnes se trouvant dans cet espace économique européen ou lorsqu'elle collabore avec des partenaires commerciaux soumis au RGPD. Quant au devoir de vigilance européen, il s'imposera aux entreprises non européennes dont africaines atteignant les mêmes seuils de chiffre d'affaires dans l'UE[2]. Pourtant, il est à souligner que même si les PME n'entrent pas dans le champ d'application du texte, elles ne sont concernées qu'indirectement, en tant que maillons de la chaîne d'activités. Et la directive les protège expressément, prévoyant des mécanismes de soutien et d'assistance qui ont le mérite de maîtriser quelque peu les risques évoqués. Or beaucoup d'entreprises européennes travaillent avec des PME opérant en Afrique. Celles-ci soucieuses de renforcer leur attractivité sont obligées d'internaliser la RSE ou le processus de diligence raisonnable en vue de maintenir leurs relations contractuelles.

Il en est de même de la loi britannique *UK Bribery Act*[3]. Adoptée en 2010, elle réprime à la fois la corruption active de droit commun et celle d'un agent public étranger. Elle s'applique à une entreprise opérant en Afrique lorsqu'elle a son siège social au Royaume-Uni ou lorsqu'elle exerce une partie de ses activités dans ce pays.

C'est aussi le cas de la loi française dite Sapin II[4]. Elle s'applique à une entreprise opérant en Afrique par exemple pour le délit de corruption ou de trafic d'influence commis à l'étranger dès lors qu'elle emploie au moins 500 salariés ou appartient à un groupe de sociétés dont la société mère a son siège social en France ou exerce une partie de ses activités en France.

---

[1] D. SAVOVA, « La protection des données : le RGPD ne s'arrête pas au Détroit de Gibraltar », Revue internationale de la compliance et de l'éthique des affaires, LexisNexis, n°4, août 2019, étude 134.

[2] Dir. (UE) 2024/1760 du Parlement européen et du Conseil du 13 juin 2024 sur le devoir de vigilance des entreprises en matière de durabilité et modifiant la directive (UE) 2019/1937 et le règlement (UE) 2023/2859, art. 2, n°2.

[3] J. MATTOUT, « Le *Bribery Act* ou les choix de la loi britannique en matière de lutte contre la corruption. Un danger pour les entreprises françaises ? », JDI (Clunet), LexisNexis n°4, oct. 2011, doctr. 12.

[4] X. MUSCA, « Construire une Europe de la compliance en donnant une meilleure place aux entreprises », in *Pour une Europe de la compliance (dir. M-A FRISON-ROCHE.)*, Dalloz, coll. Thèmes et comm., Paris, 2019, 124 p, pp. 39-47, spéc. p. 40.

Malgré l'émergence des règles de conformité obligatoire ou *compliance* à travers les actes des acteurs régionaux, sous-régionaux et nationaux ainsi que l'influence des lois extraterritoriales des États hors du continent, il ressort que certains facteurs limitent l'efficacité de ces règles.

B. Les obstacles aux règles de conformité obligatoire

Il existe plusieurs facteurs qui rendent le déploiement des règles de conformité obligatoire ou *compliance* en Afrique difficile voire ineffectif. Plusieurs auteurs[1] sont d'avis qu'il s'agit notamment de « l'importance du secteur informel » ainsi que de « la faiblesse ou fragilité des institutions étatiques » chargée d'édicter et de mettre en œuvre les règles juridiques.

Considéré comme l'ensemble des « pratiques souterraines, officieuses, parallèles ou pratiques relevant de l'économie populaire civile[2] », le secteur informel en Afrique est le fruit de causes multiples et protéiformes[3]. A cet effet, de prime abord, on peut relever l'analphabétisme, conséquence de la faiblesse des taux de scolarisation et échecs scolaires élevés, poussant les gens à l'économie informelle. Deuxièmement, l'incapacité des économies formelles à créer le nombre d'emplois nécessaires pour absorber la main d'œuvre entraine les diplômés chômeurs vers l'économie informelle. Troisièmement, le manque de confiance en la justice pour la résolution des litiges commerciaux ou économiques et l'importance de la corruption, contribuent significativement au développement de l'économie informelle. Quatrièmement, la mondialisation, avec la facilité de la décentralisation de la production et de la main d'œuvre, facilite l'économie informelle en ce que les grandes entreprises y recourent dans leurs stratégies d'internationalisation et de sous-traitance souvent source d'insécurité croissante en matière sociale, sociétale et environnementale. C'est le dumping social. Enfin, le facteur culturel africain, où les relations sociales et familiales prédominent, facilite l'informel.

Par ailleurs, il est souvent considéré en Afrique que l'économie informelle concerne essentiellement des unités de production et d'activités de subsistance qui répondent à un besoin de survie. Toutefois, la réalité est

---

[1] Pour une bibliographie complète, voir les références citées dans la version soutenue de la thèse, à titre indicatif : M. MOHAMED SALAH, « Conception et application de la compliance en Afrique », op. cit., spéc. pp. 175-180 ; F. LAGER, « Le projet d'acte uniforme OHADA du travail du 24 novembre 2006 permettra-t-il de faire rentrer l'économie informelle dans le secteur formel ? », Rec. Penant, éd. Juris Africa n°866, janv-mars 2009, pp. 85-115.

[2] M. MOHAMED SALAH, « Conception et application de la compliance en Afrique », op. cit., spéc. p. 176.

[3] Voir : F. LAGER, « Le projet d'acte uniforme OHADA du travail du 24 novembre 2006 permettra-t-il de faire rentrer l'économie informelle dans le secteur formel ? », op. cit., spéc. pp. 95-96.

toute autre. Selon un auteur s'appuyant aux données du BIT[1], il est de plus en plus évident que des micros-entreprises viables se situent dans le secteur informel. Ceci est d'autant plus vrai qu'il résulte de la transformation de petites activités de subsistance en entreprise. De plus, il convient de nuancer en soulignant que toutes les activités économiques informelles ne sont pas menées en dehors d'un cadre légal. Ce qui revient à dire que de nombreuses activités dites informelles ne le sont pas totalement. Certaines disposent d'un local et payent parfois des taxes ou patentes[2]. Par conséquent, le secteur informel constitue le seul débouché immédiat pour la grande majorité de la population. Sans cette économie populaire paraissant à la fois productive et distributive, « les difficultés des pauvres seraient beaucoup plus angoissantes[3] ». Dès lors, il induit des effets appréciables en termes d'intégration économique, de cohésion et de régulation sociale pour lesquelles l'État est défaillant[4].

En revanche, le tissu multiforme d'activités marchandes et de pratiques sociales dans le cadre de l'informel constituent des obstacles au déploiement effectif des règles de conformité obligatoire puisque ces dernières exigent, pour sa mise en œuvre, l'identification des acteurs, le traçage des opérations ou transactions ainsi que la reddition de compte de toute défaillance en la matière[5]. Or l'informel ne permet pas de collecter ou de connaître des informations pertinentes et fiables sur la taille, la structure, les modalités de fonctionnement résultant de formes spécifiques d'exploitation des diverses activités artisanales ou commerciales, entre autres[6]. Beaucoup d'entre eux sont susceptibles d'être justiciables des règles de *compliance* notamment en matière bancaire et financière, voire sociétales et écologiques. Il est parfois visible de constater, à titre d'exemple, qu'ils recourent constamment aux paiements en espèces contournant les seuils fixés par les lois sur les blanchiments des capitaux. A cet effet, Monsieur Mohamed Salah explique cet obstacle sérieux au déploiement des logiques de *compliance* en Afrique en prenant l'exemple de deux lois sénégalaises du 2 mars 2009 et 6 février 2004 respectivement sur la lutte contre le financement du terrorisme et contre le blanchiment des capitaux[7]. Il évoque que ces deux lois exigent l'identification par les organismes financiers de leurs clients, et le cas échéant des personnes pour lesquelles ces derniers agissent, leurs ayants droits économiques et aussi des clients occasionnels pour toute transaction

---

[1] S. KANTE, « Le secteur informel en Afrique subsaharienne francophone : vers la promotion d'un travail décent », Document de travail sur l'économie informelle, BIT, secteur de l'emploi 2002/15, 70 p, spéc. p. 8 et s.

[2] Idem.

[3] Ibid.

[4] Ibid.

[5] M. MOHAMED SALAH, « Conception et application de la compliance en Afrique », op. cit., spéc. pp. 176-177.

[6] Idem.

[7] Ibid.

dépassant un seuil égal ou supérieur à cinq millions de FCFA. Il en résulte que, dans la pratique, une multitude d'opérations de ce genre sont quotidiennement réalisées en marge du système bancaire et financier[1]. Il en est de même au Congo-Kinshasa. La loi sur la lutte contre le blanchiment des capitaux et le financement du terrorisme[2] interdit, par exemple, tout paiement d'une somme égale ou supérieure à dix mille dollars américains laquelle somme ne peut être acquittée en espèces. Mais, dans la pratique, de telles opérations dépassant la somme de dix mille dollars sont quotidiennement réalisées en marge du système bancaire et financier.

Aussi, il est remarqué que les actifs immobilisés ou autres utilisés par les unités de production du secteur informel n'appartiennent pas aux unités de production en tant que telles mais à leurs propriétaires. Ces unités en tant que telles ne peuvent réaliser d'opérations ou conclure des contrats avec d'autres unités ou ni prendre des engagements en leur propre compte[3]. Ce qui constitue une difficulté pour la traçabilité des contrats et des transactions qui se nouent entre les agents du secteur informel. Elles se passent instantanément sans écrits ou avec un écrit non enregistré. Cette difficulté s'érige en un sérieux obstacle au déploiement des règles de conformité obligatoire. L'on peut citer l'exemple des artisans miniers au Congo-Kinshasa. Ces derniers, par manque de traçabilité, sont auteurs, voire victimes de diverses violations nécessitant l'encadrement par des règles de *compliance*. Pour s'en convaincre, il suffit de se référer au rapport de l'ONG Amnesty international[4].

Un autre obstacle au déploiement effectif des règles de *compliance* est la faiblesse des institutions étatiques chargées d'édicter des règles juridiques et de leur mise en œuvre. Il en résulte corolairement l'ineffectivité des règles juridiques produites par les structures étatiques susceptibles d'affecter les règles de *compliance*[5]. Un auteur relève, dans son étude sur l'épistémologie du droit en Afrique, confirmant ainsi la théorie selon laquelle les textes juridiques africains sont « des textes dormants », en ces termes : « tant que le droit n'est pas mis en mouvement, il est comme en sommeil, à l'état de virtualité. Ainsi, à l'instar de la lave du volcan en ébullition qui lui donne la vie, c'est la mise en mouvement du droit qui le sort de sa torpeur et lui permet d'imprégner, de manière concrète, le quotidien des citoyens (...) fâcheusement sur le continent africain, l'on aboutit alors à un paradoxe singulier : dire le droit en Afrique crée, bien souvent, une perception de

---

[1] Ibid.

[2] L. n°04/016, 19 juill. 2004, art. 5.

[3] S. KANTE, « Le secteur informel en Afrique subsaharienne francophone : vers la promotion d'un travail décent », op. cit., spéc. p. 9.

[4] Voir : « voilà pourquoi on meurt. Les atteintes aux droits humains en République démocratique du Congo alimentent le commerce mondial du cobalt », Rapport de l'Amnesty international, 2016.

[5] M. MOHAMED SALAH, « Conception et application de la compliance en Afrique », op. cit., spéc. pp. 178-179.

non-droit ou à tout le moins de mal-droit[1] ». Certes, l'Afrique regorge de beaux textes. Mais l'absence de leur mise en mouvement pose des problèmes à cause de la faiblesse des structures étatiques. Par exemple, la Convention de l'UA sur la prévention et la lutte contre la corruption est considérée comme « l'un des textes les plus complets au niveau mondial de prévention et de lutte contre la corruption dans un contexte multilatéral[2] ». Toutefois, il est remarqué que les pays de l'espace OHADA ont adhéré et adopté non seulement cette Convention mais aussi plusieurs initiatives nationales et internationales de lutte contre la corruption, blanchiment des capitaux et financement du terrorisme. En raison du manque de volonté des institutions étatiques de jouer pleinement leur rôle, ces mesures n'ont pas entraîné de changements significatifs. Il convient de noter l'échec de ces initiatives nationales, qui se concrétisent soit par la mise en place d'institutions nationales de prévention et de lutte contre la corruption ou le blanchiment des capitaux, soit par des programmes de renforcement des compétences des magistrats, policiers et fonctionnaires. Ces initiatives et plans échouent parce que parfois les politiques les servent selon leurs intérêts, parfois comme prétexte pour se débarrasser des opposants politiques, et parfois pour plaire aux donateurs d'aide étrangère sans réelle volonté de réussir[3]. Concrètement, la faiblesse des institutions étatiques constitue un obstacle pour deux raisons.

Tout d'abord, l'absence de volonté des organes étatiques de jouer leur rôle. Or comme le relèvent Monsieur Mohamed Salah[4] et Madame Frison Roche[5], la conformité obligatoire ou *compliance* repose sur ceux qui sont chargés du contrôle du respect par les assujettis des obligations qu'elle implique. En prenant l'exemple de l'UEMOA qui exige notamment aux institutions financières, de mettre en place des procédures internes, d'adapter leur organisation en déployant des structures de contrôle, par exemple, la création de fonction de gestion des risques ou conformité, il s'avère que la plupart des institutions financières assujetties ne veulent pas toujours s'y conformer. Seul un nombre minime d'entreprises, particulièrement les filiales des grandes entreprises dans le secteur bancaire, arrivent à respecter les standards de la loi, et ce, peut-être parce que leurs

---

[1] A. OUATTARA, « Prolégomènes pour une épistémologie du droit en Afrique », in *Recueil d'études sur l'OHADA et les normes juridiques africaines. Collections Horizons Juridiques Africains (dir. J. MESTRE)*, Centre de droit économique, vol. VI, PUAM, Marseille, 2013, 421 p, spéc. p. 27 et 28.

[2] M. SEGONDS, « Pour un juste retour à la Convention de Maputo », Revue internationale de la compliance et de l'éthique des affaires, LexisNexis, n°4, août 2019, étude 131.

[3] R. INTOLE, « La corruption et l'éthique des affaires dans l'espace OHADA », OHADATA D-21-20, 20 p., spéc. p. 16.

[4] M. MOHAMED SALAH, « Conception et application de la compliance en Afrique », op. cit., spéc. p. 166 et 179.

[5] M-A. FRISON-ROCHE, « Entreprise, régulateur, juge. Penser la compliance par ces trois personnages », in *Compliance : l'entreprise, le régulateur et le juge (dir. N. BORGA, J-C MARIN et J-C. RODA)*, Dalloz, coll. Thèmes et comm., Paris, 2018, 264 p., pp. 1-11, spéc. p. 5.

sociétés mères sont assujetties à des lois extraterritoriales. D'autres institutions financières ignorent les règlementations à l'exemple des sociétés de transfert de fonds, microfinance ou changeurs manuels, leur personnel n'étant pas sensibilisé aux contraintes et aux enjeux de la *compliance*. Ainsi, le contrôle des organes étatiques est insuffisamment fréquent et approfondi laissant la *compliance* à la bonne volonté des assujettis.

Une autre raison est la faiblesse de la justice. Or les règles de conformité obligatoire ou *compliance* exigent un État de droit. La justice n'est pas indépendante dans la plupart des pays africains. Elle est souvent influencée par le pouvoir exécutif. Ce qui en résulte que la mise en œuvre des règles de *compliance* ainsi que le déclenchement de processus de sanction sont entre les mains du pouvoir politique. Ce dernier peut l'utiliser en fonction de ses intérêts. La faiblesse de la justice est due également, hormis le problème de l'indépendance des institutions judiciaires, à l'absence de spécialisation des juges sur certaines matières spécifiques telles que l'environnement, la lutte contre la corruption et tant d'autres ainsi que l'insuffisance voire l'absence de moyens ou ressources humains, matériels et financiers qui ne mettent pas les cours et tribunaux à l'abri de la corruption. Emmaillées de ces faiblesses, les sanctions judiciaires ne peuvent que refléter « le non-droit » ou « le mal-droit ».

En achevant son étude sur la conception et l'application de la *compliance* en Afrique, Monsieur Mohamed Salah affirme : « en conclusion, la compliance n'est pas un luxe. Elle est la condition d'un développement économique raccordé aux valeurs universellement consacrées, un moyen de concilier le respect de l'éthique avec l'exigence d'efficacité. Son acclimatation effective suppose une volonté politique forte et des forces sociales sur lesquelles elle peut s'appuyer sur le plan interne et qu'elle renforce à son tour[1] ». A ce titre, selon nous, l'OHADA apparaît, comme une force sociale indispensable reflétant une volonté politique forte d'assurer une intégration juridique et économique en matière de droit des affaires. Qualifiée de « modèle énergique d'intégration juridique[2] », elle a permis de relever les défis qui interpelaient les africains, dont certains sus-évoqués, et améliorer le climat des affaires en poursuivant l'affermissement continu de l'État de droit. Même si elle n'est pas une solution miracle, néanmoins ces « quatre piliers cardinaux transversaux[3] » dont « l'intégration juridique, la sécurité juridique, l'attractivité et l'effectivité » font d'elle une institution fiable. Elle peut donc se faire porte-voix de certaines valeurs comme la prévention des risques sociétaux, environnementaux, et de bonne gouvernance inhérente aux activités des entreprises sur cet espace

[1] M. MOHAMED SALAH, « Conception et application de la compliance en Afrique », op. cit., spéc. p. 179.

[2] P-G. POUGOUE, « Doctrine OHADA et théorie juridique », Revue de l'ERSUMA, Numéro spécial, nov.-déc. 2011, 208 p., pp. 9-21, spéc. p. 11.

[3] P-G. POUGOUE, « Les quatre piliers cardinaux de la sagesse du droit OHADA », op. cit., spéc. pp. 391-404.

juridiquement intégré. Cela est d'autant plus vrai puisque les pays de l'espace OHADA appartiennent à d'autres organisations sous-régionales. Ces dernières, même si elles donnent corps à certaines règles de *compliance* principalement en matière financière, leurs structures semblent fragiles.

§2. L'apport de l'OHADA dans le cadre de conformité obligatoire des entreprises

Ayant déjà traversé les crises d'adolescence[1], l'OHADA est aujourd'hui, à 30 ans, une adulte affirmée en quête de nouvelles expériences et qui doit s'assumer et faire des choix. Les règles de *compliance* constituent une nouvelle expérience qui s'universalise et est destinée à responsabiliser les entreprises dans la prévention et la gestion des crises systémiques notamment en matière financière, sociale ou de droits humains et écologiques. L'entreprise OHADA n'est pas exemptée des problèmes sociétaux, environnementaux et de bonne gouvernance qui peuvent surgir à toute étape de sa vie. L'analyse de la compétence de l'OHADA démontre que celle-ci entend responsabiliser l'entreprise lorsqu'elle exerce son rôle de gardienne de l'intégrité des activités économiques par la promotion de la sécurité juridique et judiciaire. Ainsi, en voulant assoir une vision de l'économie favorisant un développement durable, depuis sa création, elle s'est engagée dans la modernité et l'adaptabilité de ses règles communes. Celles-ci, fort de leur effectivité et prise en compte du secteur informel, peuvent être mises à contribution pour englober les règles de *compliance* par le biais du devoir de vigilance[2] (**A**). Aussi, l'OHADA s'est engagée dans des chantiers de textes qui regorgent d'éléments susceptibles de faciliter l'intégration du devoir de vigilance. Il en est de même du rôle du juge OHADA et de l'encouragement à l'arbitrage et la médiation. Tous ceux-ci peuvent être mis à profit pour un déploiement effectif du devoir de vigilance (**B**).

A. Par l'effectivité et l'adaptabilité des actes uniformes aux réalités contemporaines

Il est important de rappeler qu'avant l'institutionnalisation de l'OHADA, le constat unanime pouvait se résumer à « celui d'une grande insécurité liée au droit des affaires, insécurité juridique d'une part, insécurité

---

1 A. NGWANZA, « OHADA entre adolescence et âge adulte : une crise existentielle ! rapport général de l'université d'été du Cercle Horizon Club OHADA d'Orléans 1-3 juillet 2008 », Rec. Penant, éd. Juris Africa n°866, janv-mars 2009, pp. 5-20.

2 Pour le développement de la proposition d'un devoir de vigilance dans le droit de l'OHADA, voir : Partie II Titre I Chap. II.

judiciaire d'autre part[1] ». La sécurité juridique et judiciaire constitue une valeur essentielle promue par l'OHADA en vue de contribuer au développement des activités économiques et aux investissements. Or comme l'a relevé à juste titre un auteur, « il est, sans nul doute, exact que la sécurité juridique est une condition nécessaire du développement économique. Aucune activité économique durable ne peut raisonnablement être entreprise si les " règles du jeu " que constituent les règles de droit ne sont pas connues, précises, correctement appliquées et dotées d'une certaine stabilité[2] ». Ainsi, pour l'OHADA, dans la quête de la réalisation de cet objectif de sécurité juridique et judiciaire, recourt à deux instruments : les normes de comportements qualifiés des actes uniformes et les institutions chargées de les appliquer. A ce titre, la réalisation de cet objectif rend le droit de l'OHADA effectif et attractif. Elle constitue une réponse efficace aux obstacles liés au déploiement effectif des règles de *compliance* en Afrique tels que relevés précédemment.

En effet, il est facile de comprendre la connexité entre les normes de l'OHADA et la performance des entreprises. Le droit de l'OHADA devient progressivement un véritable outil d'aide à la décision et un bastion contre l'imprévisible vie des affaires. Puisque décider implique la gestion, en organisant et conduisant l'activité économique, l'entreprise qui décide porte la responsabilité qui découle de ses actes de gestion.

Par ailleurs, il est indubitable que les sociétés contemporaines, et singulièrement les sociétés industrielles, présentent la particularité d'être dotées d'une capacité de nuisance considérable, pour les individus comme pour l'environnement. Aux nuisances de voisinage classiques, se sont substituées des atteintes potentielles aux droits humains et à l'environnement qui invitent à repenser le rapport à leurs activités. D'ailleurs, un grand nombre de réflexions en la matière s'appuient explicitement sur le constat de l'empreinte environnementale de l'activité commerciale. Ainsi que le relevait Monsieur Tunc, le capitalisme « s'est révélé capable d'épuiser les ressources naturelles et de rendre l'environnement désagréable ou dangereux[3] ». De même, Monsieur Pailluseau, vingt ans plus tard, pouvait souligner la nécessaire protection d'intérêts collectifs et individuels en matière notamment de consommation, d'environnement, de santé et de sécurité[4]. Il est évident que chaque entreprise doit, dans les limites compatibles avec le concept de

---

[1] P. TIGER, « Le droit des affaires en Afrique (OHADA) », 3ème éd., PUF, coll. Que sais-je, Paris, 2001, 127 p., spéc. p. 18.
[2] P. MEYER, « La sécurité juridique et judiciaire dans l'espace OHADA », Rec. Penant, éd. Juris Africa n°855 avril-juin 2006, pp. 151-175, spéc. p. 151.
[3] A. TUNC, « La société anonyme et l'intérêt général » in *Droits et libertés à la fin du XXe siècle : influence des données économiques et technologiques. Études offertes à C-A. COLLIARD*, éd. Pédone, Paris, 1984, 655 p., pp. 607- 616, spéc. p. 607.
[4] J. PAILLUSSEAU, « Le droit des activités économiques à l'aube du XXIe siècle », Rec. Dalloz 2003, p. 260, spéc. n°5.

maximalisation du profit à long terme, reconnaître que sa richesse et son pouvoir lui créent des devoirs à l'égard des autres intérêts de la collectivité. Cette sensibilité est aujourd'hui très présente dans le concept « d'entreprise durable, responsable ou citoyenne ». Il s'agit des réalités contemporaines que le droit de l'OHADA ne peut ignorer.

Toutefois, on peut estimer que lorsque l'objet de la protection n'est pas l'activité économique ou la compétitivité des entreprises, mais l'environnement lui-même ou le respect des droits humains, les entreprises ont tendance à se retrancher derrière les missions traditionnelles de l'État pour faire échec aux tentatives d'engagement de leur responsabilité. En l'état actuel, le rôle des acteurs économiques est de plus en plus reconnu. L'octroi à ces derniers de nouvelles attributions, rôles ou pouvoirs s'accompagne d'un accroissement des responsabilités. Néanmoins, il paraît évident que la responsabilisation légale de l'entreprise dans la gouvernance environnementale et sociétale n'est *a priori* pas à la hauteur des rôles et pouvoirs qui lui sont dévolus et reconnus. Mais dans une autre perspective, par l'intermédiaire du marché ou des activités économiques, considérant que plus les bénéfices apportés par sa protection sont nombreux, plus la logique de responsabilité d'entreprise se diffuse facilement.

C'est dans ce contexte que l'OHADA, « droit des activités économiques[1] », pourrait mettre à contribution ses normes pour diffuser facilement les règles de *compliance* par le mécanisme du devoir de vigilance. Signalons qu'à ce jour, les normes de l'OHADA n'appréhendent pas les questions sociétales et environnementales, excepté l'hypothèse d'un timide reporting RSE résultant de la note 35 du système comptable OHADA[2]. Se pose alors la question du mécanisme ou méthode par lequel une telle intégration pourrait se faire. Trois options ou méthodes peuvent se présenter. Il pourrait y avoir une possibilité d'intégrer les questions sociétales et environnementales par l'extension du Traité fondateur de l'OHADA. Cette méthode paraît lourde car elle risque d'entraîner de forts délais par la nécessaire recherche d'un consensus entre les États membres. L'autre méthode est l'intégration des questions sociétales et environnementales dans les actes uniformes. Si déjà l'AUDCIF prend en compte les enjeux RSE à travers de la note 35 du système comptable OHADA, d'autres actes uniformes peuvent également permettre l'intégration de ces questions. Néanmoins, cette méthode entraînerait le dispersement des dispositions sociétales et environnementales. Elle peut impliquer, en outre, une révision simultanée de ces actes, ce qui ferait que ce processus soit très long et engendrer de nombreuses contradictions entre les textes. Une autre méthode consisterait à adopter un seul acte uniforme

---

[1] P-G. POUGOUE, « Les quatre piliers cardinaux de la sagesse du droit OHADA », op. cit., spéc. p. 398 ; C. SIETCHOUA DJUITCHOKO, « Les sources du droit de l'OHADA », Rec. Penant, éd. Juris Africa n°843, avril-juin 2003, pp.140-179, spéc. p. 140 et 179.

[2] Développement sur ce reporting RSE OHADA, voir infra.

sur ces questions sociétales et environnementales. L'éthique des affaires ou RSE étant transversale, un acte uniforme dédié apparaît comme le meilleur mécanisme pour son intégration dans le droit de l'OHADA. Le processus d'élaboration, étant souple, cet acte serait directement applicable dans les 17 États membres.

D'où, selon nous, tenant compte de l'analyse susdite, deux hypothèses sont envisageables pour l'adaptation des actes uniformes aux réalités contemporaines. La première hypothèse est l'inscription des dispositions régulant la prise en considération des enjeux sociétaux et environnementaux dans l'AUDSCGIE et l'AUDCG et la seconde, plus ambitieuse, est l'adoption d'un acte uniforme dédié que nous qualifions : « Acte uniforme sur l'éthique des affaires ».

En effet, à la lumière du droit français, le législateur OHADA peut tout d'abord, en vue de promouvoir un entrepreneuriat éthique, inciter dans l'AUDCG les micro-entreprises et PME à prendre en considération, d'une manière volontaire ou facultative, des enjeux sociétaux et environnementaux. A ce propos, un auteur a proposé l'adoption d'une charte RSE OHADA destinée aux entreprises[1]. Également, il peut inscrire le mécanisme de devoir de vigilance dans l'AUDSCGIE. Ce dernier, complété par d'autres actes uniformes, a le mérite d'instaurer des règles de « bonne gouvernance permettant un meilleur fonctionnement des sociétés[2] ». Il s'agit d'une reconnaissance implicite des règles de *compliance* en droit de l'OHADA. A ce titre, il existe d'un côté des règles garantissant une gestion transparente de l'entreprise et de l'autre côté celles mettant en avant un équilibre des pouvoirs et des responsabilités au sein de l'entreprise.

A cet effet, parmi les règles garantissant la gestion transparente impliquant le contrôle de la gestion du dirigeant, il existe, dans l'AUDSCGIE, des règles régissant les droits des actionnaires notamment le droit de communication des documents[3], un droit de poser des questions écrites au dirigeant[4], le droit d'alerte[5], l'obligation d'information[6], l'expertise de gestion[7] ; il y a aussi la référence aux règles de gouvernement d'entreprise et la responsabilité qui en découle pour les dirigeants sociaux[8] ; le commissaire aux comptes qui est indépendant des dirigeants de la société et

---

[1] D-A. TRAORE, « Du code vert aux normes vertes : quel modèle d'intégration de la RSE en droit OHADA pour un taux d'investissement toujours en croissance ? », Revue Horizons du droit, AFDD, n°32, janv. 2022, pp. 47-68, spéc. p. 60.

[2] P-S. A. BADJI, « OHADA et bonne gouvernance d'entreprise », in *Recueil d'études sur l'OHADA et les normes juridiques africaines. Collections Horizons Juridiques Africains* (dir. *J. MESTRE)*, Centre de droit économique, vol. VI, PUAM, Marseille, 2013, 421 p., pp. 233-251, spéc. pp. 237-241.

[3] AUDSCGIE, art. 525 et 526.

[4] Idem., art. 158.

[5] Ibid., art. 157.

[6] Ibid., art. 86 et s.

[7] Ibid., art. 159.

[8] Ibid., art. 831-2.

des associés, contrôle la régularité et sincérité des états financiers[1] régis également par l'AUDCIF ; il dispose aussi du droit d'alerte[2] ; les dirigeants sociaux, ou toute personne au service de la société, qui auront sciemment mis en obstacles aux vérifications des commissaires aux comptes peuvent être sanctionnés[3] ; l'on voit également les règles qui organisent les conventions règlementées et les prises de participation croisées[4] et ce, pour éviter les conflits d'intérêts.

Concernant les règles permettant un équilibre des pouvoirs et des responsabilités au sein de l'entreprise, le législateur OHADA prévoit, toujours dans l'AUDSCGIE, notamment le droit pour tout associé, de participer aux assemblées générales[5] (toute personne empêchant l'associé d'exercer son droit peut être sanctionné pénalement[6]) ; l'instauration de l'égalité entre actionnaire[7] laquelle égalité doit être vérifiée et respectée par le commissaire aux comptes[8] ; la responsabilité civile de ceux qui sont coupables d'abus de majorité et de minorité ou d'égalité[9].

Par ailleurs, les règles pénales sont, par exemple, prévues dans l'AUDSCGIE et l'AUPCAP. Elles ont pour objet de protéger tous ceux qu'une gestion frauduleuse, voire simplement trop imprudente, mettrait en péril le fonctionnement normal de l'entreprise. Il sied de relever, dans le cadre de l'AUDSCGIE, les infractions relatives à la gérance, à l'administration et à la direction[10], celles relatives aux assemblées générales[11], aux modifications du capital des SA[12], au contrôle des sociétés[13], à leur dissolution[14], à leur liquidation[15] et en cas d'appel public à l'épargne[16]. Pour l'AUPCAP, il y a notamment des règles sanctionnant le dirigeant d'une société commerciale dont la faute de gestion a contribué à rendre insuffisant l'actif de l'entreprise. Dans ce cas, le dirigeant est tenu par l'action en comblement de passif[17].

Toutes ces règles de bonne gouvernance feraient naturellement écho aux règles de *compliance* dont le devoir de vigilance que l'OHADA pourrait intégrer dans l'AUDSCGIE. Ce devoir de vigilance exigerait aux grandes

---

[1] Ibid., art. 140 et 150.
[2] Ibid., art. 153 et s.
[3] Ibid., art. 900.
[4] Ibid., art. 438 et 502.
[5] Ibid., art. 125.
[6] Ibid., art. 891-3.
[7] Ibid., art. 744.
[8] Ibid., art. 714.
[9] Ibid., art. 130 et 131, 161 et s., 740 et 741.
[10] Ibid., art. 888 à 891.
[11] Ibid., art. 891-3 à 892.
[12] Ibid., art. 893 à 895.
[13] Ibid., art. 897 à 900.
[14] Ibid., art. 901.
[15] Ibid., art. 902 à 904.
[16] Ibid., art. 905.
[17] Ibid., art. 226 et s.

entreprises, notamment celles exerçant les activités à risque telles minières, pétrolières, de communication et d'agroalimentaire, de publier un plan de vigilance et de pouvoir prendre des mesures de surveillance à l'égard des risques sociétaux, environnementaux et de gouvernance liées à leurs activités et aux relations d'affaires.

La deuxième hypothèse est plus ambitieuse. Il s'agit de l'adoption d'un nouvel « Acte uniforme sur l'éthique des affaires[1] ». Si pour un auteur, il est déjà temps pour l'OHADA d'adopter un « acte uniforme minier[2] » dans lequel serait prévu un devoir de vigilance, celui que nous proposons a le mérite de regorger des dispositions pouvant réguler les pratiques des entreprises et leurs comportements sur les marchés par le biais du devoir de vigilance. Il ira à l'encontre de la corruption, de la dégradation de l'environnement, et de la violation des droits humains. Tout en s'inspirant de récentes évolutions du droit français, l'OHADA peut adopter cette nouvelle norme des règles communes sur l'éthique des affaires comme un véritable outil de diffusion des règles de conformité obligatoire ou *compliance* en vue de prévenir les impacts sociétaux et environnementaux négatifs des activités des entreprises et de leurs filiales, sous-traitants ou fournisseurs.

En outre, les normes de l'OHADA ont le mérite d'être adaptables, simples et modernes. C'est le vœu insisté par le Traité[3]. Cette modernité, simplicité et adaptabilité favorisent l'attractivité du droit de l'OHADA entendue comme étant « la capacité de ce droit OHADA à faciliter les affaires et à attirer les investisseurs[4] ». Mais, comme le précise Monsieur Pougoué, « le pilier de l'attractivité invite à aller plus loin et approfondir la réflexion sur les questions de développement[5] ». Ainsi, la première catégorie des règles communes adoptées, à l'exemple de celles de l'AUDSCGIE sus-évoquées, a été « celle qui s'applique principalement aux investissements étrangers et au secteur formel[6] ». Malheureusement, poursuit l'auteur, « les problèmes des investisseurs locaux, du secteur informel, de la transparence dans les affaires sont vite apparus[7] ».

Nous avons pu montrer précédemment que le secteur informel constitue l'un des principaux obstacles au déploiement effectif des règles de *compliance*. Heureusement, le législateur OHADA est de plus en plus disposé à rechercher des solutions tout en adaptant son droit en fonction de ces facteurs combien importants[8]. A cet effet, la problématique de la

---

[1] Sur le sujet, voir la Partie II, Titre I, Chap. II et l'annexe n°3 (modèle de l'acte uniforme) dans la version soutenue de la thèse.

[2] Sur le sujet, voir : T. LAURIOL, « L'OHADA, le temps pour un acte uniforme minier », Rec. Penant, éd. Juris Africa n°892, juill. – sept. 2015, pp. 281-292.

[3] Ibid., art. 1er.

[4] P-G. POUGOUE, « Les quatre piliers cardinaux de la sagesse du droit OHADA », op. cit., spéc. p. 398.

[5] Idem., spéc. p. 399.

[6] Ibid.

[7] Ibid.

[8] Ibid.

transparence des entreprises et celle du secteur informel sont à la base de la récente révision des différents actes uniformes et projets en gestation. Il s'agit essentiellement, comme le confirme Monsieur Pougoué, « d'une méthode qui vise à intégrer le secteur informel dans l'économie formelle et à favoriser la transparence dans les relations d'affaires et gestion des entreprises[1] ».

Nous pouvons relever quelques exemples de la révision des actes uniformes. Concernant les exemples des projets d'actes uniformes en gestation, ils seront développés dans les lignes qui suivent. Comme exemple de révision qui prend en compte le secteur informel, nous citons l'introduction du statut de l'entreprenant lors de la révision de l'AUDCG du 15 décembre 2010[2]. C'est une réponse de l'OHADA d'appréhender les activités économiques demeurées jusque-là en dehors du droit formel. Il en est de même de l'accès aux financements, spécifiquement au bénéfice des acteurs du secteur informel dans le cadre de la révision de l'AUS du 15 décembre 2010[3]. Aussi, concernant l'exemple de la révision des actes qui prend en compte la transparence, sujet de la RSE, nous citons l'introduction des règles de gouvernement d'entreprise et transparence dans les rémunérations des dirigeants sociaux[4] et la conformité du système comptable OHADA aux normes IFRS[5], etc.

Pour nous, même si certains de ces exemples n'ont, à première vue, rien à voir avec les règles de *compliance*, il s'agit de démontrer l'apport concret de l'OHADA. Cette dernière est consciente des faiblesses des institutions étatiques notamment l'ineffectivité des règles qu'elles édictent et le problème du secteur informel fragilisant les règles de conformité obligatoire. En prenant les exemples sus cités, il est clair que l'OHADA prend cela en compte et apporte des réponses.

Il faudrait, pour elle, aller plus loin dans cette recherche de solutions adaptées à la situation des économies des États parties. Ainsi, puisqu'elle se donne la vocation à faire de ses États membres un véritable pôle de développement qui se veut durable, elle peut, pour cette raison, intégrer le devoir de vigilance, et mettre à profit ses projets d'actes uniformes[6] qui

---

[1] Ibid.

[2] AUDCG, art. 30-33. Aussi, les États assurent une fiscalité adaptée à l'entreprenant, voir : M. BOYE, « La formalisation de l'informel : des systèmes financiers décentralisés à l'entreprenant », Rec. Penant, éd. Juris Africa n°886, janv. – mars 2014, pp. 58-88.

[3] AUS, art. 14 et 20, ces deux dispositions ont consacré la caution illettrée ainsi que la présomption en faveur du cautionnement solidaire à défaut de clause contraire. C'est important pour la protection des institutions de micro-crédit qui préfèrent les sûretés personnelles.

[4] AUDSCGIE, art. 831-2 et 831-3.

[5] AUDCIF, art 5, 8, 73-1, 75.

[6] Nous pouvons citer : avant-projet d'Acte uniforme relatif au droit du travail, AUDT (Douala, version n°1 du 24 nov. 2006, et version n°2 oct. 2010) ; projet de texte uniforme portant droit général des obligations dans l'espace OHADA, AUDGO, (15 avril 2015) ; avant-projet d'acte uniforme sur le contrat de consommation de 2005 etc.

n'ignorent pas ces facteurs et regorgent des éléments pouvant faciliter l'intégration du devoir de vigilance. Par ailleurs, comme nous le verrons plus loin, le devoir de vigilance aménage une place pour le juge[1]. Or l'OHADA apporte la réponse à l'insécurité judiciaire à travers la mise en place du juge OHADA et l'encouragement à la médiation et l'arbitrage.

B. Par la mise à profit des projets d'actes uniformes et du juge OHADA

Le devoir de vigilance implique la prévention des violations de droits humains. La question des droits humains n'est pas étrangère en droit de l'OHADA[2]. L'adoption du projet d'Acte uniforme relatif au droit du travail, AUDT, permettra de mettre à contribution les orientations intégrant les préoccupations sociales puisqu'il reconnait déjà les droits fondamentaux au travail véhiculés par les normes internationales. La consécration des droits fondamentaux, dès les premiers articles du projet d'AUDT, est un symbole fort. Elle s'insère dans une tradition résolument moderne puisque, l'un des préalables nécessaires à la libération et au développement des capacités innovantes du citoyen, est la prise des mesures qui garantissent une véritable sécurité individuelle des citoyens, notamment en ce qui concerne leur intégrité physique et mentale.

Il convient de nuancer que plusieurs facteurs peuvent expliquer l'absence d'adoption du projet d'AUDT. Nous estimons que le contexte géopolitique et socio-économique ne facilite pas l'adoption de ce texte. Les États membres de l'OHADA ont de niveau de vie différent. De plus, il est indéniable que l'État demeure le plus grand employeur dans l'espace OHADA. Adopter un tel acte uniforme pourrait se transformer en une épée de Damoclès pour les États membres. Cependant, nous ne pensons pas que ces facteurs soient insurmontables.

En effet, nul n'ignore que la mondialisation de l'économie a amené les grandes entreprises à externaliser leurs activités en recourant notamment à la main d'œuvre moins chère par le biais de la sous-traitance. Souvent, cette sous-traitance est exécutée avec des conditions de travail très alarmantes dans des pays à faible niveau de protection juridique, violant ainsi les droits fondamentaux des travailleurs. L'OHADA, consciente de cette réalité, considère, par exemple, les activités minières comme faisant partie des actes de commerce comme le précise un auteur en ces termes : « le législateur

---

[1] Sur le sujet de la juridictionnalisation du devoir de vigilance, voir : infra, Partie II, Titre II, Chap. II.

[2] O. FANDJIP, « La prise en compte des droits de l'homme dans la législation OHADA des voies d'exécution », in *Recueil d'études sur l'OHADA et les normes juridiques africaines. Collections Horizons Juridiques Africains (dir. J. MESTRE)*, Centre de droit économique, vol. VI, PUAM, Marseille, 2013, 421 p., pp. 121-142.

OHADA à l'article 3 de l'Acte uniforme portant sur le droit commercial général cite l'exploitation industrielle des mines, carrières et de tout gisement de ressources naturelles parmi les actes de commerce par nature[1] ». L'auteur poursuit en relevant pertinemment que « Quand on sait que l'industrialisation est le talon d'Achille de l'économie africaine, il ne fait l'ombre d'un doute que cette activité d'exploitation sera l'apanage exclusif de l'investisseur étranger. Mais si son activité est importante parce qu'il embauche la main-d'œuvre locale et que l'État partie prélève des impôts, il ne faut pas perdre de vue que l'exploitation anarchique des ressources naturelles et humaines doit être évitée[2] ». C'est dans l'esprit d'éviter cette exploitation anarchique que les rédacteurs du projet d'AUDT affirment les droits fondamentaux des travailleurs qui sont directement issus de la déclaration de l'OIT de 1998 relative aux droits fondamentaux au travail : l'interdiction du travail forcé ou obligatoire[3] ; l'interdiction de travail des enfants[4] ; l'interdiction de la discrimination en matière d'emploi et des conditions de travail[5] fondée notamment sur la race, l'ethnie, la couleur, le sexe etc. ; la reconnaissance de la liberté d'association et de négociation collective[6] ; le principe d'égalité homme/femme[7] ; la non-discrimination des personnes atteintes du VIH[8] ; le droit de tout travailleur à la protection de sa santé et de sa sécurité au travail[9] ; une meilleure protection de la femme enceinte[10] ; l'interdiction du harcèlement sexuel ou moral au travail[11].

Cette consécration des droits fondamentaux paraît alors pouvoir faire œuvre utile pour s'appliquer au secteur informel et être source indéniable de progrès[12]. Il convient de remarquer la prise en compte du secteur informel dans la lecture de l'alinéa 2 de l'article 2 du projet d'AUDT qui précise que « pour la détermination de la qualité de travailleur, il ne sera tenu compte ni du statut juridique de l'employeur, ni de celui du travailleur ». Elle nous paraît se référer indifféremment au secteur formel ou informel. Le travail des enfants dans les carrières, mines ou autres est très présent dans le secteur informel. La politique d'interdiction de travail des enfants ne doit pas être faite sèchement. Pour éviter que ce droit

[1] P-S. A. BADJI, « Réflexions sur l'attractivité du droit OHADA », Bulletin de droit économique, Université de Laval, 2014, pp. 50-63, spéc. p. 58 et 59.
[2] Idem.
[3] Projet d'AUDT, art. 3.
[4] Idem., art. 4.
[5] Ibid., art. 6 al. 1er
[6] Ibid.., art. 5.
[7] Ibid., art. 6 al. 1er
[8] Ibid., art. 6 al. 2.
[9] Ibid., art. 7.
[10] Ibid., art. 31 et s.
[11] Ibid., art. 8 al. 2.
[12] F. LAGER, « Le projet d'acte uniforme OHADA droit du travail du 24 novembre 2006 permettra-t-il de faire rentrer l'économie informelle dans le secteur formel ? », op. cit., spéc. p. 104.

fondamental, ainsi que d'autres, ne soient réduits à une simple politique volontariste et légaliste, il conviendrait, comme nous le verrons plus loin, d'appliquer le mécanisme de devoir de vigilance. Ce dernier peut être formalisé par des contrats au moyen des clauses contractuelles de prévention et d'attribution des risques[1]. Concrètement, il serait judicieux, par exemple, de véhiculer ces clauses dans le contrat de partenariat public-privé ainsi que le contrat minier[2]. Cette vigilance permettra de faire respecter les droits fondamentaux sans que les personnes censées être protégées par ces droits ne tombent dans des conditions matérielles encore plus difficiles.

La situation des États membres nécessite la protection de l'environnement d'autant plus que ces derniers regorgent de ressources naturelles immenses. Le Bassin du Congo, par exemple, qui est le deuxième poumon des forêts et cours d'eau au monde après le Bassin Amazonien, se situe dans ledit espace OHADA. Aussi, l'exploitation démesurée des ressources naturelles, sans règle particulière de responsabilité, affecte gravement l'environnement naturel. Le rapport entre activités des sociétés commerciales et l'environnement ainsi que l'association risques-prévention ouvrent la voie vers l'idée de responsabilisation destinée à devancer la survenance éventuelle d'un évènement dommageable. C'est de la vigilance environnementale. Appliquée au risque, elle est une obligation générale, éthique ou juridique pour l'entreprise, de répondre de ses propres actions en adoptant une démarche préventive et globale des dangers liés à son activité ou son fonctionnement.

L'OHADA pourrait s'adapter dans ce contexte afin de rendre l'entreprise responsable de ses propres actions. L'entreprise adopterait, à ce titre, une démarche préventive et globale des dangers ou risques liés à son activité ou son fonctionnement susceptibles d'affecter l'environnement ou les personnes. C'est ainsi que le projet de texte uniforme portant sur le droit général des obligations dans l'espace OHADA, AUDGO, prévoit une responsabilité du fait d'activités dangereuses[3]. Cette responsabilité a le mérite, selon nous, d'englober la responsabilité environnementale. La raison est que l'activité dangereuse définie désigne celle, même licite, qui crée un risque de dommage grave pouvant affecter un grand nombre de personnes simultanément. Il est évident que cela concerne notamment le risque

[1] S. PELLET, « Les clauses de prévention des risques », La Semaine Juridique Notariale et Immobilière n°21, 22 mai 2015, 1160 ; P. PUIG, « Les clauses d'attribution des risques », La Semaine Juridique Notariale et Immobilière n°21, 22 mai 2015, 1161.

[2] Sur le sujet, voir : infra, Partie II, Titre II, Chap. I.

[3] Projet d'AUDGO, art. 300 : « Sans préjudice de dispositions spéciales, l'exploitant d'une activité anormalement dangereuse, même licite, est tenu de réparer le dommage consécutif à cette activité. Est réputée anormalement dangereuse l'activité qui crée un risque de dommages graves pouvant affecter un grand nombre de personnes simultanément. L'exploitant ne peut s'exonérer qu'en établissant l'exercice d'une des causes d'exonération prévues aux articles 278 à 282 ».

environnemental inhérent aux activités des entreprises exerçant dans l'espace OHADA. Il s'agit d'une avancée car cette responsabilité se fonde sur le risque et non la faute[1]. Elle véhicule intrinsèquement une politique de prévention. A cet égard, elle tend à prévenir notamment les risques de dommages environnementaux puisque ces derniers affectent un intérêt collectif. La seule limite est que cette disposition ne vise que, dans la définition d'activités dangereuses, les dommages graves affectant simultanément les personnes et non l'environnement naturel qui va au-delà. Il vise concrètement le préjudice écologique dérivé[2] et non le préjudice écologique pur[3]. De plus, il ne concerne que les activités « anormalement dangereuses ». Or d'autres activités normalement dangereuses ou parfois non dangereuses peuvent également, tantôt d'une manière tantôt d'une autre, affecter l'environnement naturel.

Cette disposition du projet d'AUDGO peut être mise à profit pour impulser les règles de *compliance* par le biais du devoir de vigilance. Ce dernier, comme nous le verrons plus loin dans le cadre du droit français, prévoit la sanction coercitive de la responsabilité civile. La responsabilité civile du fait d'activités dangereuses prévue dans le projet d'AUDGO ferait écho au déploiement du devoir de vigilance dans l'espace OHADA. Aussi, elle permettra au droit de l'OHADA d'étendre sa compétence d'une manière indirecte à la matière environnementale, qui naturellement est une matière de droit public. Dans cette perspective, l'applicabilité de cette disposition du projet d'AUDGO sera une occasion, pour le législateur OHADA et le juge OHADA, concernant le champ matériel des enjeux environnementaux, de procéder au renvoi dans un texte de loi nationale sur l'environnement. Le renvoi est une technique ou méthode souvent utilisée dans les actes uniformes[4]. D'autres auteurs proposent, dans de telles situations, que le législateur OHADA établisse des lois-types ou modèles afin de permettre à ses États membres d'harmoniser leurs législations sur une matière susceptible d'influencer le droit de l'OHADA mais restant en dehors de son champ d'application[5]. Pour une bonne prise en compte de la prévention des

[1] Sur le sujet, voir : infra Partie II, Titre I.

[2] Le préjudice écologique dérivé permet de prendre en considération les conséquences d'une atteinte à l'environnement sur les personnes et leurs biens.

[3] Le préjudice écologique pur permet de prendre en considération les atteintes à l'environnement lui-même, indépendamment de ses répercussions sur les personnes et/ou les biens.

[4] L'on peut citer à titre d'exemple l'art. 20 de l'AUS qui dispose que « le cautionnement est réputé solidaire. Il est simple lors qu'il en est ainsi décidé, expressément, par la loi de chaque État Partie ».

[5] Voir notamment : P-G. POUGOUE, « Les quatre piliers cardinaux de la sagesse du droit OHADA », op. cit., spéc. p. 401 ; F-M. SAWADOGO, « Les activités normatives de l'OHADA : Bilan et perspectives. Communication au colloque de Ouagadougou, Ohada 20 ans déjà : bilan et perspectives, 11-12 oct. 2013, spéc. pp. 23-24. Même si les lois type ou modèles pourraient faciliter l'harmonisation, la difficulté majeure, selon les auteurs, est que

risques environnementaux par le biais du devoir de vigilance, les entreprises sont censées respecter les législations nationales environnementales. Une bonne raison, selon nous, de s'appuyer sur cette technique de renvoi est que les lois environnementales africaines, majoritairement adoptées dans les années 1990, ont déjà un dénominateur commun[1]. C'est qu'elles résultent de l'euphorie créée par le contexte du sommet de Rio de 1992 qui a servi de toile de fond aux réformes des textes disparates sur la protection de l'environnement, datant de la colonisation, en les adaptant aux préoccupations environnementales véhiculées par des textes politiques et juridiques issus du sommet.

Le juge occupe une place de choix dans le déploiement du devoir de vigilance. L'OHADA favorise l'effectivité des normes par la mise en œuvre des procédures judiciaires appropriées et par l'encouragement au recours à l'arbitrage et à la médiation. A cet effet, la CCJA se prononce sur toutes les décisions rendues en dernier ressort sur le plan national dans toutes les affaires soulevant des questions relatives à l'application et l'interprétation des actes uniformes[2]. De plus, elle présente une originalité en ce qu'elle a le pouvoir d'évocation[3]. Ce qui revient à dire que la CCJA a le pouvoir de statuer, après cassation, sur le fond en évoquant l'affaire sans renvoyer à une juridiction d'appel national de l'État concerné. De ce fait, elle substitue les juridictions nationales. Elle peut être saisie également sur renvoi d'une juridiction nationale elle-même indûment saisie d'un recours en cassation dans une affaire qui relève de sa compétence. Si cette juridiction nationale a méconnu cette compétence de la CCJA, toute partie intéressée peut la saisir à condition qu'elle ait soulevé l'incompétence de la cour suprême nationale au cours de cette procédure précédente devant ladite cour nationale[4].

Ainsi, il est affirmé que « le pilier cardinal de sécurité juridique se manifeste aussi fortement dans les principes généraux que dégage la CCJA pour construire le droit OHADA. Ces principes sont tirés soit d'une analyse comparative des droits nationaux des États membres, soit du droit international, soit du droit national, soit des principes éternels et non écrits qui constituent l'âme du droit et permettent de concilier la lettre et l'esprit des lois, afin de satisfaire aux nécessités de la vie juridique[5] ». A cet effet, le juge OHADA peut recourir au droit comparé lorsque les circonstances le

---

la CCJA ne serait pas compétente pour en assurer la correcte et uniforme application et interprétation parce qu'ils sont des textes internes.

[1] Pour une bibliographie complète, voir les références des lois citées dans la version soutenue de la thèse.

[2] Traité de l'OHADA, art. 13 et 14.

[3] Idem., art. 14, al. 5.

[4] Ibid., art. 15.

[5] P-G. POUGOUE, « Les quatre piliers cardinaux de la sagesse du droit OHADA », op. cit., spéc. p. 396.

justifient[1] ou à la coutume internationale en l'absence de texte[2]. De plus, la CCJA, tout comme les juridictions nationales, affirme qu'il est de principe de trancher le litige conformément aux règles de droit qui lui sont applicables. La CCJA a maintes fois réitéré ce principe. Elle rappelle même que ce dernier subsiste alors même que l'application de ces règles n'aurait pas été expressément requise par les parties[3]. Ce principe est important car il pourra combler le vide juridique créé souvent par les nouveaux problèmes qui ne cessent d'apparaître du fait de la mondialisation de l'économie et développement de la technologie. Il en est ainsi des violations des droits humains ou dommages causés à l'environnement. Nous pouvons relever, à ce titre, dans le cadre des pourvois mixtes portant à la fois sur la violation des dispositions d'un acte uniforme et d'une disposition nationale d'un État partie au traité, la compétence de la CCJA de connaître l'entièreté du litige[4]. C'est ainsi que dans une affaire, la CCJA ne s'est pas déclarée incompétente, mais a examiné l'affaire dans son ensemble et a répondu à chaque chef de demande notamment pour violation de l'article 23.2 de la DUDH[5]. Cependant, comme nous l'avons vu antérieurement, les questions de droits de l'homme font particulièrement partie des domaines de *compliance*.

Puisque la CCJA se prononce sur toutes décisions rendues en dernier ressort sur le plan national, ce qui implique le recours des entreprises aux juridictions nationales réputées fragiles et faibles, et pour accélérer la procédure et « répondre au souci largement exprimé d'une plus large sécurité dans le règlement des litiges[6] », l'OHADA encourage le recours à l'arbitrage et à la médiation. A ce propos, hormis la CCJA qui incarne l'arbitrage institutionnel, au-delà, le législateur prévoit des règles communes à l'ensemble des États concernant tant le champ d'application de l'arbitrage que la procédure d'arbitrage, les voies de recours, la reconnaissance et l'exécution des décisions. Il en est de même des règles communes relatives à la médiation qui ne s'étendent pas aux hypothèses dans lesquelles un juge

[1] CA Littoral (Cameroun) n°149/REF, 18-8-2008, affaire Société NINA c/ SCB Cameroun & Autres, OHADATA J-10-264.

[2] CCJA, Ass. plén., n°032/2015, 23-4-2015, pourvoi n°176/2012/PC du 28/12/2012, affaire Dame DJOUMESSAP MOTSEBO Jacqueline Clarisse c/ Secrétariat Permanent de l'OHADA, OHADATA J-16-32.

[3] CCJA, n°007/2009, 26-2-2009 : affaire BINCI c/ Abdoulaye BABY BOUYA, Recueil de Jurisprudence n°13, janv. – juin 2009, p. 48, OHADATA J-10-62.

[4] CCJA, 2ème ch., n°025/2023, 23 fév. 2023 ; CCJA, 1èr ch., n°38, 17-7-2008 : affaire Société Delmas Vieljeux dite SDV-CI c/ Gestion ivoirienne de transport maritime et aérienne dite GETMA-CI, Le Juris-Ohada n°4/2008, p. 35, OHADATA J-09-77.

[5] CCJA, Ass. plén., n°032/2015, 23-4-2015, pourvoi n°176/2012/PC du 28/12/2012, affaire Dame DJOUMESSAP MOTSEBO Jacqueline Clarisse c/ Secrétariat Permanent de l'OHADA, OHADATA J-16-32.

[6] P. TIGER, « Le droit des affaires en Afrique (OHADA) », op. cit., spéc. pp 22-23. L'auteur en affirmant que le recours à l'arbitrage constitue une incitation des promoteurs de l'OHADA aux entreprises d'insérer des clauses compromissoires, il s'interroge : « peut-on interpréter cette incitation comme un indice de méfiance à l'égard des systèmes judiciaires des États parties ? ».

ou un arbitre invite les parties à se concilier. Ces deux instruments de règlement de différends contractuels constituent, selon nous, comme nous les verrons plus loin, des outils de formalisation du devoir de vigilance[1].

En conclusion, le devoir de vigilance est un mécanisme de conformité ou *compliance*, une notion entre le totalement volontaire et le totalement contraint. Il convient de souligner qu'au départ, il relevait d'une approche volontaire, par le biais de normes non contraignantes de RSE. Il est aujourd'hui marqué par un interventionnisme de l'État visant à imposer légalement aux entreprises de recourir à ce dernier. Si la France est le précurseur car elle a adopté l'approche contraignante par la loi sur le devoir de vigilance des sociétés mères et donneuses d'ordre, nous avons pu montrer qu'en Afrique, il existe quelques germes. Toutefois, la faiblesse des institutions étatiques et l'importance du secteur informel constituent les principaux obstacles au déploiement effectif de ces règles de *compliance* relevées.

Par ailleurs, nous remarquons clairement la compétence de l'OHADA dans son rôle de gardienne de l'intégrité des activités économiques par la promotion de la sécurité juridique visant notamment à responsabiliser l'entreprise dans sa gestion. Cette sécurité juridique à travers les actes uniformes est renforcée par la sécurité judiciaire puisque la CCJA contribue à l'effectivité des règles OHADA. Il convient de constater que l'OHADA se veut un rempart aux aléas de la vie de l'entreprise. Or les risques sociétaux et environnementaux font partie de ces aléas. A l'heure actuelle, l'OHADA n'utilise pas ses normes pour les problématiques sociétales et environnementales. Mais nous pensons qu'elle a des atouts pour impulser d'une manière efficace, à travers ses normes de comportement, la politique de prévention des risques sociétaux et écologiques dans la vie des entreprises. Revêtant de la simplicité, la modernité et l'adaptabilité, l'OHADA peut mettre à profit ses normes adoptées ou en projets pour incorporer des règles de *compliance* par le biais du devoir de vigilance.

Le devoir de vigilance, que ce soit dans le contexte français ou africain, permet la prise en considération de l'impact sociétal et environnemental des activités des entreprises, la qualité de la gouvernance ainsi que le contrôle étroit de la chaîne de valeur dans le seul objectif d'éviter les corruptions et blanchiments des capitaux, les violations des droits humains et les dommages environnementaux. Par le moyen d'outils de vigilance, il ressort clairement que les parties intéressées sont placées au cœur de cette action. Ce qui revient à dire que la responsabilisation prônée par le devoir de vigilance consiste pour les grandes entreprises à prendre en considération les autres intérêts dont les risques sociétaux et environnementaux dans la gestion quotidienne de l'entreprise. Le mécanisme du devoir de vigilance institue donc une entreprise élargie, saisie dans toute son organisation impliquant subséquemment l'élargissement de l'intérêt social (**Titre II**).

---

[1] Sur le sujet, voir : Partie II Titre II chap. II.

Titre II.
La responsabilisation par la gestion des risques sociétaux et environnementaux

Chapitre I. L'intérêt social élargi en droits français et OHADA

Le droit positif fait une place importante à l'intérêt social. Il est qualifié d'un « standard, un guide, qui impose d'agir dans le respect des éléments fondamentaux de la société. C'est un impératif de conduite, en clair la boussole qui indique la marche à suivre[1] ». Évoqué en droit français, avant la réforme de la loi « Pacte[2] », dans le Code civil à travers l'expression « l'intérêt de la société[3] », il est inséré, désormais, d'une manière claire, par ladite réforme, au nouvel article 1833 qui consacre sa notion jurisprudentielle[4] toujours sans pouvoir le définir. En droit de l'OHADA, le législateur fait mention de l'expression « dans l'intérêt de la société » pour signifier l'intérêt social dans quelques articles généralement sur l'organisation du pouvoir des dirigeants dans l'AUDSCGIE[5].

En effet, l'intérêt social domine le fonctionnement de la société. C'est un concept dont l'éclosion et le succès sont d'abord dus à la faveur prétorienne dont il jouit. Il s'impose donc incontestablement à toutes les catégories d'intérêts concernés par l'existence et l'activité de la société. Mais sa prééminence est nuancée selon la catégorie d'intérêts en cause, au point qu'on décèle dans la jurisprudence française et OHADA deux conceptions d'intérêt social, l'une restrictive concernant le seul intérêt des actionnaires[6], l'autre extensive se rapportant à l'intérêt de l'institution sociétaire[7]. Or la RSE est venue redéfinir la première conception et renouvelée la seconde[8]. Le devoir de vigilance permet aux entreprises de réaliser la prévention des droits humains et de l'environnement, objectifs d'intérêt général tout en renforçant la place des parties prenantes. En visant l'élargissement de l'entreprise, l'incidence du devoir de vigilance à l'intérêt social de celle-ci est inévitable[9]. Celui-ci viserait alors la défense des intérêts propres de

---

[1] M. COZIAN, A. VIANDIER et F. DEBOISSY, « Droit des sociétés », 34èd., LexisNexis, coll. Manuel, Paris, 2021, 963 p., spéc. p. 265, n°633.

[2] L. n°2019-486, 22 mai 2019 relative à la croissance et la transformation des entreprises, JORF, 23 mai 2019.

[3] C. civ., art 1848.

[4] C. civ., art. 1833 al. 2 : « La société est gérée dans son intérêt social, en prenant en considération les enjeux sociaux et environnementaux de son activité ».

[5] AUDSCGIE, art. 277, 328, 891, 130 et 131.

[6] Pour une définition et des références bibliographiques sur la conception contractuelle de l'intérêt social, voir la version soutenue de la thèse.

[7] Pour une définition et des références bibliographiques sur la conception institutionnelle de l'intérêt social, voir la version soutenue de la thèse.

[8] M-C. CAILLET, « Le droit à l'épreuve de la responsabilité sociétale des entreprises : étude à partir des entreprises transnationales », op. cit., spéc. pp. 127-133, n°163-172.

[9] V. MARTINEAU-BOURGNINAUD, « L'entreprise élargie à travers ses obligations de reporting et de vigilance », in *L'Enterprise élargie et son droit. (dir. B. ROLLAND)*, éd. Dare et Martin, Paris, 2020, 216 p., pp. 97-11, spéc. p. 109 ; T. FAVARIO, « Vers une redéfinition de l'intérêt social dans l'entreprise élargie ? », in *préc.*, pp. 41-51.

l'entreprise laquelle pourrait se dédoubler en une fonction de protection de l'intérêt général sociétal et environnemental.

Dès lors, si le droit français a évolué en élargissant l'intérêt social des entreprises aux finalités sociales et environnementales dans le sillage du mécanisme de devoir de vigilance (**Section I**), le droit de l'OHADA, dans la recherche de la protection de l'intérêt social, démontre sa vocation à assurer la pérennité des entreprises en Afrique[1]. Par voie de conséquence, cette pérennité des entreprises favorise l'activité de l'entreprise tout en tenant compte d'autres intérêts catégoriels y compris la nécessité de considérer les finalités sociétales et écologiques (**Section II**).

Section I. L'intérêt social élargi aux finalités sociales et environnementales en France

La réforme de la loi Pacte ayant pour ambition de « repenser la place des entreprises dans la société[2] », fait écho à la conception extensive d'intérêt social. Les articles 169 et 176 de ladite loi constituent deux des dispositions les plus marquantes de la réforme[3]. Ces dispositions réécrivent le Code civil ainsi que le Code de commerce. Cette réécriture, qui, selon un auteur, touche « l'ADN de la société[4] », intervient dans l'objectif de réaffirmer le rôle central de l'entreprise dans la société en les obligeant à prendre en considération les enjeux sociétaux et environnementaux de leur activité et reconnaître la possibilité à celles qui le souhaitent de définir la raison d'être de l'entreprise dans leurs statuts ainsi que d'opter pour la qualité de société à mission. Autrement dit, ces dispositions modificatives du droit commun

---

1 B.Y. MEUKE, « De l'intérêt social dans l'AUSC de l'OHADA », Rec. Penant, éd. Juris Africa n°860, juill. – sept. 2007, pp. 338-355, spéc. p. 345.

2 L'objectif affiché de la L. Pacte est directement inspiré du rapport NOTAT-SENARD. Sur le sujet, voir : N. NOTAT et J-D. SENARD, « L'entreprise, objet d'intérêt collectif », La documentation française, 9 mars 2018, 123 p.

3 Rien que par ces deux dispositions, la réforme opérée a suscité l'intérêt du monde scientifique, d'où une littérature abondante lui est consacrée. Pour une bibliographie complète, voir la version soutenue de la thèse, à titre indicatif : Avis du Conseil d'État sur le projet de L. Pacte, Séance du jeudi 14 juin 2018, n°s 394599-395021 ; P-Y. BERARD, « Droit des sociétés. L'intérêt social et la raison d'être des sociétés », Revue Banque, n°823, sept. 2018, pp. 83-88 ; Cons. const., déc. n°2019-781 DC du 16 mai 2019 ; A. COURET, « Faut-il réécrire les articles 1832 et 1833 du code civil ? », Rec. Dalloz 2017, p. 222 ; B. LECOURT, P-H. CONAC, M. GERMAIN et J. HEINIC, « La réécriture des articles 1833 et 1835 du Code civil, révolution ou constat », Dalloz rev. sociétés n°10 oct. 2018, p. 551 (1ère Partie) ; I. URBAN-PARLEANI, K. DECKERT, E. MASSET, et al., « La réécriture des articles 1833 et 1835 du Code civil, révolution ou constat », Dalloz rev. sociétés n°11, nov. 2018, p. 623 (2ème Partie).

4 A. COURET, « Faut-il réécrire les articles 1832 et 1833 du code civil ? », Rec. Dalloz 2017, p. 222.

des sociétés sont qualifiées d'une « fusée à trois étages[1] ». Premièrement, la révision de la notion d'intérêt social imposant la prise en considération des enjeux sociaux et environnementaux liés à l'activité de l'entreprise ; deuxièmement, la possibilité offerte à toute entreprise d'opter pour la raison d'être dans ses statuts ; et enfin, la faculté conditionnelle pour une entreprise de faire état de la qualité de société à mission.

Il importe d'examiner l'obligation générale de gestion dans l'intérêt social en considération des enjeux sociaux et environnementaux (**§1**) ainsi que la nouvelle possibilité d'inscrire la raison d'être et d'opter pour la qualité de société à mission (**§2**).

§1. L'obligation générale de gestion dans l'intérêt social en considération des enjeux sociaux et environnementaux

La loi Pacte exprime la volonté de responsabiliser les entreprises dans leur milieu social et environnemental. Cette volonté n'est pas nouvelle. Même si les dispositions de cette loi ne prétendent pas remplacer les mécanismes existants de responsabilité des entreprises, il se situe dans le registre de la juridicisation de RSE notamment en complétant et renforçant le devoir de vigilance. Celle-ci s'est renforcée davantage à mesure que les préoccupations sociales et environnementales sont devenues centrales. Pour y parvenir, les entreprises sont appelées à rendre compte de la prise en compte des enjeux sociétaux et environnementaux dans le cadre de reporting RSE. Ce dernier s'applique jusque-là à une catégorie d'entreprises. Les modifications de la réforme imposent désormais l'obligation générale d'une gestion dans l'intérêt social en considération des enjeux sociaux et environnementaux à toutes les formes sociales des entreprises. Il paraît alors nécessaire de revenir sur l'influence de l'obligation d'information sociale et environnementale sous l'égide de reporting RSE (**A**) avant de relever la prise en compte impérative des enjeux sociaux et environnementaux dans la gestion de l'entreprise instituée par la réforme à toutes les entreprises (**B**).

A. L'influence de l'obligation d'information sociale et environnementale

La RSE promeut plusieurs principes. Outre, celui de la prévention, elle véhicule concomitamment celui de la transparence dans les pratiques. Cette transparence nécessite l'accessibilité et le contrôle de l'information. Elle

[1] S. SCHILLER, « Les conséquences de la nouvelle rédaction des articles 1833 et 1835 du code civil sur l'ingénierie sociétaire », La Semaine Juridique Notariale et Immobilière, n°5, 31 janv. 2020, étude patrimoine 1034.

implique que l'entreprise diffuse les décisions qu'elle prend et les activités qu'elle mène lorsque celles-ci ont une incidence sur la société humaine et l'environnement. Car, si l'information des actionnaires ou associés n'est pas une idée tombée du ciel[1], la RSE innove en complétant le contenu des informations devant être diffusées par les entreprises. Cette innovation s'explique en ce que les données extra-financières s'incorporent aux données financières. Il s'agit donc de l'obligation d'information sociale et environnementale des entreprises.

De la démarche purement volontaire à la contrainte légale, l'obligation d'information a sensiblement évolué en France. Les grandes entreprises ont pris conscience du rôle essentiel qu'elles jouent dans la protection de l'environnement, le social, la santé publique et les droits de l'homme. Elles ont développé cette politique de diffusion d'information dans le cadre de la communication sur l'engagement volontaire de leur démarche RSE. Mais au-delà de ces pratiques volontaires, le législateur français est intervenu à diverses reprises pour mettre à la charge des grandes entreprises l'obligation d'information de plus en plus développée, notamment à destination des actionnaires, appelée le reporting extra-financier.

En effet, depuis une vingtaine d'années, le reporting-extra financier s'est immiscé dans les corpus réglementaires nationaux. Ainsi, la France a été l'un des pays précurseurs en définissant dès les années 2001 par la loi NRE[2] les fondements nationaux du reporting extra-financier. Celui-ci implique pour les entreprises de montrer comment elles intègrent en interne une stratégie de développement durable. La loi NRE, complétée par le décret n°2002-221 du 20 février 2002, imposait une obligation de transparence à l'ensemble des sociétés cotées de publier dans leur rapport de gestion des informations sur la prise en compte des conséquences sociales et environnementales de leur activité[3]. Cette loi a le mérite de favoriser le développement rapide des pratiques de RSE dans les grandes entreprises. Toutefois, malgré cette reconnaissance, son dispositif s'est rapidement avéré insuffisant. A ce sujet, son champ d'application était limité et ne concernait que les seules sociétés cotées. De plus, son décret d'application dressait une liste de thèmes devant être informés, mais il ne prévoyait ni l'obligation de forme pour ce reporting, ni la définition de périmètre, ni la contrainte en cas de refus. Alors, le dispositif de la loi NRE a montré ses limites et devait être réformé.

---

[1] Voir : I. URBAIN-PARLEANI et M. BOIZARD, « L'objectif d'information dans la loi du 24 juillet 1966 », Dalloz rev. sociétés n°3, juill. – sept 1996, p. 447.

[2] L. n° 2001-420, 15 mai 2001 relative aux nouvelles régulations économiques, texte n°2, JORF n°113 du 16 mai 2001, p. 7776 – spéc. art. 116.

[3] Sur le sujet, voir notamment : D. BUREAU, « La loi relative aux nouvelles régulations économiques. Aspects de droit des sociétés », Bulletin Joly Société n°6, juin 2001, p. 553 ; A. LIENHARD, « Sociétés cotées : information sociale et environnementale », Rec. Dalloz 2002, p. 874.

Cette réforme est mise en œuvre par la loi dite « Grenelle II » du 12 juillet 2010[1], et son décret d'application du 24 avril 2012 relatif aux obligations de transparence des entreprises en matière sociale et environnementale. Il s'agit, à cet effet, en droit français, d'un « nouveau départ de reporting extra-financier[2] ». Cette loi Grenelle II, à la différence de la loi NRE, a procédé à un élargissement substantiel de la catégorie des sociétés visées par l'obligation de transparence extra-financière[3]. Initialement limité aux sociétés cotées, c'est-à-dire celles dont les titres étaient admis aux négociations sur un marché réglementé, elle étend désormais cette obligation de diffusion d'informations sociales et environnementales à certaines sociétés commerciales dès lors qu'elles remplissent certaines conditions légales et réglementaires (titres admis aux négociations sur un marché réglementé ou dépassement de certains seuils). Autrement dit, il faut un seuil de 100 millions d'euros pour le total du bilan ou le montant net du chiffre d'affaires et de 500 pour le nombre moyen de salariés permanents employés au cours de l'exercice. Étaient directement visées les SA, les rares SCA, les SE. Notons l'exclusion des sociétés de forme juridique SAS, SARL, SNC et SCS.

Ce reporting Grenelle II a connu une mutation profonde par l'ordonnance n°2017-1180 du 19 juillet 2017[4] et son décret d'application transposant en France la directive n°2014/95/UE[5] dite « NFRD ». Cette directive européenne instaure, à la place du reporting Grenelle II, la « déclaration de performance extra-financière », DPEF, considérée, à juste titre, comme une « nouvelle ambition du reporting extra-financier[6] ». Celle-ci, inclue dans le rapport de gestion, doit présenter des informations sur la manière dont la société prend en compte les conséquences sociales et environnementales de son activité. Aussi, elle doit être publiée sur le site internet des sociétés visées et maintenues en ligne pendant une durée de 5 ans.

---

[1] L. n°2010-788, 12 juill. 2010 portant engagements nationaux pour l'environnement, texte n°1, JORF n°0160 du 13 juill. 2010, p. 12905.

[2] C. MALECKI, « Le décret du 24 avril 2012 relatif aux obligations de transparence des entreprises en matière sociale et environnementale. Le nouveau départ du reporting extra-financier », Bulletin Joly Sociétés n°7, juill. 2012, p. 590.

[3] V. MERCIER, « La loi Grenelle II étend le champ d'application de l'obligation de présenter un bilan social et environnemental », Bulletin Joly Sociétés n°1, janv. 2011, p. 69.

[4] Ord. n° 2017-1180, 19 juill. 2017 relative à la publication d'informations non financières par certaines grandes entreprises et certains groupes d'entreprises, texte n°13, JORF n°0169 du 21 juill. 2017.

[5] Dir. n°2014/95/UE du Parlement européen et du Conseil du 22 oct. 2014 modifiant la dir. n°2013/34/UE en ce qui concerne la publication d'informations non financières et d'informations relatives à la diversité par certaines grandes entreprises et certains groupes, JOUE n° L 330/1 du 15 nov. 2014.

[6] B. PARANCE, « La déclaration de performance extra-financière, nouvelle ambition du reporting extra-financier », La Semaine Juridique Edition Générale n°44-45, 30 oct. 2017, p. 1079.

Il sied de noter une évolution du périmètre des sociétés concernées par la DPEF. L'ordonnance du 19 juillet 2017 et son décret d'application précisent les seuils à compter desquels certaines sociétés sont tenues de produire la DPEF : sociétés dont les titres sont admis aux négociations sur un marché réglementé de plus de 500 salariés avec un total de bilan dépassant 20 millions d'euros ou un chiffre d'affaires supérieur à 40 millions d'euros ; sociétés dont les titres ne sont pas admis aux négociations sur un marché réglementé de plus de 500 salariés avec un total de bilan ou de chiffre d'affaires dépassant 100 millions d'euros ou à 100 millions d'euros. L'obligation de produire une DPEF concerne les sociétés cotées ou non qui ont la forme de SA, SCA, SE ayant leur siège social en France et SNC lorsque l'ensemble des parts de ces sociétés sont détenues par des personnes ayant l'une des formes suivantes ou une forme juridique comparable de droit étranger : SA, SCA, SARL, SAS. Par ailleurs, les SAS et les SARL ne sont pas concernées par les obligations, sauf si elles relèvent du secteur financier comme établissement de crédits[1].

Dans la même optique, cette obligation est étendue au périmètre de consolidation comptable intégrant les filiales étrangères. La DPEF, à la différence du reporting Grenelle II, vise les informations pertinentes au regard des principaux risques ou des politiques menées par la société, ce qui amène l'entreprise à adapter la déclaration à l'activité exercée[2]. Afin d'identifier ces informations pertinentes, les entreprises s'appuient sur une simple analyse de « matérialité » qui permet de prioriser les enjeux RSE en fonction des risques propres à leur activité ou à leurs zones géographiques. En conséquence, les sociétés soumises aux dispositions relatives au devoir de vigilance peuvent directement renvoyer aux informations présentées dans leur plan de vigilance[3]. Les sociétés doivent produire d'indicateurs clés de performance de nature non financiers ayant trait à l'activité spécifique de la société, notamment aux questions d'environnement, du social et des droits de l'homme. Le décret accorde une exception à l'obligation et applique ainsi le principe RSE du *comply or explain* en imposant aux entreprises une explication claire et motivée dans la DPEF lorsque l'une d'elle n'applique pas de politique en ce qui concerne l'un ou plusieurs de ces risques RSE[4]. Cette dérogation dénote une certaine souplesse des exigences, sous le contrôle de l'organisme tiers indépendant (OTI).

Le régime de la DPEF peut susciter des interrogations en raison de ses nombreuses lacunes, en particulier le manque d'un référentiel unique. C'est dire qu'il existe, tel que prouvé antérieurement, une diversité des référentiels nationaux ou internationaux auxquels les entreprises doivent s'appuyer, ce

---

[1] R. INTOLE, « Le reporting extra-financier dans les entreprises françaises à l'aune de la directive n°2014/95/UE », Lettre des Juristes de l'Environnement, 1er mai 2018.

[2] C. com., art. R. 225-105, II.

[3] C. com., art. L. 225-100-1.

[4] C. com., art. R. 225-105, I, 3°

qui suppose un nombre croissant des indicateurs à renseigner sans nécessairement rendre compte de façon pertinente l'engagement effectif de l'entreprise en matière de durabilité. Aussi, le texte ne prévoit pas de sanction pour non-respect de l'obligation, excepté l'hypothèse de solliciter une injonction auprès du président du tribunal judiciaire pour contraindre le CA à communiquer les informations qui doivent y figurer.

C'est ainsi que l'UE réformera la directive dite « NFRD » instaurant la DPEF en France par la *Corporate Sustainability Reporting Directive*, CSRD[1]. Celle-ci, selon les auteurs, constitue « un nouveau visage de l'information en matière sociale et environnementale[2] », un « nouveau modèle[3] » voire « un vent nouveau pour le reporting en matière de durabilité[4] ». Cette dernière, figurant dans l'intitulé même de la directive, confirme le changement de paradigme par rapport à la directive NFRD qui faisait référence, de manière neutre, aux informations non financières. Cette terminologie aurait eu le tort de laisser entendre que les informations en question sont dénuées de pertinence financière, et de minorer, ce faisant, leur importance[5]. Aujourd'hui, avec la CSRD, les informations attendues doivent être délivrées à l'aune de la « durabilité », qui selon un auteur, constitue « une valeur désormais structurante du droit des sociétés, qui apparaît comme un nouveau standard de gestion[6] ». La directive vise ainsi à standardiser les informations en matière de durabilité présentées par les entreprises afin d'en garantir la clarté et la comparabilité, que ce soit pour les entreprises, les investisseurs ou toute autre partie intéressée visée dans le rapport extra-financier de l'entreprise. Les questions de durabilité sont celles couvrant « les droits environnementaux, les droits sociaux et les droits de l'homme, et les facteurs de gouvernance[7] ».

L'ambition affirmée par la CSRD est de ne pas se limiter aux sujets environnementaux, en ligne avec le rééquilibrage entre les trois piliers de la

---

1 Dir. (UE) 2022/2464 du Parlement européen et du Conseil du 14 déc. 2022 modifiant le règlement (UE) n°537/2014 et les directives 2004/109/CE, 2006/43/CE et 2013/34/UE en ce qui concerne la publication d'informations en matière de durabilité par les entreprises, JOUE, n° L. 322/15, du 16 déc. 2022

2 B. LECOURT, « La " directive RSE 2 " (" directive CSRD ") : le nouveau visage de l'information en matière environnementale et sociale », Rev. sociétés n°11, nov 2022, p. 639.

3 B. PARANCE, « La directive CSRD, nouveau modèle du reporting extra-financier au service de la durabilité des entreprises », La Semaine Juridique Entreprise et Affaires n°5, 2 fév. 2023, étude 1033.

4 D. ANAGNOSTOU et H. BERION, « CSRD : un vent nouveau pour le reporting en matière de durabilité », Revue Lamy droit des affaires n°191, avril 2023, p. 46.

5 E. SCHULUMBERGER, « Adoption de la directive CSRD concernant la publication d'informations en matière de durabilité. Chronique de droit européen des sociétés mai 2022-mars 2023 », Dr. sociétés n°6, juin 2023, chron. 3.

6 Idem.

7 PE et Cons. UE, dir. (UE) 2013/34, 26 juin 2013, relative aux états financiers annuels, aux états financiers consolidés et aux rapports y afférents de certaines formes d'entreprises, art. 2, tel que modifié par la directive CSRD.

RSE (environnemental, social et gouvernance d'entreprise, ESG). Cela implique une forte mobilisation des entreprises sur ces deux derniers piliers au même titre que la mobilisation émergente pour l'environnement[1]. Les informations sur ces thématiques sont appréciées par l'entreprise selon le principe de « double matérialité[2] » contrairement à la directive NFRD qui promeut la simple analyse de matérialité. Dès lors, par rapport à la directive NFRD, transposée en 2017 à travers la DPEF, et en regard de la pratique récente des sociétés françaises dans cette dernière, les exigences de publication qui devront être publiées mettent en lumière deux sujets majeurs et complémentaires sur lesquels les entreprises vont devoir monter en puissance : les aspects relatifs à la gouvernance et aux sujets sociaux[3].

Il convient de souligner que la révision apportée par la CSRD se distingue de celle opérée par la directive NFRD. Plusieurs points peuvent être relevés notamment l'extension du champ des sociétés concernées par l'obligation de publication d'informations en matière de durabilité quelle que soit leur forme juridique, et ce y compris les SAS et SARL en France non couvertes par la DPEF. C'est dire que la nouvelle directive s'appliquera également aux grandes entreprises répondant au moins à 2 des critères suivants : plus de 250 salariés ; plus de 40 millions d'euros de chiffre d'affaires net ; et, plus de 20 millions d'euros au bilan. Nous pouvons relever également l'extension à toute filiale ou succursale européenne d'une société établie dans un pays tiers dès lors qu'elle réalise dans l'UE un chiffre d'affaires net supérieur à 150 millions d'euros sur deux exercices consécutifs avec des seuils spécifiques de bilan, du chiffre d'affaires et du nombre de salariés pour les filiales et de chiffre d'affaires pour les succursales. C'est le principe de l'extraterritorialité prévu dans la CSRD. Aussi, les informations doivent être publiées dans une section dédiée et clairement identifiée du rapport de gestion. Les sociétés assujetties doivent publier les informations propres à l'entreprise mais également sur sa chaîne de valeur y compris ses produits et services, ses relations d'affaires.

---

[1] E. RAPONE, J. DESSARD JACQUES et G. KOUDADJE, « Directive CSRD : quels enjeux de gouvernance et sociaux anticiper ? », La Semaine Juridique Entreprise et Affaires n°8-9, 23 fév. 2023, études 1057 ; C. NOUEL, « Directive CSRD : la durabilité au cœur de la stratégie et de la gouvernance des entreprises », Bulletin Joly Sociétés n°3, mars 2023, p. 53.

[2] PE et Cons. UE, dir. (UE) 2022/2464 dite CSRD, 14 déc. 2022, art. 1er, 4 : « les informations qui permettent de comprendre les incidences de l'entreprise sur les questions de durabilité, ainsi que les informations qui permettent de comprendre la manière dont les questions de durabilité influent sur l'évolution des affaires, les résultats et la situation de l'entreprise ». Techniquement, on parle de « matérialité financière » lorsqu'on ne considère que les impacts socio-environnementaux sur la valeur financière. On parle de « matérialité à impact » lorsqu'on qualifie et évalue les impacts de l'entreprise sur l'environnement social et naturel. La prise en compte des deux matérialités s'appelle la « double matérialité ».

[3] E. RAPONE, J. DESSARD JACQUES et G. KOUDADJE, « Directive CSRD : quels enjeux de gouvernance et sociaux anticiper ? », La Semaine Juridique Entreprise et Affaires n°8-9, 23 fév. 2023, études 1057.

Notons l'obligation de respecter les normes d'information en matière de durabilité (*European Sustainibility Reporting Standard, ESRS*) établies par *l'European Financial Reporting Advisory Group, EFRAG*, adoptées par la Commission européenne par actes délégués le 31 juillet 2023[1]. Ces normes précisent les informations prospectives, rétrospectives, qualitatives et quantitatives à publier. Il s'agit d'une réponse ambitieuse à l'une des remarques phares formulées contre la directive NFRD dont le manque de référentiel unique. Il sied de relever aussi l'inclusion d'une description de la procédure de diligence raisonnable mise en œuvre concernant les questions de durabilité, le contrôle par un tiers indépendant qui devra, sur la base d'une mission d'assurance limitée (puis raisonnable au plus tard le 1er octobre 2028), émettre un avis sur la conformité de cette information avec les exigences de la CSRD ainsi que l'accessibilité de ces informations au public via le site internet. L'UE a réussi à faire en sorte que cette directive soit mise en application pour les premières entreprises concernées dès 2024.

Par ailleurs, la France est le premier pays européen à transposer la CSRD[2]. L'ordonnance de transposition prévoit des sanctions en cas de non-publication, de non-audit et de l'entrave à l'audit. La société récalcitrante sera passible de 3 750 euros d'amende et injonction sous astreinte par un tiers possible en cas de non-publication. Elle sera aussi passible de 30 000 euros d'amende et 2 ans d'emprisonnement en cas de non-audit du rapport extra-financier. Également, elle sera passible de 75 000 euros d'amende et 5 ans d'emprisonnement en cas d'entrave aux vérifications ou contrôles des auditeurs.

Cette avancée européenne va devoir changer la configuration de l'économie mondiale dans l'avenir. Elle fait désormais entrer de manière contraignante les enjeux environnementaux, sociaux et de gouvernance dans les décisions liées aux entreprises. C'est un véritable renforcement des obligations RSE. Nous pouvons ainsi affirmer que la CSRD marque l'irrésistible ascension de la RSE juridique[3]. C'est une véritable opportunité pour les entreprises françaises d'identifier leurs points forts et leurs faiblesses afin d'améliorer leur stratégie. Elles ont ainsi la capacité de mieux gérer et anticiper les risques auxquels elles sont confrontées.

Cette obligation de transparence complète les procédures du devoir de vigilance car elle n'est qu'une dimension de diligences raisonnables. Elle permet également aux tiers à l'entreprise, notamment les consommateurs

---

[1] *European Commission, Annex to the Commission Delegated Regulation (EU), supplementing Directive 2013/34/EU of the European Parliament and of the Council as regards sustainability reporting standards, C (2023) 5303 final, Brussels, 31.7.2023.*

[2] Ord. n°2023-1142, 6 déc. 2023 relative à la publication et à la certification d'informations en matière de durabilité et aux obligations environnementales, sociales et de gouvernance d'entreprise des sociétés commerciales, JORF du 7 déc. 2023, texte 19.

[3] J-M. MOULIN, « Directive CSRD – L'irrésistible ascension de la " RSE " (premières vues sur la directive CSRD) », Revue de droit bancaire et financier n°1, janv. – fév. 2023, étude 1.

ou clients, les banquiers et les investisseurs, les sociétés civiles de disposer d'un véritable pouvoir. En effet, mieux informés sur la politique sociétale et environnementale d'une entreprise, ils pourront en toute connaissance de cause décider ou non d'investir dans une entreprise ou d'en devenir client ou d'influencer la politique d'une entreprise pour protéger les populations locales touchées par leur activité. Les entreprises sont obligées d'adopter une démarche sociétale dont la transparence demeure, à cet effet, la pierre angulaire de la RSE[1].

D'un autre côté, avec la réforme opérée par la loi Pacte, il existe une obligation générale de prendre en considération, dans la gestion d'une entreprise, les enjeux sociétaux et environnementaux.

B. La prise en compte impérative des enjeux sociaux et environnementaux dans la gestion de l'entreprise

L'article 169 de la loi Pacte réforme notamment l'article 1833 du Code civil. Initialement, cet article du Code civil disposait que « toute société doit avoir un objet licite et être constituée dans l'intérêt commun des associés », il est alors ajouté un alinéa 2 aux termes duquel : « La société est gérée dans son intérêt social, en prenant en considération les enjeux sociaux et environnementaux de son activité ». Ensuite, l'article 169 précité décline les nouvelles règles de droit commun des sociétés pour les sociétés anonymes en modifiant les articles L. 225-35 et L. 225-64 du Code de commerce. Ces deux articles disposent désormais que, respectivement, le CA et le directoire des SA déterminent les orientations de l'activité de la société conformément à son intérêt et en prenant en considération les enjeux sociaux et environnementaux de son activité et, qu'ils prennent également en considération la raison d'être de la société lorsque celle-ci est définie dans les statuts en application de l'article 1835 du Code civil. Dans l'objectif d'éviter le risque que la violation du nouvel alinéa 2 de l'article 1833[2] ne puisse entrainer la nullité de la société ou celle d'un acte ou d'une délibération sociétaire, le législateur, par le même article 169 précité, a modifié l'article 1844-10, alinéas 1er et 3 du Code civil. Il s'y ajoute qu'il a exclu les dispositions des articles L. 225-35 et L. 225-64 du Code de commerce ainsi que l'article 1833 alinéa 2 du champ des nullités des actes

---

[1] V. MERCIER, « L'obligation de transparence extra-financière ou la pierre angulaire de la responsabilité sociétale des entreprises », in *La RSE saisie par le droit. Perspectives interne et internationale (dir. K. MARTIN-CHENUT et R. DE QUENAUDON)*, éd. Pedone, Paris, 2016, 717 p., pp. 261-280.

[2] Pour rappel, il s'agit d'une disposition générale, rangée dans le Code civil au Chapitre 1er relatif aux dispositions générales du titre IX de la société. C'est une réforme très symbolique qui touche une disposition restée inchangée depuis 1804 et constitue une des clés de voutes juridiques du modèle économique français.

et délibérations sociétaires en modifiant l'article L. 235-1 alinéa 2 du Code de commerce.

Cette obligation de gestion dans l'intérêt social en considération des enjeux sociaux et environnementaux, à destination de toutes les entreprises, sans distinction de forme et de taille, s'apprécie tant dans l'approche de la consécration de la notion jurisprudentielle d'intérêt social, que dans sa fonction.

Même si le législateur s'est contenté de consacrer cette notion jurisprudentielle sans la définir, elle renvoie, au regard de la promotion prétorienne dont elle jouit, à l'intérêt particulier de la « société » en tant qu'être moral qui n'exclut ni l'intérêt des actionnaires ni ceux des parties intéressées. Cette obligation supprime le paradoxe en vertu duquel les référentiels RSE et certaines lois ponctuelles ou sectorielles, comme notamment le devoir de vigilance, exigeaient qu'elles prennent en compte les parties intéressées et un Code civil qui ne mentionnait qu'une seule partie intéressée : les actionnaires ou associés. Il convient alors de comprendre qu'avec cette nouvelle obligation, une entreprise ne sert pas à répondre qu'aux actionnaires mais en devant prendre en considération les enjeux sociaux et environnementaux. En d'autres termes, elle doit prendre en compte les attentes des autres parties intéressées impactées par l'activité de l'entreprise. Désormais, l'intérêt social intègre la prise en compte des enjeux sociaux et environnementaux dont il ne pourrait être dissocié.

L'obligation de gestion dans l'intérêt social, en considération des enjeux sociaux et environnementaux, vise à la défense des intérêts propres de l'entreprise laquelle se dédouble en une fonction de protection de l'intérêt général social et environnemental. Il y a donc une convergence entre l'intérêt social de l'entreprise et l'intérêt général[1]. L'avis du Conseil d'État va dans ce sens en affirmant que la notion de prendre en considération fait référence à une préoccupation générale dont on a conscience et non un but précis que l'on se donne ou que l'on doit atteindre[2]. Aussi, il souligne que l'article 1833 énonce une obligation générale pesant sur la gestion au jour le jour. Il rappelle que les exigences sur les enjeux environnementaux existaient déjà à travers la Charte de l'environnement dans laquelle chacun est tenu à une obligation de vigilance à l'égard des atteintes à l'environnement qui pourraient résulter de son activité[3].

A cet effet, les dirigeants sociaux doivent avoir une considération non seulement pour les risques sociaux et environnementaux mais aussi pour les opportunités sociales et environnementales de leurs activités. Le législateur ne donne pas de définition de ce qu'est un enjeu social ou environnemental.

---

[1] N. NOTAT et J-D. SENARD, « L'entreprise, objet d'intérêt collectif », op. cit, spéc. pp. 4-10.

[2] Avis du Conseil d'État sur le projet de L. Pacte, 14 juin 2018, spéc. n°102.

[3] Cons. const. déc. n°2011-116, QPC du 8 avril 2011 rappelé dans l'avis du Conseil d'État sur le projet de L. Pacte, 14 juin 2018, spéc. n°100 et 101.

Les références à ces enjeux ne sont pas nouvelles puisque les contraintes fixées par les lois et directives relatives au reporting extra-financier, précédemment relevées, permettent de mieux appréhender le champ matériel des enjeux sociaux et environnementaux. Elles sont nouvelles, peut-être pour les microentreprises et PME, car les contraintes légales précitées concernent les grandes entreprises. Pour les PME, qui ne seraient encore pas ou peu sensibilisées dans leur pratique courante à ces enjeux, certaines normes internationales comme l'ISO 26000 pourront servir de repère utile pour les aider à élaborer des stratégies RSE.

La mention des enjeux sociaux et environnementaux dans l'article 1833 fait ressortir que l'analyse de l'impact social ou environnemental de la décision sociétaire est désormais obligatoire. Le dirigeant doit s'interroger sur ces enjeux et les considérer avec attention dans l'intérêt de la société, à travers ses décisions de gestion. Autrement dit, il doit désormais pouvoir établir, de manière autonome, qu'il a pris en considération, dans le processus décisionnel, l'impact de la décision[1]. Cette dernière consiste en une obligation d'étude des impacts d'une décision avant qu'elle ne soit prise par les dirigeants. A titre d'exemple, si la société, dans le cadre de son activité agricole, souhaite continuer à utiliser le pesticide jugé dangereux comme c'est le cas du Glyphosate, mais légalement autorisé, et qu'il est conforme à son intérêt social – cela permet d'accroître sa productivité et des résultats financiers – la société doit démontrer qu'elle a pris en considération les effets du Glyphosate sur l'environnement et la santé de collaborateurs. Elle doit alors s'informer au préalable sur lesdits effets.

En conséquence, il sied de comprendre que si l'intérêt social correspond à l'horizon de gestion d'un dirigeant, la considération de ces enjeux est un moyen lui permettant d'estimer les conséquences sociales et environnementales de ses décisions[2]. C'est de la « bonne gestion, c'est-à-dire la gestion qui n'est pas ordonnée à la recherche d'un intérêt privé, mais qui est conduite de manière responsable[3] ». Cette exigence de prise en considération des enjeux sociaux et environnementaux oblige ainsi les dirigeants à s'interroger au-delà de loi[4]. Le simple respect des normes sociales et environnementales ne suffit plus. Évidemment, la diligence attendue lors de la prise en considération des enjeux sociaux et environnementaux va dépendre de la nature de l'activité, de la taille, de la forme juridique, de l'objet des sociétés concernées[5]. Aussi, elle dépendra naturellement du niveau de maturité des engagements RSE qui auront pu être pris par la société et qui certainement influenceront le degré de

[1] D. PORACCHIA, « De l'intérêt social à la raison d'être des sociétés », Bulletin Joly Société n°6, juin 2019, p. 40.
[2] Exposé de motif Projet de L. Pacte, NOR : ECOT1810669L/Rose-1, spéc. p. 36
[3] A. HACTHUEL et B. SEGRESTIN, « Devoir de vigilance : la norme de gestion comme source de droit ? », Lextenso, Droit et société, 2020/3, n°106, pp. 667-682, spéc. p. 669.
[4] R. LESCURE, rapport n° 1761, AN, t. I, p. 256.
[5] Avis du Conseil d'État sur le projet de L. Pacte, 14 juin 2018, spéc., n°103.

diligence attendu dans la prise en considération des enjeux sociaux et environnementaux[1]. Par ailleurs, les modifications apportées au Code de commerce visent à faire monter en compétences sur les enjeux sociaux et environnementaux le CA et le directoire des SA. Ces derniers devraient être à l'aise car ils sont déjà concernés par des législations RSE du fait qu'ils sont assujettis aux obligations de reporting comme la DPEF ou le rapport de durabilité (CSRD).

D'un autre côté, l'incertitude règne quant aux sanctions sur la violation de nouvelles exigences de l'article 1833 du Code civil. Elle risque de créer une insécurité juridique d'autant dommageable que le nouveau texte est susceptible de déclencher des sanctions lourdes[2]. Certes, elles ont été limitées par la loi. Ainsi, s'il advenait qu'une clause des statuts prétende écarter en tout ou partie la nouvelle disposition, cette clause serait réputée non écrite, mais la société ne serait pas nulle[3]. Les actes et délibérations pris en violation du nouvel alinéa, ne pourraient pas non plus être annulés. La loi Pacte modifie, en effet, les articles 1844-10, alinéa 3 du Code civil et L. 235-1, alinéa 2 du Code de commerce qui posent « la nullité des actes ou délibérations des organes de la société » violant une « disposition impérative » (ce qu'est le nouvel article 1833, alinéa 2), pour les enrichir des mots : « à l'exception du dernier alinéa de l'article 1833 du Code civil ». Néanmoins, la violation de l'article 1833, alinéa 2 du Code civil devrait être sanctionnée par l'engagement de la responsabilité du dirigeant[4]. A cet effet, le Conseil d'État indique que « la loi n'assortit ce principe de gestion diligente et raisonnable d'aucune sanction autre que celle relevant, le cas échéant des mécanismes de droit commun de la responsabilité contractuelle ou délictuelle, et notamment pas répressive, de sorte que le caractère général de l'obligation ne méconnait pas les exigences découlant de l'article 8 de la déclaration des droits de l'homme et du citoyen de 1789[5] ». Ce qui revient donc à dire que même s'il est certain que le fait de manquer à cette obligation n'entraînera pas la nullité des actes et délibérations qui lui seraient contraires, il est moins évident qu'elle ne retentira pas sur la base du droit commun de la responsabilité[6]. Le rôle des juges sera de déterminer

[1] D. PORACCHIA, « De l'intérêt social à la raison d'être des sociétés », Bulletin Joly Société n°6, juin 2019, p. 40.

[2] S. SCHILLER, « Les conséquences de la nouvelle rédaction des articles 1833 et 1835 du code civil sur l'ingénierie sociétaire », La Semaine Juridique Notariale et Immobilière n°5, 31 janv. 2020, étude patrimoine 1034.

[3] C. civ., art. 1844-10, al. 1er modifié.

[4] Le nouvel article 1833 impose de prendre en considération les enjeux sociaux et environnementaux dans la gestion de la société (« la société est gérée (...) en prenant en considération... »), le terme « gestion » renvoie principalement aux dirigeants sociaux conformément à l'article 1846 du Code civil.

[5] Avis du Conseil d'État sur le projet de L. Pacte, 14 juin 2018, spéc. n°103.

[6] S. SCHILLER, « Les conséquences de la nouvelle rédaction des articles 1833 et 1835 du code civil sur l'ingénierie sociétaire », La Semaine Juridique Notariale et Immobilière n°5, 31 janv. 2020, étude patrimoine 1034.

l'existence d'un lien de causalité entre le préjudice et le fait d'avoir pris ou non en considération les enjeux sociaux et environnementaux. Il est alors clair que les dirigeants auront intérêt à ménager des preuves de la prise en considération de ces éléments dans leur process. Sur ce, il est intéressant de relever la tentative manquée de la directive européenne sur le devoir de vigilance de mettre en place un « devoir de sollicitude » aux administrateurs des sociétés soumises au devoir de vigilance, faisant écho à l'article 1833 du Code civil et à l'article L. 225-35 du Code de commerce. Retenu dans la proposition de la directive à son article 25 et non repris dans la version définitive, la raison évidente de cette éviction est que le « devoir de sollicitude » menaçait d'élargir l'intérêt social des sociétés visées aux questions de durabilité, dans un espace européen où les conceptions de l'intérêt social ne sont guère uniforme.

Aussi, on peut se demander si la société en tant qu'être moral est tenue par cette obligation. La réponse semble très délicate. La structure du texte, « la société est gérée », devrait conduire à une réponse négative puisque ce n'est pas elle qui se gère, mais ses organes et les personnes qui les composent[1]. Cela étant, la raison d'être de la loi Pacte est bien de mettre à la charge de la société cette prise en considération. Il est, en outre, cohérent de considérer que la société est débitrice de cette obligation puisqu'il ne s'agit plus ici d'assurer son intérêt, mais, au contraire, d'imposer qu'elle prenne en considération des intérêts autres que le sien lorsqu'elle agit, intérêts qui confinent à l'intérêt général[2]. Dès lors, et malgré les termes de l'article 1833 du Code civil, la société risque d'être tenue par cette obligation et toute personne qui pourrait souffrir d'un préjudice né du non-respect de cette obligation pourra le lui reprocher. En imposant cette obligation tant à la société, qu'à ses organes, cette obligation de moyens, serait à la charge de l'entreprise et la faute de gestion pourrait tenir dans le fait que cette prise en considération n'a pas été effectuée.

Hormis l'obligation générale de gestion dans l'intérêt social en considération des enjeux sociaux et environnementaux, les entreprises ont la possibilité d'opter pour la raison d'être et la qualité de société à mission.

§2. La raison d'être et la qualité de société à mission

Contrairement à l'article 1833 du Code civil réécrit par l'article 169 de la loi Pacte qui prévoit une obligation, l'inscription d'une raison d'être dans les statuts ainsi que le choix de la qualité de société à mission sont

[1] M. ROUSSILLE, « Projet de la loi PACTE : quel impact ? - réflexions sur la consécration de l'intérêt social et de la raison d'être de la société », Dr. sociétés n°8-9, août 2018, étude 10.

[2] N. NOTAT et J-D. SENARD, « L'entreprise, objet d'intérêt collectif », op. cit, spéc. pp. 4-10.

optionnelles pour l'entreprise. La raison d'être constitue une ligne de conduite à suivre pour une entreprise. Elle permet à l'entreprise de connaître ce qu'elle peut et ne peut pas faire. A ce titre, elle va au-delà de la prise en considération des enjeux sociaux et environnementaux. A côté de cette notion de raison d'être, le législateur a choisi le terme « société à mission » pour définir des entreprises qui décident d'aller au-delà de la définition d'une raison d'être en se fixant des objectifs sociaux et environnementaux. Ainsi, nous verrons l'apport d'une part de la raison d'être (**A**) et d'autre part la société à mission (**B**).

A. La raison d'être

L'article 169 de la loi Pacte réforme aussi l'article 1835 du Code civil. Ce dernier, initialement, disposait que « les statuts doivent être établis par écrit. Ils déterminent, outre les apports de chaque associé, la forme, l'objet, l'appellation, le siège social, le capital social, la durée de la société et les modalités de son fonctionnement ». Il est aujourd'hui complété de la manière suivante : « Les statuts peuvent préciser une raison d'être, constituée des principes dont la société se dote et pour le respect desquels elle entend affecter des moyens dans la réalisation de son activité ». Le mécanisme est prolongé par deux dispositions concernant uniquement les SA[1]. Le CA ou le directoire détermine les orientations de l'activité de la société commerciale conformément à son intérêt social en prenant également en considération la raison d'être de la société définie en application de l'article 1835 du Code civil.

En effet, la raison d'être vient cadrer le sens même de l'article 1832 du Code civil, qualifié de « raison d'avoir » par le rapport Notat-Senard[2]. Cette « *raison d'avoir* » n'est rien d'autre que la réalisation de bénéfice ou d'économie. La raison d'être prévue à l'article 1835 précise la manière dont la société se comporte pour réaliser cet objectif de réalisation du profit. Elle peut être comprise comme « l'affirmation des valeurs que la société entend poursuivre dans l'accomplissement de son objet social[3] ». Autrement dit, comme l'indique les travaux préparatoires, il importe de donner « du sens à l'objet collectif qu'est l'entreprise », exprimer « un futur désirable », poursuivre « une recherche de cohérence », décrire « l'identité et la vocation de l'entreprise », « un dessein, une ambition, ou toute autre considération générale tenant à l'affirmation de ses valeurs ou de ses préoccupations de long terme ». Concept ne faisant référence à aucun élément connu en droit

---

[1] Dispositions citées précédemment : C. com., art. L. 225-35 et L. 225-64.
[2] N. NOTAT et J-D. SENARD, « L'entreprise, objet d'intérêt collectif », op. cit, spéc. p. 4 et 49.
[3] M. COZIAN, A. VIANDIER et F. DEBOISSY, « Droit des sociétés », 33e éd., op. cit, spéc. p. 73, n°201.

français, il est important de souligner la précision apportée par le Conseil d'État, par voie d'amendement, que cette raison d'être est « constituée des principes dont la société se dote et pour le respect desquels elle entend affecter des moyens dans la réalisation de son activité ».

Il y a un certain intérêt pour ce nouvel objet juridique en droit français, en particulier pour les grandes entreprises[1]. Par exemple, ATOS fut la première à inscrire dans ses statuts une raison d'être qui consiste à « contribuer à façonner l'espace informationnel » ; chez VEOLIA Environnement, elle est résumée par la formule « ressourcer le monde » ; chez SANOFI à « prévenir, soigner et guérir le plus grand nombre de patients » ; chez PSA, à « assurer la liberté de mouvement en assurant une mobilité plus sûre, durable, agréable et accessible, au plus grand nombre » ; chez TOTAL à « fournir au plus grand nombre une énergie plus abordable, plus disponible et plus propre ».

Ainsi, la raison d'être est différente de l'objet social. Ce dernier définit le champ des actes possibles de la société, conformément au principe de spécialité des personnes morales. Il s'agit en quelque sorte de la nature de l'activité que la société déploie pour partager un bénéfice ou profiter d'une économie. Au sens du second alinéa de l'article 1835, la raison d'être ne définit pas un champ d'actes possibles mais décrit un phare vers lequel l'activité de la société devrait tendre. Il s'agit, en ce sens, non pas de la nature de l'activité de la société, mais d'une ambition que les fondateurs de la société proposent de poursuivre[2]. La raison d'être constitue alors des principes optionnels qui guident la société pour réaliser son activité dans l'intérêt social[3]. La société est censée respecter ces principes adoptés sauf si leur respect aboutit à la réalisation d'actes contraires à l'intérêt de la société.

A première vue, on peut être tenté de conclure que cette notion est dépourvue d'effets juridiques spécifiques. A ce titre, le Conseil d'État souligne que « cette disposition n'est pas dépourvue de portée normative dans la mesure où, pour les entreprises qui en auront fait ce choix, l'inscription dans les statuts obligera à s'y conformer[4] ». En d'autres termes, ces principes inscrits dans les statuts deviennent donc une norme comportementale obligée pour la société lesquels s'imposent à tous les organes sociaux et, en particulier, aux dirigeants. Il sera dès lors concevable de leur reprocher de ne pas les avoir respectés et spécialement de ne pas y avoir affecté les moyens envisagés par la loi. De plus, la raison d'être est loin de signifier une simple communication ou slogan publicitaire dénué de

---

[1] Pour des exemples pratiques des grandes entreprises ayant inscrit la raison d'être, voir : chapitre 5, cas pratiques d'entreprises qui définissent leur raison d'être : Guide « Loi Pacte et Raison d'être. Et si on passait à la pratique ? », ORSE & C3D, janv. 2020, spéc. pp. 54-74.

[2] Idem., spéc. p. 20.

[3] I. TCHOTOURIAN, « L'inconnu de la réforme de l'objet social », Bulletin Joly Société n°3, mars 2018, p. 134.

[4] Avis du Conseil d'État sur le projet de L. Pacte, 14 juin 2018, spéc. n°105.

toute fonction juridique. Les documents indiquant la raison d'être sont généralement communiqués à l'extérieur. En conséquence, s'ils ne sont pas respectés, les clients ou des partenaires de la société peuvent invoquer cette violation dont les sanctions pourraient être prises sur le fondement de la publicité trompeuse[1]. Dans le même ordre d'idées, l'employé peut invoquer cette violation sur le fondement qui justifierait l'action d'engagement unilatéral de l'employeur. Cet engagement unilatéral fait naître une attente légitime du salarié[2]. Un tiers pourrait également demander la nullité d'un acte passé par la société en violation de la raison d'être posée par les statuts puisque la jurisprudence reconnaît au tiers le droit de solliciter la nullité de l'acte passé par le dirigeant en méconnaissance d'une restriction statutaire[3]. Il convient de comprendre que l'article 1835 est un texte dispositif que l'on peut choisir mais dont le régime s'impose lorsqu'il est choisi. C'est donc une disposition en partie impérative[4].

Les entreprises peuvent aller au-delà de la raison d'être en optant pour la qualité de la société à mission.

B. La qualité de société à mission

Par l'article 176 de la loi Pacte, le législateur a introduit en droit français à travers le Code de commerce[5] la notion de « société à mission » dont le régime est précisé par le décret n°2020-1 du 2 janvier 2020[6]. La société à mission, « fondement de la gouvernance de l'entreprise responsable[7] », ne constitue pas une nouvelle forme de société. L'opportunité est donnée à toutes les entreprises quelque soient leur forme et taille, désireuses d'aller plus loin sur le chemin de la prise en considération des enjeux sociaux et environnementaux et de la réflexion sur la raison d'être, d'intégrer dans leurs statuts, les critères requis par la loi afin d'accéder à cette qualité de « société à mission ». C'est dire que la société à mission est soumise au moment de sa création aux mêmes obligations déclaratives que les sociétés traditionnelles. Cela n'a rien d'étonnant dans la mesure où ces sociétés sont

---

[1] C. consom., art. L. 121-1 et L. 121-6.
[2] E. DOCKES, G. AUZERO, et D. BAUGARD., « Droit du travail », 34è éd., Dalloz, coll. Précis, Paris, 2021, 1916 p., spéc. p. 972, n°794.
[3] Cass. 3e civ., 14 juin 2018, n° 16-28.672 : JurisData n° 2018-010287 : Dr. sociétés 2018, comm. 225, note. R. MORTIER.
[4] D. PORACCHIA, « De l'intérêt social à la raison d'être des sociétés », Bulletin Joly Société n°6, juin 2019, p. 40.
[5] C. com., art. L.210-10, L. 210-11, L. 210-12.
[6] Concernant l'étude de ce décret, voir : B. LAURENT-BELLUE et B. LAFFONT., « La société à mission : réalité ou artifice ? », Revue Lamy droit des affaires, n°158, 1er avril 2020.
[7] K. LEVILLAIN, B. SEGRESTIN et A. HATCHUEL, « La mission : une norme de gestion comme fondement de la gouvernance de l'entreprise responsable », Revue internationale de droit économique, 2021/2, tome 35, pp. 193-205.

d'abord commerciales classiques qui se sont données une dimension sociale ou environnementale supplémentaire par statut[1]. Cette qualité de société à mission doit aussi apparaître parmi les renseignements d'identification des personnes morales[2].

Même si nous retrouvons les prémices de ce type de société en France dans le rapport Sudreau[3], c'est avec la thèse de Monsieur Levillain[4] en 2015 que cette notion est introduite en France. Ce type de société trouve son origine aux Etats-Unis dans un contexte de prise en compte de RSE par les acteurs économiques. Ils ont été les premiers à instituer le statut de *Social Purpose Corporation* ou de *Benefit corporation*[5]. La *Benefit corporation* a été largement inspirée par les contraintes fixées par certains organismes de certification comme le *B Lab*. Ce dernier attribuait des certifications dénommées *B-corp* à certaines sociétés commerciales répondant à des exigences sociétales, environnementales et de gouvernance. Toutefois, la *Benefit Corporation* est un statut juridique différent du label *B-corp*. Ce statut est adopté pour la première fois par l'État du Maryland en 2010. L'entreprise doit inscrire dans ses statuts l'ambition de défendre un *Public Material Benefit* qui doit concerner la société humaine et l'environnement. Le statut de *Benefit Corporation* ajoute une responsabilité supplémentaire pour les dirigeants et les managers. En conséquence, il entraine une obligation d'évaluation par un organisme tiers indépendant.

Cette voie, ouverte par les Etats-Unis, va être suivie par de nombreux pays européens. Parmi ces pays, outre la France, nous citons le Royaume-Uni, l'Italie et la Belgique. Le Royaume-Uni a mis en place en 2005 un statut juridique qu'il qualifie la *Community Interest Compagny*[6]. Il s'agit des sociétés d'intérêt commun, dans la traduction française, désignant des structures qui exercent une activité économique pour le bien de la communauté. Elles doivent notamment rendre des comptes sur l'impact de leurs activités aux parties intéressées. Ce statut est régi par le *Companies Act* et par un organisme de règlementation qui leur est entièrement dédié. En Italie, il y a la création en 2015 d'un statut juridique dénommé la *Società Benefit*. Les entreprises qui l'adoptent sont des entreprises lucratives qui en plus de distribuer des profits, poursuivent un ou plusieurs buts dits de bénéfices communs en

---

[1] C. com., art. R. 123-53, 12°.

[2] Répertoire SIRENE, C. com., art. R. 123-222, 1°.

[3] Le rapport Sudreau a le mérite de proposer déjà depuis 1975 une forme de société qui se rapproche du statut actuel de société à mission dénommée « l'entreprise sans but lucratif ». Voir à ce propos : P. SUDREAU (dir.), « Rapport du comité d'étude pour la réforme de l'entreprise », La documentation française, Paris, 1975, 195 p., spéc. p. 121-124.

[4] K. LEVILLAIN (dir. B. SEGRESTIN), « Les entreprises à mission : formes, modèle et implications d'un engagement collectif », Thèse, Mines ParisTech, 2015.

[5] K. LEVILLAIN, « L'émergence de nouvelles formes de société : l'exemple de la *Flexible Purpose Corporation* », in *L'entreprise multinationale dans tous ses états (dir. R. SEVE)*, Dalloz, coll. Archives de philosophie du droit, tome 56, Paris, 2013, 464 p., pp. 321-336.

[6] Voir : *The community Interest Company Regulations, Statutory instruments 2005 n°1788, Companies Act.*

faveur de leurs parties intéressées et de leur écosystème. Les finalités de l'entreprise doivent être précisées au travers d'objectifs statutaires clairement énoncés. Chaque année, elles doivent produire un rapport d'impact certifié par un tiers indépendant. Il s'y ajoute que la Belgique a suivi le pas en consacrant dans son Code des sociétés une possibilité pour ses entreprises d'avoir le statut des « sociétés à finalité sociale[1] ».

C'est ainsi que, la France, pour s'adapter à ces mutations contemporaines, va consacrer le statut de « société à mission » qui selon le rapport Notat-Senard, constitue une quatrième voie dénommée « économie responsable[2] ». Cette qualité de société à mission vient concurrencer l'entreprise sociale et solidaire, ESS. Si cette dernière constitue une troisième voie entre l'action publique et l'économie de marché, la société à mission dessine une économie responsable parvenant à concilier le but lucratif et la prise en compte des impacts sociaux et environnementaux.

Une société à mission est ainsi dotée par ses statuts d'une raison d'être, des objectifs sociaux et environnementaux que la société se donne pour mission, et d'un comité de mission. Ce dernier est un organe distinct des organes sociaux. Il doit comporter au moins un salarié. Ce comité doit présenter tous les ans un rapport joint au rapport de gestion mentionné à l'article L. 232-1 du Code de commerce, à l'assemblée chargée de l'approbation des comptes de la société. Toutefois, dans les sociétés à moins de 50 salariés permanents, un référent de mission peut se substituer au comité de mission[3].

Si l'adoption de la qualité de société à mission ne modifie pas l'organisation juridique de la société concernée, elle a au moins le mérite de modifier l'organisation économique de la société en juxtaposant de nouveaux intérêts à ceux déjà existants.

Le décret du 2 janvier 2020 est venu préciser le rôle de l'OTI chargé de contrôler les objectifs sociaux et environnementaux que la société s'est donnée pour mission de poursuivre[4]. Les dispositions relatives à l'intervention de l'OTI de société à mission sont inspirées de celles relatives à la vérification par l'OTI des informations contenues dans la DPEF. L'OTI doit procéder tous les deux ans à la vérification de l'exécution des objectifs mentionnés dans les statuts de la société à mission. Ce délai peut être porté à 3 ans à la demande de toute société employant moins de 50 salariés. La mission de l'OTI donne lieu à l'émission d'un avis joint au rapport du comité de mission et publié sur le site internet de la société pendant au moins 5 ans. Cet avis retrace les diligences mises en œuvre par l'OTI et indique si la société respecte les objectifs qu'elle s'est fixées. En cas de violation des conditions légales, la société encourt le risque de perdre la

---

[1] Code belge des sociétés, art. 661.

[2] N. NOTAT et J-D. SENARD, « L'entreprise, objet d'intérêt collectif », op. cit, spéc. p. 6.

[3] C. com., art. L. 210-10, 3°.

[4] C. com., art. L. 210-10, 4°.

qualité de société à mission conformément à l'article L. 210-11 du Code de commerce.

Au vu de l'esquisse théorique précédente, s'il n'est pas douteux que l'intérêt social en droit français comprend l'intérêt commun des associés visés à l'article 1833, alinéa 1er du Code civil, l'ajout de la notion d'intérêt social élargi à l'alinéa 2 du même article implique nécessairement qu'elle ne s'y limite pas. Cela signifie donc que d'autres intérêts doivent être pris en considération et notamment des intérêts sociaux et environnementaux. Ce qui sous-entend également que ces intérêts peuvent être d'une infinie variété. L'élargissement de l'intérêt social en droit français aux finalités sociales et environnementales trouve un écho favorable dans le déploiement du mécanisme de devoir de vigilance. Étant une notion qui pousse les entreprises à se comporter en toute responsabilité dans le cadre de leurs activités et de leurs relations avec leurs parties intéressées, il constitue une réponse au constat de la mondialisation qui permet aux acteurs économiques transnationaux de poursuivre uniquement l'enrichissement personnel des actionnaires sans tenir compte des incidences sociales et environnementales de leurs activités. En d'autres termes, la réforme opérée par la loi Pacte rentre dans le sillage du devoir de vigilance dont le postulat est de prendre en considération les parties intéressées et ainsi, voir la grande entreprise contribuer au bien-être collectif. Cette contribution se fait en rompant avec l'idée qu'elle n'aurait pour finalité que de favoriser l'enrichissement de ses actionnaires et se traduit par la réalisation d'objectifs d'intérêt général notamment la prévention et la gestion des risques sociétaux et environnementaux résultant de ses activités et relations d'affaires. Dès lors, le devoir de vigilance qui implique l'élargissement de l'entreprise nécessite subséquemment celui de l'intérêt social.

A cet égard, la recherche de l'enrichissement maximum et à court terme des actionnaires, comme l'a remarqué à juste titre un auteur, est « contraire à l'intérêt social par le mauvais climat qu'elle crée dans l'entreprise » et partant « préjudiciable à la continuité de l'entreprise[1] ». C'est dire que la raison d'être de l'entreprise n'est pas l'enrichissement de ses actionnaires, même si celui-ci en est un objectif. Il importe de distinguer l'objectif de l'entreprise et sa finalité. Ce qui doit être privilégié, c'est l'intérêt général commun de toutes les parties prenantes, comme le précise Monsieur Trébulle en ces termes : « si l'objectif assigné à la société est la réalisation de profits ou d'économies, sa finalité ultime, la raison pour laquelle est dotée de la personnalité morale, demeure la recherche du bien commun pour la société tout entière[2] ». L'entreprise accomplit les services pour le bien-être

[1] P. LE TOURNEAU, « Responsabilité sociale des entreprises et droit des affaires », in *Responsabilité sociale des entreprises : regards croisés Droit et Gestion (dir. F-G. TREBULLE et O. UZAN)*, éd. Economica, 2011, 530 p, pp. 254-259, spéc. p. 256.

[2] F-G. TREBULLE, « Stakeholders Theory et droit des sociétés », Bulletin Joly Société n°1, janv. 2007, p. 7 (2ème partie).

collectif[1]. Ainsi, le devoir de vigilance permet aux entreprises de respecter certains principes et valeurs dont l'environnement, les droits humains, la santé et la sécurité des personnes, tout en cherchant à être profitable. Ces valeurs constituent les services d'intérêt général que doivent rendre les entreprises à la collectivité. L'intérêt social dédoublé donc d'une fonction d'intérêt général sociétal et environnemental est alors comme le devoir de vigilance « l'une des facettes de l'éthique qui doit présider à la bonne marche des sociétés, mais d'une éthique qui trouve sa source non dans la morale mais dans la règle de droit et la norme sociétaire[2] ».

Il convient de regarder l'évolution de cette question en droit de l'OHADA où l'étude démontrera la nécessité de l'élargissement de l'intérêt social.

Section II. La nécessité de l'élargissement de l'intérêt social en droit de l'OHADA

Le législateur OHADA, comme son homologue français, n'a pas jugé nécessaire de définir la notion d'intérêt social. Ce dernier, dans l'AUDSCGIE, apparaît comme une notion éclatée en ce que, le législateur l'évoque à plusieurs endroits et dans des situations diverses notamment l'organisation des pouvoirs des dirigeants. Il a, de ce fait, adopté une conception mixte. Cela se conçoit aisément, si nous scrutons les dispositions de l'AUDSCGIE. Tantôt, l'intérêt social est assimilé à l'intérêt commun des associés[3], tantôt, il apparaît comme l'intérêt de la société commerciale elle-même[4]. En effet, tout en définissant à l'article 4 de l'AUDSCGIE la société commerciale au regard de l'intérêt commun des associés[5], le législateur OHADA évoque par endroits la conception extensive en faveur de la théorie institutionnelle. Cette démarche, quoique pragmatique n'exclut pas des réserves. A cet égard, il peut se faire que dans la mise en œuvre des mécanismes de protection prévus, le juge ne se réfère qu'à la définition de la société contenue dans l'article 4. Il s'en suivra alors

---

[1] P. LE TOURNEAU, « L'Éthique des affaires et du management au XXIe siècle », op. cit., spéc. pp. 86-92.

[2] M. COZIAN, A. VIANDIER et F. DEBOISSY, « Droit des sociétés », 33e éd., op. cit, spéc. p. 265, n°633.

[3] Par exemple, les articles 130 al. 2 et 131 al. 2 de l'AUDSCGIE, relatifs à l'abus de majorité et de minorité, assimilent l'intérêt social à celui des associés, sans pour autant exclure celui de la société personne morale.

[4] Par exemple, l'article 891 de l'AUDSCGIE.

[5] AUDSCGIE, art. 4 : « La société commerciale est créée par deux (2) ou plusieurs personnes qui conviennent, par un contrat, d'affecter à une activité des biens en numéraire ou en nature, ou de l'industrie, dans le but de partager le bénéfice ou de profiter de l'économie qui peut en résulter. Les associés s'engagent à contribuer aux pertes dans les conditions prévues par le présent Acte uniforme. La société commerciale est créée dans l'intérêt commun des associés ».

que le juge n'aurait d'autre choix que de prononcer la dissolution de la société commerciale du fait de la disparition de l'affectio societatis. Mais ce constat doit être relativisé, et voir dans certains mécanismes de protection, des pistes tracées au juge afin de minimiser le risque de dissolution de la société préjudiciable à l'économie[1].

Donc, le juge OHADA ne peut que protéger un intérêt social « œcuménique[2] » (**§1**). Néanmoins, si l'intérêt social devait dépasser celui des actionnaires, il devrait également dépasser la seule prise en considération de la personnalité juridique pour englober l'entreprise et ses divers intérêts catégoriels dont les intérêts sociétaux et environnementaux (**§2**).

§1. La protection de l'intérêt social œcuménique en droit de l'OHADA

S'intéresser à l'intérêt social revient à s'interroger sur la finalité de la société et la légitimité du pouvoir en son sein[3]. En adoptant la conception mixte, le législateur OHADA a institué des mécanismes de protection de l'intérêt social en vue d'éviter que du fait des associés ou des dirigeants, celui-ci ne soit mis en péril. La conception mixte, qui penche plutôt sur la théorie institutionnelle de l'intérêt social sans faire abstraction de l'intérêt des associés, peut davantage justifier l'intervention du juge pour réguler le fonctionnement de l'institution sociétaire. C'est dire qu'il s'agit d'assurer la pérennité de la société commerciale en subordonnant l'intérêt des associés à cet intérêt social supérieur ou intérêt général commun de toutes les parties prenantes. Il paraît nécessaire pour nous de démontrer le fondement de cette conception mixte d'intérêt social en droit de l'OHADA (**A**) dont la prise en considération des parties intéressées ne constitue qu'un continuum (**B**).

A. Le fondement de la conception mixte d'intérêt social en droit de l'OHADA

[1] L. SANI MANI (dir. M. SAMB)., « L'intérêt social dans la réforme du droit OHADA des sociétés commerciales au regard de la *Corporate Governance* », Thèse, Université Cheick Anta Diop, juill. 2019, 438 p., spéc. p. 6.
[2] B. PEREIRA, « Fraude et intérêt social : la problématique de l'abus des biens sociaux », ESKA, Annales des Mines – Gérer et comprendre, 2013/3, n°113, pp. 19-29, spéc. p. 25.
[3] T. FAVARIO, « Vers une redéfinition de l'intérêt social dans l'entreprise élargie ? », op. cit., p. 42.

L'évitement de la disparition précoce de la société commerciale est le postulat de la théorie institutionnelle de l'intérêt social[1]. En favorisant la pérennité de l'entreprise, c'est l'intérêt de l'institution sociétaire que l'on entend protéger. Cette protection n'exclut pas l'intérêt des associés et laisse entrevoir la possibilité de protéger d'autres intérêts catégoriels. Cela se conçoit dans le cadre des hypothèses d'abus de droit et des mesures conservatoires protégeant l'intérêt social notamment l'administration provisoire.

Les hypothèses d'abus de droit, dans la prise des décisions, reflètent les premiers mécanismes institués par le législateur OHADA et, dont la mise en œuvre requiert l'intervention du juge pour favoriser l'intérêt général. Ainsi, celui-ci intervient pour sanctionner les associés qui bloquent la prise des décisions nécessaires pour la société, ou qui prennent des décisions dans leur seul intérêt, sans égard à l'intérêt social et à celui des minoritaires. Ce qui signifie que la jurisprudence, dans le silence total de la loi, a considéré que dans certaines hypothèses, il convenait de sanctionner l'usage que les minoritaires ou majoritaires font de leur droit de vote au sein des assemblées, en s'appuyant sur le droit commun, et plus précisément, sur la théorie civiliste de l'abus de droit mise en évidence par Josserand : on peut user de son droit, mais on ne peut pas en abuser dans le seul dessein de nuire à autrui en le détournant de sa fonction initiale[2]. Et cela concerne quatre hypothèses en droit de l'OHADA : l'abus de majorité (abus de leur droit de vote par les majoritaires), l'abus de minorité (abus de leur droit de vote par les minoritaires), l'abus d'égalité, et enfin l'abus des biens sociaux. Il convient de noter que le juge adopte une conception large d'intérêt social pour pouvoir admettre ces hypothèses d'abus de droit. Cette position est importante car elle permet de prendre en compte les intérêts des associés, ceux de l'institution sociétaire, voire les intérêts des tiers qui contractent avec l'entreprise. L'application de ces hypothèses peut démontrer qu'il ne s'agit plus d'assurer seulement l'intérêt de l'institution sociétaire, mais, au contraire, d'imposer qu'elle prenne en considération des intérêts autres que le sien, intérêts qui confinent à l'intérêt général. Elle laisse entrevoir la possibilité de prendre en compte les diverses parties intéressées et les facteurs sociétaux et environnementaux.

Prenons, par exemple, l'abus de majorité et l'abus de minorité. Il est évident que le législateur OHADA entend pérenniser l'institution sociétaire en ne laissant pas de côté l'intérêt des associés et d'autres intérêts catégoriels. C'est la protection de l'intérêt général. En droit comparé, c'est la Chambre commerciale de la Cour de cassation, en France, dans un arrêt

---

[1] G. GOFFAUT-CALLEBAUT, « La définition de l'intérêt social. Retour sur la notion après les évolutions législatives récentes », Dalloz RTD. Com. 2004, p. 35, spéc. n°12.
[2] L. JOSSERAND, « De l'esprit des droits et de leur relativité : théorie dite de l'abus des droits », 2è éd., Dalloz, coll. Essais de téléologie juridique 1, Paris, 1939, 454 p., spéc. pp. 15-45.

de principe du 18 avril 1961, qui a donné la définition de l'abus de majorité. Une décision votée en Assemblée générale constitue un abus de majorité lorsqu'elle a été prise « contrairement à l'intérêt général de la société et dans l'unique dessein de favoriser les membres de la majorité au détriment de ceux de la minorité[1] ». En droit de l'OHADA, c'est l'article 130 de l'AUDSCGIE qui consacre l'abus de majorité et précise les conditions de sa constitution. Ainsi, aux termes de cet article : « il y a abus de majorité lorsque les associés majoritaires ont voté une décision dans leur seul intérêt, contrairement aux intérêts des associés minoritaires, sans que cette décision ne puisse être justifiée par l'intérêt de la société ». Il en résulte que la constitution de l'abus de majorité suppose d'une part, une décision prise par les majoritaires, dans leur seul intérêt et sans égard à l'intérêt des minoritaires, et d'autre part, que cette décision ne soit pas justifiée par l'intérêt social. On relèvera que, l'abus de majorité est conçu en vue d'apporter une protection aux minoritaires, mais aussi d'assurer celle de l'institution sociétaire. Dès lors, deux éléments sont nécessaires pour la constitution de l'abus de majorité : d'une part, la violation de l'intérêt social et la rupture d'égalité entre associés. L'analyse de cette double exigence rend peu aisé la caractérisation de l'abus de majorité. La difficulté peut émerger dans l'appréhension de l'approche de l'intérêt social à privilégier. Mais il ne fait aucun doute qu'il s'agit bien de la volonté du législateur OHADA de protéger le fonctionnement de la société commerciale et garantir sa pérennité par l'intérêt social sous le couvert de l'abus de majorité[2]. Cette position est importante. L'intérêt social préservant la continuité de l'entreprise est susceptible de servir pour la prise en considération des facteurs sociétaux et environnementaux. Ces derniers peuvent s'identifier à l'intérêt de la société commerciale. Ainsi, « au cours d'une assemblée générale ordinaire, en l'absence de fautes de gestion ou de fausseté des comptes des associés, les décisions collectives qui ont été prises dans le seul intérêt de la société ne peuvent être annulées pour abus de majorité[3] ».

Il en est de même de l'abus de minorité. Le deuxième alinéa de l'article 131 précise qu'il y a abus de minorité lorsque les associés minoritaires « s'opposent à ce que des décisions soient prises, alors qu'elles sont nécessitées par l'intérêt de la société et qu'ils ne peuvent justifier d'un intérêt légitime ». Cette règle se justifie dans la mesure où, il n'est pas concevable que des associés, sans motif légitime, compromettent l'intérêt de la société[4]. La Cour de cassation française admettait l'abus de minorité lorsque

[1] Cass. com. 18 avril 1961, Bull. civ. III, n° 175.
[2] B.Y. MEUKE, « De l'intérêt social dans l'AUSC de l'OHADA », Rec. Penant, éd. Juris Africa n°860, juill. – sept. 2007, pp. 338-355, spéc. p. 347.
[3] Tribunal de Niamey (Niger), Jug. civ. n°96, 26 mars 2003, Affaire ABASS HAMMOUD c/ JACQUES CLAUDE LACOUR, Code Bleu OHADA, éd. Juriafrica, Douala, 2018, 1278 p., spéc. p. 345.
[4] L. SANI MANI (dir. M. SAMB)., « L'intérêt social dans la réforme du droit OHADA des sociétés commerciales au regard de la *Corporate Governance* », op. cit., spéc. p. 214.

l'attitude des associés minoritaires est « contraire à l'intérêt général de la société par l'empêchement d'une opération essentielle et a pour unique dessein de favoriser leurs propres intérêts, au détriment de l'ensemble des autres associés[1] ». Il en résulte que l'abus de minorité serait caractérisé par une attitude contraire à « l'intérêt général de la société » et dans l'unique dessein de favoriser ses propres intérêts au détriment de l'ensemble des autres associés. Il est évident qu'à travers la société commerciale, c'est l'activité de l'entreprise que souhaite préserver l'AUDSCGIE. Alors, ce dernier utilise l'intérêt social dans le cadre de l'abus de minorité et les décisions nécessitées par l'intérêt de la société permettent d'assurer le développement de l'entreprise[2]. Position importante car elle laisse entrevoir la possibilité de prendre en compte l'intérêt sociétal et environnemental lequel peut se confiner à l'intérêt général.

Nous pouvons voir également cet aspect de protection de l'intérêt social garantissant la pérennité de l'entreprise dans le cadre de l'administration provisoire[3]. L'administrateur provisoire est désigné par le juge pour se substituer aux organes de gestion, le temps que se dénoue la crise. Il s'agit souvent du juge des référés. L'intervention d'un tiers dans la société en remplacement de ses organes est une mesure très grave, de sorte qu'elle ne se rencontrera que dans des cas extrêmes ou exceptionnels, comme le précise l'AUDSCGIE, en ces termes : « lorsque le fonctionnement normal de la société est rendu impossible[4] ». Cette gravité se retrouve donc logiquement dans les conditions à remplir pour qu'un administrateur provisoire puisse être nommé. En droit comparé, ces conditions ont été dégagées peu à peu par la jurisprudence française et bien clairement énoncées dans un arrêt du 25 janvier 2005 : « La désignation d'un administrateur provisoire est une mesure exceptionnelle qui suppose rapportée la preuve de circonstances rendant impossible le fonctionnement normal de la société et menaçant celle-ci d'un dommage imminent[5] ». Il en résulte de cette jurisprudence qu'il faut d'une part la paralysie des organes sociaux et, d'autre part, le péril imminent c'est-à-dire que le risque pour la société doit être réel et certain. Toute personne ayant un intérêt légitime peut porter cette demande en justice. Généralement, ce sont les associés minoritaires, mais cela peut être des dirigeants sociaux[6]. La mission de l'administrateur est définie par le juge qui le nomme[7]. Il a alors les mêmes pouvoirs et la même responsabilité que les dirigeants. Cette nouvelle

---

[1] Cass. com. 15 juill. 1992, n°90-17.216.
[2] B.Y. MEUKE, « De l'intérêt social dans l'AUSC de l'OHADA », op. cit., spéc. p. 348.
[3] AUDSCGIE, art. 160-1 à 160-8, voir : A. FENEON, « droit des sociétés en Afrique (OHADA) », 2è éd., LGDJ, coll. Droits africains EJA, Paris, 2017, 1071 p., spéc. p. 60, n°107.
[4] AUDSCGIE, art. 160-1.
[5] Cass. com. 25 janv. 2005, n°00-22.457.
[6] AUDSCGIE, art. 160-2, al. 1er.
[7] Idem., art. 160-2, al. 2 et 3.

institution permet d'assurer la survie de l'institution sociétaire dans les hypothèses où la gestion de celle-ci serait devenue extrêmement difficile, voire impossible. Nous pouvons comprendre, à cet égard, que la disparition précoce de l'institution sociétaire desservira l'intérêt de la société en tant que personne morale ainsi que celui des associés et des autres parties prenantes. L'administration provisoire apparaît donc comme un excellent moyen de protection de l'intérêt général dans le droit des sociétés commerciales OHADA.

Il s'avère donc qu'en droit de l'OHADA, pour qu'une hypothèse d'abus puisse garantir un bon fonctionnement de la société, le juge OHADA devrait adopter une conception large ou œcuménique de la notion d'intérêt social. C'est seule cette conception qui permet d'assurer la pérennité de l'entreprise et partant prendre en compte les intérêts des associés, l'intérêt de l'institution sociétaire, et les intérêts des tiers qui contractent avec elle. L'intérêt social doit alors être identifié à celui de l'entreprise dans toutes ses composantes. Autrement dit, cela implique de dépasser le seul cadre économique pour traduire les attentes dont l'entreprise est l'objet de la part de tous ceux qui la côtoient[1]. Au-delà de l'intérêt de l'institution sociétaire sous couvert de la pérennité de l'entreprise, celle-ci doit alors poursuivre la satisfaction de l'intérêt général commun de toutes les parties gravitant son rayon d'activité.

B. La prise en compte de l'intérêt des parties intéressées

Nous comprenons qu'il faut concevoir, dans le cadre de l'AUDSCGIE, l'intérêt social comme l'intérêt de l'entreprise. Puisque « dans toutes les hypothèses où un conflit entre associés menacerait la survie de la société, l'intérêt commun des associés aboutirait à accepter la disparition de celle-ci, quelle que soit son importance économique et sociale sans même tenir compte de sa viabilité. Cela serait dommage qu'un droit qui a pour objectif de relancer l'activité économique sur le continent, la desserve au contraire[2] ». Ce qui revient à dire qu'il est nécessaire de prendre en compte d'autres intérêts catégoriels. La reconnaissance des parties intéressées est dans la perspective de la *Stakeholders Theory*[3] qui fournit une réponse à l'interrogation sur l'ouverture de la gestion des entreprises au-delà de la

---

[1] F-G. TREBULLE, « Stakeholders Theory et droit des sociétés », Bulletin Joly Société n°12, déc. 2006, p. 1337.

[2] B.Y. MEUKE, « De l'intérêt social dans l'AUSC de l'OHADA », op. cit., spéc. pp. 345-346.

[3] Sur le sujet, voir : F-G. TREBULLE, « Stakeholders Theory et droit des sociétés », Bulletin Joly Société n°12, déc. 2006, p. 1337 (1ère Partie) ; du même auteur, « Stakeholders Theory et droit des sociétés », Bulletin Joly Société n°1, janv. 2007, p. 7 (2ème partie).

seule recherche de profit. Cette théorie impose aux dirigeants de prendre en compte la diversité des intérêts liés à l'activité sociale.

En effet, les parties intéressées sont de tiers par rapport au contrat de société, qui sont cependant intéressées par le fonctionnement de l'entreprise[1]. La liste est longue. Nous pouvons citer notamment : les salariés, les investisseurs, les clients, les fournisseurs ou sous-traitants, les autorités de contrôle, l'État, les autres sociétés du groupe, les associations et ONG ou société civile, les riverains ou populations locales, et tant d'autres. Toutes ces parties intéressées résument le clivage classique entre les acteurs internes et les acteurs externes de l'entreprise. Il sied de noter que les différentes personnes concernées sont dans des positions juridiquement très différentes les unes des autres[2]. Chaque catégorie des parties intéressées se trouve dans un rapport juridique existant ou potentiel avec l'entreprise qui n'est pas sans conséquence. Ainsi, les acteurs internes dont l'intérêt est institutionnalisé sont des parties intéressées participantes à la vie de l'entreprise comme notamment les associés, les salariés. Les acteurs externes regroupent les parties tiers-intéressés dont l'existence de l'intérêt ne peut être ignorée et leur qualité de tiers intéressés leur permet d'interagir avec l'entreprise. Nous citons par exemple les sous-traitants ou fournisseurs, les riverains ou la population locale, les ONG ou société civile qui sont très dynamiques en Afrique. L'une des limites de la « théorie des Stakeholders » tient, évidemment, au fait que les catégories ne sont pas étanches et que des intérêts, parfois contradictoires, peuvent être cumulés. L'exemple le plus commun est celui de l'actionnaire salarié, mais il en va de même de l'actionnaire et/ou salarié militant écologiste, de l'actionnaire concurrent, du salarié voisin etc. Ceci n'est pas ignoré des analystes qui suggèrent d'opérer un tri entre les différents intérêts afin de permettre l'optimisation des choix retenus[3]. Ce n'est pas en vain que la *Stakeholders Theory* impose de différencier les intérêts présents dans l'entreprise. En effet, il n'est pas possible de les traiter sur un strict pied d'équivalence et il est nécessaire de les hiérarchiser afin de rendre possible leur prise en compte. Ainsi, le droit de l'OHADA prend-il réellement en compte des parties prenantes autres que les associés ?

Certaines mesures conservatoires protégeant l'intérêt social et partant la pérennité de l'entreprise peuvent être relevées dans le cadre de procédures collectives. Ces mesures permettent d'affirmer, dans une certaine mesure, que le droit de l'OHADA permet de tenir compte des intérêts des parties intéressées autres que les associés. En effet, aux termes de l'article 28 de l'AUPCAP : « la procédure de redressement judiciaire et de liquidation des

---

[1] D. CHOLET, « La distinction des parties et des tiers appliquée aux associés » Rec. Dalloz 2004, p. 1141.

[2] F-G. TREBULLE, « Stakeholders Theory et droit des sociétés », Bulletin Joly Société n°12, déc. 2006, p. 1337.

[3] Idem.

biens peut être ouverte à la demande d'un créancier, quelle que soit la nature de sa créance, à condition qu'elle soit certaine, liquide et exigible ». De cette disposition, le législateur entend adjoindre à l'intérêt social initial, l'intérêt des créanciers et celui de l'économie. Ensuite, l'article 29 de l'AUPCAP offre également le droit à la juridiction compétente de pouvoir se saisir d'office, notamment sur la base des informations fournies par le représentant du ministère public, les commissaires aux comptes, etc. A ce propos, la possibilité offerte à la juridiction compétente de se saisir d'office dénote à divers égards, que la société n'est plus une affaire entre les associés et que son intérêt transcende celui de ces derniers, d'où la nécessité de lui apporter une protection supplémentaire. Il s'y ajoute aussi, qu'aux termes de l'alinéa 2 de l'article 29 : « la juridiction compétente peut être saisie par le ministère public ». On en déduit à juste titre que les difficultés d'une société entraînant des répercussions néfastes, il est nécessaire qu'on reconnaisse au ministère public, au nom de l'ordre public, la possibilité de saisir la juridiction compétente.

Toutefois, nous pouvons déplorer l'oubli manifeste des salariés en droit de l'OHADA. Il vrai que la place des salariés dans le droit des sociétés est récente[1]. Dans la mesure où ils ne sont pas à l'origine de l'entreprise, ils se présentent juridiquement comme des tiers. Ce sont, cependant, des partenaires de l'entreprise, à laquelle ils sont unis par un contrat de travail. Si le droit français a progressivement renforcé leur participation au fonctionnement de la société ainsi que leur participation financière, en droit de l'OHADA, la place des salariés n'est pas renforcée. En droit français, les salariés ont un droit à l'information qui s'exerce par l'intermédiaire du comité d'entreprise[2]. Celui-ci est, en effet, informé et consulté sur les questions qui intéressent l'organisation et la marche de la société commerciale et récemment en matière écologique[3]. Pour cette raison, il est désormais prévu que les organisations liées par une convention de branche (ou à défaut par des accords professionnels) se réunissent au moins une fois tous les 3 ans pour négocier sur les conditions de travail, la gestion prévisionnelle des emplois et des compétences notamment et, c'est une nouveauté, pour répondre aux enjeux de la transition écologique. Le comité est informé des conséquences environnementales de l'activité de l'entreprise. Aussi, il reçoit régulièrement des informations et des rapports sur sa situation et ses résultats. Il dispose d'ailleurs du même droit d'information que les actionnaires, c'est-à-dire que les comptes annuels et les projets de résolution lui sont transmis. Il peut formuler des observations

---

[1] R. VATINET, « La société anonyme et ses salariés. Essai de problématique », Dalloz rev. sociétés n°1, janv-mars 2000, p. 161.

[2] J-F. BULLE, « Intervention des salariés et de leurs représentants dans le fonctionnement des organes sociaux », La Semaine Juridique Entreprise et Affaire, n°26, 27 juin 2002, 994.

[3] Voir : art. 40 et s. de la L. n° 2021-1104, 22 août 2021 portant lutte contre le dérèglement climatique et renforcement de la résilience face à ses effets, JORF n°0196, 24 août 2021, Texte n°1.

qui seront transmises à l'assemblée générale. Malheureusement, en droit de l'OHADA, les salariés ne disposent ni de droit d'alerte ni d'information[1].

Aussi, toujours en droit comparé, le législateur français a, dès lors, permis aux salariés de participer à la gestion, en organisant un régime de participation des salariés aux résultats qui s'applique de manière obligatoire aux sociétés comprenant au moins 50 salariés, de manière facultative en deçà. En outre, il s'est efforcé à différentes reprises de faciliter l'accès des salariés au capital, la présence de représentants des salariés ayant voix délibérative est désormais obligatoire au conseil d'administration et de surveillance. Cet effort législatif français permet en partie d'associer les salariés à la marche de l'entreprise. Ils restent toutefois sous la subordination de l'employeur. En droit de l'OHADA, le législateur prévoit que le salarié peut être nommé administrateur[2] et participer au capital social[3]. Celui-ci, en revanche, n'est pas tenu d'être obligatoirement propriétaire d'un nombre d'action[4]. Alors qu'en France la présence d'administrateurs salariés ayant voix délibérative est obligatoire, le droit de l'OHADA prévoit que les administrateurs non-actionnaires peuvent participer à toutes les assemblées avec voix consultative[5]. D'ailleurs, il n'est pas prévu que ces administrateurs non-actionnaires soient forcément des salariés de l'entreprise. Le législateur OHADA ne fait ainsi pas de la présence du salarié au sein du CA une obligation mais plutôt une faculté laissée à l'appréciation des actionnaires. Le droit de l'OHADA, en l'état actuel, ne prévoit pas que les comités d'entreprises ou salariés soient parmi les personnes autorisées à participer aux assemblées[6]. Ils sont exclus aussi bien au niveau de la communication des documents comptables de la société et sont privés du droit d'alerte. Ainsi, comme le précise un auteur : « si l'on peut comprendre que le législateur OHADA ait fait le choix de ne pas évoquer les comités d'entreprise pour certainement laisser la matière aux législations nationales du travail, l'absence de dispositions relatives aux salariés dans l'Acte uniforme nous fait penser qu'ils sont les " grands oubliés " de la réforme OHADA (...)[7] ». Il paraît nécessaire que le droit de l'OHADA impulse une démocratie participative des salariés[8] mais aussi des autres parties intéressées comme sous-traitants ou fournisseurs, riverains, société civile ou ONG. Celles-ci deviennent de plus en plus incontournables

[1] K. MESMIN, « L'amélioration de l'alerte en droit OHADA : instrument de contrôle de la gestion de l'entreprise », Rec. Penant, éd. Juris Africa n°879, avril-juin 2012, pp. 257-268, spéc. pp. 259-263.
[2] AUDSCGIE, art. 426.
[3] Idem., art. 547-1.
[4] Ibid., art. 417 al. 1.
[5] Ibid., art. 539.
[6] Ibid., art. 537
[7] F. TAGOURLA, « Les pouvoirs des dirigeants dans l'espace OHADA à l'épreuve des principes de bonne gouvernance », Rec. Penant, éd. Juris Africa n°883, avril – juin 2013, pp. 189-221., spéc. p. 218.
[8] Idem, p. 217.

dans le cadre des conséquences sociétales et environnementales des activités des entreprises. Autrement dit, les entreprises doivent donc prendre en compte les parties intéressées tout en intégrant, dans leurs activités, des problématiques sociétales et environnementales.

§2. La nécessité d'une réelle prise en compte des conséquences sociétales et environnementales

Il est clair que le législateur OHADA en réformant le droit des sociétés, entend à la fois faire évoluer et révolutionner son droit. Au centre de ses préoccupations, se situent un souci de sécurité juridique et judiciaire, mais aussi d'apporter une stabilité à l'actionnariat en évitant autant que faire se peut, la disparition précoce des entreprises. Cette dernière, étant au cœur de la théorie des parties prenantes ou intéressées, la nécessité d'une réelle prise en compte des conséquences sociétales et environnementales des activités des entreprises se justifie en droit de l'OHADA. Il convient de relever l'ouverture du droit de l'OHADA qui pose un timide reporting sociétal et environnemental (**A**). La réelle prise en compte des conséquences sociétales et environnementales en droit de l'OHADA, à la lumière du droit français, requiert, selon nous, l'adaptation de l'article 4 de l'AUDSCGIE (**B**).

A. Le reporting sociétal et environnemental en droit de l'OHADA

Aujourd'hui, au-delà de l'intérêt des actionnaires, toute entreprise doit poursuivre la satisfaction de l'intérêt commun de toutes les parties qui gravitent dans son rayon d'activité, tels les salariés, les fournisseurs, les sous-traitants ou encore les clients, tout en intégrant des préoccupations sociétales, et environnementales dans ses activités. C'est ainsi que si l'on se réfère au droit comparé, la France a, depuis 2001, obligé les grandes entreprises à prendre en considération les conséquences sociétales et environnementales de leur activité. Aujourd'hui, comme nous l'avons précédemment soulevé, cette prise en considération est devenue impérative et concerne toutes les entreprises quelles que soient leur taille et forme sociale.

En effet, le droit de l'OHADA est assez ouvert. Dans le cadre de reporting social, il exige aux entreprises non seulement de publier le rapport de gestion mais aussi le bilan social[1]. Ce rapport de gestion contient des informations financières qui comprennent aussi les notes annexes. A cet égard, il existe parmi ces notes annexes une note qui détaille « la liste des informations sociales, sociétales et environnementales ». Il s'agit de la note

---

[1] AUDCIF, art. 71.

35 qui fait partie des 36 notes annexes intégrées aux états financiers OHADA[1]. La note 35 est obligatoire pour les entités comptant plus de 250 salariés. Cette note 35 du système financier OHADA se rapproche de la liste des informations RSE du Grenelle II en France. Elle a 3 grandes rubriques et 13 items regorgeants 26 informations. La présentation de ces listes nous amène à affirmer qu'il existe bel et bien un reporting sociétal et environnemental en droit de l'OHADA.

La première rubrique est relative aux informations sociales. Nous retrouvons premièrement les informations se regroupant aux items relatifs à l'emploi[2] : l'effectif total et la répartition des salariés par sexe, âge et zone géographique ; les embauches et les licenciements ; les rémunérations et leurs évolutions. Deuxièmement, les informations liées aux relations sociales[3] telles que l'organisation du dialogue social et le bilan des accords collectifs. Troisièmement, les informations relatives à la santé et la sécurité[4] comme les conditions de santé et de sécurité au travail ; le bilan des accords signés avec les organisations syndicales ou les représentants du personnel en matière de santé et de sécurité au travail. Quatrièmement, les informations dédiées à la formation[5] comme les politiques mises en œuvre en matière de formation ; le nombre total d'heures de formation. Enfin, les informations concernant l'égalité de traitement[6] : les mesures prises en faveur de l'égalité entre les femmes et les hommes ; les mesures prises en faveur de l'emploi et de l'insertion des personnes handicapées.

La deuxième rubrique est relative aux informations environnementales. On a premièrement des informations se rapportant aux items sur la politique générale en matière environnementale[7]. Ces informations concernent l'organisation de la société commerciale pour prendre en compte les questions environnementales, le cas échéant, les démarches d'évaluation de certification en matière d'environnement ; les actions de formation et d'information des salariés menées en matière de protection de l'environnement ; les moyens consacrés à la prévention des risques environnementaux et des pollutions. Deuxièmement, les items sur la pollution et gestion des déchets[8]. On retrouve comme informations : les mesures de prévention, de réduction ou de réparation de rejets dans l'air, l'eau, et le sol affectant gravement l'environnement ; les mesures de prévention, de recyclage et d'élimination des déchets ; la prise en compte

---

[1] États financiers SYSCOHADA, Système normal, 23 déc. 2018 ; P-M. LOE-MIE et N. TARI, « Les nouveautés du plan comptable révisé de l'OHADA (SYSCOHADA révisé). Des textes à la pratique », L'Harmattan, Paris, 2018, 624 p., spéc. pp. 414-417.
[2] États financiers SYSCOHADA, Système normal, 23 déc. 2018, Notes 35.
[3] Idem.
[4] Ibid.
[5] Ibid.
[6] Ibid.
[7] Ibid.
[8] Ibid.

des nuisances sonores et de toute autre forme de pollution spécifique à une activité. Troisièmement, les items relatifs à l'utilisation durable des ressources[1]. Nous pouvons citer comme informations : la consommation d'eau et l'approvisionnement en eau en fonction des contraintes locales ; la consommation de matières premières et les mesures prises pour améliorer l'efficacité de leur utilisation ; la consommation d'énergie, les mesures prises pour améliorer l'efficacité énergétique et le recours aux énergies renouvelables. Quatrièmement, l'item concernant le changement climatique[2] avec comme information principale le rejet de gaz à effet de serre. Enfin, l'item sur la protection de la biodiversité[3] où les mesures prises pour préserver ou développer la biodiversité figurent comme l'information principale.

La troisième et dernière rubrique concerne les informations sociétales. Ce sont des informations relatives aux engagements sociétaux en faveur du développement durable. Parmi les items, on a premièrement l'impact territorial, économique et social de l'activité de la société[4] en matière d'emploi et de développement régional ainsi que sur les populations riveraines et locales. Deuxièmement, les relations entretenues avec les personnes ou les organisations intéressées par l'activité de la société[5] où il y a comme informations principales : les conditions du dialogue avec ces personnes ou organisations ; les actions de partenariat ou de mécénat. Enfin, l'item relatif à la sous-traitance et fournisseur[6] avec comme informations : la prise en compte dans la politique d'achat des enjeux sociaux et environnementaux.

Nous pouvons constater que même si la note 35 faisant partie des annexes du système financier OHADA démontre qu'il existe un reporting sociétal et environnemental dans l'espace OHADA, cependant, celui-ci ne semble pas intégré. Aussi, ce reporting n'est pas proactif et ne tient pas compte des risques sociétaux et environnementaux. De plus, il n'existe aucune règle spécifique sur la publication et le contrôle des dites informations. Or la crédibilité de la démarche RSE nécessite donc que ces informations sociales et environnementales soient publiées et contrôlées. Néanmoins, dans le silence du législateur OHADA, il nous paraît logique qu'il revienne au CAC de procéder au contrôle des informations sociales et environnementales.

A la lumière du droit français, l'OHADA peut inscrire dans l'AUDSCGIE les dispositions qui exigeraient aux grandes entreprises de faire accompagner le rapport de gestion d'un autre rapport distinct sur des informations sociétales et environnementales tout en relevant des mesures

[1] Ibid.
[2] Ibid.
[3] Ibid.
[4] Ibid.
[5] Ibid.
[6] Ibid.

de surveillance à l'égard des risques sociétaux et environnementaux liées à leurs activités et aux relations d'affaires. Ce rapport pourrait s'inspirer de la DPEF en France ou la récente CSRD. Il peut, de ce fait, nommer clairement ce rapport comme étant le rapport sociétal et environnemental et non plus se contenter d'une note annexe accompagnant les états financiers. Ce rapport distinct aura le mérite, comme la DPEF ou le rapport de durabilité (CSRD), de présenter des données sur les conséquences sociales, sociétales et environnementales des activités des grandes entreprises implantées dans l'espace OHADA. Celles-ci ne se limiteraient pas à énoncer des informations comme c'est le cas actuel dans le cadre de la note 35, de surcroît mal connu de la part des entreprises. En revanche, les entreprises OHADA pourraient renseigner les principaux risques liés à leurs activités et la manière dont elles les gèrent. Ce rapport distinct constituera l'une des facettes des diligences raisonnables dans le cadre d'un futur devoir de vigilance pour les grandes entreprises concernées. Concrètement, comme c'est le cas du droit français, ce rapport renverrait, pour les grandes entreprises assujetties au devoir de vigilance, au plan de vigilance. Partant, l'OHADA gagnerait à expliquer davantage aux gouvernements et aux entreprises comment l'application d'un réel reporting extra-financier renforcerait la crédibilité et la réputation du secteur privé. Elle doit prendre acte que la note 35 actuelle mérite une mise à jour pour la rendre opérationnelle.

La mise en œuvre réelle du reporting sociétal et environnemental tourné vers l'approche risque et d'une éventuelle intégration d'un futur devoir de vigilance en droit de l'OHADA nécessite l'adaptation de l'article 4 de l'AUDSCGIE.

B. L'adaptation de l'article 4 de l'AUDSCGIE pour une réelle prise en compte des conséquences sociétales et environnementales

Le mouvement de la RSE légitime la prise en compte d'impératifs relevant de la société humaine et non de la seule activité économique. Cette question, comme relevé antérieurement, est appréhendée sous deux angles : soit on estime que la prise en considération des parties prenantes conduit nécessairement l'entreprise à créer de la valeur sur le long terme ; soit on estime qu'elle doit s'interroger sur son comportement et devrait minimiser son impact sociétal et environnemental notamment, mais également prendre en considération les intérêts des parties prenantes dans la mesure où l'entreprise a nécessairement un impact sur ces dernières. Sous ces deux angles, la RSE apparaît comme une composante de l'intérêt social. Elle permet, à ce titre, l'élargissement de l'intérêt social.

Ainsi, le droit comparé explicite cette situation. En France, comme nous l'avons vu précédemment, il existe une certaine coexistence entre deux notions proches, celle d'intérêt commun des associés dans le premier alinéa de l'article 1833 modifié du Code civil et d'intérêt social dans le second. Elles doivent être vues comme complémentaires. Le premier alinéa maintenu traduit l'idée classique selon laquelle la société est constituée par des associés dans un intérêt qui, dépassant celui de chacun, est commun à l'ensemble d'entre eux. L'article 1833 du Code civil fait ainsi écho à son alinéa 1er à l'article 1832 dudit Code, qui assigne à la société une fonction de partage entre associés des bénéfices ou de réalisation d'une économie. En rajoutant à son alinéa 2 la gestion dans l'intérêt social en prenant en considération les enjeux sociaux et environnementaux, le législateur français impose que la gestion respecte cet intérêt social et les enjeux sociaux et environnementaux doivent être pris en considération par les dirigeants et le CA dans l'intérêt de la société. Le législateur a délibérément choisi de ne pas définir cette notion d'intérêt social. Le Conseil d'État explique, en effet, dans son avis, que « le projet de loi, qui prend le parti de ne pas définir cette notion, renvoie implicitement aux contours qu'en trace de façon souple mais non indéterminée la jurisprudence[1] ». Certes, légiférer que les sociétés doivent être gérées dans leur intérêt social n'est pas nouveau pour qui connait, comme c'est le cas de l'OHADA, le régime de la responsabilité des dirigeants, tant civile que pénale ou celui de l'abus de majorité ou de minorité. En revanche, le mérite de cette réforme est que la modification apportée par la loi Pacte aux articles 1833 et 1835 du Code civil, véhicule l'idée selon laquelle les sociétés ne sont pas gérées dans l'intérêt des personnes particulières, c'est dire que l'intérêt social n'est pas celui, commun des associés mais bien celui de la personne morale elle-même qui doit se nourrir d'autres intérêts catégoriels et particulièrement de finalités sociétales et environnementales.

En droit de l'OHADA, l'article 4 de l'AUDSCGIE qui définit le contrat de société dont le but est la recherche de l'intérêt des associés dans ses deux alinéas – alinéa 1er confirme que le contrat de société est créé afin que les associés partagent le profit et l'alinéa 2 confirme la création de la société commerciale dans cet intérêt commun des associés – n'est plus adapté à la réalité actuelle.

Le législateur OHADA a prévu l'intérêt social d'une manière indirecte à travers l'expression « dans l'intérêt de la société » sans pour autant la définir. Il s'y ajoute que même si la jurisprudence OHADA relève quand même le souci de pérenniser l'entreprise en tenant compte de l'intérêt de celle-ci, il n'en demeure pas moins que dans son interprétation, le juge OHADA prend en compte également l'intérêt des associés. En comparaison du droit français qui a laissé coexister dans la réforme de la loi Pacte l'intérêt commun des associés dans l'alinéa 1er de l'article 1833 modifié et la notion

[1] Avis du Conseil d'État sur le projet de L. Pacte, 14 juin 2018, spéc. n°98.

jurisprudentielle d'intérêt social nourri de finalités sociales ou environnementales à son alinéa 2, nous pensons que le droit de l'OHADA pourrait s'adapter en s'inspirant de l'évolution du droit français.

A ce titre, nous proposons que le législateur OHADA modernise la disposition de l'article 4 de l'AUDSCGIE pour lever toute équivoque. Initialement, le deuxième alinéa de cet article prévoit que « la société commerciale est gérée dans l'intérêt commun des associés ». Il pourrait alors devenir : « La société commerciale est gérée au mieux dans son intérêt social dans le respect de l'intérêt général économique, sociétal et environnemental[1] ». Cette proposition, selon nous, a le mérite d'être conciliante. Le concept d'intérêt social étant élastique, malléable et d'origine jurisprudentielle, exprime déjà l'idée tantôt de l'intérêt des associés, tantôt celui de l'institution sociétaire. Le législateur peut soit se garder de le définir pour suivre les traces jurisprudentielles ou éventuellement le définir en empruntant la définition du rapport Vienot de 1995 qui d'ailleurs reflète le droit positif[2] ou encore en s'inspirant de la jurisprudence canadienne[3]. Aussi, les termes « dans l'intérêt général économique, sociétal et environnemental » est conciliant du fait qu'il ne nie pas la poursuite de bénéfice par les associés. Mais cette poursuite doit aussi concourir à l'intérêt général commun des associés mais aussi des parties intéressées comme notamment les salariés, partenaires commerciaux, société civile, collectivités et riverains. Par ailleurs, nul doute que l'environnement et les droits humains constituent un intérêt général du fait qu'ils sont de plus en plus constitutionnalisés et véhiculés par les instruments internationaux. Ils sont des sujets chers à l'Afrique car cette dernière est le terrain de toutes les violations possibles des dits sujets. A cet effet, les entreprises OHADA ne peuvent poursuivre le bénéfice sans tenir compte des impacts sociétaux et environnementaux aussi bien positifs que négatifs de leurs activités. Ainsi, cette proposition rentre dans la logique du développement durable ou

[1] Cette proposition se rapproche de la première idée d'une éventuelle modification de l'article 1833 du Code civil dans l'avant-projet de « loi pour la croissance, l'activité et l'égalité des chances économiques », présenté par Monsieur MACRON, en 2014, alors Ministre de l'économie de Monsieur HOLLANDE. Il était indiqué la volonté d'introduire la phrase « une entreprise doit être gérée au mieux de son intérêt supérieur, dans le respect de l'intérêt général économique, social et environnemental ». Cette phrase a été supprimée du projet de loi lors de son passage au Conseil d'État et son examen au Conseil des ministres.

[2] Le rapport Vienot de 1995 définit l'intérêt social comme « l'intérêt supérieur de la personne morale elle-même, c'est-à-dire de l'entreprise considérée comme un agent économique autonome, poursuivant ses fins propres, distinctes notamment de celles de ses actionnaires, de ses salariés, de ses créanciers dont le fisc, de ses fournisseurs et de ses clients, mais qui correspondent à leur intérêt général commun, qui est d'assurer la prospérité et la continuité de l'entreprise », voir : « Gouvernance d'entreprise », in *Annales 1998-2000*, ANSA- Association Nationale des Sociétés par Actions, 543 p., pp. 29-69, spéc. p. 47.

[3] Voir : Partie II Titre II Chap. II.

développement socio-économique indispensable pour les pays de l'espace OHADA.

Aussi, cette adaptation insufflera un nouveau souffle à la pratique du reporting sociétal et environnemental, en droit de l'OHADA, qui semble timide. L'intérêt social dans le respect de l'intérêt général économique, sociétal et environnemental viserait la défense des intérêts propres de l'entreprise laquelle pourrait se dédoubler en une fonction de protection de l'intérêt général sociétal et environnemental. Il indique que cet intérêt doit commander la gestion de la société en intégrant la considération des enjeux sociétaux et environnementaux. Cette adaptation contribuera à rendre la pratique du reporting sociétal et environnemental réel et efficace. Aussi, il fera écho au devoir de vigilance car celui-ci permet à l'entreprise de prévenir les risques sociétaux et environnementaux. Ces derniers sont des objectifs d'intérêt général internalisés au sein de l'entreprise.

L'Afrique ne cesse de subir les affres de la mondialisation et les entreprises implantées dans l'espace OHADA ne cessent d'y contribuer. Un auteur relèvera à juste titre qu'une « économie capitaliste responsable n'aurait pas précipité les masses des pays sous-développés dans les bras de l'obscurantisme religieux, mais se serait préoccupée de l'existence de trop graves inégalités économiques pour intégrer les " pauvres " [1] ». Il apparaît nettement que les attentes vis-à-vis de l'entreprise OHADA sont de plus en plus importantes.

Si les pratiques se sont d'ores et déjà en grande partie renouvelées pour prendre en considération les enjeux sociétaux et environnementaux comme c'est le cas de la France et d'autres pays, l'OHADA peut promouvoir le devoir de vigilance qui nécessite évidemment la pratique de rapport sociétal et environnemental, l'insertion de la raison d'être et celle de société à finalité sociale. Il devient alors nécessaire pour le législateur OHADA de pouvoir adapter le premier alinéa de l'article 4 de l'AUDSCGIE.

Le droit de l'OHADA pourrait envisager d'introduire dans son espace les sociétés à finalité sociale. Nous savons que le premier alinéa de l'article 4 de l'AUDSCGIE définit le contrat de société dont le but est de faire le bénéfice patrimonial. Il pourrait être adapté en ces termes : « la société commerciale est créée par deux (2) ou plusieurs personnes qui conviennent, par un contrat, d'affecter à une activité des biens en numéraire ou en nature ou de l'industrie, dans le but de partager le bénéfice ou de profiter de l'économie qui peut en résulter, (à moins que dans les cas prévus par le présent Acte uniforme, les statuts n'en disposent autrement). Les associés s'engagent à contribuer aux pertes dans les conditions prévues par le présent Acte uniforme ». A cet effet, cette ouverture créée en ce que « les statuts peuvent en disposer autrement », en complément de cette disposition, un nouvel article pourrait être créé dans le titre III relatif aux statuts et qui

---

[1] G. FARJAT, « Le droit économique et l'essentiel (pour un colloque sur l'éthique) », Revue internationale de droit économique, 2002/1, tome XVI, 1, pp. 153-166, spéc. p 157.

disposerait : « Dans les cas prévus par le présent Acte uniforme, les statuts peuvent disposer que la société commerciale n'est pas constituée dans le but de procurer aux associés un bénéfice patrimonial direct ou indirect ». En conséquence, l'Acte uniforme pourra prévoir les différents cas de sociétés à finalité sociale adaptables à la réalité des entreprises OHADA comme notamment l'ESS qui s'adapte mieux au secteur informel ainsi que le statut facultatif des sociétés à but non lucratif dont la mission serait de poursuivre les objectifs sociétaux et environnementaux en plus de leurs activités lucratives (SBNL). Cette proposition se rapproche du droit belge[1]. Une telle inscription des dispositions imposant l'obligation aux sociétés commerciales OHADA de prendre en considération des enjeux sociaux et environnementaux ne peut que contribuer efficacement à réduire les risques sociaux et environnementaux afin d'atteindre les objectifs de sécurité juridique des investissements et de croissance économique en Afrique.

En adaptant ses normes, le législateur OHADA se montrera audacieux puisqu'il pourrait remettre en cause, comme son homologue français, certains principes du droit des sociétés afin d'assurer le bien-être collectif. Le devoir de vigilance qui implique la responsabilité de l'entreprise à ses relations d'affaires, comme relevé précédemment, nécessite subséquemment l'élargissement de l'intérêt social. Déployer un tel mécanisme en droit de l'OHADA nécessiterait la modernisation de l'intérêt social. Il s'agirait d'appréhender l'entreprise dans toute son organisation, ce qui ne semble pas le cas des principes traditionnels du droit des sociétés OHADA. Le devoir de vigilance permettrait alors d'améliorer le droit de l'OHADA.

Néanmoins, nous ne pouvons balayer d'un revers de la main les dispositions actuelles du droit de l'OHADA. Comme l'a suggéré un auteur, il ne faut pas « non plus attendre que le droit OHADA parvienne à un degré de sophistication dans la protection de l'environnement de même niveau que dans les pays développés (...)[2] ». Il revient alors d'utiliser les dispositions actuelles en vue de protéger l'environnement et d'éviter les atteintes sociétales. En d'autres termes, attachons-nous donc à analyser ce qui existe de façon exhaustive dans la gouvernance des sociétés OHADA. Le mieux est de se rapprocher au plus près des mécanismes sociétaires prévus en droit de l'OHADA. A ce titre, l'étude de mécanismes sociétaires du droit de l'OHADA peuvent prouver qu'ils sont protecteurs de l'entreprise, personne morale et partant susceptibles de concourir au bien-être collectif. Ils sont, selon nous, en l'état actuel du droit de l'OHADA, à même d'être des moyens de gestion des risques environnementaux, sociétaux et de gouvernance, ESG. Ils peuvent être mobilisés pour gérer ces risques car le devoir de vigilance que le droit de l'OHADA pourrait intégrer

---

[1] Code belge des sociétés, art. 661.

[2] Y. ADAM TAIROU, « Préoccupations environnementales et droit de l'entreprise dans l'espace OHADA », L'Harmattan, Paris, 2013, 425 p. spéc. p. 27.

implique ladite gestion. D'où, l'étude de la recherche d'une possible gestion des risques sociétaux et environnementaux en droit de l'OHADA.

Chapitre II. La possible gestion des risques sociétaux et environnementaux en droit de l'OHADA

La société commerciale OHADA n'est pas un long fleuve tranquille. Il peut arriver, en cours de vie sociale, que des crises, conflits ou problèmes surgissent, et qui bloqueraient le fonctionnement normal de celle-ci. Les risques environnementaux, sociétaux et de gouvernance, ESG, peuvent constituer des causes pouvant perturber le fonctionnement de la société commerciale[1]. Il faut donc agir au plus vite afin que les crises résultant de ces risques ne conduisent l'entreprise à sa dissolution. La gestion des risques ESG est l'art d'intégrer les risques liés à l'environnement, le sociétal et la gouvernance à l'activité de l'entreprise. Il convient de souligner qu'en droit de l'OHADA, même si la prise en compte et la gestion des risques sociétaux et environnementaux ne sont pas au premier plan, ils pourraient l'être.

Le droit de l'OHADA, étant l'œuvre d'unification du droit des affaires, se présente comme la législation qui favorise une gestion saine, transparente et responsable de la société commerciale en vue d'assurer sa crédibilité et sa pérennité[2]. A ce propos, les actes uniformes sont orientés vers la protection de l'entité économique qu'est la société commerciale. C'est pourquoi, en vue d'assurer une stabilité aussi longue que possible à cette dernière, de nombreuses dispositions sont instituées pour préserver l'intérêt social élargi.

Ainsi, le législateur OHADA a prévu des règles ou mécanismes tant pour prévenir que pour traiter les situations de crises permettant la survie de l'entreprise (**Section II**). Mais il existe aussi des mécanismes assurant le bon fonctionnement de l'entreprise (**Section I**). Ces mécanismes sociétaires, même s'ils ne visent pas prioritairement des objectifs sociétaux et environnementaux, peuvent être mobilisés pour éviter ou limiter les effets induits par les risques ESG.

Section I. La gestion des risques sociétaux et environnementaux par les mécanismes sociétaires garantissant le bon fonctionnement de l'entreprise

Avant la réforme de 2014, il a été fait grief à l'AUDSCGIE d'avoir institué des mécanismes sociétaires peu adaptés et du reste, inefficaces en

---

[1] Y. ADAM TAIROU, « Préoccupations environnementales et droit de l'entreprise dans l'espace OHADA », op. cit., spéc. pp. 16-17.

[2] M-A. NJANDEU, « La protection de la société commerciale en droit OHADA », in *Les mutations juridiques dans le système OHADA (dir. A. AKAM AKAM)*, L'Harmattan, Paris, 2009, 262 p., pp. 229-256, spéc. p. 230.

ce qu'ils ne prenaient pas en charge tous les aspects de l'intérêt social. Prenant en compte cette réalité, le législateur OHADA a consacré dans l'AUDSCGIE révisé certains principes de gouvernement d'entreprise de l'OCDE, donnant ainsi un caractère légal à ce qui n'était en réalité qu'une simple recommandation dépourvue en principe de toute juridicité. A cet effet, il sied de préciser que la *corporate governance* ou gouvernement d'entreprise a des enjeux, et le législateur OHADA en a pris conscience en intégrant certains principes dans l'AUDSCGIE[1]. Il s'agit essentiellement des dispositions visant à assurer un rééquilibrage des pouvoirs entre les différents organes de la société commerciale, ainsi que celles relatives à l'amélioration des informations des associés. Ces dispositions sont nécessaires pour appréhender les questions sociétales et environnementales dans la gestion quotidienne des sociétés commerciales OHADA.

En conséquence, les pouvoirs des organes de gestion peuvent être étendus aux objectifs sociétaux et environnementaux (**§1**). Aussi, d'autres principes de gouvernement d'entreprise dévoilent la prise en compte de risques sociétaux et environnementaux par le recours aux codes de bonne conduite et la création des comités ad hoc (**§2**).

§1. Les pouvoirs des organes de gestion élargis aux objectifs sociétaux et environnementaux

Il convient de voir dans quelle mesure les instruments ou mécanismes dont disposent les dirigeants, les associés et actionnaires de même que les salariés peuvent permettre de gérer les risques sociétaux et environnementaux. C'est dire que l'application de ces mécanismes permettra d'intégrer à l'activité de l'entreprise le volet sociétal et environnemental. Dès lors, l'organisation et l'exercice du pouvoir, les attributions des uns et des autres, la gestion des activités et les rapports juridiques tant internes qu'avec les tiers constituent des éléments d'appréciation et d'étude de l'intégration de la protection de l'environnement et des enjeux sociétaux dans la gestion de l'entreprise. A cet effet, les pouvoirs étendus des dirigeants sociaux (**A**) et le droit à l'information, mécanisme de transparence, reconnu aux associés ou actionnaires et éventuellement aux salariés dans le cadre du droit prospectif (**B**), dégagent une réflexion en vue de la prise en compte des enjeux sociétaux et environnementaux dans le droit de l'OHADA.

---

[1] F. TAGOURLA, « Les pouvoirs des dirigeants sociaux dans l'espace OHADA à l'épreuve des principes de bonne gouvernance », Rec. Penant, éd. Juris Africa n°883, avril – juin 2013, pp. 189-221, spéc. p. 189.

A. Les pouvoirs des dirigeants sociaux étendus aux objectifs sociétaux et environnementaux

De prime abord, il convient de s'interroger sur la définition de la notion des dirigeants sociaux, ensuite voir dans quelle mesure ils doivent gérer les risques ESG.

Le terme « dirigeants sociaux », non défini par le législateur OHADA, désigne les personnes « qui dirigent ou exercent le pouvoir dans les sociétés civiles et commerciales[1] », c'est-à-dire celles qui conduisent une société comme « maître, chef ou responsable[2] ». Le droit de l'OHADA à travers l'AUDSCGIE ajoute un élément à cette définition. Le dirigeant est aussi celui qui administre et qui gère la société[3]. Cela ressort clairement de l'AUDSCGIE qui comprend des dispositions qui visent spécifiquement les dirigeants sociaux. Outre ces dispositions, il contient également celles particulières à chaque type de sociétés[4].

A ce titre, les dirigeants de sociétés dont il est question sont les dirigeants de sociétés commerciales telles que prévues par le droit de l'OHADA. Il sied de rappeler que l'innovation majeure de la révision de l'AUDSCGIE en 2014 est l'introduction, dans le droit de l'OHADA, de la nouvelle forme de société SAS à côté de la SARL, la SA, la SNC, la SCS. En revanche, l'OHADA ne prévoit pas la SCA. En recourant aux dispositions communes, il convient de préciser que l'article 121 de l'AUDSCGIE prévoit que « à l'égard des tiers, les organes de gestion, de direction et d'administration ont, dans les limites fixées par le présent Acte uniforme pour chaque type de société, tout pouvoir pour engager la société sans avoir à justifier d'un mandat spécial (...) ». L'article 124 dispose que « la désignation ou la cessation des fonctions de dirigeants sociaux doit être publiée au Registre du Commerce et du Crédit mobilier (RCCM) », encore que cette inscription au RCCM ne conditionne pas l'exercice de ses pouvoirs par le dirigeant[5]. Ainsi, dans la SNC, la SCS et la SARL, le gérant, unique organe de gestion est le dirigeant social. En ce qui concerne la SA[6] avec CA, la situation paraît complexe dans la mesure où plusieurs organes concourent à la bonne

---

[1] Dictionnaire Le Grand Larousse illustré 2020, spéc. pp. 386 et 1078.

[2] Dictionnaire Le Petit Robert, Nouvelle édition millésime 2017, Le Robert, spéc. p. 747.

[3] AUDSCGIE, art. 121, 122 et 123.

[4] SNC : les articles 276 à 282 sont relatifs à la gérance (nomination, pouvoirs, rémunération et révocation du gérant) ; SCS : les articles 298 à 301 sont relatifs à la gérance ; SARL : les articles 323 à 332 sont relatifs à la gérance (mode de nomination, durée des fonctions, rémunération, révocation, démission, pouvoirs et responsabilité des gérants) ; SA : les articles 414 à 515 sont relatifs à l'administration et la direction ; SAS : les articles 853-7 à 853-10 sont relatifs au président et aux dirigeants.

[5] CCJA, 2è ch. civile, Arrêt n°025 du 8 avril 2010, Affaire Société Amar Taleb dite SATA c/ Receveur des impôts de Zinder, OHADATA J-11-69.

[6] AUDSCGIE, art. 414.

marche de l'entreprise. On voit que celle-ci dispose à la fois d'un organe d'administration[1] et d'un organe de direction[2] ou le président du CA et le directeur général[3]. En l'état actuel du droit de l'OHADA, en analysant l'article 415 de l'AUDSCGIE qui précise que la SA avec CA est dirigée par un président-directeur général ou un président du CA, un administrateur pris isolément n'a aucun pouvoir, ni attributions particulières sauf celles que peut lui conférer le CA ponctuellement[4]. En droit de l'OHADA, le CA détermine les orientations de l'activité de la société et se saisit de toutes questions intéressant la bonne marche de la société sous réserve des pouvoirs expressément attribués aux assemblées d'actionnaires[5]. Dans ses rapports avec les tiers, la société est engagée y compris par les décisions du conseil qui ne relève pas de l'objet social[6]. Concernant la SAS, l'AUDSCGIE laisse le soin aux statuts de déterminer « les conditions dans lesquelles la société est gérée[7] ». En tout état de cause, « la société est représentée à l'égard des tiers par un président désigné dans les conditions prévues par les statuts. Le président est investi des pouvoirs les plus étendus pour agir en toute circonstance au nom de la société dans la limite de l'objet social[8] ». Si les statuts le prévoient, un directeur général ou un directeur général adjoint peut également exercer les pouvoirs confiés au président.

Ainsi, nous comprenons avec un auteur que « les dirigeants sociaux sont les personnes (physiques ou morales selon le cas), désignées dans l'Acte uniforme Sociétés, ayant le pouvoir de gérer, d'administrer et de diriger la société, c'est-à-dire d'agir au nom et pour le compte de la société et dont les actions et décisions engagent la société vis-à-vis des tiers[9] ». En conséquence, en droit de l'OHADA, est dirigeant social, les gérants dans la SNC, la SCS et la SARL ; le CA, le président-directeur général, le président du CA, le directeur général, le directeur général adjoint dans la SA avec CA ; l'administrateur général, l'administrateur général adjoint dans la SA avec administrateur général ; le président, le directeur général dans la SAS.

Rappelons que le législateur s'est contenté de faire mention de l'intérêt social à travers l'expression « dans l'intérêt de la société » dans quelques articles sur l'organisation du pouvoir des dirigeants dans l'AUDSCGIE. A ce sujet, l'article 277 dispose que « dans les rapports entre associés et en l'absence de la détermination de ses pouvoirs par les statuts, le gérant peut accomplir tous les actes de gestion dans l'intérêt de la société (...) ». Ce qui

---

1 Le conseil d'administration (CA).
2 Le Président-directeur général.
3 AUDSCGIE, art. 415.
4 Idem., art. 437.
5 Ibid.., art. 435.
6 Ibid., art. 436.
7 Ibid., art. 853-7.
8 Ibid., art. 853-8.
9 M-A. NGWE et S-P. KAKOU, « Le dirigeant social dans l'Acte uniforme révisé », Rec. Penant, éd. Juris Africa n°887, avril – juin 2014, pp. 161-195., spéc. 164.

revient à dire que le législateur consacre la recherche de l'intérêt de la société par les dirigeants. Concrètement, cet intérêt doit être recherché dans tout acte de gestion qu'ils accomplissent. Cette question d'intérêt de la société élargi est importante pour déceler l'appréhension des questions sociétales et environnementales par les dirigeants.

En effet, selon l'AUDSCGIE, l'objet social est constitué par l'activité que la société entreprend ou se propose d'entreprendre[1]. Il est donc bien la cause de l'engagement des associés et fixe le cadre des pouvoirs des dirigeants et permet ainsi d'identifier les dépassements éventuels de pouvoirs, les rapports de la société commerciale avec les associés ou avec les tiers[2]. Si dans les rapports avec les tiers, le gérant d'une SNC engage sa société par les actes entrant dans l'objet social, dans les rapports entre associés et en l'absence de détermination de ses pouvoirs, il peut faire tous les actes de gestion dans l'intérêt de la société[3]. Les gérants des SCS sont soumis aux mêmes obligations. Quant aux gérants d'une SARL, ils disposent dans ses rapports avec les autres associés des mêmes pouvoirs de gestion dans l'intérêt de la société. Cependant, ses pouvoirs sont accrus dans les rapports avec les tiers dans la mesure où il est investi des pouvoirs les plus étendus pour agir en toute circonstance au nom de la société qui est engagée même par ses actes qui ne relèvent pas de l'objet social[4]. Il en est de même des dirigeants des SA, organisée avec un CA[5] et de l'administrateur général d'une SA sans CA[6]. Les clauses statutaires qui pourraient prévoir la limitation des pouvoirs des gérants des sociétés des personnes[7] et des dirigeants des SA[8] sont inopposables aux tiers.

Du fait de cette organisation des pouvoirs, les dirigeants de sociétés commerciales OHADA disposent aussi bien de pouvoirs très importants qui engagent la société dans les actes entrant dans l'objet social que des pouvoirs les plus étendus pour agir en toute circonstance et engager la société par les actes qui ne relèvent pas de l'objet social. Autrement dit, d'une manière générale, dans le fonctionnement de la société commerciale OHADA, les pouvoirs des dirigeants sociaux pour agir tant à l'égard des tiers que pour intervenir dans les rapports entre associés sont régis par des principes relevant de la combinaison des articles 121, 122 et 123 de l'AUDSCGIE. Dès lors, quelle que soit la forme juridique de la société (SNC, SAS, SCS, SARL, SA), celle-ci ne peut aucunement se soustraire aux

---

1 AUDSCGIE, art. 19.

2 A. FENEON, « Droit des sociétés en Afrique (OHADA) », op. cit., spéc. p. 669, n°1510.

3 AUDSCGIE, art. 277-1.

4 Idem., art. 329.

5 Ibid., art. 465, 487, et 488.

6 Ibid., art. 498.

7 Concernant les gérants des SNC et les SARL, voir par exemple : l'art. 277-1 et 329 al.3. Au sujet de SCS, aucune mention n'est faite.

8 Concernant le président directeur général, le directeur général et l'administrateur général, voir respectivement : les art. 465, 488 et 498 de l'AUDSCGIE.

obligations qui résultent des actes passés par son représentant vis-à-vis des tiers, fussent-ils irréguliers et le dépassement de l'objet social ne peut être opposé par ailleurs au tiers.

En conséquence, les sociétés commerciales, même si elles n'ont pas pour objet social la protection de l'environnement ou la défense des préoccupations sociétales à l'exemple du respect des droits de l'homme, leurs dirigeants peuvent poser des actes écologiques ou ceux tenant compte des préoccupations sociétales. C'est dire qu'ils pourraient, dans certaines circonstances, prendre des décisions impliquant de questions sociétales et environnementales. Ils doivent toujours agir dans l'intérêt de la société sans toutefois s'en tenir aux seuls actes qui rentrent dans son objet social selon sa nature juridique. Nous pouvons illustrer cela par un exemple. Une société commerciale exploitant les minerais, et dans l'exercice de son activité, les eaux provenant de ses installations sont susceptibles de polluer les rivières et mettre ainsi en danger la santé des riverains, populations locales ou autochtones. Nonobstant la règlementation administrative environnementale, pour éviter de polluer les eaux, les dirigeants sociaux peuvent prendre des actes de gestion destinés à adopter de nouvelles techniques permettant à éviter de polluer les eaux ou le cas échéant à l'assainir, assister les riverains, ou contribuer au développement durable du lieu d'implantation de l'activité.

Par ailleurs, cette idée selon laquelle le dirigeant est investi des pouvoirs les plus étendus pour agir en toute circonstance au nom de la société qui est engagée, même par ses actes qui ne relèvent pas de l'objet social, et qui respecte l'intérêt social, reflète une autre idée, celle de l'entreprise à objet social étendu. Comme le relève un auteur, celui-ci exige ainsi d'adopter une mission d'intérêt général ou visant à augmenter l'impact positif des activités de l'entreprise sur les salariés, les clients, les fournisseurs, les communautés ou encore l'environnement[1]. Il s'agit de faire reconnaître par les associés que l'entreprise poursuit un but parallèle à la rentabilité et sur lequel le contrôle actionnarial doit tout autant s'exercer[2].

Il convient de rajouter que la responsabilité constitue ordinairement la contrepartie du pouvoir sur les dirigeants sociaux. Elle est *a priori* d'autant plus lourde qu'ils exercent des pouvoirs étendus[3]. Il encourt non seulement la responsabilité pénale mais aussi civile. Les hypothèses nombreuses de la responsabilité pénale peuvent démontrer que les dirigeants sociaux, dans l'exercice de ses pouvoirs, doivent tenir compte des risques ESG. Il en est

---

[1] K. LEVILLAIN, « L'émergence de nouvelles formes de société : l'exemple de la *Flexible Purpose Corporation* », op. cit., spéc. p. 330.

[2] B. FLEURY, « B-corp à la française : l'intérêt social enfin reconcilié ? », Bulletin Joly Sociétés, nov. 2017, p. 647, spéc. p. 648.

[3] M-A. MOUTHIEU, « La responsabilité du dirigeant social à l'égard des tiers à la lumière des droits français et OHADA », in *Recueil d'études sur l'OHADA et les normes juridiques africaines. Collections Horizons Juridiques Africains (dir. J. MESTRE),* Centre de droit économique, vol. VI, PUAM, Marseille, 2013, 421 p., pp. 267-282, spéc. p. 267.

ainsi notamment en cas d'abus des biens sociaux, présentation de comptes inexacts, distribution de dividendes fictifs, d'infractions en matière d'hygiène et de sécurité du travail en leur qualité de chef d'entreprise ou même en cas de banqueroute lorsque la société fait l'objet d'une procédure collective. Quant à la responsabilité civile, elle est quotidienne. Elle est une responsabilité classique pour faute prouvée[1].

La gestion des risques sociétaux et environnementaux peut se faire à travers le droit à l'information ou à la communication reconnu aux associés.

B. Le droit à l'information étendu aux objectifs sociétaux et environnementaux

Il sera question de comprendre comment ce droit réservé aux associés et actionnaires permettraient à ces derniers et aux dirigeants sociaux de gérer les risques sociétaux et environnementaux. En effet, la transparence dans la gestion sociale, en droit de l'OHADA, a été renforcée dans le cadre de la réforme de 2014. Cette transparence est perceptible si l'on regarde le droit à l'information ou à la communication des associés. Même si le droit de l'OHADA ne prévoit pas, en l'état actuel, un droit à l'information aux salariés, mais dans le cadre du droit prospectif, nous pouvons relever cela d'une manière embryonnaire en scrutant le projet d'AUDT.

Cette information des associés passe d'abord par une reconnaissance de principe aux associés du droit de participer aux votes des décisions collectives. C'est dans ce sens que l'article 125 de l'AUDSCGIE dispose que : « sauf disposition contraire du présent Acte uniforme, tout associé a le droit de participer aux votes des décisions collectives ». Il va sans dire que les associés peuvent à l'occasion de l'exercice de leur droit de vote requérir toute information en vue de prendre connaissance de la gestion sociale. L'information éclaire donc le vote des associés. Ce qui revient à dire que le droit à l'information ou à la communication constitue le préalable à tout contrôle de l'action des dirigeants sociaux[2].

Ainsi, pour les SNC, c'est l'article 289 qui dispose in fine que : « les associés non-gérants ont le droit de consulter, au siège social, deux (2) fois par an, tous les documents et pièces comptables ainsi que les procès-verbaux des délibérations et des décisions collectives. Ils ont le droit d'en prendre copie à leurs frais ». Aussi, cette exigence est-elle inscrite à l'article 307 concernant les SNC en ces termes : « les associés commandités et les associés commanditaires non-gérants ont le droit, deux (2) fois par an,

---

[1] Sur l'analyse de l'exigence d'une faute commise dans l'exercice des fonctions en droit OHADA, voir : M-A. MOUTHIEU, « La responsabilité du dirigeant social à l'égard des tiers à la lumière des droits français et OHADA », op. cit., spéc. pp. 273-276,

[2] F. TAGOURLA, « Les pouvoirs des dirigeants sociaux dans l'espace OHADA à l'épreuve des principes de bonne gouvernance », op. cit., spéc. p. 207.

d'obtenir communication des livres et documents sociaux et de poser par écrit des questions sur la gestion sociale, auxquelles il doit être également répondu par écrit ». En ce qui concerne les SARL, l'article 344 de l'AUDSCGIE pose le principe selon lequel « les associés ont un droit d'information permanent sur les affaires sociales. Préalablement à la tenue des assemblées, ils ont en outre un droit de communication ». Ce droit de communication des documents se trouve en outre renforcé dans les SARL, où l'associé peut, en toute époque, obtenir copie des documents relatifs aux trois derniers exercices[1]. En effet, l'associé peut, quand il le souhaite obtenir communication des documents sans périodicité. Il faut, cependant relever à cet égard, que le législateur ne précise pas si la copie des documents est aux frais de l'associé ou de la société. Comme dans les sociétés précitées, l'associé non-gérant d'une SARL peut aussi, deux fois par exercice, poser par écrit des questions au gérant, sur tout fait de nature à compromettre la continuité de l'exploitation avec cette particularité, la réponse du gérant devant être communiquée au CAC[2]. Pour la SA, le principe de communication des documents est posé à l'article 525 de l'AUDSCGIE qui reconnaît à tout actionnaire, le droit, soit par lui-même, soit par mandataire qu'il a nommément désigné pour le représenter à l'Assemblée générale, de prendre connaissance de certains documents au siège social. Ce droit de communication s'exerce à l'occasion des assemblées générales ainsi que le précise l'article 525 précité. Quant à l'article 526 de l'AUDSCGIE, il reconnaît à tout actionnaire, deux fois par exercice, le droit de poser par écrit des questions au dirigeant social sur tous faits de nature à compromettre la continuité de l'exploitation. La réponse du dirigeant est communiquée au CAC. Ainsi, cet article consacre un droit de communication permanent aux actionnaires.

Le dispositif mis en place par le législateur permet aux associés de prendre des décisions éclairées sur la gestion sociale. Si l'article 140 de l'AUDSCGIE milite dans le sens du renforcement de cette information en prévoyant un délai de 45 jours pour l'envoi des documents aux actionnaires, il est aussi impérieux de relever que les dispositions de l'article 141 font obligation au dirigeant de signaler dans le rapport de gestion et, le cas échéant, dans celui du CAC, toute modification dans la présentation des états financiers de synthèse ou dans les méthodes d'évaluation, d'amortissement ou de provisions conformes au droit comptable. Il est plausible que le renvoi à l'AUDCIF, permet de relever l'obligation faite aux sociétés commerciales de tenir une comptabilité qui satisfait au respect de la convention de prudence, aux obligations de régularité, de sincérité et de transparence inhérentes à la tenue, au contrôle, à la présentation et à la communication des informations qu'elles ont traitées[3].

---

[1] AUDSCGIE, art. 345 al. 6

[2] Idem.

[3] AUDCIF, art 3.

Toutes les sociétés ont l'obligation d'établir un rapport de gestion dans lequel elles exposent leur situation durant l'exercice écoulé, son évolution prévisible et en particulier les perspectives de continuation de l'activité, l'évolution de la situation de trésorerie et les plans de financements[1]. Dans ce cas, ils peuvent être destinataires d'informations sur tout risque sociétal et environnemental qui porterait atteinte à l'activité de l'entreprise affectant de ce fait le résultat annuel. Par ailleurs, le rapport de gestion et le bilan social seront également établis dans le même esprit et permettra de dresser l'état de l'entreprise sans risque de trahir l'esprit de l'AUDCIF[2]. Ce dernier prévoit que les états financiers doivent donner une image fidèle du patrimoine, de la situation financière et du résultat de l'exercice écoulé. Le rapport contiendra alors non seulement les informations d'ordre économique et financier mais également des informations sociétales et environnementales puisque ces dernières peuvent influencer les perspectives de continuation de l'activité et la situation de trésorerie. On voit que la comptabilité de l'entreprise devra donc appréhender les informations sociétales et environnementales dans des lignes de comptes bien définies ou les inscrire en annexe. Elle est, de ce fait, un instrument d'identification non seulement des risques environnementaux et sociétaux mais aussi un instrument de leur maîtrise[3]. Envisagés comme faisant partie intégrante des attributions de tout dirigeant d'entreprise commerciale, les questions sociétales et environnementales seront, par conséquent, prises en compte par la comptabilité de l'entreprise. Puisqu'il est « désormais bien établi que l'environnement est avec la politique sociale, un des aspects du gouvernement d'entreprise. On y retrouve au demeurant les mêmes problématiques en termes de transparence, de sincérité, de participation et, bien sûr, de contrôle[4] ».

A ce titre, en droit de l'OHADA, les documents comptables établis en fin d'exercice sont ainsi une source d'informations sur la prise en considération d'éventuelles incidences sociétales et environnementales. La comptabilisation des coûts sociaux et environnementaux se justifie dans l'analyse de l'article 8 de l'AUDCIF qui dispose que « le jeu complet des états financiers comprend le bilan, le compte des résultats, le tableau des flux de trésorerie ainsi que les notes annexes (…) ». Par ailleurs, si l'article 29 du même acte uniforme prévoit que « le bilan décrit séparément les éléments actifs et les éléments passifs constituant le patrimoine de l'entité », l'article 30 précise que « le bilan de l'exercice fait apparaître de façon distincte l'actif et le passif circulant » qui peuvent être de l'exploitation ou

---

[1] AUDSCGIE, art. 138.

[2] AUDCIF, art. 70, 71 et 74.

[3] J. BARDY (dir. G. J. MARTIN), « Le passif environnemental de l'entreprise. Contribution à l'avènement d'un droit comptable de l'environnement », Thèse, Université Côte d'Azur, LGDJ, 2020, 457 p., spéc. pp. 18-23.

[4] F-G. TREBULLE, « La comptabilisation de l'environnement », Dr. sociétés n°7, juill. 2004, étude 10, spéc. n°1.

hors exploitation ordinaire. A travers ces textes, il ressort que les comptabilités des entreprises ne devraient pas ignorer de faire ressortir les impacts sociétaux et environnementaux de leurs activités. Ainsi, on verra apparaître côté actif notamment les frais de prospection et d'évaluation des ressources minérales[1], des frais d'inspection ou de révisions majeures, dépenses de mise en conformité et travaux d'aménagement où il est précisé de « dépenses de sécurité des personnes et d'environnement[2] ». Côté passif, les coûts de démantèlement, d'enlèvement et de remise en état du site où il est précisé notamment « la prise en charge de dégradations immédiates et progressives d'environnement[3] ».

Par ailleurs, les notes annexes font partie intégrante du jeu complet financier en droit de l'OHADA[4]. Comme rappelé précédemment, certaines d'entre elles sont obligatoires pour une catégorie des entreprises à l'exemple de la note 35 qui requiert aux entités de présenter une liste des informations sociales, sociétales et environnementales. La présentation de cette liste nous amène à affirmer que les dirigeants sociaux en établissant les documents sociaux destinés aux actionnaires et associés, particulièrement le rapport de gestion et les états financiers, doivent intégrer les risques sociétaux et environnementaux à l'activité de l'entreprise.

D'un autre côté, les salariés sont des acteurs qui sont en contact immédiat avec l'outil de production. Ils sont les plus exposés aux émanations toxiques, chimiques et généralement aux conditions de travail qui les érigent en premières victimes en cas de risque majeur lié à l'activité. Ainsi, doivent-ils être informés de tout risque provenant de leur activité quotidienne dans la mesure où le risque sanitaire et environnemental, qualifié autrement de « risque mixte[5] » peut être considéré comme risque professionnel[6]. Il s'agit de la convergence des risques professionnels et risques environnementaux. Ces deux risques présentent une interdépendance. Les risques environnementaux tendent à préserver l'environnement naturel, les paysages, l'agriculture, le patrimoine, ainsi que

---

[1] P-M. LOE-MIE et N. TARI, « Les nouveautés du plan comptable révisé de l'OHADA (SYSCOHADA révisé). Des textes à la pratique », op. cit., spéc. pp. 78-84.

[2] Idem., spéc. p. 108.

[3] Ibid., spéc. p. 270-279.

[4] AUDCIF, art. 8.

[5] Concept employé pour la première fois par Monsieur SUPIOT, cité par M-P. BLIN-FRANCHOMME et I. DESBARATS, « Environnement et travail », Fasc. 2330, LexisNexis, 26 juin 2013, spéc. n°13-16.

[6] Un auteur définit le risque professionnel comme « l'ensemble des évènements à caractère dangereux auxquels les travailleurs peuvent être exposés dans l'exercice de leur activité professionnelle et dont la réalisation éventuelle peut porter atteinte à leur santé et leur sécurité. Ils sont à l'origine des accidents du travail et des maladies professionnelles ». Sur la définition, voir : C. VANULS (dir. A. BUGADA), « Travail et environnement : regards sur une dynamique préventive et normative à la lumière de l'interdépendance des risques professionnels et environnementaux », Thèse, Université d'Aix-Marseille, éd. PUAM, coll. Droit social, Marseille, 2014, 573 p., spéc. pp. 89-123, spéc. p.75.

la santé et la sécurité de la population. Le second tend à protéger la santé et la sécurité des travailleurs lors de l'exercice de leur activité professionnelle. C'est à juste titre qu'un auteur affirmera que « le droit du travail et le droit de l'environnement partagent la maîtrise d'un même risque spécifique : celui qui accompagne le développement industriel[1] ».

Le risque professionnel est prévu par le projet d'AUDT qui prévoit aussi dans ses premiers articles les droits fondamentaux au travail. Par ce projet d'AUDT, le risque sanitaire et environnemental, qui naturellement peut provenir de la manipulation des outils de travail ou de la réalisation de la nature de l'activité (comme l'exploitation minière), s'analyse par l'intermédiaire du risque professionnel puisqu'il s'agit ici d'informer les salariés soumis au régime de la législation du droit de travail de l'OHADA. Ainsi, l'employeur a l'obligation de former et d'informer directement les salariés[2] ou passer par le canal[3] de certaines institutions représentatives qui sont le comité chargé de la santé, la sécurité et de l'hygiène des travailleurs[4] et les délégués syndicaux[5].

A la lecture des obligations de l'employeur quant à la sécurité des salariés, les dispositions de certains articles du projet d'AUDT notamment l'article 140 laissent ressortir la prise en compte des risques autres que professionnels dans l'information des salariés en ce que l'employeur doit porter une attention particulière « aux risques encourus par les travailleurs » sous contrat. Les salariés doivent recevoir une information sur les risques spécifiques à l'entreprise dans laquelle ils interviennent et l'employeur doit « évaluer le risque pour la sécurité et la santé des travailleurs ». Ce qui revient donc à dire que la généralité des termes utilisés dans la rédaction de ces articles n'enferme pas l'information sur le risque dans les frontières habituelles du droit du travail faisant ainsi coïncider le droit à l'information avec les limites objectives du risque et non pas avec les catégories juridiques ordinairement applicables à la relation du travail[6]. Il sied alors de comprendre que la notion du risque professionnel est employée de manière générique, à côté des conditions de travail, pour couvrir l'ensemble des problèmes des conditions de travail, d'hygiène, de santé et de sécurité, environnement et largement des droits fondamentaux au travail.

---

[1] D. JANS (dir. M. PAQUES), « Droit de l'environnement et nuisances industrielles. Approche comparée avec le droit du travail », Thèse, Université Catholique de Louvain, La Charte, Bruxelles, 2007, 446 p., spéc. p. 98.

[2] AUDT, art. 140, 142.

[3] AUDT, art. 141.

[4] Il s'agit du CSST (Comité de Santé et de Sécurité au Travail), voir : AUDT, art. 152, 158, 160.

[5] AUDT, art. 176.

[6] Y. ADAM TAIROU, « Préoccupations environnementales et droit de l'entreprise dans l'espace OHADA », op. cit., spéc. pp. 109-111.

La réforme opérée par le droit de l'OHADA en 2014 introduit d'autres principes du gouvernement d'entreprise. Ces derniers révèlent la possibilité de gérer les risques sociétaux et environnementaux.

§2. La gestion des risques sociétaux et environnementaux dévoilée par les principes du gouvernement d'entreprise

La question qui se pose est celle de savoir si dans l'aménagement des pouvoirs opéré par le droit de l'OHADA, il est suffisamment tenu compte des impératifs tenant aux règles de bonne gouvernance. Celles-ci sont nécessaires pour appréhender les questions sociétales et environnementales dans la gestion quotidienne des sociétés commerciales OHADA. Si nous concevons les principes de bonne gouvernance en termes de meilleure participation non seulement des associés mais aussi des tiers au fonctionnement de la société, laquelle ne peut se faire sans une certaine transparence, nous pouvons affirmer sans risques que le droit de l'OHADA prend en compte dans une certaine mesure, les exigences de la RSE liées aux principes du gouvernement d'entreprise. D'abord, quant à la possibilité de créer de comités chargés d'étudier les questions que le CA ou son président soumet, pour avis, à l'examen dudit conseil (**A**). Et ensuite quant à l'innovation opérée par le législateur OHADA en incitant les entreprises OHADA à recourir aux codes de bonne conduite (**B**).

A. La création des comités ad hoc

Le législateur OHADA donne désormais la latitude aux dirigeants de recourir à d'autres mécanismes pouvant contribuer à la protection de l'intérêt social élargi. En effet, la loi ne saurait s'adapter à toutes les circonstances pour pouvoir prendre en compte les réalités changeantes de sociétés commerciales. Pour cela, il est apparu nécessaire de laisser une marge de manœuvre aux dirigeants afin qu'ils puissent adapter certaines règles aux réalités de leurs entités économiques. Pour ce faire, il faut et suffit que ces mécanismes soient conformes aux dispositions de l'AUDSCGIE et aux dispositions statutaires. Ainsi, ils peuvent recourir aux comités spécialisés dans le cadre de l'organisation et le fonctionnement des sociétés commerciales.

Si aujourd'hui toutes les préconisations recommandent fortement la création de la trilogie « audit, nomination, rémunération », qualifiée de « sacrée[1] », elles laissent généralement les sociétés définir elles-mêmes le

---

[1] P. BISSARA, R. FOY et A. DE VAUPLANE, « Droit et pratique de la gouvernance des sociétés cotées. Conseils et comités », éd. Joly, ANSA, Paris, 2007, 409 p., spéc. p.180.

nombre de comités à créer conformément au principe *comply or explain*[1]. Il s'agit, à travers ces comités, de renforcer la transparence dans la gestion sociétaire et, particulièrement, d'intégrer les risques liés à l'environnement, le sociétal et la gouvernance à l'activité de l'entreprise. Ces comités, pour la plupart, jouissant d'une large indépendance, contribuent à prévenir le plus en amont possible les éventuels empiétements à l'intérêt social élargi. Le législateur OHADA a pris en compte ces préconisations et évoque la création de ces comités.

En effet, si le législateur OHADA fait de la création d'un comité d'audit au sein de sociétés anonymes faisant appel public à l'épargne une exigence, il n'en est pas le cas pour les autres types de comités ad hoc dont notamment celui de rémunération qui, en réalité joue un rôle essentiel dans la protection de l'intérêt social. La création du comité d'audit est l'une des exigences de la gouvernance d'entreprise[2]. Ainsi, contrairement aux comités que le CA a la possibilité de mettre en œuvre[3], ce comité d'audit est obligatoire dans les sociétés qui font appel à l'épargne ou dont les titres sont inscrits à une bourse de valeurs. C'est ce qui ressort de l'article 829-1 de l'AUDSCGIE : « le conseil d'administration des sociétés visées aux articles 828 à 853 du présent Acte uniforme est obligatoirement doté d'un comité d'audit ». Mais rien n'interdit en principe à une société, qui n'est pas tenue par cette obligation, de mettre en place volontairement un comité d'audit. Du fait de sa composition, le comité d'audit jouit d'une présomption d'indépendance vis-à-vis du CA. Il est exclusivement composé d'administrateurs non-salariés de la société ou n'exerçant aucun mandat de président directeur général, directeur général ou directeur général adjoint au sein de la société[4]. On comprendra alors que, le comité peut être composé de personnes extérieures à la société et n'ayant aucun lien avec cette dernière. L'exclusion des salariés se justifie par le fait que ces derniers sont soumis au pouvoir de direction et de contrôle de la société. Quant à l'exclusion du président directeur général, du directeur général et du directeur général adjoint, celle-ci se justifie davantage par le fait que le comité est par essence chargé de les contrôler, ce qui paraît incompatible.

Le comité d'audit est donc un organe spécialisé composé de membres compétents, préparant le travail du CA, mais agissant aussi et principalement comme organe de contrôle au regard de ses attributions. En effet, en droit de l'OHADA, il a pour missions[5] essentielles de procéder à l'examen des comptes et s'assurer de la pertinence et de la permanence des méthodes comptables adoptées pour l'établissement des comptes consolidés et sociaux de l'entreprise ; assurer le suivi du processus

[1] Idem.
[2] Ibid., spéc. p. 183.
[3] AUDSCGIE, art. 437.
[4] Idem., art. 829-1, al. 2
[5] Ibid., art. 829-1, al. 3.

d'élaboration de l'information financière ; assurer le suivi de l'efficacité des systèmes de contrôle interne et de gestion des risques ; émettre un avis sur les commissaires aux comptes proposés à la désignation par l'Assemblée générale. Par ailleurs, le comité d'audit doit rendre compte régulièrement au CA de l'exercice de ses missions et l'informer sans délai de toute difficulté rencontrée. Même s'il ne ressort pas clairement de l'article, on peut affirmer avec raison que les membres du comité d'audit s'exposeraient à des actions en responsabilité en cas d'information financière inexacte ainsi que lorsque les avis émis auraient induit le CA en erreur[1].

Le comité d'audit n'est pas un organe chargé de la gestion de la société, mais il est ou doit être le garant du bon fonctionnement du conseil. Puisqu'il a, dans ses attributions, non seulement « le suivi de l'efficacité des systèmes de contrôle interne et de gestion des risques », mais aussi « le suivi du processus d'élaboration de l'information financière » qui doit être accompagnée de la note 35 uniquement pour les entreprises de plus de 250 salariés – laquelle note exige l'établissement de listes sociales, environnementales et sociétales – il est plausible que ce comité d'audit puisse effectuer le contrôle de gestion des risques ESG par l'entreprise. Il peut formuler des avis à l'entreprise afin que celle-ci parvienne à intégrer efficacement les risques ESG à son activité. En d'autres termes, en assurant la supervision du système de contrôle interne, qui inclut naturellement celle du service de l'audit interne et qui a pour mission de vérifier l'application des procédures, le comité d'audit doit, à ce titre, au moins examiner les programmes de prévention des risques financiers (alors qu'il est admis que les risques environnementaux constituent des coûts à intégrer dans la comptabilité), risques environnementaux, risques sociétaux (violation des droits humains), de gouvernance (lutte contre la corruption) et les programmes d'intervention ainsi que tous les rapports. Il doit s'assurer que le service dispose de moyens adéquats, que ses membres ont reçu une formation appropriée et que son rattachement se situe à un niveau suffisant de la hiérarchie, le plus souvent directement à la direction générale[2].

Hormis le comité d'audit, le conseil d'administration peut créer d'autres comités ad hoc notamment celui de rémunération, mais aussi, puisqu'il n'y a pas de limitation de nombre, le comité des parties intéressées ou généralement le comité RSE pour assurer le suivi d'élaboration et de mise en place des stratégies pour prévenir et, le cas échéant, gérer les risques sociétaux et environnementaux. Soulignons que la création de ce comité n'est pas expressément prévue par le législateur OHADA, mais elle peut être déduite de l'article 437 de l'AUDSCGIE révisé aux termes duquel, « le conseil d'administration peut décider la création de comités composés

---

[1] Code Vert OHADA, *Traité et actes uniformes commentés et annotés*, Juriscope, éd. 2015, 1440 p., voir comm. sous l'art. 829-1 de l'AUDSCGIE révisé, spéc. p. 680.
[2] P. BISSARA, R. FOY et A. DE VAUPLANE, « Droit et pratique de la gouvernance des sociétés cotées. Conseils et comités », op. cit., spéc. p. 194.

d'administrateurs chargés d'étudier les questions que lui-même ou son président soumet, pour avis, à leur examen ». Aussi, « lors de la création du comité, le conseil d'administration peut décider que le comité peut recueillir l'avis d'experts non-administrateurs ». Il n'en demeure pas moins qu'au regard des exigences de la *corporate governance*, de tels comités soient indispensables dans le cadre de la prévention des conflits d'intérêts. En tout état de cause, il faut dire que le comité de rémunération peut ou non cumuler ses fonctions avec celles de comité de nomination. Le comité de rémunération est surtout nécessaire dans les sociétés faisant appel public à l'épargne dans lesquelles la rémunération des dirigeants doit faire l'objet d'un travail préparatoire. C'est l'une des bonnes pratiques de la RSE.

Par ailleurs, le comité des parties intéressées ou RSE est aussi nécessaire surtout pour les entreprises dont les activités sont susceptibles de créer des externalités négatives. Ce comité peut faire écho au plan de vigilance en France où il est requis que celui-ci soit élaboré en concertation avec le syndicat et parties intéressées et au dispositif européen du devoir de vigilance où il est exigé la consultation des parties prenantes à chaque étape de vigilance. Ce qui sous-entend la mise en place d'un tel comité.

D'ailleurs, si l'on se réfère au code de gouvernement Middlenext, il est soutenu que « désormais, on attend des entreprises une meilleure communication sur la démonstration que la RSE est au cœur de leur stratégie (…). En fonction de sa taille, de son secteur d'activité, il appartient à chaque entreprise d'adapter la formalisation de la dimension de cette responsabilité. Considérant l'importance de cette démarche, Middlenext qui invitait en 2016 les entreprises à créer un comité dédié à la RSE ou à défaut, à indiquer quel " membre du Conseil " a la charge de son suivi, en fait désormais une recommandation formelle[1] ». Il en est de même pour l'AFEP-MEDEF. La nouvelle version de son code de gouvernance des entreprises, applicable dès janvier 2023, contient des recommandations sur l'intégration de la RSE avec un focus sur l'urgence climatique[2]. A ce titre, un chapitre 5 désormais nommé « Le Conseil d'administration et la responsabilité sociale et environnementale » prévoit la détermination des orientations stratégiques pluriannuelles en matière de RSE par le conseil (article 5.1), suivie de la mise en place d'un plan d'action par la direction (article 5.2), la création de comités spécialisés dédiés. A ce propos, selon l'article 16, les sujets relatifs à la RSE font l'objet d'un travail préparatoire par un comité spécial du conseil d'administration au même titre que la rémunération ou la nomination des administrateurs et des dirigeants mandataires sociaux.

---

[1] Middlenext, « Code de gouvernement d'entreprise », Cahier n°14, nouvelle édition : sept. 2021, Paris, 56 p., spéc. p. 5.

[2] AFEP-MEDEF, « Code de gouvernement d'entreprise des sociétés cotées », Version de déc. 2022, 45 p.

Or le droit de l'OHADA, même si dans l'état actuel des choses, n'a pas encore intégré le devoir de vigilance, la mise en place de ce comité dans la pratique des entreprises OHADA trouvera un écho favorable. Celui-ci permettra aux entreprises de mettre en place des stratégies pour prévenir et, le cas échéant, gérer les risques sociétaux et environnementaux en concertation étroite avec les parties intéressées pertinentes, c'est-à-dire celles qui sont directement impactées par l'activité de l'entreprise. Il est important de rappeler que l'AUDSCGIE précise : « lors de la création du comité, le conseil d'administration peut décider que le comité peut recueillir l'avis d'experts non-administrateurs ». Cette disposition revêt une importance capitale. Nul n'ignore que l'environnement, par exemple, constitue un domaine technique. La bonne compréhension de certains enjeux environnementaux et même sociétaux nécessite l'éclairage des experts. Par ce comité des parties intéressées ou comité RSE, le conseil d'administration pourra décider de convier des experts en vue de recueillir leur avis.

Pour finir, nous remarquons que même si l'AUDSCGIE ne prévoit pas de façon expresse l'institution de ces comités à l'instar de comité d'audit, il n'en demeure pas moins que l'exigence prévue à l'article 831-2 alinéa 2 de l'AUDSCGIE semble contraindre le CA à les instituer[1]. Cette disposition, comme on le verra dans les lignes qui suivent, consacre dans l'AUDSCGIE le recours aux codes de bonne conduite avec le principe fondamental *comply or explain*, donnant ainsi un caractère légal à ce qui n'était en réalité qu'une simple recommandation dépourvue en principe de toute juridicité. Au demeurant, un tel comité est indispensable dans la prévention des conflits d'intérêts et assure une réelle protection de l'intérêt général.

Le recours aux principes du gouvernement d'entreprise se démarque également dans le cadre des codes de bonne conduite.

B. Le recours aux codes de bonne conduite

La révision de l'AUDSCGIE a été l'occasion pour le législateur OHADA d'introduire une disposition qui mentionne expressément les codes de bonne conduite comme règles pouvant régir le fonctionnement des sociétés commerciales. Il s'agit bien de l'article 831-2 qui dispose que : « lorsqu'une société se réfère volontairement à un code de gouvernement d'entreprise élaboré par les organisations représentatives des entreprises, le rapport prévu au présent article précise également les dispositions qui ont été écartées et les raisons pour lesquelles elles l'ont été. Si une société ne se réfère pas à un tel code de gouvernement d'entreprise, ce rapport indique les règles retenues en complément des exigences requises par la loi et

---

[1] Code Vert OHADA, *Traité et actes uniformes commentés et annotés*, Juriscope, éd. 2015, 1440 p., voir comm. sous l'art. 831-2 de l'AUDSCGIE révisé, spéc. p. 682.

explique les raisons pour lesquelles la société a décidé de n'appliquer aucune disposition de ce code de gouvernement d'entreprise ».

Cet article 831-2 se trouve dans les dispositions spécifiques aux sociétés anonymes faisant appel à l'épargne. Il ne faut pas ainsi occulter le fait que toutes les sociétés commerciales peuvent également y recourir. A la lecture de cette disposition de l'AUDSCGIE, on peut déduire qu'il pose à propos des codes de bonne conduite, le principe *comply or explain* ou principe « se conformer ou expliquer » en français, qui est une préconisation du gouvernement d'entreprise promue par les principes de l'OCDE et un des principes de RSE. Il apparaît comme un élément essentiel de la bonne gouvernance, en ce qu'il assure la transparence des informations fournies par les dirigeants et permet, par voie de conséquence, la protection de l'intérêt social en prévenant autant que faire se peut les conflits d'intérêts. En d'autres termes, les codes de bonne conduite ou codes de gouvernement d'entreprise réunissent les préconisations élaborées, selon les États, par des groupes de travail, des organisations professionnelles ou des acteurs économiques, préconisations ou standards auxquels les administrateurs sont invités à « conformer leur comportement, afin de garantir au marché la fiabilité de l'information financière délivrée par la société ainsi que l'existence d'un véritable contrôle exercé par le conseil d'administration sur les dirigeants exécutifs et de nature à prévenir d'éventuels dysfonctionnements[1] » dans l'intérêt de la société. La transparence étant une « obligation fondamentale du gouvernement d'entreprise concerne naturellement au premier chef la situation financière, mais l'exigence qui ne concernait au départ que les comptes et la communication financière, s'est étendue (...) aux pratiques de gouvernement d'entreprise[2] ». La RSE ou les enjeux de la durabilité notamment sociétaux, environnementaux et de gouvernance constituent l'une de ses pratiques. Il est clair que le législateur OHADA a voulu inciter les entreprises à intégrer les enjeux de la durabilité ou RSE dans la gestion quotidienne de leur activité en recourant aux codes de gouvernement d'entreprise ou codes de bonne conduite.

En effet, les entreprises OHADA ont la possibilité de mettre en œuvre une démarche RSE ou intégrer les risques liés à l'environnement, le sociétal et la gouvernance en s'appuyant sur des codes de bonne conduite qui sont des engagements volontaires. Ces engagements volontaires peuvent prendre la forme des référentiels, des labels ainsi que des normes privées, qui représentent l'émanation des règles propres à l'organisation de l'entreprise. Concrètement, ces déclarations d'engagement prennent souvent la forme d'un « code de conduite » ou d'une « charte éthique ». Les entreprises rappellent ces normes et affirment qu'elles les respectent.

---

[1] P. BISSARA, R. FOY et A. DE VAUPLANE, « Droit et pratique de la gouvernance des sociétés cotées. Conseils et comités », op. cit., spéc. p. 3.
[2] Idem, spéc. pp. 225-226.

Le droit de l'OHADA, en prévoyant la disposition, incitant les entreprises à recourir aux codes de bonne conduite, vise ainsi l'objectif de faire monter le CA en compétence en matière sociétale et environnementale et, de ce fait, rendre ses entreprises socialement et écologiquement responsables. Elles doivent se conformer aux règles qu'elles adoptent ou le cas échéant, si elles ne les appliquent pas, expliquer. A cet effet, au regard de l'article 831-2 alinéa 2 de l'AUDSCGIE, les sociétés cotées doivent indiquer, dans leur rapport annuel, si elles se réfèrent à un code de gouvernement d'entreprise (se conformer) et, à défaut, les raisons pour lesquelles elles écartent un code ou une disposition du code (expliquer). Ce dispositif contribue à promouvoir la bonne gouvernance des sociétés commerciales en général et à protéger l'intérêt général en particulier. Si les sociétés commerciales OHADA pourraient être tentées de se contenter, comme le rappelle un auteur, d'indiquer qu'elles ont dérogé à certaines recommandations sans fournir d'explications ou bien ne fournissent qu'une explication laconique[1], ainsi, il serait judicieux d'imposer aux sociétés de mieux expliquer les raisons pour lesquelles elles s'écartent des recommandations en présentant des explications pertinentes. Dès lors, pour l'information à donner en cas de non-application d'une recommandation, « l'explication (...) doit être compréhensible, pertinente et circonstanciée. Elle doit être étayée, adaptée à la situation particulière et indiquer de manière convaincante en quoi cette spécificité justifie la dérogation[2] ».

De ce principe, le législateur entend donner aux sociétés commerciales une alternative. Il a été fait observer que « la première branche de l'alternative (*comply*) aboutit à un conformisme alors que le deuxième terme (*explain*) exprime une liberté et donne à chacun le droit de créer sa propre règle de droit ou peut-être (...) de prendre en compte la spécificité de l'entreprise pour adapter la préconisation applicable[3] ». Seulement en droit de l'OHADA, comme cela a été souligné avec raison, la tournure utilisée dans l'alinéa 2 est une stratégie qui contraint, sans le dire, les dirigeants à adopter les prescriptions de la *corporate governance*[4]. Ainsi, même si on est dans le droit souple, l'AUDSCGIE semble à travers cette disposition contraindre le CA à y recourir. En effet, il serait plus difficile pour un président du CA de vouloir justifier le non-respect du code de gouvernement d'entreprise.

Il existe des mécanismes sociétaires qui favorisent la survie de l'entreprise. Ces mécanismes appréhendent également les risques sociétaux et environnementaux. Affirmation qui devra être démontrée.

---

[1] I. URBAIN-PARLEANI, « l'amélioration de l'information sur la gouvernance des entreprises », Dalloz rev. des sociétés n°7-8, juill. – août 2013, p. 393.
[2] Idem.
[3] Ibid.
[4] Code Vert OHADA, *Traité et actes uniformes commentés et annotés*, Juriscope, éd. 2015, 1440 p., voir comm. sous l'art. 831-2 de l'AUDSCGIE révisé, spéc. p. 682.

Section II. La gestion des risques sociétaux et environnementaux par les mécanismes sociétaires garantissant la survie de l'entreprise

Le fonctionnement d'une société commerciale peut se heurter à des difficultés multiformes. Il peut arriver qu'elle souffre de difficultés chroniques financières consécutives à la réalisation des risques ESG qui ne donnent toutefois pas lieu de désespérer. Pour faire face à ce dysfonctionnement, le législateur OHADA a innové en concevant des mécanismes qui visent à empêcher la cessation de l'exploitation tout en limitant les abus dans la gestion. Parmi ces mécanismes, nous citons notamment la procédure d'alerte et l'expertise de gestion. Ces deux mécanismes, en droit de l'OHADA, ne sont pas prioritairement dédiés à la prise en compte de risques sociétaux et environnementaux. Néanmoins, nous pouvons trouver des éléments susceptibles de prouver le contraire. Par ailleurs, l'entreprise peut tomber sous le coup de difficultés financières donnant lieu de désespérer à la suite, par exemple, soit d'une catastrophe qu'elle a causée, soit d'une activité qu'elle a développée laquelle présente de risques industriels et qui connaît des difficultés pour de causes purement économiques et financières. Dans l'un ou l'autre cas, l'entreprise peut être placée en redressement ou en liquidation judiciaire. C'est l'hypothèse d'une procédure collective. L'ouverture de cette dernière fait intervenir dans la conduite des activités de l'entreprise des organes de la procédure ayant des misions bien précises. Soulignons que les objectifs sociétaux et environnementaux ne sont pas au premier plan de ces missions. Mais il va de soi que celles-ci prennent en compte le volet sociétal et environnemental de l'entreprise[1].

C'est donc dans l'objectif d'analyser ces mécanismes garantissant la survie de l'entreprise dans la gestion des risques ESG, et exclusivement dans cette optique, que l'on verra successivement les mécanismes de procédure d'alerte et l'expertise de gestion (**§1**) et celui des organes de la procédure collective (**§2**).

§1. La procédure d'alerte et l'expertise de gestion redéfinies dans leur objet par les risques sociétaux et environnementaux

Si l'alerte est une procédure destinée à réveiller les dirigeants de la société, l'expertise de gestion répond au souci premier de garantir une information fiable aux associés en faisant intervenir une personne de

[1] B. ROLLAND, « Responsabilité sociale de l'entreprise et procédures collectives », in *Responsabilité sociale des entreprises. Regards croisés Droit et Gestion (dir. F-G. TREBULLE et O. UZAN)*, éd. Economica, Paris, 2011, 530 p., pp. 293-302.

l'extérieur à la société dont le rapport ou décisions pourront affecter les modalités de fonctionnement et s'il y avait risque de compromission de l'entité économique, il permettra sa survie. En raison de sa connaissance particulière de la santé sociale, voire économique et environnementale de la société, le législateur a fait du CAC la personne principale chargée de déclencher l'alerte. Toutefois, pour contrecarrer son inertie ou négligence, ce droit d'alerte a été créé parallèlement au profit des associés. Étant une simple faculté pour les associés, leur droit a été renforcé par l'expertise de gestion. Il convient de voir dans quelle mesure la procédure d'alerte permettra aux CAC et associés d'appréhender les risques sociétaux et environnementaux (**A**) d'une part et d'autre part la prévention de ces risques dans la gestion par l'information à travers l'expertise de gestion (**B**).

A. La procédure d'alerte redéfinie par les risques sociétaux et environnementaux

Le CAC joue un rôle de plus en plus important dans la vie d'une société. Son activité peut se diviser en trois piliers : la certification des comptes, la vérification des documents comptables et la dénonciation des atteintes à la gestion d'une société. C'est ainsi que progressivement les CAC se sont vus investis d'une mission d'intérêt général de contrôle et de surveillance au profit non seulement des associés d'une société commerciale mais aussi de toutes les parties intéressées notamment les créanciers, fournisseurs, banquiers, investisseurs, salariés. Ces derniers ont, à apprécier la situation financière, voire sociale, économique et environnementale d'une société commerciale et, pour cela, doivent pouvoir se fier aux documents comptables et financiers la concernant[1].

Introduit en droit de l'OHADA dans l'AUDSCGIE du 17 avril 1997, les CAC ont vu leur mission et responsabilité accroître par la réforme de 2014. Ils ont dorénavant l'obligation de relever et dénoncer les faits qui pourraient entraver la continuité des activités de la société. Cette obligation énoncée dans les articles 150 à 156-1 de l'AUDSCGIE est l'une des mesures permettant aux actionnaires ou associés de contrôler indirectement, à travers l'intervention légale d'un tiers, les actions des dirigeants sociaux relative à la gestion de la société. Elle est matérialisée dans le cadre d'un mécanisme appelé la procédure d'alerte. Cette dernière, selon un auteur, se présente comme « un mode de traitement non judiciaire des difficultés des

---

[1] V. GONCALVES, « Commissaire aux comptes : le nouveau régime issu de la réforme de l'acte uniforme relatif aux sociétés commerciales et aux groupements d'intérêt économique », Rec. Penant, éd. Juris Africa n°887, avril – juin 2014, pp. 244-255, spéc. p. 244.

entreprises[1] ». Elle a pour objectif principal « d'informer le chef d'entreprise de tout fait de nature à compromettre la continuité de l'exploitation[2] », c'est-à-dire « de neutraliser tout risque sérieux susceptible d'entraîner la cessation d'exploitation et donc de justifier le redressement judiciaire ou la liquidation des biens de la société concernée[3] ». Le mécanisme d'alerte ouvert aux CAC se présente comme une possibilité de prévenir les dirigeants sociaux des dangers ou risques que la société encourt du fait de leur mauvaise gestion. Aussi, il s'agit d'une mesure de protection visant les intérêts des autres acteurs de la société mais aussi ceux de la société elle-même. En d'autres termes, elle tend à protéger l'intérêt social élargi.

En effet, le fonctionnement d'une entreprise repose en grande partie sur les choix opérés par les dirigeants sociaux. Ces choix sont issus de l'association de considérations objectives mais parfois aussi subjectives qui ne cadrent pas toujours avec l'intérêt social. Son institution entre les mains de CAC permet à ces derniers de le mobiliser en respectant deux conditions[4]. Il faut tout d'abord l'existence d'un fait. Il faut ensuite que ce fait constitue un danger pour la société c'est-à-dire qu'il soit de nature à compromettre la continuité de l'exploitation.

Concernant la première condition, il faut relever que le législateur OHADA n'apporte pas de précisions claires sur ce qu'il considère comme « fait » de nature à compromettre la continuité de l'exploitation. S'il est vrai que l'élément déclencheur de la procédure d'alerte par le CAC peut résulter d'un fait unique, le législateur OHADA ne le définit pas précisément. Un auteur souligne à juste titre qu' « il appartient à la jurisprudence des tribunaux et Cours de l'espace OHADA de préciser cette notion[5] ». Dans cette lancée, les juges ont dû préciser la différence entre cette notion et la demande de désignation d'un administrateur provisoire[6]. Nous pouvons,

---

[1] A. FOKO, « L'essor de l'expertise de gestion dans l'espace OHADA », in *Les mutations juridiques dans le système OHADA (dir. A. AKAM AKAM)*, L'Harmattan, Paris, 2009, 262 p., pp. 141-180, spéc. p. 144, n°5.

[2] Idem.

[3] Ibid.

[4] P-G. DJESSI DJEMBA, « Le devoir d'alerte du commissaire aux comptes dans les sociétés commerciales de l'espace OHADA », Rec. Penant, éd. Juris Africa n°892, juill. – sept. 2015, pp. 370-393, spéc. p. 374-376.

[5] A. FENEON, « La mésentente entre associés dans les sociétés anonymes OHADA : prévention et modes de règlement », Rec. Penant, éd. Juris Africa n°848, juill. – sept. 2004, pp. 265-279, spéc. p. 277.

[6] CCJA, 1ère ch.., Arrêt n°034/2007, 22 nov. 2007, Affaire Mireille PARLALIDIS c/ 1°/ FOUQUIER Françoise Marie épouse BLANC ; 2°/ BLANC André Joseph, 3°/ Société de Publicité et de Promotion par l'objet dite « S2PO » SARL, Code bleu OHADA, éd. Juriafrica, Douala, 2018, 1278, spéc. p. 352 en ce que « un associé, convaincu d'un fait de nature à compromettre la continuité de l'exploitation de la société doit, au lieu de saisir directement le juge des référés aux fins de désignation d'un administrateur provisoire faute d'urgence, poser par écrit des questions y relatives au gérant ; la nomination d'un administrateur provisoire ne pouvant intervenir qu'en présence de faits de nature à paralyser le fonctionnement de la société ».

toutefois, relever, sans avoir la prétention d'être exhaustif, que le ou les faits de nature à compromettre la continuité de l'exploitation se rapportent, soit à l'état financier de la société, soit à son exploitation. Nous retenons également des éléments tenant compte de l'environnement socio-économique de la société[1]. Dans cette logique, les risques sociétaux, environnementaux et de gouvernance peuvent être relevés parmi les faits.

Encore que l'existence d'un fait doive constituer un danger pour la continuité de l'exploitation. Cela suppose donc, en amont, une appréciation de ce dernier. Ceci n'est possible que si le CAC en a connaissance à l'occasion de l'exercice de sa mission ou lors de l'examen de documents sociaux. Comme relevé précédemment, les entreprises de plus de 250 salariés, surtout celles dont les activités sont susceptibles d'affecter l'environnement, sont obligées de présenter une liste des informations sociales, sociétales et environnementales en annexe de leur état financier. C'est donc dans le cadre du contrôle de ces documents ou même dans l'exercice de sa mission que le CAC peut prévenir les dirigeants sociaux sur les risques inhérents à la situation financière, sociale et environnementale de la société et l'incidence de ceux-ci sur la continuité de l'exploitation. Il est tout à fait plausible que la réalisation de risques sociétaux et environnementaux peut compromettre la continuité de l'exploitation. Le CAC, qu'il soit dans les SA ou sociétés autres que les SA, va demander par lettre recommandée des explications aux dirigeants qui sont tenus de répondre dans les conditions et délais fixés dans l'AUDSCGIE[2].

Par ailleurs, le droit à l'information permet aux associés non dirigeants de différents types de sociétés commerciales de contrôler la gestion. Mais, en cas de difficultés d'ordre financier, économique, environnemental ou social, les associés des sociétés de personnes ont le droit comme ceux des sociétés à risques limités, d'engager la procédure d'alerte. Cela se justifie dans l'écriture des articles 157 et 158 de l'AUDSCGIE où les associés ou actionnaires peuvent poser par écrit des questions aux dirigeants sociaux sur « tout fait de nature à compromettre la continuité de l'exploitation ». Comme pour le cas des CAC, le législateur OHADA a fait le choix de ne pas définir cette notion. Dès lors, les risques sociétaux, environnementaux et de gouvernance peuvent constituer des faits susceptibles de compromettre la continuité de l'exploitation en cas de réalisation. C'est logique qu'ils soient relevés parmi les faits par les associés ou actionnaires. En outre, cette procédure d'alerte devrait permettre non seulement d'obtenir des informations mais surtout d'inciter le dirigeant à prendre au plus vite les mesures de rétablissement qui s'imposent. Ce devoir d'alerte ne constitue qu'une simple faculté pour les associés. Il n'est pas une obligation. Néanmoins, comme le relève un auteur, « les dirigeants sociaux qui

---

[1] P-G. DJESSI DJEMBA, « Le devoir d'alerte du commissaire aux comptes dans les sociétés commerciales de l'espace OHADA », op. cit., spéc. p. 374.
[2] AUDSCGIE, art 150 et 153.

opposeraient un refus non justifié à cette demande d'information engageraient leur responsabilité et pourraient être condamnés à des dommages et intérêts ; ils pourraient être également poursuivis pénalement sur le fondement de l'instruction prévue à l'article 892 de l'AUSC sanctionnant le fait d'empêcher un actionnaire de participer à une Assemblée Générale[1] ».

La procédure à suivre dans le cas d'alerte varie selon qu'il s'agit d'une société anonyme[2] ou non[3]. Ils peuvent deux fois par exercice poser les questions au gérant, au président du conseil d'administration, au président-directeur général, à l'administrateur général qui doivent répondre dans le délai de 1 mois en adressant copie de la question et de sa réponse au CAC. La mention du CAC est nécessaire et constitue une mesure dissuasive pour les dirigeants de fournir une réponse sincère reflétant la réelle situation de l'entité économique. Cette procédure permet aux associés, tout comme aux CAC, de protéger l'intérêt social élargi et inciter les dirigeants sociaux à gérer les risques ESG, concourant ainsi, de leur côté, à protéger l'intérêt social élargi.

Nous ne pouvons que déplorer, comme relevé précédemment, l'absence du droit d'alerte pour les salariés en droit de l'OHADA. Si en France, les représentants des salariés peuvent intervenir dans le cadre de la procédure d'alerte lorsque la société est en situation difficile depuis 1984, un auteur renseigne les raisons de cette absence en droit de l'OHADA en ces termes : « (...) c'est pour éviter de mettre entre les mains des salariés une arme contre le capital organisé, c'est-à-dire la société. L'exclusion des travailleurs de la procédure d'alerte est fondée sur la peur que ceux-ci n'en fassent un usage intempestif pouvant nuire au crédit de la société. D'autres l'expliquent par la difficulté que les représentants du personnel auraient à rencontrer dans l'appréciation des documents leur permettant de mettre en évidence un risque pour la continuité de l'activité qu'ils veulent sauvegarder[4] ». En France, hormis le droit d'alerte reconnu dans le cadre du mécanisme de devoir de vigilance, il est désormais possible depuis 2021 au comité d'entreprise et aux salariés d'exercer leur droit d'alerte pour des questions et décisions de l'entreprise impliquant les enjeux sociétaux et environnementaux. Le comité est informé des conséquences environnementales de l'activité de l'entreprise[5].

Le droit d'alerte est renforcé par l'expertise de gestion au profit des associés.

---

[1] A. FENEON, « La mésentente entre associés dans les sociétés anonymes OHADA : prévention et modes de règlement », op. cit., spéc. p. 267.
[2] AUDSCGIE, art. 158.
[3] Idem., art. 157.
[4] P-S. A. BADJI, « OHADA et bonne gouvernance d'entreprise », op. cit., spéc. p. 246.
[5] Art. 40 et s., L. n° 2021-1104, 22 août 2021 portant lutte contre le dérèglement climatique et renforcement de la résilience face à ses effets, JORF n°0196, 24 août 2021, Texte n°1.

B. L'expertise de gestion redéfinie par les risques sociétaux et environnementaux

L'obligation faite par l'AUDSCGIE aux dirigeants de sociétés commerciales d'établir et de communiquer les documents sociaux et les questions qui peuvent leur être posées en application des articles 157 et 158 peut, toutefois, se révéler insuffisante pour certains associés. Ces derniers pourraient s'estimer insuffisamment éclairés sur la situation de la société. Le recours à un tiers particulièrement qualifié pour examiner ces documents et ces comptes peut se révéler alors nécessaire. C'est bien l'hypothèse de l'expertise de gestion.

A ce titre, un auteur renseigne que « l'institution dans les dispositions relatives au fonctionnement de la société commerciale de l'expertise de gestion, prévue aux articles 159 et 160 de l'AUSC, constitue une innovation importante[1] » puisqu'introduite dans l'espace OHADA par l'Acte uniforme en 1997. Pour donner suite à la réforme de 2014, l'AUDSCGIE n'a pas développé outre mesure les dispositions régissant l'expertise de gestion. Les modifications sont, en effet, limitées à un accès plus large des associés à la demande judiciaire d'une expertise de gestion et à l'implication du CAC dans la procédure. Ce dernier doit, désormais, recevoir le rapport de l'expert au même titre que les associés. Par conséquent, « bien que limitées, ces modifications tendent toutefois vers une efficacité plus accrue de la procédure d'expertise de gestion dans l'espace OHADA[2] ». Le mécanisme d'expertise de gestion constitue donc un moyen mis à disposition des associés minoritaires pour leur permettre de manière ponctuelle d'exercer un contrôle sur la gestion de la société de manière à s'assurer que cette dernière ne met pas en péril la société et leur investissement[3].

L'expertise de gestion suppose réunies un certain nombre de conditions relatives aux questions concernées et à l'expertise sollicitée. En effet, le demandeur de l'expertise de gestion doit avoir des soupçons relatifs à la régularité d'une ou plusieurs opérations de gestion. Il convient de se pencher sur la définition même de l'opération de gestion. Cette définition ou conception constitue un élément d'appréciation de ce mécanisme dans l'appréhension de risques sociétaux et environnementaux.

A cet égard, l'article 159 de l'AUDSCGIE ne donne aucune définition de l'acte de gestion susceptible de conduire à une expertise. Il ressort que « le législateur a confirmé sa volonté de laisser aux juges la tâche de définir de manière plus détaillée les règles qui s'y appliquent[4] ». En droit comparé,

---

[1] A. FENEON, « La mésentente entre actionnaires dans les sociétés anonymes régies par l'Acte uniforme OHADA », op. cit., spéc. p. 268.

[2] A. FENEON, « Droit des sociétés en Afrique (OHADA) », op. cit., spéc. p. 461, n°1064.

[3] Idem, spéc. p. 461, n°1065.

[4] Ibid., spéc. p. 461, n°1064.

la Cour de cassation française, pour faire un tri entre toutes les opérations décidées au sein de la société, utilise un critère organique[1]. Ceci est d'autant vrai puisque dans un premier temps, les juridictions françaises acceptaient toutes les demandes tendant au contrôle d'opérations décidées par l'assemblée générale[2] et le CA. Aujourd'hui, seuls les actes des organes de gestion peuvent être concernés par cette procédure[3] excluant, de ce fait, celles émanant des assemblées[4]. Aussi, dans la pratique, l'opération de gestion semble être une notion à contenu variable[5]. De même, selon une analyse matérielle soutenue par un auteur, l'acte de gestion pourrait être défini en fonction de son objet. Ainsi, il serait alors « l'acte nécessaire ou utile à la réalisation de l'objet social[6] ». Cette conception a le mérite d'être vaste car elle engloberait à la fois le but poursuivi par les dirigeants sociaux mais également, de façon plus indirecte, celui poursuivi par les associés mais aussi les tiers. Avec cette conception, il serait logique, pour des associés, et même sous l'influence des tiers, notamment la société civile et ONG, de recourir à l'expertise de gestion. Ce recours peut se faire à la suite du soupçon que la société ait été mal gérée, soit les dirigeants ont minimisé les incidences environnementales et sociétales soit ils ne les ont pas intégrées dans des actes qui nécessitaient leur prise en compte.

En définitive, l'expertise ne doit porter que sur une ou plusieurs opérations de gestion et non pas sur l'ensemble de la gestion, qu'elles aient déjà été réalisées ou qu'elles soient en préparation. On voit que les conséquences de l'article 159 de l'AUDSCGIE sont, selon le cas, soit réparatrices soit préventives. De même, la jurisprudence penche davantage pour une détermination précise de la mission de l'expert[7].

L'effectivité du mécanisme d'expertise de gestion nécessite le respect de certaines conditions. Elles portent sur la demande d'expertise faite par les associés qui soupçonnent la société d'être mal gérée et sur les résultats de l'expertise.

Concernant les associés, en matière d'expertise de gestion, ils doivent détenir, pour être habilités à agir, au moins le dixième du capital social soit individuellement, soit en se groupant. Ils peuvent, de ce fait, demander à la juridiction compétente du siège social statuant à bref délai la désignation d'un ou plusieurs experts chargés de présenter un rapport sur une ou plusieurs opérations de gestion. Avant la réforme de 2014, le législateur

---

[1] Cass. com, 12 janv. 1993, Dalloz rev. sociétés 1993, p. 426, note B. SAINTOURENS.
[2] CA Rouen, 17 mars 1970, Dalloz rev. sociétés 1971, p. 59.
[3] Cass. com, 12 janv. 1993, Dalloz rev. sociétés 1993, p 426, note B. SAINTOURENS.
[4] Cass. com, 19 nov. 1991, Dalloz rev. sociétés 1992, p. 510, note M. MARTEAU-PETIT.
[5] M. MARTEAU-PETIT (dir. B. OPPETIT), « La notion d'acte de gestion et le droit des sociétés », Thèse, Université Panthéon-Assas Paris II, 1992, 601 p., spéc. p. 534, n°689.
[6] R. BADINTER, « Les pouvoirs du président-directeur général de la société anonyme de type classique après la réforme du Droit des sociétés commerciales », Rec. Dalloz 1969, 29è cahier – Chron., p. 185.
[7] M-A. NJANDEU, « « La protection de la société commerciale en droit OHADA », op. cit., spéc. p. 237.

OHADA ne fixait aucun délai, ni aucune forme, et exigeait aux associés de présenter la demande au seul président de la juridiction compétente du siège social de la société, là où son homologue français impose aux tribunaux de statuer en référé. La réforme a supprimé cette mention. Le texte de l'article 159 de l'AUDSCGIE renvoyant désormais « à la juridiction compétente du siège social statuant à bref délai », la compétence du juge des référés pourrait être retenue sur le fondement du principe selon lequel « l'urgence justifie toute mesure pouvant éviter un péril[1] ». Autrement dit, la voie du référé pourra être utilisée pour une demande d'expertise devant le tribunal au motif justifié de la mise en péril des intérêts de la société ou de ceux d'un ou de plusieurs associés. On peut comprendre que la non prise en compte de risques sociétaux et environnementaux peuvent, dans une certaine mesure, mettre en péril les intérêts de la société et même ceux des associés.

A l'issue de sa mission, l'expert fait un rapport, adressé au demandeur ainsi qu'à tous les autres demandeurs potentiels : CAC et dirigeants sociaux. Il est annexé au rapport de CAC et reçoit la même publication en vue de la prochaine Assemblée générale, à laquelle il sera présenté et, donc soumis à l'approbation des associés. Même si rien ne semble présager les sanctions directes envers les dirigeants fautifs ou le sort des actes abusifs, au vu du rapport, nous pouvons avancer que si les révélations sont compromettantes, certaines actions peuvent être déclenchées notamment action en responsabilité contre les dirigeants, demande de révocation, action en nullité des décisions abusives.

Par ailleurs, les missions reconnues aux organes de la procédure collective n'appréhendent pas prioritairement les questions sociétales et environnementales. Mais nous pouvons, néanmoins, trouver des éléments que l'on peut servir pour prendre en compte et gérer les risques sociétaux et environnementaux.

§2. Les organes de la procédure collective interpellés par les risques sociétaux et environnementaux

L'ouverture d'une procédure collective a pour conséquence la désignation des organes ayant pour mission de conduire la procédure à son terme. Qu'on soit en présence d'un redressement ou d'une liquidation judiciaire, les organes qui sont mis en place par le jugement d'ouverture sont variés et ont chacun de missions bien définies qui ne sauraient exclure les questions d'incidence sociétale et environnementale. Dès lors, « les problèmes environnementaux (par exemple) n'échappent pas au joug des exigences et contraintes de la procédure ouverte. Ils intègrent les

---

[1] A. FENEON, « Droit des sociétés en Afrique (OHADA) », op. cit., spéc. p. 464, n°1073 ; voir aussi : M. B. DEMBELE, « La notion de " juridiction compétente statuant à bref délai " en droit Ohada », Rec. Penant, éd. Juris Africa n°916 juill. – sept. 2021, pp. 377-400.

procédures collectives et les droits spécial de l'environnement et des procédures collectives s'appliquent donc de façon simultanée[1] ». Le droit de l'OHADA prévoit des organes dont l'existence remonte aux droits africains antérieurs. Il s'agit du syndic, du juge-commissaire, du ministère public et des contrôleurs[2]. Ayant chacun une mission bien déterminée, il conviendra d'étudier l'intégration de questions sociétales et environnementales dans la gestion des procédures collectives au prisme de leurs fonctions. Ainsi, il sied de relever d'abord les fonctions du syndic et des contrôleurs (**A**), ensuite les organes judiciaires tels que le juge-commissaire et le ministère public (**B**).

A. Le syndic et les contrôleurs interpellés par les risques sociétaux et environnementaux

Le syndic est un organe qui joue un rôle important dans les procédures collectives. Chargé de missions différentes selon la procédure en cours, il est donc présent dans toute la procédure collective jouant, de ce fait, un rôle essentiel dans son déroulement. Sa présence à tous les niveaux de la procédure et ses missions font de lui un acteur clé qui ne peut ignorer la situation sociétale et environnementale de l'entreprise dont il a la responsabilité d'assister ou de représenter le dirigeant débiteur.

En fonction de la procédure en cours, le syndic, unique mandataire de justice, peut être amené à réaliser le bilan social et économique qui dans le cas où l'entreprise exploite des installations classées ou des activités susceptibles d'avoir une incidence sur l'environnement, doit être complété par un bilan environnemental. Le syndic représente les créanciers et assiste le débiteur. Ces missions traditionnelles ne sont pas inadéquates à la réalisation par ses soins du bilan social et économique et du bilan environnemental. Il convient de s'interroger sur les moyens juridiques que le droit des procédures collectives offre au syndic afin qu'il puisse intégrer les contraintes sociétales et environnementales dans sa mission de représentation des créanciers mais aussi celle d'assistance au débiteur.

En effet, il ressort de l'alinéa 1er de l'article 72 de l'AUPCAP que « la décision d'ouverture de la procédure de redressement judiciaire ou de liquidation de biens constitue les créanciers en une masse représentée par le syndic qui seul agit en son nom et dans l'intérêt collectif et peut l'engager ». C'est le syndic qui veille à l'inscription légale de la masse[3] et « est tenu de requérir au nom de la masse, les inscriptions des sûretés mobilières et immobilières soumises à publicité qui n'ont pas été requises

[1] Y. ADAM TAIROU, « Préoccupations environnementales et droit de l'entreprise dans l'espace OHADA », op. cit., spéc. p. 255.
[2] AUPCAP, art. 39 à 48.
[3] AUPCAP, art. 74.

par le débiteur lui-même (…)[1] ». Tous les créanciers composant la masse doivent lui produire leurs créances[2] qu'il vérifie en même temps que les revendications[3]. Il est donc chargé de protéger, dans la procédure, les intérêts des créanciers de la masse qui sont ceux dont les créances sont nées régulièrement avant le jugement d'ouverture. Étant chargé de recevoir toutes les créances antérieures au jugement d'ouverture, les créances environnementales[4] et celles sociétales pouvant être analysées comme étant antérieures au jugement seront naturellement soumises à ce principe. Le caractère sociétal et environnemental des créances ne va pas donc à l'encontre de la production de créances antérieures au syndic[5]. Il reviendra au syndic de mener de diligences nécessaires que sa fonction lui impose afin de porter à la connaissance des créanciers l'information sociétale et environnementale, de même les éléments permettant d'évaluer l'impact des éventuels risques sociétaux et environnementaux sur le patrimoine de l'entreprise. Les créanciers pourraient alors apprécier, par ces informations, l'incidence que tout risque sociétal et environnemental provoqué par les activités de l'entreprise en redressement peut avoir sur le paiement de leur créance. Le volet sociétal et environnemental du syndic représentant les créanciers est donc crucial et économiquement déterminant pour l'intérêt des créanciers.

Par ailleurs, le syndic assiste le débiteur. Si celui-ci sera chargé d'assister le débiteur en procédure de redressement judiciaire, il se substitue à lui en cas de liquidation judiciaire. Les différentes fonctions du syndic font de lui un véritable chef d'entreprise en charge de missions et responsabilités du débiteur assisté et substitué. Il est judiciairement investi, par la juridiction compétente de la procédure collective, de pouvoirs normalement conférés aux dirigeants de droit, sans toutefois avoir cette qualité qui est conférée par la loi ou les statuts. Il exerce donc les pouvoirs qui sont détenus par les dirigeants sociaux d'une entreprise in bonis. Le syndic peut alors être considéré en droit de l'OHADA comme un président-directeur général, un directeur général, un administrateur général ou un gérant, et ce, par procuration. A ce titre, le syndic devient, du fait de ses missions, un véritable responsable de l'entreprise, par exemple, qui est exploitant au titre de la législation sur les installations classées pour la protection de

---

[1] Idem., art. 54 al. 2.

[2] Ibid., art. 78.

[3] Ibid., art. 84 et 85.

[4] Nous pouvons imaginer une créance environnementale ou sociétale dans la mesure où elle peut être établie à la suite d'une décision de justice condamnant l'entreprise à une réparation environnementale ou à une indemnisation d'une association de protection de l'environnement ou à une ONG, ou paiements des créances professionnelles (salaires), ou indemnisation des salariés ou riverains victimes des dommages sociétaux (violation des droits humains). Voir : B. ROLLAND, « Responsabilité sociale de l'entreprise et Procédures collectives », op. cit., spéc. pp. 298-300.

[5] Y. ADAM TAIROU, « Préoccupations environnementales et droit de l'entreprise dans l'espace OHADA », op. cit., spéc., p 259.

l'environnement. Représentant légal de l'exploitant en titre, il convient de préciser que les objectifs du syndic ne doivent pas l'éloigner des obligations règlementaires d'un exploitant en fin d'activité. Il doit ainsi honorer les obligations environnementales voire sociétales d'un exploitant en fin d'activité. C'est donc fort logiquement, comme l'a si bien relevé un auteur que le syndic en droit de l'OHADA jouant le rôle d'administrateur judiciaire et de mandataire judiciaire se voit imputer la responsabilité d'une détection, d'une surveillance de pollution, voire d'une dépollution de sites, alors que rien n'est prévu pour qu'ils disposent de capitaux nécessaires pour y faire face[1]. Aussi, lorsque le pollueur auteur de l'acte portant atteinte à l'environnement n'est pas identifiable ou est en situation de redressement judiciaire ou de liquidation, l'exploitant actuel du site ou le liquidateur de l'entreprise aura la charge de cette obligation générale de remise en état[2]. Il paraît clair que le syndic ne peut faire abstraction des obligations environnementales et doit intégrer les contraintes environnementales et sociétales dans la conduite de la procédure collective.

Puisque le syndic peut être amené à réaliser le bilan social et économique, il sied de préciser que le droit de l'OHADA ne prévoit pas le bilan environnemental. Cela n'étonne pas dans la mesure où son objectif n'était pas d'impulser l'insertion de questions environnementales dans la recherche de solutions applicables à une entreprise qui connaît des difficultés. Son but est de permettre la sauvegarde de l'entreprise si la situation le permet, au moyen d'un concordat de redressement ou de liquider le bien si le redressement est manifestement impossible. Et c'est au vu de ce bilan que sera établi le projet de concordat ou de plan de sauvegarde ou de redressement judiciaire. Le bilan économique et social que doit établir le syndic comprendra un diagnostic stratégique et commercial, un diagnostic industriel, un diagnostic comptable et financier, la situation juridique et fiscale, la situation sociale où on s'intéressera à l'analyse des effectifs, la grille de rémunération et son adéquation par rapport aux postes occupés, la conformité par rapport à la réglementation sociale[3]. C'est ici que le syndic est obligé de relever les différentes incidences sociétales notamment l'impact de violations des droits fondamentaux au travail.

Il nous paraît intéressant, pour rejoindre certains auteurs[4], que les prochaines réformes des actes uniformes puissent prendre en compte les

[1] Y. ADAM TAIROU, « Préoccupations environnementales et droit de l'entreprise dans l'espace OHADA », op. cit., spéc. p. 261.

[2] Idem.

[3] N. YAO KOFFI, « Guide des procédures collectives : acte du 10 septembre 2015 portant organisation des procédures d'apurement du passif, commenté et complété de modèles d'actes », », 2è éd., Droit Afrique, Paris, 2016, 276 p., spéc. p. 232.

[4] Notamment Monsieur Y. ADAM TAIROU, dans sa thèse, il défend l'idée que les syndics ne doivent pas être exemptés de cette charge d'établir le bilan environnemental par les réformes à venir. Voir : Y. ADAM TAIROU, « Préoccupations environnementales et droit de l'entreprise dans l'espace OHADA », op. cit., spéc. pp. 274-276.

préoccupations environnementales dans la mesure où les questions environnementales ne peuvent plus désormais être écartées des préoccupations des entreprises[1]. L'espace OHADA ne saurait donc rester en marge de ce large mouvement contemporain et se doit de légiférer sur la question de contraindre les entreprises dont les activités ont une incidence négative sur l'environnement et le sociétal via les règles des procédures collectives. Autrement dit, le droit de l'OHADA doit imposer aux entreprises dont les activités sont susceptibles d'affecter l'environnement, d'établir lors des procédures collectives, outre le bilan économique et social, le bilan environnemental. Le contenu du bilan environnemental doit permettre de faire ressortir tous les impacts environnementaux qui sont le fait des activités de l'entreprise ainsi que les dispositions et mesures qui sont déjà prises afin d'éclairer le syndic sur la situation environnementale de l'entreprise.

Les contrôleurs constituent un organe des créanciers en droit de l'OHADA[2]. Ils sont consultés sur des questions importantes de la procédure avec possibilité d'exposer leur point de vue et de formuler des suggestions dans leur mission de surveillance, du déroulement de la procédure collective. Ils veillent aux intérêts des créanciers et ils représentent les intérêts de tous les créanciers y compris les créanciers environnementaux et les salariés qui sont les premiers à subir les risques sociétaux. Analyser alors le rôle que les contrôleurs peuvent jouer afin d'œuvrer pour la prise en compte des préoccupations sociétales et la protection de l'environnement nécessite l'étude de différentes attributions des contrôleurs dans la procédure collective.

L'AUPCAP institue les contrôleurs avec des attributions bien précises. Ils sont nommés par le juge-commissaire qui doit tenir compte de certaines incompatibilités[3]. Une fois désigné, le contrôleur ou les contrôleurs (leur nombre peut aller d'un à cinq), dont les missions sont précisées à l'article 49 de l'AUPCAP, assiste le juge-commissaire et veille aux intérêts des créanciers. Ils peuvent, dans l'accomplissement de leur mission, suggérer au syndic d'exercer une action en responsabilité contre un dirigeant et contribuer à surmonter une certaine inertie du mandataire de justice[4]. Ils peuvent également fournir au juge-commissaire toutes les informations dont ils disposent et tous les éléments qu'ils estiment pouvoir l'aider, l'éclairer dans sa prise de décision. C'est à juste titre que le contrôleur est considéré comme un véritable éclaireur[5], spécialement dans la vérification

[1] F-G. TREBULLE, « L'environnement en droit des affaires », op. cit., spéc., p.1035.
[2] A. S. ALGADI, « Contrats et droit OHADA des procédures collectives », Thèse, Université de Toulouse, l'Harmattan, Paris, 2009, 369 p., spéc. p. 172, n°227.
[3] AUPCAP, art. 48.
[4] A. S. ALGADI, « Contrats et droit OHADA des procédures collectives », op. cit, spéc. p. 172, n°227.
[5] P-M. LE CORRE et E. LE CORRE-BROLY, « Droit du commerce et des affaires. Droit des entreprises en difficulté », 2è éd., Dalloz, 2006, 545 p., spéc. p. 328, n°350.

du passif[1], donc du passif sociétal ou environnemental. A ce titre, ils transmettront au juge-commissaire tous les renseignements fussent-ils environnementaux ou sociétaux qui permettront de protéger les intérêts des créanciers. Cela permettra au juge-commissaire de recadrer les dirigeants de l'entreprise en difficulté qui n'auraient pas intégré les impacts sociétaux et environnementaux dans leur bilan et qui n'auraient pas pris en compte les créances environnementales et sociétales. Néanmoins, il appartient aux créanciers sociétaux et environnementaux d'informer le contrôleur de l'existence de leur créance. Ceci ne posera pas des problèmes si le contrôleur lui-même est le créancier sociétal ou environnemental, par exemple le salarié. Aussi, ils ont le droit de vérifier la comptabilité et l'état de situation ainsi que des actes accomplis par le syndic. Cette attribution permet aux contrôleurs dans leur rôle de vérification de regarder les éléments sus-évoqués qui naturellement intègre les impacts environnementaux. Ils vérifieront aussi si les actes accomplis par le syndic prennent en compte les facteurs sociétaux et environnementaux.

Les missions dévolues à l'instance judiciaire, dans le cadre des procédures collectives, peuvent démontrer la prise en compte de risques sociétaux et environnementaux.

B. Le juge-commissaire et le ministère public interpellés par les risques sociétaux et environnementaux

La procédure collective prévue par l'AUPCAP se déroule sous le contrôle d'une juridiction qui prononce son ouverture. Celle-ci veille également au bon respect de règles relatives au droit des procédures collectives. Pour ce faire, l'AUPCAP prévoit que la juridiction compétente désigne un magistrat qui aura pour mission de veiller au déroulement normal de la procédure. Il s'agit bien du juge-commissaire. Il n'est pas l'unique magistrat qui peut intervenir dans la procédure. Il y a également le ministère public, gardien de la légalité et de l'ordre public. Son intervention se justifie pour faire connaître la position des pouvoirs publics et veiller à l'intérêt général. Par leurs missions respectives puisque chargés, avant tout, de concilier les intérêts en présence, parfois contradictoires, on peut se demander dans quelle mesure ces deux organes judiciaires peuvent, dans l'exercice de leur mission, jouer un rôle afin que les questions sociétales et environnementales ne soient pas ignorées dans le déroulement de la procédure collective.

En effet, l'article 35 de l'AUPCAP renseigne que la décision d'ouverture nomme un juge-commissaire parmi les juges de la juridiction, à l'exclusion de son président sauf en cas de juge unique. Selon l'alinéa 7 de l'article 39

[1] A. S. ALGADI, « Contrats et droit OHADA des procédures collectives », op. cit., spéc. p. 172, n°227.

de l'AUPCAP, « la juridiction compétente peut, à tout moment, procéder au remplacement du juge-commissaire (...) ». Ce dernier est tellement important que la doctrine lui prête des qualificatifs à la hauteur de son importance et implication tels que l'« homme-orchestre[1] », le « chef d'orchestre de la procédure[2] », le « pivot de la procédure collective [3] ». Si on se réfère à ses pouvoirs dans l'AUPCAP, il est clair qu'il est un organe central. A ce titre, l'alinéa 1er de l'article 39 dispose que « le juge-commissaire veille, sous l'autorité de la juridiction compétente, au déroulement régulier et rapide de la procédure de redressement judiciaire ou de liquidation des biens, à la protection des intérêts en présence et à l'atteinte des objectifs poursuivis ».

Nous comprenons que le degré d'implication du juge-commissaire dans le déroulement de la procédure lui permet de connaître toutes les questions que soulève l'administration de l'entreprise en difficulté. C'est donc dans ce cadre que l'on peut concevoir l'idée selon laquelle le juge-commissaire est tenu de prendre connaissance des questions sociétales et environnementales. Pour ce faire, il doit s'informer sur tous les impacts sociétaux et environnementaux de l'activité de l'entreprise en difficulté. L'information lui permettra de bien remplir cette mission. Dans cet objectif, il pourra mettre en contribution les personnes impliquées dans la gestion de l'entreprise. C'est ce qui ressort de l'article 39 al. 3 de l'AUPCAP qui dispose que « le juge-commissaire recueille tous les éléments d'information qu'il juge utiles. Il peut, notamment, entendre le débiteur ou les dirigeants sociaux de la personne morale, leurs préposés, les créanciers ou toute personne, y compris le conjoint ou les héritiers connus du débiteur décédé en état de cessation des paiements ». Dans ce cadre et dans l'objectif d'une bonne information sur la situation sociale et environnementale, le chef d'entreprise actuel, dans l'hypothèse où il est le dernier exploitant d'une installation ou le chef d'une entreprise dont les activités sont susceptibles d'affecter l'environnement et mettre en danger la santé et la sécurité des salariés, doit fournir au juge-commissaire toutes les informations d'ordre sociétal et environnemental. L'article 39 al. 3 permettra même de pousser plus loin la recherche d'information non seulement auprès des préposés, créanciers, conjoints ou héritiers du débiteur décédé mais aussi et surtout auprès de « toute personne ». Ce terme générique est important et confirme la place des parties intéressées et peut renfermer l'idée des parties intéressées externes directement concernées par les activités de l'entreprise dont notamment les salariés, riverains, collectivités, ONG, sociétés civiles. Ainsi, l'alinéa 4 de l'article 39 détaille quelques parties intéressées que le juge-commissaire est tenu de solliciter pour obtenir communication. Il s'agit

---

[1] P-M. LE CORRE et E. LE CORRE-BROLY, « Droit du commerce et des affaires. Droit des entreprises en difficulté », op. cit., spéc. pp. 97-98, n°103 et 105.
[2] Idem.
[3] Ibid.

notamment des partenaires de l'entreprises tels que des administrations et organismes publics, établissements financiers, les représentants du personnel.

D'une manière pragmatique, il ressort de l'analyse combinée des articles 43 alinéa 5 et 137 de l'AUPCAP que le premier informateur du juge-commissaire en matière sociétale et environnementale est le syndic. Tous ces moyens d'information fondés sur le droit de communication du juge-commissaire lui permettront d'obtenir des informations sociétales et environnementales dans l'exercice de ses fonctions. Il est utile de préciser que malgré le rôle du juge commissaire dans le déroulement de la procédure, il est placé sous l'autorité de la juridiction compétente, comme l'affirme l'alinéa 1er de l'article 39 de l'AUPCAP, dont la mission est l'administration de la procédure et la centralisation de toutes les contestations. Elle reçoit, de ce fait, un rapport du juge-commissaire qui porte sur toutes les contestations nées de la procédure[1]. Elle statue sur l'opposition qui peut être formée contre une décision du juge-commissaire et elle peut s'autosaisir afin de réformer ou annuler la décision du juge commissaire[2].

Le ministère public occupe une place importante. Tout en restant en contact avec le juge-commissaire qui l'informe de l'évolution de la procédure[3], participant à la réunion concordataire[4], il est intéressant de relever que le ministère public pendant l'audience est tenu d'exposer ses conclusions orales et écrites sur la base des informations qu'il tient de ses investigations personnelles et de l'analyse qu'il fait du rapport du syndic qui lui est transmis. L'article 66 de l'AUPCAP prévoit la transmission immédiate du rapport du syndic avec les observations du juge-commissaire au ministère public[5]. Il est clair que les conclusions qui seront produites par le ministère public, après étude du rapport du syndic et sur la base de ses propres investigations, ne peuvent éluder le volet sociétal et environnemental de l'activité de l'entreprise qui aura un impact sur le déroulement de la procédure.

Aussi, le ministère public communique au juge-commissaire les informations qu'il estime utiles à la bonne administration de la procédure. Cette communication réciproque d'informations participe à un échange de données qui pourraient échapper à l'un et que la vigilance de l'autre permettra de démasquer. Puisqu'il est le garant de l'ordre public, le ministère public, selon l'alinéa 3 de l'article 47 de l'AUPCAP, « communique au juge-commissaire, sur sa demande ou d'office, tous les renseignements utiles à l'administration de la procédure, y compris toute information provenant d'une procédure pénale concernant le débiteur,

---

1 AUPCAP, art. 39 al. 6.

2 Idem., art. 40 al. 3 et 4.

3 Ibid., art. 47.

4 Ibid., art. 123.

5 Ibid., art. 66.

nonobstant le secret de l'instruction ». Même si la protection de l'environnement et la prise en compte des enjeux sociétaux ne sont pas des objectifs clairement définis par le droit de l'OHADA ou sinon ne figurent pas au premier plan, le rôle de défense de l'intérêt général de ministère public lui impose de relever au cours d'une procédure collective une atteinte environnementale ou sociétale qui au-delà de l'intérêt des créanciers porterait atteinte à l'intérêt général[1]. De même, dans la sphère gouvernance, il peut dénoncer les actes répréhensibles des dirigeants portant atteinte à la probité et ayant concouru aux difficultés de l'entreprise. Ces actes peuvent être : la banqueroute, l'abus de confiance et des biens sociaux, la corruption, le trafic d'influence, la concussion, le favoritisme, la prise illégale d'intérêts, le détournement des fonds.

En conclusion, tous ces mécanismes des Actes uniformes OHADA, qu'ils soient de l'AUDSCGIE, l'AUDCIF ou de l'AUPCAP, peuvent être mobilisés pour gérer les risques ESG. L'enjeu majeur n'est pas de savoir si les entreprises OHADA doivent se soucier de risques sociétaux et environnementaux, la question est entendue mais de déterminer comment ces risques vont s'intégrer dans l'ensemble de leurs activités. Le droit de l'OHADA ne se charge pas pour l'instant du souci d'autrui et de l'environnement. Seul pour l'instant, selon l'esquisse théorique précédente, l'extérieur le peut, exerçant ainsi pression sur la gouvernance des sociétés. Aujourd'hui, le droit de l'entreprise dans l'espace OHADA n'est ouvert à l'extérieur qu'à travers l'information. Il convient alors d'améliorer ce droit soit en renforçant tout le droit de l'information, en externe et en interne. En externe, il convient de concilier le reporting financier avec la prise en compte réelle de risques sociétaux et environnementaux. En interne, favoriser les créations de divers comités, le renforcement des pouvoirs et mécanismes sociétaires intégrant officiellement, de ce fait, les risques sociétaux et environnementaux, ainsi que l'obligation de vigilance. Cette dernière a le mérite d'articuler l'intérieur et l'extérieur car elle met le souci d'autrui et de la nature au centre de ses processus de diligence. Le devoir de vigilance, tout en améliorant le droit de l'OHADA, permettrait d'intégrer, dans la gestion des activités des entreprises, saisies, à cet effet, dans toute leur organisation, les risques ESG. L'idée sous-jacente à la réception de ce mécanisme en droit de l'OHADA est l'évitement de dommages graves et irréversibles par la prise en compte de risques que ces activités sont susceptibles de créer.

Ce qui revient donc à dire que le devoir de vigilance construit l'idée de responsabilité sur celle de prévention ou précaution et fait appel à la vertu de prudence. Il ne s'agit pas de substituer la prévention à la réparation mais bien de ne pas attendre que l'irréparable soit commis pour agir. C'est la

---

[1] Y. ADAM TAIROU, « Préoccupations environnementales et droit de l'entreprise dans l'espace OHADA », op. cit., spéc. p. 289.

« responsabilité-anticipation[1] », ou la « responsabilité préventive[2] » ou « la responsabilité ex ante [3] », une responsabilité fondée sur l'existence d'un risque particulier.

Il conviendra alors d'examiner en quoi le devoir de vigilance va permettre de gérer les risques particuliers des entreprises et montrer également les voies par lesquelles la mise en œuvre du devoir de vigilance est garantie, à savoir d'une part, la contractualisation et, d'autre part, la juridictionnalisation du devoir de vigilance (**Partie II**).

---

[1] N. CUZAQ, « Le devoir de vigilance des sociétés mères et des donneuses d'ordre », op. cit., spéc. p. 454.

[2] C. THIBIERGE, « Libres propos sur l'évolution du droit de la responsabilité (vers un élargissement de la fonction de la responsabilité civile ?) », op. cit., spéc. p. 561 ; du même auteur, « Avenir de la responsabilité, responsabilité de l'avenir », Rec. Dalloz 2004 p. 577.

[3] M-A. FRISON-ROCHE, « La responsabilité ex-ante, pilier du droit de la compliance », Rec. Dalloz 2022, p. 621.

Partie II
Le devoir de vigilance et la responsabilité-anticipation

Titre I.
La responsabilité-anticipation fondée sur l'existence d'un risque particulier

Chapitre I. Les prémices d'une responsabilité-anticipation en matières sociale et environnementale

L'objet de ce chapitre est de démontrer le commencement d'une idée de responsabilité, investie d'une fonction d'anticipation, tournée vers les générations futures, en matière environnementale et sociale. Autrement dit, déceler les germes de cette sorte de responsabilité « collective[1] », « solidaire[2] » qui vise, avant tout, non seulement, à réparer les dommages sociétaux et environnementaux, mais surtout, à prévenir les risques de ces dommages souvent graves.

Il y a obligation de répondre des risques de dommages majeurs ou graves portant atteinte à l'environnement, un patrimoine naturel de l'humanité. Il convient de rappeler que le concept « environnement » est dérivé du mot « environs ». Il a acquis un sens plus large. On peut le définir comme « un ensemble des facteurs qui influent sur le milieu dans lequel l'homme vit[3] ». Aussi, on peut répondre de risques des dommages sociaux ou sociétaux majeurs ou graves. Le qualificatif « sociétal » renvoie non seulement à la société mais aussi aux droits humains notamment les droits sociaux. Il se trouve l'idée lointaine de « prévention[4] » en matière sociale. Celle-ci « serait l'ensemble des actions qui visent à supprimer ou à diminuer le risque ou ses effets[5] ». La prévention s'est, en effet, affirmée à partir d'une législation et d'une réglementation sur l'hygiène et la sécurité qui remontent au milieu des années 1870[6]. A ce propos, des auteurs ont montré que les règles de prévention et de la responsabilité objective résultant par exemple de la loi sur les accidents de travail de 1898, considérées comme « normes de gestion », ont toujours été mobilisées dans l'histoire du droit « pour qualifier ce qu'est une action collective raisonnablement responsable, c'est-à-dire une action qui limite les risques encourus par les parties concernées[7] ». Par ailleurs, les catastrophes illustrent l'activité néfaste de l'homme sur l'environnement, qu'elle soit volontaire ou non. Au-delà de la responsabilité civile, pénale, et administrative que le défaut de cette maîtrise peut

[1] M-C. CAILLET, « Le devoir de vigilance et les relations d'affaires : vers une responsabilité collective ? », op. cit., spéc. p. 532.
[2] E. PESKINE, « De la solidarité à la vigilance. A propos de la responsabilité dans les organisations pluri-sociétaires », in *Face à l'irresponsabilité : la dynamique de la responsabilité (dir. A. SUPIOT)*, Ed. Collège de France, Paris, 2018, 182 p., spéc. p. 48.
[3] M. PRIEUR, M-A. COHENDET, J. MAKOWIAK et al., « Droit de l'environnement », « Droit de l'environnement », 8è éd., Dalloz, coll. Précis, Paris, 2019, 1394 p., pp. 2-6.
[4] V. VIET et M. RUFFAT, « Le choix de la prévention », éd. Economica, Paris, 1999, 274 p., spéc. pp. 5-77. Les auteurs présentent, dans la première partie de leur étude, l'émergence d'un enjeu social, la prévention (1874-1945).
[5] Idem, spéc. p. 1.
[6] Ibid., p. 3.
[7] A HACTHUEL et B. SEGRESTIN, « Devoir de vigilance : la norme de gestion comme source de droit ? », Lextenso, Droit et société, 2020/3, n°106, pp. 667-682, spéc. p. 667.

impliquer, le rapport entre activités des sociétés commerciales et l'environnement, qu'elles soient en France ou dans l'espace OHADA, ainsi que l'association risques-prévention, ouvrent la voie vers l'idée de responsabilisation destinée à devancer la survenance éventuelle d'un évènement dommageable. C'est de la vigilance environnementale. Elle a marqué une étape fondamentale dans la reconnaissance d'un principe de responsabilité environnementale.

Il convient, dès lors, de se concentrer sur les prémices de la responsabilité-anticipation en France et dans l'espace OHADA tant en matière sociale (**Section I**) qu'en matière environnementale (**Section II**).

Section I. Les prémices en matière sociale en France et dans l'espace OHADA

Le principe de prévention en matière sociale vise généralement la santé, la sécurité et le bien-être au travail. Il s'applique directement à l'entreprise qui occupe une place centrale car elle est à la fois le lieu de production du risque social et le lieu d'application des moyens de sa maîtrise ou prévention. En effet, l'employeur et le salarié sont liés par le contrat de travail. Ce dernier est souvent présenté comme un « mal social résultant du concours des activités des uns et des autres[1] ». Dans ce concours d'activités, d'un côté, le salarié accepte, moyennant rémunération pour avoir les moyens de subsister, l'exercice d'une activité professionnelle dans l'intérêt et sous l'autorité de l'employeur. En contrepartie, celui-ci garantit les conditions de travail pour la poursuite de l'activité. Celles-ci ne doivent pas porter atteinte aux intégrités physique et psychique du salarié. Cette idée est très lointaine dont les traces remontent aux premières lois en la matière tant en France qu'en Afrique. Il s'agit d'une obligation de garantie à la charge de l' « entreprise-employeur[2] ». Cette obligation de garantie regorge d'obligations générales de sécurité de résultat à l'égard de ses salariés. Celles-ci s'articulent autour d'une obligation de maîtrise des risques et celle de prévention des risques. Elle nécessite la réparation en cas d'atteinte et est dictée par l'intérêt collectif à l'origine d'une responsabilité collective ou sociale. Par ailleurs, les mutations qui affectent la condition salariale et l'exercice de l'activité professionnelle imposent un renforcement de la protection de travailleur et de la société. Dans un contexte en perpétuel mouvement, le droit de la santé et de la sécurité au travail a pris une importance significative. Celui-ci subit l'influence grandissante de la RSE. Cette dernière vient, d'une part mettre

[1] F. EWALD, « L'État providence », éd. Grasset, Paris, 1986, 608 p., spéc, p. 323, spéc. p. 19.

[2] S. CAPRON (dir. F. CESARO), « La responsabilité sociale des entreprises à la lumière de la santé et de la sécurité au travail », Thèse, Université Paris II Panthéon-Assas, 2013, 449 p., spéc. p. 21, n°12.

en avant l'idée d'agir de manière prudente pour éviter les dommages et, d'autre part, doter les entreprises des moyens de traduire les principes des droits de l'homme et conditions de travail en actes.

D'où, il importe d'examiner les obligations pesant sur l'employeur résultant des logiques anciennes de prévention en matière sociale (**§1**) dont l'intérêt croissant pour les droits fondamentaux, sous l'influence de la RSE, demeure sans équivoque (**§2**).

§1. Les obligations relevant des logiques anciennes de prévention des risques

En France, il faut dire que la loi du 9 avril 1898[1], établissant pour la première fois le principe de réparation automatique des accidents du travail, a eu, malgré sa portée révolutionnaire, tendance à banaliser l'accident du travail et à faire oublier l'idée de l'amélioration des conditions de travail. Il a fallu attendre la seconde partie du XXème siècle pour que le législateur renoue avec le droit de l'hygiène et de la sécurité. Si les lois du 6 décembre 1976[2] et du 23 décembre 1982[3] ont constitué des avancées importantes, elles n'ont pas eu, cependant, un grand retentissement. C'est seulement la loi n° 91-1414 du 31 décembre 1991[4] transposant la directive-cadre européenne de 1989[5] qui a marqué un tournant majeur dans l'histoire du droit de la santé et la sécurité au travail en consacrant les principes généraux de prévention à la charge de l'employeur. Par ce principe, la finalité de l'amélioration des conditions de vie au travail est renforcée. En Afrique, avant 1952, il n'existait pas de droit du travail. La première période coloniale était marquée par l'asservissement à travers le travail forcé qui a remplacé l'esclavage. La métropole n'avait pas étendu ses premières lois aux colonies[6]. Dès l'indépendance, les pays africains ont pris les mesures souvent disparates imposant à l'employeur de garantir les meilleures conditions de

---

[1] L. 9 avril 1898 concernant les responsabilités dans les accidents du travail, JORF du 10 avril 1898, p. 2209.

[2] L. n°76-1106, 6 déc. 1976 relative au développement de la prévention des accidents du travail, JORF du 7 déc. 1976, p. 7028.

[3] L. n°82-1097, 23 déc. 1982 relative aux comités d'hygiènes, de sécurité et des conditions de travail, JORF du 26 déc. 1982, p. 3858.

[4] L. n°91-1414, 31 déc. 1991 modifiant le Code du travail et le Code de la santé publique en vue de favoriser la prévention des risques professionnels et portant transposition de directives européennes relatives à la santé et à la sécurité du travail, JORF n°5 du 7 janv. 1992, p. 319.

[5] Dir. 89/391/CEE du Conseil du 12 juin 1989 concernant la mise en œuvre de mesures visant à promouvoir l'amélioration de la sécurité et de la santé des travailleurs au travail, JOCE n° L 183 du 29 juin 1989.

[6] P-F. GONIDEC, « Cours de droit du travail africain et malgache », LGDJ, Paris, 1966, 287 p., spéc. pp. 9-22.

travail[1]. Dans cette évolution, le projet d'AUDT de l'OHADA est une belle opportunité d'uniformisation[2]. Ainsi, les dispositions qui s'imposent à l'employeur sont sanctionnées par des moyens coercitifs. Il y a des obligations dictées par l'intérêt collectif (**A**). Leur encadrement nécessite, qu'il soit en France ou dans l'espace OHADA, la mise en place du système de prévention (**B**).

A. Les obligations dictées par l'intérêt collectif

L'employeur a une obligation générale de sécurité de résultat à l'égard de ses salariés, à défaut il engage sa responsabilité sans faute[3]. Cette obligation s'articule d'une part autour d'une obligation de prévention des risques en ce sens qu'il doit mettre en places des « actions de prévention des risques professionnels ou mixtes et de la pénibilité au travail, des actions d'information et de formation » et, d'autre part, autour d'une obligation de maîtrise des risques par le biais de « mise en place d'une organisation et des moyens adaptés tendant à l'amélioration des situations existantes ». La particularité du droit français, par rapport au droit de l'OHADA, est que l'employeur est tenu, afin d'assurer la sécurité et la santé de ses salariés, de mettre en œuvre des mesures reposant sur « les neuf principes généraux de la prévention des risques[4] » issus de la directive européenne[5].

A cet effet, il convient de souligner que le premier principe consiste à « éviter les risques ». Il évoque l'idée simple d'écarter ce qui est dangereux ou supprimer le danger ou l'exposition à celui-ci. C'est la prévention. Le second principe est relatif à « évaluer les risques qui ne peuvent être évités ». Dans la vie de l'entreprise, il se matérialise par l'établissement d'un « document unique d'évaluation[6] ». Autrement dit, apprécier la nature et l'importance des risques notamment lors de l'élaboration du document unique d'évaluation des risques professionnels afin de déterminer les actions à mener pour assurer la sécurité et garantir la santé des travailleurs.

---

[1] Pour une référence complète des lois au Congo-Kinshasa, voir la version soutenue de la thèse. Pour les autres pays, voir : P-F. GONIDEC, « Cours de droit du travail africain et malgache », op. cit., spéc. pp. 9-22.

[2] Plusieurs pays membres de l'OHADA ont continué à utiliser des textes datant de la colonisation. Après l'adoption de plusieurs textes disparates, c'est au milieu des années 1990 et début 2000 qu'ils ont pu adopter des codes du travail excepté le Congo Brazzaville qui l'adopta en 1975 (loi n°1975-45 du 15 mars 1975) et les Comores en 1988 (loi n°84-108 portant code du travail et loi n°88-15/ AF du 10 déc 1988 portant prévention des risques professionnels et amélioration des conditions de travail).

[3] C. trav., art. L. 4121-1 ; projet d'AUDT, art. 135.

[4] C. trav., art. L. 4121-2.

[5] Dir. 89/391/CEE du Conseil du 12 juin 1989 concernant la mise en œuvre de mesures visant à promouvoir l'amélioration de la sécurité et de la santé des travailleurs au travail, JOCE n° L 183 du 29 juin 1989.

[6] C. trav., art. L.4121-1 et 4121-2, R. 4121-1 ; projet d'AUDT, art. 141.

C'est de l'anticipation. Le troisième principe a comme postulat « combattre les risques à la source ». Nous comprenons de ce principe qu'il faut intégrer la prévention le plus en amont possible, dès la conception des équipements, des modes opératoires et des lieux de travail. Le quatrième principe consiste à « adapter le travail à l'homme ». Il s'agit d'un vieux principe d'ergonomie. Il ne revient pas à l'homme de s'adapter au travail mais l'inverse. En d'autres termes, l'employeur doit prendre des mesures organisationnelles qui respectent la morphologie des salariés et le temps de travail. Le cinquième principe évoque l'idée de « tenir compte de l'état de l'évolution de la technique ». Ce qui revient à dire que l'on doit établir une veille pour mettre en place des moyens de prévention en phase avec les évolutions techniques et organisationnelles. Le sixième principe se rapporte à l'idée de « remplacer ce qui est dangereux par ce qui ne l'est pas ou ce qui l'est moins ». C'est éviter l'utilisation de procédés ou de produits dangereux lorsqu'un même résultat peut être obtenu avec une méthode présentant des dangers moindres. Le septième principe évoque « la planification de prévention ». Celle-ci doit se faire dans un ordre cohérent en prenant en compte les risques nouveaux, parfois indivisibles ou mixtes comme l'environnement. Le huitième principe « prendre en priorité des mesures de protection collective » et le neuvième « donner des instructions appropriées aux travailleurs ». L'employeur doit former ses salariés à leur travail et leur donner les bonnes informations nécessaires à l'exécution de leurs tâches dans des conditions de sécurité minimales. Il s'agit concrètement de leur fournir les éléments nécessaires à la bonne compréhension des risques encourus et ainsi les associer à la démarche de prévention[1]. Le salarié est également responsable de sa propre sécurité[2].

Cependant, les fautes commises par le salarié ne sont pas exonératoires de la responsabilité de l'employeur. La responsabilité de l'employeur sera toujours engagée en cas d'accident du travail. Si le salarié a commis une faute, on pourra rechercher sa responsabilité mais celle-ci ne dédouanera pas l'employeur. On aboutit donc à une sorte de partage de responsabilité. A l'origine, il s'agissait d'une obligation de moyen. Pourtant, depuis l'arrêt *Société Éternit Industrie* rendu en matière d'amiante à l'encontre d'une société fabriquant des taules en fibrociment, les juges ont pu déduire de l'article L. 4121-1 du Code du travail que pèse sur l'employeur une obligation de résultat[3]. Cette obligation de sécurité de résultat signifie qu'on ne se préoccupe pas de savoir si une faute a été commise ou non par l'employeur. Le simple fait qu'il y ait une atteinte à la santé du salarié lui permet d'être indemnisé. Il ne peut s'exonérer en démontrant ses diligences. Cette obligation de sécurité de résultat résulte du fait que la santé et la sécurité des salariés constitue un « droit humain ». Une observation est à relever.

---

[1] Projet d'AUDT, art. 140.
[2] C. trav., art. L. 4122-1.
[3] Cass. soc., 28 fév. 2002, n°99-18.389.

Nous comprenons que cette obligation de sécurité de résultat limite donc le pouvoir de direction de l'employeur de deux manières. D'une part, dans le cadre d'une réorganisation où l'employeur ne peut prendre des mesures qui auraient pour effet de compromettre la santé et la sécurité de ses salariés[1]. C'est vraiment une logique de prévention. D'autre part dans le cadre de ses prérogatives de gestion courante de l'entreprise. A ce titre, l'employeur doit prendre en compte les risques physiques et psycho-sociaux dans la mise en place de l'évaluation des salariés[2]. C'est de l'anticipation. Toutefois, dans un arrêt *Air France* de 2015, les juges ont statué que l'employeur ne pouvait se dédouaner de l'obligation de sécurité de résultat sauf à démontrer qu'il avait rempli l'ensemble des prescriptions. Autrement dit, il avait fait tout ce qu'il pouvait pour assurer la sécurité de l'employé[3]. C'est une sorte « d'obligation de moyens renforcée » puisque l'employeur peut s'exonérer de sa responsabilité en justifiant qu'il a pris toutes les mesures nécessaires pour préserver la santé et la sécurité de ses salariés[4].

Par ailleurs, le manquement aux principes généraux de prévention n'est pas sanctionnable au titre de l'article L. 4741-1 du Code du travail. Mais l'autorité administrative en charge du travail peut émettre des avis ou une mise en demeure en cas de non-respect. Dans ce cas, on utilise les déclinaisons techniques spécifiques qui reprennent les principes généraux de prévention. A titre d'exemple, l'article L. 4121-2 du Code du travail prévoit comme principe général l'évaluation des risques ne pouvant être évités. C'est un principe général mais il existe un article spécifique sur la rédaction du document unique d'évaluation des risques[5]. Ce document vise à répertorier et qualifier les risques afin de déterminer des priorités. Dans certains cas, l'obligation d'évaluation de certains risques est prévue de manière explicite[6]. En d'autres termes, lorsque l'inspecteur du travail souhaite sanctionner un comportement mais qu'il n'y a pas de dispositions spécifiques, l'outil utilisé est la mise en demeure de l'autorité administrative en charge du travail. Par la mise en demeure, il peut rajouter des prescriptions techniques sur la base des principes généraux de prévention. Ainsi, on peut obliger l'employeur à se conformer à ces prescriptions techniques. Dans le cadre du projet d'AUDT, l'inspecteur du travail met en demeure l'employeur de remédier aux manquements constatés aux dispositifs de prévention ou aux normes édictées ou lorsqu'il existe des

---

1 Cass., soc. 5 mars 2008, n°06-45.888.

2 Quelques exemples d'arrêts qui explicitent cette limite : Cass. soc. 28 nov. 2007, n°06-21.964 ; Cass. soc. 8 nov. 2012, n°11-23.855 ; Cass. soc. 14 nov 2013, n°12-15.206.

3 Cass. soc. 25 nov. 2015, n°14-24.444.

4 Par l'arrêt *Air France* du 25 nov. 2015, la Cour de cassation, dans la logique de l'arrêt *Fnac* (Cass. soc., 5 mars 2015, n°13-26321) ou arrêt *Areva* (Cass. soc., 22 oct. 2015, n°14-20173) est allée plus loin par l'existence d'une obligation de moyens renforcée et non plus de résultat.

5 C. trav., art. R. 4121-1.

6 Par exemple le cas du risque chimique.

conditions de travail dangereuses pour la santé des travailleurs. En cas de danger grave ou imminent pour l'intégrité physique des travailleurs, l'inspecteur du travail est autorisé, sans mise en demeure préalable, à dresser immédiatement un procès-verbal de constat d'infraction[1].

Quelle est la situation du salarié face à la méconnaissance de l'employeur de ses obligations ? Il pourra ainsi faire valoir l'exception d'inexécution. Ce qui revient à dire qu'en cas de « danger grave et imminent », il peut exercer son « droit de retrait[2] ». L'employeur, dans ce cas, ne pourra sanctionner ni demander au salarié de reprendre son activité dans une situation de travail où persiste un danger grave et imminent. Il importe de remarquer que la condition principale pour l'exercice du droit de retrait est la présence d'un danger grave et imminent. Le salarié, hormis le droit de retrait, peut aussi prendre « acte de la rupture du contrat de travail[3] ». Il ne s'agit pas d'une démission mais d'une rupture du contrat de travail par le salarié en raison du manquement par l'employeur de ses obligations. Les juges assimilent la prise d'acte de la rupture du contrat de travail par le salarié à un licenciement si elle est justifiée[4]. Si elle ne l'est pas, elle est assimilée à une démission[5].

Le principe de prévention poursuit un objectif de « bien-être au travail[6] » nécessitant une certaine organisation.

B. L'organisation des systèmes français et africain de prévention des risques

Le système français et africain de prévention en matière sociale est dominé par une dynamique interactive entre acteurs publics et privés. L'État intervient dans les relations de travail. Cette intervention vise l'organisation de la prévention entre travail et santé publique[7]. Par son pouvoir important, il se présente comme étant le garant indispensable d'une harmonisation des logiques et des stratégies au profit d'un développement durable à tous les niveaux. A ce propos, un tel pouvoir lui confère la possibilité de designer les créanciers de la santé et la sécurité au travail. Le salarié est, en tout premier, ce créancier dont les intérêts sont défendus tant par leurs représentants que par la médecine du travail ou les administrations du

---

[1] Projet d'AUDT, art. 145.
[2] C. trav., art. L. 4131-1 à 4131-4 ; projet d'AUDT, art. 143.
[3] F. BERGERON-CANUT et F. GAUDU, « Droit du travail », coll. Cours, Dalloz, Paris, 2021, 654 p., spéc. p. 115 et s.
[4] C. RADE, « Nouvelles précisions sur l'articulation entre prise d'acte par le salarié de la rupture du contrat de travail et démission », Dalloz droit social 2008, p. 454.
[5] Idem.
[6] Il s'agit de promouvoir le « droit à un travail décent » avec un « cadre légal et règlementaire qui protège les travailleurs ».
[7] V. VIET et M. RUFFAT, « Le choix de la prévention », op. cit., spéc. pp. 65-77.

travail[1]. La condition préalable pour répondre à cette problématique est la combinaison des règles d'origine étatique et de négociation. Il faut souligner que dorénavant si le volontariat est bien un cadre qui laisse la place aux employeurs alors l'intervention de l'État elle-même ne remet pas en cause l'importance du volontariat.

En effet, dans le cadre de l'organisation du système de prévention des risques sociaux notamment ceux mettant en cause la santé et la sécurité des travailleurs, le législateur français tout comme son homologue OHADA inscrit le droit de santé et de la sécurité au travail dans le droit du travail. Il est régi, en France, par la partie IV du Code du travail datant de 2008 au moment de la refonte du Code[2]. Dans l'espace OHADA, on le retrouve dans le titre IV du projet d'AUDT avec un premier chapitre consacré aux dispositions générales de prévention et de protection[3], le deuxième sur les dispositions particulières[4] et le troisième sur l'organisation de la santé et de la sécurité au travail[5]. C'est dans ce dernier chapitre que l'on trouve la mention des administrations du travail dont le rôle est de défendre les intérêts des salariés. Ces administrations sont des acteurs institutionnels de la prévention des risques sociaux.

D'abord, les origines de l'inspection du travail remontent au XIXème siècle plus précisément en 1840, lorsque le Dr. Villermé établit un rapport sur le travail des enfants. Cela a donné lieu à la première règlementation portant sur le travail des enfants[6]. Elle constitue un corps technique du Ministère ayant le travail dans ses attributions. L'inspection du travail contrôle l'application de la législation du travail au sein des entreprises. A ce titre, nous relevons plusieurs types de missions qui lui incombent. Une mission de contrôle de l'application du droit du travail dans l'entreprise notamment en matière de prévention des risques sociaux ; une mission de conseil des employeurs, des salariés et des représentants du personnel sur leurs droits et obligations ; une mission d'information à l'autorité centrale pour faire remonter un certain nombre d'information ; une mission de conciliation amiable formelle ou informelle notamment en cas de conflits collectifs ; une mission d'autorité administrative puisqu'un certain nombre de décisions sont rendues comme des dérogations ou des autorisations diverses.

---

[1] Convention de l'OIT n°150 sur l'administration du travail du 26 juin 1978, art. 4 : il s'agit des « administrations publiques responsables ou chargées de l'administration du travail à des fins de consultation, coopération et négociation avec les organisations d'employeurs et de travailleurs les plus représentatives ».

[2] C. trav., art. L. 4111-1 à L. 4831-1.

[3] Projet d'AUDT, art. 133 à 142.

[4] Idem., art. 146 à 151.

[5] Ibid., art. 152 à 162.

[6] La loi du 22 mars 1841 relative au travail des enfants employés dans les manufactures, usines et ateliers. Sur le sujet, voir : V. VIET et M. RUFFAT, « Le choix de la prévention », op. cit., spéc. p. 9.

L'inspection du travail ne peut subir d'influence extérieure indue. Son indépendance est tirée de la Convention de l'OIT[1]. Cette même Convention fait peser l'obligation de confidentialité des plaintes et une obligation de confidentialité vis-à-vis de l'employeur notamment s'agissant des secrets industriels et de fabrication[2]. Les inspecteurs du travail ont le droit d'entrer dans les entreprises à toute heure du jour et de la nuit sans avertissement préalable. Tout refus constitue un obstacle à l'autorité de l'inspecteur[3]. Ils circulent librement dans l'entreprise et ne sont pas tenus de prévenir de leur visite[4]. Ils ont le droit de prélever des produits pour faire des analyses et vérifier leur dangerosité pour les salariés[5]. Aussi, ils ont droit d'accès aux documents rendus obligatoires par le Code du travail, celui d'assister au CHSCT ou CSST pour le droit de l'OHADA, celui de demander des vérifications, d'établir une mise en demeure, des procès-verbaux et signalisation au procureur, ainsi que le recours au juge des référés. Ce dernier constitue l'arme la plus efficace de l'inspecteur du travail en matière de prévention des risques sociaux. Elle consiste à assigner une entreprise devant le président du tribunal judiciaire pour la faire condamner sous astreinte à réaliser certains travaux de conformité par exemple ou à faire cesser des situations dangereuses pour les salariés. Cette demande n'est recevable qu'en cas de danger grave et imminent[6].

Il y a d'autres intervenants en matière de prévention des risques sociaux notamment la médecine du travail ou le service de santé au travail pour l'OHADA. A cet effet, un auteur relève que « si l'hygiène du travail se focalise sur l'environnement professionnel, la médecine du travail, elle, se focalise sur l'homme au travail avec pour objectif, non pas uniquement de prévenir les maladies professionnelles, mais bien de maintenir et de promouvoir le plus haut degré de bien-être physique, mental et social de travailleurs de toutes les professions, tout en tenant compte de leurs aptitudes physiologiques et psychologiques[7] ». Les services de santé au travail ont alors le rôle « d'identification, de surveillances, de conseils sur la planification et l'organisation, d'élaboration de programmes d'amélioration de la santé et de la sécurité au travail[8] ». Il regroupe trois acteurs principaux : le médecin du travail, l'infirmier obligatoire dans les établissements de plus

---

[1] Convention n°81 concernant l'inspection du travail dans l'industrie et le commerce de 1947, art. 6.

[2] Convention n°81, art. 15.

[3] C. trav., art. L. 8113-1.

[4] Convention n°81, art. 12-1.

[5] C. trav., art. L. 8113-3.

[6] Idem., art. L. 4732-1.

[7] C-A. BERNHARD et al., « Introduction à l'hygiène du travail : un support de formation », OMS-IST, Série protection de la santé des travailleurs n° 6, Lausanne, 2007, 146 p., spéc. p. 2.

[8] A-F. JOVER (dir. B. TEYSSIE), « Les métamorphoses des services de santé au travail-entre santé au travail et santé publique », Thèse, Université Paris II Panthéon-Assas, 2015, 323 p., spéc. p. 8 et s.

de 200 salariés et les intervenants en prévention des risques professionnels tels que des ergonomes, psychologues, techniciens etc. Ils ont pour « mission exclusive d'éviter toute altération de la santé des travailleurs du fait de leur travail[1] ».

Les institutions représentatives du personnel, à l'instar du CHSCT en France ou CSST en droit de l'OHADA, défendent les intérêts des salariés en matière de prévention des risques sociaux. Il est mis en place au sein d'un établissement d'au moins 50 salariés. En dessous de ce seuil, ce sont les délégués du personnel qui exerce les prérogatives du CHSCT ou CSST[2]. Dans les grandes entreprises où il y a plus de 500 salariés avec plusieurs établissements, dans ce cas, plusieurs CHSCT peuvent être constitués. Leur nombre est déterminé par accord entre employeur et le comité d'entreprise ou d'établissement.

Le CHSCT ou CSST a, dans ses attributions, les missions relatives à la protection de la santé physique et mentale et de la sécurité non seulement des travailleurs de l'établissement mais aussi des travailleurs mis à sa disposition par une entreprise extérieure, y compris les travailleurs temporaires. L'idée est qu'il associe les employés à ces questions. Il a aussi une mission d'expertise. Il analyse les risques professionnels et les conditions de travail. Il est consulté ponctuellement sur toute modification importante qui y a trait. Par exemple, le changement des horaires de travail, le réaménagement des locaux, les mesures d'entretien, en matière de bruit etc. Il se prononce de façon générale sur toute question relevant de sa compétence dont il est saisi par l'employeur, le comité d'entreprise et les délégués du personnel. Il s'y ajoute qu'il doit être informé de toute observation formulée par le médecin du travail ou la médecine du travail. Il est consulté pour chaque plan de prévention. Les membres du CHSCT peuvent relayer à l'employeur une alerte sur un danger grave et imminent qu'ils ont constaté ou qui leur a été signalé par un salarié[3]. Le droit d'alerte est particulièrement utilisé pour faire remonter des risques psychosociaux. La spécificité du droit français, par rapport au droit de l'OHADA, est qu'il existe aussi un droit d'alerte écologique qui a été mis en œuvre sur des problématiques environnementales. En cas de désaccord entre le CHSCT et l'employeur, c'est l'inspecteur du travail qui tranche s'il s'agit de risques professionnels. Pour les problématiques environnementales, en cas de désaccord, c'est le préfet qui tranche[4].

En France, le CHSCT devient l'institution la plus puissante car c'est lui qui a la plus importante capacité de blocage. Il est l'un des seuls moyens d'action contre la liberté de gestion de l'employeur. Par exemple, dans un

[1] C. trav., art. L. 4622-2 ; projet d'AUDT, art. 158 et recommandation de l'OIT n°112 du 24 juin 1959 sur les services de médecine du travail.

[2] C. trav., art. L. 4611-2 ; projet d'AUDT, art. 157.

[3] C. trav., art. L. 4131-1 à L. 4132-5.

[4] C. trav., art. L. 4133-1 à L. 4133-5 et L. 4141-1 et L. 4614-10.

arrêt du 28 novembre 2007, la chambre sociale de la Cour de cassation a exigé que sur un projet d'entretiens annuels d'évaluation des salariés, le CHSCT soit consulté[1]. Il en est de même dans l'arrêt *SNECMA* du 5 mars 2008 rendu par la chambre sociale de la Cour de cassation où les juges ont donné un poids important à l'avis du CHSCT[2].

Par ailleurs, les mutations qui affectent la condition salariale et l'exercice de l'activité professionnelle imposent un renforcement de la protection du travailleur. Dans un contexte en perpétuel mouvement, le droit de la santé et de la sécurité au travail a pris une importance significative. D'où l'intérêt croissant pour les droits fondamentaux car les conditions de travail constituent un des aspects de droits humains.

§2. L'intérêt croissant pour les droits fondamentaux

L'intérêt croissant pour les droits fondamentaux paraît évident lorsque la caractérisation de l'entreprise se complique en fonction de sa taille, de sa structure, de son effectif ou de la nature de son activité. Ce qui signifie que la complication est de mise au regard de l'appartenance de l'entreprise à un groupe ou un réseau d'entreprise. A ce titre, l'influence de la RSE est notable. Elle permet de considérer l'entreprise comme « une institution sociale aux confis de divers intérêts[3] », ceux des parties intéressées. Les conditions d'exercice d'activité sont ouvertes aux parties intéressées et ne relèvent plus exclusivement du pouvoir de gestion et de direction de l'entreprise. Ce qui a pu déclencher une réflexion sur l'évolution du terme « social » au profit de celui de « sociétal ». Il en découle que plusieurs obligations pèsent sur l'entreprise tout en disposant d'un « intérêt propre et d'une intentionnalité[4] ». Le tout participe à la redéfinition du rôle sociétal de l'entreprise sans dénaturer son caractère lié au lien de subordination avec les salariés. Dès lors, l'entreprise est amenée à promouvoir les droits fondamentaux au travail qui se résument, sous l'influence grandissante de la RSE, au concept de « travail décent » avec comme conséquence vis-à-vis de la société « la socialisation des responsabilités » de l'entreprise. Ainsi, la RSE influe sur le fonctionnement de l'entreprise en assurant le renforcement de la socialisation des responsabilités de l'entreprise (**A**) ainsi que la promotion du respect de « travail décent » (**B**).

[1] Cass. soc. 28 nov. 2007, n°06-21.964.
[2] Cass. soc. 5 mars 2008, n°06-45888.
[3] E. MAZUYER, « La Responsabilité sociale de l'entreprise : identification et régulation d'un phénomène complexe », in *Regards croisés sur le phénomène de la Responsabilité sociale de l'entreprise (dir. E. MAZUYER)*, CERIC, Université d'Aix-Marseille III, coll. Monde européen et international, 2010, 273 p., pp. 15-39, spéc. p. 19.
[4] Idem, spéc. p. 20.

A. Le renforcement de la socialisation des responsabilités de l'entreprise

La RSE comporte une dimension éthique ou morale confirmée par son équivalent anglophone *responsibility*[1]. Elle se trouve à la croisée du droit et de la morale. Pourtant, le droit vise à maintenir l'ordre dans une société tandis que la morale a pour but d'atteindre le perfectionnement de la nature profonde de l'homme. Il s'agit d'une « responsabilité sociale de l'entreprise » conduisant celle-ci à abandonner ses propres valeurs au profit de valeurs collectives. C'est ainsi que le qualificatif de « sociale » dans la RSE fait écho non seulement à la relation de travail mais aussi au constat selon lequel l'entreprise fait partie de la société. A ce propos, elle cède une partie de sa liberté à l'État au profit d'un ordre social. On pense au contrat social tel que théorisé par Jean-Jacques Rousseau. Des prémices peuvent être relevées à l'ère du puritanisme américain ou du patronage français. Si le premier, issu d'une tradition protestante, a comme postulat l'idée d'une « morale en affaire » et « dans les affaires[2] », le second, prônant le paternalisme, repose sur la « charité envers les plus démunis des salariés[3] ». Pourtant, de telles formes d'éthique paraissaient le fruit d'une « dictature morale et ne laissait donc pas de place à la discussion[4] ».

Avec l'évolution grandissante de la RSE, l'entreprise doit agir davantage en prenant en compte les intérêts de ses acteurs tant internes qu'externes. A ce titre, la RSE a évolué. En effet, la prise en compte des parties intéressées est intervenue dans la période de la régression vers les années 1980. Il s'agit de la troisième période dans l'évolution de la RSE[5]. Dans cette période, la RSE est en partie appréhendée comme une menace puisqu'il y a eu développement des règles sur la gouvernance de l'entreprise en faveur des intérêts actionnariaux au détriment des autres parties intéressées.

---

[1] Il est traduit par la responsabilité mais il comporte une dimension morale contrairement au *liability* qui a une connotation juridique.

[2] N. POSTEL et S. ROUSSEAU, « RSE et éthique d'entreprise : la nécessité des institutions », M@n@gement, 2008/2, vol. 11, pp. 137-160.

[3] Idem

[4] Ibid.

[5] Avant la troisième période, soulignons que la première période de la RSE débute à la fin des années 1950 et se termine à la fin des années 1960. Elle se caractérise par une perte de confiance dans la capacité des gouvernements à trouver des solutions effectives et de longs termes aux conséquences supportées par la société des activités des entreprises. Ainsi, des solutions alternatives sont, donc, recherchées à travers des actions spontanées des entreprises. Suivra alors la période comprise entre 1960 et 1980 marquée par un intérêt public pour la comptabilité et le bilan social. La RSE est, donc, dominée, dans cette deuxième période, par une obligation de rendre des comptes par l'établissement de rapports et de bilans des démarches engagées. Voir : A. BERTHOIN ANTAL, A. SOBCZAK et M. DIERKES, « Le reporting sociétal : comment apprendre de 40 années d'expérience ? », Semaine Sociale Lamy, n°1186, 18 oct. 2004.

Depuis les années 1990, représentant la quatrième période, de nouvelles approches et indicateurs[1] ont émergé comme la *Triple Bottom Line.* Cette dernière influence les entreprises à prendre en compte les autres intérêts. A ce sujet, la dimension sociale de la responsabilité de l'entreprise soulève une difficulté dans l'identification du créancier de la responsabilité. Même s'il est avéré que la législation en droit du travail fait primer le salarié, l'évolution de la RSE influe en la matière avec comme conséquence que le salarié ne peut être le créancier unique. Elle correspond à une volonté de « socialisation des responsabilités[2] ». Cette dernière appelle deux observations.

La première observation est qu'il s'agit d'une socialisation de la réparation qui « va de pair avec l'objectivation de la responsabilité[3] ». Ce qui revient à dire que la faute n'est plus nécessaire à l'engagement de cette responsabilité. Elle est à entendre comme la « dilution de la charge des dommages par son report sur une collectivité[4] ». Elle touche également les questions de santé ou de droit humain, ce qui renvoie notamment à la responsabilité de l'entreprise et justifie le droit de la santé au travail. Autrement dit, elle exprime l'idée de prévention. Il est question d'agir pour éviter les dommages. Il en résulte que l'entreprise soit tenue de répondre du risque simplement créé, quand bien même elle n'aurait pas commis de faute. Une précision doit être de mise. On sait qu'en droit, la « théorie du risque » ou la notion de « création d'un risque » est proche de celle de perte de chance. La création fautive d'un risque ou le fait d'exposer à des risques anormaux donnent lieu à réparation. Avec l'idée de socialisation des responsabilités favorisée par la RSE étatique, on se demande si l'on peut attendre que les dommages graves et irréversibles comme ceux liés à la santé des travailleurs soient réalisés. D'où, par la socialisation des responsabilités, il y a l'idée de prévenir la création d'un risque malheur et probable exposant la santé des travailleurs.

La deuxième observation est que la socialisation des responsabilités implique que la responsabilité de l'entreprise aille au-delà du sens juridique de réparer en assumant ses décisions. L'influence de la RSE permet à l'employeur d'aller au-delà de ses obligations légales tout en adoptant les mesures aux spécificités de son entreprise. Il est question de « prises d'initiatives » et du fait d' « assumer telle ou telle décision[5] ». Dans cette

---

[1] C. DIDRY, « La responsabilité sociale de l'entreprise comme fait social ? Retour sur les années 1990 », in *Regards croisés sur le phénomène de la Responsabilité sociale de l'entreprise (dir. E. MAZUYER)*, CERIC, Université d'Aix-Marseille III, coll. Monde européen et international, 2010, 273 p., pp. 41-60.

[2] F. EWALD, « L'État providence », op. cit., spéc. p. 16.

[3] L. CADET, « Sur les faits et les méfaits de l'idéologie de la réparation », op. cit. spéc. p. 502.

[4] P. REMY, « Critique du système français de responsabilité civile », Revue juridique de l'USEK, n°5, 1997, pp. 49-68, spéc. p. 49.

[5] C. MALECKI, « Responsabilité sociale des entreprises : perspectives de la gouvernance d'entreprise durable », LGDJ, coll. Droit des affaires, Paris, 2014, 468 p., spéc. pp. 27-29.

perspective, l'étendue de l'organisation de l'entreprise croît en ce qu'elle est tenue de prendre en considération les intérêts des parties intéressées internes et externes. Dépassant ainsi le point de vue économique, l'entreprise, dans sa relation avec les parties intéressées, est vue comme « une organisation composée d'individus qui, parce qu'ils font partie de l'organisation, agissent de manière impersonnelle en tant qu'agents de l'organisation soumis à des contraintes[1] ». Toutefois, l'impersonnalité connaît des limites en matière de santé et de sécurité au travail ou généralement de droits humains. La personnalité de l'individu influence le comportement de l'entreprise. Cette dernière ne peut se contenter d'imposer des règles de fonctionnement sans chercher à l'anticiper[2]. Elle va devoir s'adapter, y compris à des données externes, et impliquer tous les acteurs liés à l'entreprise à la gestion des risques en matière de santé et de sécurité au travail ou droits humains. Même si le périmètre groupe peut paraître irréaliste du fait du voile sociétaire, il est logique de voir désigner la société mère ou donneuse d'ordre, responsable du respect des droits de l'homme, des libertés fondamentales, et donc, *a fortiori*, de la santé et la sécurité au travail. En d'autres termes, en ce qui concerne les sous-traitants et fournisseurs, l'entreprise se veut « négociante[3] » ou de « supervision[4] » selon qu'elle garantisse le respect des principes établis à tous les niveaux ou qu'elle essaye de « créer une communauté de travail[5] » devant différentes entités. A cet égard, elle peut choisir d'imposer une force contraignante à ses actions pour assurer la diffusion des règles minimales de protection de la santé et de la sécurité au travail, ou généralement des droits humains au travail.

Relevons quelques exemples sur cette évolution en droit français. Le co-emploi, en matière sociale, est un outil de prise en compte de la réalité économique du groupe lorsqu'il y a une triple confusion d'intérêts, d'activités et de direction. A ce titre, pour tenir compte des aspects susdits, le législateur et les tribunaux ont fait naître un risque d'autorité qui doit être pris en compte par les groupes[6]. Il s'y ajoute que l'article L. 2331-1 du Code du travail exige qu'un comité de groupe « soit constitué au sein du groupe formé par une entreprise appelée entreprise dominante, dont le siège social est situé sur le territoire français », et les entreprises qu'elle contrôle dans les conditions définies par le Code de commerce. L'entreprise dominante

---

[1] E. MAZUYER, « La Responsabilité sociale de l'entreprise : identification et régulation d'un phénomène complexe », op. cit., spéc. p. 19.
[2] J-M. VERDIER, « Relations de travail et droits fondamentaux. Une jurisprudence en éveil. », in *Le juge entre deux millénaires, Mél. P. DRAI*, éd. Dalloz, Paris, 2000, 708 p., pp. 653-669, spéc. pp. 653 et 654.
[3] E. MAZUYER, « La Responsabilité sociale de l'entreprise : identification et régulation d'un phénomène complexe », op. cit., spéc. p. 23.
[4] Idem
[5] Ibid.
[6] R. DAMMAN, « Co-emploi : l'heure de la clarification », Rec. Dalloz 2016, p. 2096.

est celle exerçant une influence dominante sur une autre entreprise dont elle détient au moins 10 % du capital. Quant à la protection des droits fondamentaux des travailleurs, elle a justifié l'adoption de la loi n° 2014-790 du 10 juillet 2014 visant à lutter contre la concurrence sociale déloyale, dite « loi Savary ». Ce texte instaure le principe de responsabilité solidaire, permettant de poursuivre l'entreprise donneuse d'ordre pour des fraudes (travailleurs non déclarés, salaires incomplets, utilisation d'une société écran basée dans un autre pays de l'Union européenne pour l'emploi en France de Français sous le statut de travailleur détaché, etc.) commises par l'un de ses sous-traitants. Un devoir de vigilance incombe au donneur d'ordre qui sollicite des prestataires établis à l'étranger. La responsabilité des maîtres d'ouvrage vis-à-vis de leurs sous-traitants est renforcée – quel que soit le pays d'établissement de ces derniers. Les droits fondamentaux des travailleurs détachés sont énumérés à l'article L. 8281-1 du Code du travail.

Ces droits fondamentaux se résument, sous l'influence de la RSE, au concept de travail décent lequel appelle plus de vigilance et d'anticipation.

B. Le travail décent

La RSE promeut le travail décent. Celui-ci résume les droits fondamentaux appliqués en matière de travail. Il sied de rappeler que la notion des droits fondamentaux est venue se superposer à celle de droits de l'homme tels qu'énoncés par la DUDH de 1948. Reconnus et adoptés dans la sphère européenne et africaine[1], ils sont consacrés sous la forme de droit à la dignité, à la liberté, à l'égalité, à la solidarité, à la citoyenneté et à la justice. Certains sont déclinés en fonction des personnes auxquelles ils s'appliquent. Leur mission est d'empêcher une atteinte à l'essence des valeurs quelles énoncent et d'assurer la protection de l'homme dans ses droits naturels. En matière sociale, les droits des travailleurs sont communs à ces textes : emploi, rémunération, égalité, protection sociale, sécurité, consultation des salariés etc. Les éléments qui relèvent des droits sociaux sont un encouragement à protéger les travailleurs contre les tentatives de les assujettir aux lois du marché[2].

Les droits du travail français et OHADA, qui ne concernent que les salariés, ont édicté des règles touchant à tous les domaines des droits fondamentaux. Tout en ne faisant pas explicitement référence à ces droits, ils en garantissent l'application. Ainsi est mis en évidence le lien entre les droits fondamentaux du salarié en tant que personne et en tant que salarié.

---

[1] Nous citons : la Charte des droits fondamentaux de l'UE de 2000, la Charte sociale européenne de 1961, la Charte communautaire des droits sociaux fondamentaux de 1989, la Charte africaine des droits de l'homme et des peuples.

[2] O. PRADES, « Les droits fondamentaux face aux nouvelles formes de travail », Revue Lamy droit des affaires, n°153, 1er nov. 2019.

Ils sont indissociables[1]. Une des composantes des droits fondamentaux a eu un succès fulgurant : la notion de dignité[2] qui figure dans tous les textes fondateurs, sans définition. En effet, cette notion est difficile à définir en droit car relevant d'une dimension plus philosophique, religieuse que juridique[3]. Dès lors, en matière sociale, reconnaître la dignité du travailleur consiste à le réintroduire en tant que personne et non en tant que chose dans la relation de travail[4].

Cette idée de la dignité de l'homme au travail a donné naissance à un autre concept : le travail décent. Selon un auteur, celui-ci « est la mise en œuvre de moyens pour redonner à l'homme sa dignité[5] ». Pour un autre, il est « (...) une dimension essentielle d'une mondialisation juste, de la lutte contre la pauvreté et un moyen d'instaurer un développement équitable, solidaire et durable[6] ». L'OIT précise que « le but fondamental de l'Organisation internationale du travail aujourd'hui est de promouvoir l'accès des hommes et des femmes à un travail décent et productif dans des conditions de liberté, d'équité, de sécurité et de dignité humaine[7] ». Toutefois, nous pouvons facilement constater que la mondialisation et les règles du commerce international ont évolué plus rapidement que les valeurs humanistes. Les droits des hommes sont appliqués avec moins de fermeté que les droits économiques[8].

Nous pouvons tristement relever cette évolution dans le cas du Congo-Kinshasa. Avec le développement de l'automobile au XIXème siècle, la demande en caoutchouc croît rapidement et l'hévéa, à l'époque, devient une matière première précieuse et très prisée par les colons. Le roi des Belges, Léopold II, après avoir acquis lors du partage de Berlin la propriété du Congo, va établir une force de l'ordre de 2000 soldats soutenus par une milice indigène. Toute la population se trouve engagée de force dans l'exploitation du caoutchouc. Les hommes, les femmes et les enfants doivent atteindre des quotas hebdomadaires irréalistes. Pour augmenter la production, les soldats s'octroient tous les droits : sévices physiques envers la population par le biais de la « chicotte », meurtres, privations, enlèvement,

---

[1] J-M. VERDIER, « Relations de travail et droits fondamentaux. Une jurisprudence en éveil. », in *Le juge entre deux millénaires, Mél. P. DRAI*, éd. Dalloz, Paris, 2000, 708 p., pp. 653-669., spéc. p. 653 et s.

[2] J-M. VERDIER, « En guise de manifeste : le droit du travail, terre d'élection pour les droits de l'homme », in *Les orientations sociales du droit contemporain, Écrits en l'honneur de J. SAVATIER*, PUF, Paris, 1992, 441 p., pp. 427-437., spéc. p. 431.

[3] O. PRADES, « Les droits fondamentaux face aux nouvelles formes de travail », op. cit.

[4] Idem.

[5] Ibid.

[6] M. BONNECHERE, « L'optique du travail décent », Droit ouvrier, fév. 2007, p. 57.

[7] OIT, Mémoire du directeur général, Travail décent, Conférence internationale du travail, Genève, juin 1999.

[8] M. DELMAS-MARTY, « Le travail à l'heure de la mondialisation du droit », éd. Bayard, coll. Collège de France, Paris, 2013, 111 p., spéc. pp. 36-38.

tortures, etc. Au moins, 10 000 000 des Congolais indigènes sont massacrés par l'administration du roi belge Léopold II à travers l'asservissement[1].

Cet asservissement s'est métamorphosé. Aujourd'hui, nous le retrouvons dans le cadre de la sous-traitance en cascade ou incontrôlée des grandes entreprises internationales. Celles-ci, à la recherche des matières premières telles que minerais destinés à la fabrication des appareils de nouvelles technologies, alimentent, parfois, dans le cas du Congo-Kinshasa, la guerre. Aussi, elles recourent massivement à une main d'œuvre moins chère et particulièrement au secteur informel où femmes enceintes, enfants et autres personnes vulnérables ainsi que des travailleurs sont exploitées ou travaillent dans des conditions alarmantes[2]. Or l'OIT fait reposer le travail décent sur quatre piliers : l'emploi, la protection sociale, les droits des travailleurs et le dialogue social, ces éléments étant connexes au niveau de développement des États. Le travail décent, qui concerne tous les travailleurs, y compris ceux du secteur informel en Afrique, a donc pour conséquence l'interdiction du travail forcé, celui des enfants, une rémunération équitable, une protection contre la perte de travail, une protection contre la maladie, les accidents et maladies liés à l'activité, la liberté syndicale, le dialogue social. En résumé, tous droits fondamentaux garantissant au travailleur sa dignité.

Les textes qui lui sont dédiés ainsi que ceux relatifs aux droits fondamentaux, s'ils citent parfois le salarié, concernent globalement le travailleur, y compris le travailleur indépendant ou du secteur informel. Or appliquer ces règles à ce dernier s'avère difficile, ce qui permet dans le cas du faux indépendant ou du secteur informel de les contourner. Pourtant, le travail décent est un moyen qui permettra à l'Homme de mener une vie digne. Il doit donc avoir pour finalité de donner une valeur à l'homme ce qui lui confère de la dignité et de construire un ordre social juste dans lequel il occupera le rôle central. A l'inverse, la précarité du travailleur qui est contraire au travail décent relèguera l'homme au rang de moyen de production. Cependant, l'OIT a redessiné la vision du travail dans sa déclaration de Philadelphie du 10 mai 1944[3] en affirmant que « le travail n'est pas une marchandise » et qu'il convient d'assurer un accès pour tous à un travail décent. Il faut donc pour assurer cette décence se doter de moyens normatifs qui vont au-delà de bonnes pratiques suggérées par l'OIT. La RSE offre des outils parmi lesquels on peut relever notamment le *Triple Bottom Line*, c'est-à-dire *People, Planet, Profit* ainsi que le devoir de vigilance. Ce

---

[1] Sur le sujet, voir : A. HOCHSCHILD, « Les fantômes du roi Léopold. La terreur coloniale dans l'État du Congo, 1884-1908 », éd. Tallandier, Paris, 2019, 624 p.

[2] Voir : « voilà pourquoi on meurt. Les atteintes aux droits humains en République démocratique du Congo alimentent le commerce mondial du cobalt », Rapport de l'Amnesty international, 2016, op. cit.

[3] OIT, « Déclaration concernant les buts et objectifs de l'Organisation Internationale du Travail (Déclaration de Philadelphie) » datée du 10 mai 1944, spéc. Art.1, a).

dernier impose une obligation d'anticipation. C'est une belle illustration et un moyen normatif adéquat.

Le travail décent ne devrait pas être objet de commerce. Il est impératif que les politiques sociales soient fondées sur le travail décent dès lors qu'il est concevable que celui-ci soit économiquement rentable. En France, malgré cela, en 2016, 6,4 % des salariés français vivent sous le seuil de pauvreté avec un revenu égal à 855 euros par mois[1]. Ne disposant pas d'une rémunération équitable, même en bénéficiant d'aides sociales ils sont obligés d'avoir un second emploi. Les personnes en recherche d'emploi, les allocataires de revenus de remplacements et d'aides sociales, ne peuvent que survivre. En Afrique, la situation est pire. Manquant de la sécurité sociale, conjuguée à un chômage endémique poussant vers le secteur informel, les travailleurs issus de ce secteur et même la majorité des salariés du secteur formel vivent dans la pauvreté. Ces éléments, dans un contexte de crise et de flexibilité comme c'est le cas de la sous-traitance, favorisent le dumping social. Ces deux catégories de travailleurs se trouvent dans l'obligation d'accepter de travailler sous forme de travail précaire ou de s'auto-employer, peu importe à quelle condition. Ce qui a pour conséquence la remise en cause et le non-respect des droits fondamentaux essence de la dignité. C'est pourquoi, afin de garantir le respect des droits humains de tous les travailleurs, les entreprises devraient éviter, en se référant aux moyens normatifs, les pratiques commerciales qui encouragent l'emploi précaire, déguisé ou instable dans le cadre de leurs propres opérations et activités commerciales[2]. A cet effet, il convient de relever la déclaration de principes tripartite de l'OIT sur les entreprises multinationales et la politique sociale qui « encourage les entreprises multinationales à contribuer positivement au progrès économique et social et à la concrétisation du travail décent pour tous, ainsi qu'à atténuer et à résoudre les difficultés que leurs diverses opérations peuvent soulever[3] ».

Il a été constaté que les politiques sociales des entreprises ne sont généralement pas aussi développées que les politiques environnementales. Respecter la nature, notamment en termes d'image, est plus vendeur auprès des consommateurs que les questions sociales[4]. Même si le traitement des questions environnementales implique généralement de résoudre certains aspects liés aux risques professionnels, la santé et la sécurité des travailleurs ont traditionnellement intégré la démarche RSE[5]. Différents scandales en

[1] Les niveaux de vie en 2016 - Insee Première, n° 1710, 11 sept. 2018.
[2] Déclaration du centenaire de l'OIT pour l'avenir du travail, 21 juin 2019, spéc. III, C. p. 7.
[3] Déclaration de principes tripartite sur les entreprises multinationales et la politique sociale, mars 2017, spéc. Objet et champ d'application, point 2.
[4] C. VANULS, « Travail et environnement. Regards sur une dynamique préventive et normative à la lumière de l'interdépendance des risques professionnels et environnementaux », op. cit., spéc. p. 549.
[5] Idem.

matière sociale viennent remettre en cause la place de questions sociales en général et particulièrement celle du travail décent et du respect des droits fondamentaux au travail. Sous la pression des politiques sociales de l'OIT et autres normes de RSE, les entreprises sont tenues de traduire en acte l'accès pour tous à un travail qui « permet une vie décente[1] » empreint du « principe d'indivisibilité des droits de l'homme dans la lutte contre la pauvreté et la précarité[2] ». Il s'agit d'un « accès à un travail productif dans des conditions de liberté, d'équité, de sécurité et de santé[3] ». Ainsi, l'entreprise est au service d'une *Triple Bottom Line*, c'est-à-dire *People, Planet, Profit* voulue par la RSE. Elle est tenue d'appliquer, pour ne pas perdre l'équilibre, dans la première ligne *People* ou « peuple » en français, les aspects liés au travail décent adapté à son organisation. *People* renvoie aussi à la population au sens strict susceptible d'être impactée par les activités de l'entreprise. Cette application ne peut risquer de porter atteinte sur d'autres pans de responsabilités comme l'environnement (*planet*).

Il convient de voir les prémices d'une responsabilité-anticipation en matière environnementale.

Section II. Les prémices en matière d'environnement en France et dans l'espace OHADA

La vigilance environnementale a marqué une étape fondamentale dans la reconnaissance d'un principe de responsabilité environnementale. Après le sommet de la Terre de Rio de 1992, l'UA s'est intéressée à cette notion de responsabilité environnementale par la Convention de Maputo[4] et l'UE en 2004[5]. La Convention de Maputo a le mérite de consacrer aux termes des dispositions de l'article 24 un régime de responsabilité environnementale. A la différence des règles de responsabilité appliquées dans le cadre général de la responsabilité de droit commun[6], elle fait une avancée remarquable en un passage de la faute au risque. Par ailleurs, c'est avec une loi du 1er août 2008 dite loi LRE[7] que la France a transposé au sein de sa législation le

[1] M. BONNECHERE., « L'optique du travail décent », Droit ouvrier, fév. 2007, p. 57.

[2] J. WRESINSKI, « Grande pauvreté et précarité économique et sociale », Rapport au Conseil économique et social, JO 18 févr. 1987, cité par M. BONNECHERE, « L'optique du travail décent », op. cit., p.57.

[3] M. BONNECHERE, « L'optique du travail décent », op. cit. p.57.

[4] La Convention africaine sur la conservation de la nature et des ressources naturelles adoptée par le Sommet des Chefs d'État, le 11 juill. 2003 à Maputo.

[5] Dir. 2004/35/CE du Parlement européen et du Conseil du 21 avr. 2004 sur la responsabilité environnementale en ce qui concerne la prévention et la réparation des dommages environnementaux.

[6] P. JOURDAIN, « Les principes de la responsabilité civile », 6è éd., Dalloz, coll. Connaissance du droit, Paris, 2003, 168 p., spéc. p. 16 et s.

[7] L. n°2008-787, 1er août 2008 relative à la responsabilité environnementale et à diverses dispositions d'adaptation au droit communautaire dans le domaine de l'environnement.

principe de responsabilité environnementale contenue au sein de la directive de 2004. Les règles de la responsabilité environnementale, étant en constante évolution, la France a pu évoluer ce principe en intégrant la responsabilité environnementale des sociétés commerciales mères et filiales[1] ainsi que de la réparation du préjudice écologique dans le Code civil[2]. La Convention de Maputo est entrée en vigueur en 2016, soit 13 ans après son adoption. Un nombre restreint des États africains l'ont ratifiée[3]. A cet effet, dans l'espace OHADA, on compte, en 2021, 8 États membres sur 17 qui l'ont déjà ratifiée[4]. Cette Convention laisse le soin aux États d'adopter les règles et procédures concernant la responsabilité environnementale. Quand bien même le Congo-Kinshasa ne l'a pas encore ratifié, l'on retrouve, néanmoins, comme c'est le cas de la France et des autres pays membres de l'OHADA, les conséquences de la mise en œuvre de ce principe de responsabilité environnementale par la mise en place des mesures relatives à la prévention du dommage.

Ainsi, il existe actuellement, qu'il soit dans le droit français ou africain, deux catégories de régimes pouvant servir de fondement à la responsabilité environnementale (**§1**). Ce système binaire, lors de sa mise en œuvre, emporte des conséquences sur la protection de l'environnement (**§2**)

§1. Le système binaire du principe de responsabilité environnementale

Il existe une pluralité de règles applicables au principe de la responsabilité environnementale issue de divers textes et de nombreuses jurisprudences. Cette multiplication, dans le cas de la France, induit une certaine insécurité juridique[5]. Dans la même optique, l'Afrique compte aussi pas mal des textes, souvent de « qualité » dont l'inapplicabilité ou l'ineffectivité les qualifie de textes juridiques « dormants[6] ». En effet, en

---

[1] C. env. art. 512-17.

[2] Cette intégration est faite par la L. n°2016-1087, 8 août 2016, pour la reconquête de la biodiversité, de la nature et des paysages, texte n°2, JORF n°0184 du 9 août 2016.

[3] Ce retard, dû à la réticence des États africains, fait partie des obstacles liés à la mise en œuvre de ladite Convention. Voir : M. PETSOKO, « Les obstacles potentiels et avérés à la mise en œuvre de la Convention africaine révisée sur la conservation de la nature et des ressources naturelles », Revue africaine de droit de l'environnement, n°04, 2019, 168 p., pp. 71-84.

[4] Le Bénin, le Burkina-Faso, le Congo-Brazzaville, les Comores, la Côte d'Ivoire, le Mali, le Niger et le Tchad.

[5] N. MOLFESSIS, « Combattre l'insécurité juridique ou la lutte du système juridique contre lui-même » in *Sécurité juridique et complexité du droit*, Rapport public du Conseil d'État, 2006, La documentation française, n°57, 2006, p. 392.

[6] M. KAMTO, « La mise en œuvre du droit de l'environnement : forces et faiblesses des cadres institutionnels », Revue africaine de droit de l'environnement, n°01, 2014, 164 p., pp. 29-36, spéc. pp. 33-34.

France, les traces de premières lois environnementales remontent dès 1917. Les grandes lois qui constituent le socle de la matière ont été votées dans les années 1970. Ces grands textes vont être suivis d'une panoplie de textes assurant une absence de cohérence. Dès lors, la grande loi du 2 février 1995 et la codification intervenue en 2000 et 2005 ont permis d'assurer la cohérence des textes sur la protection de l'environnement ainsi que la reconnaissance constitutionnelle[1]. En Afrique et particulièrement dans l'espace OHADA, l'euphorie créée par le contexte du sommet de Rio de 1992 a servi de toile de fond aux réformes des textes disparates sur la protection de l'environnement datant, d'ailleurs, de la colonisation. Il en est résulté l'adoption de nouvelles lois-cadres environnementales[2]. Aussi, ce mouvement a permis la constitutionnalisation de la protection de l'environnement en Afrique[3]. Ainsi, qu'il soit dans le droit français ou le droit africain, il ressort de ces textes, deux catégories de régimes pouvant servir de fondement à la responsabilité environnementale : le droit de police administrative (**A**) et le droit commun de la responsabilité civile et pénale (**B**).

A. Le droit de police administrative

Face aux perturbations croissantes de l'environnement et à la multiplication significative du nombre des dommages environnementaux, les pouvoirs publics français et africains ont été dans l'obligation de réagir et de s'ériger en tant que grands défenseurs du bien commun que représente la nature. Dès lors, trois acteurs publics ont la charge d'assurer la protection de l'environnement. Au niveau local, le maire ou le bourgmestre[4] dispose d'un pouvoir de police générale, ensuite au même niveau se situe le préfet ou le gouverneur qui dispose d'un pouvoir de police spéciale. Enfin, sur le plan national intervient le juge administratif.

Le maire est l'autorité majeure sur le plan local en matière de protection de l'environnement. Ce dernier a pour objectif de concilier conjointement les objectifs du développement durable, de développement économique et

[1] Cette reconnaissance constitutionnelle a été effectuée par l'adoption en congrès le 28 fév. 2005 d'une charte environnementale adossée à la constitution.
[2] E-G. MOUTONDO, « Les Lois-cadres environnementales dans les pays francophones d'Afrique », in *Aspects contemporains du droit de l'environnement en Afrique de l'Ouest et centrale (dir. L. GRANIER)*, UICN-PNUE, Droit et politique de l'environnement, n°69, Gland, Suisse, 2008, 242 p., pp. 57-68.
[3] J-M. OLAKA, « L'effectivité du droit à l'environnement inséré dans les constitutions en Afrique subsaharienne francophone », Rec. Penant, éd. Juris Africa n°916 juill. – sept. 2021, pp. 453-482.
[4] Appellation au Congo-Kinshasa en ce qui concerne l'autorité communale.

de progrès social. Afin de mener à bien sa mission de police générale[1], à savoir veiller à la tranquillité, la sécurité et la salubrité publiques, il dispose également d'un pouvoir de police administrative lui permettant de mettre en place des mesures préventives et des mesures d'intervention en cas de réalisation à venir ou avérée d'un dommage causé à l'environnement[2]. A titre d'illustration, un maire a, par exemple, la possibilité d'interdire toute activité de pêche sur un lac afin de garantir au mieux la préservation d'une espèce animale en danger ou d'un écosystème menacé. Il peut aussi prendre des mesures garantissant la lutte contre le bruit ou la pollution etc. Ce pouvoir de police est d'ordre général. Il ne peut être délégué au Conseil municipal, au directeur général des services de la commune ou à une société privée. Les mesures ordonnées peuvent revêtir un caractère préventif ou répressif. Néanmoins, l'objectif visé reste le même, à savoir la protection de l'environnement.

En matière d'ICPE, les législateurs français et africain ont confié un pouvoir de police spéciale au préfet ou gouverneur[3]. Celui-ci possède la faculté d'autoriser, de sanctionner et de règlementer l'ensemble des ICPE implantés dans son ressort territorial. Afin de mener sa mission de la meilleure manière possible, le préfet a sous son autorité un ensemble de fonctionnaires regroupés au sein des structures étatiques chargées de contrôler la conformité des sites soumis à la législation ICPE et de veiller à la protection du patrimoine environnemental[4]. Le préfet peut, lorsque la situation l'impose, à savoir dans l'hypothèse d'une absence d'autorisation ou de non-respect de législation ICPE, mettre en demeure l'exploitant afin de résoudre au plus vite le manquement légal constaté et ainsi sauvegarder de manière indirecte l'environnement en imposant un seuil de protection environnemental de haut degré[5]. Il a l'obligation et non le choix d'édicter une mise en demeure à l'encontre de l'exploitant en infraction[6]. Le caractère automatique de cette obligation demandée au préfet symbolise la prise en compte de l'idée de protéger l'environnement face à des activités humaines

---

[1] En France, on retrouve cette mission de police générale aux articles L. 2212-1 et suivants du Code général des collectivités territoriales. Au Congo-Kinshasa, aux articles 42 (concernant le Maire) et 60 (concernant le bourgmestre) de la loi organique n° 08/016 du 07 oct. 2008 portant composition, organisation et fonctionnement des Entités Territoriales Décentralisées et leurs rapports avec l'État et les Provinces.

[2] CE, 21 juill. 1970, n°75447 (Ville du Croisic) ; voir pour le Congo-Kinshasa, les arts. 6, 11 et 28 de la loi portant principes fondamentaux relatifs à la protection de l'environnement et le décret n° 14/019 du 02 août 2014 fixant les règles de fonctionnement des mécanismes proceduraux de la protection de l'environnement.

[3] En France, le pourvoir spécial est inscrit aux articles L. 511-1 et s. du C. env.

[4] En France, nous citons la Direction Régionale de l'Industrie, de la Recherche et de l'Environnement, DRIRE. Au Congo-Kinshasa, il y a l'Agence Congolaise de l'Environnement, ACE, et le Fond National de Promotion et de Service Social, FNPSS. Au Tchad, le Haut Comité National pour l'Environnement, HCNE.

[5] C. env., L. 514-1 et L. 514-2.

[6] CE, 6ème et 1er sous-section réunies, 9 juill. 2007, n°288367.

pouvant être hautement dégradantes à l'encontre de la nature. Le manquement à cette obligation de mise en demeure engage la responsabilité de l'État faute de carence. Le préfet peut également, si la situation l'exige, suspendre après avis de la commission départementale, le fonctionnement de l'installation jusqu'à exécution des conditions imposées et prendre les dispositions provisoires nécessaires[1]. Il s'agit d'un réel pouvoir de sanction au profit du préfet, qui peut, dès lors que la situation le nécessite, proclamer la suspension de l'activité d'un exploitant. Cette prérogative mise à la disposition du préfet permet une nouvelle fois d'instaurer un système de sauvegarde environnementale de qualité. En France, les juges de Cassation ont, par exemple, en 1989[2] condamné l'exploitant pour inobservation de l'arrêté préfectoral de mise en demeure, à un mois de prison avec sursis et plus de 11 000 euros[3] d'amende ainsi que la cessation de l'exploitation. Il a également été condamné à 58 euros[4] de contravention.

Le juge administratif, en tant qu'acteur emblématique de la protection de l'environnement, se doit de défendre l'intérêt général. En effet, la nature figure comme un bien commun appartenant à l'ensemble des citoyens, et par conséquent, se doit d'être protégée d'éventuelles dégradations résultant de l'activité humaine. Tout d'abord, depuis la constitutionnalisation de l'environnement, qu'elle soit en France ou dans les pays de l'espace OHADA, le juge administratif a désormais pour fonction d'appliquer et d'interpréter les principes constitutionnels relatifs à la protection de l'environnement.

Par exemple, en France, le Conseil d'État, réuni en Assemblée, a reconnu en 2008 que « l'ensemble des droits et devoirs définis dans la charte de l'environnement (…) ont une valeur constitutionnelle[5] » reprenant ainsi la formulation à l'identique du Conseil constitutionnel, dans sa décision dite *OGM* du 19 juin 2008[6]. En effet, l'article premier de la Charte de l'environnement dispose que « Chacun a le droit de vivre dans un environnement équilibré et respectueux de la santé ». Le juge administratif possède un pouvoir de contrôle concernant les dispositions prises par le pourvoir règlementaire afin de veiller au respect et à la non-violation dudit principe contenu au sein de l'article premier. A titre d'illustration de l'application de ce pouvoir de contrôle du juge administratif sur les mesures du pouvoir réglementaire, il convient de se référer à la décision du Conseil d'État du 26 février 2014 relative à la présence d'amiante dans un immeuble[7].

---

[1] En France, C. env. art. L.514-1, al. 3 ; au Tchad, L. n°014/PR/98, art. 49.
[2] Cass. crim. 7 fév. 1989, n°88-81.747.
[3] 50 000 francs à l'époque.
[4] 250 francs.
[5] CE, Assemblée, 3 oct. 2008, n°297931.
[6] Cons. const., déc. n°2008-564, 19 juin 2008.
[7] CE, 6ème et 1ères sous-sections réunies, 26 fév. 2014, n°351514.

Le principe de précaution figure également au sein de la Charte de l'environnement[1], et par conséquent, jouit, lui aussi, de la protection du juge administratif. Force est de constater que la Charte de l'environnement a pour volonté de protéger de manière effective et efficace l'environnement même vis-à-vis des dommages non scientifiquement reconnus mais laissant tout de même transparaître un potentiel risque futur pouvant occasionner la réalisation d'un dommage environnemental.

L'article 6 de la Charte de l'environnement, quant à lui, est relatif à la notion de développement durable. Le juge administratif va devoir apprécier si l'administration a bien respecté les dispositions contenues au sein dudit article. De manière pratique, ce dernier va examiner si les atteintes causées à l'environnement ne sont pas excessives par rapport à l'utilité publique d'un éventuel projet. A titre d'exemple, il convient de se référer à la décision d'Assemblée du Conseil d'État datant de 2010[2] où le juge a dû faire la balance entre l'utilité publique d'une autoroute reliant Lyon à Saint-Etienne et le dommage environnemental réalisé. Dans la même optique, concernant les activités commerciales, le Conseil constitutionnel a dû privilégier la protection de l'environnement au détriment du principe de la liberté de commerce ou d'entreprendre[3].

Au Congo-Kinshasa, la lecture des textes ne permet pas de relever avec pertinence si le juge administratif contrôle les dispositions prises par le pouvoir règlementaire afin de veiller au respect et à la non-violation des principes relatifs à la protection de l'environnement reconnus dans la constitution congolaise[4] et la loi sur l'environnement[5]. La raison est qu'aucune jurisprudence n'existe en l'occurrence. Néanmoins, le législateur congolais prévoit que l'État, la Province et l'entité territoriale décentralisée assurent la conservation et la gestion durable des écosystèmes et des ressources naturelles en élaborant des plans, programmes et mesures de leur gestion durable[6]. A ce titre, ces derniers, dont la réalisation est susceptible d'avoir des incidences notables sur l'environnement, font l'objet d'une évaluation environnementale préalable[7]. Par ailleurs, la décision d'octroi de permis relevant de l'autorité administrative provinciale ou nationale, selon les cas, en se tournant vers les règles de droit administratif, peut être attaquée, en cas de méconnaissance des principes fondamentaux relatifs à la protection de l'environnement, pour excès de pouvoir et en obtenir

---

[1] Charte de l'env., art. 5.

[2] CE, 6ème et 1ère sous-section réunie, 16 avril 2010, n°320667.

[3] Cons. const., déc. n° 2019-823, QPC, 31 janv. 2020, cons. 2, 10 et 12.

[4] Const. congolaise (2006), art. 53 : « Toute personne a droit à un environnement sain et propice à son épanouissement intégral. Elle a le devoir de le défendre. L'État veille à la protection de l'environnement et à la santé des populations ». Voir aussi les art. 123, 15° ; 203, 18° ; 204, 20°.

[5] L. n°11/009, section 3 relative aux principes fondamentaux, art. 7 à 14.

[6] L. n°11/009, art. 27.

[7] Idem., art. 19.

l'annulation devant le juge après recours administratif préalable devant l'autorité supérieure compétente.

Il importe de souligner que la protection de l'environnement ne passe pas simplement par le droit de police administrative mais qu'il relève également du droit commun.

B. Le droit commun de la responsabilité civile et pénale

Toutes les branches du droit économique peuvent être mobilisées pour résoudre le conflit entre intérêts concurrents qui concernent l'environnement[1]. A ce titre, le fondement du droit commun de la responsabilité civile, tout comme, celui de la responsabilité pénale constituent un exemple édifiant.

En matière civile, il est à noter que la réparation de tout dommage passe par un régime de responsabilité qui lui est propre et l'environnement ne déroge pas à cette règle. Dès lors, selon la formule de la doctrine, au sens le plus large du mot, la responsabilité civile « se définit ainsi comme l'obligation de réparer les dommages injustement causés à autrui[2] ». Ainsi définie, la responsabilité civile englobe la responsabilité extracontractuelle et la responsabilité contractuelle. La responsabilité civile est régie, qu'elle soit en France ou dans l'espace OHADA, par très peu d'articles du Code civil. Les règles, qui lui sont propres, sont principalement voire exclusivement prétoriennes. La différence entre la responsabilité civile et la responsabilité environnementale repose en réalité sur le dommage subi. En matière civile, le dommage causé porte atteinte à un bien personnel alors qu'à l'inverse, le préjudice environnemental est particulier du fait de son caractère collectif, c'est-à-dire l'environnement se présente comme un bien commun à l'ensemble des citoyens.

La responsabilité civile en matière environnementale a longtemps été dominée par la théorie des troubles anormaux du voisinage[3]. Elle est complétée par les principes communs de la responsabilité civile notamment la responsabilité du fait des choses et la responsabilité du fait des produits défectueux.

Sur le plan civil, la responsabilité du fait des choses[4] a été utilisée pour saisir certaines situations de nuisances environnementales. En France, elle

---

[1] A titre d'illustration, la Cour de cassation, en France, a condamné une entreprise pour concurrence déloyale, dans la mesure où elle ne respectait pas ses obligations environnementales. Sur le sujet, voir : Cass. com. 21 janv. 2014, n°12-25.443.

[2] N. BLANC, M. LATINA et D. MAZEAUD, « Droit des obligations », LGDJ, coll. CRFPA, Paris, 2020, 578 p., spéc. p. 234, n°456.

[3] Idem, spéc. pp. 236-240, n°465 et 467.

[4] P. BRUN, « De l'intemporalité du principe de responsabilité du fait des choses, et de quelques autres considérations sur ses prétendues répercussions négatives en droit des obligations », Dalloz RTD civ. 2010, p. 487.

est prévue aux articles 1242 (ancien 1384), alinéas 1 et 2, 1243 (ancien 1385) et 1244 (ancien 1386) du Code civil. Dans l'espace OHADA, elle est prévue dans le droit de l'OHADA par le projet d'AUDGO, aux articles 294 à 298 et aussi au Congo-Kinshasa à l'article 260 du décret du 30 juillet 1888 portant droit des obligations et des contrats.

En effet, les conditions pour engager cette responsabilité, qu'il soit en France ou dans l'espace OHADA, sont un dommage, une chose, un fait actif de la chose et un gardien. Dès que ces conditions sont réunies, la responsabilité du gardien est engagée. Celui-ci peut, toutefois, tenter de se dégager de sa responsabilité en établissant que le dommage est dû à une cause étrangère telle que le fait de la nature, le fait du tiers, la faute de la victime. Mais la preuve de son absence de faute restera sans effet.

Par ailleurs, toute chose, quelle que soit sa nature physique, peut être source de responsabilité. Il peut s'agir d'une chose solide, liquide ou gazeuse, voire d'une chose immatérielle comme une onde sonore ou encore une onde électromagnétique telle que celle émise par les antennes relais. C'est ainsi qu'en droit comparé, la deuxième Chambre civile de la Cour de cassation, en France, a retenu la responsabilité d'une société chimique comme gardienne des gaz qui se sont dégagés de ses ateliers[1]. De même, elle a retenu la responsabilité du gardien des produits qui s'étaient déversés depuis un camion-citerne et qui avaient pollué la nappe phréatique[2]. Toutefois, il y a une certaine réticence des juges à fonder la responsabilité pour pollution sur cette base. Ceci s'explique, probablement, par le fait qu'il s'agisse d'un régime trop favorable aux victimes. La raison est que ce fondement n'exige ni faute ni inconvénients anormaux. Pourtant, c'est le régime qui paraît *a priori* le mieux à même de résoudre les problèmes liés, sinon aux dommages écologiques, du moins aux dommages de pollutions accidentelles.

Une seconde possibilité est admise par le biais de la responsabilité du fait des produits défectueux. Ce fondement instaure un système de responsabilité objective, sans faute, que l'on pourrait d'ailleurs rapprocher de la Convention de Lugano en ce qui concerne les activités dangereuses pour l'environnement. N'existant pas ni dans les droits internes des pays de l'espace OHADA ni dans le projet d'AUDGO, cette responsabilité a pour origine une directive européenne du 25 juillet 1985. Elle a été introduite en droit français par une loi du 19 mai 1998[3]. Cette transposition est aujourd'hui codifiée aux articles 1245 à 1245-17 du Code civil[4].

Cette loi trouve application au cas où un dommage a été causé par un produit défectueux mis en circulation. Ainsi, est un produit tout bien

---

[1] Cass. 2e civ. 17 déc. 1969, Bull. civ. 2, n°353 p. 261.

[2] Cass. 2e civ. 13 sept. 2012, n°11-19.941.

[3] P. JOURDAIN et A. GUEGUAN-LECUYER (dir.), « La responsabilité du fait des produits défectueux trente ans après la directive », Responsabilité civile et assurances n°1, janv. 2016, dossiers 1 à 15.

[4] Anciennement aux articles 1386-1 à 1386-18.

meuble, même s'il est incorporé dans un immeuble, y compris les produits du sol, de l'élevage, de la chasse et de la pêche. Un produit est défectueux « lorsqu'il n'offre pas la sécurité à laquelle on peut légitimement s'attendre[1] ». La responsabilité pèse sur le producteur, notion très largement entendue. Sont concernés autant les produits transformés que les produits agricoles primaires. Des produits chimiques ou substances dangereuses comme les produits phytosanitaires ou même des semences ou plantes génétiquement modifiées ou commercialisées. Ces produits pourraient donc donner lieu à une telle responsabilité[2]. Aussi, des applications spécifiques au domaine agroalimentaire peuvent être envisagées[3].

Parmi les causes d'exonération figurant à l'article 1245-10, un des aspects les plus intéressants est l'exonération possible du producteur pour risque de développement. Pour que cette cause joue, il faut que le producteur établisse que l'état des connaissances scientifiques et techniques, au moment où il a mis le produit en circulation, n'a pas permis de déceler l'existence du défaut. Ce défaut de connaissance s'apprécie objectivement, en tenant compte du niveau le plus avancé des savoirs, indépendamment du secteur concerné[4]. L'article 1245-11 met une limite à l'admission du risque développement. Cette cause est écartée lorsque le dommage a été causé par un élément du corps humain ou par les produits issus de celui-ci, exception qui vise notamment l'hypothèse du SIDA d'origine transfusionnelle. Aussi, la loi n°2013-316 du 16 avril 2013 relative à l'indépendance de l'expertise en matière de santé et d'environnement et à la protection des lanceurs d'alerte a introduit une nouvelle disposition dans le Code du travail selon laquelle « tout employeur saisi d'une alerte en matière de santé publique ou d'environnement qui n'a pas respecté les obligations lui incombant en application des articles L. 4133-1 et L. 4133-2 du Code du travail perd le bénéfice des dispositions du 4° de l'article 1245-10 du Code civil ».

La théorie des troubles anormaux du voisinage a longtemps dominé la responsabilité civile en matière environnementale[5]. Ce fondement est issu de la jurisprudence. S'il n'est, à ce jour, pas encore codifié en droit de l'OHADA[6], il est récemment codifié en droit français après formulation de nombreuses propositions[7]. On le retrouve au nouvel article 1253 du Code

---

[1] C. civ., art. 1245-3.

[2] I. CASSIN., « Les organismes génétiquement modifiés et le nouveau régime de la responsabilité du fait des produits défectueux », Gaz. Pal. 1999, 1, Doctr., p. 134.

[3] Idem

[4] CJCE, 29 mai 1997, aff. C-300/95.

[5] J. DE MALAFOSSE, « La propriété gardienne de la nature » in *Études offertes à J. FLOUR*, Répertoire du notariat Defrénois, Paris, 1979, 435 p, pp. 335-349 ; B. GRIMONPREZ., « La fonction environnementale de la propriété », Dalloz RTD civ. 2015, p. 539.

[6] Dans l'espace OHADA, le projet d'AUDGO prévoit en son article 299 la responsabilité du fait des troubles de voisinage.

[7] D'abord, le projet *Catala* (art. 1361), ensuite le projet *Terré* (art. 24), et enfin le projet de réforme rendu public le 13 mars 2017 par la Chancellerie qui consolide la théorie des troubles anormaux de voisinage.

civil adopté le 15 avril 2024. Rappelons que la Cour de cassation française a reconnu en 1971 que cette théorie est indépendante de l'existence d'une faute[1]. Ce que prévoit l'alinéa 1er de l'article 1253 du Code civil en ces termes : celui qui « est à l'origine d'un trouble excédant les inconvénients normaux de voisinage est responsable de plein droit du dommage qui en résulte ». Par la suite, elle a érigé le principe général du droit selon lequel « nul ne doit causer à autrui un trouble anormal du voisinage[2] ».

A cet effet, il y a une multitude de troubles qui peuvent être concernés par cette théorie. Les troubles qui constituent des atteintes à l'environnement sont de plus en plus causés par les activités humaines. Il s'agit notamment du bruit, des odeurs, de la perte d'ensoleillement ou de vue, de la pollution des eaux ou des sols. La théorie des troubles anormaux du voisinage exige la réunion de deux conditions. La première condition est l'exigence d'un trouble anormal. Il faut que celui-ci dépasse le seuil de tolérance estimé par le juge. Il s'agit d'une appréciation *in concreto* réalisée par les juges du fond. Ces derniers, dans le cadre de leur appréciation souveraine, interprètent l'anormalité du trouble en fonction des circonstances des lieux et de temps. Par exemple, le chant du coq ne pourra être considéré comme un trouble anormal dans une zone rurale[3]. La seconde condition est l'existence d'un lien de voisinage. Sous l'ancien droit, le voisin était défini comme le propriétaire du fonds contigu. Mais avec les évolutions de la société, la notion de voisinage est interprétée de façon plus extensive. La CJCE a reconnu le 18 mai 2006 que deux fonds se trouvant à 60 km de distance pouvaient être considérés comme des voisins[4]. L'évolution de la notion de voisinage est importante pour la protection de l'environnement surtout en cas de pollution à grande échelle comme lors de la catastrophe de Tchernobyl.

En matière environnementale, la maîtrise d'un risque est primordiale. Le risque certain correspond à l'hypothèse selon laquelle le dommage va se réaliser dans un futur plus ou moins proche. En cas de risque de dommage certain, la jurisprudence française a pu entrer en voie de condamnation dans l'hypothèse où le propriétaire d'une maison d'habitation a exercé une action contre son voisin qui entreposait de la paille dans un hangar. Il existait un risque lié à un incendie et une pollution. La Cour de cassation a fait droit à cette demande et a exigé que le hangar soit déplacé[5]. De ce fait, le principe de prévention combiné de la théorie des troubles anormaux du voisinage l'emporte. Cette interprétation permet alors une protection de l'environnement efficace car en amont du dommage.

---

[1] Cass. 3e civ. 4 fév. 1971, n°69-14.964.

[2] Cass. 2e civ. 19 nov. 1986, n°84-16.379.

[3] Cass. 2e civ. 18 juin 1997, n°95-20652; CA Riom, 1e civ. 7 sept. 1995, JurisData 1995-043632.

[4] CJCE, 18 mai 2006, aff. C-343/04.

[5] Cass. 2e civ. 24 fév. 2005, n°04-10.362.

Toutefois, la question se pose en cas de risque incertain. Dans un mouvement jurisprudentiel de sécurisation de la réparation des dommages des victimes, la jurisprudence française admet que des risques de dommages puissent constituer un trouble anormal de voisinage. Dans un arrêt dénommé *Bouygues Télécom*[1] le risque était incertain. Les riverains d'une antenne de téléphonie mobile appartenant à *Bouygues Télécom* ont entamé une action pour faire démonter l'antenne alors qu'il n'existait pas de risque avéré pour la santé. Dans cette espèce, les requérants ne mettaient pas en avant un risque certain mais seulement probable causant un trouble. Ce trouble est caractérisé par « la crainte liée à l'impossibilité pour l'opérateur téléphonique de garantir une absence de risque sanitaire liée à l'antenne ». Le trouble ici est relatif à l'angoisse des riverains. Contrairement aux cas précédents, le risque est incertain et une responsabilité est tout de même engagée. En somme, la jurisprudence est fluctuante, il y a de nombreuses divergences et ce principe n'est pas toujours retenu. La théorie des troubles anormaux du voisinage joue donc un rôle primordial dans la protection de l'environnement via la mise en œuvre de la responsabilité environnementale en matière civile.

Au travers du volet pénal, il s'agit d'envisager les dispositions répressives qui visent à prévenir ou sanctionner les dégradations de l'environnement par l'homme. En matière environnementale, l'outil répressif est très peu utilisé. Il importe que l'accentuation du volet répressif de la responsabilité environnementale tende à rendre celle-ci efficace. Ce qui nous pousse à relever l'état analytique de la lutte contre la criminalité environnementale à l'échelle nationale tant en France que dans l'espace OHADA.

Le droit pénal en général et d'autant plus en matière environnementale comprend trois fonctions. Premièrement, la fonction répressive qui consiste à sanctionner les comportements dangereux pour l'environnement. Ensuite, la fonction protectrice, ayant pour centre de gravité l'auteur de l'infraction, vise à assurer la préservation de l'ordre public ou de la sécurité de la société et, particulièrement, en matière environnementale, la préservation de la sécurité environnementale. Enfin, la fonction expressive laquelle exprime et renvoie à des valeurs jugées dignes de protection par la société. A cet égard, l'environnement, étant le patrimoine commun de l'humanité, voit sa valeur protégée par les dispositions répressives. On assure la sûreté de la planète au bénéfice des générations présentes et futures. Cette sûreté est l'application du principe de précaution au pénal où la dangerosité est sanctionnée[2]. Dans la même logique, en matière pénale, le principe

---

[1] CA Versailles, 4 fév. 2009, n°08/08775.

[2] F. ROUSSEAU, « Le principe de précaution dans le contentieux pénal français », in *Principe de précaution et métamorphoses de la responsabilité (dir. L. D'AMBROSIO, G. GIUDICELLI-DELAGE et S. MONACORDA)*, éd. Mare & Martin, Paris, 2018, 360 p., pp. 131-150.

fondamental est celui de la légalité des délits et des peines[1]. Il s'agit d'un principe de sécurité et de protection contre l'arbitraire et de respect des libertés fondamentales. L'idée est de démontrer la prévisibilité de la sanction. C'est donc de la prévention en matière pénale puisqu'il s'agit de savoir et de pouvoir anticiper qu'un comportement est illicite.

A ce titre, il existe un réel développement d'un droit de prévention en matière pénale. Nous ne pouvons que se demander, dans cette logique d'anticipation, si le droit pénal n'est pas dépassé par le droit administratif. Selon un auteur, le constat a été fait dans la lutte contre le terrorisme où les règles ont évolué afin d'appréhender au plus vite les auteurs d'actes (préparatoires) potentiellement dangereux[2]. Dans la même optique, sous couvert de régulation, des autorités administratives indépendantes ont été dotées d'importants pouvoirs de police et de sanction c'est-à-dire de prévenir et parfois de punir des manquements indépendamment de la preuve d'une infraction. La répression pénale est souvent doublée d'une répression administrative. Il en est notamment en matière environnementale[3].

En droit pénal de l'environnement, le diagnostic à l'échelle nationale est qu'il n'existe pas de vide juridique mais pléthore de textes. Ces derniers sont souvent techniques et difficilement applicables. Aussi, les infractions environnementales commises sont, dans la majorité des cas, le fait des personnes morales, notamment d'entreprises[4].

En France, comme dans les pays de l'espace OHADA, le droit pénal de l'environnement est, par essence, un droit de nature administrative. Autrement dit, il existe, à côté des sanctions pénales dispersées dans une pluralité de textes, une prééminence des sanctions de simples violations des règles administratives, indépendamment de tout dommage ou de tout risque de dommage à l'environnement. Les sanctions pénales ne sont pas centralisées dans un outil unique comme le Code pénal. A cet effet, en France, les sanctions répressives sont plutôt, en réalité, présentes dans d'autres codes que le Code pénal. On peut les retrouver notamment dans le Code de l'environnement, le Code de la consommation, le Code rural. Dans le Code pénal français, même s'il n'existe pas de chapitre spécifique, l'on trouve, quand même, certaines incriminations comme : l'atteinte aux intérêts fondamentaux où l'équilibre du milieu naturel et de

---

[1] A. GIUDICELLI, « Le principe de la légalité en droit pénal français », Revue de science criminelle et de droit pénal comparé n°3, 2007, p. 509.

[2] E. DREYER, « Droit pénal général », 5è éd., LexisNexis, Paris, 2019, 1517 p., spéc. pp. 61-62.

[3] Idem.

[4] Selon l'infostat Justice publié en avril 2021, il est décelé une surreprésentation des personnes morales parmi les auteurs, au moins 83% des affaires impliquent une personne morale et particulièrement une entreprise. Sur le sujet, voir : « Le traitement du contentieux de l'environnement par la justice pénale entre 2015 et 2019 », Infostat Justice, n°182, avril 2021.

l'environnement en font partie[1] ; une infraction grave d'une sorte de « terrorisme écologique[2] » ; un crime spécifique en temps de guerre[3]. Ne soulignons qu'aucun de ces crimes n'a, pour le moment, fait l'objet d'une application en droit français. Au Congo-Kinshasa et au Mali pour ne citer que ces deux pays de l'espace OHADA, nous remarquons qu'il existe uniquement dans le Code pénal un crime lié à l'environnement en temps de guerre[4]. En revanche, nous retrouvons plusieurs incriminations et sanctions pénales, par exemple, au Congo-Kinshasa notamment dans la loi portant principes fondamentaux relatifs à la protection de l'environnement[5], le Code minier[6], le Code forestier[7], la loi relative à la conservation de la nature[8], celle de l'eau[9] et des hydrocarbures[10].

Par ailleurs, certaines incriminations générales dans le Code pénal, classées en fonction des intérêts protégés, peuvent, de fois, être mobilisées en matière environnementale. Il s'agit des atteintes aux personnes notamment le délit d'atteinte involontaire à la vie de la personne, celui de blessure involontaire, celui de mise en danger d'autrui. Ces atteintes aux personnes pourraient être davantage mises en œuvre, à l'avenir, en raison des études scientifiques qui ne cessent de démontrer de manière évidente l'impact de la pollution de l'environnement sur la santé. Aussi, concernant les atteintes aux biens, qu'il soit en France ou dans l'espace OHADA, il importe de rappeler que la nature n'est pas un sujet de droit, elle est soit un bien commun comme eau, air, soit un bien approprié comme terrain, animaux, étang. L'environnement peut donc être soit un bien commun soit un bien approprié. Dans le dernier cas, il peut y avoir l'utilisation d'incriminations relatives aux biens. Il en est ainsi de destructions, dégradations et détériorations.

Il est indubitable que les droits internes en matière de lutte contre la criminalité environnementale paraissent ineffectifs et inefficaces[11]. Cette ineffectivité rejaillit sur le fait que la responsabilité civile environnementale, présentant une grande potentialité, est souvent mise en œuvre par rapport

---

[1] C. pén., art. 410-1.

[2] C. pén., art. 421-2.

[3] C. pén., art. 461-28.

[4] La loi congolaise n°15/002 du 31 déc. 2015 modifiant et complétant le décret du 30 janv. 1940 portant Code pénal, en son art. 233, 2° d), et le Code pénal malien à l'art. 31, i) 4° régis par la loi n°2001-79 du 20 août 2001 modifiée par la loi n°2005-45 du 18 août 2005 et loi n°2016-39 du 7 juill. 2016.

[5] L. n°11/009, 9 juill. 2011, art. 71 et s.

[6] L. n°18/001 modifiant et complétant la loi n°007/2002 du 11 juill. 2002, art. 300 et s.

[7] L. n°011/2002, 29 août 2002, art. 126 et s.

[8] L. n°14/003, 11 fév. 2014, art. 70 et s.

[9] L. n°15/026, 31 déc. 2015, art. 109 et s.

[10] L. n°15/012, 1er août 2015, art. 186 et s.

[11] L. NEYRET (dir.), « Des écocrimes à l'écocide, le droit pénal au secours de l'environnement », éd. Bruylant, coll. Droits et développement durable, Bruxelles, 2015, 465 p., spéc. pp. 321-324.

au volet pénal[1]. Par conséquent, la réparation des préjudices écologiques se trouve limiter puisque les demandes de réparation ont, dans la plupart des cas, outre la nature civile, un lien avec le volet pénal.

La mise en œuvre du principe de responsabilité environnementale sur le plan administratif, civil et pénal emporte, tant en France que dans l'espace OHADA, des conséquences sur la protection de l'environnement.

§2. Les conséquences de la mise en œuvre du principe de responsabilité environnementale

En partant notamment de la citation tirée du *Laudato si*, l'encyclique du Pape François sur l'écologie humaine publié le 24 mai 2015, selon laquelle « nous n'avons jamais autant maltraité ni fait de mal à notre maison commune (la Terre) qu'en ces deux derniers siècles[2] », il importe que l'intervention d'une autorité religieuse, qui n'a pourtant aucun intérêt majeur sur la question environnementale, démontre effectivement la prise de conscience générale de l'ensemble des acteurs de notre planète sur la nécessité de sauvegarder et de limiter l'impact de l'homme sur ce qui l'entoure[3]. L'une des idées principales visant à sauvegarder au mieux notre planète se retranscrit de manière claire et précise dans l'adage suivant : « Mieux vaut prévenir que guérir ». C'est dire qu'il est, en effet, plus simple de prendre des mesures pour éviter un ennui que de les résoudre. Cette philosophie est présente et se démarque dans les conséquences de mise en œuvre du principe de responsabilité environnementale, née du méandre des principes gouvernant la protection de l'environnement notamment celui de prévention, de précaution, de participation du public. Ces conséquences se retrouvent par la mise en place de mesures relatives à la prévention du dommage via les différentes procédures d'étude d'impact (**A**). Aussi, par des modalités plus concrètes de réparation du dommage environnemental dont notamment la prise en compte de la prévention du préjudice écologique et du volet pénal (**B**).

---

[1] D. CHILSTEIN, « L'efficacité du droit pénal de l'environnement », in *L'efficacité du droit de l'environnement : mise en œuvre et sanctions (dir. O. BOSKOVIC)*, Dalloz, coll. Thèmes et comm., Paris, 2010, 136 p., pp. 67-81.

[2] Lettre encyclique *Laudato si* du Saint-Père François sur la sauvegarde de la maison commune, 24 mai 2015, spéc. n°53.

[3] Quoiqu'à première vue, l'intérêt d'une autorité religieuse sur l'environnement ne se voit pas, intrinsèquement l'intérêt est exponentiel concernant les Saintes écritures (Bible). Ces dernières démontrent que Dieu interdit, par exemple, à son peuple pendant la guerre de détruire l'environnement en ces termes : « si tu fais un long siège pour t'emparer d'une ville avec laquelle tu es en guerre, tu ne détruiras point les arbres en y portant la hache, tu t'en nourriras et tu ne les abattras point ; car l'arbre des champs est-il un homme pour être assiégé par toi ? ». Bible, version LSG, Livre de Deutéronome chapitre 20 versets 19.

A. Les mesures relatives à la prévention du dommage

La responsabilité environnementale, qu'elle soit en matière civile ou administrative, est gouvernée par de nombreux principes dont notamment celui de participation du public, d'information, de précaution mais également par le principe de prévention.

Le principe de précaution, étant né de la volonté de protéger l'environnement, il va de soi qu'il s'est vu s'étendre au domaine de la santé[1] et au risque économique[2]. La précaution ne signifie pas prévention. Si la prévention vise les risques avérés, c'est-à-dire ceux dont l'existence est suffisamment connue et susceptible d'être assurable, la précaution, quant à elle, vise les risques hypothétiques, scientifiquement non confirmés, mais dont la possibilité peut être identifiée à partir de connaissances scientifiques. Elle suppose des mesures provisoires en attendant d'en savoir plus, et ce, pour éviter un dommage. C'est ainsi que l'on peut passer de la précaution à la prévention une fois le risque identifié et mesuré. Même si ce principe de précaution demeure très débattu et critiqué[3], il arrive que le juge n'hésite pas, à plusieurs reprises, à s'appuyer sur ce principe pour imposer la prévention et la réparation de certains dommages[4].

Par ailleurs, le principe de prévention renvoie à la notion d'actions préventives visant à anticiper la réalisation d'un dommage nuisible à l'environnement. Il s'agit d'une méthode d'action qui se situe en amont de la réalisation du préjudice environnemental. En droits français, congolais et tchadien, elle s'illustre comme étant « le principe d'action préventive et de correction, par priorité à la source, des atteintes à l'environnement, en utilisant les meilleures techniques disponibles à un coût économiquement acceptable[5] ». Il implique, concrètement, d'éviter les atteintes à la biodiversité et aux services qu'elle fournit. A défaut, il permet d'en réduire la portée et de compenser les atteintes qui n'ont pu être évitées ni réduites en considération des espèces, des habitats naturels et des fonctions écologiques affectés. Dans la même logique, on retrouve une consécration indirecte du principe de prévention à travers les dispositions

---

[1] Nous citons les crises comme l'affaire du *sang contaminé* ou de la *vache folle*. Ces affaires ont profondément fait évoluer le champ d'application du concept de « précaution ». Voir : CJCE, 5 mai 1998, aff. C-180/96.

[2] Les accords commerciaux internationaux existants et l'organe de règlement des différends, ORD, de l'Organisation mondiale du commerce, OMC, s'appuient sur des normes internationales qui visent à ce que l'économie ne dépasse pas un seuil de risque acceptable.

[3] Le principe de précaution est critiqué du fait qu'il entraverait ainsi le progrès technique et scientifique. La dernière critique évidente de ce principe a été formulée en 2008 par la Commission Attali. Voir : J. ATTALI (dir.), « Rapport de la commission pour la libération de la croissance », XO édition, La documentation française, Paris, 2008, 245 p., spéc. p.91 et s.

[4] En France, c'est le cas s'agissant des affaires dites *Antennes-relais*.

[5] C. env., art. L. 110-1, II, al. 2 ; L. n°11/009, art. 10 ; L. n°014/PR/98, art. 4.

constitutionnelles françaises, congolaises et tchadiennes en ce sens qu'elles imposent à toute personne de prévenir ou à défaut de limiter les atteintes portées à l'environnement[1].

En tenant compte des principes de participation du public et d'accès à l'information en matière environnementale[2], le principe d'actions préventives se matérialise à travers les mécanismes procéduraux suivants : l'évaluation environnementale stratégique, l'étude d'impact environnemental et social, l'enquête publique environnementale ainsi que l'audit environnemental.

Le droit congolais définit l'évaluation environnementale stratégique comme « un processus systématique visant à évaluer les conséquences environnementales d'une politique, d'un plan ou d'un programme[3] ». Elle a donc pour objet l'examen en amont des conséquences environnementales d'une politique, d'un plan ou d'un programme élaboré par l'État ou l'entité territoriale décentralisée ou l'établissement public[4]. Ce qui revient à dire qu'elle permet l'évaluation de plans et programmes susceptibles d'avoir des incidences sur l'environnement dont l'initiative vient des autorités publiques. Plusieurs secteurs d'activités peuvent être concernés, excepté celui de la défense nationale ou de protection civile[5]. Parmi les secteurs concernés, nous citons notamment ceux d'activités relatifs aux infrastructures, au foncier, à l'agriculture, aux forêts, aux hydrocarbures, à la pèche et à l'élevage, aux mines, à l'énergie, à l'urbanisme et à l'habitat, à la télécommunication, à l'industrie, au transport, à la santé, et d'une manière générale à l'exploitation de toute activité commerciale ou autre susceptible d'avoir un impact sur l'environnement[6]. Le contenu de l'évaluation environnementale décrit l'incidence prévisible d'une politique, d'un plan ou d'un programme sur l'environnement, entre autres l'identification des opportunités et contraintes environnementales, des impacts ainsi que des opportunités potentielles, des indicateurs de performance, les mesures d'atténuation et d'optimisation[7]. L'évaluation environnementale comporte l'établissement d'un rapport environnemental ou de cadrage[8] qui sera sanctionné d'un avis environnemental[9] de l'autorité administrative compétente.

---

[1] Charte de l'env., art. 3 ; Const. congolaise (2006), art. 53 ; Const. tchadienne (2018), art. 57.

[2] Convention d'Aarhus du 25 juin 1998 sur l'accès à l'information et la participation du public en matière d'environnement ; Déclaration de Rio, Principe n°10 ; Charte de l'env, art. 7 ; L. n°11/009, art. 8 et 9.

[3] D. n°14/019, point 10.

[4] D. n°14/019, art. 3; C. env., art. L. 122-4, I.

[5] En France, C. env., art. L. 122-4; au Congo-Kinshasa, L. n°11/009; art. 20.

[6] En France, C. env., art. L. 122-4, I; au Congo-Kinshasa, D. n°14/019, art. 4.

[7] En France, C. env. art. L. 122-6 et R. 122 et s; au Congo-Kinshasa, D. n°14/019, art. 5 c).

[8] En France, C. env., art. L. 122-6 ; au Congo-Kinshasa, D. n°14/019, art. 11 et s.

[9] En France, C. env., art. L. 122-7 ; au Congo-Kinshasa, D. n°14/019, art. 14 et 15.

A côté de l'évaluation environnementale, il y a l'étude d'impact ou étude environnementale. En France, la disposition de l'article R. 122-5, I, du Code de l'environnement démontre de la meilleure des manières l'objectif principal de la procédure d'étude d'impact à savoir la connaissance des opérations effectuées dans le cadre de l'activité de l'exploitation ainsi que les dégâts environnementaux occasionnés par ces derniers. L'étude d'impact ou étude environnementale demeure partie intégrante du dossier technique nécessaire à l'obtention d'une autorisation de l'administration que doit rendre l'exploitant ou porteur de tout projet de développement d'infrastructures ou d'exploitation de toute activité industrielle, commerciale, agricole, minière, forestière et tant d'autres susceptibles d'avoir un impact sur l'environnement ou la santé humaine[1]. Cette étude est destinée à être transmise au préfet de la région et à l'autorité environnementale dont l'objet consiste à établir un état des lieux du site sur lequel doit être implantée l'activité, à évaluer les impacts susceptibles d'être induits par celle-ci, et à définir les mesures prises pour supprimer ou limiter ces impacts. Il s'avère que l'obligation d'établir une étude d'impact symbolise la volonté des législateurs français et africain d'évaluer les dégâts opérés sur l'environnement par les exploitants[2].

La rédaction d'un tel document présente de nombreux intérêts. D'abord, il fait prendre conscience aux porteurs des projets des impacts résultants de leurs activités. Aussi, il permet d'amener les porteurs des projets à définir les meilleures techniques disponibles pour atténuer autant que possible l'empreinte laissée sur l'environnement. De plus, l'étude d'impact comporte une analyse de l'état initial de la zone et des milieux susceptibles d'être affectés par le projet : faune et flore, sites et paysages, habitats naturels, population, sites, sol, eau, air etc. Enfin, il doit mentionner les mesures réductrices et compensatoires destinées à limiter et réparer les atteintes causées à l'environnement. La description de ces mesures doit notamment être accompagnée de l'estimation des dépenses correspondantes, de l'exposé des effets attendus, des mesures à l'égard des impacts du projet sur certains éléments et des modalités de suivi de ces mesures[3]. Le droit français a le mérite d'avoir inséré dans son arsenal juridique la procédure d'étude d'impact s'articlant autour de la consécration « d'une procédure d'examen au cas par cas[4] ». Celle-ci donne la possibilité au porteur de projet de décrire davantage les caractéristiques de son exploitation ainsi que les éventuelles mesures associées à cette dernière. Il sied de comprendre que la volonté de cette nouveauté tend à augmenter la connaissance d'une activité et des dégradations environnementales attachées à cette dernière.

---

[1] En France, C. env., art. 122-1; au Congo-Kinshasa, D. n°014/019, art. 18.

[2] En France, C. env., art. 122-1 et s ; au Congo-Kinshasa, D. n°014/019, art. 18 et s ; au Tchad, L. n° 014/PR/98, art. 80 et s.

[3] En France, C. env., art. L. 122-3 et R. 122-5 ; au Congo-Kinshasa, D. n°014/019, art. 19 et s ; au Tchad, L. n° 014/PR/98, art. 84.

[4] C. env., art. L. 122-3 et R. 122-3.

L'étude d'impact est suivie d'une enquête publique environnementale. Celle-ci a pour objet d'assurer l'information et la participation du public ainsi que la prise en compte des intérêts des tiers lors de l'élaboration des décisions susceptibles d'affecter l'environnement[1]. Elle vise à informer le public en général et la population locale en particulier sur le projet ou l'activité. A ce titre, elle permet non seulement de recueillir les informations sur la nature et l'étendue des droits des tiers sur la zone susceptible d'être affectée par le projet ou l'activité mais aussi de collecter les appréciations, les contrepropositions ou les suggestions devant amener l'autorité compétente de disposer de tous les éléments nécessaires à sa prise de décision. Tout porteur d'un projet ou d'une activité susceptible d'avoir une incidence sur l'environnement et soumis à une étude d'impact préalable, est obligé de saisir l'autorité compétente qui initie la procédure d'enquête.

Une autre mesure d'action préventive est l'audit environnemental. Il sert à apprécier l'impact d'un projet ou d'une activité sur l'environnement et la population, à travers un contrôle systématique, documenté et objectif, entrepris soit par un auditeur relevant de l'OTI ou de l'entreprise elle-même. Il s'agit d'une obligation de nature légale ou éthique. La nature légale en ce que toute activité susceptible d'avoir une incidence négative sur l'environnement est concernée par la réglementation. La nature éthique s'explique du fait que l'entreprise, sans que son activité ait une incidence négative directe et soit concernée directement par la règlementation, adopte une démarche volontaire de prévention en vue de protéger l'environnement. En France, pour une illustration concernant l'obligation légale ou règlementaire, il suffit de se référer à l'exercice de reporting extra-financier. Au Congo, l'audit environnemental est aussi légal et est prévu aux termes des articles 39 et suivant du décret n°014/019 et 23 de la loi portant principes fondamentaux relatifs à la protection de l'environnement. Il en est de même pour le Tchad qui consacre légalement l'audit environnemental, mais d'une manière indirecte, à l'article 96 et suivants de la loi définissant les principes généraux de la protection de l'environnement règlementant les normes et standards de Qualité de l'Environnement.

L'audit environnemental a pour objectif de veiller au respect des normes et règlements, la mise en œuvre d'un contrôle opérationnel des pratiques susceptibles d'avoir une incidence sur l'environnement, la contribution au maintien de la conformité environnementale et aide à concilier la productivité économique au respect des normes environnementales[2]. Face à ces nouvelles obligations et responsabilités environnementales éclairées par la volonté et objectifs affichés des autorités publiques, les entreprises sont censées se conformer aux différentes règles non seulement édictées par l'État mais aussi aux normes internationales telles qu'ISO 14001 et règlement européen EMAS.

---

[1] En France, C. env., art. L.123-1 et s ; au Congo-Kinshasa, D. n°014/019, art. 51 et s.

[2] D. n°014/019, art. 39.

La conséquence de la mise en œuvre de la responsabilité environnementale traduit également le souhait de prendre en considération la prévention du préjudice écologique et du volet pénal.

B. La prise en compte de la prévention du préjudice écologique et du volet pénal

En France, la loi n°2016-1097 du 8 août 2016 pour la reconquête de la biodiversité, de la nature et de paysages a consacré l'inscription du préjudice écologique dans le Code civil. Ainsi, le chapitre III de la responsabilité extracontractuelle est consacré à la « réparation du préjudice écologique ». De ce chapitre découle les modalités de réparation du préjudice écologique inscrites aux articles 1246 à 1252 du Code civil. A ce titre, le législateur français énonce que « toute personne responsable d'un préjudice écologique est tenu de le réparer[1] ». Par ailleurs, même si le Congo-Kinshasa n'a pas encore ratifié la Convention de Maputo qui promeut le régime de responsabilité environnementale, le droit congolais consacre une responsabilité civile en matière environnementale en disposant que « (...) est responsable toute personne qui, par l'exercice de ses activités, a causé un dommage à l'environnement et à la santé en violation de la présente loi[2] ». N'ayant pas défini le dommage environnemental, ce dernier peut s'apparenter à la définition du préjudice écologique du droit français consistant en « une atteinte non négligeable aux éléments ou aux fonctions des écosystèmes ou aux bénéfices collectifs tirés par l'homme de l'environnement[3] ». Cette définition est déclarée conforme à la constitution par le Conseil constitutionnel[4].

Dans le même ordre d'idées, le projet d'AUDGO dans l'espace OHADA ne prévoit pas expressément le préjudice écologique mais plutôt, comme nous l'avons dit antérieurement, une responsabilité du fait d'activités dangereuses[5]. Cette responsabilité, même si elle se concentre uniquement sur des activités dangereuses, a le mérite, selon nous, d'englober la responsabilité environnementale. La raison est que l'activité dangereuse définie désigne celle, même licite, qui crée un risque de dommage grave pouvant affecter un grand nombre des personnes simultanément. Il est évident que cela concerne notamment le risque environnemental inhérent aux activités des entreprises exerçant dans l'espace OHADA.

Il s'agit d'une avancée car cette responsabilité en droit prospectif de l'OHADA se fonde sur le risque et non la faute. Elle tend à prévenir

[1] C. civ., art. 1246.
[2] L. n°011/0019, art. 68 et 69.
[3] C. civ., art. 1247.
[4] Cons. const., déc. n°2020-881 QPC, 5 fév. 2021.
[5] Projet d'AUDGO, art. 300.

notamment les risques de dommages environnementaux puisque ces derniers affectent un intérêt collectif. La seule limite est que cette disposition ne vise que, dans la définition d'activités « anormalement dangereuses », les dommages graves affectant simultanément les personnes et non l'environnement naturel qui va au-delà. Or ce dernier représente toute atteinte non négligeable à l'environnement naturel qui, normalement, d'une part est sans répercussions sur un intérêt humain particulier mais affecte « un intérêt collectif légitime[1] » et, d'autre part, il ne nécessite pas toujours « un caractère de gravité[2] ». Il est, bien sûr, question de l'homme mais ce n'est pas une vision individualiste contrairement aux préjudices classiques. C'est une vision plus collectiviste[3]. Ce qui revient à dire qu'elle intègre les atteintes au collectif ou des utilités collectives comme atteinte à l'accès à l'eau, pollution du sol, de l'air etc. Cette disposition du projet d'AUDGO est susceptible de reconnaître le préjudice écologique dérivé. Tandis que le droit français reconnaît le préjudice écologique pur.

De lege ferenda, le législateur OHADA, pourrait insérer d'une manière claire, dans le cadre, cette fois-ci, de la responsabilité du fait d'activités économiques des entreprises (dangereuses ou non) le risque de dommages graves pouvant affecter, hormis un grand nombre de personnes simultanément, l'environnement naturel. Dès lors, nous proposons l'adaptation de cette disposition de l'article 300 du projet d'AUDGO en ces termes : « Sans préjudices de dispositions spéciales, toute entreprise dont l'activité économique crée un risque de dommages graves à l'environnement, à la santé et la sécurité des personnes, est tenue d'en réparer les conséquences. Ce principe s'applique quelle que soit l'organisation juridique de l'entreprise, dès lors que celle-ci exerce ou contrôle directement ou indirectement une activité économique dans un des États parties. En présence d'un élément d'extranéité, le demandeur peut saisir la juridiction compétente du pays où est survenu le dommage ou son fait générateur ».

En ce qui concerne particulièrement le préjudice écologique sus-évoqué en France, sa réparation n'est prévue que dans le Code civil. Ce qui signifie qu'il n'est invocable que devant le juge civil, dans le cadre d'une action en réparation mobilisant la responsabilité civile. Il importe de clarifier qu'il ne s'agit pas d'un régime spécifique de responsabilité civile comme c'est le cas de la proposition OHADA sur la responsabilité du fait d'activités

---

[1] Cass. crim., 25 sept. 2012, n°10-82.938 (arrêt *Erika*).

[2] CA de Rennes, 9 déc. 2016, n°16/01249 ; voir aussi : J. MALET-VIGNEAUX, « De la loi de 1976 à la loi de 2016 le préjudice écologique : après les hésitations, la consécration », Revue juridique de l'environnement, 2016/4, vol 41, pp. 617-628.

[3] M-P. CAMPROUX DUFFRENE, « La représentation de l'intérêt collectif environnemental devant le juge civil : après l'affaire Erika et avant l'introduction dans le Code civil du dommage à l'environnement », in *La représentation de la nature devant le juge : approches comparative et prospective (dir. M-P CAMPROUX DUFFRENE et J. SOHNLE)*, Hors-série n°22, éd. Vertigo sept., 2015.

dangereuses ou d'activités économiques des entreprises. Mais simplement un préjudice spécifique ajouté aux préjudices classiques individuels, et est accompagné d'un régime spécifique de réparation. A cet effet, la spécificité du préjudice écologique se reflète, d'un côté, sur les titulaires de l'action car il n'y a pas de victime. Il s'y ajoute que l'environnement n'ayant pas de personnalité juridique, il nécessite des relais. Et de l'autre coté sur les modalités de réparation dont la priorité est accordée à la réparation en nature.

Les titulaires de l'action sont précisés dans l'article 1248 du Code civil en ces termes : « l'action en réparation du préjudice écologique est ouverte à toute personne ayant qualité et intérêt à agir ». Il est suivi d'une énumération des personnes déjà habilitées par la loi auparavant. En effet, un certain nombre de personnes publiques peut agir au nom de l'intérêt général. Il en est de même des associations de protection de l'environnement. Celles-ci peuvent donc agir au nom des intérêts collectifs lesquels font l'objet de leur défense conformément à l'article L. 142-2 du Code de l'environnement. Cette énumération a le mérite de garantir l'accès sans équivoque au juge civil à ces entités. Par ailleurs, il revient à préciser que la phrase « toute personne ayant qualité et intérêt à agir » figure expressément dans le texte alors qu'il y a une liste des personnes habilitées. Ceci permet d'imaginer, dans l'avenir, selon un auteur, une probable évolution vers « une action populaire[1] ». La raison est que cette dernière peut assurer l'applicabilité du droit de chacun de vivre dans un environnement sain consacré dans la Charte environnementale en son article premier.

En cas d'atteinte à l'environnement, le juge dispose de deux catégories de réparation. D'une part, la réparation en nature qui débouche soit sur un processus de remise en état du site dégradé, soit par une réparation complémentaire en nature. D'autre part, la réparation par équivalent monétaire qui correspond à une indemnisation pécuniaire incombant à l'exploitant ayant causé le préjudice environnemental. La réparation en équivalent par l'allocation de dommages-et-intérêts est beaucoup plus pratiquée que la réparation en nature en droit commun de la responsabilité civile. Les enjeux de la responsabilité environnementale en matière civile ne sont toutefois pas les mêmes, certains dommages à l'environnement étant irréversibles. La principale critique formulée contre la réparation par équivalent monétaire, en matière environnementale, réside en un droit de polluer en ce sens qu'il n'est pas aisé de donner une valeur monétaire aux écosystèmes. Dès lors, pour le préjudice écologique, il est à noter que le

---

[1] A. ARAGAO, « Les intérêts diffus, instruments pour la justice et la démocratie environnementale », in *La représentation de la nature devant le juge : approches comparative et prospective (dir. M-P CAMPROUX DUFFRENE et J. SOHNLE)*, Hors-série n°22, éd. Vertigo sept., 2015.

Code civil privilégie la réparation en nature[1]. Il ne s'agit pas d'une réparation par équivalent monétaire. C'est logique puisque le préjudice écologique n'est pas une atteinte à un droit d'une personne. C'est une dérogation au principe de libre choix des modalités de réparation par le juge. Les juges civils pourraient s'appuyer sur le modèle de mesures de réparation prévue par la loi LRE de 2008 dont l'article L. 162-9 du Code de l'environnement créé prévoit trois catégories possibles de réparation en nature : la réparation primaire, la réparation complémentaire et la réparation compensatoire. L'objectif est non seulement de rétablir les ressources naturelles et leurs services écologiques dans leur état initial mais aussi à éliminer tout risque futur d'atteinte grave. Cette action ne peut permettre uniquement une approche réparatrice des dommages passés mais également préventive puisque visant à la cessation des dommages futurs. Ce qui revient à dire qu'il n'y a pas simplement réparation des dommages avérés mais le juge peut faire en sorte que ces dommages cessent définitivement et qu'il n'y ait pas de suite de dommages futurs.

Dans cette démarche préventive visant à la cessation des dommages futurs, nous comprenons que la tentation soit grande de faire peser les conséquences sur la société mère lorsque la filiale est dans l'impossibilité d'y faire face. En France, l'évolution a été très progressive à cet égard. D'abord, une tentative a été menée en se fondant sur la théorie de l'exploitant de fait. Inspirée d'un arrêt de la Cour d'appel administrative[2] annulant un arrêté préfectoral qui a pu mettre en demeure l'actionnaire d'une société exploitant une décharge de déchets industriels, la Cour de cassation a pu considérer en 2008 qu'une société mère n'est pas tenue de financer sa filiale afin que cette dernière puisse réaliser des travaux de nature à prévenir un dommage écologique[3]. Toutefois, dans l'affaire *Erika*[4], les juges n'ont pas hésité à lever le voile de la personnalité morale pour atteindre Total SA alors que le contrat d'affrètement au voyage a été conclu par l'une de ses filiales. Les juges s'étaient contentés de peu en relevant que l'un des cadres de Total SA avait pour mission de contrôler les affrètements.

---

[1] C. civ., art. 1249 al. 1er : « la réparation du préjudice écologique s'effectue par priorité en nature ». Voir à ce sujet : M. BACACHE, « Responsabilité environnementale. Définir les modalités de la réparation du préjudice écologique devant le juge. Commentaire de la proposition n°3 du rapport " Mieux réparer le dommage environnemental " », Environnement et Développement durable n°7, juill. 2012, dossier 6.

[2] CAA Paris, 4è ch., section B, 17 oct. 2003, n°99PA03797. Sur le sujet, voir : F-G. TREBULLE, « L'actionnaire d'un exploitant liquidé ne peut pas être destinataire des mesures de remise en état », Dalloz RDI 2004, p. 433.

[3] Cass. com. 26 mars 2008, n°07-11.619, JurisData n°2008-043377 ; Dr. sociétés 2008, comm. 172, note M-L. COQUELET ; Bulletin Joly Société 2008, p. 908, note F-G. TREBULLE.

[4] Cass. crim. 25 sept. 2012, n°10-82.938, Rec. Dalloz 2012, p. 2673, obs. L. NEYRET.

Mais cela montre justement que ce n'est pas la qualité de société mère qui était essentielle[1].

En revanche, l'affaire *Erika* est celle qui a marqué profondément les esprits. Le droit ne pouvait en rester inchangé. Ainsi, la loi Grenelle II a introduit deux innovations. Tout d'abord, l'article L. 233-5-1 du Code de commerce. Il soumet à la procédure des conventions réglementées la décision par laquelle une société contrôlant une autre s'engage à prendre à sa charge, en cas de défaillance de la société qui lui est liée, tout ou partie des obligations de prévention et de réparation qui incombent à cette dernière. C'est de l'intervention volontaire par l'engagement de la société mère. Ensuite, et surtout, un nouvel article L. 512-17 du Code de l'environnement qui dispose qu'en cas de liquidation judiciaire d'une filiale, la société mère s'expose à ce que le liquidateur ou le ministère public saisisse le tribunal de la liquidation pour que soit mis à sa charge « tout ou partie du financement des mesures de remise en état du ou des sites en fin d'activité ». Toutefois, le texte est restrictif puisqu'il exige que soit établie « l'existence d'une faute caractérisée commise par la société mère qui a contribué à une insuffisance d'actif de la filiale ». C'est de l'intervention forcée par l'établissement d'une faute caractérisée ayant contribué à une insuffisance d'actif de la filiale. Dès lors, cette disposition, inspirée de l'affaire *Metaleurop*[2], ne devrait pas être très souvent mise à profit. L'avenir se situe, selon nous, du côté du devoir de vigilance.

S'il est avéré que l'ineffectivité de la lutte contre la criminalité environnementale rejaillit sur le fait que la responsabilité civile environnementale est souvent mise en œuvre par rapport au volet pénal[3], il paraît évident que la réparation des préjudices écologiques se trouve limiter. Ceci s'explique en ce sens que les demandes de réparation ont, dans la plupart des cas, outre la nature civile, un lien avec le volet pénal. D'où, il faut la prise en compte du volet pénal pour plus d'efficacité.

Dans cette logique, plusieurs propositions ont été formulées en France dans l'objectif d'accentuer le volet pénal en matière d'atteinte à l'environnement[4]. La lutte contre la criminalité environnementale s'illustre par une prise de conscience politique en instaurant une obligation de poursuite en cas d'infractions ayant entrainé d'atteintes graves et potentielles à l'environnement. Ainsi, la loi relative à la biodiversité de 2016

---

[1] C. HANNOUN, « Responsabilité environnementale. La responsabilité environnementale des sociétés mères », Environnement et développement durable n°6, juin 2009, dossier 7, spéc. n°11.

[2] Cass. com. 19 avril 2005, n° 05-10. 094.

[3] D. CHILSTEIN, « L'efficacité du droit pénal de l'environnement », op. cit., spéc. p. 67.

[4] Nous citons notamment les 35 propositions pour sanctionner les crimes contre l'environnement par Monsieur L. NEYRET remises à la Garde des sceaux en 2015 et objet d'une étude, voir : L. NEYRET (dir.), « Des écocrimes à l'écocide : le droit pénal au secours de l'environnement », op. cit, spéc. pp. 330-451, le résumé des 35 propositions spéc. pp. 445-451.

prévoit une aggravation des peines en matière d'infractions environnementales. Les peines sont souvent multipliées par dix et augmentées encore en cas de commission en bande organisée[1]. Le droit français a le mérite de prolonger cette lutte dans le cadre de certains crimes économiques comme la lutte contre la corruption dans les affaires[2] ; ou l'édiction de délit de pollution générale ou délit d'écocide[3]. Pour le délit d'écocide, il convient de noter que la France, en édictant le délit d'écocide au lieu de crime d'écocide, a pris une mesure moins ambitieuse ou moins-disante que ce qui existe déjà dans le monde. L'UE, à travers son parlement, a voté une résolution en 2021 visant à ajouter l'écocide aux quatre crimes les plus graves (génocide, crimes contre l'humanité, crimes de guerre, crime d'agression) de la Cour pénale internationale, CPI, et a modifié la directive de 2008 en introduisant le crime d'écocide le 27 février 2024[4]. Cette directive a également le mérite d'élargir le nombre d'infractions couvertes par le droit de l'UE, renforcer les sanctions pénales et s'assurer que les autorités judiciaires et répressives disposent des meilleurs outils pour lutter contre les atteintes à l'environnement. Aussi, nous pouvons relever la création des pôles régionaux spécialisés en matière d'environnement dans le ressort de chaque Cour d'appel[5] et la consécration de la convention judiciaire d'intérêt public en matière d'environnement, CJIP[6]. Par ailleurs, le droit français a manqué l'occasion d'étendre la compétence de ses juridictions pour connaître les crimes environnementaux les plus graves commis à l'étranger par la loi sur le devoir de vigilance. Cette dernière instaure un droit de la responsabilité-anticipation à la charge d'une société mère ou donneuse d'ordre.

---

[1] L. n°2016-1087, 8 août 2016, art. 142.

[2] L. n°2016-1691, 9 déc. 2016 dite Sapin II.

[3] Ces délits sont créés et insérés dans le Code de l'environnement à travers la loi portant lutte contre le dérèglement climatique et renforcement de la résilience face à ses effets (L. n°2021-1104, 22 août 2021) : art. L. 231-1, L. 321-2 et L. 231-3 du C. env.

[4] Dir. (UE) 2024/1203 du Parlement européen et du Conseil du 11 avril 2024 relative à la protection de l'environnement par le droit pénal et remplaçant les directives 2008/99/CE et 2009/123/CE.

[5] L. n°2020-1672, 24 déc. 2020 relative au Parquet européen, à la justice environnementale et à la justice pénale spécialisée.

[6] L. n°2020-1672, 24 déc. 2020 introduit cette convention inspirée de la loi Sapin II. Sur le sujet, voir : infra, Partie II Titre II chap. II.

Chapitre II. La responsabilité-anticipation relevant du devoir de vigilance

Si l'on compare la directive européenne sur le devoir de vigilance et l'actuelle loi française, l'approche européenne se révèle sensiblement différente, du moins quant au degré de précision. Essentiellement, la logique poursuivie est tout à fait semblable. Sous l'empire de la loi française comme sous celle de la directive, les entreprises assujetties sont tenues de prévoir un plan de vigilance, bien que ces derniers termes ne soient pas expressément repris par la directive. Autrement dit, il s'agit pour elles d'identifier, prévenir et limiter les risques que font peser sur l'environnement et les droits de l'homme leurs chaînes d'activités. Les législateurs français et européen ont édicté des sanctions préventives et coercitives visant à prévenir avant tout et à réparer les dommages en cas de faute dans les conditions du droit commun de la responsabilité civile. La finalité préventive des sanctions s'inscrit dans une démarche de prévention plus générale. L'action préventive en responsabilité permet la mise en œuvre de mesures préventives sans existence d'un préjudice actuel[1]. C'est de la responsabilité-anticipation ou ex-ante servant de socle aux obligations de vigilance puisque l'objectif du plan de vigilance est d'éviter la réalisation du dommage[2]. Le droit à réparation n'est qu'un pis-aller[3].

Si le dispositif actuellement dessiné par le droit français s'organise dans un cadre exclusivement judiciaire, l'intérêt principal de la directive est d'ajouter au mécanisme de responsabilité civile la désignation d'une autorité administrative de contrôle au sein de chaque État membre, qui sera chargée du bon suivi des plans de vigilance et pourra elle-même sanctionner leurs insuffisances par divers procédés. Par ailleurs, l'analyse précédemment relevée démontre qu'il existe des germes d'une pratique de diligence raisonnable dans l'espace OHADA. Cette organisation communautaire, regorge d'atouts pour l'intégration du devoir de vigilance en Afrique.

Ainsi, avant de réfléchir sur la proposition du devoir de vigilance dans le droit de l'OHADA s'inspirant du devoir de vigilance français renouvelé par le dispositif européen (**Section II**), il en va d'analyser la responsabilité-anticipation du devoir de vigilance en France en scrutant les sanctions préventives et coercitives de ce mécanisme qui se fonde, par renvoi, au droit commun de la responsabilité civile (**Section I**).

---

[1] C. THIBIERGE, « Libres propos sur l'évolution du droit de la responsabilité (vers un élargissement de la fonction de la responsabilité civile ?) », op. cit., spéc. p. 565.

[2] N. CUZAQ, « Le devoir de vigilance des sociétés mères et des entreprises donneuses d'ordre : Acte II, scène 1 », Rec. Dalloz 2015, p. 1049.

[3] N. CUZAQ, « Le devoir de vigilance des sociétés mères et des donneuses d'ordre », in *La RSE saisie par le droit. Perspectives interne et internationale (dir. K. MARTIN-CHENUT et R. DE QUENAUDON)*, éd. Pedone, Paris, 2016, 717 p., pp. 453-467., spéc. p. 455.

Section I. La responsabilité-anticipation du devoir de vigilance en France

Outre, un devoir de garantie des risques graves, l'esprit du devoir de vigilance français et celui du dispositif européen présentent également un risque de responsabilité à la charge des grandes entreprises du fait de leurs activités. Ces textes innovent en ce qu'ils ont expressément prévu une responsabilité des entreprises assujetties dans les conditions du droit commun de la responsabilité civile. En France, celle-ci est retenue à partir du moment où le manquement à l'obligation d'établir et de mettre en œuvre le plan de vigilance a causé l'un des préjudices que ce plan est censé éviter. Malgré ce renvoi aux conditions du droit commun de la responsabilité civile, soulignons que le but de ces textes est bien plus de prévenir les risques visés que de sanctionner un comportement fautif. C'est la responsabilité-anticipation. La responsabilité revêtant la forme d'une promesse d'éviter les conséquences préjudiciables des activités de l'entreprise. La responsabilité civile attachée est celle du fait personnel. Ce qui naturellement soulève d'interrogation sur les conditions de cette responsabilité surtout en termes de preuve. Le plan de vigilance rendu public devrait donc être formalisé, complet, sincère et accessible. Ces impératifs sont d'autant plus importants que les entreprises assujetties peuvent faire l'objet non seulement de vives critiques mais aussi de poursuites lorsqu'elles manquent de transparence ou en cas de défaut de vigilance raisonnable.

Afin d'assurer le respect de l'obligation de vigilance, le législateur a donc édicté des sanctions. D'une part, il y a des sanctions qui visent à prévenir le dommage par des actions de mise en demeure et en injonction de se conformer aux obligations du devoir de vigilance, et pour le dispositif européen, la mise en place d'une autorité de contrôle (**§1**). D'autre part, nous relevons des sanctions visant à contraindre à réparer dans les conditions du droit commun de la responsabilité civile (**§2**).

§1. Les sanctions préventives du devoir de vigilance

L'exposé des motifs de la proposition de loi à l'origine de la loi sur le devoir de vigilance prévoit ainsi de « responsabiliser les sociétés transnationales afin d'empêcher la survenance de drames[1] » en France et à l'étranger qui porteraient atteintes aux droits humains et à l'environnement. Aussi, il prévoit d' « obtenir des réparations pour les victimes » en cas de dommages portant atteinte à ces droits[2]. Ce qui revient à dire que le régime

[1] AN, proposition de loi n° 2578, 11 févr. 2015, spéc. p. 4.
[2] Idem.

de sanctions prévu par la loi relative au devoir de vigilance des sociétés mères et des entreprises donneuses d'ordre la distingue d'autres lois étrangères sur des thèmes proches mais souvent considérées comme moins contraignantes[1]. Pourtant, ces sanctions constituent des outils de contrôle et de dissuasion. Elles paraissent efficaces au regard de l'objectif de responsabilisation des entreprises aux fins de prévention des atteintes aux droits humains et à l'environnement[2]. Ainsi, deux blocs de sanctions préventives sont prévus en cas de manquement aux obligations de vigilance : d'une part la mise en demeure de se conformer aux obligations de vigilance (**A**) et, d'autre part, l'action en injonction de se conformer aux obligations de vigilance, et dans le cadre du dispositif européen, l'arrivée de l'autorité de contrôle (**B**).

A. La mise en demeure de se conformer aux obligations du devoir de vigilance

La loi sur le devoir de vigilance dispose que la société qui ne respecte pas les obligations de vigilance, évoquées précédemment, peut être mise en demeure de s'y conformer[3]. Il sied de comprendre ce que l'on peut entendre d'une éventuelle mise en demeure. Selon l'article 1344 du Code civil, « le débiteur est mis en demeure de payer soit par une sommation ou un acte portant interpellation suffisante, soit, si le contrat le prévoit, par la seule exigibilité de l'obligation ». De cette disposition, nous comprenons que la mise en demeure est un acte comminatoire. Celui-ci contient une prescription de faire ou de ne pas faire, une menace de sanction ou une menace incertaine en vue d'exercer une pression psychologique sur le débiteur. Il ordonne à son destinataire de respecter ses obligations. Ce qui cadre avec l'esprit de la loi sur le devoir de vigilance car, avec la mise en demeure, il y a une pression psychologique pour les sociétés commerciales débitrices de pouvoir respecter les obligations de vigilance. Aussi, la mise en demeure peut ou ne pas être prévue par le contrat. Elle est requise, si le contrat ne l'a pas prévu, dans les nombreux cas où la loi l'impose[4]. C'est le cas de la loi sur le devoir de vigilance qui l'impose. La mise en demeure doit être faite dans la forme convenue, le cas échéant, par les parties dans le contrat. Si le contrat ne prévoit pas une forme déterminée, elle peut résulter d'une sommation ou d'un acte équivalent, telle une simple lettre lorsqu'il

---

[1] S. BRABANT et E. SAVOUREY, « La loi relative au devoir de vigilance. Des sanctions pour prévenir et réparer ? », Revue internationale de la compliance et de l'éthique des affaires, Supplément à la Semaine Juridique Entreprise et Affaire, n°28, 29 juin 2017, comm. 44.

[2] Idem.

[3] C. com., art. L. 225-102-4, II, al. 1er.

[4] « Droit commercial 2020 », Mémento pratique, éd. Francis Lefebvre, Paris, 2020, 1839 p., spéc. p. 435, n°14416.

ressort de ses termes une interpellation suffisante[1]. A ce titre, la Cour d'appel de Paris, dans ses arrêts rendus le 18 juin 2024 sur le fondement du devoir de vigilance, rappelle que la mise en demeure « doit exposer de façon suffisamment claire les manquements invoqués et comporter une interpellation ferme du débiteur de l'obligation[2] ». Elle précise, en outre, que l'assignation qui introduit l'instance ne peut donc pas se substituer à la mise en demeure[3]. Ainsi, une simple lettre ou une sommation sont les formes couramment adoptées dans le cadre de la loi sur le devoir de vigilance. Toute personne a la capacité de mettre en demeure.

L'application de la mise en demeure dans le cadre de la loi sur le devoir de vigilance appelle trois observations.

Premièrement, d'une manière pragmatique, il y a un silence sur les auteurs d'une telle mise en demeure. La question est alors de savoir s'il s'agit nécessairement d'un juge ou de toute personne justifiant d'un intérêt à agir. Pour cette raison, le Conseil constitutionnel a indiqué que la mise en demeure ne pourra être formée « que par une personne ayant un intérêt à agir[4] ». Il paraît clair que les sages ont étendu à la mise en demeure une condition qui n'est littéralement prévue que pour la demande judiciaire d'injonction. A ce stade, il semble que le recours au juge n'est pas nécessaire. Tout intéressé sera légitime à délivrer cette mise en demeure. En disposant que « lorsqu'une société mise en demeure de respecter les obligations prévues (...) n'y satisfait pas dans un délai de trois mois à compter de la mise en demeure, la juridiction compétente peut, à la demande de toute personne justifiant d'un intérêt à agir, lui enjoindre, le cas échéant sous astreinte, de les respecter[5] » ; la mise en demeure est donc conçue comme une condition préalable pour délivrer une injonction. C'est ainsi qu'à la question sur la recevabilité de la partie au litige en l'absence de signature du courrier de mise en demeure dans le cadre du devoir de vigilance, la Cour d'appel de Paris dans ses arrêts du 18 juin 2024 admet que « dès lors qu'une mise en demeure a bien été délivrée, toute personne justifiant d'un intérêt à agir est en droit d'agir aux mêmes fins, les dispositions susvisées n'excluant pas que d'autres demandeurs puissent être partie à l'action en injonction[6] ».

Deuxièmement, elle paraît comme un véritable levier pour de nombreux acteurs qui n'avaient auparavant recours qu'à des normes de droit souple[7]. Ce qui revient à dire que la mise en demeure formelle d'une société commerciale sur le fondement du devoir de vigilance est de toute évidence

---

[1] Idem, spéc. p. 435, n°14418 et 14419.
[2] CA Paris, 18 juin 2024, pôle 5 - ch. 12, *TotalEnergies*, n ° 23/14348, spéc. p. 15.
[3] Idem.
[4] Cons. const., déc. n°2017-750 DC, préc., cons. 22.
[5] C. com., art. L. 225-102-4, II, al. 1er
[6] Ibid., spéc. p. 18.
[7] S. BRABANT, L. CHATELAIN, O. CLAUDE et al., « Loi sur le devoir de vigilance des sociétés mères et entreprises donneuses d'ordre : premières mises en demeure et actions en justice », Cahiers de droit de l'entreprise n°2, mars 2020, entretien 2.

un levier inédit pour nombre d'acteurs d'inciter de manière contraignante les entreprises à se conformer aux obligations de vigilance. En 2019, 7 mises en demeure sur le fondement de la loi sur le devoir de vigilance ont été adressées à certaines grandes entreprises[1]. Ces mises en demeure démontrent la diversité des parties requérantes dont notamment les ONG, les organisations syndicales, les collectivités territoriales. Aussi, elles démontrent la diversité des allégations comme les atteintes aux droits humains, aux droits des communautés locales, aux droits des travailleurs ou encore à l'environnement. Elles portent aussi bien sur les activités des sociétés commerciales débitrices de l'obligation de vigilance que sur celles de leurs filiales à l'étranger ou de leurs sous-traitants avec lesquels une relation commerciale établie est alléguée. D'une manière générale, les parties requérantes reprochent aux sociétés mises en demeure l'insuffisance de leurs plans de vigilance en raison soit d'un manque de consultation des parties intéressées soit en raison de la défaillance des cartographies des risques[2].

Troisièmement, la mise en demeure permet de provoquer le dialogue ou la concertation entre l'entreprise mise en cause et les parties prenantes. A cet effet, les premières décisions judiciaires de procédure sur le devoir de vigilance[3] confirment cette approche. En effet, constatons que les parties prenantes notamment les ONG, dans quatre affaires différentes, reprochent aux entreprises concernées le non-respect des obligations de vigilance. A ce titre, elles ont envoyé, conformément à la loi vigilance, des courriers de mise en demeure au moins trois mois avant l'assignation en justice. Le tribunal judiciaire de Paris a jugé irrecevable les demandes d'injonction à l'encontre de ces entreprises pour motifs relatifs à l'exigence de mise en demeure. Dans les cas des affaires *EDF Mexique*[4] et *Suez Chili*[5], il est remarqué que la société mise en cause avait publié un nouveau plan de vigilance après la mise en demeure et avant l'assignation en justice. Par conséquent, les juges ont reproché aux demandeurs de ne pas avoir renouvelé leur mise en demeure au vu du dernier plan de vigilance publié par la société. Contrairement, dans les affaires *Total Ouganda* et *Total Climat*[6], les juges ont reproché aux

---

[1] Il s'agit de : *Total*, dans deux affaires distinctes, *Téléperformance*, *XPO Logistics Europe*, *EDF*, *Suez* et *Casino*.

[2] S. BRABANT, L. CHATELAIN, O. CLAUDE et al., « Loi sur le devoir de vigilance des sociétés mères et entreprises donneuses d'ordre : premières mises en demeure et actions en justice », op. cit.

[3] M. CARREGA, « Actions en justice sur le devoir de vigilance : les enseignements des premières décisions rendues et les questions qu'elles suscitent », La Semaine Juridique – Entreprise et Affaires n°40, 5 oct. 2023, étude 1279.

[4] TJ Paris, 30 nov. 2021, n° 20/10246.

[5] TJ Paris, 1er juin 2023, n°22/07100, voir : J-B. BARBIERI et A. TOUZAIN, « Caramba, encore raté ! A propos de l'affaire Suez en matière de vigilance des entreprises », Dalloz actualité, 23 juin 2023.

[6] TJ Paris, 28 févr. 2023, n° 22/53942 et 22/53943 : JurisData n° 2023-002691 ; JCP G 2023, act. 373, obs. M. HAUTEREAU-BOUTONNET et B. PARANCE ; JCP E 2023,

demandeurs d'avoir fait évoluer leurs demandes après la mise en demeure. Dès lors, les juges imposent aux parties prenantes une étape obligatoire de dialogue avec l'entreprise après l'envoi de la mise en demeure. Ils explicitent cela en ces termes : « (…) l'envoi de cette mise en demeure a pour objectif d'instituer une phase obligatoire de dialogue et d'échange amiable au cours de laquelle la société pourra répondre aux critiques formulées à l'encontre de son plan de vigilance et lui apporter les modifications nécessaires. Cette phase de dialogue est d'autant plus importante et nécessaire, pour parvenir à l'objectif fixé par la loi[1] ».

Cette position des juges paraît surréaliste pour les demandeurs car ils estiment qu'il s'agit d'une condition qui n'existe pourtant pas dans la loi. Soulignons que cette règle posée par les juges n'est pas une idée tombée du ciel[2]. Elle vient des normes éthiques RSE[3], précédemment évoquées. Par ce dialogue, les entreprises peuvent entendre les revendications des parties intéressées et améliorer leurs plans de vigilance. S'il est vrai que le législateur affirme la place des parties intéressées dans les obligations de vigilance, cette position des juges permet de garantir, en temps voulu, que les parties intéressées aient leur mot à dire dans l'élaboration des plans visant à atténuer les risques en matière de droits de l'homme et de l'environnement. Il paraît alors évident qu'en cas d'un dialogue non satisfaisant, les parties intéressées pourraient alors demander une injonction auprès du tribunal[4].

Néanmoins, il est important de relever la décision rendue par la Cour d'appel de Paris le 18 juin 2024 qui contredit les ordonnances du tribunal judiciaire de Paris qui a fait de l'existence d'un dialogue pré-contentieux une condition de validité de la mise en demeure et donc a fortiori une condition de recevabilité de l'action. Elle précise la fonction dévolue à la mise en demeure dans le cadre d'une action en injonction et reconnaît que la mise en demeure n'a pas pour objet d'instituer une phase obligatoire de dialogue et d'échange amiable, préalable à l'introduction de l'instance. La Cour se contente d'appliquer de façon littérale l'article L. 225-102-4 du Code de commerce en indiquant vaguement que le « délai de trois mois a pour but de permettre à l'entreprise, si elle l'estime nécessaire, de mettre son plan en conformité avec les mesures visées dans la mise en demeure, afin d'éviter une saisine du juge[5] ». Ce qui sous-entend que la Cour, en refusant l'instauration d'une phase obligatoire du dialogue, confirme cependant que

---

1086, note J.-B. BARBIÈRI ; Revue de droit bancaire et financière 2023, comm. 61, obs. J.-M. MOULIN ; Bulletin Joly Sociétés n° BJS202c0, juin 2023, p. 7, note V. MERCIER.

[1] TJ Paris, 28 févr. 2023, n° 22/53942 et 22/53943, spéc. p. 19.

[2] R. INTOLE, « Devoir de vigilance et les premières décisions judiciaires de procédure : l'obligation de dialogue imposée par les juges aux parties n'est pas une idée tombée du ciel ! », Revue internationale de la compliance et de l'éthique des affaires, n°2, avril 2024, comm. 76, p. 22.

[3] Idem.

[4] Ibid.

[5] CA Paris, 18 juin 2024, pôle 5 - ch. 12, *TotalEnergies*, n ° 23/14348, spéc. p. 15.

la lettre de mise en demeure présente l'intérêt de poser les bases d'une possible négociation entre toutes les parties.

Par ailleurs, le dispositif européen renforce le mécanisme de la loi française en prévoyant comme l'une des mesures de vigilance la mise en place des « échanges constructifs avec les parties prenantes », et ce, aux différentes étapes du processus de vigilance[1]. Toutefois, il n'envisage pas de soumettre l'introduction d'une instance fondée sur le devoir de vigilance à la délivrance d'une mise en demeure préalable. Nous estimons opportun de conserver le principe d'une mise en demeure préalable car celle-ci permet de provoquer le dialogue avec les parties prenantes. Aussi, la directive européenne incite les États membres à adopter, dans le cadre de la transposition, des dispositions plus strictes[2]. La mise en demeure pourrait alors être conservée.

A côté de la mise en demeure, il y a une autre sanction préventive : l'action en injonction, et dans le cadre du dispositif européen, l'arrivée de l'autorité de contrôle.

B. L'action en injonction de se conformer aux obligations du devoir de vigilance et l'arrivée de l'autorité de contrôle

En effet, il n'est possible de saisir le juge à condition que la société commerciale débitrice ne satisfasse pas à ses obligations trois mois après que la mise en demeure a été délivrée. D'où la question suivante : la mise en demeure est-elle requise à peine de fin de non-recevoir ? Les juges de première instance dans les contentieux sur le fondement du devoir de vigilance ont répondu par la positive. La position de la Cour d'appel de Paris dans sa décision du 18 juin 2024 confirme leur analyse en relevant que « d'une part la mise en demeure prévue par l'article L. 225-102-4, II du code de commerce constitue un préalable obligatoire à la saisine du juge et donc une condition de recevabilité de l'action[3] ».

Précisons que selon les décisions de première instance[4], l'action en injonction doit être précédée d'une mise en demeure. Celle-ci doit être précise et indiquer sans ambiguïté les changements demandés aux entreprises ; elle doit être en corrélation directe avec l'assignation en justice et le plan de vigilance qui la sous-tend. Dans la mesure où le juge se base sur le dernier plan de vigilance, quand-bien même l'assignation reposerait sur un plan de vigilance antérieur et que les griefs contenus dans

---

[1] Dir. (UE) 2024/1760 du Parlement européen et du Conseil du 13 juin 2024 sur le devoir de vigilance des entreprises en matière de durabilité et modifiant la directive (UE) 2019/1937 et le règlement (UE) 2023/2859, art. 13.

[2] Idem., Préambule, cons. 31.

[3] CA Paris, 18 juin 2024, pôle 5 - ch. 12, *TotalEnergies*, n ° 23/14348, spéc. p. 15.

[4] TJ Paris, 28 févr. 2023, n° 22/53942 et 22/53943 ; TJ Paris, 1er juin 2023, n°22/07100.

l'assignation doivent être conformes à ceux contenus dans la mise en demeure, la publication d'un nouveau plan de vigilance par l'entreprise contraint les parties prenantes à adresser une nouvelle mise en demeure avant toute assignation. Pour la Cour d'appel de Paris, elle a clairement écarté l'exigence d'identité des demandes entre la mise en demeure et l'assignation. Elle pose un critère clair pour que l'on puisse considérer que la société mise en demeure a été suffisamment interpellée. Il faut, précise la Cour, que les demandes d'injonction formées dans l'assignation visent « en substance les mêmes obligations que celles ayant fait l'objet de la mise en demeure en s'y rattachant avec un lien suffisant[1] ». Les demandeurs peuvent donc logiquement préciser les mesures de vigilance attendues de la société dans l'assignation tandis que le courrier de mise en demeure peut être plus synthétique[2]. En pratique, cette exigence du « lien suffisant » entre les griefs de la mise en demeure et les demandes d'injonction de l'assignation ouvre la porte à une appréciation du juge au cas par cas[3].

Il s'y ajoute que le demandeur doit justifier d'un intérêt à agir[4]. L'on peut également se demander, à ce stade, si le législateur, en reproduisant l'exigence de droit commun inscrite à l'article 31 du Code de procédure civile, a entendu restreindre les possibilités d'action judiciaire. La réponse nous semble négative. La raison est que le périmètre substantiel de l'obligation de vigilance démontre que la loi a pour objectif de préserver l'intérêt général. Puisque celui-ci est mis en cause, toute personne devrait être intéressée à faire cesser l'illicéité. Il en est ainsi du raisonnement de la Cour de cassation à propos de l'article L. 123-5-1 du Code de commerce en matière de publication des comptes annuels[5].

D'un autre côté, les arrêts de la Cour d'appel de Paris rendus le 18 juin 2024 apportent une réponse sur la question : qui a qualité ou intérêt pour agir. Dans ces affaires, on comptait parmi les demandeurs plusieurs associations et communes, et même la ville de *New York*. S'agissant des associations, la Cour rappelle que les intérêts défendus doivent entrer dans leur objet statutaire, ce qui la conduit à déclarer irrecevable *Eco Maires* (objet trop large), en revanche recevables *Notre Affaire à Tous*, *Zea*, *FNE* et *Sherpa*. Concernant les communes (et la région *Centre Val de Loire*), elle les déclare irrecevables après avoir rappelé : « l'action entreprise a pour objet un intérêt public global, qui excède le simple intérêt local dont les communes doivent justifier pour être recevables à agir. La circonstance que les territoires des

---

[1] CA Paris, 18 juin 2024, pôle 5 - ch. 12, *TotalEnergies*, n ° 23/14348, p. 16.

[2] A. STEVIGNON et B. LANIYAN, « Devoir de vigilance : les contours de la recevabilité des actions en injonction sont (enfin) fixés », Dalloz actualité, 21 juin 2024.

[3] Idem.

[4] C. com., art. L. 225-102-4, II, al. 1er.

[5] Cass. com. 3 avril 2012, n°11-17. 130, Bull. civ. IV, n°75, en ce sens que l'action à assurer l'accomplissement des formalités de publicité incombant aux sociétés commerciales en application des dispositions de l'article L. 232-23 du Code de commerce est, sauf abus, ouverte à toute personne, sans condition tenant à l'existence d'un intérêt particulier.

communes subissent indistinctement les effets néfastes du réchauffement climatique, ne suffit pas à caractériser un intérêt local à agir, seule la démonstration d'une atteinte ou d'un retentissement particulier du réchauffement climatique sur le territoire de la commune concernée, permet de caractériser un intérêt public local et partant de justifier d'un intérêt à agir pour les collectivités territoriales[1] ».

Le législateur dans la loi sur le devoir de vigilance ne dit rien non plus concernant le tribunal compétent, sauf à envisager l'hypothèse d'une procédure en référé. A ce titre, après atermoiements sur cette question de compétence, le tribunal judiciaire de Paris a, désormais, une compétence exclusive pour connaître des contentieux relatifs à la mise en œuvre de la loi sur le devoir de vigilance, et ce, depuis la loi du 22 décembre 2021[2]. Aussi, dans la même optique, la Cour d'appel de Paris a créé, depuis le 15 janvier 2024, au sein de son pôle économique, une chambre dédiée aux contentieux émergents en charge des litiges sur le devoir de vigilance et la responsabilité écologique[3], montrant ainsi l'importance que la Cour accorde à ces affaires. Néanmoins, il est intéressant de revenir sur les atermoiements sur cette question de compétence avant la loi du 22 décembre 2021 et de montrer l'état de la jurisprudence après l'affaire *La Poste* sur cette sanction préventive : action en injonction.

En effet, deux mises en demeure ont conduit à la saisine des juridictions et apportent un enseignement sur la question de compétence. Une première décision a été rendue le 30 janvier 2020 par le tribunal judiciaire de Nanterre concernant l'action en injonction de se conformer aux obligations du devoir de vigilance en matière de droits humains. Six ONG[4] avaient délivré au groupe Total en octobre 2019, à la suite d'une mise en demeure restée infructueuse, une assignation à comparaître devant ce tribunal. Cette action est relative au projet pétrolier *Tilenga* réalisé par la filiale *Total Exploration and Production Uganda*, en Afrique orientale. Dans sa décision[5], le tribunal a considéré que le plan de vigilance et son compte rendu de mise en œuvre effective faisaient partie intégrante de la gestion de la société et, partant, s'est déclaré incompétent, renvoyant les parties devant le tribunal de commerce. Cette décision d'incompétence a fait l'objet d'un appel. A cet effet, la Cour d'appel de Versailles a confirmé ce jugement dans un arrêt très argumenté[6]. Elle a estimé que la mise en œuvre du plan de vigilance par

[1] CA Paris, 18 juin 2024, pôle 5 - ch. 12, *TotalEnergies*, n ° 23/14348, spéc. p. 19.

[2] L. n° 2021-1729, 22 déc. 2021 pour la confiance dans l'institution judiciaire, JORF n°0298, 23 déc. 2021, Texte n°2. En effet, l'article 56 crée un nouvel article dans le Code de l'organisation judiciaire et dispose : « art. L. 211-21.- Le tribunal judiciaire de Paris connaît des actions relatives au devoir de vigilance fondées sur les articles L. 225-102-4 et L. 225-102-5 du code de commerce ».

[3] CA de Paris, ord. de roulement du 5 janv. 2024, chambre 5-12.

[4] Les ONG *Amis de la Terre France*, *Survie* et 4 ONG Ougandaises *AFIEGO*, *CRED*, *NAPE/Amis de la Terre Ouganda*, et *NAVODA*.

[5] TJ Nanterre, 30 janv. 2020, n°20/00237, *Amis de la Terre France & a. c/ Total SA*.

[6] CA Versailles, 10 déc. 2020, n°20/01692.

une société qui y est tenue se rattache par un lien direct à la gestion de celle-ci. Le tribunal de commerce est, donc, compétent pour lui enjoindre de respecter ce plan. Et en aucun cas le tribunal judiciaire ne peut être saisi à cette fin.

Une autre décision du tribunal judiciaire de Nanterre pour une autre affaire vient contredire l'ordonnance de référé du tribunal judiciaire et l'arrêt de la Cour d'appel de Versailles, en admettant un droit d'option aux parties requérantes entre le tribunal de commerce et le tribunal judiciaire. Cette décision suit la position de la Cour de cassation[1]. A ce titre, quatorze collectivités territoriales et cinq ONG[2] ont assigné, sur le fondement de la loi sur le devoir de vigilance, le groupe Total devant le tribunal judiciaire de Nanterre. Elles avaient mis en demeure le groupe de se conformer à la loi, en prenant des mesures nécessaires pour faire face au dérèglement climatique. A défaut de réponse, elles ont assigné le groupe Total devant le tribunal afin d'obtenir une injonction pour Total de se conformer aux obligations du devoir de vigilance en matière d'environnement. Le tribunal judiciaire de Nanterre a rendu, le 11 février 2021, une ordonnance en jugeant que « (...) la qualité de non-commerçant des demanderesses fonde à leur bénéfice un droit d'option, qu'elles exercent à leur convenance, entre le tribunal judiciaire, qu'elles ont valablement saisi, et le tribunal de commerce[3] ». Cette position des juges rappelle la proposition de la loi sur le devoir de vigilance où était prévu initialement une double compétence. Les parlementaires ont dû supprimer la précision selon laquelle les juridictions compétentes en cas de litige seraient les juridictions civiles et commerciales de sorte que les règles normales d'attribution des contentieux s'appliquent désormais[4].

Si la Cour d'appel de Versailles déboute Total et confirme cette décision du tribunal judiciaire du 11 février 2021[5], dans une autre affaire, la Cour de cassation s'est prononcée le 15 décembre 2021 en faveur des tribunaux judiciaires pour connaître du contentieux relatif au devoir de vigilance dans le cadre d'actions civiles[6]. Il s'agit de la cassation de l'arrêt de la Cour d'appel

[1] Contrairement à la solution retenue par l'arrêt de la CA de Versailles du 10 déc. 2020 qui refuse au tribunal judiciaire la compétence de connaître le plan de vigilance, la décision du tribunal judiciaire de Nanterre, 1ère chambre du 11 fév. 2021 admet sans condition comme, la Cour de cassation, le droit pour la partie non commerçante agissant en justice, de choisir entre le tribunal civil et le tribunal de commerce pour trancher une contestation relative à une société commerciale, que cette contestation porte sur un acte mixte ou non (Cass. com, 18 nov. 2020, n°19-19.463 FS-PB).

[2] *Associations Notre Affaire à Tous, Sherpa, Zéa, Les Eco Maires et France Nature Environnement.*

[3] TJ Nanterre, 11 fév. 2021, n° 20/00915, 11 fév. 2021, *Association Notre affaire à tous & a. c/Total SA.*

[4] Voir : Rapport n° 2628, AN, p. 36, 71 et 75.

[5] CA Versailles, 18 nov. 2021, n°21/01661.

[6] Cass. com. 15 déc. 2021, n°21-11.882 FS-B. Selon la haute juridiction, « il résulte de l'article L. 211-3 du code de l'organisation judiciaire et des articles L. 721-3 et L. 225-102-4 du code de commerce que le plan de vigilance, incombant à une société anonyme en

de Versailles du 10 décembre 2020. Avec cette décision, le tribunal judiciaire peut à son tour tenir compte des impacts des activités de l'entreprise sur l'ensemble de ses parties intéressées internes et externes, les périmètres de la responsabilité dépassant *de facto* les strictes relations commerciales. La Cour de cassation tient aussi compte de la décision des parlementaires du 21 octobre 2021 qui, à l'occasion de l'examen du projet de loi pour la confiance dans l'institution judiciaire, se sont déclarés favorables à la compétence du tribunal judiciaire de Paris pour juger les affaires relevant du devoir de vigilance. Projet de loi adopté le 22 décembre 2021. Ainsi, la compétence exclusive du tribunal judiciaire de Paris confirme que le plan de vigilance est un acte unilatéral légalement obligatoire et de nature civile. Même s'il affecte incontestablement le fonctionnement de la société commerciale, il excède très largement, par sa raison d'être et les risques dont il est destiné à prévenir la réalisation, le strict cadre de la gestion de la société commerciale. Il s'agit de la préservation de l'intérêt général mise en œuvre par les parties requérantes et non pas seulement un intérêt de nature commerciale.

Dans le cadre du devoir de vigilance, si la société ne respecte toujours pas ses obligations à l'issue d'une période de trois mois à compter de la mise en demeure, le juge pourra l'enjoindre, le cas échéant, sous astreinte de les respecter. Le juge se prononce également sur la gravité de la négligence et sur l'existence ou la non-existence d'un plan de vigilance complet. Aussi, il applique de manière appropriée les obligations contenues dans la loi. Même si le Conseil constitutionnel, dans sa décision du 21 mars 2017, a censuré l'amende initialement prévue par la loi, il semble que les sociétés peuvent donc toujours encourir des pénalités financières au travers de cette astreinte fixée par le juge.

Si ces nombreuses décisions relatives à la compétence et mise en demeure ne permettent pas encore de résoudre les questions relatives à l'appréciation qu'auront les juges de l'étendue de leur pouvoir de vérification du plan de vigilance, il en est autrement de la première décision judiciaire de fond rendue le 5 décembre 2023 dans l'affaire dite *La Poste*[1].

En l'espèce, la société La Poste répond aux conditions de l'article L. 225-102-4 du Code de commerce et doit, à ce titre, mettre en place un plan de vigilance. Considérant que le plan de vigilance de La Poste ne répond pas aux exigences légales, le syndicat SUD PTT l'a mise en demeure de s'y conformer à plusieurs reprises. Estimant que les mesures prises par la société ne sont pas suffisantes, le syndicat, en tant que demandeur à

application de l'article L. 225-102-4 du code de commerce, ne constitue pas un acte de commerce au sens du 3° de l'article L. 721-3 du même code et que, si l'établissement et la mise en œuvre d'un tel plan présentent un lien direct avec la gestion de cette société, justifiant la compétence des juridictions consulaires par application du 2° de l'article L. 721-3, le demandeur non commerçant qui entend agir à cette fin dispose toutefois, en ce cas, du choix de saisir le tribunal civil ou le tribunal de commerce ».

[1] TJ Paris, 5 déc. 2023, n°21/15827.

l'instance, a assigné La Poste, en sollicitant le tribunal judiciaire de Paris d'enjoindre la société à compléter son plan de vigilance. Les juges ont été amenés à analyser le contenu du plan de vigilance de La Poste, et en ont profité pour préciser ce qui était attendu des entreprises soumises à cette obligation de vigilance.

A cet effet, le tribunal enjoint La Poste de compléter son plan de vigilance, sans prononcer d'astreinte financière, considérant que la cartographie des risques, préalable indispensable à l'élaboration d'un plan de vigilance est insuffisamment élaboré ; les outils d'évaluation des sous-traitants ne sont pas suffisamment axés sur les risques diagnostiqués dans la cartographie ; le mécanisme d'alerte interne est non conforme en ce qu'il n'a pas été établi après concertation avec les organisations syndicales ; le dispositif de suivi des mesures de vigilance, tel que publié, est insuffisamment complet. En outre, le tribunal reconnaît que la loi instaure un contrôle judiciaire sur l'intégration au plan de vigilance de mesures concrètes, adéquates et efficace. Pourtant, la décision peut surprendre. Tout en reconnaissant le pouvoir de contrôle du juge, elle semble considérer que la loi ne lui permettrait pas, lors de défaillances de l'entreprise, d'ordonner des mesures de vigilance sur des risques en particulier. Comme résultat, les juges se contentent d'enjoindre à La Poste de respecter ses obligations légales, sans même prononcer d'astreinte financière. Des questions se posent donc : quel intérêt a une entreprise à améliorer son plan de vigilance ? Quel intérêt à La Poste à se conformer à l'injonction du tribunal ?

On peut remarquer que ces décisions aboutissent à des quasi-recommandations plutôt qu'à une décision tranchant véritablement un litige. Est-ce le rôle du pouvoir judiciaire que d'édicter des guides ou recommandations ? L'arrivée de l'autorité de contrôle dans le cadre du dispositif européen est un acte à saluer. La directive européenne renforce le droit français, en prévoyant la désignation d'autorités administratives nationales et un réseau européen des autorités de contrôle chargées de surveiller la mise en œuvre du devoir de vigilance des sociétés[1]. Elle peut s'auto-saisir ou être saisie sur base de rapports étayés faisant état de préoccupations et émanant de tiers. Elle sera chargée du bon suivi des plans de vigilance et pourra elle-même sanctionner leurs insuffisances par divers procédés. Sur ce dernier point, l'autorité pourra ordonner la cessation des infractions aux dispositions nationales adoptées en vertu de la présente directive, l'interdiction de réitérer le comportement en cause et, le cas échéant, la prise de mesures correctives proportionnées à l'infraction commise et nécessaires pour y mettre un terme ; elle pourra adopter des

[1] Dir. (UE) 2024/1760 du Parlement européen et du Conseil du 13 juin 2024 sur le devoir de vigilance des entreprises en matière de durabilité et modifiant la directive (UE) 2019/1937 et le règlement (UE) 2023/2859, art. 24 à 28.

mesures provisoires en cas de risque imminent d'atteinte grave et irréparable et imposer des sanctions notamment pécuniaires. En particulier, elle pourra infliger des sanctions pécuniaires pouvant aller jusqu'à 5 % du chiffre d'affaires mondial de l'entreprise contrevenante. Il faudra une nécessaire articulation entre le rôle des juges et celui de l'autorité administrative qui devra être instituée.

D'autres sanctions existent, particulièrement, celles qui visent à contraindre, en cas de manquement aux obligations prévues par la loi sur le devoir de vigilance, à réparer dans les conditions du droit commun de la responsabilité civile.

§2. Les sanctions coercitives du devoir de vigilance

La sanction coercitive prévue à l'art. L. 225-102-5 du Code de commerce consiste à engager dans les conditions prévues aux articles 1240 et 1241 du Code civil, la responsabilité de l'auteur du manquement aux obligations définies à l'art. L. 225-102-4. Il s'agit, particulièrement, des obligations qui consistent à adopter et publier un plan de vigilance et le compte rendu de sa mise en œuvre effective et efficace. Cette sanction coercitive oblige l'auteur du manquement à réparer le préjudice que l'exécution de ces obligations aurait permis d'éviter. Soulignons que le dispositif européen renforce le régime prévu dans la loi française sur le devoir de vigilance. Car la mise en œuvre de cette responsabilité dans le cadre du mécanisme français soulève des difficultés qui affaiblit ce dernier. Si la loi a pris le droit commun de la responsabilité civile comme sanction coercitive, il sied de signaler qu'elle n'a pas pris en compte la responsabilité pénale. Néanmoins, celle-ci semble être dissimulée. Nous verrons dans un premier temps l'action en responsabilité civile avec ses difficultés (**A**) et ensuite la responsabilité pénale dissimulée (**B**).

A. L'action en responsabilité civile

La mise en œuvre de la loi sur le devoir de vigilance illustre bien le phénomène selon lequel la fonction réparatrice de la responsabilité civile est en train de devenir secondaire par rapport à sa fonction préventive. Nous savons que la responsabilité civile est, en effet, tournée vers le passé. Historiquement, elle a été conçue comme l'obligation de répondre aux dommages causés à autrui pour des actions passées. La loi sur le devoir de vigilance confirme donc « l'essor de la fonction préventive de la responsabilité civile[1] ». Celui-ci est favorisé par l'impérieuse nécessité que la plupart des dommages écologiques, ou liés aux droits humains, ont changé de nature. Par exemple, il y a un changement d'échelle substantielle concernant les dommages ou risques. On a des dommages ou risques « graves », « majeurs » et parfois « irréversibles ». Aussi, les conséquences de ces risques ou dommages sont perçus par les générations futures. Il s'y ajoute que ces risques ou dommages transcendent les frontières. Ainsi, un auteur soulignera à juste titre que « la réparation du préjudice, alors qu'elle est normalement centrale au point qu'on a pu affirmer " pas de préjudice, pas de responsabilité civile ", est reléguée tandis que la fonction de " cessation de l'illicite " identifiée par la doctrine est appelée à devenir essentielle[2] ». Cet essor de la fonction préventive de la responsabilité civile n'est pas sans conséquence sur ses conditions de fond. La mise en œuvre de cette responsabilité, dans le cadre du devoir de vigilance, soulève des difficultés compte tenu des titulaires de l'action en responsabilité civile, la preuve de vigilance ainsi que l'extraterritorialité de certains dommages.

Concernant les titulaires de l'action, la question qui se pose dorénavant est celle se rapportant à la qualité des personnes qui peuvent mettre en jeu cette responsabilité civile extracontractuelle. Le texte reprend la même formule que celle utilisée pour la demande d'injonction. Il indique que la juridiction compétente peut être saisie « par toute personne justifiant d'un intérêt à agir à cette fin[3] ». Deux observations peuvent être envisagées.

Premièrement, comme relevé précédemment, nous estimons que tout intéressé peut agir puisque l'intérêt général ou l'intérêt supérieur de l'humanité est en jeu, conformément aux objectifs de la loi.

Deuxièmement, il s'agit d'une lecture contraire à la première. Elle est manifestement celle retenue par le Conseil constitutionnel lequel a déduit du renvoi au droit commun que « les dispositions contestées n'instaurent donc pas un régime de responsabilité du fait d'autrui », de sorte qu'elles « ne sauraient permettre à une personne d'introduire une action pour le compte de la victime, qui a seule intérêt à agir[4] ». Il convient de comprendre que la possibilité pour les associations, les syndicats ou encore les lanceurs d'alerte de se substituer aux victimes serait donc exclue. Toutefois, il nous semble que ces parties intéressées peuvent engager la responsabilité, sans mandat des victimes, dans le cadre de l'action de groupe. Cette dernière a été introduite en matière de consommation et de concurrence par la loi du 17 mars 2014[5]. Dans la même optique, la loi de la Justice du XXIe siècle du 18

---

[1] G. VINEY, P. JOURDAIN et S. CARVAL, « Traité de droit civil. Les effets de la responsabilité », 4e éd., LGDJ, Paris, 2017, 872 p., spéc. pp. 35-40, n°16, 17, 21 et 22.
[2] A. STEVIGNON, « Le droit des obligations face aux défis posés par la transition écologique », Revue de droit d'Assas n°22, nov. 2021, pp. 67-78, spéc. p. 78.
[3] C. com., art. L. 225-102-5, al. 2.
[4] Cons. const., déc. n°2017-750, préc, cons. 25, 27 et 28.
[5] L. n°2014-344, 17 mars 2014, art. 1er et 2.

novembre 2016 a introduit une action similaire en matière de santé[1], de discrimination[2] ou d'environnement[3]. Le législateur a mis en place une base procédurale commune pour ces différentes actions[4]. L'objectif est de permettre l'indemnisation des victimes sur le fondement de la responsabilité du professionnel défendeur[5]. Ainsi, ces actions peuvent être applicables en cas de manquements de l'entreprise à son devoir de vigilance. Autrement dit, l'action en groupe peut s'articuler aisément en cas de recours en responsabilité à la suite d'un manquement au devoir de vigilance ayant entrainé un dommage de masse en matière de santé, d'environnement, de discrimination ou droits humains.

Par ailleurs, la directive européenne pose comme filtre, une entreprise assujettie au devoir de vigilance ne peut être tenue responsable d'un dommage causé à une personne physique ou morale que si « le droit, l'interdiction ou l'obligation énumérés dans l'annexe de la présente directive vise à protéger la personne physique ou morale[6] » en question. Un tel « filtre » à l'action en responsabilité apparaît du reste inutile du point de vue du droit procédural français dans la mesure où le demandeur n'est, en tout état de cause, comme rappelé précédemment, recevable à agir que s'il dispose d'un « intérêt légitime ». Cependant, il pourrait restreindre le nombre des personnes susceptibles d'introduire une action judiciaire sur le fondement du devoir de vigilance. La conséquence serait, en droit français, l'interdiction de la possibilité des actions de personnes morales agissant au nom d'intérêts collectifs ainsi qu'à la réparation de dommages écologiques « purs ». C'est ainsi que le point 3 de l'article 29 de la directive précise que les États doivent veiller à ce que des conditions raisonnables soient en place pour permettre à toute personne prétendument lésée d'autoriser un syndicat, une ONG de défense des droits de l'homme ou de protection de l'environnement, et tant d'autres à engager des actions pour faire respecter les droits de la personne prétendument lésée, sans préjudice des règles nationales de procédure civile.

Une autre difficulté réside dans la preuve de vigilance. A cet effet, le Conseil constitutionnel a souligné qu'il n'admettait la perspective de mise en cause de la responsabilité de société commerciale que « si un lien de causalité direct est établi entre ces manquements et le dommage[7] ». Il s'agit de la référence au triptyque classique : « faute, dommage, lien de causalité »,

---

[1] C. santé publ., art. L. 1143-1 et s.
[2] C. trav. art. L. 1134-6 et s.
[3] C. env., art. L. 142-3-1.
[4] S. AMRANI-MEKKI, « Le socle commun procédural de l'action de groupe de la loi de modernisation de la justice du XXI siècle. A propos de la loi n°2016-1547 du 18 novembre 2016 », La Semaine Juridique Edition Générale n°50, 12 déc. 2016, 1340.
[5] Idem.
[6] Dir. (UE) 2024/1760 du Parlement européen et du Conseil du 13 juin 2024 sur le devoir de vigilance des entreprises en matière de durabilité et modifiant la directive (UE) 2019/1937 et le règlement (UE) 2023/2859, art. 29, n°1, a).
[7] Cons. const., D. n°2017-750, préc, cons. 27.

avec comme conséquence que la charge de la preuve incombe donc aux victimes. C'est l'une des grandes faiblesses de la loi. Celle-ci a conduit certains auteurs à exprimer des doutes sur la capacité du dispositif à atteindre ses objectifs[1]. La directive européenne semble s'écarter du triptyque connu du droit français en se référant à quatre conditions à remplir pour qu'une entreprise soit tenue pour responsable que sont l'existence d'un dommage, d'un manquement à une obligation, d'un lien de causalité entre les deux et ainsi que d'une faute intentionnelle ou de négligence[2].

Dès lors, on va s'interroger sur l'orientation que pourraient prendre les juges pour alléger les victimes dans l'administration de la preuve d'un lien de causalité entre un défaut de vigilance et le préjudice, ainsi que sur la nature de la faute susceptible de déclencher le mécanisme de responsabilité.

En effet, le choix du mécanisme classique de responsabilité civile, doublé de facteur d'éloignement juridique et géographique voulu par la loi, posent, sans nul doute, des problématiques de complexité probatoire pour les victimes. D'où, peut-on plaider pour l'assouplissement du lien de causalité. Si un auteur a soutenu que la jurisprudence devrait s'inspirer du concept de « rôle actif[3] » retenu pour engager la responsabilité des intermédiaires internet, nous nous joignons aux auteurs qui ont pu proposer le recours au mécanisme de la présomption de causalité[4]. Il nous semble que le recours au mécanisme de la présomption de causalité permettra au juge d'alléger la charge de la preuve pesant sur les victimes d'un manquement au devoir de vigilance. Il convient de rappeler que la présomption désigne classiquement les conséquences qu'un juge ou la loi « tire d'un fait connu à un fait inconnu[5] ». Le jeu des présomptions, selon lequel « l'existence du rapport de causalité entre la faute et le dommage (...) apparaît comme la réalisation normale et prévisible du risque imprudemment créé[6] », est une fiction qui contribuerait à réduire cette charge de la preuve pesant sur les victimes[7]. Aussi, il contribuerait à rétablir une forme d'équité et à faire primer l'intérêt général. A ce titre, le juge pourra présumer le lien de causalité en

---

[1] J. HEINICH, « Devoir de vigilance des sociétés mères et des entreprises donneuses d'ordre : une loi finalement adoptée, mais amputée », Dr. sociétés n°5, mai 2017, comm. 78.

[2] Préc., art. 29, n°1, a) et b).

[3] P. ABADIE, « La responsabilité sociale et environnementale des entreprises », Gaz. Pal. 2015, hors-série, 2, p. 2019 et s, spéc. p. 2026.

[4] Pour une bibliographie complète, voir les références citées dans la version soutenue de la thèse, à titre indicatif : N. CUZACQ, « Le devoir de vigilance des sociétés mères et des entreprises donneuses d'ordre : Acte II, scène 1, Rec. Dalloz 2015, p. 1049 spéc. pp. 1053-1054 ; Y. QUEINNEC et Y. FEUNTEUN, « La preuve de vigilance, un challenge d'interprétation », Revue Lamy droit des affaires., n°137, mai 2018.

[5] C. civ., ancien art. 1349 (abrogé).

[6] G. VINEY et P. JOURDAIN, « Traité de droit civil. Les conditions de la responsabilité », 2è éd., LGDJ, Paris, 1998, 1226 p., spéc. pp. 192-194, n°369.

[7] Y. QUEINNEC et Y. FEUNTEUN, « La preuve de vigilance, un challenge d'interprétation », Revue Lamy droit des affaires., n°137, mai 2018.

recherchant par exemple des « indices plausibles » susceptibles d'appuyer cette présomption. Il en est ainsi de l'affaire *Erika*[1] ou de la jurisprudence de la CJUE[2]. La directive européenne sur le devoir de vigilance prévoit quelques règles qui allègent l'exigence suivant laquelle pèse sur la victime la charge d'apporter la preuve d'un lien de causalité entre le fait générateur et le dommage. Elle prévoit que les États membres doivent veiller à ce que « lorsqu'un recours est introduit et qu'un demandeur présente une justification motivée contenant des faits et des éléments de preuve raisonnablement disponibles suffisants pour étayer la plausibilité de sa demande de réparation et a indiqué que des éléments de preuve supplémentaires sont sous le contrôle de l'entreprise, les juridictions puissent ordonner que ces éléments de preuve soient divulgués par la société conformément au droit procédural national[3] ».

La loi sur le devoir de vigilance prévoit d'imputer à la société mère ou donneuse d'ordre un dommage survenu en raison de son comportement fautif. Il s'agit d'une « faute nommée : un manquement au plan de vigilance[4] ». Il en est de même de la position de la directive européenne où le fait générateur est déterminé par le non-respect de certaines prescriptions précises : l'article 29 vise les faits générateurs contenus aux articles 10 et 11. Ces deux textes font peser sur les entreprises assujetties la prévention des incidences négatives potentielles et la suppression des incidences négatives réelles, sachant que ces incidences sont définies (à l'article 3) comme « résultant de la violation de l'un des droits ou interdictions énumérés » en annexe. Concernant la faute nommée en droit français, cette imputation ne relèvera pas d'une participation matérielle de la maison mère mais d'une faute de surveillance ou de contrôle. Celle-ci pourra résulter d'une mauvaise exécution de son obligation de vigilance ayant entrainé pour les victimes une perte de chance de voir leur préjudice évité ou ayant contribué à causer le dommage. C'est un « dommage nommé » avec « une orientation préventive[5] ». Ce qui signifie que « à une faute nommée, le législateur a entendu enjoindre des dommages nommés : seuls les dommages graves et seules certaines atteintes sont visés. C'est une spécificité notable par rapport au droit commun qui admet en principe la réparation de toute forme de

---

[1] Cass. crim. 25 sept. 2012, n°10-82. 938. En l'espèce, c'est en se fondant sur deux documents internes que le juge d'appel, approuvé par le juge de cassation, a caractérisé l'existence d'un contrôle de la société mère, puis une carence dans l'exercice de ce contrôle, constitutif d'une faute de témérité.

[2] CJUE, 9 mars 2010, aff. C-378/08, en ce sens qu'en matière de pollution, le juge européen a estimé que le lien de causalité pouvait être présumé dès lors qu'il existait des indices plausibles susceptibles d'appuyer cette présomption.

[3] Dir. (UE) 2024/1760 du Parlement européen et du Conseil du 13 juin 2024 sur le devoir de vigilance des entreprises en matière de durabilité et modifiant la directive (UE) 2019/1937 et le règlement (UE) 2023/2859, art. 29, n°3, e).

[4] A. DANIS-FATÔME et G. VINEY, « La responsabilité civile dans la loi relative au devoir de vigilance des sociétés mères et des entreprises donneuses d'ordre, op. cit., spéc. p. 1612.

[5] Idem., op. cit., spéc. p. 1614.

dommage sans exiger qu'il soit grave[1] ». Ce sont concrètement des atteintes graves envers les droits humains et les libertés fondamentales, la santé et la sécurité des personnes ainsi que l'environnement. Aussi, il semble que les conséquences préjudiciables d'ordre patrimonial ou extrapatrimonial de ces atteintes graves sont prises en compte. Ce qui mérite également d'être souligné, c'est que la loi sur le devoir de vigilance « permet de prendre en compte les risques avérés des dommages futurs[2] ». Par ailleurs, il ressort trois éventualités principales d'inobservation du devoir de vigilance : soit le plan de vigilance est inexistant, soit il est incomplet, soit il est ineffectif.

Il est probable que l'autoroute pour la caractérisation évidente de la faute serait pour une entreprise de ne pas adopter le plan de vigilance. La non-publication du plan par les entreprises est un choix de plus risqué sur le plan de la responsabilité civile[3]. Lorsqu'un dommage survient, le juge pourra disposer d'une marge de manœuvre importante pour mobiliser les instruments de présomptions à sa disposition. En cas de cette faute caractérisée qui est l'absence d'un plan de vigilance entrainant la condamnation de la société, le tribunal peut « ordonner la publication, la diffusion ou l'affichage de sa décision ou d'un extrait de celle-ci, les frais étant supportés par la personne condamnée[4] ». C'est l'hypothèse de *name and shame*. Il peut aussi ordonner « l'exécution de sa décision sous astreinte[5] ».

Une autre faute pourra résulter d'un plan de vigilance incomplet. Aux termes de la loi, un plan de vigilance complet comprend les obligations matérielles de vigilance, antérieurement évoquées. La loi se limite ainsi à fixer un cadre au sein duquel les entreprises sont libres de juger des mesures les plus appropriées au regard de leurs caractéristiques structurelles et opérationnelles. Si la définition et les modalités de mise en œuvre de ces mesures matérielles de vigilance sont laissées à la discrétion des sociétés commerciales débitrices de vigilance, il nous semble que la présence au sein du plan de ces mesures matérielles constitue une obligation de résultat[6]. Les victimes doivent démontrer le caractère incomplet d'un plan où doivent figurer ces mesures matérielles.

Enfin, la faute caractérisée peut résulter d'un plan de vigilance ineffectif. La loi indique que le plan de vigilance doit être établi et mis en œuvre de « manière effective ». Ce qui signifie que les juges sont amenés à juger du caractère approprié des mesures matérielles de vigilance retenues par la société commerciale débitrice de vigilance. La notion d'effectivité doit être

---

1 Ibid.

2 Ibid.

3 Y. QUEINNEC et Y. FEUNTEUN, « La preuve de vigilance, un challenge d'interprétation », Revue Lamy droit des affaires., n°137, mai 2018.

4 C. com., art. L. 225-102-5, al. 3.

5 C. com., art. L. 225-102-5, al. 4.

6 X. BOUCOBZA et Y-M. SERINET, « Loi Sapin 2 et devoir de vigilance : entreprise face aux nouveaux défis de la compliance », Rec. Dalloz 2017, p. 1619.

interprétée à l'aune du « caractère raisonnable » de ce devoir de vigilance. Un plan de vigilance est un plan raisonnable[1]. Ce caractère effectif et raisonnable impose aux sociétés commerciales de s'inscrire dans le cadre d'une démarche proactive. Elles doivent justifier leurs priorités de vigilance. A ce propos, il est d'ailleurs précisé que les sociétés commerciales débitrices de l'obligation de vigilance ne doivent pas se contenter d'identifier les risques générés par leurs activités. Mais elles sont également tenues d'évaluer puis de hiérarchiser ces risques. La première décision de fond rendue sur le fondement du devoir de vigilance dans l'affaire *La Poste* confirme cette approche. Les juges ont relevé que la cartographie des risques de la société mise en cause ne répondait pas aux exigences de la loi en raison de son imprécision. Celle-ci ne permettant pas de faire émerger les risques de vigilance prioritaires. Le plan de vigilance de La Poste est donc lacunaire, ineffectif.

La directive européenne apporte quelques précisions sur les effets de la responsabilité civile. Elle envisage une réparation intégrale, exclusive notamment de dommages et intérêts punitifs, ce qui est conforme au droit français[2]. Aussi, elle prévoit l'absence de causes d'exonération des entreprises assujetties par exemple si ces dernières ont participé à des initiatives sectorielles ou multipartites ou qui ont recouru à la vérification par un tiers indépendant ou à des clauses contractuelles[3]. Dans la même optique, elle met en place une responsabilité solidaire pour les coauteurs du dommage[4], ce qui est conforme au droit positif français qui veut en principe que les coauteurs d'un même dommage soient responsables pour le tout au stade de l'obligation à la dette (responsabilité *in solidum*).

Par ailleurs, s'il est clairement établi que le tribunal judiciaire de Paris est compétent, la mise en œuvre de la responsabilité dans le cadre de la loi française soulève une autre difficulté, celle de l'extraterritorialité de certains dommages. L'effectivité du recours en cas de manquements au devoir de vigilance risque d'être mise à mal dans le cadre des litiges comportant des éléments d'extranéité. A cet égard, il faut noter que, lors de la saisine du Conseil constitutionnel, les sénateurs requérants critiquaient « l'imprécision des dispositions contestées qui définiraient insuffisamment les cas d'engagement de responsabilité du fait d'un dommage survenu à l'étranger et la notion de " personne justifiant d'un intérêt à agir "[5] ». Si le rejet par les sages de ce grief n'appelle pas de commentaire particulier, il reste que la mise en œuvre de la responsabilité de la société commerciale débitrice se

[1] Y. QUEINNEC, « Le plan de vigilance idéal n'existe pas ! Pour être raisonnable et effectif, il doit être coconstruit », Revue Lamy droit des affaires, 2017/124, n°6167.

[2] Dir. (UE) 2024/1760 du Parlement européen et du Conseil du 13 juin 2024 sur le devoir de vigilance des entreprises en matière de durabilité et modifiant la directive (UE) 2019/1937 et le règlement (UE) 2023/2859, art. 29, n°2.

[3] Idem., art. 29, n°4.

[4] Ibid., art. 29, n°5.

[5] Cons. const., déc. n°2017-750, préc., cons. 25.

pose de façon évidente dans la mesure où l'objectif de la loi est clairement de prendre en compte les dommages intervenus en dehors du territoire national. Conception confirmée par la directive européenne sur le devoir de vigilance. Soulignons que pour pallier cette difficulté sur l'extraterritorialité de certains dommages, une nouvelle proposition a été soulevée au parlement. Celle-ci prévoit une forme de responsabilité civile propre aux entreprises pour une plus grande effectivité de la responsabilité sociale des entreprises. Cette proposition prend en compte, d'une manière précise, l'aspect d'extranéité[1]. Egalement, la directive européenne vient pallier cette difficulté. Elle confère une « nature impérative[2] » aux dispositions relatives à la responsabilité civile. L'UE a souhaité garantir l'application de la directive dans les hypothèses dans lesquels les dommages suscités par un manquement au devoir de vigilance surviendront en dehors de l'Union européenne. De ce point de vue, le dispositif envisagé est efficace. Il invite les États membres à élever les dispositions de transposition relative à la responsabilité civile au rang de « loi de police[3] ». Ce qui revient à dire que la loi étrangère doit systématiquement être évincée dès lors qu'elle n'est pas celle d'un État membre. La directive européenne prévoit, en outre, la possibilité pour les États membres de prévoir le respect du devoir de vigilance comme critère d'attribution des marchés publics[4], déjà existante en droit français[5].

D'un autre côté, il est à déplorer l'absence de l'action en responsabilité pénale dans le cadre de la loi sur le devoir de vigilance, quand bien même elle semble être dissimulée.

B. Une responsabilité pénale dissimulée

Dans sa rédaction initiale, le volet pénal de la loi sur le devoir de vigilance était prévu dans le cadre de l'amende civile. Le juge pouvait condamner au paiement d'une amende civile d'un montant qui ne pouvait être supérieur à dix millions d'euros. Cette disposition a été déclarée non conforme à la constitution par le Conseil constitutionnel. Les sages ont estimé que les termes « droits humains » et « libertés fondamentales » étaient trop larges et indéterminés pour soumettre « au paiement d'une amende d'un montant

---

[1] AN, proposition de loi n°3919, enregistrée le 23 fév. 2021 relative à la responsabilité civile des entreprises. Aussi, AN proposition n°4884 enregistrée le 11 janv. 2022 pour une éthique responsable des affaires.

[2] Ibid., art. 27, n°7.

[3] B. LECOURT, « Proposition de directive sur le devoir de vigilance : le nouveau tournant du droit européen des sociétés », Dalloz rev. sociétés 2022, p. 310 ; A. DANIS-FATÖME, « La responsabilité civile dans la proposition de directive européenne sur le devoir de vigilance », Rec. Dalloz 2022, p. 1107.

[4] Ibid., art. 31.

[5] CCP, art. L. 2141-7-1.

pouvant atteindre dix millions d'euros la société qui aurait commis un manquement défini en des termes aussi insuffisamment clairs et précis[1] ». Cette disposition, selon les sages, méconnaissait le principe de légalité des délits et des peines particulièrement l'article 8 de la DDHC de 1789. Nous ne pouvons que regretter l'absence du volet pénal dans le cadre du mécanisme de devoir de vigilance. Autrement dit, le droit français a manqué l'occasion d'étendre la compétence de ses juridictions pour connaître surtout les crimes environnementaux et sociétaux les plus graves par la loi sur le devoir de vigilance.

Néanmoins, un auteur relèvera que « on le voit, le Gouvernement et le Conseil constitutionnel ont donc brisé le destin pénal de la loi n°2017-399 du 27 mars 2017 et le risque pénal qu'elle induisait dès lors. Il serait pourtant naïf de penser que tout avenir pénal est définitivement écarté. Bien que dissimulé et peu visible, le risque pénal est néanmoins réel[2] ». Un enseignement, à ce titre, peut être tiré de la première décision judiciaire de fond rendue sur le fondement du devoir de vigilance dans l'affaire *La Poste*, précédemment évoquée. Si on regarde très bien cette décision, il y a un point qui frappe à la lecture : les carences du programme de vigilance de La Poste correspondent, pour nombre d'entre elles, à un défaut de prévention de la commission d'infractions pénales – travail dissimulé, prêt de main d'œuvre illicite, marchandage, emploi d'étranger sans titre de travail, harcèlement, voire délit d'entrave. Il en était d'ailleurs de même dans les autres contentieux en matière de devoir de vigilance : derrière la remise en cause de l'effectivité du plan de vigilance se dessinait, en creux, l'accusation de commissions d'infractions pénales, notamment en matière d'atteintes à l'environnement et de travail forcé. Nous comprenons que parler du devoir de vigilance, c'est parler donc de la délinquance. Qu'il s'agisse des droits humains, des atteintes à l'environnement, de la dignité des travailleurs, du travail des enfants, tous ces sujets évoquent « les problématiques d'intérêt général qui ne se comprennent véritablement que si l'on admet l'essence criminelle des actes qui veulent les atteindre[3] ». Alors que la voie pénale a été, à l'origine, exclue ou évitée du fonctionnement du devoir de vigilance au regard du caractère très large des obligations afférentes, elle pourrait revenir par la petite porte si les sanctions préventives et coercitives prévues continuent à produire d'effet limité. Rappelons que depuis 2017, et malgré cette première décision judiciaire au fond, les critiques de la loi sur le devoir de vigilance ne se taisent pas : des procédures peu efficaces, lentes et d'effet limité.

De même, la voie pénale pourra revenir grâce à la directive européenne. Celle-ci envisage que les États membres devraient prévoir « des sanctions

[1] Cons. const., déc. n°2017-750 DC, préc., cons. 22.
[2] L. SAENKO, « La société vigilante ou l'exposition au risque de responsabilité pénale », La Semaine Juridique Entreprise et Affaires, n°31-35, 3 août 2023, étude dossier 1245.
[3] Idem.

dissuasives, proportionnées et effectives en cas d'infractions » aux mesures de vigilance afin de garantir l'application efficace des dispositions du droit national transposant la présente directive[1]. Afin de garantir l'efficacité de ce régime de sanctions, les sanctions devant être imposées par les autorités de contrôle nationales devraient comporter des sanctions pécuniaires et une déclaration publique indiquant l'entreprise responsable et la nature de l'infraction si l'entreprise ne se conforme pas à la décision imposant une sanction pécuniaire dans le délai imparti[2]. Aussi, la directive prévoit en annexes les différents droits, interdictions ou obligations visant à protéger les personnes physique et morale. Il s'agit d'une réponse efficace aux lacunes de la loi française sur le devoir de vigilance lesquelles ont permis au Conseil constitutionnel de « détricoter les dernières mailles pénales qui habillaient encore le devoir de vigilance des sociétés[3] ».

Par ailleurs, le mécanisme de devoir de vigilance présente quelques pistes à explorer, tout comme la multiplication des « engagements » volontaires des entreprises, pour attacher la responsabilité pénale, ou du moins le risque pénal. La responsabilité pénale assure une certaine moralisation des comportements. Elle est au premier plan pour sanctionner les entreprises[4]. Pour qu'elle puisse exercer ses fonctions répressive, expressive ou préventive, encore faut-il que cette crainte exerce un effet salvateur. Autrement dit, il faut que l'on puisse reprocher aux entreprises un comportement fautif. Or c'est là le problème. La responsabilité sociale et environnementale des entreprises est avant tout éthique. Pourtant, ces dernières exercent des activités qui ne sont parfois pas soutenables pour la planète et l'humanité. Le mécanisme de devoir de vigilance, qui aujourd'hui permet de formuler en termes juridiques ce qui relevait jusqu'à présent en grande partie du bon vouloir des entreprises, offre des pistes pour attacher la responsabilité pénale.

En effet, la piste intéressante est celle de l'engagement de la responsabilité pénale sur le fondement des informations publiées. On pourrait attacher d'un côté le délit d'informations fausses ou trompeuses et de l'autre côté le délit de pratiques commerciales trompeuses.

Nous savons que les entreprises communiquent de plus en plus d'informations sur leurs engagements en matière sociétale et environnementale, à titre individuel ou de façon contrainte depuis que le législateur impose à de nombreuses entreprises la publication

---

[1] Dir. (UE) 2024/1760 du Parlement européen et du Conseil du 13 juin 2024 sur le devoir de vigilance des entreprises en matière de durabilité et modifiant la directive (UE) 2019/1937 et le règlement (UE) 2023/2859, Préambule, cons. 76 et art 27.

[2] Idem.

[3] L. SAENKO, « La société vigilante ou l'exposition au risque de responsabilité pénale », La Semaine Juridique Entreprise et Affaires, n°31-35, 3 août 2023, étude dossier 1245.

[4] J-B. PERRIER, « La répression des infractions environnementales. A la recherche de sanctions proportionnées, efficaces et dissuasives », Revue Energie – Environnement – Infrastructures n°12, déc. 2017, dossier 32.

d'informations extra-financières notamment la DPEF ou le rapport de durabilité (CSRD) et le plan de vigilance. Les « fausses promesses des entreprises[1] » apparaissent de plus en plus intolérables. On peut s'interroger, avec un auteur[2], à cet égard, sur leur éventuelle responsabilité pénale. Concernant le délit d'informations fausses ou trompeuses, une telle responsabilité ne devrait pas être exclue. Elle peut être relevée sur le terrain des articles L. 465-3-2 et suivants du Code monétaire et financier. Le lien peut se faire au moment où le CAC est tenu de mentionner, dans son rapport sur les comptes, les irrégularités concernant le rapport de gestion. Or les CAC, avec la nouvelle exigence des informations extra-financières comme la DPEF ou le rapport de durabilité (CSRD) et le plan de vigilance, il est aussi tenu de vérifier et attester la présence de ces informations requises dans le rapport de gestion. Dans ce cadre, pour les sociétés cotées, il doit transmettre à l'AMF son rapport en application de l'article L. 621-22 du Code monétaire et financier. D'où, la question de la mise en cause de la responsabilité pénale sur le fondement des articles L. 465-3-2 et suivants du Code monétaire et financier pourrait se poser.

Pour le délit de pratiques commerciales trompeuses, une telle responsabilité ne devrait pas aussi être exclue. Elle tire son fondement des articles L. 121-1 et L. 213-1 du Code de la consommation qui répriment les pratiques commerciales trompeuses. Avec ce fondement, l'entreprise est tenue d'une obligation de mise en conformité avec l'information destinée au public ou à ses autres parties intéressées : sous-traitants ou fournisseurs, syndicats, ONG, État, consommateurs, investisseurs, etc. Des allégations environnementales mensongères ou sociétales émises par des entreprises, de nature à induire en erreur les parties intéressées, peuvent être sanctionnées sur ce fondement. Le plan de vigilance ou la DPEF, le rapport de durabilité (CSRD) peuvent être considérés comme fictifs, cosmétiques ou mensongers lorsqu'ils ne font que démontrer la volonté de l'entreprise de s'exonérer d'une éventuelle responsabilité sans action concrète alors que la réalité, sur le terrain, est toute autre[3].

Prévoir cette possibilité permettra à la France, quoique précurseur de l'obligation légale de vigilance de rejoindre les autre États comme la Suisse. Cette dernière n'a pas adopté concrètement une loi comme le devoir de vigilance. Mais le Conseil des États, la chambre haute du Parlement suisse a voté en faveur d'une loi plus faible qui inclut néanmoins les exigences en matière d'information non financière et les règles de diligence raisonnable en matière de droits de l'homme en ce qui concerne le travail des enfants et les minéraux de conflit. Ainsi, elle a mis à jour sa législation en 2021 et en

---

[1] M. FABRE-MAGNAN, « Les fausses promesses des entreprises : RSE et droit commun des contrats », in *Le juriste dans la cité. Mél. P. NEAU-LEDUC*, LGDJ, Paris, 2018, 1078 p., pp. 451-458.

[2] E. DAOUD, « Obligations de reporting extra-financier et responsabilité pénale : enjeux et perspectives », Revue Lamy droit des affaires, n°147, 1er avril 2019.

[3] Idem.

2022 en modifiant les articles du Code civil (964a à 964l) et insérée des sanctions pénales pour ceux qui ne fournissent pas les rapports requis ou qui les fournissent de manière incomplète ou trompeuse (articles 325bis et 325ter du Code pénal suisse).

Dans cette lancée, soulignons que l'ordonnance n° 2023-1142 du 6 décembre 2023 transposant la directive CSRD en France et complétée par le décret n° 2023-1394 du 30 décembre 2023 prévoit de sanctions applicables en cas de méconnaissance des exigences. A ce titre, elle transpose la responsabilité pénale des dirigeants pour défaut de désignation d'un CAC quand celle-ci est légalement imposée au défaut de désignation d'un même CAC ou d'un OTI chargé de procéder à la certification des informations en matière de durabilité lorsque celle-ci est pareillement requise, transposition qui concerne aussi le défaut de convocation de l'intéressé à toute assemblée générale, en rappelant que la sanction encourue à ce propos demeure fixée à 2 ans d'emprisonnement et 30 000 euros d'amende. Dans la même ligne, le fait d'entraver la mission de ces divers auditeurs est également étendue à la mission de certification des informations de durabilité, moyennant une sanction de 5 ans d'emprisonnement et 75 000 euros d'amende encourue par ces mêmes dirigeants. Elle prévoit enfin une amende de 3 750 euros en cas de non-publication du rapport ou de publication d'informations partielles ou erronées ainsi que la possible exclusion de la procédure de passation de marchés publics des sociétés assujetties à l'obligation de publication d'informations en matière de durabilité qui n'y satisferaient pas. Il s'agit là en réalité de l'extension d'une mesure déjà prévue pour les sociétés soumises au devoir de vigilance imposé par l'article L. 225-102-4 du Code de commerce et ne satisfaisant pas à l'obligation d'établir un plan de vigilance conforme aux exigences légales.

Il convient de présenter prospectivement le devoir de vigilance dans le droit de l'OHADA.

Section II. La proposition du devoir de vigilance dans le droit de l'OHADA

La loi française sur le devoir de vigilance, la directive européenne sur le devoir de vigilance, la loi dite Sapin II, celles transposant la directive NFRD instaurant la DPEF et la directive CSRD, sont des textes adoptés, en France, en vue de responsabiliser les grandes entreprises. Figure aussi dans cet environnement normatif, la révision du Code civil par l'introduction d'une obligation générale de gestion dans l'intérêt social en considération des enjeux sociaux et environnementaux. Ces textes confirment le phénomène de judiciarisation de la RSE, jusque-là, associée plutôt à des initiatives volontaires reposant sur des normes de droit souple. Le droit de l'OHADA peut s'inspirer de l'évolution du droit français. En effet, les normes OHADA sont supranationales, uniformes et adaptables aux réalités socio-économiques actuelles. Puisqu'avant, les opérateurs économiques se heurtaient dans « chaque pays à un droit disparate, confus et suranné[1] ». Donc, rien ne s'oppose *a priori* à ce que le droit de l'OHADA adopte des obligations de vigilance imposées aux grandes entreprises et, étendues aux activités, même en dehors de l'espace OHADA, de l'ensemble de leurs filiales et sous-traitants. Ces obligations dépasseraient ainsi, dans l'espace OHADA, les frontières de la personnalité morale, de la responsabilité civile, de la responsabilité pénale et même celle de l'intervention normative de l'État sur certains secteurs à risques notamment celui des ressources naturelles. Ces frontières ne sont plus, pour autant, aujourd'hui, des « interdits juridiques ».

Cela nous incite à revenir dans un second temps sur la nature de la responsabilité-anticipation du devoir de vigilance applicable en droit de l'OHADA (**§2**). Avant, il importe, dans un premier temps, de relever le contenu normatif de cette obligation fondé sur le droit matériel OHADA, les traditions africaines et normes internationales de comportement (**§1**).

§1. Le contenu normatif du devoir de vigilance dans le droit de l'OHADA

L'OHADA pourrait consacrer le devoir de vigilance, une obligation qui entretient un lien fort avec la RSE, et plus largement avec l'éthique des affaires. A cet effet, à travers ses processus[2], la *compliance* ou la conformité impose à l'entreprise d'être un acteur stratégique non plus seulement sur le marché économique mais de le devenir aussi en matière de développement durable. En ce sens, le devoir de vigilance dans le droit de l'OHADA serait une obligation générale de comportement ayant pour finalité l'identification des risques et la prévention des atteintes graves envers les droits humains, l'environnement et la bonne gouvernance résultant des activités d'un groupe et de sa chaîne de valeur à travers un plan de vigilance. On voit que celui-ci, en retenant notamment comme thème la bonne gouvernance, reconnaîtrait également la prévention de la corruption et autres manquements à la probité, pour se démarquer du droit français, qui a séparé le plan de vigilance avec le plan de prévention de la corruption de la loi Sapin II. Il importe, d'une part, de définir les périmètres de ce devoir de vigilance fondé sur le droit matériel OHADA et traditions africaines (**A**) et,

---

[1] B. MARTOR et S. THOUVENOT, « L'uniformisation du droit des affaires en Afrique par l'OHADA », La Semaine Juridique, Cahiers de droit de l'entreprise n°5, Suppléments au n°44, 28 oct. 2004, pp. 5-11.

[2] L-M. AUGAGNEUR., « La compliance a-t-elle une valeur ? », La Semaine Juridique Entreprise et Affaires n°40, 5 oct. 2017, 1522.

d'autre part, relever les mesures matérielles de prévention lesquelles s'inspirent des normes internationales de comportement (**B**).

A. Les périmètres du devoir de vigilance fondés sur le droit matériel OHADA et les traditions africaines

En effet, l'obligation de vigilance, en s'imposant aux grandes entreprises, prend en compte l'existence éventuelle d'un groupe. En droit de l'OHADA, le groupe est défini comme « un ensemble formé par des sociétés unies entre elles par des liens divers qui permettent à l'une d'elles de contrôler les autres[1] ». Cette définition appelle une remarque. D'abord, avec une telle définition, il paraît clair que le législateur OHADA a emboité le pas à certaines législations nationales africaines voire étrangères. A ce propos, un auteur relève que le droit de l'OHADA « semble lentement s'orienter vers l'institution d'un véritable droit des groupes de sociétés, même si cette orientation paraît empreinte de réserve[2] ». Il résulte de cette définition que la notion de groupe est caractérisée par deux éléments essentiels. D'une part un ensemble de sociétés et, d'autre part, un rapport de contrôle entre ces sociétés. En choisissant la formule « ensemble de sociétés », l'AUDSCGIE exige la forme de société commerciale pour caractériser le groupe. Encore faut-il que ces sociétés commerciales soient unies par divers liens. Dès lors, toute société commerciale, quelle que soit sa forme (SA, SARL, SAS, SNC ou SCS), peut être prise en compte pour caractériser l'existence d'un groupe en droit de l'OHADA, tant du point de vue de la filiale que de la société mère. Ce qui signifie que les personnes morales autres que les sociétés commerciales, à savoir les GIE, les associations, l'État et les collectivités publiques sont exclues[3]. Cet ensemble de sociétés n'est pas doté de la personnalité juridique et est, par conséquent, dépourvu de l'ensemble des attributs liés à la personnalité morale.

Par ailleurs, pour qu'il y ait groupe, il faut que les liens entre les sociétés soient tels que l'une contrôle l'autre ou les autres. Si ces liens peuvent être personnels, contractuels, financiers ou capitalistiques, il semble que, dans le cadre de l'AUDSCGIE, « seuls les liens financiers sont de nature à caractériser le contrôle à l'exclusion des liens personnels et contractuels[4] ». Ainsi, selon l'AUDSCGIE, la société mère est entendue comme celle d'une

---

[1] AUDSCGIE, art. 173. Pour une étude de la notion de groupe de sociétés en droit OHADA, voir notamment : M. KONE, « La notion de groupe de sociétés en droit OHADA », Rec. Penant, éd. Juris Africa n°856, juill. – sept. 2006, pp. 285-293. ; M. NDAYE MBAYE, « Les groupes de sociétés dans l'organisation pour l'harmonisation du droit des affaires (OHADA) », Rec. Penant, éd. Juris Africa n°848, juill. – sept. 2004, pp. 280-325.

[2] M. KONE, « La notion de groupe de sociétés en droit OHADA », op. cit., spéc. p. 286.

[3] Idem., spéc. p. 289.

[4] Ibid., spéc. p. 289.

autre société « quand elle possède dans la seconde plus de la moitié du capital. La seconde société est la filiale de la première[1] ». Ce contrôle se résume en la « détention effective du pouvoir de décision au sein de cette société », c'est-à-dire « plus de la moitié des droits de vote[2] ». De plus, pour pallier l'exclusion des liens contractuels, le droit de l'OHADA reconnaît le critère de « contrôle exclusif ». Celui-ci fait référence aux sociétés commerciales contrôlées au sens du droit comptable[3] c'est-à-dire la référence aux comptes consolidés. Ce qui revient à dire que le contrôle exclusif, au sens du droit comptable OHADA, permet d'appréhender les liens contractuels et personnels. Il va au-delà du contrôle défini à l'article 174 et 175 de l'AUDSCGIE en prévoyant l'influence dominante sur une entreprise exercée « en vertu d'un contrat » indépendamment de l'exercice des droits de vote.

Au vu de ce qui précède, l'application de l'obligation de vigilance en droit de l'OHADA ne souffrirait d'aucune difficulté concernant l'appréhension des sociétés commerciales débitrices. En effet, nous savons qu'en principe, la personnalité juridique distincte de chaque société du groupe commande que chacune ne soit responsable que de son propre fait[4]. La filialisation se présente parfois comme un instrument de dilution de la responsabilité par interposition de filiales, seules responsables envers les tiers qu'ils soient partenaires de l'entreprise ou tiers victimes des conséquences dommageables de son activité. Le devoir de vigilance, dans le droit de l'OHADA, constituerait une exception puisqu'il pourra imputer à une société mère étrangère du dommage causé dans l'espace OHADA par sa filiale de droit de l'OHADA ou responsabiliser les sociétés mères OHADA en ce qui concerne l'activité de leurs filiales non seulement dans l'espace OHADA mais aussi en dehors de l'espace OHADA.

Ainsi, concernant les sociétés commerciales débitrices, l'obligation de vigilance, en France, requiert la détermination des seuils pour les sociétés mères. On sait qu'une grande entreprise est fondée, en France, sur trois critères, soit le nombre des salariés, soit le bilan ou le chiffre d'affaires. Ces critères ne semblent pas étrangers au droit de l'OHADA[5]. D'où, pour simplifier l'application de l'obligation de vigilance, par rapport au droit français, le droit de l'OHADA pourrait appréhender, en s'inspirant de l'écriture de l'article 853-13 de l'AUDSCGIE, les sociétés commerciales débitrices comme celles ayant un siège dans l'espace OHADA qui remplissent une des trois conditions ou critères suivants : le seuil minimum

[1] AUDSCGIE, art. 179.
[2] AUDSCGIE, art. 174 et 175.
[3] AUDSCIF, art. 78.
[4] CA Abidjan (Côte d'Ivoire), Ch. civ. & comm., Arr. n°10, 9 janv. 2004, BIAO-CI, Code Bleu OHADA, éd. Juriafrica, Douala, 2018, 1278 p, spéc p. 362.
[5] Voir notamment : AUDSCGIE, art. 417, 547-1, 626-1-2, 626-1-2-1, 626-2 à 626-6, 690, 843,850, 853, 853-13 ; AUPCAP, art. 6, 26, 55, 79 ; AUDCG, art. 30, 126, 150.

de 250 salariés[1], un montant minimum de bilan, ou celui de chiffre d'affaires. Les sociétés commerciales filiales de groupes étrangers peuvent entrer dans le champ d'application du devoir de vigilance OHADA par le canal de leurs propres filiales OHADA et étrangères. C'est la prise en compte de la réalité économique, sociale et environnementale du groupe des sociétés. A ce titre, d'une manière concrète, l'option du périmètre groupe se démontrera, en droit de l'OHADA, dans le recours au critère de contrôle défini aux articles 174 et 175 de l'AUDSCGIE. Il résulte de l'analyse de l'article 175 de l'AUDSCGIE que le contrôle peut alors s'exercer directement par la société mère ou indirectement par le biais d'autres sociétés commerciales contrôlées. Aussi, cette obligation de vigilance s'appliquera à toutes les sociétés commerciales OHADA quelle que soit leur forme, car la notion de groupe en droit de l'OHADA, implique « l'ensemble de sociétés » lequel exige toutes les formes de société commerciale prévues en droit de l'OHADA pour caractériser le groupe.

Ensuite, il convient de déterminer les sociétés commerciales ou acteurs économiques à l'égard desquels la vigilance devra s'exercer. Ici, on tient compte non seulement du périmètre groupe mais aussi extra-groupe. Autrement dit, la société commerciale débitrice de l'obligation de vigilance doit exercer la vigilance sur les acteurs économiques qu'ils contrôlent. Si la vigilance s'exerce sur des filiales, elle s'applique aussi à des partenaires ayant pour caractéristique commune de fournir des prestations à la société mère. Dans ce cas, la société mère devient la société donneuse d'ordre. Le droit de l'OHADA est mieux équipé pour appréhender le périmètre groupe et extra-groupe. Il prévoit, comme c'est le cas du droit français, la notion du « contrôle exclusif » qui fait référence aux sociétés commerciales contrôlées au sens du droit comptable. Ce contrôle exclusif permet d'appréhender les risques induits par une activité. Il va au-delà du contrôle défini à l'article 174 et 175 de l'AUDSCGIE. Autrement dit, il prévoit l'influence dominante sur une entreprise exercée « en vertu d'un contrat ». Celle-ci est indépendante de l'exercice des droits de vote. D'où, après les seules filiales, seront visées l'ensemble des sociétés commerciales contrôlées ainsi que les sous-traitants et fournisseurs.

Par ailleurs, la notion de la sous-traitance est prévue dans le projet d'AUDT[2]. Dès lors, le législateur OHADA pourrait annoncer éventuellement sa vision de « sphère d'influence ». Car tous les sous-traitants et fournisseurs ne peuvent entrer dans le cadre de cette obligation de vigilance. L'OHADA pourrait reprendre, en son compte, la notion de « relation commerciale établie », concept du droit français. Celui-ci a le

[1] Ce nombre se justifie du fait que la note 35, faisant partie des 36 notes annexes intégrées aux états financiers OHADA, est obligatoire pour les entités comptant plus de 250 salariés. Comme relevé antérieurement, cette note 35 impose la publication des informations sociales, sociétales et environnementales.

[2] Projet d'AUDT, art. 78 à 80.

mérite d'aller au-delà de la simple relation contractuelle. La rupture abusive de la relation commerciale établie constitue, en droit français, un délit civil. Terme inexistant en droit de l'OHADA, il existe seulement l'idée d'une simple relation contractuelle dans le cadre de la vente commerciale dont la rupture abusive engage la responsabilité civile de son auteur[1].

Les sociétés commerciales assujetties à ce devoir de vigilance OHADA doivent appréhender les risques induits par leurs activités. Autrement dit, ce mécanisme inventerait, dans l'espace OHADA, une responsabilité qui tend à aller au-delà et à créer un risque d'activité pour les sociétés mères ou donneuses d'ordre dont l'activité est exercée à travers ses filiales et ses sous-traitants. Il s'agit des risques vus, à ce titre, à l'égard des tiers. Il pourrait viser les risques d'atteinte grave envers les droits humains, l'environnement et la bonne gouvernance, particulièrement, pour un premier temps, dans les secteurs à haut risque. Ces 3 thématiques qui représentent le périmètre substantiel ont le mérite d'être interdépendantes et se justifient, à plus d'un titre, dans le cas africain.

En effet, selon les statistiques de l'OIT, on compte environ « 25 millions de personnes victimes du travail forcé, 152 millions d'enfants contraints à travailler, 2,78 millions de décès dus à des maladies professionnelles par an et 374 millions de blessures non mortelles au travail[2] ». L'Afrique occupe, à ce titre, une place de choix dans ces statistiques[3]. Sa population subit une exploitation et des humiliations persistantes dans le cadre de pratiques relevant du travail forcé et de l'esclavage, qui touchent des millions de personnes y compris des enfants, femmes et filles. Les entreprises publiques ou privées de même les personnes physiques en tirent souvent profit en toute illégalité. Les secteurs à haut risque constituent un véritable terreau des violations des droits humains. Nous pouvons relever le secteur extractif : mines, pétrole, gaz. C'est un secteur dominant de l'économie des États membres de l'OHADA. Pratiquement, il est l'un des plus préoccupants en termes de violations des droits humains notamment : expulsions forcées et accaparement des terres, intimidation, travail des enfants, impacts sanitaires et dommages environnementaux comme pollution, déforestations, réchauffement climatique. C'est aussi un secteur marqué par de nombreux scandales de corruption et d'évasion fiscale. Les conséquences de ces scandales sur l'indépendance des institutions et le budget de nombreux pays de l'espace OHADA impactent directement les droits et besoins fondamentaux des populations. De même, elles impactent l'accès à la justice et aux réparations. L'on peut classer, dans la même

[1] AUDCG, art. 249.

[2] Cité dans le Rapport du Parlement européen contenant des recommandations à la Commission sur le devoir de vigilance et la responsabilité des entreprises, 2020/2129 INL, spéc. p. 8.

[3] Voir à ce sens notamment le Programme international pour l'abolition du travail des enfants (IPEC-OIT), « Travail des enfants, estimations mondiales 2020, tendances et chemin à suivre », publié conjointement par l'OIT et l'UNICEF, 2021, 88 p., spéc. p. 8.

optique que le secteur extractif, les secteurs agro-alimentaire et textile qui contribuent également aux violations des droits humains en Afrique.

En prenant en compte ce thème de droits humains, le devoir de vigilance OHADA, pourrait s'inscrire dans la conception africaine des droits de l'homme. Celle-ci doit guider l'élaboration du plan de vigilance. Il s'agit de se référer à la Charte africaine des droits de l'homme[1], pas seulement[2], qui « prend en compte la dimension culturelle, (…) le caractère communautaire de la culture africaine[3] », et « renvoie aux pratiques africaines conformes aux normes internationales relatives aux droits de l'homme et des peuples[4] ». A cet effet, en Afrique, si, parfois, les droits de l'homme sont mis en cause par la tradition ou coutume, il est avéré qu'ils sont mieux protégés par la tradition. Nous pouvons relever la *Charte du Mandé* ou « déclaration des chasseurs » datant du Mali médiéval qui serait considéré comme « la première déclaration de droits[5] » au monde. Cette Charte, écrite en 1236 après Jésus-Christ, comprend 7 articles. Il s'agit d'un rare texte écrit de la tradition africaine qui, généralement, est orale. Le premier article de cette Charte prévoit que « toute vie est une vie. Il est vrai qu'une vie apparaît à l'existence avant une autre, mais une vie n'est pas plus ancienne, ni plus respectable qu'une autre vie. De même qu'une vie n'est pas supérieure à une autre ». Le deuxième complète : « Toute vie étant une vie, tout tort causé à une vie exige réparation (…) ». Il s'agit d'un exemple parfait qui prouve la volonté de la tradition africaine de respecter la vie des êtres vivants, et en particulier l'humain. Par ricochet, on peut voir aussi l'idée lointaine de préserver l'environnement car, par exemple, les végétaux servent de nourriture aux humains. S'ils sont détruits, c'est la vie humaine qui est détruite. C'est ainsi que l'article 5 précise que « la faim n'est pas une bonne chose » et rajoute : « l'esclavage n'est pas non plus une bonne chose ». De plus, elle rappelle, en son article 3, l'importance de protéger les femmes en leur qualité de mères et donc essentielles à la survie de la tribu, soulignant l'impératif de l'éducation des enfants qui incombe alors à l'ensemble de la société humaine.

Dès lors, le législateur OHADA, en optant pour le thème des droits humains, pourrait se référer à la conception africaine et renvoyer aux textes

---

[1] Charte Africaine des droits de l'homme et des peuples, adoptée le 27 juin 1981 à Nairobi (Kenya), lors de la 18e Conférence de l'Organisation de l'Unité Africaine (OUA). Entrée en vigueur le 21 oct. 1986 après ratification de la Charte par 25 États. 49 des 52 membres de l'OUA l'ont ratifié.

[2] D'autres textes relatifs aux droits humains selon la conception africaine complètent la Charte. Pour les références citées, voir la version soutenue de la thèse.

[3] F. CALLEDE, « Valeurs, traditions et droits de l'homme en Afrique », Le Petit Juriste, juin 2011.

[4] Idem.

[5] « Charte du Mandé : 1ère déclaration de droits ? », Programme Clubs Afrique, Fiche thématique. Cette Charte est adoptée par les représentants du Mandé traditionnel et leurs alliés, réunis en 1236 à *Kurukan Fuga*, actuel cercle de *Kangaba* (République du Mali), après l'historique bataille de *Kirina*, pour régir la vie du grand ensemble mandingue.

internationaux contraignants et non contraignants qui garantissent ces droits auxquels les constitutions de ces pays font référence. Il pourrait alors préciser que les droits à la vie, à la santé, à la nourriture, à l'eau et au développement ainsi que le droit à un environnement sûr, propre, sain et durable sont nécessaires à la jouissance des droits humains. Aussi, la perte de la biodiversité ou dégradation de l'environnement porte atteinte à la pleine jouissance des droits humains. Il pourrait veiller à ce que ces droits humains couvrent également les incidences différenciées et disproportionnées des activités des entreprises sur les enfants, filles et femmes.

Afin de situer dans leur contexte les différents risques aux droits humains, le législateur OHADA pourrait s'appuyer sur les Conventions africaines et internationales dont la liste sera annexée au texte de l'Acte uniforme. Il en serait de même pour les différents manquements à la probité reflétant le thème relatif à la bonne gouvernance que les entreprises devraient prévenir. Cette précision des risques relatifs aux droits humains, par exemple, est nécessaire car elle permettrait de présenter les risques concrets concernés[1]. De même, soulignons que la précision des risques est nécessaire parce que, dans le contexte OHADA, nous suggérons que le respect du devoir de vigilance soit contrôlé par une instance administrative habilitée, le cas échéant, à infliger des amendes. Il s'agira d'une différence majeure avec la loi française qui s'en tient à une indication abstraite des biens à protéger sous le terme vague de « droits humains, libertés fondamentales, et environnement ».

En effet, la corruption et autres manquements à la probité ne sont pas l'apanage des Africains. On pourrait être tenté, comme c'est le cas des différents rapports, d'affirmer que la corruption est l'essence même des pays africains, souvent pauvres. Ils sont montrés du doigt et se situent généralement dans la zone rouge[2]. Cependant, elle est un fléau que l'on retrouve à des degrés différents partout dans le monde. Elle n'est pas perçue à l'identique selon les cultures. A ce propos, il est avéré que les réalités sociologiques voire politiques peuvent expliquer la fertilité de la corruption en Afrique et, subséquemment, sa banalisation dans les sociétés africaines[3].

---

[1] Il s'agira d'une énumération précise des interdictions légales que les entreprises doivent éviter d'enfreindre : l'âge minimum pour travailler ; les pires formes de travail des enfants ; le travail forcé : toutes les formes d'esclavage ; la santé et la sécurité au travail (entre autres absence de protection appropriée contre les substances chimiques, physiques, insuffisance de la formation, précarité manifeste du lieu, poste de travail) ; la liberté syndicale ; l'égalité de traitement dans l'emploi (formes de discrimination, et un focus concernant les femmes) ; le salaire décent ; les changements environnementaux ; la privation illicite de terres, forêts et eaux ; le recours à des agents de sécurité faisant un usage excessif de la force ; tout autre comportement directement susceptible de porter atteinte aux droits humains.

[2] Voir l'indice de perception de la corruption 2021 de l'ONG internationale *Transparency Internatinal*.

[3] Voir à ce sujet : R. INTOLE, « La corruption et l'éthique des affaires dans l'espace OHADA », op. cit., spéc. pp. 10-11.

Par conséquent, cette banalisation induit des effets dévastateurs sur le développement économique, social, environnemental[1]. Or la culture traditionnelle africaine ne tolère pas la corruption car il s'agit d'un manquement qui cause du tort à autrui. La *Charte du Mandé* sus-évoquée en témoigne. Elle explicite cette réalité en ces termes : « que nul ne cause du tort à son prochain, que chacun veille sur son prochain, (...) sur le pays de ses pères. Par pays ou patrie, il faut entendre aussi et surtout les hommes[2] ». Alors comment faire pour qu'il y ait moins de corruption en Afrique en général et dans l'espace OHADA en particulier.

Les obligations de vigilance, règles de *compliance*, constituent, selon nous, une meilleure solution. Elles logent ses mécanismes dans l'anticipation des risques notamment les risques de corruption. Elles se reposent sur les entreprises qui peuvent jouer un rôle considérable. L'anticipation des risques de corruption par la prévention est plus que nécessaire car frapper aggrave parfois les choses. Alors que prévenir organise une transition vers moins de corruption. Ainsi, malgré un accroissement notable de la norme répressive en matière de corruption, à la suite des ratifications des conventions internationales qui consacrent l'effet d'une extension du champ d'incrimination au secteur privé, les choses ne cessent de s'aggraver en Afrique. Prévoir un thème de bonne gouvernance dans le cadre du devoir de vigilance OHADA, règles de conformité pour les entreprises, apporterait un souffle nouveau sur l'efficacité de moyen de lutte contre le fléau de la corruption dans le monde des affaires.

Il en va de scruter les différentes mesures matérielles de vigilance susceptibles de contenir le plan de vigilance dans le contexte OHADA.

B. Les mesures matérielles de prévention inspirées des normes internationales de comportement

Il est évident que la complexité des relations d'affaires des entreprises amène celles-ci à opérer dans des pays à gouvernance perfectible dont l'État de droit est très éloigné des objectifs poursuivis par le devoir de vigilance. L'OHADA peut s'en prémunir avec son obligation de devoir de vigilance et palier la gouvernance perfectible de ses États membres.

En s'inspirant des normes internationales de comportement[3] ainsi que le droit français, le législateur OHADA pourrait introduire des obligations de

[1] Idem, spéc. pp. 12-13.

[2] Charte du Mandé, art. 2, 3 et 4.

[3] Nous citons notamment les normes étudiées précédemment : les Principes directeurs de l'OCDE, ceux de l'ONU, le Pacte Mondial, l'ISO 26000, le Guide de l'OCDE sur le devoir de diligence pour une conduite responsable des entreprises. Selon ce dernier, les mesures matérielles doivent reposer sur quatre axes : identification des risques, prévention et atténuation des risques, remédiation et réparation et, enfin, rendre compte et communiquer.

vigilance qui reposeront sur trois piliers. Le premier pilier consistera en un engagement clair de la société commerciale en faveur d'un exercice des missions, des compétences ou des activités de l'organisation exempt d'atteintes aux droits humains, à l'environnement et la bonne gouvernance. Cet engagement se manifestera dans l'adoption et déploiement d'une politique de vigilance. Le deuxième pilier consistera en la connaissance des risques d'atteintes auxquels l'entité est exposée, à travers l'élaboration d'un plan de vigilance. Celui-ci prévoirait, entre autres, une cartographie de ces risques. Enfin, le troisième pilier qui représente la gestion de ces risques, à travers la mise en œuvre de mesures et procédures efficaces tendant à leur prévention et anticipation. Cette gestion comprend également le contrôle et l'évaluation de l'efficacité desdites mesures et procédures y compris la formation des salariés et la communication. Ces piliers permettront à la société commerciale assujettie d'acquérir une assurance raisonnable que le risque d'atteintes aux droits humains, à l'environnement et la bonne gouvernance est maîtrisé. Ce qui revient à dire que ces mesures étant destinées à prévenir et à anticiper les risques, elles peuvent se résumer en la mise en place obligatoire au sein d'une entreprise des obligations de vigilance regroupant les mesures préventives et les mesures curatives. Leur nombre est non exhaustif.

En effet, concernant les mesures préventives, premièrement, il y aura l'établissement de la cartographie des risques. Celle-ci permettra d'identifier, hiérarchiser et gérer les risques des droits humains, de l'environnement et de corruption inhérents aux activités d'une organisation. Deuxièmement, la mise en place des procédures d'évaluation des tiers qui consiste en une évaluation régulière de la situation des filiales, des sous-traitants ou fournisseurs avec lesquels est entretenue une relation commerciale établie. Cette évaluation sera faite au regard de la cartographie des risques. Troisièmement, des procédures de contrôle comptable et d'adoption des chartes éthiques et codes de conduite qui consisteront à prévenir non seulement le risque de corruption mais aussi les atteintes aux droits humains et à l'environnement. Ces codes résulteront de la description de la politique de vigilance adoptée par l'entreprise. Ces procédures veilleront à ne pas oublier la situation des personnes politiquement exposées. Mais également de prévoir la signature de clauses contractuelles avec un partenaire commercial, afin de faire respecter le code de conduite de l'entreprise, voire de mettre en place des plans d'action avec différents opérateurs pour faire progresser l'ensemble de la chaîne de valeur. Ces clauses ne pourraient constituer une cause d'exonération en en cas de réalisation de dommages. Quatrièmement, un dispositif de formation. Celle-ci, étant « un outil de *compliance*[1] », permet de transmettre un savoir pratique à l'intérieur de

[1] Voir à ce propos, M-A. FRISON-ROCHE, « La formation : contenu et contenant de la compliance », in *Les outils de la compliance (dir. M-A FRISON ROCHE)*, Dalloz, coll. Thèmes

l'entreprise, notamment aux dirigeants et salariés, afin que celle-ci atteigne le but monumental de prévention des risques. Ce que relève d'ailleurs à juste titre Madame Frison-Roche : « Par une formation adéquate, l'entreprise doit sous le contrôle de l'autorité de régulation démontrer qu'elle y contribue effectivement. Elle va le faire par un apprentissage technique qui va permettre la concrétisation des buts. Cela implique une variété de formation suivant ces buts[1] ».

Concernant les mesures curatives, premièrement l'obligation de mettre en place des actions adaptées d'atténuation des risques ou des préventions de risques graves. Elles doivent être établies en association avec les parties intéressées pertinentes. Deuxièmement, l'établissement d'un dispositif d'alerte et de recueil des signalements relatifs à l'existence ou à la réalisation des risques. Ils doivent aussi être établis en concertation avec les syndicats et autres parties intéressées pertinentes dont les partenaires commerciaux et ONG. Troisièmement, un régime disciplinaire comprenant une procédure d'enquête interne pour sanctionner le non-respect des chartes éthiques et codes de conduite interne. Et enfin, un dispositif de contrôle et d'évaluation interne de ces mesures. Les entités concernées doivent assurer la publication d'un rapport comprenant le plan de vigilance ainsi que l'évaluation de leur efficacité dans un délai de 4 mois après la clôture de l'exercice annuel.

Par ailleurs, s'il est reproché au devoir de vigilance applicable en France d'avoir privilégié seulement un contrôle interne au détriment d'un contrôle institutionnel comme c'est le cas de la loi Sapin II, l'OHADA pourrait pallier cette insuffisance en prévoyant, comme la directive européenne, outre le contrôle interne, un contrôle institutionnel. On sait que la conformité ne peut bien fonctionner que si elle est effectivement insérée dans la culture des entreprises régulées en permanence par des institutions publiques et parfois sanctionnées[2]. Ce qui revient à dire que pour mieux prévenir les risques de droits humains, de l'environnement et de la bonne gouvernance, c'est-à-dire la corruption, il faut qu'il y ait un régulateur. L'OHADA peut en assurer. Sur la base de l'article 27 du Traité, la Conférence des Chefs d'État et des Gouvernements peut instituer un organe régulateur des obligations de vigilance à l'image de l'AFA, en France. Cet organe pourra avoir des antennes dans chaque État partie. Il aura pour rôle de contrôler l'existence et l'efficacité des mesures matérielles de vigilance contenues dans le plan de vigilance. Il sera chargé de réguler les entreprises OHADA confrontées aux risques susdits en les accompagnant

---

et comm., Paris, 2021, 323 p., pp. 227-243 ; aussi : T. THOURET, « Formation et compliance : deux outils corrélés de transmission d'information », in *préc.*, pp. 245-254.

[1] Idem., spéc. p. 231.

[2] Voir : M. GALLAND, « Le contrôle par le régulateur de l'effectivité des instruments de compliance mis en place par l'entreprise », in *Les outils de la compliance (dir. M-A. FRISON-ROCHE)*, Dalloz, coll. Thèmes et comm., Paris, 2021, 323 p., pp. 195-207.

dans le déploiement de ces mesures[1]. Autrement dit, il pourra produire des avis et recommandations destinés aux sociétés commerciales débitrices des obligations de vigilance. Cet organe de supervision pourra également mener des enquêtes, ordonner des mesures pour remédier ou à faire cesser l'atteinte. Aussi, il pourra non seulement recevoir des signalements de la part de personnes physiques ou morales mais aussi s'auto-saisir et sanctionner. L'action de l'organe de supervision ne peut mettre à mal la possibilité pour les victimes de saisir les juges.

La présence de ces obligations de vigilance susceptibles de constituer le plan de vigilance en droit de l'OHADA appelle une observation.

En effet, plusieurs fondamentaux peuvent se dessiner dans l'obligation d'identifier les risques. Ceux-ci vont conditionner la crédibilité de la cartographie des risques et l'effectivité d'un plan de vigilance raisonnable. Si le périmètre substantiel vise les risques d'atteintes graves envers les droits humains, l'environnement, et la bonne gouvernance, le périmètre organisationnel, quant à lui, s'étend bien au-delà des filiales ou sociétés contrôlées et vise l'entreprise en qualité de donneuse d'ordre. Il convient de considérer les risques pour l'ensemble des victimes potentielles des incidences négatives, comme l'environnement, les travailleurs, les riverains, les communautés locales, les consommateurs. L'attention doit se porter sur les risques les plus graves. Le degré de gravité peut se définir selon l'ampleur de l'incidence, sa portée et son caractère irrémédiable[2]. C'est ici que le caractère raisonnable du devoir de vigilance doit se démontrer. A cet effet, il conviendrait d'inviter les entreprises à opérer une priorisation selon la gravité des risques avérés. La gravité des impacts sur les tiers est susceptible de primer sur la gravité de l'impact pour l'entreprise. Les enseignements de cette analyse des risques devront être partagés avec les parties intéressées clés afin de hiérarchiser les priorités de vigilance et les mesures d'atténuation adaptées. Ce qui sous-entend que le plan de vigilance doit être établi en concertation avec les parties intéressées. C'est un point important. Les consultations ou concertations permettent à l'entreprise de déterminer s'il existe des impacts potentiels ou réels de sa conduite responsable. Elle peut également savoir si les parties intéressées pertinentes ont des perspectives similaires ou différentes des siennes. Ceci revêt une importance car on tendrait à l'établissement d'une confiance au regard des exigences de devoir de vigilance. En Afrique, l'on sait que la société civile est fortement impliquée dans le monitoring des cas de violation des droits de l'homme par les entreprises. La concertation serait un moyen d'atteindre l'acceptabilité sociale de l'impératif de vigilance en intégrant les parties intéressées

---

[1] M. GALLAND, « Le contrôle par le régulateur de l'effectivité des instruments de compliance mis en place par l'entreprise », op. cit., spéc. p 197.

[2] Comme le droit français, cette notion de gravité n'est pas étrangère au droit de l'OHADA. On peut retrouver cette notion aux articles 144 et 145 du projet d'AUDT.

pertinentes dans le processus de sélection des enjeux prioritaires que d'en consolider le caractère raisonnable.

Une fois les risques identifiés et hiérarchisés à travers l'exercice de cartographie, le devoir de vigilance OHADA en listant d'autres mesures curatives sus-évoquées, similaires au droit français, peut non seulement se fonder sur des textes de *soft law*[1] mais aussi encourager les entreprises à y recourir. Cet encouragement tient en ce que les entreprises sont censées adopter, à travers la description de leur politique de vigilance, les codes de conduites et chartes éthiques. Ces derniers peuvent contribuer à rendre le plan de vigilance raisonnable en vue de prévenir et d'atténuer les incidences négatives, potentielles ou réelles.

Le caractère raisonnable et effectif d'un plan de vigilance OHADA pourrait dépendre de plusieurs paramètres que nous allons relever dans les lignes qui suivent. Certains de ces paramètres constituent des outils de formalisation de vigilance. Nous pouvons citer notamment la contractualisation de vigilance. Celle-ci peut se déployer en établissant des contrats avec des fournisseurs qui ne doivent pas se limiter seulement à organiser la transaction commerciale mais doivent aussi responsabiliser les parties intéressées externes de terrain pour prévenir et atténuer les impacts sociétaux et environnementaux. Aussi, l'introduction des mécanismes d'alerte en mobilisant les outils offerts par la révolution numérique à l'exemple de *Blockchain*[2] permettant d'affiner l'évaluation des risques et d'adapter les réponses ; ou encourager la résolution des litiges liés au devoir de vigilance avec des règles de médiation et de l'arbitrage.

Le devoir de vigilance OHADA aura le mérite, comme en droit français, d'introduire une responsabilité-anticipation à la charge des grandes entreprises.

§2. La responsabilité-anticipation du devoir de vigilance dans le droit de l'OHADA

Il convient de faire observer que l'OHADA, en instituant des obligations de vigilance, utilisera sa puissance normative avec la particularité que la règle de droit qu'elle instituera sera parfaitement obligatoire. Pour autant, afin de ne pas décourager les opérateurs économiques par un risque juridique accru, elle pourra reprendre les sanctions du droit souple et celles prévues en droit français. Il ne faut pas perdre de vue que l'objectif général du devoir de

---

[1] Eu égard à la spécificité des secteurs où le devoir de vigilance OHADA devrait s'appliquer, comme celui de l'extractif et agro-alimentaire, le législateur OHADA pourrait se fonder notamment, outre les Principes directeurs de l'ONU et ceux de l'OCDE, sur le Guide de l'OCDE relatif au devoir de diligence pour des chaînes d'approvisionnement responsables en minerais provenant de zones de conflit ou à haut risque.

[2] La technologie *blockchain* est nécessaire. Elle permet l'automatisation de certaines tâches.

vigilance demeure avant tout la prévention des risques graves. C'est ainsi qu'il ne vise pas premièrement la sanction d'un comportement fautif. Le devoir de vigilance OHADA aurait comme caractéristique en ce qu'il pourrait s'intégrer dans le rapport de gestion[1]. Sa mise en œuvre pourrait se reposer sur le triptyque : mise en demeure, injonction, recours au droit commun de la responsabilité civile et pénale. Ce qui revient à dire que s'il peut donc, d'un côté, prévoir les sanctions préventives et coercitives du devoir de vigilance (**A**), d'un autre côté, il demeure, sous l'angle prospectif encore poussé, un meilleur cadre pour assurer l'harmonisation de la responsabilité environnementale prônée par la Convention de Maputo (**B**).

A. Les sanctions préventives et coercitives

En effet, deux types de sanctions peuvent être de mises : d'une part, les sanctions préventives visant à enjoindre les entreprises qui ne respecteraient pas les obligations de vigilance, après mise en demeure, de s'y conformer ; et, d'autre part, les sanctions coercitives par le biais de l'action en responsabilité civile et pénale laquelle consisterait à engager la responsabilité de l'auteur du manquement aux obligations de vigilance. En ce qui concerne la juridiction compétente pour ce type des sanctions, aucune difficulté a priori ne peut être soulevée dans le cas du droit de l'OHADA. Les normes OHADA utilisent le terme de « juridiction compétente[2] », pour faire jouer les règles normales d'attribution des contentieux. A ce titre, hormis la CCJA qui joue le rôle de la juridiction supranationale et qui fait office de cassation en « évoquant », les affaires en matière commerciale concernent, selon les États Parties, soit les juridictions commerciales soit les juridictions civiles. En vue d'accélérer le traitement du contentieux relatif au devoir de vigilance dans l'espace OHADA et tenant compte de ses objectifs d'intérêt général, nous proposons que l'on attribue à la Cour d'appel au niveau de chaque État partie la compétence. Ainsi, la décision qui sera rendue par la Cour d'appel sera directement susceptible de cassation devant la CCJA.

Il est vrai que le devoir de vigilance affecte incontestablement le fonctionnement de la société commerciale. Par ses objectifs d'intérêt général qui s'illustrent à travers sa raison d'être et les risques dont il est destiné à prévenir la réalisation, il excède très largement le strict cadre de la gestion commerciale. Ainsi, dans le cadre des sanctions préventives, comme c'est le cas du droit français, le législateur OHADA disposerait que la société commerciale débitrice qui ne respecterait pas les obligations de vigilance pourrait être mise en demeure de s'y conformer. La mise en

[1] AUDSCGIE, art. 138.

[2] Pour un exemple parmi tant d'autres dans les actes uniformes, voir : AUDSCGIE, art. 147.

demeure permettra de mettre une pression psychologique sur les sociétés commerciales débitrices de pouvoir respecter les obligations de vigilance. Elle pourra émaner de tout intéressé qui sera légitime à délivrer cette mise en demeure. Pour renforcer cette sanction préventive, le législateur OHADA pourra inciter davantage le recours aux sanctions préventives du droit souple notamment le *comply or explain* et *name and shame.*

En application du principe *comply or explain*, la société commerciale qui publierait un plan de vigilance dont certaines informations manqueraient, devrait fournir une explication claire et motivée des raisons justifiant la non-application des actions adaptées en ce qui concerne un ou plusieurs risques en cause. Cette explication serait consécutive à la mise en demeure. En cas de non-respect de la société débitrice de vigilance de se conformer, et dans le cas d'une explication non satisfaisante et refus de la part de l'entreprise de corriger son plan suite aux remarques des parties prenantes, celles-ci ou toute personne intéressée pourraient alors demander à l'organe de contrôle ou organisme régulateur d'ouvrir une enquête et, le cas échéant, de prendre des mesures de surveillance, signalisation au procureur ainsi que le recours au juge des référés. Cet organe devra intervenir des lorsqu'il sera envisagé une violation du devoir de vigilance par une entreprise. Il sollicitera dans le cadre de sa mission de surveillance l'injonction auprès du juge. Elle consistera à assigner une entreprise devant le juge pour la faire condamner sous astreinte à réaliser certains travaux de conformité par exemple ou à faire cesser des situations des risques avérés. Il ne serait possible de saisir l'organe de contrôle à condition que la société commerciale débitrice ne satisfasse pas à ses obligations 3 mois après que la mise en demeure a été délivrée. Ce délai engloberait éventuellement celui de l'explication que devrait fournir l'entité mise en cause. Comme en droit français, le juge OHADA, dans la délivrance d'une injonction, se prononcera également sur la gravité de la négligence et sur l'existence ou la non-existence d'un plan de vigilance complet. Aussi, il appliquera de manière appropriée les obligations contenues dans la loi.

Le *name and shame* est une pratique issue des pays anglo-saxons, traduite littéralement comme « nommer et couvrir de honte ». Il s'agit, initialement, d'une pratique visant à « montrer du doigt » ceux qui ne respectent pas les règles. Or il est admis que l'opinion publique a fait progressivement son entrée dans la gouvernance d'entreprise[1]. La RSE peut être le vecteur d'une bonne opinion publique[2]. Le non-respect des règles légales ou volontaires peut avoir des effets négatifs. La pratique du *name and shame* est relativement efficace. Par conséquent, elle participe au respect des règles légales et éthiques. A ce titre, les exemples sont nombreux de boycott des

---

[1] C. MALECKI « Opinion publique et gouvernance d'entreprise : un couple inséparable pour le meilleur et pour le pire », *Mél. M. GERMAIN*, LGDJ, Paris, 2015, 874 p., pp. 503-523.

[2] Idem, spéc. p. 505.

consommateurs, d'exclusion à la procédure de passation des marchés publics, de réparation des dommages sans condamnation ou de changement de pratiques. L'organe de contrôle, dans l'exercice de ses missions, peuvent non seulement publier la liste des entreprises sanctionnées par une amende mais aussi informer l'autorité nationale compétente sur l'identité de toute entreprise sanctionnée afin de l'exclure de la procédure de passation des marchés publics.

A côté des sanctions préventives, il y aurait les sanctions coercitives qui consisteront, d'une part, à obliger l'auteur du manquement à réparer le préjudice que l'exécution de ces obligations aurait permis d'éviter et, d'autre part, engager le cas échéant sa responsabilité pénale. Cette dernière permettra au droit de l'OHADA de se démarquer du droit français.

En effet, la mise en œuvre de la responsabilité civile en France, dans le cadre du devoir de vigilance, soulève des difficultés. Il s'agit d'une responsabilité civile du fait personnel. En imposant de caractériser une faute, un dommage et un lien de causalité, la difficulté émerge au niveau du lien de causalité. Ce qui occasionne une difficulté probatoire. Pour éviter les problématiques de complexité probatoire, le législateur OHADA, pourrait se démarquer du législateur français, en optant pour le renversement de la charge de la preuve. La société commerciale débitrice fautive pourra apporter la preuve de vigilance et non la victime. Cette responsabilité civile obligera l'auteur du manquement à réparer le préjudice que l'exécution de l'obligation de vigilance aurait permis d'éviter.

D'un autre côté, pour paraître original et se démarquer du droit français en évitant d'éventuelles difficultés, le législateur OHADA pourrait attacher à son mécanisme de devoir de vigilance une responsabilité civile propre aux entreprises. Précédemment, nous avons pu proposer l'adaptation de l'article 300 du projet d'AUDGO qui met en place une responsabilité du fait d'activités dangereuses. Désormais, selon nous, il devrait plutôt s'agir de la responsabilité civile du fait d'activités économiques des entreprises[1]. Notre proposition de responsabilité civile a le mérite d'être une forme de responsabilité civile propre aux entreprises pour une plus grande effectivité de la responsabilité sociale des entreprises. Elle dépasse le principe d'autonomie juridique des personnes morales. Ce qui revient à dire qu'elle n'appréhende pas la société commerciale dans un sens formel mais plutôt réel. Enfin, elle prend en compte, d'une manière précise, l'aspect d'extranéité. Rappelons que certains auteurs, dans le cadre du droit français,

---

[1] Pour rappel, voici la proposition du nouvel art. 300 du projet d'AUDGO : « sans préjudices de dispositions spéciales, toute entreprise dont l'activité économique crée un risque de dommages graves à l'environnement, à la santé et la sécurité des personnes, est tenue d'en réparer les conséquences. Ce principe s'applique quelle que soit l'organisation juridique de l'entreprise, dès lors que celle-ci exerce ou contrôle directement ou indirectement une activité économique dans un des États parties. En présence d'un élément d'extranéité, le demandeur peut saisir la juridiction compétente du pays où est survenu le dommage ou son fait générateur ».

ont avancé que le législateur aurait pu attacher d'autres types de responsabilité civile au devoir de vigilance que la responsabilité du fait personnel. Ainsi, le devoir de vigilance OHADA gagnerait en efficacité s'il est rattaché à la responsabilité civile du fait d'activités économiques des entreprises.

Dans le même ordre d'idées, il pourrait prévoir des amendes civiles ainsi que des programmes de mise en conformité destinés à s'assurer de l'existence et de la mise en œuvre du plan donnant lieu à l'intervention d'un organisme créé ex-nihilo. Comme nous l'avons relevé précédemment, cet organisme régulateur existera dans chaque État Partie. Puisque la conformité dans le cadre du devoir de vigilance concernerait également l'environnement et la bonne gouvernance, c'est-à-dire la prévention de la corruption, la mise en œuvre de la responsabilité pénale est indispensable. Cette philosophie rendra le devoir de vigilance OHADA très original, comparativement au droit français, qui a dissocié cette question avec son devoir de vigilance.

La prévention de la corruption, et autres manquements à la probité, est aujourd'hui une question centrale des règles de conformité ou éthique des affaires[1]. C'est pourquoi, le législateur OHADA, en prévoyant dans le cadre du périmètre substantiel du devoir de vigilance le thème relatif à la bonne gouvernance, pourrait redynamiser sa « politique criminelle[2] ». En effet, l'alinéa 2 de l'article 5 du Traité de l'OHADA dispose que « les Actes uniformes peuvent inclure des dispositions d'incrimination pénale, les États parties s'engagent à déterminer les sanctions pénales encourues ». De cette disposition, le législateur OHADA consacre donc un principe de compétence supranationale dans la définition des infractions communes et laisse aux États membres le pouvoir de déterminer les sanctions pénales applicables aux incriminations que peuvent prévoir les actes uniformes. Il s'agit d'une pratique assez courante qualifiée « d'exclusion expresse » du fait que le droit pénal constitue l'un des domaines touchant la souveraineté d'un État[3].

Le droit pénal des affaires OHADA demeure un cadre original. A cet effet, il ne reconnaît pas le principe de subsidiarité concevable dans le cadre de l'UE où le droit pénal est directif[4]. Dans le cadre de l'OHADA, le droit pénal national ne remplace pas le droit de l'OHADA mais il a mission

---

[1] Par exemple, elle fait partie de domaine d'action de la norme ISO 26 000, particulièrement dans sa section V relative à la loyauté des pratiques (Voir Norme NF ISO 26000, Lignes directrices relatives à la responsabilité sociétale, AFNOR, X30-026, 2010, art. 6.6.).

[2] P-G. POUGOUE (dir.), « Encyclopédie du droit OHADA », Entrée Politique criminelle de l'OHADA, Lamy, Paris, 2011, 2174 p., spéc. pp. 1382-1400, n°1-46.

[3] Par exemple, la CJCE a approuvé dans sa jurisprudence que la législation pénale relève de la compétence des États membres, voir : CJCE, n°C-50/76, 2 fév. 1977 et n°C-203/80, 11 nov. 1981.

[4] Voir : B. BOULOC, « L'influence du droit communautaire sur le droit interne », in *Droit pénal droit européen. Mél. G. LEVASSEUR*, éd. Litec, Paris, 1992, 488 p., pp. 103-120.

d'exécuter ou de compléter. Ce qui veut dire que le droit interne n'est pas subsidiaire au droit de l'OHADA mais complémentaire. Ainsi, les actes uniformes qualifient les comportements répréhensibles et les textes nationaux indiquent le régime de la répression. C'est dans cette perspective que l'AUDSCGIE consacre dans sa troisième partie la qualification des infractions pénales[1]. Il en est de même de nombreuses dispositions d'actes uniformes dont notamment ceux portant sur les procédures collectives d'apurement du passif[2] etc.

Bien que le système pénal OHADA se veuille un cadre original, plusieurs auteurs s'accordent que le principe consacré à l'article 5 limite la portée unificatrice de l'OHADA[3]. Ceci s'explique du fait que pour les États membres qui ont la compétence de compléter la législation OHADA en définissant des sanctions, chaque État dans ce cadre, évolue dans son rythme, ce qui crée une certaine « léthargie » et « renforce des critiques[4] ».

En revanche, il est relevé que le législateur OHADA refuse, parfois, de se limiter à la définition des infractions punissables pour s'occuper également de la définition des peines. Il suffit de relever les articles 199, 203 et 246 de l'AUPCAP pour s'en convaincre. Ces articles établissent respectivement des « peines de privation du droit de vote », des « interdictions de faire le commerce » ou « d'exercer une fonction », avec un plancher de 6 mois et un plafond de 10 ans, celles « d'affichage et de publication aux frais des condamnés ».

Cette configuration du droit de l'OHADA démontre son ouverture pour consacrer les incriminations, voire aussi les sanctions relatives aux différents manquements à la probité mais aussi le délit de défaut de conformité du plan de vigilance[5], le délit d'informations fausses ou trompeuses ou celui de pratiques commerciales trompeuses[6]. De même les délits liés à l'environnement spécifiques aux entreprises notamment le délit de pollution générale comme en France ou l'écocide. Il peut aussi adopter des peines spécifiques aux entreprises notamment les amendes à haut taux de rentabilité (par exemple à 5 ou 10% de leur chiffre d'affaires) ; les interdictions (comme la fermeture temporaire ou définitive des établissements de la personne morale, suspension, temporaire ou définitive de tout ou partie de l'activité de l'entreprise dans l'exercice de laquelle a été

[1] AUDSCGIE, art. 886-905.

[2] AUPCAP, art. 226-246.

[3] D. COSSI SOSSA, « Une branche du droit controversée : le droit pénal communautaire des affaires OHADA », Rec. Penant, Juriscope Juris Africa n°917 oct. – déc. 2021, pp. 487-522. Pour une bibliographie complète, voir la version soutenue de la thèse.

[4] Idem., spéc. pp. 492-495.

[5] Voir par exemple la nomination de certaines incriminations dans l'AUDSCGIE, particulièrement celle de défaut de conformité aux règles applicables aux succursales, art. 891-1.

[6] AUDSCGIE, art. 86-1, 96, 887, 890, 905.

commis, favorisé ou dissimulé l'infraction) ; la publication de la condamnation, la nomination d'un mandataire de justice[1].

Aussi, le législateur OHADA, par l'exercice du devoir de vigilance, introduirait dans son espace la notion de l'action de groupe et de lanceurs d'alerte. L'action de groupe permettrait à la société civile, en cas de manquement au devoir de vigilance ayant entrainé un dommage de masse en matière de droits humains ou de l'environnement, d'engager la responsabilité des entreprises assujetties, sans mandat des victimes. Ces dernières pourraient obtenir indemnisation, comme relevé précédemment, sur le fondement de la responsabilité du professionnel défendeur.

Il nous revient de relever, dans le cadre prospectif, l'apport de l'OHADA dans l'harmonisation de la responsabilité environnementale instituée par la Convention de Maputo.

B. La Convention de Maputo et la nécessaire harmonisation dans le cadre de l'OHADA

L'Union africaine s'est donnée l'occasion favorable d'établir un cadre au développement du concept de la responsabilité en droit de l'environnement par la Convention de Maputo. Ainsi, plusieurs interrogations s'imposent, entre autres, celle de savoir si cette Convention constitue un cadre susceptible de concourir au déploiement du principe de responsabilité environnementale posée à son article 24 et de « l'obligation fondamentale de prévention de risque » posé à l'article 4. Aux termes de la disposition de l'article 24, la Convention renvoie dans le droit des États Parties de l'élaboration et l'adoption des règles et procédures concernant la responsabilité et l'indemnisation des dommages environnementaux. Le phénomène de transposition et d'adaptation selon les États constitue un facteur de sectorisation du régime de la responsabilité. Or l'environnement nécessite des « normes voyageuses[2] » puisqu'il n'a pas de frontière. De plus, la crainte n'est que cette Convention, même si elle annonce le postulat de la responsabilité environnementale, présente un contenu très laconique[3].

---

[1] L'objectif est de permettre à l'entreprise d'adopter les mesures d'organisation de nature à prévenir de nouvelles infractions contre l'environnement, les droits humains, ou d'exécuter avec diligence les mesures de réparation ou d'indemnisation.

[2] Concept utilisé par Madame M. DELMAS-MARTY qui, dans sa splendide métaphore, parle, à propos, par exemple, des crimes environnementaux que ce sont des crimes qui voyagent c'est-à-dire « ils descendent dans les vallées, montent dans les airs, pénétrèrent les nappes phréatiques, sortent des fleuves, traversent les mers, affluent les côtes », cité par : C. SOTIS, « Juger des crimes environnementaux internationaux : approche juridictionnelle et institutionnelle », in *Des écocrimes à l'écocide. Le droit pénal au secours de l'environnement (dir. L. NEYRET)*, op. cit, pp. 203-221, spéc. p. 205.

[3] M. NGO NONGA-NLOM et N-H. NGO NLEP-BODIONG, « La responsabilité environnementale sous le prisme de la Convention de Maputo de 2003 », Revue Africaine de droit de l'environnement, n°4, 2019, pp. 116-131, spéc. p. 118 et s.

Dès lors, beaucoup d'interrogations en résultent permettant non seulement d'apprécier les lacunes et faiblesses de ce régime mais aussi d'appréhender les opportunités.

L'une des opportunités de la mise en œuvre de cette responsabilité environnementale se démarque dans la mesure où les articles 13 et 27 prévoient que les États peuvent coopérer pour donner effet à cette Convention et harmoniser leurs politiques et législations au niveau du continent africain ou au niveau régional selon le cas. L'option d'une modernisation du régime par son harmonisation demeure une solution envisageable dont le droit de l'OHADA en est la clé. Ce dernier a une vocation panafricaine et dépasse le cadre de transposition. Il offre des règles supranationales modernes, simples et adaptées à la situation des États membres.

En effet, la Convention de Maputo a la faiblesse d'avoir manqué de préciser les règles relatives au triptyque fait générateur, dommage et lien de causalité et de saisir d'autres questions entourant la mutation contemporaine du régime de responsabilité environnementale tel que le préjudice écologique pur, l'un des variables du dommage environnemental. Également, il existe une sorte d'abandon processuel en matière probatoire, de modalités de réparations ainsi que la justification de la qualité et l'intérêt à agir. Dans le même ordre d'idées, en examinant, concrètement, la manière dont le droit de la responsabilité civile et pénale est appréhendé par la Convention de Maputo, le constat qui s'impose est celui du caractère imprécis et purement indicatif des dispositions qui y sont relatives. Cette situation de vide n'est pas sans conséquence dans l'application par les États parties de cette responsabilité. Tous ces problèmes[1] nécessitent que l'on trouve des solutions. Il importe que celles-ci doivent s'articuler autour de la nécessaire harmonisation des règles en la matière[2] puisque l'appropriation des règles de responsabilité environnementale par des États selon des critères propres ne semble pas être de nature à concourir à l'efficacité ni à l'effectivité de la protection de l'environnement en Afrique. Il y a donc lieu de voir dans quelle mesure l'OHADA peut dessiner un nouveau paysage en matière de responsabilité environnementale sous le fondement de la Convention de Maputo.

A cet effet, il convient pour l'OHADA de procéder à la consécration d'un régime de responsabilité environnementale qui s'affranchit de la substance de la Convention de Maputo en matière de responsabilité et en prenant en considération les mutations actuelles que ce soit en droit civil ou en droit pénal. Le droit de l'OHADA, tel que rappelé antérieurement, a le mérite d'avoir prévu dans le cadre du Projet d'AUDGO le régime de la responsabilité du fait d'activités dangereuses. Dans la définition de celui-ci,

---

[1] Voir : M. NGO NONGA-NLOM et N-H. NGO NLEP-BODIONG, « La responsabilité environnementale sous le prisme de la Convention de Maputo de 2003 », op. cit.

[2] Idem, spéc. p. 124 et s.

comme nous l'avons dit, il semble englober la responsabilité environnementale, mais en partie, tout en laissant de côté le préjudice écologique pur. De même, en droit interne des États membres de l'OHADA ou des États Parties de la Convention, le domaine de l'environnement est considérablement restreint par le biais des lois adoptées[1].

S'il est vrai que le législateur interne embrasse les différents principes établis en droit international de l'environnement[2], l'on peut attester en visualisant les progrès actuels qu'ils ne semblent plus être les seuls moteurs de la politique environnementale. A ce titre, l'on assiste, aujourd'hui, au-delà de la reconnaissance du risque, à la perspective d'une réelle évolution de la responsabilité civile sous l'influence du principe de précaution dans sa vocation préventive et réparatrice. Il s'agit, concrètement, de la consécration des dommages environnementaux dans sa globalité ou toutes ses composantes y compris les « dommages écologiques purs » c'est-à-dire des dommages à l'environnement lui-même. Ils concernent non seulement les « dommages graves » causés mais aussi « la menace imminente de dommages graves ». Ils se réalisent par le canal de diverses interactions entre les éléments du milieu à l'intérieur duquel ils se font[3]. Aussi, ils ont une gravité importante puisque leur survenance déclenche une rupture des équilibres écologiques et écosystèmes.

Étant complexe, les dommages écologiques purs paraissent difficiles à cerner. Leur impact ne peut qu'être décisif dans le régime de la responsabilité. Dès lors, il est à noter que la doctrine milite, comme nous l'avons vu, en faveur de la réparation en nature en présence du préjudice écologique pur, l'environnement ayant un caractère inestimable. La réparation en nature permet de remettre en état le milieu dégradé et, de ce fait, met un terme au dommage. L'objectif de cette mesure est de limiter ou de prévenir de nouvelles incidences négatives sur l'environnement. Toutefois, cette forme de réparation est délicate en raison des difficultés d'évaluation des atteintes à l'environnement et du principe de la libre disposition de l'indemnisation. On pourrait reconnaître que les sommes payées soient utilisées pour la remise en état des lieux détruits ou dégradés, ou bien, à des fins de conservation de la nature. Il sied, alors, de comprendre que la responsabilité environnementale a vocation à s'appliquer à

---

[1] Au Tchad, la loi n°14/PR/98, conformément en ses articles 101 à 104 prévoit, la remise en l'état de l'environnement, ce qui suppose une réparation en nature, en matière civile et pénale, sans pour autant déterminer les dommages environnementaux. Par ailleurs, la loi congolaise prévoit la responsabilité civile et pénale en ses articles 68 et suivants et définit le dommage à l'environnement. Toutefois, le silence du législateur et l'absence de jurisprudence peuvent amener tantôt à penser qu'il est ouvert au préjudice écologique pur ou non.

[2] Notamment les principes de précaution, de prévention, pollueur-payeur, de responsabilité, de participation, de subsidiarité, de non-régression etc.

[3] G. J. MARTIN, « Les risques environnementaux de l'entreprise », Cahiers de droit de l'entreprise n°5, sept. – oct. 2006, p. 17.

l'environnement lui-même et pas uniquement aux conséquences de l'atteinte à l'environnement aux personnes ou aux biens.

Dans cette perspective, l'atteinte à l'environnement peut également provenir des activités tant dangereuses que non dangereuses des entreprises. L'OHADA, qui dans son régime de responsabilité du fait d'activités dangereuses reconnaît indirectement les conséquences de l'atteinte à l'environnement aux personnes et aux biens, peut simplement adapter ce régime. C'est ainsi que nous avons pu proposer cette adaptation en ces termes : « sans préjudices de dispositions spéciales, toute entreprise dont l'activité économique crée un risque de dommages graves à l'environnement, la santé et la sécurité des personnes, est tenue d'en réparer les conséquences. Ce principe s'applique quelle que soit l'organisation juridique de l'entreprise, dès lors que celle-ci exerce ou contrôle directement ou indirectement une activité économique dans un des États parties. En présence d'un élément d'extranéité, le demandeur peut saisir la juridiction compétente du pays où est survenu le dommage ou son fait générateur ». Cette proposition a le mérite de reconnaître le préjudice écologique pur et dérivé. Le projet d'AUDGO pourra prioriser, concernant le dommage à l'environnement, la réparation en nature y compris ses différents types. Au-delà de ces réparations, il conviendrait d'envisager plusieurs autres réparations adaptées dans le cadre d'atteintes à l'environnement. Ces sanctions consistent en une sorte de diverses mesures concernant les personnes physiques ou morales notamment : affichage et diffusion de la décision prononcée ; confiscation de la chose qui est le résultat direct ou indirect du dommage ; immobilisation pendant une certaine durée de l'outil servi comme véhicule, aéronef, bateau, etc ; l'interdiction d'exercer une activité ou suspension pour une durée déterminée des travaux, de l'activité et ce dans un souci de prévention et de réparation.

Certes, les dommages causés à l'environnement peuvent avoir des conséquences financières. Ils peuvent engager de nombreux frais comme de dépollution ou généralement créer des difficultés juridiques pour les entreprises comme les procédures collectives. Ainsi, l'OHADA, en s'inspirant du droit français, pourrait faire peser les conséquences sur la société mère lorsque la filiale est dans l'impossibilité d'y faire face. Par le mécanisme de devoir de vigilance et la proposition de l'article 300 adapté du projet d'AUDGO, il sera dorénavant possible que la société qui contrôle l'autre puisse prendre à sa charge, en cas de défaillance de la société qui lui est liée des obligations de prévention et de réparation[1]. Aussi, en cas de liquidation judiciaire d'une filiale, la société mère peut se voir mettre à sa charge le financement des mesures de remise en état. Par ailleurs, l'institution d'un fonds de garantie permettrait aux entreprises de faire face aux sanctions allouées en cas d'atteinte à l'environnement sans mettre en péril la pérennité de l'entreprise.

---

[1] C. com., art. L. 233-5-1

La nécessité de développer un droit de la responsabilité environnementale uniforme en conformité avec les mutations actuelles passe également par une nécessité d'articuler les différents acteurs. Tel que relevé précédemment, le système du régime de la responsabilité environnementale est binaire en ce qu'il repose sur le droit de police administrative et passe aussi par le droit commun de la responsabilité civile et pénale. D'où, lors que le dommage résulte d'une activité économique, l'exploitant est soumis à une double responsabilité. L'OHADA pourrait poser la responsabilité environnementale en matière civile et prévoir quelques incriminations qui résulteraient des effets négatifs des activités des entreprises. Elle pourrait envisager, dans la perspective du mécanisme de devoir de vigilance, l'action de groupe et alléger l'exigence de la preuve en instituant par exemple le renversement de la charge de la preuve ou recourir à des faisceaux d'indices et ce pour faciliter l'accès au juge OHADA[1]. Toutefois, cela demanderait la cohérence avec les autorités administratives des États membres pour éviter le risque de double condamnation. Ce qui revient à dire que la cohésion dans les rôles respectifs des acteurs intervenant au niveau de la mise en jeu de la responsabilité environnementale est nécessaire. Une meilleure symphonie dans l'intervention de chacun pourrait contribuer à donner une meilleure visibilité au régime de la responsabilité.

Les sociétés commerciales assujetties aux obligations de vigilance sont censées déployer le respect de celles-ci dans les relations d'affaires. Cette situation leur permet de se protéger des risques de mise en cause de responsabilité en cas de survenance d'un dommage. Elles recourent, à cet égard, à des outils dont l'objectif est de rendre effectif les obligations contenues dans le plan de vigilance. Il convient désormais d'étudier les outils de formalisation du devoir de vigilance en France et dans l'espace OHADA (**Titre II**).

[1] Il est souvent difficile de prouver le lien de causalité. Le juge OHADA pourra présumer le lien de causalité dès lors qu'il existerait des indices plausibles susceptibles d'appuyer ses présomptions. Voir : CJUE, 9 mars 2010, aff. C-378/08, EU : C : 2010 :126 ; Cass. crim. 25 sept. 2012, n°10-82. 938 (affaire *Erika*).

Titre II
Les outils de formalisation du devoir de vigilance

Chapitre I. La contractualisation du devoir de vigilance

Dans le contexte de mondialisation économique, la RSE a incontestablement permis de renouveler la réflexion sur l'externalisation des activités des grandes entreprises. Ce renouvellement s'est fait dans la mise en évidence du principe de devoir de diligence raisonnable qu'une entreprise doit déployer dans sa sphère d'influence. A ce titre, il sied de rappeler que, dans la matrice de l'ISO 26000, au titre de la question centrale « loyauté des pratiques », un des domaines d'action réside dans la « promotion de la responsabilité sociétale dans la chaîne de valeur[1] ». De même, les principes directeurs de l'OCDE prévoient que les entreprises devraient « encourager, dans la mesure du possible, leurs partenaires commerciaux, y compris leurs fournisseurs et leurs sous-traitants, à appliquer des principes de conduite des affaires conformes aux Principes directeurs[2] ».

Cette exigence éthique de vigilance est devenue, tel que rappelé précédemment, une obligation légale pour certaines grandes entreprises françaises depuis la loi du 27 mars 2017. La conformité des grandes entreprises à ces nouvelles obligations de vigilance ne devrait pas se résumer à une *compliance* purement mécanique. En revanche, elle doit déclencher la mise en œuvre de véritables démarches de management des risques. Il en ressort que le recours aux clauses contractuelles RSE ou ESG constitue un outil dénotant la volonté des entreprises donneuses d'ordre d'assurer la vigilance. La loi française sur le devoir de vigilance inspirée des enseignements tirés du drame du *Rana Plaza* vient renforcer le phénomène de contractualisation déjà à l'œuvre[3]. Ainsi, en organisant les relations d'affaires entre donneurs d'ordre et fournisseurs, le contrat apparaît, dans le cadre du devoir de vigilance, comme un outil privilégié pour répondre aux exigences d'identification, de prévention, d'atténuation, voire de réparation des impacts d'une opération commerciale sur les droits humains et l'environnement[4].

---

[1] Norme NF ISO 26000, Lignes directrices relatives à la responsabilité sociétale, AFNOR, X30-026, 2010, art. 6.6.

[2] Principes directeurs de l'OCDE à l'intention des entreprises multinationales, éd. 2011, spéc. p. 23. II, A. n°13.

[3] Sur le sujet, pour une bibliographie complète, voir les références citées dans la version soutenue de la thèse.

[4] Pour une vue d'ensemble sur la question de contractualisation du devoir de vigilance, voir notamment : S. DUPOUY-CADET, « Le contrat et l'environnement », Thèse, Aix-Marseille Université, coll. Institut de droit des affaires CDE, PUAM, 2020, 542 p., spéc. pp. 327-370 ; A. LAUNAY et Y. QUEINNEC, « De la prévention à la réparation des impacts ESG. Le contrat durable, outil de formalisation du devoir de vigilance raisonnable », op. cit., pp. 469-484 ; M. MEKKI, « Contrat et devoir de vigilance », Revue Lamy droit des affaires, 2015/104, n°5589 ; V. MONTEILLET (dir. A. PELISSIER), « La

Il est donc utile, dans le cadre de cette étude, de préciser que cette vigilance raisonnable devra nécessairement passer par deux canaux. Le premier canal est un préalable. Les grandes entreprises donneuses d'ordre, qu'elles soient en France ou dans l'espace OHADA, devront connaître et maîtriser les maillons de leur chaîne de valeur ou d'activités, source d'éventuels risques. Ce qui implique la définition de la sphère d'influence concrétisée par la notion de « relation commerciale établie » (**Section I**). Le second canal consistera à organiser une gestion contractuelle de ces risques (**Section II**).

Section I. La vigilance par la connaissance des maillons de la chaîne de valeur en France et dans l'espace OHADA

Les sous-traitants et fournisseurs représentent le périmètre extra-groupe. Leurs activités pouvant générer un risque relevant du plan de vigilance, il est clair qu'il soit nécessaire, pour une entreprise donneuse d'ordre, de pouvoir connaître et maîtriser l'espace où il influence les relations d'affaires. Il faut bien avoir à l'esprit que certaines entreprises ont des centaines voire des milliers de fournisseurs favorisant une interdépendance voire une complexification de la chaîne de valeur. Ce type de fonctionnement dilue le partage des responsabilités et est source de risques. Or toutes les entreprises de la chaîne de valeur ne rentrent pas dans le périmètre du devoir de vigilance. Seules les entreprises qui subissent l'influence directe du donneur d'ordre peuvent être concernées. Soulignons qu'en France, le législateur a défini sa notion de « sphère d'influence[1] » en recourant à la notion de « relation commerciale établie ». Le contrat, étant « un instrument de pouvoir[2] », ou « d'inter-normativité[3] », est devenu la matrice par laquelle se concrétise la notion de « relation commerciale établie ». Cette dernière permet à une grande entreprise donneuse d'ordre de connaître sa chaîne de valeur. Ce qui revient à dire qu'une bonne connaissance de la chaîne de valeur permet à une entité d'identifier ses points de progrès et ses zones de risque ou les situations susceptibles de la rendre vulnérable. Le droit de l'OHADA peut reprendre à son compte cette notion puisqu'il ne reconnaît,

---

contractualisation du droit de l'environnement », Thèse, Université de Montpellier, Dalloz, Paris, 2017, 732 p. ; M-A. FRISON-ROCHE, « Contrat de compliance, clauses de compliance », Rec. Dalloz 2022, p. 2115 ; N. IDA, « Contrat et devoir de vigilance des sociétés », La Semaine Juridique Entreprise et Affaires n°28, 13 juill. 2023, études 1214.

[1] Y. QUEINNEC, « La notion de sphère d'influence au cœur de la RSE. Lecture juridique d'un phénomène normatif », Journal des sociétés, n°100, juill. 2012, p. 66 et s., spéc. p. 68.

[2] A. SUPIOT, « La relativité du contrat en question. Conclusion générale », in *La relativité du contrat (Travaux de l'Association H. Capitant-Journées nationales Tome IV Nantes - 1999)*, LGDJ, Paris, 2000, 258 p., pp. 183-220, spéc. p. 198.

[3] M. MEKKI, « Contrat et devoir de vigilance », Revue Lamy droit des affaires, 2015/104, n°5589, spéc. n°4.

qu'en l'état actuel, une relation contractuelle dans le cadre de la vente commerciale.

Ainsi, dans un premier temps, il nous reviendra de préciser la pertinence du critère de relation commerciale établie en regard des objectifs poursuivis par la loi sur le devoir de vigilance (**§1**). Dans un second temps, un focus sera dédié à la question relative aux effets du contrat au service du devoir de vigilance (**§2**).

§1. La pertinence du critère de relation commerciale établie

La proposition de loi sur le devoir de vigilance déposée le 11 février 2015 visait, outre les activités de la société commerciale et celles des sociétés contrôlées directement ou indirectement, les activités de leurs sous-traitants ou fournisseurs sur lesquels elle exerce « une influence déterminante ». Cependant, la notion « d'influence déterminante » a été remplacée par celle de « relation commerciale établie ». Cette dernière, quoique présente dans la proposition de la directive européenne sur le devoir de vigilance et évincée dans le texte final, est déjà utilisée en droit français. Elle a été interprétée par la jurisprudence qui précise ce que recouvre « la relation commerciale » et ce qu'exige son « caractère établi ». Il paraît donc nécessaire de confronter les éléments de cette définition jurisprudentielle à l'objectif poursuivi par le législateur dans le cadre de la loi sur le devoir de vigilance. Par ailleurs, le droit de l'OHADA ne connaissant pas la notion de « relation commerciale établie » peut la reprendre dans le cadre prospectif d'un futur devoir de vigilance ou même pour optimiser les relations d'affaires dans son espace. Ainsi, il conviendra d'analyser le critère de « relation commerciale établie » en droit français (**A**) ainsi que la « relation commerciale » dans le droit de l'OHADA (**B**).

A. Le critère de relation commerciale établie en droit français

Tout d'abord, la notion de « relation commerciale établie », dans le cadre de la loi sur le devoir de vigilance, est constitutionnellement fondée. A ce titre, selon les sages, cette notion ne méconnaît pas l'objectif de valeur constitutionnelle d'accessibilité et d'intelligibilité de la loi. Elle est suffisamment précise et est déjà utilisée par l'ancien article L. 442-6 du Code de commerce[1]. Néanmoins, ils rappellent que « le périmètre des sociétés, entreprises et activités entrant dans le champ du plan de vigilance » était défini de manière trop large au regard de la sanction encourue[2]. Aussi, ils

[1] Cons. const., déc. n°2017-750, cons. 22.

[2] Idem, spéc. cons. 13.

affirment que l'exclusion du plan de vigilance des sous-traitants qui n'entretiennent pas une relation commerciale établie avec la société donneuse d'ordre est en rapport avec l'objectif du législateur, à savoir « identifier tous les risques et prévenir les atteintes graves envers l'ensemble des droits humains et des libertés fondamentales résultant des activités non seulement de la société à laquelle incombe l'obligation d'établir un plan de vigilance mais également de celles de certains de ses partenaires économiques[1] ». Cependant, l'existence de ce rapport n'échappe pas à l'appréciation de sa pertinence.

En effet, dans le cadre de la loi sur le devoir de vigilance, la référence à une « relation commerciale » est adaptée. C'est d'autant plus vrai qu'elle est largement entendue par la Cour de cassation même si elle paraît exiger un cocontractant direct[2]. Le nouvel article L. 442-1, II du Code de commerce remplacant l'ancien article L. 442-6 dispose dans son alinéa 1er : « Engage la responsabilité de son auteur et l'oblige à réparer le préjudice causé le fait, par toute personne exerçant des activités de production, de distribution ou de services de rompre brutalement, même partiellement, une relation commerciale établie, en l'absence d'un préavis écrit qui tienne compte notamment de la durée de la relation commerciale, en référence aux usages du commerce ou aux accords interprofessionnels ». Si l'ancien article L. 442-6, I, 5° du Code de commerce énumérait les auteurs potentiels de la rupture, à savoir « tout producteur, commerçant, industriel ou personne immatriculée au répertoire des métiers », la jurisprudence avait déjà eu l'occasion d'appliquer ce texte à d'autres acteurs. Ce nouvel article ne fait en réalité que consacrer les positions jurisprudentielles concernant les auteurs possibles de la rupture. Dès lors, le caractère commercial de la relation ne renvoie pas aux critères de la commercialité posés par le Code de commerce au travers de l'énumération des actes de commerce mais à la notion d'activité économique comme toute activité de production, de distribution et de services. La jurisprudence estime que la relation peut porter sur « la fourniture d'un produit ou d'une prestation de services[3] ». Le caractère commercial ne conduit à exclure que les activités régies par des règles déontologiques édictant des incompatibilités. Or comme l'a ainsi relevé à juste titre un auteur, « au regard du contexte, cette exception n'a aucun impact sur la délimitation du périmètre du plan de vigilance. À cette conception large de la relation commerciale s'ajoute la rédaction de l'article L. 225-102-4, (...) Cette formulation rend inutile une interrogation sur la définition du contrat de sous-traitance (...) Un contrat visant la fourniture

[1] Ibid., cons. 10 et 21.

[2] G. JAZOTTES, « Sous-traitance et " relation commerciale établie " au sens de l'article L. 442-6 du code de commerce : quelle pertinence pour le plan de vigilance ? », Revue Lamy droit des affaires, n°139, 1er juill. 2018.

[3] Cass. com. 23 avril 2003, n°01-11.664.

d'un bien ou d'un service doit conduire à intégrer dans le plan de vigilance les risques liés à l'activité du cocontractant, fournisseur ou sous-traitant[1] ».

En revanche, l'exigence d'une relation commerciale a justifié une interrogation sur la limitation du domaine du plan de vigilance aux contractants directs[2]. Nous ne pouvons que se demander si, dans le cadre du devoir de vigilance, on tient compte des sous-traitants de deuxième et de troisième rang. La jurisprudence, en interprétant la notion de relation commerciale au sens de l'ancien article L. 442-6, I, 5° du Code de commerce, exige que le contractant doive être direct. Dès lors, dans l'hypothèse d'une rupture brutale des relations commerciales, le tiers, victime de la rupture, peut agir, mais, sur le fondement de la responsabilité délictuelle de droit commun[3]. Dans la même optique, la victime d'une rupture brutale ne peut se prévaloir à l'égard de l'auteur de la rupture du fait qu'elle est intervenue à son égard en tant que sous-traitant d'une autre société[4]. Selon Monsieur Jazottes, cette limite ne devrait pas porter atteinte à l'efficacité du plan de vigilance quant aux risques liés à l'activité des sous-traitants de deuxième ou troisième rang. Il avance deux hypothèses que nous souscrivons[5]. Dans la première hypothèse, le donneur d'ordre a interdit au sous-traitant, par une clause du contrat, de sous-traiter. Dans ce cas, il est difficile de considérer que l'activité du sous-traitant de deuxième rang, effectuée en violation du contrat, relève du domaine du plan de vigilance. En effet, par cette clause, le donneur d'ordres a identifié et prévenu le risque lié à l'intervention d'un sous-traitant de deuxième rang[6]. Dans la seconde hypothèse, aucune clause n'interdit au sous-traitant de se substituer un tiers dans l'exécution du contrat. Pour le donneur d'ordre, cette possibilité d'une intervention d'un sous-traitant de deuxième rang constitue un risque qu'il devra prendre en considération dans le plan de vigilance, sans qu'il soit nécessaire de retenir une relation commerciale établie entre lui et le sous-traitant de deuxième rang[7].

Par ailleurs, le caractère stable exigé à la relation commerciale soulève des difficultés. L'ancien article L. 442-6, I, 5° du Code de commerce a connu des applications tentaculaires. De ce fait, il a occasionné de nombreuses incertitudes et excès. Pour illustration, il n'est plus possible, en France, de mettre fin à une relation commerciale établie sans respecter un préavis assez

---

[1] G. JAZOTTES, « Sous-traitance et " relation commerciale établie " au sens de l'article L. 442-6 du code de commerce : quelle pertinence pour le plan de vigilance ? », Revue Lamy droit des affaires, n°139, 1er juill. 2018.

[2] Idem.

[3] Cass. com. 6 sept. 2011, n°10-11.975.

[4] CA Paris, 21 mars 2018, n°16/06342.

[5] G. JAZOTTES, « Sous-traitance et " relation commerciale établie " au sens de l'article L. 442-6 du code de commerce : quelle pertinence pour le plan de vigilance ? », Revue Lamy droit des affaires, n°139, 1er juill. 2018.

[6] Idem.

[7] Ibid.

long. Dès lors, le texte ne cessait d'être pointé du doigt. Il ne permet pas, sauf faute grave, de rompre une relation avec un partenaire moins bien placé face à la concurrence. De même, il est difficile de se détacher d'un partenaire dont les services ne sont plus aussi efficaces, sans devoir supporter un délai de préavis difficile et relativement long. Même si la jurisprudence, ces dernières années, a tenté de maîtriser les effets pervers de ce texte, le législateur est intervenu en 2019 pour simplifier ce régime.

Le nouvel article L. 442-1 du Code de commerce ne modifie en rien la portée matérielle de la rupture brutale. La règle s'applique toujours à une « relation commerciale établie ». Par conséquent, la jurisprudence qui exige la preuve du caractère établi de la relation conserve tout son intérêt[1]. Cette jurisprudence, en application de l'ancien article L. 442-6, I, 5° du Code de commerce, a dégagé comme critères que la relation doit « être régulière, stable et significative[2] ». À ces critères objectifs, la Cour de cassation a ajouté un critère subjectif qui conduit à vérifier si la victime de la rupture brutale pouvait légitimement s'attendre à la stabilité de leur relation[3]. À défaut, la relation est précaire. En application de ces critères, le caractère établi de la relation est présumé, s'il n'est pas contesté par celui qui se prétend victime de la rupture[4]. La relation n'est pas établie, en cas de précarité de celle-ci, par exemple, lors de recours systématique à des appels d'offres[5]. Aussi, la seule baisse brutale des commandes et du chiffre d'affaires de la victime de la rupture alléguée est insuffisante à établir la brutalité de la rupture au sens du Code de commerce. Ce qui revient à dire que le demandeur à l'action en rupture brutale doit établir en quoi les pratiques caractérisent une rupture brutale[6]. Cette baisse pourrait, ainsi, être due à d'autres facteurs. Par ailleurs, l'absence de contrat écrit n'empêche pas de revendiquer l'existence d'une relation commerciale établie[7].

Par conséquent, s'agissant des obligations liées au plan de vigilance, le recours artificiel à la technique de l'appel d'offres pourrait être qualifié de frauduleux ou d'abusif pour ne pas retenir la stabilité de la relation[8]. Le chiffre d'affaires ne constituant donc pas un élément déterminant de la relation commerciale établie, cette position répond, sur ce point, au souhait du législateur quant au devoir de vigilance. Le fait que l'absence d'un contrat

---

[1] Pour une application jurisprudentielle récente, voir notamment : Cass. com. 10 fév. 2021, n°19-15.369 ; Cass. com. 27 mars 2019, n°17-18.047 ; Cass. com. 27 mars 2019, n°17-18.676.

[2] Cass. com. 20 mars 2012, n°10-26.220.

[3] Cass. com. 18 mai 2010, n°08-21.681.

[4] CA Paris, 20 juin 2019, n° 17/02742.

[5] Cass. com. 18 oct. 2017 n°16-15138.

[6] Cass. com. 27 mars 2019, n° 17-18.047; Cass. com. 27 mars 2019, n°17-18.676.

[7] CA Paris, 27 oct. 2016, n°15/01355.

[8] G. JAZOTTES, « Sous-traitance et " relation commerciale établie " au sens de l'article L. 442-6 du code de commerce : quelle pertinence pour le plan de vigilance ? », Revue Lamy droit des affaires, n°139, 1er juill. 2018.

écrit soit inopérante au regard de critères susmentionnés pour établir la relation commerciale établie, répond également au souhait du législateur concernant le devoir de vigilance. Cette hypothèse peut surgir dans le cas où aucune clause de la part du donneur d'ordre n'interdit au sous-traitant de se substituer à un tiers dans l'exécution du contrat. Il en est de même du sous-traitant direct avec ses partenaires.

Soulignons que la proposition de directive européenne sur le devoir de vigilance avait retenu non seulement la notion de « relation commerciale établie[1] » mais aussi celle de « relation commerciale bien établie[2] », ce qui n'est pas l'approche adoptée dans la version définitive. La notion de relation commerciale « établie » est critiquée du fait de son interprétation fluctuante en droit français. Tantôt, on la considère comme un lien d'affaires très large, porteur d'insécurité juridique. Tantôt on redoute que cette notion soit interprétée restrictivement pour réduire le champ d'application des obligations de vigilance. Dans la même optique, la proposition avait retenu la notion de relation commerciale « bien établie », définie comme « une relation commerciale, directe ou indirecte, qui est ou devrait être durable, compte tenu de son intensité ou de sa durée, et qui ne constitue pas une partie négligeable ou simplement accessoire de la chaîne de valeur[3] ». Une définition reflétant les développements ci-dessus sur l'interprétation en droit français. Il a été souligné qu'elle renvoie à des éléments subjectifs difficiles à apprécier. De surcroît, si le devoir de vigilance ne porte que sur les relations à long terme (12 mois ou plus, par exemple), cela pourrait inciter les entreprises à établir artificiellement des relations à court terme, afin d'échapper à toute obligation. Certains redoutent ainsi que l'amont de la chaîne de valeur soit évincé. La version définitive ne retient pas les deux notions au profit des termes « relation commerciale » et « partenaire commercial ». Aussi, elle retient la notion de « chaîne d'activité[4] ». Ainsi, le périmètre des activités couvertes par l'obligation de vigilance inscrit dans la directive est plus large que celui prévu par la loi française. En effet, il inclut explicitement les partenaires directs et indirects dans les chaînes d'approvisionnement des produits et services et une partie des partenaires en aval qui agissent pour le compte de l'entreprise ou au nom de l'entreprise en lien avec la distribution, le transport et le stockage des produits. Puisqu'il

---

[1] Amendements adoptés par le Parlement européen le 1er juin 2023 sur la proposition de directive du Parlement européen et du Conseil relative au devoir de vigilance raisonnable en matière de développement durable des entreprises et modifiant la directive (UE) 2019/1937, art. 3, f).

[2] Idem., art. 3, g).

[3] Ibid.

[4] Dir. (UE) 2024/1760 du Parlement européen et du Conseil du 13 juin 2024 sur le devoir de vigilance des entreprises en matière de durabilité et modifiant la directive (UE) 2019/1937 et le règlement (UE) 2023/2859, art. 3, n°1, g).

est évident que les PME constituent la catégorie la plus impactée dans les chaînes d'activités, elles ne sont concernées qu'indirectement, en tant que maillons de la chaîne d'activités. La directive les protège expressément, prévoyant en leur faveur des mécanismes de soutien et d'assistance pour la maîtrise des risques.

Si le droit français reconnaît et organise ce mécanisme de relation commerciale établie, ce n'est pas le cas du droit de l'OHADA.

B. La relation commerciale dans le droit de l'OHADA

Il n'existe pas de dispositions spécifiques relatives à la rupture des relations commerciales établies en droit de l'OHADA. Un auteur relève qu' « il appert (...) que pas plus le droit OHADA que les droits nationaux (...) ne prévoient expressément le cas de la rupture d'une relation commerciale établie. Toutefois, les principes généraux du droit des obligations ou de la vente commerciale offrent des pistes de solution lorsqu'un contractant se comporte de mauvaise foi ou de façon fautive[1] ». A ce titre, le livre III de l'AUDCG traite de la vente commerciale[2]. Ces dispositions s'appliquent aux contrats de ventes de marchandises entre commerçants, personnes physiques ou personnes morales y compris les contrats de fournitures de marchandises destinées à des activités de fabrication ou de production. De plus, ces contrats sont soumis aux présentes dispositions dès lors que la vente commerciale a lieu entre deux parties situées dans l'espace OHADA ou s'exécutent à l'intérieur de cet espace OHADA. Cependant, elles ne régissent pas les ventes de marchandises achetées pour un usage personnel ou domestique, les contrats « de fourniture de marchandises dans lesquels la part prépondérante de l'obligation de la partie qui fournit les marchandises consiste dans une fourniture de main d'œuvre ou d'autres services[3] ». Même si le droit de l'OHADA ne prévoit pas la notion de relation commerciale établie, nous pouvons néanmoins admettre que chaque vente commerciale, prise individuellement et s'inscrivant dans une succession de ventes entre les mêmes parties, peut relever de l'AUDCG[4].

En effet, l'article 237 de l'AUDCG dispose que « la vente commerciale est soumise aux règles du droit commun des contrats et de la vente qui ne sont pas contraires aux dispositions du présent livre. Les parties sont tenues de se comporter aux exigences de la bonne foi. Elles ne peuvent exclure

[1] A. DELABRIERE, « La rupture d'une relation commerciale en droit OHADA – Aperçu croisé », Revue du droit des affaires en Afrique, fév. 2019.

[2] AUDCG, art. 234 à 301.

[3] Idem., art. 235-236.

[4] A. DELABRIERE, « La rupture d'une relation commerciale en droit OHADA – Aperçu croisé », Revue du droit des affaires en Afrique, fév. 2019.

cette obligation, ni en limiter la portée ». Il convient de relever que l'exigence de bonne foi ne figurait pas dans l'acte uniforme de 1998. Elle a été ajoutée dans le cadre de la révision du 15 décembre 2010. Par ailleurs, l'article 281 de l'acte précité rajoute que dans le cadre de la rupture de la vente pour inexécution « quelle que soit la gravité du comportement, la partie qui l'invoque peut être tenue de respecter un préavis avant de notifier à l'autre partie sa décision unilatérale (de rupture de la vente). Faute de préavis suffisant, l'auteur de la rupture engage sa responsabilité même si la juridiction admet le bien-fondé de la rupture ». Deux observations peuvent être soulevées. La première est que le droit de l'OHADA reconnaît l'un des principes de la Convention de Vienne sur la vente internationale de marchandise. Son objectif est de permettre à la partie défaillante de réparer son manquement dans « un délai raisonnable[1] ». Dès lors, il est clair que le droit de l'OHADA promeut le respect du préavis pour rompre une relation commerciale indépendamment de toute considération de faute ou d'inexécution de l'autre partie. La deuxième observation est que l'exigence de bonne foi et les règles d'engagement de la responsabilité civile de droit commun sont de nature à permettre de sanctionner la partie qui romprait de façon brutale une relation établie matérialisée par de ventes commerciales successives.

Par ailleurs, le régime juridique des contrats relève toujours des droits nationaux des pays membres de l'OHADA. Même s'ils partagent encore l'essentiel des dispositions de l'ancien Code civil français ou Code Napoléon[2], il faut noter qu'il existe, néanmoins, le projet d'AUDGO voire un projet sur le contrat de franchise[3]. Dans le projet d'AUDGO, la bonne foi se voit reconnaître une place pendant la période précontractuelle, au moment de la naissance, de l'exécution et de l'extinction de l'obligation[4]. En toute hypothèse, « la bonne foi est présumée a priori et c'est à celui qui allègue la mauvaise foi doit la prouver[5] ». Elle est donc érigée en présomption légale. Au Congo-Kinshasa, État membre de l'OHADA, le décret du 30 juillet 1888 relatif aux contrats et obligations conventionnelles prévoit en son article 33 que les conventions « ne peuvent être révoquées que de leur consentement mutuel (celui des parties) ou pour cause que la loi autorise ». L'article 82 du même décret de 1888 attenue la fermeté de cette règle en rappelant que « la condition résolutoire est toujours sous-entendue dans les contrats synallagmatiques », mais en précisant « pour le cas où l'une des deux parties ne satisfait point son engagement ». Il sied de relever

[1] Voir les arts. 18, 33, 39 et s de la Convention des Nations Unies sur les contrats de vente internationale de marchandises conclue à Vienne le 11 avril 1980.

[2] B. DIAMBOU, « De l'application du droit étranger au Mali et par-delà dans les pays francophones de l'espace OHADA », Revue du droit des affaires en Afrique, 25 déc. 2015.

[3] Étude extension système normatif OHADA à la franchise, Projet de création d'un livre VII bis « franchise » dans l'AUDCG, 31 juill. 2019.

[4] Projet d'AUDGO, art. 35.

[5] Idem., art. 553.

qu'avant l'instauration, en France, de l'ancien article L. 442-6, I, 5° du Code de commerce, l'ancien article 1134 du Code civil, qui requiert la bonne foi, était mobilisé dans le cadre de ruptures de relations commerciales. Mais l'exigence de bonne foi rendait cette application, semble-t-il, moins commode.

En effet, en droit comparé, le droit de la rupture brutale, conçu, en France, initialement par la loi n° 96-588 du 1er juillet 1996 dite « loi Galland » pour protéger les fournisseurs contre les déréférencements abusifs de la grande distribution et codifié ensuite sous l'ancien article L. 442-6, I, 5° du Code de commerce, a été appliqué très rapidement à quasiment toutes les ruptures de relations commerciales, à quelques exceptions près. Ce texte prévoyait que « le fait de rompre, même partiellement, une relation commerciale établie, sans préavis écrit tenant compte de la durée de la relation commerciale » engage la responsabilité de son auteur. Les victimes de rupture de relations commerciales y ont vu une réelle opportunité pour obtenir plus aisément la réparation du préjudice causé par la rupture. A ce propos, moins commode à utiliser en matière de rupture brutale, en ce qu'il impose entre les parties le respect de la bonne foi – non seulement dans l'exécution mais aussi lors de la cessation du contrat – l'ancien article 1134 alinéa 3 du Code civil (devenu l'article 1104 depuis la réforme du droit des obligations), est vite devenu un fondement juridique accessoire à la demande en réparation pour cessation de relations commerciales établies.

Repris par le législateur, dans le cadre du devoir de vigilance, la notion de « relation commerciale établie » cadre, telle que rappelée précédemment, avec les objectifs poursuivis par ladite loi. Le droit de l'OHADA peut reprendre cette notion non seulement dans le cadre d'un futur devoir de vigilance mais aussi comme une opportunité pour les victimes de ruptures de relations commerciales. Cette notion optimisera les relations commerciales dans cet espace. Les victimes de ruptures de relations commerciales peuvent, avec ce nouveau mécanisme, obtenir plus aisément la réparation du préjudice causé par la rupture. Dès lors, en droit de l'OHADA, la relation commerciale consistera à toute relation liée aux activités de production, de distribution ou de service et ce quelle que soit la qualité de l'auteur de la rupture, pourvu qu'il s'agisse d'un commerçant, d'un industriel ou d'un entreprenant. La notion d'entreprenant engloberait les sous-traitants du secteur informel. Son caractère stable s'étendra à toute relation commerciale, quelle que soit sa nature juridique, fondée sur un contrat ou sur une succession de contrats, de commandes, de ventes. Il s'agira des relations contractuelles mais aussi des relations pré- ou post-contractuelles, voire des relations non-inscrites dans un contrat et consistant en un courant d'affaires dès lors qu'elles sont établies[1].

---

[1] AUDCG, art. 239-240.

Puisque le droit de l'OHADA, en l'état actuel, conditionne la rupture avec le respect de bonne foi, il sied de rappeler que l'Afrique est le lieu de toutes les convoitises. Cette situation, comme on l'a déjà relevé, n'est pas sans conséquence. Elle est le lieu où il y a quasiment commission de toutes les violations possibles dans les relations d'affaires entre entreprises donneuses d'ordre et leurs partenaires commerciaux. Dans l'espace OHADA, nous ne pouvons que souhaiter, avec un auteur, dans le cadre des relations commerciales, « le retour aux bonnes mœurs contractuelles[1] ». Même si celles-ci constituent les vestiges du passé, elles demeurent « une promesse d'avenir[2] ».

A ce titre, l'article 33 du projet d'AUDGO prévoit dans ses principes généraux que « la liberté contractuelle emporte celle de choisir son cocontractant ainsi que celle de déterminer le contenu et la forme du contrat. Toutefois, il ne peut être dérogé, par des conventions, à l'ordre public et aux bonnes mœurs ». Et à l'article 115 de rajouter que « la convention est valable quand l'engagement a une cause réelle et licite qui le justifie. La cause est le motif pour lequel une partie s'oblige. La cause illicite est celle qui est contraire à la loi, à l'ordre public ou aux bonnes mœurs ». Pour cette raison, la finalité de bonnes mœurs contractuelles est plus ambitieuse. Elles ont vocation à assurer la conformité du contrat aux intérêts les plus élevés de la société humaine africaine. Elles peuvent alors se mettre au service des valeurs aujourd'hui considérées comme vitales telles que notamment la protection de l'environnement, le respect des droits humains, la lutte anticorruption. En Afrique, les entreprises donneuses d'ordre ainsi que leurs partenaires commerciaux peuvent être amenées à prévenir et gérer, dans leurs relations d'affaires, les risques sociétaux et environnementaux. Ne pas le faire serait jugé immoral puisque le respect de l'environnement et des droits humains fait alors partie des bonnes mœurs. Ces dernières pourraient fonder l'anéantissement de contrats portant atteinte à des droits humains et à l'environnement. Autrement dit, « les conséquences de la contrariété aux bonnes mœurs sont graves. L'intérêt général étant en cause, la convention qui les blesse est frappée de nullité absolue : les parties et les tiers y ayant intérêt peuvent agir, sans qu'aucune confirmation ne puisse être envisagée[3] ».

Aussi, notons que le devoir de vigilance, étant un outil de *compliance*, son intégration avec la pratique contractuelle, fera bénéficier à l'Afrique de ses « vertus sociales et sociétales[4] ». Dans le cadre africain, même si l'Afrique

---

[1] D. HOUTCIEFF, « Pour un retour aux bonnes mœurs contractuelles », Dalloz RTD civ. 2021, p. 757.

[2] Idem.

[3] Ibid., spéc. p. 770.

[4] D. MARTIN, « Les contraintes et les vertus de la compliance », in *Pour une Europe de la compliance (dir. M-A FRISON-ROCHE)*, Dalloz, coll. Thèmes et comm., Paris, 2019, 124 p., pp. 107-118, spéc., pp. 114-118. L'auteur explique les vertus de la compliance en ce qu'elle est vertueuse tout à la fois pour l'entreprise et pour l'intérêt des tiers.

présente parfois un paradoxe sur la question de *compliance*[1] et si l'on ne peut ignorer l'aspect des coûts que fait peser cette dernière[2], il n'en demeure pas moins qu'elle reste un terrain de déploiement des logiques de conformité obligatoire. Les vertus sociales et sociétales de la *compliance* par le truchement du devoir de vigilance peuvent assurer la protection de la réputation et l'image des entreprises tout en favorisant leur rendement économique. Il convient de souligner qu'il y a une fuite d'investissement pour les entreprises africaines et les États africains car certaines entreprises occidentales soumises aux règles de *compliance* dans leur pays évitent souvent d'établir des relations d'affaires avec les entreprises basées en Afrique pour risque de corruption et celui de droits humains[3]. Aussi, elles permettent la réalisation d'objectifs d'intérêt général par les entreprises au profit de la population africaine. A ce titre, dans son activité de création des richesses, l'entreprise peut engendrer non seulement des effets externes positifs mais aussi des effets externes négatifs. Les effets externes positifs sont ceux qui favorisent le développement économique. Le verdissement de relation commerciale favorisé par le devoir de vigilance est nécessaire non seulement pour le renforcement de l'attractivité des entreprises africaines mais aussi pour le développement social et économique des pays de l'espace OHADA.

Cela étant, il convient de relever concrètement les effets du contrat au soutien du devoir de vigilance tant en France que dans l'espace OHADA.

§2. Les effets du contrat au service du devoir de vigilance en France et dans l'espace OHADA

Monsieur Mekki, dans son étude « contrat et devoir de vigilance », énonce que « créateur de normes juridiques, le contrat de droit privé va entretenir avec le devoir de vigilance un rapport dialectique. Si le contrat apparaissait, dans un premier temps, comme un canal privilégié par lequel le devoir de vigilance entrait dans la vie juridique, en dépassant les frontières

---

[1] M. MOHAMED SALAH, « Conception et application de la compliance en Afrique », op. cit., spéc. pp. 165-167. L'auteur explique le paradoxe africain. D'un côté, l'Afrique est le continent le plus affecté par les comportements ou les pratiques qui justifient le recours à la *compliance*. Celle-ci devient « une nécessité vitale » pour le continent africain. De l'autre côté, l'Afrique présente le moins d'affinité avec l'idée même de *compliance*. A ce titre, l'auteur met en avant le problème de légitimité du droit qui n'est pas accepté par tous. Aussi, l'ordre social qui fonctionne par référence à « une éthique du groupe ethnique » où l'on protège les siens conformément aux usages et coutumes. Ces situations ne sont pas favorables à la réception de *compliance*.

[2] D. MARTIN, « Les contraintes et les vertus de la compliance », in *Pour une Europe de la compliance (dir. M-A FRISON-ROCHE.)*, Dalloz, coll. Thèmes et comm., Paris, 2019, 124 p., pp. 107-118, spéc. pp. 110-111. L'auteur démontre que la *compliance* apparaît comme une contrainte pour les entreprises.

[3] Guide de conformité et de lutte contre la corruption pour les entreprises africaines, BAD-OCDE, 2016, 52 p. spéc. p. 3.

de l'éthique, il est devenu en même temps, un effet de l'émergence d'un devoir de vigilance, source de divers engagements et obligations contractuelles[1] ». Il est vrai que l'exigence de vigilance, désormais légale, est une question éthique, reconnue déjà dans les normes de *soft law*, précédemment évoquées. La conformité des grandes entreprises à ces nouvelles obligations de vigilance ne devant pas se résumer à une *compliance* purement irréfléchie, dès lors, le contrat permet de conférer au devoir de vigilance non seulement une force contraignante à ses mesures matérielles de vigilance mais aussi de les compléter en insufflant des précisions contractuelles (**A.**). Également, il permet de mettre en place une sorte « d'évangélisation[2] » de vigilance par la création conventionnelle d'un « réseau ou zone de vigilance[3] » (**B**).

A. Les effets coercitif et complétif du contrat au service du devoir de vigilance

Le contrat présente, en effet, l'intérêt d'associer la liberté contractuelle et la contrainte liée à l'engagement des parties. D'une manière pragmatique, il associe les vertus du droit souple et du droit dur qui sont au cœur des récentes mutations normatives liées aux enjeux environnementaux, sociétaux et de gouvernance. La proposition de loi du 11 février 2015 visait directement la contractualisation lors des débats parlementaires. Celle-ci est un élément constitutif du plan de vigilance. Or nous savons que dans le cadre de normes de *soft law*, les entreprises peuvent ainsi s'engager à faire respecter les principes promus, par ces normes, auprès de leurs partenaires commerciaux en recourant aux engagements volontaires. Ce qui revient à dire que c'est la convention qui rend obligatoire les principes de *soft law*. C'est l'effet coercitif du contrat. Nous pouvons citer l'exemple de l'affaire *Erika* où l'on peut voir clairement l'efficacité et le caractère coercitif du contrat. En effet, la Chambre criminelle de la Cour de cassation, dans sa décision du 25 septembre 2012[4], consacre non seulement la compétence du juge français pour statuer sur des faits réalisés hors de son territoire national, mais surtout engage la responsabilité de la société mère au fondement d'un engagement pris par celle-ci dans le contrôle de l'état des navires. Cet effet est nécessaire dans le cadre du déploiement des obligations de vigilance. Les entreprises donneuses d'ordre travaillent avec

[1] M. MEKKI, « Contrat et devoir de vigilance », Revue Lamy droit des affaires, 2015/104, n°5589, spéc. n°5.
[2] F. VERDUN, « Les risques juridiques liés à la démarche éthique de l'entreprise », Cahier de droit de l'entreprise n°5, sept. 2011, dossier 31.
[3] Termes évoqués par Monsieur MEKKI, voir : M. MEKKI, « Contrat et devoir de vigilance », Revue Lamy droit des affaires, 2015/104, n°5589, spéc. n°12.
[4] Cass. crim. 25 sept. 2012, n°10□ 82.938.

des centaines voire des milliers de sous-traitants et fournisseurs. Plusieurs de ces partenaires commerciaux peuvent ou ne pas être directement liés avec les entreprises donneuses d'ordre. Les entreprises assujetties aux obligations légales de vigilance, pour prouver l'exécution de celles-ci, deviennent créancières d'obligations de vigilance via l'insertion de clauses contractuelles. Ces clauses vont ainsi permettre de structurer juridiquement l'ensemble de la chaîne de valeur composée de sociétés juridiquement autonomes[1]. Le contrat, étant le résultat de « cette conjonction entre incitation institutionnelle et engagement volontaire[2] », permet, à ce titre, dans le cadre des obligations de vigilance, l'effectivité des droits fondamentaux, de la promotion et de la protection de l'environnement et de la sécurité sanitaire, de la protection de la dignité des salariés, voire des moyens de lutte contre la corruption[3].

Le contrat permet de compléter les normes de *soft law* et même d'aller au-delà. Ce qui revient à dire qu' « il permet (…) d'individualiser et de préciser la nature des engagements pris par les entreprises (…) le contrat permet également d'aller au-delà des exigences légales[4] ». Cette fonction du contrat est essentielle notamment en matière de RSE et aussi particulièrement en droit de l'environnement[5]. Que l'on soit dans le cadre des sites pollués[6], ou dans le cadre des obligations de vigilance, plusieurs notions doivent être définies par les parties. Concernant les risques sociétaux et environnementaux, les parties sont alors tenues de délimiter et répartir les risques (droits humains et libertés fondamentales, santé et sécurité des personnes, environnement) entre elles voire avec les tiers[7]. Également, nous remarquons que les normes éthiques de RSE sont floues et vagues. Il en est de même des obligations de vigilance dans le cadre de la loi sur le devoir de vigilance, qui s'en sont inspirées. Nous pouvons observer à juste titre avec Monsieur Mekki que « le contrat permet de préciser les contours de ces engagements. Il devient particulièrement précieux dans le cadre du (…) devoir de vigilance des sociétés mères afin de détailler les différentes séquences du plan de vigilance : clauses d'information, clauses

---

[1] N. IDA, « Contrat et devoir de vigilance des sociétés », La Semaine Juridique Entreprise et Affaires n°28, 13 juill. 2023, études 1214.

[2] P. DEUMIER, « Les codes de conduite des entreprises et l'effectivité des droits de l'homme », *Droits économiques et droit de l'homme (dir. L. BOY, J-B RACINE, et F. SIIRIAINEN)*, Larcier, coll. Droit-économie international, Bruxelles, 2009, 710 p., pp. 671-696, spéc. p. 671 et s.

[3] L. HENNEBEL et G. LEWKOWICZ, « La contractualisation des droits de l'homme. De la pratique à la théorie du pluralisme politique et juridique », in *Repenser le contrat (dir. G. LEWKOWICZ et M. XIFARAS)*, Dalloz, coll. Méthodes du droit, Paris, 2009, 305 p., pp. 221-244.

[4] M. MEKKI, « Contrat et devoir de vigilance », Revue Lamy droit des affaires, 2015/104, n°5589, spéc. n° 9 et 10.

[5] V. MONTEILLET, « La contractualisation du droit de l'environnement », Thèse, Université de Montpellier, Dalloz, Paris, 2017, 732 p.

[6] M. MEKKI, « La gestion conventionnelle des risques liés aux sols et sites pollués à l'aune de la loi Alur », La Semaine Juridique Notariale et Immobilière n°27, 4 juill. 2014, 1239.

[7] M. MEKKI, « contrat et devoir de vigilance », op. cit, spéc. n°9.

de contrôle, clauses d'audit, clauses comportementales, clauses de répartition des risques, clauses de conciliation[1]».

Le contrat permet d'aller au-delà des exigences légales. Il peut, dans le cadre de la consécration du devoir de vigilance, élargir le champ d'application de ses dispositions. Le domaine d'application de ce devoir reste limité et ses modalités très circonscrites. Selon l'article L. 225-102-4, I, « toute société qui emploie, à la clôture de deux exercices consécutifs, au moins cinq mille salariés en son sein et dans ses filiales directes ou indirectes dont le siège social est fixé sur le territoire français, ou au moins dix mille salariés en son sein et dans ses filiales directes ou indirectes dont le siège social est fixé sur le territoire français ou à l'étranger, établit et met en œuvre de manière effective un plan de vigilance ». Son alinéa deux rajoute : « les filiales ou sociétés contrôlées qui dépassent les seuils mentionnés au premier alinéa sont réputées satisfaire aux obligations prévues au présent article dès lors que la société qui les contrôle, au sens de l'article L. 233-3, établit et met en œuvre un plan de vigilance relatif à l'activité de la société et de l'ensemble des filiales ou sociétés qu'elle contrôle ». Avec ce seuil jugé trop élevé, nous voyons qu'il y a réduction du nombre des cibles. Aussi, ce devoir de vigilance se traduit par la mise en œuvre d'un plan de vigilance, composé d'éléments divers, qui s'adresse aux filiales précitées et aux fournisseurs ou sous-traitants avec lesquels il existe une « relation commerciale établie ». Celle-ci, relevée précédemment, paraît flexible. Donc, le contrat peut élargir le champ d'application de ce mécanisme et assurer le respect des obligations de vigilance par les partenaires commerciaux. Il suffit de se soumettre conventionnellement à ces dispositions spéciales[2].

La proposition de directive européenne tout comme la version définitive de la directive envisagent cette possibilité. La proposition du texte sur le devoir de vigilance adoptée par le Parlement européen explicite le choix de la voie contractuelle en ces termes : « (...) les entreprises devraient envisager d'établir des dispositions contractuelles avec les partenaires avec lesquels elles entretiennent une relation commerciale obligeant ces derniers à respecter le code de conduite et, en tant que de besoin un plan d'action en matière de prévention[3] ». Et en apporte la précision suivante : « les dispositions contractuelles ne devraient pas être de nature à entrainer le transfert de responsabilité de l'exercice du devoir de vigilance au titre de la présente directive et de la responsabilité en cas de manquement en la

[1] Idem.

[2] D. BUREAU, « L'extension conventionnelle d'un statut impératif. Contribution du droit international privé à la théorie du contrat », in *Liber amicorum. Mél. Ph. Malaurie*, Defrénois, Paris, 2005, 422 p., pp. 125-157.

[3] Amendements du PE adoptés le 1er juin 2023 à la proposition de directive du Parlement européen et du Conseil sur le devoir de vigilance des entreprises en matière de durabilité et modifiant la directive (UE) 2019/1937 (COM (2022)0071 – C9-0050/2022, Préambule, cons. 34.

matière[1] ». Quant au texte final, il met en avant la notion de « garanties contractuelles ». Le dispositif européen prévoit que les entreprises assujetties doivent s'efforcer d'obtenir de la part d'un partenaire commercial direct ou indirect y compris les PME des garanties contractuelles par lesquelles ces derniers s'engagent à respecter le code de conduite de l'entreprise et, en tant que de besoin, un plan d'action en matière de prévention. Ces garanties contractuelles ne constituent pas une cause d'exonération de responsabilité en cas de réalisation de dommages. Cette consécration de garanties contractuelles permet non seulement d'obliger juridiquement les partenaires commerciaux au respect des obligations de vigilance mais aussi d'aller au-delà des exigences légales.

Au-delà de ces effets coercitif et complétif, le contrat favorise la création d'un véritable réseau de vigilance, dans le cadre, du devoir de vigilance.

B. Les effets créatifs du contrat au service du devoir de vigilance

La contractualisation permet aux sociétés commerciales assujetties de renforcer leur obligation de vigilance dans leurs rapports avec leurs filiales, sous-traitants et fournisseurs. L'expérience démontre que les contrats sont des outils efficaces pour diffuser les engagements ESG auprès des fournisseurs directs, jusqu'à couvrir toute leur chaîne de valeur, particulièrement à l'égard de ceux opérant dans des pays à faible gouvernance[2]. Le contrat est ainsi devenu autant un outil de sécurité juridique du donneur d'ordre, qu'un facteur de performances ESG de plus en plus exigées par le marché[3]. Il s'avère que « le contrat n'est pas seulement un moyen de rendre obligatoire ce qui relève habituellement de la sphère, sinon du non droit, du moins du seul droit souple. Il permet aussi de diffuser entre les partenaires, de façon horizontale, une série d'obligations de vigilance en créant en quelque sorte un " réseau de vigilance " ou une " zone de vigilance[4] " ». Ce qui revient à dire que le contrat crée un lien de dépendance entre la grande entreprise et ses filiales, fournisseurs ou sous-traitants. Dans ce cadre, le rapprochement du contrat avec le devoir de vigilance « conforte l'idée d'un contrat qui dépasse le modèle du Code civil de 1804 pour devenir un contrat-organisation, un contrat relationnel ou

---

[1] Idem., Préambule, cons. 34a.

[2] Sur le sujet, voir : Études, « Contrat et clause RSE, leviers incontournables de vigilance, étude croisée 2018 acheteurs-fournisseurs sur les clauses contractuelles RSE », Ecovadis et Affectio Mutandi, Paris, 2018, 70 p.

[3] Idem.

[4] M. MEKKI, « contrat et devoir de vigilance », op. cit, spéc. n°12.

contrat coopération[1] ». C'est un contrat durable[2] ou simplement un outil nécessaire à la réalisation de l'intérêt général[3].

Or le devoir de vigilance poursuit selon l'alinéa 3 de l'article L. 225-102-4, l'objectif suivant d'intérêt général : la prévention et la gestion des atteintes graves envers les droits humains et les libertés fondamentales, la santé et la sécurité des personnes ainsi que l'environnement, résultant des activités de la société et de celles des sociétés qu'elle contrôle directement ou indirectement, ainsi que des activités des sous-traitants ou fournisseurs avec lesquels est entretenue une relation commerciale établie, lorsque ces activités sont rattachées à cette relation. Les sociétés commerciales assujetties, c'est-à-dire les grandes entreprises, sont alors tenues d'amener leurs partenaires à concourir également à la réalisation de cet intérêt général. Dans cette relation, le voile sociétaire constitue une limite qui permet de déresponsabiliser les grandes entreprises. Dès lors, « il faut assumer la puissance, le pouvoir qui déclenche par essence le devoir (...) et la responsabilité, indépendamment de barrières qui s'avèrent délétères[4] ». Par le contrat, les parties vont pouvoir dépasser les frontières de la personnalité juridique[5]. Le contrat laisse percevoir combien la manière de traiter la prévention ou l'anticipation des risques sociétaux et environnementaux, dans une relation d'affaires, est un facteur décisif de démonstration de vigilance. En organisant les relations d'affaires entre donneurs d'ordre et fournisseurs, le contrat apparaît comme un outil privilégié. A cet effet, il permet d'identifier, de prévenir, d'atténuer, voire de réparer les impacts d'une opération commerciale sur les droits humains et l'environnement. Les grandes entreprises doivent alors surveiller à des fins préventives leurs opérations commerciales car souvent celles-ci pourraient favoriser la création d'un risque de dommage causé par autrui. Le contrat favorise donc la création de ce réseau de vigilance en diffusant alors « une obligation générale de surveillance traduction d'un principe de vigilance[6] » qui, « peut s'appuyer sur différentes formes de convention[7] ».

En effet, dans le cadre d'une chaîne d'activités, par exemple, les conventions peuvent imposer un certain nombre d'obligations de comportement et vont mettre en place une procédure de mise en œuvre, de suivi, de contrôle et de vérification. À l'analyse du droit positif, ces engagements sont très efficaces lorsqu'il s'agit pour les entreprises de

---

[1] Idem, spéc. n°4.

[2] A. LAUNAY et Y. QUEINNEC, « De la prévention à la réparation des impacts ESG. Le contrat durable, outil de formalisation du devoir de vigilance raisonnable », op. cit., pp. 469-484.

[3] M. MEKKI, « L'intérêt général et le contrat. Contribution à une étude de la hiérarchie des intérêts en droit privé », Thèse, LGDJ, Paris, 2004, 910 p., spéc. p. 706 et s.., n°1151 et s.

[4] F-G. TREBULLE., « Vers une amélioration de la prise en compte des chaînes d'approvisionnement ? », Environnement n°2, fév. 2014, repère 2.

[5] M. MEKKI, « Contrat et devoir de vigilance », op. cit., spéc. n°13.

[6] Idem.

[7] Ibid.

sanctionner les partenaires commerciaux[1]. Même si la plupart de ces engagements sont peu souvent négociés, figurant notamment dans les conditions générales ou en annexe d'un contrat-cadre, ils n'en restent pas moins, à l'instar des contrats d'adhésion, de véritables contrats et sont rigoureusement appliqués[2]. Par ailleurs, certains de ces engagements, paradoxalement, sont dépourvus « de force obligatoire », ce qui n'est cependant pas sans intérêt pour « juridiciser » l'obligation de vigilance[3]. Il peut aussi s'agir de la signature d'une convention de vigilance entre entreprises et ONG. Selon Monsieur Mekki, « le contrat entre entreprises et ONG permet le plus souvent de déterminer par convention des objectifs à atteindre, sorte de " contrat-programme[4] " ». Ce sont des engagements pris par des entreprises pour encourager le développement des petites entreprises locales ou d'améliorer la prise en considération de l'impact sociétal et environnemental de leurs activités.

Nous comprenons que les grandes entreprises doivent alors organiser une gestion contractuelle des risques.

Section II. La vigilance par la gestion contractuelle des risques en France et dans l'espace OHADA

Le contrat est traditionnellement défini comme un accord de volonté en vue de produire des effets de droit. Parmi ces effets, on lui reconnaît, d'une manière naturelle, ceux qui permettent de réaliser un échange. Dès lors, on tombe sur la figure du contrat, plutôt synallagmatique, interindividuel, où chacun reçoit une contrepartie en échange de ce qu'il donne. Or si on se fie à cette idée, peut-on considérer qu'il existe un contrat quand un accord se borne à reprendre des droits et obligations d'ores et déjà existants. Cette interrogation implique la réponse à la question de la qualification contractuelle dont découlent, en effet, le régime des obligations endossées et leur mode de sanction. Le devoir de vigilance établit les obligations que la société donneuse d'ordre exécute dans sa chaîne de valeur à travers l'instrumentalisation du contrat. A ce titre, un auteur remarque que « cette utilisation de la technique contractuelle pour contraindre ou même inciter à intégrer des préoccupations environnementales (et sociétales) fonctionne. Mais si cette méthode s'illustre si bien, c'est que le contrat n'a pas fait que subir cette instrumentalisation. Au contraire, il a adopté une attitude offensive déployant pleinement sa fonction de gestion des risques

---

[1] P. ABADIE, « Entreprise responsable et environnement. Recherche d'une systématisation en droit français et américain », Thèse, Université Paris 1 Panthéon-Sorbonne, 2011, spéc. p. 495, no 550.
[2] Ibid.
[3] Ibid.
[4] Ibid., spéc. n°14.

juridiques[1] ». Les exigences sociétales et environnementales promues par le devoir de vigilance constituent de véritables risques juridiques, pour les contractants, lorsqu'ils sont diffusés dans le contrat. Ce dernier est alors chargé de gérer ces risques juridiques sociétaux et environnementaux[2]. Il s'agit, pour les contractants, d'appréhender le risque juridique en tentant soit d'anticiper sa réalisation, soit d'en résoudre le conflit une fois le risque survenu. A cette fin, la gestion contractuelle décline deux fonctions[3] : l'une préventive, l'autre curative. Par ailleurs, l'interdépendance, parfois complexe, dans la chaîne de valeur est caractérisée par un fonctionnement de la sous-traitance en cascade ou incontrôlée. Cependant, ce type de fonctionnement dilue le partage des responsabilités. Dès lors, il crée un terrain propice à la survenance de risques juridiques de toute nature.

Ainsi, il nous paraît indispensable, avant de scruter les deux modalités de la gestion contractuelle des risques dans le cadre des obligations de vigilance (**§2**), de relever la nécessité de cette gestion contractuelle en analysant d'une manière particulière les différents problèmes posés par la sous-traitance dans l'espace OHADA (**§1**).

§1. La nécessité d'une gestion contractuelle des risques dans l'espace OHADA

La chaîne de valeur comprend des sous-traitants et fournisseurs. Ce sont des partenaires économiques qui fournissent des prestations à une grande entreprise. Ils sont considérés comme des intermédiaires dans les relations commerciales. Juridiquement, ils sont liés par un contrat. En conséquence, leur sens juridique paraît plus étroit que leur signification économique. Dans ce cadre, le fournisseur est « celui qui procure la marchandise ou les services à celui qui la distribue ou les utilise, dans le contrat de fourniture[4] ». Il est le premier maillon de la chaîne et est le cocontractant du donneur d'ordre. Tandis que le sous-traitant est « celui qui, dans la sous-traitance, est chargé par l'entrepreneur principal de l'exécution de tout ou partie du contrat d'entreprise et bénéficie à ce titre, d'une protection particulière pour le paiement de son marché[5] ». Dès lors, le recours à des sous-traitants et fournisseurs c'est-à-dire intermédiaires, pour faciliter, mener à leur terme ou sécuriser des relations commerciales est une pratique courante. Cet usage

[1] V. MONTEILLET, « La contractualisation du droit de l'environnement », spéc. p.193, n°255.
[2] Idem.
[3] Ibid., spéc. p. 194, n°257.
[4] G. CORNU, Vocabulaire juridique, op. cit., spéc. p. 474. Le contrat de fourniture est un contrat « par lequel une personne, appelée fournisseur, s'engage à approvisionner pendant un certain temps de manière continue ou périodique, en marchandises ou en services, une autre personne appelée fourni ».
[5] Idem., spéc. p. 975.

s'avère néanmoins porteur de risques juridiques, financiers, sociétaux, environnementaux, et réputationnel. Il convient de relever, dans l'espace OHADA, les problèmes posés par des contrats de partenariat public-privé (**A**), ainsi que les contrats miniers (**B**).

A. Les problèmes posés par des contrats de partenariat public-privé

Le Partenariat public-privé ou PPP est un mécanisme de financement aujourd'hui très sollicité dans l'espace OHADA. Pourtant, ce n'est pas un phénomène nouveau. A cet effet, on remarque que dès le 19ème siècle, des montages assimilables aux PPP étaient présents dans les pays en développement et particulièrement en Afrique[1]. Ainsi, ces montages, dans de nombreux cas, prenaient la forme des systèmes de distribution d'eau des grandes villes. Ces systèmes étaient financés, construits et exploités par des investisseurs étrangers, qui de surcroît en étaient propriétaires. Le mécanisme de PPP constitue donc un levier de développement[2].

Par ailleurs, il est défini, par la banque mondiale, comme « des dispositions, habituellement à moyen et long terme, entre les secteurs public et privé grâce auxquelles certains services qui relèvent de la responsabilité du secteur public sont administrés par le secteur privé, scellées par un accord clair sur des objectifs communs relatifs à la livraison d'infrastructures et/ou de services publics[3] ». On comprend qu'il s'agit d'un contrat d'association entre une entité publique et une entité privée visant à fournir un service qui relève du secteur public. C'est dans ce sens que la loi congolaise disposera que « (...) les contrats de partenariat public-privé prennent la forme de contrats de délégation de service public ou de contrat de partenariat portant sur les infrastructures du domaine public (...) le contrat de délégation de service public porte obligatoirement sur un service public et prend notamment l'une des formes ci-après : la concession, l'affermage et la régie intéressée. Le contrat de partenariat porte notamment sur une mission globale de financement d'une infrastructure, sa conception, sa construction, son exploitation, son entretien à charge du partenaire privé[4] ». C'est une sorte de sous-traitance. Selon un auteur, « une telle association permet un partage adéquat du risque, favorise l'innovation, réduit les coûts et délais de construction, permet un entretien des

---

[1] C-D. KUBETERSZIE, « Le partenariat public-privé comme alternative au financement des infrastructures publiques performantes : mythe ou réalité ? Cas des pays membres de l'UEMOA », EMS Éditions, coll. Business Science Institute, 2019, 216 p.

[2] H. DUMEZ et A. JEUNEMAITRE, « Combinaison harmonieuse des vertus du public et du privé, ou mélanges des genres ? Les partenariats public/privé, nouveaux venus du management public », Politiques et Management public, 2003, 21-4, pp. 1-4.

[3] « Partenariats public-privé : qu'est-ce que c'est ? », Banque mondiale, 16 fév. 2022.

[4] L. n°18/016, 09 juill. 2018 relative au partenariat public-privé, art. 3.

infrastructures tout au long de leur cycle de vie[1] ». Depuis 2015, ce partenariat entre le secteur public et le secteur privé s'appuie sur les ODD promus par l'agenda 2030 de l'ONU. En Afrique où tout est besoin, c'est avec un intérêt évident que les gouvernements africains accueillent ce mécanisme[2].

En effet, même si les États africains ont compris à quel point la technique des PPP peut conduire à l'efficience des dépenses publiques et au développement rapide en matière d'infrastructures en posant de plus en plus un cadre juridique et institutionnel, plusieurs problèmes et facteurs de risques peuvent être associés à ce mode de financement. Ils surgissent dans la question de la qualité du processus d'approvisionnement. Celui-ci décrit les étapes jusqu'au choix de soumissionnaire retenu ainsi que l'exécution des travaux. La gestion du processus d'approvisionnement est un facteur essentiel du succès de PPP. C'est possible à travers un processus transparent, une bonne connaissance réciproque de chacun des partenaires, une spécification des besoins et des objectifs. Souvent, dans l'espace OHADA, la question de transparence des marchés publics n'est pas toujours un acquis (corruption, conflits d'intérêts, etc.). On voit dans le processus d'approvisionnement et la passation des marchés laisser des suspicions de fraude. Or la mise en place des actions de planification et de prévention est nécessaire pour permettre aux PPP d'atteindre un meilleur niveau d'allocation des risques.

Lorsque le gouvernement initie le PPP, il doit définir clairement ses objectifs et des premiers critères de sélection des entreprises retenues. Des critères trop vagues, comme c'est souvent le cas, ouvrent la voie à de multiples soumissionnaires et à de graves difficultés notamment celles liées à la sélection ou à l'exécution des travaux[3]. Aussi, des critères qui ignorent le respect des droits humains et de l'environnement ouvrent la voie à de multiples violations de la part du partenaire privé appelé à exécuter des prestations et à ses sous-traitants directs et indirects qu'ils ne contrôlent pas[4]. Il convient de relever que l'exécution des contrats PPP requiert, de la part du partenaire privé ainsi que de ses sous-traitants, la création de sociétés commerciales conformément au droit national[5]. Or nous savons que dans l'espace OHADA, c'est l'AUDSCGIE qui s'applique.

Par ailleurs, des critères trop stricts, prévoyant notamment la prise en compte des enjeux ESG, peuvent dissuader des partenaires potentiels.

---

[1] C. ALASSANE TRAORE, « Le partenariat public privé (PPP) en Afrique : analyse descriptive et défis », Note d'analyses sociopolitiques, n°11, 20 juillet 2019, CARPADD, Montréal, 18 p., spéc. p. 2.

[2] Idem.

[3] L. n°18/016, 09 juill. 2018 relative au partenariat public-privé, art. 7 à 16. Ces articles retracent les principes ou critères devant conduire le processus des contrats PPP dans le contexte congolais.

[4] Idem, art. 12 à 13.

[5] Ibid., art. 56.

Autrement dit, l'adjudicateur peut présélectionner ses contractants en prenant dûment en considération des critères sociétaux et environnementaux en conditionnant, par exemple, l'accès aux PPP au respect des droits de l'homme. Également, il peut ainsi imposer, par contrat, des conditions d'exécution de marché permettant de tenir compte des objectifs sociaux et éthiques dits de « local content[1] ». Ces conditions d'exécution tiendraient notamment compte à l'obligation de protéger l'environnement, de mettre en œuvre des actions de formation pour les chômeurs, les jeunes ou de prendre en compte la main d'œuvre locale, à l'obligation de respecter les normes internationales des droits de l'homme (OIT, PIDESC etc.). A ce propos, un auteur relève à juste titre que « l'évolution des législations des États OHADA se manifeste également par la recherche de l'optimisation des retombées de l'exploitation des ressources naturelles pour les économies nationales et les populations locales. Il en résulte une prise en compte accrue du contenu local initialement très limité dans certaines législations nationales, parfois même absentes dans d'autres[2] ».

À côté de la définition des objectifs et de la connaissance mutuelle des partenaires, des processus particuliers doivent être réglementés. En Afrique, de multiples PPP débutent par des propositions non sollicitées c'est-à-dire sans appels d'offre. Or la réglementation des contrats non sollicités est un grand défi surtout dans les pays où ces contrats sont réglementés sans de véritables procédures détaillées établies ou sans possibilité d'un processus d'appel d'offres compétitif. Les questions de transparence et de compétitions sont de véritables défis dans ces cas. Des procédures claires de gestion ainsi que la prise en compte des impacts ESG entre le public et le privé sont nécessaires pour atteindre un véritable développement durable.

Il est aussi important de relever l'articulation entre contrats miniers et contrats PPP. Dans pas mal de législations africaines, dont le cas du Congo-Kinshasa, il y a des contrats miniers et d'infrastructures qui sont des contrats PPP[3]. Les États africains concluent, souvent sans appel d'offre, dans leur désir de promouvoir la mise en valeur des ressources naturelles, des contrats d'infrastructures avec les groupes miniers. Nous pouvons remarquer que ces contrats prévoient un paquet d'infrastructures sociales, sanitaires, ferroviaires, portuaires et routières. Ces dernières servent aussi pour le transport et l'exportation des minerais vers les marchés mondiaux.

---

[1] M-F. MBODJI, « Les obligations sociales dites de " local content " dans les législations minières et pétrolières des États membres de l'OHADA », Rec. Penant, éd. Juris Africa, n°908, juill-sept. 2019, pp. 348-377, spéc. p. 351.

[2] Idem., op. cit., spéc. p. 349.

[3] L. n°18/016, 09 juill. 2018 relative au partenariat public-privé, art. 4 : « Les accords de longue durée, ayant pour objet l'exploitation des ressources naturelles, en contrepartie de la construction des infrastructures dans lesquels le partenaire privé a une mission globale notamment de financement et de conception d'ouvrages ou d'acquisition d'équipements, constituent des contrats de partenariat ».

Au Congo-Kinshasa, le contrat minier ironiquement appelé « contrat du siècle » conclu en 2008 avec un groupement d'entreprises chinoises a donné lieu à l'attribution par le Congo-Kinshasa à des joint-ventures de concessions, sans appel d'offre, notamment d'une centrale hydroélectrique, de construction de routes, hôpitaux, etc. Même si les bénéfices pourraient paraître significatifs pour les États, en réalité, cela ne semble pas le cas. Ces contrats se distinguent par une absence criante du respect des critères ESG. D'ailleurs, ils sont octroyés, sans appel d'offre, alors que leur régime juridique PPP l'impose en principe[1]. En conséquence, aujourd'hui le « contrat du siècle » est décrié comme une arnaque. Il y a eu de véritables violations des droits fondamentaux de la population congolaise[2].

Il convient de regarder d'une manière particulière les problèmes posés par des contrats miniers ordinaires c'est-à-dire qui ne sont pas des contrats PPP.

B. Les problèmes posés par des contrats miniers

Dès leur indépendance, les pays de l'espace OHADA ont adopté des lois relatives aux investissements étrangers et élaboré des textes spécifiques aux secteurs extractifs. Il s'agit des codes miniers et pétroliers, qui sont régulièrement modifiés ou réformés. La spécificité de chaque projet extractif fait que ces codes sont complétés par des contrats signés entre le pays hôte et l'opérateur du projet extractif pour définir les droits et obligations respectifs de chaque partie[3]. L'objectif de ces conventions est de concilier les intérêts de l'État, de l'opérateur, mais aussi des populations, tout en tenant compte des réalités socio-économiques, environnementales.

Les contrats miniers constituent, avec les titres miniers liés et le permis environnemental et social, la clef de voûte juridique d'un projet minier. Il sied de préciser que ce dernier est, par nature, complexe. Il y a une multitude d'acteurs et de contrats tels que les conventions minières proprement dites, les contrats de sous-traitance conclus entre l'opérateur et ses différents sous-traitants, mais aussi les contrats de financement conclus entre l'opérateur et les apporteurs de fonds. Les codes et conventions miniers contiennent des dispositions de nature à garantir une sécurité juridique aux investisseurs. Ces codes et conventions regorgent des dispositions fiscales, douanières, des clauses dites de « stabilisation », celles sur la nature des titres miniers et propriété des espaces dans le périmètre minier. Ils contiennent

[1] L. n°18/016, 09 juill. 2018 relative au partenariat public-privé, art. 8, 25, 30 et s.
[2] Sur le sujet, voir notamment : « En RDC, le dossier explosif des contrats miniers chinois », France Inter, Géopolitique, 21 sept. 2021.
[3] A. KAIROUANI, « Les contrats d'État dans les industries extractives africaines au regard de la jurisprudence du CIRDI », Rec. Penant, éd. Juris Africa n°913 oct. – déc. 2020, pp. 413-433, spéc. p. 414.

de plus en plus souvent des dispositions relatives au respect de l'environnement et à l'impact social des projets. Ces clauses sont, d'ailleurs, requises par les apporteurs de fonds. Ainsi, en principe, les sociétés minières internationales doivent se conformer, par exemple, aux principes de l'Équateur. Ces derniers sont des normes sociales et environnementales qui s'adressent au secteur financier et s'appliquent dans le cadre du financement des projets. Les dernières conventions minières y font, en principe, expressément référence.

Pourtant, malgré ces dispositions, les conséquences sociétales et environnementales négatives de l'exploitation des ressources naturelles ne cessent d'accroître en Afrique. En effet, le gigantisme des projets miniers, gaziers et pétroliers s'accompagne d'impacts environnementaux et sanitaires qui semblent parfois peu maîtrisables, malgré les progrès technologiques accomplis en termes de gestion de ces risques. Les techniques d'extraction sont devenues de plus en plus invasives et destructrices. En résulte une contamination importante de l'air, de l'eau et des sols, ayant des conséquences sanitaires importantes ainsi que, souvent, la destruction ou pollution des ressources dont les populations riveraines dépendent pour vivre. Les activités extractives impliquent aussi une forte consommation d'eau et d'énergie, et d'importantes émissions de gaz à effet de serre, aggravant ainsi le réchauffement climatique. Enfin, hormis l'utilisation des personnes vulnérables comme les femmes enceintes et les enfants dans l'exploitation minière, des accidents graves continuent de survenir. Nous pouvons, à ce sujet, relever tristement l'exemple du Congo-Kinshasa. En 2019, il y a eu l'effondrement d'une mine de cuivre et de cobalt exploitée par la filiale du groupe minier suisse *Glencore*. Cet accident a fait 39 morts[1]. Aussi, en 2020, l'effondrement d'une mine artisanale à *Kamituga* a occasionné la mort d'une cinquantaine des creuseurs[2]. Ces artisans miniers, travaillant dans l'informel, sont souvent sollicités par des entreprises ayant signé des contrats miniers.

Dès lors, l'exposition des artisans miniers ou des sous-traitants sollicités par des entreprises ayant signé des contrats miniers et la violation des droits des populations justifient une fois de plus l'éminence de cette prise en compte de préoccupations sociétales et environnementales. Cela implique la connaissance de la chaîne de valeur. D'où le recours, en droit comparé, de la notion de relation commerciale établie ou partenaires commerciaux, dans le cadre du déploiement des obligations de vigilance consistant notamment à évaluer régulièrement la situation des filiales, fournisseurs et sous-traitants. Dans la relation entreprise donneuse d'ordre et sous-traitants, le contrat permet d'établir généralement le principe d'évaluation

---

[1] « RDC : 39 personnes tuées dans l'effondrement d'une mine », Jeune Afrique, 28 juin 2019.

[2] « RDC : accident dans une mine d'or artisanale, plus de 50 disparus », Afrique Infos, 14 sept. 2020.

qui favorise au donneur d'ordre de s'assurer du respect par son cocontractant des obligations. Sa présence est un premier indice démontrant l'importance qu'attache le donneur d'ordre au respect des clauses contractuelles RSE. Celles-ci le sécurisent aussi, sous réserve de renvoyer à des mécanismes d'évaluation et de contrôle appropriés. Le contrat permet donc de gérer les risques.

§2. Les modalités de la gestion contractuelle des risques en France et dans l'espace OHADA

Le contrat est un outil efficace pour communiquer les engagements ESG aux fournisseurs directs, jusqu'à l'ensemble de la chaîne de valeur. Il facilite la gestion des risques. A ce titre, la gestion contractuelle joue un rôle préventif. Ce qui revient à dire que celle-ci est mobilisée pour répondre aux nouveaux défis posés par la diffusion d'exigences sociétales et environnementales dans le contrat. En ce sens, la gestion des contrats, dans le cadre du déploiement des obligations de vigilance, est avant tout préventive avec pour objectif d'anticiper les risques sociétaux et environnementaux. Par ailleurs, la gestion contractuelle a également une fonction curative. Autrement dit, il s'agit d'une gestion qui vise le traitement du risque réalisé. Les volontés individuelles décident des modalités de traitement de leur litige en trouvant un remède à la situation. Il convient de concilier ces deux fonctions avec l'objectif poursuivi par la loi sur le devoir de vigilance. Nous verrons, d'une part, la gestion contractuelle préventive (**A**) et, d'autre part, la gestion contractuelle curative (**B**).

A. La gestion contractuelle préventive

Les entreprises n'ont pas attendu le législateur pour intégrer la RSE dans leurs relations commerciales. Depuis l'adoption des normes non contraignantes de RSE, l'influence de l'intensification des engagements volontaires des entreprises était grande. Celle-ci imposait les entreprises à traduire les enjeux RSE dans le cadre de leurs relations contractuelles. Mais nous pouvons se demander avec un auteur si la pratique qui s'est développée est adaptée aux nouvelles exigences de prévention et d'atténuation des risques renforcées par la loi sur le devoir de vigilance[1]. C'est tout l'intérêt d'une étude menée par deux cabinets de conseil[2]. Cette étude établit un état

---

[1] Y. QUEINNEC et S. MAC CIONNAITH, « La clause RSE, levier incontournable de vigilance », Revue Lamy droit des affaires, n°139, 1er juill. 2018.

[2] Études, « Contrat et clause RSE, leviers incontournables de vigilance, étude croisée 2018 acheteurs-fournisseurs sur les clauses contractuelles RSE », Ecovadis et Affectio Mutandi, Paris, 2018, 70 p.

des lieux des pratiques. En interrogeant 569 fournisseurs et 50 donneurs d'ordre sur les 5 continents, il en ressort que si la pratique des clauses contractuelles RSE est bien mue, par la volonté des entreprises donneuses d'ordres, d'améliorer les performances ESG, dans leur chaîne d'approvisionnement, plus prosaïquement, il s'agit surtout pour elles de se protéger des risques de mise en cause de leur responsabilité en cas de survenance d'un dommage[1]. Or c'est précisément du point de vue du risque que les nouvelles attentes normatives bousculent en exigeant la prise en compte d'intérêts tiers à la transaction commerciale. L'entreprise donneuse d'ordre doit être en mesure de prévenir effectivement les atteintes graves aux droits humains, à l'environnement, à la santé et la sécurité susceptibles de surgir dans sa chaîne d'approvisionnement[2]. Le contrat est alors un outil privilégié pour répondre aux exigences d'identification et d'atténuation des impacts négatifs d'une opération commerciale sur les droits humains et l'environnement. Ces derniers constituent bel et bien les risques juridiques. Le risque est « de nature juridique si sa source implique une norme juridique[3] ». Autrement dit, c'est « le résultat de la conjonction d'un événement et d'une norme juridique[4] ». Dans le cadre des obligations de vigilance, l'événement consiste en un risque sociétal (violation des droits humains, libertés fondamentales, santé et sécurité des personnes) ou environnemental et de gouvernance (lutte contre la corruption).

Afin de sécuriser leur transaction avec les sous-traitants et fournisseurs, les entreprises donneuses d'ordre ainsi que leurs partenaires directs doivent anticiper les risques juridiques sociétaux, environnementaux et de gouvernance. Tout mécanisme de prévention nécessite de connaître précisément la teneur et l'étendue du risque afin de proposer une solution appropriée pour son anticipation. La première phase de la prévention a pour objectif la connaissance du risque. Les entreprises donneuses d'ordre ainsi que leurs partenaires directs, dans cette démarche préventive, doivent être en mesure de « voir avant », ce qui implique de leur part de « savoir avant ». Dès lors, pour connaître les risques sociétaux et environnementaux, ils sont censés analyser ou scanner leurs relations d'affaires. Ils doivent inciter cette évaluation des tiers par des clauses contractuelles RSE. Autrement dit, la fonction des clauses contractuelles RSE est d'intégrer le risque *ab initio* au stade de la conclusion du contrat[5]. Par ailleurs, ces clauses, étant entendues comme celles chargées de la gestion du risque sociétal et environnemental,

---

[1] Y. QUEINNEC et S. MAC CIONNAITH, « La clause RSE, levier incontournable de vigilance », Revue Lamy droit des affaires, n°139, 1er juill. 2018.

[2] Idem.

[3] Ch. COLLARD, « Le risque juridique existe-t-il ? Contribution à la définition du risque juridique », Cahiers de droit de l'entreprise n°1, janv. 2008, dossier 3.

[4] F. VERDUN, « La gestion des risques juridiques », op. cit., spéc. p. 25.

[5] Voir : S. PELLET, « Les clauses de prévention des risques », La Semaine Juridique Notariale et Immobilière n°21, 22 mai 2015, 1160 ; P. PUIG, « Les clauses d'attribution des risques », La Semaine Juridique Notariale et Immobilière n°21, 22 mai 2015, 1161.

se révèlent extrêmement variées. Aussi, même s'il est possible de recenser ces risques encourus dans une situation donnée, leur traitement contractuel dépendra de l'économie du contrat voulu par les parties.

A cet effet, l'étude susmentionnée des pratiques de contractualisation des enjeux de RSE a permis d'identifier quatre éléments fondamentaux, largement partagés quel que soit le système de droit du donneur d'ordre[1]. Elles consistent en l'établissement d'un référentiel normatif, l'organisation de l'évaluation du fournisseur et des conséquences en cas de manquement ainsi que la prise en compte des impacts au-delà de la relation contractuelle de rang un (1).

Concernant le référentiel normatif ESG, ce qu'il faut retenir, au-delà de rappeler que le fournisseur doit respecter le droit applicable, c'est que les clauses contractuelles RSE se réfèrent à deux grandes typologies d'instruments ou « référentiels ». D'un côté, des instruments internes (code de conduite, charte éthique, charte d'achats responsables) et de l'autre côté des instruments externes (Pacte mondial, normes de l'OIT, principes directeurs de l'ONU et l'OCDE, ISO 26000, etc.). Cette intégration de normes extracontractuelles dans le contrat leur confère, tel que rappelé précédemment, une force contraignante. Ce premier paramètre essentiel d'une clause contractuelle RSE établit le périmètre matériel (quels enjeux sont visés). En fixant les enjeux qui lui importent dans sa relation d'affaires en particulier sur les droits humains, le donneur d'ordre exprime des exigences souvent très génériques, ce qui peut questionner l'effectivité opérationnelle et la force contraignante de la clause contractuelle RSE[2].

La clause contractuelle RSE établit généralement le principe d'évaluation permettant au donneur d'ordre de s'assurer du respect par son cocontractant des obligations. Cette clause qui sécurise également l'entreprise donneuse d'ordre renvoie à des mécanismes d'évaluation et de contrôle appropriés. L'évaluation du respect de la clause RSE repose sur des contrôles internes et externes[3]. Concrètement, cette évaluation peut se traduire, a minima, par la mise en place d'un système d'auto-évaluation, mais aussi par l'inscription du sous-traitant ou fournisseur sur une plateforme d'évaluation, ou par des audits réalisés par des tiers, et, de plus en plus, par des audits mutualisés entre donneurs d'ordre, ce qui leur permet d'aligner leurs exigences. L'étude rappelle, toutefois, qu'aussi utiles soient-ils, les audits ne sont pas une panacée et que l'immeuble du *Rana Plaza* avait été audité quelques jours avant de s'effondrer le 24 avril 2013[4]. L'épineuse

[1] Études, « Contrat et clause RSE, leviers incontournables de vigilance, étude croisée 2018 acheteurs-fournisseurs sur les clauses contractuelles RSE », Ecovadis et Affectio Mutandi, Paris, 2018, spéc. p. 14 et s.
[2] Idem, spéc. p.15.
[3] L. RAVILLON, « La RSE dans les contrats du commerce international », Revue Lamy droit des affaires 2013/84, n ° 4692.
[4] Études, idem, spéc. p. 16.

question de la prise en charge du coût de ces dispositifs d'évaluation est généralement traitée directement dans la clause et facteur potentiel de déséquilibre entre les parties. Il est, à ce titre, possible d'anticiper que dans le défi probatoire demeurant autour du devoir de vigilance, la qualité des dispositifs d'évaluation ou d'audit et du traitement des résultats démontrera ou non la vigilance raisonnable du donneur d'ordre[1].

Un autre élément essentiel d'une clause contractuelle RSE est la délimitation de son périmètre d'application. L'étude montre que la plupart des clauses contractuelles RSE ne crée d'obligations qu'à l'égard du cocontractant direct de « rang un (1) ». D'autres prévoient que le cocontractant s'engage à ce que ses propres partenaires commerciaux respectent les dispositions prévues par la clause contractuelle RSE ou encouragent celui-ci à mettre en place une démarche similaire à l'égard de ses partenaires[2]. Cette entorse volontaire au principe de l'effet relatif des conventions traduit la prise en compte par les entreprises donneuses d'ordre de leur « sphère d'influence ». Elle manifeste leur ambition de diffuser la prise en compte des enjeux ESG tout au long de leur chaîne de valeur à travers leurs relations commerciales. Ce périmètre de la clause contractuelle RSE a des répercussions potentielles importantes sur le plan juridique comme réputationnel. Il pose aussi la question de l'accès aux données des fournisseurs de rang un (1), voire au-delà, pour le donneur d'ordre, le risque ou l'opportunité d'en disposer et le rôle clé que pourraient venir jouer les technologies telles que la *blockchain*.

L'un des défis qui se profile réside dans l'optimisation de l'effectivité des clauses contractuelles RSE qui sont de plus en plus répandues dans les opérations commerciales. Les enseignements contractuels du drame du *Rana Plaza* et l'observation de l'état de l'art des pratiques les plus récentes ont questionné l'impact de ces clauses liant les donneurs d'ordre et leurs fournisseurs ou sous-traitants[3]. Il a notamment été mis en évidence que l'articulation des conditions contractuelles « classiques » (objet, durée, prix, conformité, livraison, pénalités, Incoterm, etc.) avec des dimensions sociétales (reprise d'engagements éthiques, modalités de vérifications, alertes, etc.) n'était pas optimale et pouvait entraîner des arbitrages malheureux de la part des sous-traitants, sans assurer la sécurité juridique et réputationnelle des donneurs d'ordre[4]. Le défi juridique et opérationnel consiste à garantir l'effectivité d'une clause contractuelle RSE intégrée à une opération commerciale. Parmi les points d'amélioration qui émergent figure la nécessité d'assurer une cohérence entre les exigences de la clause RSE et les autres stipulations contractuelles susceptibles d'en neutraliser les effets.

---

[1] Y. QUEINNEC et S. MAC CIONNAITH, « La clause RSE, levier incontournable de vigilance », Revue Lamy droit des affaires, n°139, 1er juill. 2018.
[2] Études, ibid. spéc. p. 17.
[3] Études, ibid. spéc. pp. 30-50.
[4] Études, ibid. spéc. p. 17.

L'autre point d'optimisation réside dans le besoin d'adapter les exigences et modalités de la clause contractuelle RSE au contexte d'opération du partenaire commercial. Si toute clause contractuelle RSE se doit d'être dotée d'un dispositif de contrôle, son effectivité dépend, en effet, de nombreux paramètres contextuels. Mais au-delà de sa dimension contraignante, l'effectivité opérationnelle de la clause contractuelle RSE requiert une ingénierie contractuelle et sociétale afin d'organiser quatre paramètres fondamentaux[1] : le partage cohérent des responsabilités ESG, des conditions contractuelles incitatives, la gestion amiable des litiges et le traitement gradué des manquements constatés. D'où l'analyse de la gestion contractuelle curative.

B. La gestion contractuelle curative

L'étude montre que lorsque les clauses prévoient des conséquences en cas de manquement constaté elles se limitent généralement à permettre au donneur d'ordres de rompre le contrat pour inexécution[2]. La clause contractuelle RSE se hisse ainsi au même rang que les clauses commerciales plus classiques, confortant la perception par le fournisseur ou sous-traitant que la clause RSE est essentielle au contrat. Toutefois, il apparaît que, si l'effet dissuasif de la rupture de la relation contractuelle provoque une attention particulière du partenaire commercial, d'autres dispositifs plus progressifs sont à privilégier lui permettant de se mettre en conformité en cas de manquement. Autrement dit, l'entreprise donneuse d'ordre s'entend s'engager en faveur de ses fournisseurs et de sa chaîne de valeur favorisant le maintien de la relation contractuelle. Elle doit donc limiter les cas de résiliation aux manquements les plus graves. Les principes directeurs internationaux de RSE et de nombreux guides sectoriels recommandent d'ailleurs que la rupture contractuelle reste une solution de dernier recours[3]. En effet, en cas d'incidences négatives dans la chaîne de valeur, les normes internationales de RSE préconisent de prendre des actions correctives. Les principes directeurs prévoient que si une entreprise détermine qu'elle a subi une incidence négative soit directement, soit indirectement du fait d'un maillon de sa chaîne d'approvisionnement, l'entreprise doit mettre en place des mesures de réparation[4]. En l'absence d'incidence négative, les audits et contrôles diligentés par les entreprises donneuses d'ordre peuvent parfois mettre au jour des insuffisances nécessitants des mesures de correction. Ni

[1] Études, ibid., spéc. pp. 30-50.
[2] Études, ibid., spéc. p. 16.
[3] Guide OCDE sur le devoir de diligence pour une conduite responsable des entreprises, éd. 2018, spéc. pp. 33 et 89 ; Principes directeurs de l'OCDE à l'intention des entreprises multinationales, éd. 2011, spéc. II. B. comm., n°21-22, p. 28
[4] Idem.

ces insuffisances, ni ces incidences négatives ne justifient une résiliation du contrat entre donneur d'ordre et son fournisseur. L'entreprise s'efforcera, par le contrat, de maintenir la relation et de favoriser des mesures de réparation et de correction (plan d'actions correctives) pour pérenniser sa chaîne d'approvisionnement. Elles doivent mettre en place des canaux de réclamation non judiciaires accessibles aux victimes des incidences négatives sur les droits humains[1]. Ces canaux permettront de faire cesser et réparer amiablement des incidences négatives. Comme nous l'avons relevé précédemment, ces mécanismes doivent répondre aux critères d'efficacité. Ils doivent être légitimes, accessibles, prévisibles, équitables, transparents. Ils doivent être perfectionnés régulièrement et favorisés la participation et le dialogue[2]. Cette conception est bel et bien présente dans le texte final de la directive européenne sur le devoir de vigilance. Elle prévoit que, outre le mécanisme de notification et procédure relative aux plaintes, les entreprises doivent recourir aux « garanties contractuelles » pour amener leurs partenaires commerciaux à respecter le plan d'action en matière de prévention.

Nous comprenons que pour résoudre le risque juridique réalisé, qui, dans cette hypothèse, n'est pas grave et répété, les parties peuvent s'appuyer sur des techniques conventionnelles. Ces dernières, étant qualifiées de MARD[3] ou de MARC[4], sont désormais devenues incontournables dans le paysage juridique français et OHADA. Ils visent à traiter la réalisation du risque juridique en préférant une résolution a-judiciaire des différends. Ses outils sont variés : médiation, transaction, compromis, arbitrage, etc. Leur développement est présenté comme un phénomène de « contractualisation » du règlement des différends[5]. Selon l'étude précitée, en cas de difficulté lors de l'exécution de la clause contractuelle RSE ou dans son interprétation, il est recommandé d'organiser une gestion amiable des litiges[6]. Il paraît évident que plusieurs phases de la vie du contrat sont en effet susceptibles d'entraîner des divergences entre les parties pouvant nuire à l'atteinte des objectifs de la clause contractuelle RSE et plus généralement à la poursuite de la relation commerciale. Il peut s'agir à l'occasion notamment d'une alerte interne, ou d'un audit externe. Le recours à des dispositifs de règlement amiable permet de gérer ces situations dans un délai fixé contractuellement ou en amont de la médiation. Les parties

---

[1] M-C. RIGAUD, « La médiation et la RSE : des valeurs communes ? », in *RSE et Médiation. Regard croisé France-Canada (dir. V. MERCIER)*, coll. Institut de droit des affaires CDE, PUAM, 2018, 171 p., pp. 94-102 ; C. CHOQUETTE, « RSE, Médiation et « dialogue normatif » : une combinaison gagnante pour l'environnement ? », in *préc.*, pp. 133-150.

[2] Principes directeurs de l'ONU relatifs aux entreprises et aux droits de l'homme, éd. 2011, spéc. III. B. n°31, p. 39.

[3] Mode alternatif de règlement ou de résolution des différends.

[4] Mode alternatif de règlement ou de résolution des conflits.

[5] L. HENNEBEL et G. LEWKOWICZ, « La contractualisation des droits de l'homme. De la pratique à la théorie du pluralisme politique et juridique », op. cit., spéc. pp. 232-233.

[6] Études, ibid., spéc. p. 55

disposent d'une large gamme de clauses[1] permettant d'organiser la médiation à différents moments de la relation : clause de rencontre, de conciliation préalable, clause de *hardship*, etc. Pour cette raison, la directive européenne sur le devoir de vigilance reconnaît cette logique en ce que « les entreprises peuvent, le cas échéant, prendre des mesures appropriées (...) par exemple en nouant le dialogue avec un partenaire commercial au sujet des attentes de l'entreprise en ce qui concerne la prévention et l'atténuation des incidences négatives potentielles ou en donnant accès à des possibilités de renforcement des capacités, à des orientations, à un soutien administratif et financier (...)[2] ».

En revanche, s'efforcer des contrats plus durables ne doit pas empêcher un donneur d'ordre de mettre fin à une relation contractuelle si celle-ci est dans l'impasse. Autrement dit, en cas de manquement grave ou répété par un fournisseur à ses engagements contractuels, voire par un de ses sous-traitants, l'entreprise n'a parfois d'autre choix que de résilier le contrat ou rompre la relation commerciale. C'est lorsque la résiliation intervient en dernier recours ou pour sanctionner les manquements les plus graves qu'elle est reconnue par les référentiels internationaux. Cette logique est mise en évidence dans la directive européenne sur le devoir de vigilance. Elle prévoit que pour ce qui est des incidences négatives potentielles qui n'ont pas pu être prévenues ou atténuées de manière adéquate par les mesures visées, l'entreprise doit s'abstenir de nouer de nouvelles relations ou d'étendre les relations existantes avec un partenaire commercial en rapport avec lequel l'incidence a eu lieu, ou dans la chaîne d'activités duquel cette incidence s'est produite[3]. Elle précise néanmoins que, lorsque le droit applicable à leurs relations le permet, l'entreprise prend les mesures suivantes, en dernier ressort[4] : l'adoption et la mise en œuvre sans retard injustifié d'un plan d'action renforcé en matière de prévention pour l'incidence négative spécifique, y compris l'utilisation du levier de suspension temporaire ; ou si l'on ne peut raisonnablement s'attendre à ce que ces efforts aboutissent, ou si la mise en œuvre du plan d'action renforcé en matière de prévention n'a pas permis de prévenir ou d'atténuer l'incidence négative, mettre un terme à la relation commerciale en ce qui concerne les activités concernées si l'incidence négative potentielle est grave.

Selon l'étude précitée, l'un des objectifs recherchés par la prise en compte des rangs deux (2) voire au-delà, consiste pour le donneur d'ordre à déléguer la responsabilité en cas de survenance de dommages ESG. Il convient de préciser combien l'efficacité et la validité juridique de cette délégation sont strictement conditionnées et qu'en aucun cas le donneur

[1] Ibid.
[2] Dir. (UE) 2024/1760 du Parlement européen et du Conseil du 13 juin 2024 sur le devoir de vigilance des entreprises en matière de durabilité et modifiant la directive (UE) 2019/1937 et le règlement (UE) 2023/2859, JOUE, L du 5 juill. 2024, art. 10, n°3.
[3] Idem., art. 10, n°6.
[4] Ibid., art. 10, n°6 a) et b).

d'ordre ne peut attendre de ce dispositif un effet exonératoire de responsabilité absolu[1]. Si le donneur d'ordre ne met pas son cocontractant en mesure d'exercer dans des conditions raisonnables sa vigilance, il peut engager sa responsabilité grâce aux autres mécanismes juridiques existants. Soulignons que la directive européenne sur le devoir de vigilance évoque une possible responsabilité solidaire si le dommage a été causé conjointement par l'entreprise et sa filiale, ou un partenaire commercial direct ou indirect[2] ; et elle précise que les entreprises peuvent néanmoins être tenues pour responsables même si elles ont participé à des initiatives sectorielles ou multipartites ou qui ont recouru à la vérification par un tiers indépendant ou à des clauses contractuelles pour soutenir la mise en œuvre d'obligations relatives au devoir de vigilance[3].

Effet, le donneur d'ordre peut engager sa responsabilité grâce aux autres mécanismes juridiques existants. Les nouvelles exigences de prévention et d'atténuation des risques ESG, attendues des donneurs d'ordre, dans leur chaîne d'approvisionnement, ouvrent en effet une nouvelle ère des pratiques de contractualisation qui ne peuvent plus se limiter à déporter la charge sur leurs relations d'affaires. Cette pratique, au-delà d'être considérée comme inappropriée au vu de l'exercice du devoir de vigilance raisonnable, s'expose à l'application de dispositions du Code civil dérogeant au principe de l'effet relatif des conventions[4]. À ces dérogations légales[5], s'ajoutent des aménagements prétoriens au principe de l'effet relatif des conventions puisque les juges acceptent depuis longtemps l'action de tiers au contrat, notamment sur le fondement de l'article 1240 du Code civil, pour obtenir la réparation des dommages subis du fait de l'inexécution d'un contrat[6]. Un célèbre arrêt de la Cour de cassation de 2006 dit *Myr'ho/Bootshop* a confirmé que « le tiers à un contrat peut invoquer, sur le fondement de la responsabilité délictuelle, un manquement contractuel dès lors que ce manquement lui a causé un dommage[7] ». Il s'agit de l'affirmation de la théorie de l'identité des fautes contractuelle et délictuelle. Autrement dit, une faute est une faute. Après quelques arrêts de rébellion de diverses Chambres de la Cour de cassation[8], l'Assemblée plénière de la Cour de

[1] Études, ibid., spéc. p. 24.
[2] Dir. (UE) 2024/1760 du Parlement européen et du Conseil du 13 juin 2024 sur le devoir de vigilance des entreprises en matière de durabilité et modifiant la directive (UE) 2019/1937 et le règlement (UE) 2023/2859, JOUE, L du 5 juill. 2024, art. 29 n°5.
[3] Idem., art. 29, n°4.
[4] C. civ., art. 1199, al. 1er ; projet d'AUDGO, art. 227.
[5] C. civ., art. 1199, al. 2, et art. 1200 et s ; projet d'AUDGO, art. 228 et s.
[6] Sur le sujet, voir : N. BLANC, M. LATINA et D. MAZEAUD, « Droit des obligations », op. cit., spéc. pp. 168-173, n°318-320.
[7] Cass. ass. plén. 6 oct. 2006, n°05-13255, Rec. Dalloz 2006, p. 2825, note G. VINEY; RTD civ. 2007, p. 123, obs. P. JOURDAIN.
[8] Cass. 1re civ. 15 déc. 2011, n° 10-17691 ; Cass. com. 18 janv. 2017, n° 14-16442 ; Cass. 3e civ. 18 mai 2017, n° 16-11203; Cass. 3e civ. 22 oct. 2008, n° 07-15.692. Pour une vue

cassation a réaffirmé et confirmé la jurisprudence *Myr'ho* le 13 janvier 2020[1]. Bien que la Chambre commerciale de la Cour de cassation fasse preuve d'un certain tempérament envers ce principe[2], nous pouvons donc imaginer qu'un tiers exposé à un dommage grave à sa santé, sa sécurité, ses droits fondamentaux ou l'environnement lié à l'exécution d'un contrat commercial, puisse invoquer le préjudice résultant d'un manquement au respect de la clause contractuelle RSE. D'où l'importance pour le donneur d'ordre de s'assurer qu'il met son fournisseur ou son sous-traitant en mesure de satisfaire ses obligations contractuelles, au risque de voir un tiers lui reprocher sa propre faute et engager sa responsabilité.

Les clauses contractuelles RSE et leur mise en œuvre sont amenées à devenir un facteur clé de démonstration de vigilance et l'atout le plus convaincant d'une stratégie de RSE opérationnelle. Notons, par ailleurs, que la consécration de la théorie des attentes légitimes par l'article 1166 du Code civil révèle l'importance de la prise en compte des attentes des parties au contrat[3]. On ne peut exclure qu'en reflet de l'attente légitime du donneur d'ordre du respect de la clause RSE, le fournisseur puisse attendre tout aussi légitimement d'être mis par son cocontractant dans les meilleures conditions pour la respecter.

Il en est de même du porte-fort et de la stipulation pour autrui, l'obligation naturelle, et même le forçage du contrat[4]. Concernant l'obligation naturelle, il convient de noter qu'en application de l'alinéa 2 de l'article 1100 du Code civil[5], elle est consacrée, d'une manière déguisée, à travers le « devoir de conscience envers autrui ». Appliquée dans le cadre familial, ce mécanisme peut-il être invoqué à l'encontre d'une personne morale ? Selon un auteur, elle pourrait être mobilisée afin de « suppléer aux manquements d'une société à ses engagements[6] », notamment lorsque « le gérant avait suscité un lien de confiance bien particulier[7] ». Dans ce contexte, pourrait-on concevoir qu'un engagement éthique d'une société, pris par l'intermédiaire de son dirigeant puisse susciter un tel devoir de

---

d'ensemble sur cette rébellion, voir l'encadré focus n°8 : N. BLANC, M. LATINA et D. MAZEAUD, « Droit des obligations », op. cit., spéc. p.170-173.

[1] Cass. ass. plén., 13 janv. 2020, n° 17-19.963, note H. BARBIER, RTD civ. 2020, p. 96.

[2] Cass. com. 3 juill. 2024, n°21-14.947 en ce que « pour ne pas déjouer les prévisions du débiteur, qui s'est engagé en considération de l'économie générale du contrat et ne pas conférer au tiers qui invoque le contrat une position plus avantageuses que celle dont peut se prévaloir le créancier lui-même, le tiers à un contrat qui invoque, sur le fondement de la responsabilité délictuelle, un manquement contractuel qui lui a causé un dommage peut se voir opposer les conditions et limites de la responsabilité qui s'appliquent dans les relations entre les contractants ».

[3] Études, ibid., spéc. p. 22.

[4] M. FABRE-MAGNAN, « Les fausses promesses des entreprises : RSE et droit commun des contrats », op. cit., spéc. pp. 451-458.

[5] En droit de l'OHADA, voir le projet d'AUDGO, art. 3 al. 3.

[6] T. GENICON, « L'obligation naturelle vers un fabuleux destin…ou une mort certaine ? », Revue de droit des contrats 2013/1, p. 43.

[7] Idem.

conscience[1]. Pour le porte-fort et la stipulation pour autrui, si, en principe, on ne peut s'engager en son propre nom que pour soi-même, il est néanmoins possible de se porter fort en promettant le fait d'un tiers. On peut aussi stipuler pour autrui. Ces deux mécanismes, selon Madame Fabre-Magnan, sont « riches de potentialités et plus modernes qu'il y paraît. Ainsi, dans les chaînes de production, on pourrait considérer que les sociétés mères, en prenant des engagements en matière de responsabilité sociale, se portent fort (au sens d'une garantie de bonne exécution) que toutes leurs entreprises sous-traitantes produiront les biens commandés dans des conditions respectueuses des droits de l'homme et de l'environnement[2] ». Le maniement jurisprudentiel de ces mécanismes juridiques sera l'occasion, pour le juge, de préciser la portée normative des engagements de droit souple en faveur de la protection de l'environnement et du respect des droits humains adoptés par les acteurs économiques dans leurs relations d'affaires. D'où l'étude de la juridictionnalisation du devoir de vigilance.

[1] Monsieur MEKKI a pu s'interroger, à propos de cet article 1100 de la façon suivante : « cette disposition ne pourrait-elle pas permettre de " juridiciser " un certain nombre d'engagements " purement éthiques " pris par certaines multinationales dans le cadre de la responsabilité sociale des entreprises ? », M. MEKKI, « Le droit de l'environnement est dans l'air du temps.... », Dalloz actualité, 19 sept. 2016.

[2] M. FABRE-MAGNAN, « Le droit des contrats », 1ère éd., coll. Que sais-je ? n°4118, Paris, 2018, 125 p., spéc. p. 62. ; voir aussi : du même auteur : « Les fausses promesses des entreprises : RSE et droit commun des contrats », op. cit., spéc. pp. 457-458.

Chapitre II. La juridictionnalisation du devoir de vigilance

L'obligation de vigilance vient formuler en termes légaux ce qui a été jusqu'ici la bonne volonté des entreprises. Celle-ci se manifeste dans la mise en place de stratégies destinées à intégrer les préoccupations sociétales et environnementales aux activités des entreprises. Pour ce faire, les entreprises se dotent de programmes de conformité, c'est-à-dire de procédures internes pour s'assurer du respect de règlementations[1]. Le mécanisme du devoir de vigilance, à travers ses différentes mesures matérielles de vigilance, vient renforcer plusieurs procédures internes, ce qui fait qu'il étend maintenant son emprise aux normes éthiques de RSE. En scrutant bien ce mécanisme, les entreprises sont censées assurer le contrôle du respect des obligations matérielles de vigilance. Elles peuvent mettre en place des codes de conduite ou d'éthique, effectuer des enquêtes internes pour donner suite à l'alerte ou au recueil des signalements, des audits internes ou externes et parfois sanctionner. A cela, elles acquièrent les qualités attendues d'une juridiction. Autrement dit, elles deviennent, en quelque sorte, procureurs et juges d'elles-mêmes voire des autres dans le cadre de leurs chaînes de valeur. Par ailleurs, si on se place dans cette relation d'entreprise donneuse d'ordre et fournisseur, il est de plus en plus recommandé aux entreprises donneuses d'ordre de privilégier le dialogue avant toute sanction de rupture de relation commerciale. De ce fait, la juridiction privée, à l'instar de la médiation et l'arbitrage, revêt une importance considérable pour véhiculer le respect des valeurs éthiques. Également, il est vrai que le contrôle juridictionnel est le rôle naturel du juge. Son office renvoie à l'acte de juger[2]. Ce qui revient à dire que le juge est appelé, comme tiers impartial, soit « à dire le droit », soit « à trancher le litige ». Il va de soi que le devoir de vigilance place le rôle du juge au cœur de son déploiement. Le législateur français confirme l'importance du contrôle judiciaire prenant, parfois, la position d'anticipation des risques.

Dès lors, nous verrons d'une part le rôle des juges en France et dans l'OHADA (**Section I**) et, d'autre part, le rôle « juridictionnel » de l'entreprise en France et dans l'espace OHADA (**Section II**).

Section I. Le rôle des juges en France et dans l'OHADA

---

[1] J. TRICOT, « La conformité, outil de juridicisation de la RSE et de transformation du droit », in *La RSE saisie par le droit. Perspectives interne et internationale (dir. K. MARTIN-CHENUT et R. DE QUENAUDON)*, éd. Pedone, Paris, 2016, 717 p., pp. 303-317, spéc. pp. 309-313.

[2] L. CADIET, « L'office du juge au regard de l'instance en droit français », in *L'office du juge (dir. C. CHAINNAIS et al.)*, Bruylant, Bruxelles, 2017, 385 p., pp. 129-159.

Le devoir de vigilance est une règle de *compliance*. Celle-ci est constituée des outils dont la nature non juridique éloigne naturellement le juge. Cependant, le juge trouve sa place puisque cette règle de *compliance* a pour objectif de préserver l'intérêt général. C'est pourquoi il est au cœur du déploiement de l'obligation de vigilance. Son rôle principal est de contrôler le respect de cette obligation par des entreprises assujetties. En France, le juge étatique trouve sa position affermie dans le cadre d'un contrôle qui se manifeste à travers la procédure d'injonction et de référé, la possibilité d'exercer une action en responsabilité civile voire l'évitement de poursuite par le recours à la CJIP. Puisque le devoir de vigilance étend son influence aux normes de RSE, le rôle du juge français peut consister aussi en la reconnaissance des effets juridiques à ces dernières. D'autre part, le pilier de la sécurité judiciaire est incarné, en droit de l'OHADA, par la CCJA. Dans le cadre prospectif, la mise en œuvre d'un futur devoir de vigilance OHADA, tel que proposé antérieurement, se reposerait sur le triptyque : mise en demeure, injonction, recours au droit commun de la responsabilité civile et pénale. Nous ne pouvons que voir l'importance du rôle que devrait jouer le juge OHADA. De même, le juge OHADA assurera son rôle tant dans la justiciabilité des normes de RSE que dans celui des conflits RSE.

Par conséquent, il sera question, dans un premier temps, de relever le rôle du juge étatique français (§**1**) et, dans un second temps, celui du juge OHADA (§**2**).

§1. Le juge étatique français

Le juge peut être amené à ordonner le respect des obligations de vigilance à travers le mécanisme d'injonction et de référé. Au-delà de son rôle de trancher le litige à travers l'action en responsabilité civile, relevée précédemment, le juge français peut reconnaître des effets juridiques à des normes de RSE. De plus, le législateur français a renforcé la présence du juge lorsqu'il a envisagé une autre voie par souci de conciliation des intérêts en présence. Il confère donc au juge le pouvoir de demander aux parties de s'entendre. Dès lors, l'analyse du juge français face au mécanisme d'injonction et engagements volontaires des entreprises (**A**) précèdera celle de l'essor des CJIP (**B**).

A. Le juge français face au mécanisme d'injonction et engagements volontaires des entreprises

Le devoir de vigilance prévoit le mécanisme d'injonction et l'hypothèse d'un référé. Selon l'article L. 225-102-4, II, le législateur précise que : « lorsqu'une société mise en demeure de respecter les obligations prévues au I n'y satisfait pas dans un délai de trois mois à compter de la mise en demeure, la juridiction compétente peut, à la demande de toute personne justifiant d'un intérêt à agir, lui enjoindre, le cas échéant sous astreinte, de les respecter », et l'alinéa 2 de rajouter que « le président du tribunal, statuant en référé, peut être saisi aux mêmes fins ». Ce mécanisme d'injonction et de référé démontre clairement la volonté du législateur pour le juge d'assurer son rôle d'anticipation des risques. L'injonction est un procédé destiné à prévenir un dommage futur. De même, en droit français, le législateur a reconnu aux juges des référés un pouvoir de prévention. Inventé dans les pays de *Common Law*, l'injonction est adressée par le juge à un particulier soit pour lui interdire, soit, au contraire, pour lui imposer tel ou tel comportement[1]. Cette institution, comme renseignent certains auteurs, relève de *l'equity* et peut être sanctionnée, en cas de résistance par les peines du *contempt of court*[2]. Elle est couramment utilisée aujourd'hui par les juridictions anglaises, américaines et canadiennes[3].

En France, dans la procédure des référés, le juge « peut toujours, même en présence d'une contestation sérieuse, prescrire en référé les mesures conservatoires ou de remise en état qui s'imposent, soit pour prévenir un dommage imminent, soit pour faire cesser un trouble manifestement illicite. Dans les cas où l'existence de l'obligation n'est pas sérieusement contestable, il peut accorder une provision au créancier, ou ordonner l'exécution de l'obligation même s'il s'agit d'une obligation de faire[4] ». Or comme relevé à juste titre par trois auteurs : « la juridiction des référés utilise ce pouvoir de plus en plus largement. Notamment elle n'exige plus aujourd'hui la preuve d'une situation d'urgence et se contente loin d'un dommage imminent[5] ». Les auteurs rajoutent également qu' « il a été proposé d'aller encore plus loin en cas de menace grave pour la santé ou la sécurité humaine ou pour l'environnement en supprimant la condition d'imminence du dommage pour justifier le référé (…)[6] ». Cette philosophie cadre avec l'esprit du mécanisme de devoir de vigilance. Il n'y a pas besoin qu'il y ait l'imminence du dommage. La menace de gravité des risques sur les droits humains et l'environnement suffit. A ce titre, l'injonction consiste à un ordre donné par le juge afin que l'entreprise adapte son plan de vigilance de façon à se mettre en conformité avec la loi. Ce qui revient à dire que par cette conformité, on attend de l'entreprise une véritable identification et une description précise des risques d'atteintes graves envers les droits humains, les libertés fondamentales, la santé, la sécurité des personnes et l'environnement. Également, elle doit démontrer la prise des

---

[1] G. VINEY, P. JOURDAIN et S. CARVAL, « Traité de droit civil. Les effets de la responsabilité », 4e éd., LGDJ, Paris, 2017, 872 p., spéc. p. 36, n°18.
[2] Idem.
[3] Ibid.
[4] CPC., art. 809, 849, et 873.
[5] Ibid., spéc. p. 37, n°20.
[6] Ibid.

mesures adaptées pour prévenir ou atténuer ces risques ainsi que la mise en place des indicateurs pour mesurer l'efficacité des dispositions prises et l'évolution des risques associés. Dès lors, « la délicate mission du juge en ressort clairement : il est non seulement appelé à apprécier la manière dont un dispositif s'applique en cas de litige d'une grande complexité, mais aussi à déterminer le type de mesures de prévention à enjoindre[1] ».

A ce titre, la première décision rendue au fond dans l'affaire *La Poste* peut étonner et paraître, comme rappelé antérieurement, contradictoire. Sur l'office du juge, le tribunal judiciaire de Paris se range derrière le principe de non-ingérence : « la loi instaure ainsi un contrôle judiciaire sur l'intégration au plan de mesures concrètes, adéquates et efficaces en cohérence avec la cartographie des risques. En cas de manquement à cette obligation, elle lui donne le pouvoir d'enjoindre à la société d'élaborer, dans le cadre du processus d'autorégulation des mesures de sauvegarde (…) Mais cette disposition ne saurait conduire le juge à se substituer à la société et aux parties prenantes pour exiger d'elles l'instauration de mesures précises et détaillées[2] ». Tout en reconnaissant le pouvoir de contrôle du juge, elle semble considérer que la loi ne lui permettrait pas lors de défaillances de l'entreprise d'ordonner des mesures de vigilance sur des risques en particulier. Ils se contentent d'enjoindre à La Poste de respecter ses obligations légales, sans même prononcer l'astreinte financière.

Le juge peut être amené à reconnaître des effets juridiques à des normes de RSE. Il nous est renseigné en ces termes : « alors que l'absorption des normes RSE par les qualifications juridiques est apparue comme un remède possible à leur absence de valeur juridique intrinsèque, la technique du standard, notion à construire ou étalon de mesure, s'est révélée un moyen privilégié pour appréhender la juridicité des normes RSE[3] ». Il résulte de cette réflexion que le juge, parfois, dans l'appréciation du comportement fautif reproché à une entreprise, prend en compte les engagements volontaires des entreprises. Deux arrêts fondent cette prise en considération. Le premier est l'affaire *Erika* où il y avait bel et bien la présence d'un engagement volontaire. Le second se rapporte à un arrêt rendu par la Cour d'appel de Paris en 2013[4] lequel présente une situation où il n'existe pas d'engagement volontaire.

Dans l'affaire *Erika*, relevée plusieurs fois antérieurement, il sied de rappeler que les juges du fond, approuvés par les juges de cassation, se sont fondés sur deux documents internes pour caractériser l'existence d'un

---

[1] M. HAUTEREAU-BOUTONNET, « Première assignation d'une entreprise pour non-respect de son devoir de vigilance en matière climatique : quel rôle préventif pour le juge ? », Rec. Dalloz 2020, p. 609.

[2] TJ Paris, 5 déc. 2023, n°21/15827, spéc. p. 27.

[3] P. ABADIE, « Le juge et la responsabilité sociale de l'entreprise », Rec. Dalloz 2018, p. 302, spéc. p. 306, n°22.

[4] CA Paris, 19 déc. 2013, n°12/22644, Dalloz rév. sociétés 2014, p. 306, note A. VIANDIER.

contrôle de la société mère, puis la carence fautive dans l'exercice de ce contrôle.

Contrairement à l'affaire *Erika*, l'entreprise dont la responsabilité est recherchée, dans l'arrêt de la Cour d'appel de 2013, n'avait mis en place aucun instrument de gestion du risque privé semblable à un engagement RSE. En l'espèce, selon le juge, la faute de l'entreprise consistait au refus d'inscrire une question écrite à l'ordre du jour de l'assemblée des actionnaires à la lumière de normes de *soft law* collectivement plus exigeantes. Ainsi, la Cour d'appel affirme qu' « un nombre croissant d'investisseurs pratiquent " l'engagement " (...) ; (une) société cotée ne peut ignorer ces pratiques actionnariales qui sont aujourd'hui " normales ", c'est-à-dire naturelles aux Etats-Unis et dans les pays du Nord de l'Europe, même si elles restent discrètes ou ponctuelles en France (...). Cette nouvelle dimension ne figure pas encore dans la loi (*hard law*) mais s'agissant de sociétés cotées sur les marchés internationaux, elle a pénétré dans les exigences des régulateurs de marché (*soft law*) ». Madame Abadie, dans l'analyse de cette motivation, remarque à juste titre que « cette appréciation *in abstracto* de la faute par rapport à un modèle normal de comportement collectivement défini par des normes de *soft law* relatives à l'investissement éthique pourrait être transposées au domaine de la RSE[1] ». Elle poursuit en posant une question pertinente : « en effet, ne peut-on pas considérer que si une majorité d'entreprises d'un secteur donné a adhéré aux Lignes directrices des Nations unies, le comportement prudent attendu des entreprises de ce secteur a collectivement évolué, même pour celles qui n'ont pris aucun engagement en la matière ? Il n'y a sans doute qu'un pas à franchir pour faire de la RSE un étalon de mesure du fait générateur de responsabilité[2] ». Nous pensons que le devoir de vigilance, qui vient renforcer les procédures mises en place par des entreprises (notamment les codes de conduite et d'éthique), permet le franchissement de ce pas. Il favorise cette collectivisation des pratiques qui ne peut laisser le juge inactif. Plusieurs arrêts confirment cette hypothèse.

En effet, plusieurs arrêts rendus par la Cour d'appel de Paris fournissent un enseignement majeur consistant en la place et l'incidence des chartes et normes éthiques dans le cadre des relations commerciales. Or cette question des relations commerciales est au cœur du devoir de vigilance particulièrement dans la relation entreprise donneuse d'ordre et ses sous-traitants et fournisseurs.

L'arrêt du 5 mai 2021 de la Cour d'appel de Paris[3], affaire dite *Carrefour*, souligne l'importance du respect des codes de conduites par tout partenaire commercial. En l'espèce, une société de distribution commande et achète

[1] P. ABADIE, « Le juge et la responsabilité sociale de l'entreprise », P. ABADIE, « Le juge et la responsabilité sociale de l'entreprise », Rec. Dalloz 2018, p. 302, spéc. p. 306, n°21.
[2] Idem.
[3] CA Paris, 5 mai 2021, n°19/15680 (*Carrefour*).

des produits référencés par sa centrale de référencement. Depuis 2010, cette dernière avait une relation commerciale avec une autre société, l'un de ses fournisseurs référencés. Après une enquête réalisée en interne, la société de distribution a constaté des faits contraires à la charte éthique du groupe. Par conséquent, la centrale de référencement a mis fin à sa relation commerciale avec ce fournisseur. Ce dernier va assigner la centrale de référencement en rupture brutale des relations commerciales. La Cour d'appel jugera que la violation de la charte éthique pouvait fonder la rupture immédiate des relations commerciales. Dans le cadre de cette affaire, le responsable de référencement de la catégorie se rapportant aux produits fournis par le fournisseur mis en cause s'était vu offrir une mallette, une caisse de champagne ainsi qu'un voyage avec son épouse à l'ile Maurice par le président de la société fournisseur. Cette dernière soutient que les faits reprochés, datant de 2017, étaient antérieurs à la signature de la charte éthique. Pour la Cour d'appel, ces faits constituent un manquement à la charte éthique de la société de distribution applicable aux fournisseurs depuis 2014. Aussi, elle relève que ces faits revêtent une telle gravité qu'ils justifient la rupture immédiate et sans préavis des relations commerciales.

Cette décision fait écho à une autre décision rendue par la même juridiction le 13 mars 2019[1] dite affaire *Monoprix*. Cette affaire opposait une autre société de distribution avec l'un de ses fournisseurs. La Cour d'appel a jugé que les manquements du fournisseur à ses obligations de vigilance résultant des normes éthiques édictées par la société de distribution justifiaient la rupture immédiate des relations commerciales.

Une autre décision similaire a été rendue le 24 mars 2021[2]. L'un des fournisseurs d'une société de distribution s'était engagé, par la signature du code de conduite de cette dernière, à le respecter et à le faire respecter à ses fournisseurs. Il ressortait de ce code de conduite que les fournisseurs devaient être en conformité avec les lois et règlementations tant nationales qu'internationales. Or un audit réalisé par la société de distribution avait révélé des irrégularités en matière de droit du travail sur les sites de production proposés par le fournisseur. La société de distribution avait décidé de mettre fin à ses relations commerciales avec ce dernier. La Cour d'appel a approuvé cette rupture en estimant que ces manquements étaient particulièrement graves, justifiant ainsi la rupture immédiate des relations commerciales.

Ainsi, il ressort de cette évolution jurisprudentielle, qui semble établie, que les grandes entreprises débitrices non seulement de la loi Sapin II mais aussi de la loi sur le devoir de vigilance et prochainement sous l'empire du dispositif européen, ont une pratique collectivisée des codes de conduite et d'éthique. Ces derniers permettent à ces entreprises de diffuser auprès de leurs partenaires commerciaux les obligations de vigilance. Certainement,

[1] CA Paris, 13 mars 2019, n°17/21477 (*Monoprix*)
[2] CA Paris, 24 mars 2021, n°19/155565 (*Promod*)

cette diffusion permet aux sociétés débitrices d'éviter le risque de non-conformité. Ce qui fait qu'elles sont censées respecter les normes éthiques auxquelles elles adhérents dans le cadre de leurs relations commerciales. Cela implique également le respect de dits engagements par leurs partenaires commerciaux. Ces normes, auparavant dépourvues de toute juridicité, se voient conférer des effets juridiques par le juge.

D'un autre côté, le législateur a envisagé une autre voie par souci de conciliation des intérêts en présence. Il confère au juge le pouvoir de demander aux parties de s'entendre et de conclure une convention. Ensuite, il sera tenu de la sceller ou la valider par une ordonnance. Il s'agit d'une justice négociée qui se matérialise, désormais en France, à travers la CJIP en matière de probité et d'environnement.

B. L'essor des conventions judiciaires d'intérêt public (CJIP)

La CJIP est un mécanisme, inspiré de procédures anglo-saxonnes[1], permettant aux personnes morales d'éviter les poursuites du procureur ainsi que la condamnation de la part du juge. Créé par la loi Sapin II, son institution a été présentée comme nécessaire pour deux raisons[2]. La première raison s'explique en ce qu'en France, on constate une faible répression des actes de corruption lorsqu'ils sont reprochés à des personnes morales. La deuxième raison est de protéger les entreprises françaises contre les risques encourus à l'étranger notamment lorsqu'elles font l'objet de procédures de nature transactionnelle aux Etats-Unis. Autrement dit, elle a été pensée comme un arsenal anticorruption en mesure de rivaliser avec le dispositif américain et son application extraterritoriale.

D'abord, élargie à la fraude fiscale, ce dispositif s'est étendu aux délits environnementaux par la loi du 24 décembre 2020[3]. A cet effet, le procureur de la République peut ainsi proposer à une personne morale – publique ou privée – mise en cause pour un ou plusieurs délits prévus par le Code de l'environnement ainsi que pour des infractions connexes, de conclure une telle convention imposant une ou plusieurs obligations identifiées. En matière d'environnement, la CJIP a été précisée par le décret du 4 août 2021[4]

---

[1] La CJIP s'inspire du modèle particulier du *Deferred Prosecution Agreement, DPA* du droit américain. Sur le sujet, voir : A. GAUDEMET et A. DILL, « Convention judiciaire d'intérêt public : une première particulière », La Semaine Juridique Edition Générale, 18 déc. 2017, 1331.

[2] J-Y. MARECHAL, « Propos hétérodoxes sur la convention judiciaire d'intérêt public », Droit pénal n°6, juin 2020, étude 6.

[3] L. n°2020-1672, 24 déc. 2020 relative au Parquet européen, à la justice environnementale et à la justice pénale spécialisée, JORF, 26 déc. 2020, texte n°4.

[4] D. n°2021-1045, 4 août 2021 portant adaptation et simplification de la procédure applicable à la CJIP et relatif à l'affectation des assistants spécialisés, JORF, 7 août 2021, texte n°24.

allégeant le formalisme de la conclusion de cette CJIP entre le parquet et la personne morale concernée. Aussi, il supprime l'exigence du paiement par chèque certifié de l'amende d'intérêt public. Qu'elle soit en matière de probité ou d'environnement, la CJIP, tant en son principe qu'en son contenu, relève « des attributions du procureur de la République », qui a le pouvoir de la « proposer à une personne morale mise en cause[1] ». Cela peut intervenir notamment en cours ou au terme d'une enquête préliminaire ou dans le cadre d'une information judiciaire, mais avec l'accord du juge d'instruction.

En matière de probité et d'environnement, la CJIP présente des avantages pour les personnes morales concernées. A ce sujet, il n'existe pas de condamnation pénale. Cette absence de condamnation évite la mauvaise publicité et l'incertitude sur l'issue du procès. De plus, la procédure ne donne pas lieu à inscription au casier judiciaire. Subséquemment, ce casier judiciaire « vierge » préserverait la réputation des entreprises et faciliterait leurs affaires. Donc, ce mécanisme ne comprend qu'une « amende d'intérêt public » et l'obligation de se soumettre à un « programme de mise en conformité ». Ce dernier, en matière de probité, est destiné à prévenir les faits de corruption au sein de l'entreprise. En matière d'environnement, il se matérialise par des mesures de régularisation de la situation du contrevenant avec la réparation du préjudice écologique[2]. Aussi, il peut comporter la réalisation de travaux, le dépôt d'une demande de régularisation administrative, ou la prise de mesures préventives et correctives. De surcroît, l'intervention d'un magistrat du siège pour valider la convention et la faculté pour la personne morale de se rétracter dans un délai de 10 jours après la signature de celle-ci apparaissent comme des garanties satisfaisantes et de nature à favoriser le recours au dispositif.

En matière de probité, l'article 14 de la loi du 24 décembre 2020 modifie la procédure en matière de CJIP sur plusieurs aspects. La mesure symbolique reste donc la suppression de la reconnaissance des faits et de l'acceptation des qualifications pénales exigées de la personne morale lorsque la convention est proposée à la fin de l'information judiciaire[3]. Cette condition supprimée était la conséquence du choix du législateur de 2016 (Sapin II) de renforcer la place du juge dans ce dispositif en introduisant la procédure de CJIP au stade de l'instruction. Le régime de cette CJIP avait été emprunté à la comparution sur reconnaissance préalable de culpabilité ou CRPC[4]. C'est ainsi que la CJIP, avant la loi du 24 décembre 2020, admettait une forme de culpabilité sans les effets attachés à celle-ci. L'article

[1] CPP., art. 41-1-2, I.

[2] P. BILLET, « Premières applications de la CJIP en matière environnementale », Revue internationale de la compliance et de l'Éthique des affaires n°2, avril 2022, comm. 86.

[3] A. MIGNON COLOMBET, « Quel avenir pour la convention judiciaire d'intérêt public », Revue internationale de la compliance et de l'Éthique des affaires n°2, avril 2021, comm. 84.

[4] CPP., art. 180-1.

41-1-2 du CPP dispose, en effet, que l'ordonnance de validation n'a pas « les effets d'un jugement de condamnation ». Cette condition était la principale différence avec la CJIP proposée à l'issue de l'enquête préliminaire qui suppose seulement de préciser les faits et la qualification « susceptible » de leur être appliquée[1]. Désormais, le juge de la validation ne sera plus tenu de s'assurer que la personne morale a reconnu les faits, y compris à l'issue de l'information judiciaire. L'ordonnance qui valide la CJIP ne peut faire l'objet d'aucun recours. Les personnes morales, soupçonnées d'avoir commis des délits de corruption, de trafic d'influence, de fraude fiscale ou délits prévus par le Code de l'environnement, peuvent se voir proposer la possibilité de négocier une amende dans la limite de 30 % de leur chiffre d'affaires[2].

En effet, selon certains auteurs, la CJIP occasionne des « dérives néfastes[3] ». Ils relèvent que « la création de la CJIP a instauré une justice à deux vitesses dans laquelle les entreprises achètent leur innocence pour les infractions les plus graves, sans voie de recours possible pour les victimes dont la place est limitée. La faiblesse de la réponse pénale est accentuée par le faible montant des amendes, qui prive cette justice négociée de toute dimension dissuasive[4] ». Si la création de ce mécanisme convient, selon nous, aux personnes morales, et même si un auteur plaide pour son extension aux personnes physiques[5], il n'en demeure pas moins que la dimension dissuasive pose un problème par suite du faible montant des amendes. Or il est prévu que la négociation de l'amende doit être dans la limite de 30% du chiffre d'affaires. Par exemple, en matière de probité, la France avait réussi, après un travail important de coopération internationale, à infliger une amende d'intérêt public de plus de 2 milliards d'euros à Airbus. Malheureusement, avec les autres affaires dont notamment LVMH, l'amende de cette dernière[6], n'a été que de 10 millions, représentant 0,02% de son chiffre d'affaires[7]. En matière d'environnement, les amendes des deux premières CJIP sont dérisoires. Pour la première CJIP[8], l'entreprise, reprochée de polluer les eaux, n'a payé que 5000 euros, laquelle amende semble même très loin de celle prévue pour le délit de

---

[1] Idem., art. 41-1-2 et art. R. 15-33-60-2, 2°.

[2] Ibid.., art. 41-1-2 et 41-1-3.

[3] L. ROUSSEAU et N. NABIH, « Les dérives néfastes du mécanisme de la convention judiciaire d'intérêt public », Dalloz actualité, 16 mai 2022.

[4] Idem.

[5] A. MIGNON COLOMBET, « Quel avenir pour la convention judiciaire d'intérêt public ? », Revue internationale de la compliance et de l'Éthique des affaires n°2, avril 2021, comm. 84.

[6] Paris, ord. de validation d'une CJIP, 17 déc. 2021, n°111-2021. CJIP conclue entre le procureur de la République et la société LVMH, 15 déc. 2021.

[7] L. ROUSSEAU et N. NABIH, « Les dérives néfastes du mécanisme de la convention judiciaire d'intérêt public », Dalloz actualité, 16 mai 2022.

[8] Riom, ord. de validation d'une CJIP, 16 déc. 2021, n° parquet 21068000009. CJIP conclue entre le procureur de la République et le SYMPAE, 22 nov. 2021

pollution des eaux (art. L. 216-6 du C. env. et art. 131-38 du C. pén). Concernant la deuxième CJIP[1], l'amende a été fixée à 1000 euros pour l'entreprise mise en cause.

Ainsi, cette faiblesse de montant des amendes de CJIP en matière environnementale constitue « une situation particulièrement critiquable au regard de l'urgence écologique et climatique, qui devrait inciter la justice à adopter des sanctions sévères[2] ». Puisque le mécanisme de la CJIP s'adapte et demeure avantageux aux entreprises, il est primordial pour l'instance judiciaire de renforcer le montant des amendes pour plus de dissuasion. Nous estimons qu'un grand risque financier à calculer amènerait les entreprises à prévenir davantage les risques ou dommages environnementaux que de polluer ou détruire l'environnement. Autrement dit, un faible risque financier constitue simplement un permis de détruire l'environnement. A l'ère où le devoir de vigilance rentre dans l'ADN des grandes entreprises, nous ne pouvons que voir, à l'avenir, le recours à ce mécanisme, en cas de violation des obligations de vigilance ayant occasionné des dommages environnementaux. Et le programme de mise en conformité résultant des CJIP permettra aux entreprises débitrices du devoir de vigilance mises en cause de pouvoir revoir, sinon prendre de nouvelles mesures préventives et correctives adaptées.

Dans le droit prospectif OHADA, le rôle du juge n'est pas à négliger car il sera au cœur du déploiement du devoir de vigilance.

§2. Le juge OHADA

Le juge OHADA est le pilier de la sécurité judiciaire. Celle-ci est incarnée en première instance et en appel par les juridictions des États parties chargées « du contentieux relatif à l'application des actes uniformes[3] ». La CCJA, faisant office de cassation, « assure l'interprétation et l'application commune du traité ainsi que des règlements pris pour son application, des actes uniformes et des décisions[4] ». Son originalité est qu'en cas de cassation, « elle évoque et statue au fond[5] ». Dans son office, le juge OHADA dégage les principes généraux qui construisent le droit de l'OHADA. A ce titre, il tire ses principes soit d'une analyse comparative des droits nationaux des États membres, soit du droit international[6]. C'est ainsi

[1] Riom, ord. de validation d'une CJIP, 18 fév. 2022, n° parquet 21179000045. CJIP conclue entre le procureur de la République et le GAEC des Beaudor, 2 janv. 2022.

[2] L. ROUSSEAU et N. NABIH, « Les dérives néfastes du mécanisme de la convention judiciaire d'intérêt public », Dalloz actualité, 16 mai 2022.

[3] Traité de l'OHADA, art. 13.

[4] Idem., art. 14 al. 1.

[5] Ibid., art. 14 al. 5.

[6] P-G. POUGOUE, « Les quatre piliers cardinaux de la sagesse du droit OHADA », op. cit., spéc. p. 396.

qu'il peut recourir au droit comparé lorsque les circonstances le justifient ou à la coutume internationale en l'absence de texte. Or l'obligation de vigilance, née des normes de RSE, constitue une réalité contemporaine qui place le juge au cœur de son déploiement. Même si le droit de l'OHADA ne dispose pas d'un tel dispositif, il est légitime pour nous, dans le cadre prospectif, de réfléchir sur le rôle qu'il peut jouer dans la question de la justiciabilité des normes et conflits RSE (**A**), celles-ci touchant logiquement les activités économiques. L'approche comparative, dont le choix de l'évolution de la jurisprudence canadienne, constitue un exemple, pour le juge OHADA, outre l'expérience française, de s'inspirer et dégager les principes favorisant la prise en compte de risques sociétaux et environnementaux (**B**).

A. Le juge OHADA et la justiciabilité des normes et conflits RSE

Le devoir de vigilance est une obligation qui entretient un lien fort avec la RSE. En droit prospectif OHADA, il aurait comme caractéristique, comme nous l'avons dit précédemment, en ce que sa mise en œuvre se reposerait sur le triptyque : mise en demeure, injonction, recours au droit commun de la responsabilité civile et pénale. On voit l'importance du rôle que devrait jouer le juge OHADA. De plus, l'entreprise devrait adopter une politique de vigilance qui consistera en la connaissance des risques d'atteintes auxquels l'entité est exposée, à travers l'élaboration d'un plan de vigilance. Celui-ci prévoirait des mesures préventives et curatives. Concernant particulièrement les mesures préventives, les entreprises devraient mettre en place notamment des procédures de contrôles comptables et d'adoption des chartes éthiques et codes de conduite. Ces derniers consisteront à prévenir non seulement les atteintes aux droits humains et à l'environnement mais aussi le risque de corruption. Mais également de prévoir la signature de clauses contractuelles avec un partenaire commercial, afin de faire respecter le code de conduite de l'entreprise, voire de mettre en place des plans d'action avec différents opérateurs pour faire progresser l'ensemble de la chaîne de valeur. Dans cette perspective, le juge OHADA aura un rôle à jouer. Il assurera son rôle tant dans la justiciabilité des normes de RSE que dans celle des conflits RSE[1].

Dans la justiciabilité des normes de RSE, le juge OHADA peut jouer un rôle considérable dans le contrôle de la qualification des normes de RSE mais aussi dans la définition des standards juridiques. Madame Abadie définit la qualification comme « l'opération déterminante du raisonnement juridique consistant à faire entrer un fait ou un acte litigieux dans une

[1] P. ABADIE, « Le juge et la responsabilité sociale de l'entreprise », Rec. Dalloz 2018, spéc. pp. 304-308, n°7-35.

catégorie juridique existante à laquelle le droit attache un régime particulier [1]». En droit comparé, les deux premiers alinéas de l'article 12 du CPC français disposent que « le juge tranche le litige conformément aux règles de droit qui lui sont applicables. Il doit donner ou restituer leur exacte qualification aux faits et actes litigieux sans s'arrêter à la dénomination que les parties en auraient proposée (...) ». Ce principe qui ressort du droit français est bien présent en droit de l'OHADA. La CCJA, tout comme les juridictions nationales, affirment qu' « il est de principe que le juge tranche le litige conformément aux règles de droit qui lui sont applicables alors même que l'application de ces dispositions n'aurait pas été expressément requise par les parties[2] ». Étant une opération qui oriente largement la solution du litige, le juge OHADA doit contrôler les règles soumises par les parties.

Il peut arriver le cas où l'intervention du juge OHADA demeure ordinaire et ne peut faire grand-chose. C'est le cas des parties à un litige qui, expressément, ont déjà la maîtrise de la qualification de la norme de RSE. L'exemple éloquent est celui de l'insertion d'une clause contractuelle RSE dans les contrats commerciaux. Ces clauses sont comme les autres clauses contractuelles. Ainsi, elles acquièrent une force obligatoire par la volonté des parties. Étant insérées, il paraît évident que les parties entendent s'obliger les unes envers les autres. Mais le juge OHADA pourrait aller plus loin pour consacrer de nouvelles obligations sociétales et environnementales au nom de la force obligatoire du contrat. En droit comparé, cela ressort de l'article 1194 du Code civil français. C'est la doctrine du « forçage du contrat[3] », expression de Josserand. Cet article dispose que « les contrats obligent non seulement à ce qui y est exprimé, mais encore à toutes les suites que leur donnent l'équité, l'usage ou la loi ». En droit prospectif OHADA, l'article 159 du projet d'AUDGO reprend cette disposition française en ces termes : « les conventions obligent non seulement à ce qui y est exprimé, mais encore à toutes les suites que la loyauté, l'équité, l'usage ou la loi donnent à l'obligation d'après sa nature ». Et il va plus loin en rajoutant à l'alinéa 2 : « On doit, notamment, supposer dans le contrat les clauses qui y sont d'usage même si elles n'y sont pas exprimées, sauf volonté contraire des parties ». En droit français, sur le fondement de ce texte, les juges ont imposé aux parties des obligations de sécurité (obligation pour le débiteur de réparer les dommages corporels subis par le créancier au cours de l'exécution du contrat) ou encore des

---

[1] Idem., spéc. p. 304, n° 10.

[2] CCJA, n°007/2009, 26-2-2009 : affaire BINCI c/ Abdoulaye BABY BOUYA, Recueil de Jurisprudence n°13, janv. – juin 2009, p. 48, OHADATA J-10-62 ; CCJA, n°055/2008, 11-12-2008 : affaire Société WESTPORT COTE D'IVOIRE SA c/ LE MANS ASSURANCES INTERNATIONALES SA, Recueil de Jurisprudence n°12, juill. – déc. 2008, p. 134, OHADATA J-10-40.

[3] Sur le sujet, voir : R. BLOUGH, « Le forçage, du contrat à la théorie générale », Thèse, Université Paul Cézanne – Aix-Marseille III, PUAM, 2011, 555 p., spéc. pp.35-105.

obligations contractuelles d'information[1]. Il pourrait, comme relevé à juste titre par Madame Fabre-Magnan, « servir pour d'autres obligations qui pourraient, actuellement, compléter les obligations convenues par les parties. En particulier, dans les contrats de production de biens, (les juges OHADA tout comme ses homologues français), pourraient imposer l'obligation de fabriquer ceux-ci dans des conditions sociales et environnementales durables. Ces obligations relatives non plus seulement aux biens et aux services fournis mais à leur mode de fabrication ou de production sont en effet, dans le monde contemporain, l'une des suites que l'on peut légitimement attendre de ces contrats[2] ».

Il est des cas où les parties peuvent contester la qualification de la norme de RSE. C'est au juge OHADA d'approuver ou de rejeter la qualification avancée. En droit comparé, particulièrement en France, il est remarqué que dans ce genre de contentieux, souvent, une partie « tentera de rattacher la norme litigieuse a un support juridique connu[3] ». C'est ainsi que les juges français ont qualifié de codes de conduite d'adjonction au règlement intérieur en raison du contenu disciplinaire de certaines de leurs dispositions[4].

Par ailleurs, le juge OHADA peut définir les standards juridiques considérés comme « mesure moyenne de conduite sociale correcte[5] » ou « étalon de mesure au service du juge qui lui permet d'adapter le droit au cas[6] ». Il s'agit, par exemple, en droit comparé, des standards notamment « du bon père de famille », « de l'homme prudent et diligent », « du trouble de voisinage », « de l'intérêt de l'enfant » ou encore « de l'intérêt social ». Cela fait écho à la position de la CCJA qui, en réitérant a maintes fois le principe de trancher le litige conformément aux règles de droit qui lui sont applicables, elle rappelle même que ce dernier subsiste alors même que l'application de ces règles n'aurait pas été expressément requise par les parties. Ce principe revêt une importance considérable. Il permet au juge OHADA de pouvoir combler le vide juridique créé souvent par les nouveaux problèmes qui ne cessent d'apparaître du fait de la mondialisation de l'économie et développement de la technologie. A ce titre, le rôle du juge OHADA est nécessaire, par exemple, pour définir l'intérêt social, standard juridique, qui est au cœur du mécanisme du devoir de vigilance. Les facteurs sociaux et environnementaux constituent des préoccupations non-

[1] M. FABRE-MAGNAN, « Le droit des contrats », 1ère éd., coll. Que sais-je ? n°4118, Paris, 2018, 125 p, spéc. p. 57.

[2] Idem., spéc. p. 58.

[3] P. ABADIE, « Le juge et la responsabilité sociale de l'entreprise », op.cit., spéc. p. 304, n°12.

[4] A ce propos, voir notamment : TGI Versailles, 17 juin 2004, *CCE Schindler et FTM CGT c/ Schindler SA*, Dr. ouvrier 2004, p. 473, note M-F. BIED-CHARRETON.

[5] P. ABADIE, « Le juge et la responsabilité sociale de l'entreprise », op.cit., spéc. p. 304, n°14.

[6] Idem.

économiques ou intérêts que devra tenir compte l'entreprise. D'un autre côté, son office pourra l'amener à prendre en considération, comme le cas des juges français dans l'affaire *Erika*, la RSE dans son appréciation de faute lorsque l'entreprise a souscrit à des engagements RSE.

Le rôle du juge OHADA est aussi important dans le cadre de la justiciabilité des conflits RSE. Cette dernière, ayant un caractère multidimensionnel, couvre plusieurs matières notamment les droits de l'homme, les conditions de travail, la protection de l'environnement, la promotion de la diversité, la lutte contre la corruption, etc. Ce caractère multidimensionnel rend le conflit associé à la RSE spécifique car ces matières touchent plusieurs domaines juridiques souvent ayant trait aux activités des entreprises. Le juge OHADA sera donc amené à trancher ces conflits dont la cause est souvent dite « politique » ou « systémique ». Cette nature de cause influe sur l'objet même du litige ainsi que sur les parties à l'instance.

Concernant l'objet du litige, le juge ne peut que trancher un litige dont l'objet est juridique. Or souvent, les questions de RSE, même si elles intéressent certains domaines juridiques, restent souvent en dehors du droit. Du fait de la nature politique ou systémique de sa cause, on assiste à « une tendance générale au déplacement de cet objet. En effet, on voit portées de manière croissante devant les tribunaux des questions sociétales, environnementales, droits-de l'hommistes, etc., prenant parfois les traits de véritables revendications[1] ». Dans cette perspective, en regard à la protection et la défense de l'intérêt général, le juge OHADA pourrait trancher le conflit relevant des activités des entreprises ayant trait aux préoccupations de RSE.

Cette nature politique ou systémique de la cause influe sur la notion de partie à l'instance. Madame Abadie nous renseigne que « l'évolution de l'objet du litige au contact de la RSE se prolonge par " l'affirmation de nouvelles parties à l'instance ", associatives en particulier[2] ». Elle rajoute que « c'est la suite logique de la politisation (...). Le rôle des associations dans la défense judiciaire de l'intérêt général n'est pas un phénomène nouveau, mais au contact de la RSE – tout entière sise sur la notion de parties prenantes –, le mouvement a vocation à s'amplifier ».

En effet, le devoir de vigilance qui étend son influence aux normes de RSE permet l'internalisation et la concrétisation dans les entreprises des buts monumentaux. C'est dire que l'obligation de vigilance a pour objectif de préserver l'intérêt général. Puisque celui-ci est mis en cause, toute personne devrait être intéressée à faire cesser l'illicéité. Cela s'explique « par le fait que de telles obligations n'ont généralement pas de créanciers déterminés[3] ». C'est ainsi que toute personne, « gendarme de la légalité ou

[1] Ibid., spéc. p. 306, n°25.
[2] Ibid., spéc. p. 307, n°28.
[3] Ibid., spéc. p. 307, n°29.

moraliste[1] » peut être amenée à demander au juge qu'il ordonne le respect de l'obligation. Il s'agira souvent des associations[2], comme en témoignage l'évolution du contentieux du devoir de vigilance en France. Ces associations, pour mettre en jeu la responsabilité d'une entreprise ayant violé les droits de l'homme ou l'environnement, doivent surmonter l'obstacle de l'intérêt à agir. Comme nous l'avons dit antérieurement, l'ouverture des tribunaux français à la défense des intérêts collectifs à travers l'action de groupe permet aux associations de surmonter cet obstacle[3].

En Afrique, le rôle des associations n'est pas à négliger. Le juge OHADA et le législateur pourraient être amenés, comme proposé précédemment, à intégrer, en droit de l'OHADA, l'action de groupe pour faciliter la défense de l'intérêt général. Les dommages de masse naissent autour de l'entreprise. Le non-respect des engagements de RSE pris ou obligations de vigilance devrait non seulement engager la responsabilité de celle-ci, mais aussi également pouvoir être réparés aisément et rapidement. L'action de groupe, en droit de l'OHADA, en matière de RSE en général et l'obligation de vigilance en particulier, renforcerait la protection de l'ensemble des justiciables parties prenantes. Ces justiciables particuliers disposeront d'un véritable contre-pouvoir face à l'entreprise. Par leur action, les parties prenantes permettraient de conformer le discours des entreprises aux pratiques.

Le juge OHADA, dans sa quête de justiciabilité des normes et conflits RSE, peut s'inspirer de l'expérience jurisprudentielle canadienne.

B. Le juge OHADA et la jurisprudence canadienne

Rappelons que l'Afrique est le lieu de toutes les convoitises. Elle connaît une forte croissance démographique et économique, ce qui attire les investisseurs africains et étrangers. De plus, ses potentielles ressources naturelles la rendent naturellement attractive. C'est pourquoi, elle attire notamment les entreprises canadiennes lesquelles, comme rappelé antérieurement, sont omniprésentes dans l'espace OHADA. Or le Canada est reconnu sur la scène internationale comme une « importante nation minière » voire « le chef de file de l'exploitation minière ». Ces entreprises sont réputées pour leur implication dans les violations des droits humains ainsi que les dommages environnementaux dont elles sont responsables. C'est pourquoi, les juges canadiens, déjà, dès le début des années 2000, ont fait preuve d'ouverture aux préoccupations de RSE en général et,

---

[1] Ibid.

[2] L. VARISON, « Plaidoyer des ONG », in *La RSE saisie par le droit. Perspectives interne et internationale (dir. K. MARTIN-CHENUT et R. DE QUENAUDON)*, éd. Pedone, Paris, 2016, 717 p., pp. 529-544, spéc. pp. 535-537.

[3] C. OLIVEIRA et J. SALDANHA, « Tiers et victimes : l'outil des actions collectives », in *préc.*, pp. 545-565.

notamment, celle de la poursuite dirigée contre les sociétés mères pour les préjudices causés par leurs filiales à l'étranger[1]. D'où, le choix de présenter l'évolution jurisprudentielle canadienne pouvant être considérée comme un « exemple d'inspiration » pour le juge OHADA. Dans cette perspective, deux observations peuvent être relevées : la saisine des préoccupations de RSE par le biais de l'interprétation du standard juridique de l'intérêt social d'une part et, d'autre part, la reconnaissance des effets juridiques à des normes de RSE ainsi que le devoir de diligence et la responsabilité civile des sociétés mères du fait de leurs filiales.

Concernant l'interprétation jurisprudentielle de l'intérêt social, deux arrêts dits *Magasins à rayons Peoples*[2] et *BCE*[3], rendus par la Cour Suprême du Canada (CSC), respectivement en 2004 et 2008, fournissent des enseignements intéressants. Dans ces deux décisions, la CSC a proposé une interprétation de l'intérêt social en tenant compte des préoccupations relatives à la RSE. Ce qui revient à dire que « la Cour entérine à tout le moins implicitement la théorie des parties prenantes, qui est bien connue des spécialistes de la gouvernance d'entreprise[4] ». En effet, selon la Cour, « l'obligation des administrateurs est claire : elle est envers la société[5] » et non pas les actionnaires. A cet égard, la Cour favorise la conception extensive de l'intérêt social où l'institution sociétaire prime. C'est ainsi « qu'il ne faut pas interpréter l'expression " au mieux des intérêts de la société " comme si elle signifiait simplement " au mieux des intérêts des actionnaires"[6] ». En outre, les intérêts des parties prenantes et de la société sont distincts : « les intérêts de la société ne doivent pas se confondre avec ceux des actionnaires, avec ceux des créanciers ni avec ceux de toute autre partie intéressée[7] ». Même si le devoir de loyauté des administrateurs ou dirigeants sociaux s'adresse toujours à la société, selon la CSC, cette obligation « ne se limite pas à la valeur des actions ou au profit à court terme[8] ». Il s'agit donc des intérêts à long terme de la société visant la pérennité de l'entreprise. C'est pourquoi, par cette interprétation, les juges canadiens admettent que les administrateurs « tiennent compte de l'effet des décisions concernant la société sur l'actionnariat ou sur un groupe particulier de parties intéressées[9] ». Autrement dit, « il peut être légitime

---

[1] G. SAUMIER, « L'ouverture récente des tribunaux canadiens aux poursuites dirigées contre les sociétés mères pour les préjudices causés par leurs filiales à l'étranger », Dalloz, Revue critique de droit international privé, 2018/4, n°4., pp. 775-792.

[2] *Magasins à rayons Peoples Inc. (Syndic de) c. Wise, 2004, CSC 68.*

[3] *BCE Inc. c. Détenteurs de débentures de 1976, 2008, 3 RCS 560, 2008, CSC 69.*

[4] E. MACKAAY, S. ROUSSEAU, P. LAROUCHE et A. PARENT, « Analyse économique du droit », 3è éd., Dalloz, Les éditions Thémis, coll. Méthodes du droit, Paris, 2021, 906 p, spéc. p. 716, n°2118.

[5] *BCE Inc. c. Détenteurs de débentures de 1976, 2008, 3 RCS 560, 2008, CSC 69, spéc. n°37.*

[6] *Magasins à rayons Peoples Inc. (Syndic de) c. Wise, 2004, CSC 68, spéc. n°42.*

[7] *Magasins à rayons Peoples Inc. (Syndic de) c. Wise, 2004, CSC 68, spéc. n°43.*

[8] *BCE Inc. c. Détenteurs de débentures de 1976, 2008, 3 RCS 560, 2008, CSC 69, spéc. n°38.*

[9] *BCE Inc. c. Détenteurs de débentures de 1976, 2008, 3 RCS 560, 2008, CSC 69, spéc. n°39.*

pour le conseil d'administration (...) de tenir compte notamment des intérêts des actionnaires, des employés, des fournisseurs, des créanciers, des consommateurs, des gouvernements et de l'environnement[1] ».

Cette position jurisprudentielle canadienne, vient d'être entérinée par la réforme de l'article 122 de la loi canadienne sur les sociétés par action (LCSA) en 2019. Des auteurs noteront, à propos de cette réforme, que « la conception de l'intérêt de la société fondé sur la primauté des actionnaires a été mise au rencart par la Cour suprême dans les arrêts *Magasins à rayons Peoples Inc. et BCE* (...) le législateur fédéral est venu prendre acte des arrêts de la Cour suprême du Canada en modifiant la Loi canadienne sur les sociétés par action pour expliciter le pouvoir des administrateurs dans la détermination de l'intérêt social[2] ». Autrement dit, « cette réforme établit clairement que les administrateurs peuvent considérer l'ensemble des intérêts des parties prenantes, incluant l'environnement, et l'intérêt de la société à long terme dans leur prise de décision[3] ».

Quand bien même cette position de la jurisprudence canadienne fait écho à la définition de l'intérêt social, en France, proposée par le rapport Vienot de 1995, il sied de souligner que les juges canadiens sont allés plus loin que les juges français. Cette position ne peut qu'éclairer le juge et le législateur OHADA dans la quête de l'applicabilité du devoir de vigilance. Il est intéressant de rappeler que celui-ci permet l'élargissement de l'entreprise qui, subséquemment, favorise l'élargissement de l'intérêt social. D'où, la nécessaire modernisation de cette notion en droit de l'OHADA, qui actuellement, comme relevé antérieurement, ne définit pas cette notion. Pour rappel, le droit de l'OHADA, à l'alinéa 2 de l'article 4 de l'AUDSCGIE affirme que cet intérêt est celui des actionnaires[4]. Donc, le juge OHADA peut s'inspirer de ses homologues canadiens pour faire avancer le droit de l'OHADA.

La jurisprudence canadienne a pu intégrer les normes de RSE à l'exemple des codes de conduite, en la transformant en norme de conduite obligatoire[5]. Au Canada, dans l'arrêt *Magasins à rayons Peoples*, la CSC a estimé que « l'établissement de règles de régie d'entreprise devrait servir de boucliers protégeant les administrateurs contre les allégations de manquement à leur obligation de diligence[6] ». Il en résulte que la Cour semble déjà ouvrir la porte à l'influence des codes dans la définition de la norme de prudence. Cette influence peut se faire tant pour définir la faute

---

[1] *Magasins à rayons Peoples Inc. (Syndic de) c. Wise, 2004, CSC 68, spéc. n°42.*

[2] E. MACKAAY, S. ROUSSEAU, P. LAROUCHE et A. PARENT, « Analyse économique du droit », op. cit., spéc. pp. 715-716, n°2118-2119.

[3] Idem., spéc. p. 716, n°2119.

[4] « La société commerciale est créée dans l'intérêt commun des associés ».

[5] J. BIRON et G. GOFFAUX CALLEBAUT, « La juridicité des engagements socialement responsables des sociétés : regards croisés Québec-France », Les cahiers de droit, vol. 57, n°3, sept. 2016, pp. 457-496, spéc. pp. 470-478.

[6] *Magasins à rayons Peoples Inc. (Syndic de) c. Wise, 2004, CSC 68, spéc. n°64.*

des administrateurs que pour servir de motif de leur exonération. Comparativement, en France, dans l'affaire *Erika*, les juges du fond, approuvés par la Cour de cassation, se sont fondés sur deux documents internes pour caractériser l'existence d'un contrôle de la société mère, puis la carence fautive dans l'exercice de ce contrôle[1]. Au Canada, la jurisprudence, particulièrement, l'affaire *Das c. Loblaws* indique que les juges canadiens se sont montrés réticents à prendre en compte les codes de RSE[2]. Toutefois, une décision interlocutoire rendue dans l'affaire *Hudbay* laisse présager le contraire[3]. Cette affaire non seulement démontre cette possibilité de l'utilisation des engagements volontaires des entreprises par les tribunaux mais aussi met au centre du litige la question de l'existence d'une faute de la société mère impliquant un « devoir de diligence » de sa part. Dès lors, cette décision signale que les tribunaux canadiens sont ouverts à conférer une juridicité aux dispositions des codes d'éthique et de conduite[4]. Au-delà de cette reconnaissance, « la décision *Choc v. Hudbay Minerals Inc.* traite de manière innovante du devoir de diligence que des sociétés mères pourraient avoir à l'égard des populations touchées par les activités de leurs filiales. Dès lors qu'un devoir sera établi, une société mère pourra être jugée directement responsable de négligence si ses actions directes sont source de dommages, et ce, en vertu des règles de responsabilité civile délictuelle[5] ».

Dans la même optique, une autre affaire mérite notre attention. Il s'agit de l'affaire *Araya c. Nevsun Resources*. Dans cette affaire, le recours est particulier puisqu'il combine des revendications fondées sur le droit international coutumier et sur le droit de la responsabilité civile. C'est dire que les demandeurs ont allégué une nouvelle forme de responsabilité civile fondée sur des violations présumées des interdictions internationales coutumières relatives au travail forcé. En 2020, la CSC a donné aux tribunaux canadiens le feu vert pour définir de nouvelles formes de responsabilité civile fondées sur des violations présumées du droit international coutumier[6]. Soulignons que dans cette affaire, comme tant d'autres, la défenderesse, société *Nevsun Resources*, en première instance et

---

[1] Crim. 25 sept. 2012, n°10-82.938, Rec. Dalloz 2012, p. 2711, note P. DELEBECQUE.

[2] *Das v Georges Weston Ltd, (2017) OJ n°3542, 2017 ONSC 4129* ; voir à propos de cette affaire : G. SAUMIER, « L'ouverture récente des tribunaux canadiens aux poursuites dirigées contre les sociétés mères pour les préjudices causés par leurs filiales à l'étranger », op. cit., spéc. pp. 789-790.

[3] *Choc v. Hudbay Minerals Inc., 2013 ONSC 1414,* voir : R. INTOLE, « La conduite des sociétés d'extraction canadiennes dans les pays de la Zone OHADA à l'épreuve du devoir de vigilance », Revue Horizons du droit, AFDD, n°42, janv. 2023, pp. 50-83.

[4] I. TCHOTOURIAN, V. DESHAYE et R-M. DROUIN, « Entreprises et responsabilité sociale : évolution ou révolution du droit canadien des affaires », Les cahiers de droit, (2016) 57 C, pp. 635-683, spéc. n°41.

[5] Idem.

[6] N*evsun Resources Ltd v. Araya, (2020) SCJ n°5, ACS n°5,* voir : R. INTOLE, *Préc.*

en appel, a fait valoir la doctrine de *forum non conveniens* en demandant aux tribunaux de refuser d'entendre ces demandes. Mais ceux-ci ont refusé de le faire à la lumière de la preuve du risque réel d'injustice dans le système judiciaire Erythréen.

Le juge OHADA pourrait s'inspirer de la jurisprudence canadienne. L'audace des juges canadiens à créer une nouvelle forme de responsabilité civile fondée sur le droit international coutumier est très originale. Même si c'est à un stade précoce, cela pourrait constituer une possible inspiration pour les juges OHADA qui, souvent, recourent au droit comparé lorsque les circonstances le justifient ou à la coutume internationale en l'absence de texte. Par ailleurs, en suivant cette évolution jurisprudentielle canadienne, l'OHADA, fort de sa sécurité juridique et judiciaire, pourrait se positionner comme un véritable garant de justice en Afrique. Elle peut se présenter, tout à la fois, comme une réponse et un rempart notamment à la doctrine de *forum non conveniens*. L'OHADA doit s'armer de devoir de vigilance, et en cas de poursuites d'une société mère établie par exemple au Canada, son jugement serait accueilli car depuis l'affaire *Chevron c. Yaiguaye*, la CSC a confirmé la compétence des tribunaux canadiens pour connaître et exécuter un jugement étranger retenant la responsabilité d'une filiale étrangère[1].

Ce n'est pas uniquement le rôle du juge qui est au cœur du déploiement du devoir de vigilance. L'entreprise occupe également un rôle non négligeable dans le contrôle du respect de l'obligation de vigilance.

Section II. Le rôle « juridictionnel » des entreprises en France et dans l'espace OHADA

Le devoir de vigilance oblige l'entreprise à s'auto-surveiller. Madame Abadie remarquera que « cette autosurveillance peut se lire comme une forme de contrôle privé de la légalité, contrôle concurrent de celui exercé par le juge[2] ». Par l'auto-surveillance, les entreprises jouent un rôle « juridictionnel ». Ce qui revient à dire qu'elles acquièrent, à travers les différents dispositifs mis en place par les obligations de vigilance, les qualités attendues d'une « juridiction ». A cet effet, l'entreprise peut se positionner comme un juge à l'égard d'elle-même et des autres dans le cadre de la mise en œuvre de l'obligation de vigilance. Celle-ci impose la mise en place de certains dispositifs ex ante. L'entreprise doit alors prévenir et anticiper les risques sociétaux et environnementaux. Ce qui implique de sa part la réalisation d'enquêtes, d'audits, ou la mise en place de dispositifs de recueils de signalement et parfois de sanctions. Elle peut appliquer des

---

[1] *Chevron Corp. c. Yaiguaye, (2015) 3 RCS 69., spéc. n°12-22.* Sur le sujet, voir : I. TCHOTOURIAN, V. DESHAYE et R-M. DROUIN, « Entreprises et responsabilité sociale : évolution ou révolution du droit canadien des affaires », op. cit., spéc. n°42.

[2] P. ABADIE, « Le juge et la responsabilité sociale de l'entreprise », op. cit. spéc. p. 303.

sanctions à l'encontre des collaborateurs y compris les partenaires commerciaux. Dans cette perspective, elle peut justifier le refus d'exécuter certaines opérations ou rompre la relation commerciale. Par ailleurs, l'obligation de vigilance peut être insérée dans le contrat. En conséquence, sa violation, par les parties, est source de conflit nécessitant une entente. A cela, l'obligation de vigilance constitue un intérêt légitime pour les parties à pouvoir négocier et, par l'intervention d'un tiers, trouver une solution c'est-à-dire parvenir à anticiper les risques, le cas échéant, réparer. Or la médiation et l'arbitrage constituent des juridictions privées prisées par l'entreprise. Elles font partie des MARD et revêtent alors une importance considérable pour véhiculer le respect des valeurs éthiques.

Ainsi, il convient d'analyser, d'une part, le contrôle privé de légalité exercé par l'entreprise à travers l'auto-surveillance (§**1**) et, d'autre part, le recours à la médiation et l'arbitrage, juridictions privées prisées par les entreprises (§**2**).

§1. L'auto-surveillance, forme de contrôle privé de la légalité

L'entreprise est tenue à une obligation de vigilance à l'égard des atteintes à l'environnement et aux droits humains qui pourraient résulter de son activité. Elle doit veiller sur ses activités et relations d'affaires en assurant, de ce fait, le contrôle du respect de l'obligation de vigilance. Par l'auto-surveillance, l'auto-contrôle ou le contrôle interne, l'entreprise s'occupe de détecter et pallier ses propres défauts ou risques, les prévenir et anticiper avant que ceux-ci n'affectent les parties intéressées et la société humaine et justifient l'intervention du juge. Cette auto-surveillance constitue « sans aucun doute le meilleur des encouragements à la mise en place de programmes de conformité[1] ». L'ampleur de la place occupée par ces programmes explique que leur soit confié un rôle majeur[2] : « le rôle sanctionnateur, le rôle responsabilisateur et le rôle procédural ». C'est donc dans l'objectif d'analyser cette forme de contrôle privé de la légalité par l'entreprise à travers l'auto-surveillance que l'on verra successivement l'entreprise comme procureur et juge d'elle-même (**A**) et la pratique, par l'entreprise, des accords-cadres internationaux (**B**).

A. Entreprise : procureur et juge d'elle-même ?

[1] J. TRICOT, « La conformité, outil de juridicisation de la RSE et de transformation du droit », op. cit., spéc. p. 310.
[2] Idem., spéc. p. 308 et pp. 313-319.

Il ressort des arrêts (*Carrefour, Monoprix, Promod*), relevés précédemment, qu'il est réellement attendu des entreprises de se comporter comme procureurs et juges d'elles-mêmes. Dans ces arrêts, nous avons pu constater l'importance du respect des codes de conduite par tout partenaire commercial au risque de voir la confirmation judiciaire de la sanction de rupture des relations commerciales prononcée par l'entreprise débitrice des obligations de vigilance. Soulignons qu'il ressort, également, de ces arrêts, une mise en évidence de la nécessité d'une procédure d'enquête interne ou d'audit (interne ou externe) adéquate et irréprochable. Les résultats de cette procédure peuvent être produits en justice pour fonder et justifier les différentes sanctions prises. Or la procédure d'enquête ou d'audit, résultant souvent d'un signalement ou d'une alerte, n'est qu'un aspect des programmes de conformité. Autrement dit, elle contribue pleinement à l'efficacité de la mesure d'alerte interne au sein de l'entreprise et à la qualité d'un programme de conformité dans son ensemble, qu'elle soit anticorruption ou devoir de vigilance.

A ce titre, la loi sur le devoir de vigilance prévoit parmi ses obligations l'instauration « d'un mécanisme d'alerte et de recueil des signalements relatifs à l'existence ou à la réalisation des risques, établi en concertation avec les organisations syndicales représentatives dans ladite société[1] ». Aussi, les entreprises doivent établir « un dispositif de suivi des mesures mises en œuvre et d'évaluation de leur efficacité[2] ». La directive européenne sur le devoir de vigilance prévoit le « mécanisme de notification et procédure relative aux plaintes[3] » et le « suivi[4] » du dispositif. Les personnes et entités concernées peuvent déposer des plaintes auprès des entreprises lorsqu'elles ont des préoccupations légitimes quant aux incidences négatives réelles ou potentielles résultant de leurs activités et celles de leurs partenaires commerciaux ou également elles peuvent notifier les entreprises via un mécanisme accessible. De même, l'article 17, II de la loi Sapin II impose aux entreprises de mettre en place, conformément au point 2, « un dispositif d'alerte interne destiné à permettre le recueil des signalements émanant d'employés et relatifs à l'existence de conduites ou de situations contraires au code de conduite de la société ». Les points 7 et 8 de la même disposition rajoutent : « un régime disciplinaire permettant de sanctionner les salariés de la société en cas de violation du code de conduite de la

[1] C. com., art. L. 225-102-4, I, al. 4,4°.

[2] C. com., art. L. 225-102-4, I, al. 4,5°.

[3] Dir. (UE) 2024/1760 du Parlement européen et du Conseil du 13 juin 2024 sur le devoir de vigilance des entreprises en matière de durabilité et modifiant la directive (UE) 2019/1937 et le règlement (UE) 2023/2859, art. 14.

[4] Idem., art. 15.

société » et « un dispositif de contrôle et d'évaluation interne des mesures mises en œuvre ».

Le traitement des signalements ou d'alerte requiert de la part des entreprises de véritables procédures d'enquêtes internes et d'audits internes et externes. Ces procédures permettent donc d'objectiver des faits susceptibles de constituer des violations du code de conduite ou charte d'éthique ou simplement des comportements non conformes aux procédures de l'entreprise voire des infractions. On voit, alors, l'intérêt que ces procédures doivent être soignées et respecter également les éléments fondamentaux de droit processuel. Le non-respect pourrait entacher d'irrégularité les résultats des procédures d'enquête interne et audits. Il est important d'éviter les irrégularités car ces résultats peuvent être produits en justice pour fonder et justifier les différentes sanctions prises, notamment la rupture immédiate de relations commerciales voire le licenciement d'un salarié. Ce qui revient à dire que les entreprises doivent également prévoir des mesures de sanction. D'ailleurs, cette pratique d'enquête interne n'est pas du tout inconnue aux entreprises car elle est régulièrement pratiquée en matière sociale, particulièrement avant d'éventuelles sanctions disciplinaires. Ce qui justifie, selon nous, l'obligation de la collaboration des syndicats et comités d'entreprise dans le déploiement des mécanismes d'alerte. Également, elle peut influer sur la négociation d'une CJIP. Une enquête ou un audit n'est pas, à strictement parler, une exigence légale lors de la négociation d'une CJIP. Il n'en reste pas moins que cette négociation nécessite une forme d'enquête ou d'audit en profondeur. Seule une bonne enquête permettra de rendre la coopération de l'entreprise mise en cause ouverte et sincère.

En effet, le signalement ou l'alerte peut être interne ou externe. En interne, il provient généralement d'un employé ou collaborateur de l'entreprise. Dans ce cas, cela peut justifier le déclenchement d'une enquête interne. Ce signalement interne peut être reçu au moyen notamment d'un dispositif d'alerte interne anticorruption, ou alerte interne dans le cadre du devoir de vigilance. En externe, il peut provenir d'un dispositif de recueil des signalements mis en œuvre en application de la loi Sapin II ou le devoir de vigilance. Ce dispositif a le mérite de recueillir les signalements émis par des clients ou consommateurs, des collaborateurs extérieurs ou occasionnels, des partenaires commerciaux comme filiales, fournisseurs ou sous-traitants. Dans le cadre du devoir de vigilance, nous avons pu relever précédemment, une observation sur le mécanisme d'alerte. Les législateurs français et européen utilisent le singulier. On pourrait alors penser qu'il s'agit d'un seul mécanisme d'alerte ou notification centralisé à la société mère ou donneuse d'ordre. Mais nous avons pu suggérer qu'il serait nécessaire de déconcentrer ce mécanisme d'alerte ou notification au niveau de filiales et autres partenaires commerciaux. A cela, il y aurait une réelle efficacité.

Il importe de souligner l'importance d'un audit. Ce dernier s'insère dans le cadre de la mise en place d'un dispositif de contrôle et d'évaluation prévu tant par la loi Sapin II que celle sur le devoir de vigilance. Il s'agit d'un dispositif plus large de contrôle qui peut être en interne et externe. Ce contrôle ou audit fait souvent l'objet de rapport circonstancié et documenté. Celui-ci est susceptible de révéler des faits qui peuvent constituer un risque sociétal ou environnemental ou s'apparenter au manquement à la probité. Il paraît important que ce rapport puisse servir de base à l'ouverture d'une enquête. D'où, il est strictement nécessaire que cette dernière respecte certaines règles relevant du droit processuel. Autrement dit, l'entreprise qui mène l'enquête interne doit s'assurer que la procédure engagée est légalement régulière. Elle doit la formaliser au préalable et respecter les conditions de son déroulement.

En effet, il n'existe pas, à ce jour, un encadrement légal ou règlementaire d'enquête interne en matière de vigilance raisonnable. Du moins, les entreprises, dans la pratique, s'inspire des éléments du droit processuel. Il peut s'agir non seulement du droit social ainsi que de sa jurisprudence mais aussi des droits fondamentaux consacrés notamment par la Convention européenne des droits de l'homme, le droit pénal, la procédure pénale ou civile.

Ainsi, l'entreprise doit mener l'enquête de façon impartiale, à charge et à décharge[1]. Elle doit tenir compte des remarques de la personne visée[2], ce qui confirme le respect du principe de contradictoire. Ce qui revient à dire que la personne visée doit pouvoir répondre aux avis, pièces et témoignages et faire entendre ses témoins. En droit comparé, une décision rendue en Belgique, dans le cadre du RGPD, a condamné l'entreprise du fait que « le DPO était juge et partie[3] ». Cette décision se rapproche de celles rendues par la Cour d'appel de Paris et la Cour de cassation. La Cour d'appel de Paris estime que l'enquête interne doit être conduite de façon « méticuleuse, paritaire et loyale[4] ». La Cour de cassation jugera que l'enquête interne menée de façon maladroite et partiale peut constituer un manquement à l'obligation de sécurité de l'employeur vis-à-vis de la personne mise en cause[5]. D'un autre côté, dans le cadre d'une enquête interne anticorruption par exemple où une mise en cause pénale semble possible, le respect du principe de la présomption d'innocence doit être garanti. Si on peut se placer dans le cadre général de la relation de travail entre l'employeur et les salariés, qu'il soit en droit français et OHADA, ces derniers doivent être informés des moyens utilisés pour contrôler leurs activités[6]. L'entreprise

[1] Cass. soc. 9 fév. 2012, n°10-26.123.
[2] Cass. soc. 12 janv. 2012, n°10-23-583.
[3] A. FIEVEE, « Condamnation d'une banque : le DPO était " juge et partie " », Doctrine, Revue Expertise, Mars 2022, pp. 116-117.
[4] CA Paris, 25 janv. 2018, n°15/08177.
[5] Cass. soc. 6 juill. 2022, n°21-13.631.
[6] C. trav., art. L. 1222-4.

doit respecter, au-delà de cette obligation d'information, les obligations relatives au RGPD. Aussi, elle doit respecter le principe de stricte proportionnalité des moyens d'enquête[1]. Ces derniers doivent être mis en œuvre au regard du but recherché[2]. Aussi, elle doit constamment rechercher un équilibre entre le droit à la vie privée des employés et la bonne marche de l'entreprise. Par ailleurs, elle doit respecter les principes du droit processuel concernant les preuves. A ce sujet, le principe de liberté de la preuve n'étant absolu ni en droit social ni en droit civil, l'entreprise ne doit pas recueillir d'éléments des preuves par des procédés illicites, déloyaux ou portant une atteinte disproportionnée aux droits des personnes et aux libertés individuelles et collectives.

En épilogue, face à l'importance des programmes de *compliance* ou conformité dont fait partie la procédure d'enquête et du rôle de l'entreprise, il devient nécessaire aux équipes opérationnelles, salariés, partenaires commerciaux d'être formés aux enjeux de vigilance (anticorruption et devoir de vigilance). Pour que l'entreprise ne soit pas mise en cause, à ces actions de sensibilisation, peuvent s'adjoindre, le cas échéant, pour des employés et partenaires commerciaux, des mesures de sanction (blâmes, avertissements, assortis généralement de sessions de formation dédiées). Comme on peut le constater, une juridiction est même allée jusqu'à considérer que le licenciement d'un directeur commercial, qui ne s'inquiétait pas de la *due diligence* anti-corruption devant être réalisée avant la signature d'un contrat, reposait sur une cause réelle et sérieuse[3].

L'auto-surveillance des entreprises amène celles-ci à développer des accords-cadres, sur le plan international, leur permettant de véhiculer et d'assurer le respect des obligations de vigilance.

B. La pratique des accords-cadres internationaux (ACI)

La mondialisation a permis à l'entreprise de s'emparer « du pouvoir de créer des normes autonomes des ordres juridiques étatiques et internationaux[4] » répondant à un besoin de « marketing social, voire de

---

[1] C. trav., art. L.1121: « nul ne peut apporter aux droits des personnes et aux libertés individuelles et collectives de restrictions qui ne seraient pas justifiées par la nature de la tâche à accomplir ni proportionnées au but recherché ».

[2] Cass. civ. 1ère 25 fév. 2016, n°15-12.403, en ce que « le droit à la preuve ne peut justifier la production d'éléments portant atteinte à la vie privée qu'à la condition que cette production soit indispensable à l'exercice de ce droit et que l'atteinte soit proportionnée au but poursuivi ».

[3] CA Angers, 11 mars 2021, n°19/00128.

[4] M. FRAPARD et F. LARONZE, « Les normes unilatérales et négociées d'entreprise », in *La RSE saisie par le droit. Perspectives interne et internationale (dir. K. MARTIN-CHENUT et* R. *DE QUENAUDON)*, éd. Pedone, Paris, 2016, 717 p., pp. 231-302, spéc. p. 231.

législation sociale internationale[1] ». Hormis les codes de conduite, les accords-cadres internationaux ou mondiaux constituent des normes s'inscrivant dans une forme nouvelle de dialogue social à dimension internationale. Ils sont définis comme étant « le résultat d'une négociation entre une entreprise transnationale et une ou plusieurs organisations de travailleurs en vue de reconnaître des droits à l'ensemble des travailleurs concernés, voire également aux sous-traitants ou aux fournisseurs[2] ». Ils s'appliquent aux entreprises situées sur le territoire de plusieurs États. La doctrine distingue, classiquement, les accords-cadres européens (ACE) et les accords-cadres internationaux (ACI)[3]. Dans la présente étude, nous retiendrons l'appellation d'ACI. Ce dernier recouvre les accords ayant vocation à s'appliquer aussi bien au niveau africain et européen qu'au niveau international.

Les ACI sont négociés et conclus en dehors de tout cadre juridique. Ce qui revient à dire qu'ils ne sont soumis à aucune règle de négociation et d'adoption, ni même à aucun régime juridique préexistant[4]. Ils procèdent donc d'une démarche volontaire des partenaires sociaux. Si l'ACI ne semble *a priori* ne revêtir aucune force juridique, des auteurs estiment que « la force juridique que semble revêtir les ACI est étroitement liée à différents éléments qui s'attachent aux parties prenantes à l'accord et à l'objet de l'accord[5] ». Concernant ce dernier élément, au-delà des aspects sociaux, les thématiques abordées dans certains accords traitent de la RSE et, par conséquent, englobent les questions environnementales, droits de l'homme voire celles relatives à la lutte contre la corruption. Dans cette perspective, les ACI constituent des moyens que peuvent utiliser les entreprises pour véhiculer et s'assurer du respect des obligations de vigilance. Ce sont des « outils de déploiement des démarches de vigilance[6] ». Il s'agit des ACI de nouvelle génération[7].

En effet, la première génération d'ACI se contentait, au même titre que les codes de conduite et les chartes éthiques, de promouvoir les aspects de la RSE sans vraiment s'insérer dans une démarche opérationnelle pour en garantir l'effectivité[8]. La nouvelle génération d'ACI va au-delà. Selon une étude sur la spécificité des ACI rendue publique en 2017, il est remarqué

---

[1] Idem.

[2] Ibid., spéc. p. 283.

[3] I. DA COSTA et U. REHFELDT, « Les négociations collectives transnationales : dynamiques des accords-cadres européens et mondiaux », La revue de l'IRES, vol. 71, n°4, 2011, pp. 115-156.

[4] Ibid., spéc. p. 288.

[5] Ibid., spéc. p. 289.

[6] Études EDH, « Droits de l'homme et devoir de vigilance dans les récents accords-cadres mondiaux », fév. 2019, 16 p., spéc. p. 4.

[7] S. SELUSI-SUBIRATS, « La place de l'amélioration de la santé et la sécurité des travailleurs dans la démarche de responsabilité sociale des entreprises françaises », Revue Lamy droit des affaires n°150, 1er juill. 2019, spéc. n°18.

[8] Idem., spéc. n°19.

une importante évolution traduisant un engagement fort qui dépasse la conception traditionnelle de la RSE[1]. Ainsi, plusieurs entreprises concluent des ACI spécifiques. C'est dire que ces ACI concernent les questions spécifiques de la RSE dont notamment la santé et la sécurité au travail et souvent en lien avec le plan de vigilance. Nous pouvons citer, à titre d'exemple, le cas du groupe français EDF. Ce dernier a signé un nouvel accord-cadre mondial le 29 mai 2018. Il explique, dans sa démarche, que l'effectivité de leur nouvel accord sur la RSE notamment en matière de la santé et la sécurité au travail, ne sera possible qu'en le combinant avec leur plan de vigilance[2]. C'est également le cas du groupe Société Générale qui, au-delà de la conclusion d'un nouvel accord sur les droits fondamentaux le 4 février 2019, souligne que « le présent accord est l'un des leviers de mise en œuvre du plan de vigilance qui doit permettre d'identifier, de prévenir, d'atténuer et de remédier aux violations des droits humains au sein du Groupe[3] ». Il en est de même pour le groupe belge Solvay qui a renouvelé depuis le 31 mars 2022 son ACI portant sur la RSE et le développement durable. A ce sujet, ce renouvellement anticipe les avancées législatives européennes sur le devoir de vigilance. Parmi les nouveautés, l'accord permet la mise en place d'un groupe de travail paritaire chargé de vérifier le respect des droits humains au travail par les fournisseurs et sous-traitants mondiaux du groupe.

Concernant l'Afrique, il convient de relever l'accord-cadre signé par le groupe français Areva avec Sherpa et la société civile africaine en 2009[4]. Bien que signé avant l'avènement de la loi sur le devoir de vigilance, cet accord a pour objet de mettre en place un mécanisme pour régler la situation sanitaire des travailleurs miniers du Niger et du Gabon mais aussi dans tous les pays où Areva exploite des mines[5]. Aussi, il a pour objet d'assurer la bonne santé des travailleurs en poursuivant un double objectif[6] : « réparer et prévenir ». Pour atteindre cet objectif de prévention, il est prévu « qu'à l'occasion de toute nouvelle exploitation Areva devra établir une première étude sanitaire qui permettra de constituer un étalon de référence sur l'impact sanitaire de l'exploitation dans la durée[7] ». C'est une sorte de prémices de vigilance raisonnable déployée dans un accord-cadre mondial.

---

[1] M-A. MOREAU (dir. C. COSME), « La spécificité des accords mondiaux d'entreprise en 2017 : originalité, nature, fonctions », Recherche diligentée pour le BIT, nov. 2017, 93 p.
[2] Accord-cadre mondial sur la responsabilité sociale entre le Groupe EDF et les fédérations syndicales mondiales *IndustriALL Global Union* et l'ISP, 29 mai 2018.
[3] Accord mondial sur les droits fondamentaux entre le Groupe Société Générale et *l'UNI Global Union* (UNI), Paris, 4 fév. 2019, spéc. p. 3.
[4] BOURDON W., « L'accord Sherpa société civile africaine/Areva, un accord trop ambitieux ? », in *La responsabilité sociale de l'entreprise, vecteur d'un droit de la mondialisation ? (dir. I. DAUGAREILH)*, Bruylant, coll. Paradigme, Bruxelles, 2017, 569 p., pp. 153-159.
[5] Idem., spéc. p. 154.
[6] Ibid.
[7] Ibid.

Concrètement, les ACI sont des outils importants pour l'effectivité des démarches de vigilance. Ils portent sur les mêmes enjeux et le même périmètre, y compris sur l'ensemble de la chaîne de valeur. Ce sont évidemment des outils de dialogue avec les parties prenantes syndicales et à tous les niveaux de l'entreprise. Aussi, ce sont des outils qui permettent de diffuser des engagements de l'entreprise, de suivre des démarches et d'alerter sur les enjeux de vigilance[1].

Par ailleurs, pour les partenaires commerciaux, nous avons vu précédemment que la sanction de rupture de relation commerciale est considérée comme le dernier recours en cas d'un manquement grave et répété. Elles sont encouragées, concernant les situations qui ne sont pas graves, à l'occasion notamment d'une alerte interne, ou d'un audit externe, d'organiser une gestion amiable des litiges. C'est le recours aux MARD dont notamment la médiation et l'arbitrage.

§2. La médiation et l'arbitrage, juridictions privées prisées par les entreprises

L'arbitrage comme la médiation est un mode de résolution des litiges qui consiste à porter un différend devant une ou plusieurs personnes que les parties choisissent librement comme juges. Ce sont des juridictions privées prisées par les entreprises. Il importe de s'intéresser aux liens entre obligation de vigilance, règle de conformité ou *compliance* et MARD notamment la médiation et l'arbitrage. En effet, l'idée de la médiation consiste à négocier sur les intérêts plutôt que sur les positions et à rechercher des solutions mutuellement satisfaisantes[2]. C'est un mode qui convient donc à toutes les affaires où les parties rencontrent des difficultés de négociation pour conclure, exécuter un contrat ou résoudre un conflit[3]. L'obligation de vigilance peut être insérée dans le contrat. En conséquence, sa violation, par les parties, est source de conflit nécessitant une entente. A cela, l'obligation de vigilance constitue un intérêt légitime pour les parties à pouvoir négocier et, par l'intervention d'un médiateur, trouver une solution c'est-à-dire parvenir à anticiper les risques, le cas échéant, réparer. Aussi, l'arbitre est « le juge naturel du commerce international[4] ». Même si les liens ne peuvent être évidents entre *compliance* et arbitrage, du moins, l'arbitre se confronte aux matières sollicitant les logiques de la *compliance*. Outre la

---

[1] Études EDH, op. cit.

[2] V. LASSERRE, « Médiation et performance économique », La Semaine Juridique Entreprise et Affaires n°5, 4 fév. 2021, 1059.

[3] Idem.

[4] E. GAILLARD, « La corruption saisie par les arbitres du commerce international », Revue de l'Arbitrage (Comité Français de l'Arbitrage), vol. 2017 n°3, pp. 805-838, spéc. p. 807, n°1.

prévention et la répression de la corruption, l'arbitre peut être amené à trancher un litige en lien avec l'environnement[1]. Or l'obligation de vigilance s'applique notamment dans ces deux matières : environnement et lutte anti-corruption. Il est alors évident que le médiateur et l'arbitre peuvent favoriser le respect des valeurs éthiques. Avant de relever concrètement les liens entre médiation, arbitrage et obligation de vigilance (**B**), il est primordial de comprendre l'organisation de la médiation et l'arbitrage en droits français et OHADA (**A**).

A. La médiation et l'arbitrage en droits français et OHADA

La médiation peut être définie comme le fait de « faire intervenir un tiers, appelé un médiateur, pour parvenir à sortir d'un conflit dans lequel se trouvent deux parties en leur permettant de trouver elles-mêmes une solution sur-mesure à leur conflit au lieu de recourir à la décision judiciaire[2] ». En droit français, la médiation est dite extrajudiciaire car elle a vocation à régler un différend sans le recours aux tribunaux étatiques. Elle peut être organisée par les parties ou par la loi[3].

Lorsqu'elle est organisée par les parties, on parlera, d'un côté, de la médiation conventionnelle et, de l'autre côté, de la médiation institutionnelle. Très souple, la médiation conventionnelle est privée et se déroule sans contrainte ni forme imposée. Il suffit que les parties s'entendent pour qu'un tiers les rapproche et leur permette de parvenir à un accord[4]. Le médiateur est régi par des principes directeurs. A ce propos, il ressort de l'article 1530 du CPC que les parties peuvent « tenter de parvenir à un accord, en dehors de toute procédure judiciaire en vue de la résolution amiable de leurs différends, avec l'aide d'un tiers choisi par elles qui accomplit sa mission avec impartialité, compétence et diligence ». Aussi, le médiateur ne doit pas avoir fait l'objet d'une condamnation, d'une incapacité ou d'une déchéance[5]. En outre, il doit posséder la qualification requise ou justifier d'une formation ou expérience adaptée à la pratique de la médiation[6]. L'accord issu de la médiation peut revêtir une force obligatoire qui ne dépend que de la volonté des parties. Celles-ci peuvent demander, par requête, l'homologation de l'accord issu de la médiation au

---

[1] E. LOQUIN, « Le droit de l'environnement devant les tribunaux arbitraux internationaux », in *Pour un droit économique de l'environnement. Mél. G.J. MARTIN*, éd. Frison-Roche, Paris, 2013, 715 p., pp. 299-307.

[2] V. LASSERRE, « Médiation et performance économique », op. cit, spéc. p. 26.

[3] P. ROCHER, « La médiation en droit français et européen », in *La médiation dans tous ses états (dir. W. BEN HAMIDA et S. BOSTANJI)*, éd. Pedone, coll. Colloque de Tunis, Paris, 392 p., pp. 347-353.

[4] CPC, art. 1532.

[5] CPC, art. 1533.

[6] Idem.

juge[1]. Pour la médiation institutionnelle, elle peut être organisée soit par des centres d'arbitrage, soit par une entreprise ou organisation professionnelle. Ceux-ci sont tenus à des exigences d'indépendance et d'impartialité du médiateur. Plusieurs hypothèses peuvent nécessiter la médiation institutionnelle dans le cas d'un centre d'arbitrage. Souvent l'arbitrage succède à la médiation en cas d'échec et, parfois, l'arbitrage peut s'interrompre pour laisser place à la médiation.

Concernant la médiation extrajudiciaire organisée par la loi, elle est d'application, en droit français, en matière de consommation. C'est une procédure de médiation légalement prévue pour la protection de la partie faible : le consommateur. Ainsi, tout consommateur a le droit de recourir gratuitement à un médiateur de la consommation en vue de la résolution amiable du litige qui l'oppose à un professionnel. Le médiateur doit présenter des garanties de compétence, d'indépendance, d'impartialité et agir avec diligence[2].

En droit de l'OHADA, le législateur a adopté un nouvel Acte uniforme relatif à la médiation (AUM) en 2017 et entré en vigueur en 2018. Il a opté pour une définition large de la médiation encadrée par des principes directeurs[3]. La médiation est, alors, définie à l'article 1er de l'AUM comme « tout processus, quelle que soit son appellation, dans lequel les parties demandent à un tiers de les aider à parvenir à un règlement amiable d'un litige, d'un rapport conflictuel ou d'un désaccord découlant d'un rapport juridique, contractuel ou autre ou lié à un tel rapport, impliquant des personnes physiques ou morales, y compris des entités publiques ou des États ». La médiation, en droit de l'OHADA, peut être conventionnelle ou judiciaire, ad hoc ou institutionnelle[4]. Elle est gouvernée, comme en droit français, par des principes directeurs. Ces derniers s'imposent tant au médiateur qu'à toute institution établie dans l'un des États parties. Il s'agit des principes garantissant le respect de la volonté des parties, l'intégrité morale, l'indépendance, l'impartialité du médiateur, la confidentialité et l'efficacité du processus de médiation[5]. On voit que le statut du médiateur semble règlementé[6].

Contrairement au droit français[7], l'AUM exclut des cas où le juge ou l'arbitre au cours de l'instance essaye de faciliter un règlement amiable directement avec les parties. Cette exclusion résulte de l'article 2 de l'AUM disposant que « le présent Acte uniforme s'applique à la médiation.

[1] CPC, art. 1534.
[2] C. conso, art. L. 613-1.
[3] A. AYEWOUADAN, « OHADA. La médiation : définition et principes directeurs », L'essentiel droits africains des affaires, Lextenso, n°5, mai 2018, 111g4.
[4] AUM, art. 1 al. 2.
[5] AUM, art. 8.
[6] B. T. IDRISSA, « OHADA. Le statut du médiateur », L'essentiel droits africains des affaires, Lextenso, n°5, mai 2018, 111g5.
[7] CPC, art. 21 : « Il entre dans la mission du juge de concilier les parties ».

Toutefois, il ne s'applique pas aux cas dans lesquels un juge ou un arbitre, pendant une instance judiciaire ou arbitrale, tente de faciliter un règlement amiable directement avec les parties ». Subséquemment, et conformément à l'article 11 de l'AUM, les preuves invoquées lors de la procédure de médiation ne sont pas recevables dans une autre procédure quelle qu'elle soit. A ce titre, Madame Goré relève que « cette césure entre la médiation et l'arbitrage est importante. En effet, c'est écarter le recours à ce curieux mélange " md-arb " venu du droit américain et qui suscite bien des interrogations, notamment au regard des principes de confidentialité, d'impartialité et du contradictoire[1] ». L'accord amiable issu de la médiation, en droit de l'OHADA, est susceptible d'une exécution forcée[2]. Les parties bénéficient, à cet égard, d'une alternative afin de renforcer leur accord en vue de son exécution[3]. Elles peuvent déposer conjointement l'acte au rang des minutes d'un notaire avec reconnaissance d'écritures et de signatures[4] ; demander l'homologation de l'accord de médiation ou l'exequatur[5] ; exercer le recours contre l'acte d'homologation si elles estiment que l'accord de médiation est contraire à l'ordre public[6]. Donc, en droit de l'OHADA, l'accord amiable issu de la médiation peut ainsi voir sa force obligatoire, naturelle et contractuelle, renforcée par la force exécutoire que seul le notaire ou le juge compétent peut lui conférer.

L'arbitrage est la forme la plus contraignante de MARD. C'est le seul mode où le tiers, appelé arbitre, a le pouvoir et le devoir de rendre une décision qui sera juridiquement contraignante. C'est ainsi qu'il est très encadré par la réglementation[7]. Même si la sentence arbitrale lie les parties[8], elle doit être homologuée par un tribunal à travers l'exequatur[9]. Généralement, tous les pays, que soit la France ou des pays membres de l'OHADA, permettent l'arbitrage tant interne qu'international. Par exemple, en droit français, il est clairement mentionné : « est international l'arbitrage qui met en cause des intérêts du commerce international[10] ». Concrètement, les deux systèmes organisent l'arbitrage de conflits commerciaux lorsque les parties en conviennent préalablement dans un contrat (clause

---

[1] M. GORE, « OHADA. La médiation : champ d'application et articulation avec d'autres modes de résolution des conflits », », L'essentiel droits africains des affaires, Lextenso, n°5, mai 2018, 111g6.
[2] AUM, art. 16 al. 1.
[3] M. ADAMOU, « OHADA. La médiation : efficacité et exécution », L'essentiel droits africains des affaires, Lextenso, n°5, mai 2018, 111g7.
[4] AUM, art. 16, al. 2.
[5] AUM, art. 16, al. 3.
[6] AUM, art. 16, al. 6 et s.
[7] En France, l'arbitrage est encadré par le Code de procédure civile (CPP) aux articles 1442 à 1527. En droit de l'OHADA, il est régi par l'Acte uniforme relatif au droit de l'arbitrage (AUA) révisé en 2017 et le Règlement d'arbitrage de la CCJA.
[8] CPC, art. 1484 ; AUA, art. 19 à 24.
[9] CPC, art. 1487-1488 ; AUA, art. 30 à 34.
[10] CPC, art. 1504.

compromissoire[1]) ou à la suite de l'apparition d'un conflit, lors d'une attente ad hoc (compromis d'arbitrage[2]). Les contrats internationaux contiennent généralement ce type de clause. Les parties déterminent préalablement dans leur contrat le mode de nomination du ou des arbitres ainsi que l'institution qui sera chargée d'administrer l'arbitrage. Les tribunaux judiciaires, en règle générale, refusent d'entendre un dossier lorsque les parties s'étaient engagées à résoudre leur différend par cette voie. Les deux systèmes juridiques reconnaissent la Convention de New York qui prévoit la reconnaissance et l'exécution de sentences arbitrales étrangères ainsi que les conditions dans lesquelles les parties peuvent en appeler d'une sentence. En droits français et OHADA, la sentence arbitrale est susceptible de recours en annulation[3]. A la différence du droit de l'OHADA, l'appel est possible en droit français que si prévu par les parties[4]. Il nous paraît impérieux de relever l'originalité et la spécificité du droit de l'arbitrage OHADA.

L'arbitrage occupe une place de choix dans l'ordre juridique communautaire de l'OHADA. A cet effet, un titre entier lui est dédié dans le traité fondateur de l'OHADA[5]. Dans la même optique, le législateur a mis en place un Acte uniforme relatif au droit de l'arbitrage (AUA) et une Cour commune de Justice et d'Arbitrage disposant d'un Règlement d'arbitrage propre. C'est de l'arbitrage institutionnel. En revanche, l'AUA constitue le droit commun de l'arbitrage des dix-sept États membres. Quoiqu'inspiré du droit français de l'arbitrage, il va même au-delà sur certains points. Un premier trait original tient à l'absence de toute distinction entre l'arbitrage interne et l'arbitrage international. Le texte dispose, en effet, en son article 1er, qu'il « a vocation à s'appliquer à tout arbitrage lorsque le siège du tribunal se trouve dans l'un des États-parties ». Avant la réforme de 2017, le législateur s'était abstenu, par la suite, de définir toute règle spécifique susceptible de s'appliquer à un arbitrage international, réalisant, ainsi, une unité de régime entre arbitrage interne et international. Mais depuis 2017, le législateur a prévu que le consentement à l'arbitrage peut résulter, en plus des acquis d'avant la réforme[6], « des codes et traités d'investissement[7] ». Par le traité d'investissement, il est clair que le législateur fait désormais mention d'une règle spécifique s'appliquant à l'arbitrage international. Si pour un auteur, cette réforme a opéré une « intégration imparfaite de l'arbitrage d'investissement dans le droit OHADA[8] », pour un autre, elle « renforce, en

---

[1] CPC, art. 1442, al. 2 ; AUA, art. 3-1., al. 2.

[2] CPC, art. 1442, al. 3 ; AUA, art. 3-1., al. 3.

[3] CPC, art. 1491-1492 ; AUA, art. 25 à 29.

[4] CPC, art. 1489.

[5] Traité de l'OHADA, Titre IV L'arbitrage, art. 21 à 26.

[6] Convention d'arbitrage : clause compromissoire et compromis d'arbitrage.

[7] AUA, art. 3 ; Règlement d'arbitrage de la CCJA, art. 2.1, al. 1.

[8] W. B. HAMIDA, « L'intégration imparfaite de l'arbitrage d'investissement dans le droit OHADA », Revue de l'Arbitrage (Comité Français de l'Arbitrage) vol. 2019 n°4, pp. 1109-1140.

intégrant une solution tirée de la pratique de l'arbitrage en matière d'investissement[1] ». Le mérite de cette intégration est que l'arbitrage est proposé aux investisseurs privés, nationaux ou étrangers, comme une garantie par l'État hôte pour le règlement d'éventuels différends qui les opposeraient. Signalons que les investisseurs redoutent souvent les juridictions étatiques africaines alors que les États membres de l'OHADA adoptent des codes et chartes d'investissements pour les attirer à travers des garanties et diverses incitations fiscales, économiques et financières. Un second trait remarquable est la consécration, à l'article 2, alinéa 2 de l'AUA, d'un principe général de capacité de compromettre des personnes morales de droit public à la fois en droit international et en droit interne. Également, les termes dans lesquels l'article 4 de l'AUA établit l'autonomie juridique de la clause compromissoire méritent aussi d'être remarqués. Le texte pose, en effet, une règle matérielle de validité de la convention d'arbitrage reprenant la formule de la Cour de cassation française dans l'arrêt *Dalico*[2] : sa validité est « appréciée d'après la commune volonté des parties, sans référence nécessaire à un droit étatique ». Cependant, à la différence de la jurisprudence *Dalico*, l'AUA ne pose aucune réserve à la validité de la convention d'arbitrage, pas même celle de l'ordre public international. Aussi, il étend le bénéfice de cette règle matérielle aussi bien aux arbitrages internationaux qu'aux arbitrages internes, allant en cela beaucoup plus loin que le droit français.

Il convient de relever concrètement les liens susceptibles d'exister entre médiation, arbitrage et obligations de vigilance.

B. Les liens entre médiation, arbitrage et obligation de vigilance

Le devoir de diligence raisonnable, soulevé antérieurement, requiert la prévention et l'atténuation des incidences négatives. La médiation, comme mode de gestion amiable de conflit, est suggérée dans le cas où les incidences négatives identifiées donnent encore la possibilité de prendre des mesures curatives ou correctives. En revanche, il existe des situations dans lesquelles l'entreprise n'a pas le pouvoir de prévenir ou d'atténuer les incidences négatives ni n'est en mesure d'accroître son influence. Dans ce cas, comme rappelé antérieurement, l'entreprise peut rompre la relation commerciale selon les textes internationaux de RSE. Il est clair que ces derniers privilégient le dialogue, la rupture des relations commerciales devant être un dernier recours. Le meilleur cadre pour dialoguer et trouver une entente demeure la médiation. Ce qui justifie, d'ailleurs, la mise en place

---

[1] H-D. MODI KOKO BEBEY, « OHADA. Le fondement de l'arbitrage, au regard des articles 3 de l'Acte uniforme relatif à l'arbitrage et 2.1, alinéa 2, du règlement d'arbitrage de la CCJA », L'essentiel droits africains des affaires, Lextenso, n°5, mai 2018, 111g8.
[2] Cass. 1ere civ. 20 déc. 1993, n°91-16.828.

des PCN, « forum de résolution des conflits[1] », dans le cadre des principes directeurs de l'OCDE. Le mécanisme de médiation implique le dialogue devant aboutir à une entente commune pour prendre des mesures adaptées. A ce sujet, il constitue un mode approprié de règlement des conflits dans les cas où les parties doivent ou désirent préserver une relation future.

L'idée de la médiation est bien présente dans la loi sur le devoir de vigilance. Cette dernière prévoit l'instauration « d'un mécanisme d'alerte et de recueil des signalements relatifs à l'existence ou à la réalisation des risques, établi en concertation avec les organisations syndicales représentatives dans ladite société[2] ». Le terme « concertation » est bien connue des organisations syndicales, patronales et le pouvoir public. Son institutionnalisation « a eu pour effet de diminuer le nombre et l'intensité des conflits du travail. Elle se base sur un accord fondamental, auquel on se réfère comme à une sorte de pacte social[3] ». C'est la médiation en droit social[4]. S'il est vrai que le terme « concertation » est prévu uniquement dans le cadre de l'établissement du mécanisme d'alerte interne concernant les salariés, nous comprenons que le législateur a démontré son intention de favoriser la médiation. Plus haut, nous avons pu démontrer que l'alerte peut provenir aussi de l'extérieur notamment des clients, des consommateurs et surtout des partenaires commerciaux. Dans ce cas, seule la médiation ayant vocation de préserver les relations futures semble un mode approprié pour parvenir à une solution c'est-à-dire la mise en place d'actions correctives ou curatives à travers un dialogue inclusif et constructif. Il s'agit des actions visant à atténuer ou éliminer les atteintes ou risques, parfois, graves tout en poursuivant les relations commerciales. Dans cette optique, la directive européenne sur le devoir de vigilance donne une place importante aux échanges constructifs et efficaces entre l'entreprise assujettie et les parties prenantes et ce, aux différentes étapes du processus de vigilance[5].

Ceci revêt une importance capitale car la plupart des partenaires commerciaux, particulièrement, dans le cadre de la sous-traitance, sont des PME. La rupture des relations commerciales constitue un risque économique majeur puisque leur survie économique dépend de la relation commerciale avec les sociétés donneuses d'ordre. La médiation privilégie

---

[1] K. MARTIN-CHENUT, R. DE QUENAUDON et L. VARISON, « Les Points de contact nationaux : un forum de résolution des conflits complémentaire ou concurrent du juge ? », in *La RSE saisie par le droit. Perspectives interne et internationale (dir. K. MARTIN-CHENUT et R. DE QUENAUDON)*, éd. Pedone, Paris, 2016, 717 p., pp. 607-624.

[2] C. com., art. L. 225-102-4, I, al. 4,4°.

[3] E. ARCQ, « La concertation sociale », Dossiers du CRISP, vol. 70, n°1, 2008, pp. 9-134, spéc. p. 9.

[4] S. SOUISSI, « La médiation en matière sociale », in *La médiation dans tous ses états (dir. W. B. HAMIDA et S. BOSTANJI)*, éd. Pedone, coll. Colloque de Tunis, Paris, 392 p., pp. 251-285, spéc. p. 263 et p. 274.

[5] Dir. (UE) 2024/1760 du Parlement européen et du Conseil du 13 juin 2024 sur le devoir de vigilance des entreprises en matière de durabilité et modifiant la directive (UE) 2019/1937 et le règlement (UE) 2023/2859, art. 13.

une entente entre les parties en permettant, selon nous, de mieux régler le fond du conflit, c'est-à-dire les obligations matérielles de vigilance. Malheureusement le tribunal ne traite pas le fond du litige mais s'attarde à trancher la dimension juridique du conflit et souvent, comme en atteste les arrêts *Monoprix, Carrefour et Promod* sus-évoqués, avaliser la rupture des relations commerciales. L'idée majeure étant de prévenir, anticiper les risques et réparer à travers des actions adaptées d'atténuation des risques, le médiateur a le mérite de concilier la société donneuse d'ordre avec son partenaire commercial, voire avec les sociétés civiles (ONG, riverains, associations), et ce, grâce au dialogue constructif et inclusif.

En Afrique, la place de la médiation n'est plus à démontrer. Il existe une préférence pour la médiation reflétant la prédisposition de la culture africaine à dénouer un conflit[1] . La médiation était et est encore incarnée dans le cadre de « l'arbre à palabre[2] » ou la « palabre traditionnelle ». C'est, en effet, un outil de paix sociale dont le but est la résolution des conflits par la restauration de la paix et de l'harmonie sociales[3]. C'est ainsi que certains auteurs souhaitent un « mode mixte réconciliant palabre et médiation : “ la médialabre[4] ” ». La médiation renforcera la culture de prévention des risques, dans le cadre d'un futur devoir de vigilance OHADA, tant pour les entreprises que diverses parties intéressées. A cet effet, nous pouvons remarquer, en Afrique, le lien entre la médiation et les questions environnementales. D'une manière particulière, en matière environnementale, les autorités traditionnelles africaines recourent à la médiation. Le contexte camerounais est éloquent. Le législateur camerounais, en règlementant par écrit la protection de l'environnement, s'est rendu compte de l'impossible mise à l'écart du système de droit traditionnel. Il a pris soin d'aménager de l'espace à l'application de la coutume en consacrant le principe dit de « subsidiarité ». A la lecture de la loi-cadre relative à la gestion de l'environnement au Cameroun, il s'agit d'un principe en vertu duquel « en l'absence d'une règle de droit écrit, générale ou spéciale en matière de protection de l'environnement, la norme coutumière identifiée d'un terroir donné et avérée plus efficace pour la protection de l'environnement s'applique[5] ». Les gardiens de la bonne application des coutumes, les autorités traditionnelles, se trouvent ainsi dotées d'un ensemble de pouvoirs et devoirs attachés à la fonction de protection de l'environnement et de préservation des ressources naturelles.

---

[1] F. CAMARA et A. CISSE, « Arbitrage et médiation dans les cultures juridiques négro-africaines : entre la prédisposition à dénouer et la mission de trancher », Revue de l'Arbitrage (Comité Français de l'Arbitrage) vol. 2009 n° 2, pp. 285-316.

[2] Idem., spéc. p. 292.

[3] Ibid., spéc. p. 288.

[4] B. BLOHORN-BRENNEUR (dir.), « La médiation pour tous dans l'espace OHADA et en Afrique de l'ouest. Théorie, pratique et cadre juridique de la médiation », L'Harmattan, Paris, 2018, 220 p., pp. 45-48.

[5] Loi-cadre relative à la gestion de l'environnement, article 9 (f).

En vertu de ces attributions, les autorités traditionnelles sont investies de la mission d'éveiller chez les populations la prise de conscience environnementale à travers des campagnes d'information et de sensibilisation[1] ; leur concours peut être sollicité pour la manifestation de la vérité en cas de flagrant délit[2] et, elles sont compétentes pour le règlement des litiges liés à l'utilisation de certaines ressources naturelles telles que l'eau et le pâturage[3]. A ce titre, elles recourent à la médiation pour résoudre non seulement le conflit en réparant mais aussi assurer la prévention en évitant la récidive, et ce, dans leur mission de sensibilisation. Nous avons bien vu le lien entre médiation et environnement. L'office du médiateur, dans le cadre du devoir de vigilance, sera préventif car il sera l'occasion de sensibiliser la partie fautive en vue d'une prise des mesures adaptées d'atténuation des risques. Donc, qu'il soit en France ou dans l'espace OHADA, la médiation ou concertation est un outil important pour atteindre l'acceptabilité sociale de l'impératif de vigilance.

L'arbitrage, juridiction privée prisée par les acteurs économiques dont les grandes entreprises[4], se confronte aux matières sollicitant les logiques de *compliance* : la lutte anti-corruption et l'environnement. L'arbitre, au même titre qu'une juridiction étatique, tranche normalement les litiges dont il est saisi en droit. A ce titre, la loi sur le devoir de vigilance, la loi Sapin II, le Code de l'environnement, le Code du travail et tant d'autres font partie intégrante de l'ordre juridique français. Il en est de même du droit de l'OHADA ainsi que les lois environnementales nationales. Ils font partie intégrante de l'ordre juridique des États membres de l'OHADA. L'arbitre est donc tenu de trancher selon ces droits. Un auteur renseigne que « la prise en compte de considérations liées à l'environnement par les juridictions arbitrales est observée par la doctrine, peut-être parce que des sentences arbitrales s'y essayant ont pu être relevées, principalement dans le domaine de la protection des investissements directs étrangers, mais aussi dans celui, moins transparent, des différends dits commerciaux[5] ». Toutefois, il s'avère que « l'application du droit de l'environnement par les arbitres est moins étudiée, et les exemples connus sont sensiblement plus rares[6] ».

Face à ce constat, certaines institutions d'arbitrage apportent une réponse adéquate eu égard à la spécificité des questions environnementales, mais aussi sanitaires et climatiques. Nous pouvons relever, à ce titre, le règlement facultatif pour l'arbitrage des différends relatifs aux ressources

---

[1] Loi-cadre relative à la gestion de l'environnement, art. 74.

[2] Loi n° 94/01, 20 janvier 1994 portant régime des forêts, de la faune et de la pêche, art. 142 (3)

[3] Loi-cadre relative à la gestion de l'environnement, art. 93.

[4] P. CHAVASSE, « L'arbitrage au soutien de la partie faible. », in *Arbitrage et partie faible. Colloque du 9 mai 2016*, JDI (Clunet) janv-mars 2017, pp. 24-26, spéc. p. 25.

[5] P. THIEFFRY, « L'arbitrage et le droit européen de l'environnement », Revue de l'Arbitrage (Comité Français de l'Arbitrage), vol. 2019, n° 4, pp. 1069-1108, spéc. p. 1070.

[6] Idem., spéc. p. 1071.

naturelles et/ou à l'environnement de la Cour permanente d'arbitrage. Plus généralement, un mouvement en ce sens se manifeste dans le contexte des litiges liés aux changements climatiques et à l'environnement, signe d'une prise de conscience de conforter, voire de restaurer l'acceptabilité sociale de l'arbitrage comme mode de résolution des différends portant sur des sujets d'intérêt général[1]. L'examen de l'emprise de l'environnement par la pratique arbitrale sera fait tant en matière d'investissements que de relations commerciales.

L'arbitre peut déployer le respect des valeurs éthiques dont les obligations de vigilance à travers le contrôle de la légalité de l'investissement ou généralement de la « clause de légalité », la doctrine « des mains propres ou *clean hands* » et « l'ordre public international ». L'office de l'arbitre en matière d'illicéité de l'investissement l'invite à concilier deux impératifs. L'un, dans l'intérêt des investisseurs, est de préserver leur accès aux juridictions arbitrales prévues dans les traités, l'autre, dans l'intérêt de l'État hôte, est de faire en sorte que cet accès ne se fasse pas au détriment du respect par les investisseurs du droit local et plus généralement de l'ordre public international.

Dans l'arbitrage d'investissement, l'État hôte est considéré aujourd'hui comme « une partie faible[2] ». Traditionnellement, la protection de l'investisseur demeure le centre de gravité des accords internationaux. Elle s'oppose notamment à l'expropriation, éventuellement « indirecte » de l'investisseur, à son traitement injuste et inéquitable, ou encore à la discrimination à son encontre. Elle traduit la « primauté accordée aux intérêts de l'investisseur privé sur les intérêts publics définis par l'État d'accueil[3] ». Pour les pays africains, étant moins développés, cette protection des investisseurs constitue un équilibre inégal[4]. Souvent, les pays plus développés y voient un moyen de sécuriser les investissements de leurs ressortissants en Afrique, alors que pour les pays africains ils sont au contraire un moyen de les y attirer. Ce qui justifie une vague de défiance des États y compris africains à l'égard de l'arbitrage investisseur-État[5]. En Europe, « l'arrêt *Achmea* de la Cour de justice a porté un coup d'arrêt au

[1] Ibid., spéc. p. 1078 ; aussi : O. BOSKOVIC, « L'arbitrage international en matière environnementale », Energie – Environnement-Infrastructure, n° 4 avril 2019, dossier 11, spéc. n°1.
[2] W.B. HAMIDA, « L'État partie faible? », in *Arbitrage et partie faible. Colloque du 9 mai 2016*, JDI (Clunet), LexisNexis, janv-mars 2017, pp. 11-17.
[3] P-M. DUPUY et Y. KERBRAT, « Droit international public », 13e éd, Dalloz, coll. Précis, Paris, 2020, 962 p., spéc. p. 826, n° 634.
[4] N. MONEBHURRUN, « Arbitrage international et droit international des investisseurs : la question des devoirs des investisseurs », *La RSE saisie par le droit. Perspectives interne et internationale (dir. K. MARTIN-CHENUT et R. DE QUENAUDON)*, Ed. Pedone, Paris, 2016, 717 p., pp. 643-658, spéc. p. 643.
[5] J. CAZALA, « La défiance étatique à l'égard de l'arbitrage investisseur exprimée dans quelques projets et instruments conventionnels récents », JDI (Clunet), LexisNexis, janv-mars 2017, pp. 82-97.

système de règlement des différends en matière d'investissement directs étrangers – l'avis de décès de l'arbitrage d'investissement – au moins dans le cadre des traités bilatéraux de protection des investissements (TBI) intra européens[1] ». Quand bien même ce type d'arbitrage connaît une « mort douce en Europe et dans d'autres régions du monde[2] », force est de constater qu'il y a accroissement en Afrique[3]. D'où, la réforme opérée par l'OHADA en 2017 d'insérer ce type d'arbitrage. Nous pensons que cette réforme rentre dans le mouvement de « la prise en compte des intérêts de l'État[4] ». Dans l'évolution de l'arbitrage d'investissement et la question de la prise en compte de l'environnement, deux observations peuvent être relevées.

Premièrement, avant les années 2000, la plupart des TBI ne contenait aucune disposition relative à l'environnement sur la base desquelles lesdits États eussent pu justifier leurs défiances. C'est ainsi que les investisseurs ont un temps pu se reposer sur leurs attentes subjectives quant à la profitabilité ou à la longévité de leurs investissements aux dépens de la capacité des États hôtes à adapter leur cadre juridique aux réalités environnementales et sanitaires elles-mêmes changeantes[5]. Les arbitres n'y prêtaient pas attention et se concentraient sur le respect de leur mandat ainsi que le niveau général de protection qui résulte des TBI et non celui d'intérêts généraux.

Deuxièmement, ce n'est que depuis les années 2000 que l'intérêt de l'État hôte à voir respecter, notamment, sa législation environnementale, et parfois climatique, y apparaît dans des termes très divers : reconnaissance de la protection de l'environnement parmi les objectifs poursuivis, préservation du droit de l'État à réglementer, voire obligation pour ledit État de mettre en œuvre et de promouvoir des mesures de protection de l'environnement[6]. Malgré cette tendance, les mesures environnementales sont souvent perçues comme suspectes et subordonnées au respect des droits des investisseurs. Du moins, certains tribunaux arbitraux manifestent une approche plus équilibrée, reposant sur la prévisibilité pour l'investisseur

---

[1] P. THIEFFRY, « L'arbitrage et le droit européen de l'environnement », op cit., spéc. p. 1072.

[2] W. B. HAMIDA, « L'intégration imparfaite de l'arbitrage d'investissement dans le droit OHADA », op. cit., spéc. p. 1110.

[3] W. B. HAMIDA, A. NGWANZA, J-B. HARELIMANA, « Un demi-siècle africain d'arbitrage d'investissement CIRDI », LGDJ, coll. Droits africains EJA, Paris, 399 p., spéc. p. 46.

[4] W. B. HAMIDA, « La prise en compte de l'intérêt général et des impératifs de développement dans le droit des investissements », JDI(Clunet) n° 4, oct. 2008, doctr. 10.

[5] P. THIEFFRY, « L'arbitrage et le droit européen de l'environnement », op cit., spéc. p. 1080.

[6] Idem.

d'une évolution du cadre législatif environnemental[1] et sanitaire[2]. Également, ils énoncent même sans équivoque le droit de l'État à exercer sa prérogative souveraine de légiférer et d'adapter ses lois aux circonstances changeantes[3]. Il revient, à cet effet, à l'investisseur de se renseigner sur ces perspectives et d'en tenir compte[4]. D'autres sentences montrent que le comportement de l'investisseur fournit, parfois, à l'État un moyen de défense, comme lorsqu'il est retenu que l'investisseur n'ignorait pas les exigences environnementales croissantes du pays hôte qui ont entraîné l'adoption de la mesure contestée[5]. Certaines sentences déboutent l'investisseur en raison de l'illicéité de l'investissement y compris au motif de l'absence de rapport de faisabilité et d'étude d'impact préalable[6] ou en se basant sur la violation du droit de l'environnement par l'investisseur[7] .

Au vu de cette esquisse théorique précédente, il s'avère que l'arbitre peut faire respecter l'obligation de vigilance aux investisseurs. Celle-ci en s'ancrant dans le droit local, l'investissement qui ignorerait cette obligation de vigilance peut être qualifié d'illégal. Ce qui signifie que l'absence de mesures de prévention et d'anticipation constitue alors des violations du droit local. Par cette violation, l'État hôte peut mettre un terme à l'investissement, si celui-ci ne se conforme pas. Le rôle de l'arbitre sera de faire respecter ces obligations à l'investisseur, qui, après même condamnation de réparer, peut être amené à prendre des mesures adaptées pour préserver l'avenir. C'est le contrôle de la clause de légalité. Notons que si l'arbitre peut réparer le passé, se soucier du futur lui est difficile. La raison est qu'il disparaît une fois la sentence rendue. Il pourra, dans ce cas, nommer un expert qui va suivre l'exécution d'une mesure et inciter les parties à s'accorder pour revenir devant lui en cas de difficulté d'exécution.

Dans le même ordre d'idée, « selon la doctrine des mains propres, une partie à un différend ne peut demander une réparation équitable à une autre partie si elle a elle-même violé un principe d'équité[8] ». Ce qui revient à dire qu' « une entreprise pourrait se prévaloir d'un accord protégeant ses investissements uniquement si son propre comportement a été

---

[1] Voir : *Methanex v. United States, Final Award, UNCITRAL (NAFTA), 3 august 2005.* Contestation d'un investisseur canadien contre l'évolution de la loi californienne. Il a été débouté.

[2] Voir : *Philip Morris Brands Sarl, Philip Morris Products SA and Abal Hermanos SA v. Oriental Republic of Uruguay, ICSID Case No. ARB/10/7, 8 July 2016.* Il s'agit de la contestation de Philip Morris des mesures anti-tabac, cette sentence est la seule qui l'a débouté.

[3] Idem., spéc. n° 122-132.

[4] Ibid.

[5] *Methanex v. United States, Final Award, préc., part. IV chapter D.*

[6] *CIRDI, sentence du 22 oct. 2018, Cortec Mining Kenya Limited, Cortec (PTY) Limited and Stirling Capital c/ Kenya, ARB/15/29, n° 365.*

[7] Sentence finale du 18 sept. 2018, *David Aven e.a. v/ Costa Rica, Case No. UNCT/15/3, n° 552.*

[8] N. MONEBHURRUN, « Arbitrage international et droit international des investisseurs : la question des devoirs des investisseurs », op. cit., spéc. p. 649.

irréprochable vis-à-vis de l'État hôte[1] ». Dans une sentence arbitrale dite affaire *Niko Resources c. Bangladesh*[2], le tribunal arbitral a établi trois conditions permettant d'invoquer cette doctrine : la continuité de la violation, la solution souhaitée par la partie demanderesse doit être de nature à faire cesser la violation dans le futur et enfin la réciprocité dans les obligations, objets du différend. Si la dernière condition peut poser un problème eu égard à l'équilibre inégal entre investisseurs et État[3], nous pensons que ces conditions constituent une véritable porte d'accès pour les arbitres à faire respecter les obligations de vigilance et, partant, à refuser d'appliquer la protection à l'investisseur mis en cause[4].

En outre, l'arbitre peut faire respecter l'obligation de vigilance en contrôlant l'ordre public international. Les principes de protection de l'environnement appartiennent à un ordre public transnational. Aussi, différentes règles environnementales et sociétales découlent, en réalité, de milliers d'accords multilatéraux en vigueur. Ces derniers, selon nous, se positionnent légitimement ainsi sur un pied d'égalité avec les traités de protection de l'investissement. Parmi ces règles, il y a les droits fondamentaux au travail de l'OIT et ses diverses conventions, les principes notamment de développement durable, de la précaution, de la prévention. Dès lors, les arbitres peuvent devenir des « gardiens de l'environnement », en « participant à la création d'un ordre public environnemental transnational[5] ».

Concernant l'arbitrage commercial, tout comme dans l'arbitrage d'investissement, il ne fait aucun doute que les tribunaux relevant de l'arbitrage commercial « prennent en considération les normes environnementales créées par les États[6] ». Un auteur soutient que l'arbitrage commercial international ne présente en matière environnementale « aucune spécificité par rapport aux autres procédures arbitrales », ces litiges restants normalement « soumis à un droit national dont l'arbitre tient compte au titre de la volonté des parties et au titre de l'ordre public[7] ».

---

[1] Idem.
[2] Cité par N. MONEBHURRUN, « Arbitrage international et droit international des investisseurs : la question des devoirs des investisseurs », op. cit., spéc. p. 649-648 ; pour comprendre l'évolution de ces conditions, idem., spéc. pp.650-653.
[3] Ibid., spéc. p. 650.
[4] Ibid., spéc. p.653. L'auteur affirme que « si les entreprises ont une attente légitime à ce que les États se comportent, envers elles, de manière cohérente, transparente et consistante, l'on s'attend aussi légitimement à ce que les investisseurs démontrent des pratiques de RSE afin de bénéficier de la protection des accords sur les investissements ».
[5] O. BOSKOVIC, « L'arbitrage international en matière environnementale », op. cit., spéc. n°10.
[6] E. LOQUIN, « Le droit de l'environnement devant les tribunaux arbitraux internationaux », op. cit., spéc. p. 300.
[7] O. BOSKOVIC, « L'arbitrage international en matière environnementale », op. cit., spéc. n° 8.

Soulignons qu'en droit français, il existe « l'arbitrabilité des litiges nés de la rupture brutale de relations commerciales établies[1] ». Il s'agit d'une règle, désormais, classique réitérée en ces termes par la Cour d'appel de Paris dans son arrêt du 5 septembre 2019 : « il est constant qu'un litige portant sur la réparation du préjudice subi du fait de la brutalité de la rupture des relations commerciales établies ne doit pas nécessairement être porté devant les juridictions étatiques, fût-ce sur le fondement d'une loi de police, et que les clauses compromissoires s'appliquent notamment aux litiges portant sur l'article L. 442-6 I, 5° du Code de commerce » et qu'il « en résulte que l'arbitrage n'est pas exclu du seul fait que les dispositions de l'article L. 442-6 I, 5° sont invoquées par l'une des parties au litige ». Cette règle ne peut que trouver un écho favorable dans le cadre des obligations de vigilance. A ce titre, nous savons bien que celles-ci recourent à la notion de relation commerciale établie. Les litiges nés de la rupture de cette relation commerciale constituent souvent, comme nous l'avons vu précédemment, l'apanage des juges étatiques. Or avec cette jurisprudence, il est clair que les entreprises peuvent également recourir à l'arbitrage dans le cadre de litiges nés de la rupture brutale des relations commerciales en lien avec le devoir de vigilance.

Par ailleurs, malgré la compétence exclusive du tribunal judiciaire de Paris en matière de vigilance, les stipulations organisant celle-ci peuvent être renforcées par une clause compromissoire, les juges jugeant de la conformité à la stipulation et l'on pourrait admettre dans une disposition dans les plans de vigilance qui renvoient à un arbitrage. Ainsi, un compromis d'arbitrage ou une clause compromissoire, en cas de non-respect des obligations de vigilance, sont autant d'opportunités pour les parties de parvenir à une solution sous les auspices de l'arbitre. C'est une brèche, pour ce dernier, de faire respecter les obligations de vigilance[2].

[1] V. CARRIOU, « Rupture brutale de relations commerciales établies et inapplicabilité manifeste de la clause compromissoire : la Cour d'appel de Paris innove et surprend, note sous Paris, 5 septembre 2019 », Revue de l'Arbitrage (Comité Français de l'Arbitrage) vol. 2020 n° 2, pp. 464-476.

[2] Y. QUEINNEC et A. LAUNAY, « De la prévention à la réparation des impacts ESG. Le contrat durable, outil de formalisation du devoir de vigilance raisonnable », op. cit., spéc. pp. 482-483.

Conclusion générale

Il s'agissait de s'interroger non seulement sur l'applicabilité du devoir de vigilance en France mais aussi sur sa possible intégration dans l'espace OHADA. Ce qui revenait à comprendre la manière dont le droit de l'OHADA peut intégrer la *compliance* en général et particulièrement son mécanisme de devoir de vigilance, et ce, à la lumière de l'évolution du droit français. Les idées avancées ont permis de s'interroger sur le recours au devoir de vigilance, dans le cadre de la responsabilisation des entreprises, comme mécanisme de *compliance* tant dans son approche volontaire que contraignante ; la responsabilisation par la gestion des risques sociétaux et environnementaux avec une possible gestion en droit positif OHADA ; la responsabilité-anticipation dont les germes relèvent tant du droit social que du droit de l'environnement, et ce, en France et dans l'espace OHADA ; la particularité de la responsabilité-anticipation relevant des obligations légales de vigilance où la quête d'une proposition du devoir de vigilance s'est imposée en droit de l'OHADA après une analyse poussée de l'existant dans l'espace OHADA ; les deux outils de formalisation du devoir de vigilance à savoir la contractualisation et la juridictionnalisation.

La notion de RSE, concept à la fois polysémique et en évolution constante, est devenue, au cours des vingt dernières années, de plus en plus omniprésente, notamment dans les pratiques et les discours associés à la gestion des activités relevant des grandes entreprises. Le devoir de vigilance, étant son outil, permet de saisir les grandes entreprises dans toute leur organisation. Celles-ci doivent agir en toute responsabilité avec leurs partenaires commerciaux. Il est donc une réponse à la réalité de la mondialisation qui permet aux grandes entreprises de poursuivre uniquement l'enrichissement personnel des actionnaires sans tenir compte des incidences sociétales et environnementales de leurs activités.

Le droit français a évolué en consacrant une obligation légale de vigilance inspirée des normes non contraignantes de RSE par la loi du 27 mars 2017 renouvelée par la directive européenne. Aussi, il a adapté son cadre normatif des sociétés en introduisant la raison d'être des entreprises, le statut des sociétés à mission, l'obligation générale de prise en considération des enjeux sociaux et environnementaux, le préjudice écologique. L'analyse exhaustive de ce qui existe dans l'espace OHADA et en droit de l'OHADA nous a permis de comprendre que, dans le cadre de la démarche volontaire, seules des filiales des grandes entreprises internationales dans le secteur à haut risque et des organismes tant publics et privés participent à l'éclosion des pratiques de devoir de vigilance. Concernant la pratique contraignante, quand bien même il existe des germes d'une telle pratique dans l'espace OHADA principalement en matière bancaire et financière, nous avons pu relever quelques germes en matière sociétale et environnementale. Or l'existence d'un cadre règlementaire et de gouvernance claire est essentielle pour impulser et promouvoir l'obligation légale de vigilance raisonnable, règle de *compliance*. En Afrique, en général, la faiblesse des institutions destinées à produire les normes ainsi que l'importance du secteur informel, constituent de véritables obstacles. Nous avons pu montrer que l'OHADA contient en son sein tous les éléments permettant de faire face à ces obstacles. Le droit de l'OHADA peut faciliter l'intégration et le déploiement, en Afrique, du devoir de vigilance.

Le droit de l'OHADA, en empruntant les bonnes pratiques de l'obligation de vigilance avec ses suites relevant du droit français, aura le mérite, du fait de son originalité et son dynamisme, de faire de l'Afrique une véritable actrice de la mondialisation. Rappelons que l'Afrique continue toujours à être un objet de la mondialisation. Un auteur remarquera que « il est temps que l'Afrique arrête cette fuite en avant qu'elle a adoptée depuis ses indépendances, qu'elle se remette en question, qu'elle change de méthode pour devenir enfin compétitive dans l'économie mondiale, qu'elle devienne enfin actrice et non objet de la mondialisation. Pour ce faire, il faut abandonner l'option de l'intégration régionale qui ne lui a pas donné de résultats probants (…)[1] ». Or l'OHADA est un exemple parfait d'une « intégration juridique énergique » et a une vocation panafricaine. Les États africains sont censés miser sur cette organisation communautaire qui pourra contribuer efficacement à la réduction des risques sociétaux, environnementaux et de gouvernance relevant des activités des entreprises. Avec le devoir de vigilance dans le droit de l'OHADA, l'organisation communautaire rencontrera ainsi ses objectifs de sécurité juridique des investissements et de croissance économique en Afrique. De même, le devoir de vigilance constitue une « arme de guerre économique[2] ». Il constitue à la fois un rempart contre la prédation économique et un vecteur d'accroissement de compétitivité ou de puissance. C'est de l'intelligence économique. Celle-ci est un enjeu particulièrement stratégique pour le continent africain[3]. Le devoir de vigilance permettra à l'Afrique, par le biais de l'OHADA, à faire imposer l'intelligence économique pour un développement réellement durable des pays africains. Ainsi, l'Afrique sera une actrice de guerre économique et non un terrain de guerre économique[4], partant une véritable actrice de la mondialisation.

---

[1] D. ABWA, « L'Afrique entre intégration régionale, unité africaine et mondialisation », op. cit., spéc. p. 473.

[2] C. BABINET, « Le devoir de vigilance. De la nécessité du renseignement économique », éd. Denoël, Paris, 1992, 270 p.

[3] L. KONATE et S. MORTIER, « Manuel de l'intelligence économique en Afrique », VA éditions, 2022, 500 p.

[4] Idem.

Bibliographie[1]

I. Ouvrages, manuels, monographies et thèses

A. Droit français

ABADIE P. (dir. J. MORAND-DEVILER et F-G. TREBULLE), « Entreprise responsable et environnement. Recherche d'une systématisation en droit français et américain », Thèse, Université Paris 1 Panthéon-Sorbonne, 2011.

BABINET C., « Le devoir de vigilance. De la nécessité du renseignement économique », éd. Denoël, Paris, 1992, 270 p.

BARDY J. (dir. G.J. MARTIN), « Le passif environnemental de l'entreprise. Contribution à l'avènement d'un droit comptable de l'environnement », Thèse, Université Côte d'Azur, LGDJ, 2020, 457 p.

BENABENT A., « Droit des contrats spéciaux civils et commerciaux », 11è éd., LGDJ, Paris, 2015, 696 p.

BISSARA P., FOY R. et DE VAUPLANE A., « Droit et pratique de la gouvernance des sociétés cotées. Conseils et comités », éd. Joly, ANSA, Paris, 2007, 409 p.

BOISSON DE CHAZOURNES L. et MAZUYER E., « Le Pacte mondial des Nations Unies, 10 ans après », CERIC, Bruylant, Bruxelles, 2011, 206 p.

BONUCCI N. et KESSEDJIAN C. (dir.), « 40 ans des lignes directrices de l'OCDE pour les entreprises multinationales », éd. Pedone, Paris, 2018, 212 p.

BORGA N., MARIN J-C. et RODA J-C. (dir.), « Compliance : l'entreprise, le régulateur et le juge », Dalloz, coll. Thèmes et comm., Paris, 2018, 264 p.

BOSKOVIC O. (dir.), « L'efficacité du droit de l'environnement : mise en œuvre et sanctions », Dalloz, coll. Thèmes et comm., Paris, 2010, 136 p.

BOY L., RACINE J-B., et SIIRIAINEN F. (dir.), « Droit économique et droits de l'homme », Larcier, coll. Droit-Économie international, Bruxelles, 2009, 710 p.

CAILLET M-C. (dir. I. DAUGAREILH), « Le droit à l'épreuve de la responsabilité sociétale des entreprises : étude à partir des entreprises transnationales », Thèse, Université de Bordeaux, 2014, 663 p.

CANS C. (dir.), « La responsabilité environnementale : prévention, imputation, réparation », Dalloz, coll. Thèmes et comm. Actes, Paris, 2009, 421 p.

CAPRON M., QUAIREL-LANOIZELEE F. et TURCOTTE M-F. (dir.), « ISO 26000 : une norme « hors-norme » ? Vers une conception mondiale de la responsabilité sociétale », éd. Economica, Paris, 2011, 223 p.

COZIAN M., VIANDIER A. et DEBOISSY F., « Droit des sociétés », 34èd., LexisNexis, coll. Manuel, Paris, 2021, 963 p.

DAUGAREILH I. (dir.), « La responsabilité sociale de l'entreprise, vecteur d'un droit de la mondialisation ? », Bruylant, coll. Paradigme, Bruxelles, 2017, 569 p.

[1] La bibliographie présentée ici est à titre indicatif. Pour une bibliographie complète, voir la version soutenue de la thèse.

DE BONNAFOS V. (dir. H. BARBIER), « La valorisation de l'entreprise citoyenne », Thèse, Aix-Marseille Université, coll. Institut de droit des affaires CDE, PUAM, 2020, 478 p.

DESMONS E. (dir.), « Figures de la citoyenneté », L'Harmattan, Paris, 2006, 247 p.

DESPAX M., « L'entreprise et le droit », Thèse, LGDJ, Paris, 1956, 443 p.

DUPOUY-CADET S., « Le contrat et l'environnement », Thèse, Aix-Marseille Université, coll. Institut de droit des affaires CDE, PUAM, 2020, 542 p.

FABRE-MAGNAN M., « Le droit des contrats », 1ère éd., coll. Que sais-je ? n°4118, Paris, 2018, 125 p.

FARJAT G., « Droit économique », PUF, Thémis, Paris, 1971, 443 p.

FEUGERE W., « La compliance en pratique : cartographier ses risques », Éditions législatives, Paris, 2020, 77 p.

FONBAUSTIER L. et MAGNIER V. (dir.), « Développement durable et entreprise », Dalloz, coll. Actes thèmes et comm., Paris, 2013, 169 p.

FRISON-ROCHE M-A. (dir.), « Les outils de la compliance », Dalloz, coll. Thèmes et comm., Paris, 2021, 323 p.

FRISON-ROCHE M-A (dir.), « Les buts monumentaux de la compliance », Dalloz, coll. Thèmes et comm., Paris, 2022, 520 p.

FRISON-ROCHE M-A. (dir.), « La juridictionnalisation de la compliance », Dalloz, coll. Thèmes et comm., Paris, 2023, 490 p.

GAUDEMET A. (dir.), « La compliance : un monde nouveau ? Aspects d'une mutation du droit », éd. Panthéon-Assas, coll. Colloques, Paris, 2016, 161 p.

GENDRON C. et GIRARD B. (dir.), « Repenser la responsabilité sociale de l'entreprise. L'École de Montréal », éd. Armand Collin, coll. Recherches, Paris, 2013, 432 p.

GUISLAIN M-L. et MALBRAND T., « La vigilance sociétale en droit français », Ritimo, coll. Passerelle, Paris, 2016, 110 p.

HAUTEREAU-BOUTONNET M. (dir. C. THIBIERGE), « Le principe de précaution en droit de la responsabilité civile », Thèse, Université d'Orleans, LGDJ, Paris, 2005, 695 p.

HAUTEREAU-BOUTONNET M., « Responsabilité civile environnementale », 1ère éd., Dalloz, Paris, 2020, 156 p.

JAZOTTES G. (dir.), « La modernisation du droit des affaires », Litec, Paris, 2007, 171 p.

JEANTIN M. (Mélanges), « Perspectives de droit économique : dialogues avec Michel JEANTIN », Dalloz, Paris, 1999, 502 p.

LAGET P., « La liste noire des multinationales », L'Harmattan, Paris, 2013, 90 p.

LE CANNU P. (Mélanges), « Le droit des affaires à la confluence de la théorie et de la pratique », LGDJ, Paris, 2014, 803 p.

LE FLANCHEC A., UZAN O. et DOUCIN M. (dir.), « Responsabilité sociale de l'entreprise et Gouvernance mondiale », éd. Economica, coll. Gestion, Paris, 2012, 230 p.

LE TOURNEAU P., « L'éthique des affaires et du management au XXIe siècle », Essai, Dalloz, Paris, 2000, 269 p.

LEVILLAIN K. (dir. B. SEGRESTIN), « Les entreprises à mission : formes, modèle et implications d'un engagement collectif », Thèse, Mines ParisTech, 2015.

LIPOVETSKY G., « Le crépuscule du devoir. L'éthique indolore des nouveaux temps démocratiques », éd. Gallimard, Paris, 1992, 292 p.

MALECKI C., « Responsabilité sociale des entreprises : perspectives de la gouvernance d'entreprise durable », LGDJ, coll. Droit des affaires, Paris, 2014, 468 p.

MALINGREY P., « Introduction au droit de l'environnement », 2e éd., Éditions TEC & DOC, Lavoisier, Paris, 2004, 284 p.

MARTIN-CHENUT K. et DE QUENAUDON R. (dir.), « La RSE saisie par le droit. Perspectives interne et internationale », éd. Pedone, Paris, 2016, 717 p.

MAURIN L., « Contrat et droits fondamentaux », Thèse, Aix-Marseille Université, LGDJ, coll. Bibliothèque de droit privé Tome 545, Paris, 2013, 514 p.

MAZUYER E. (dir.), « Regards croisés sur le phénomène de la Responsabilité sociale de l'entreprise », CERIC, Université d'Aix-Marseille III, coll. Monde européen et international, 2010, 273 p.

MEKKI M., « L'intérêt général et le contrat. Contribution à une étude de la hiérarchie des intérêts en droit privé », Thèse, LGDJ, Paris, 2004, 910 p.

MERCIER S., « L'Éthique dans les entreprises », éd. La découverte, coll. Repères, Paris, 128 p.

MONTEILLET V. (dir. A. PELISSIER), « La contractualisation du droit de l'environnement », Thèse, Université de Montpellier, Dalloz, Paris, 2017, 732 p.

NAUDET J-Y. (dir.), « Mondialisation et éthique des échanges », Librairie de l'Université d'Aix-en-Provence, coll. Éthique et Déontologie, 2003, 331 p.

NEYRET L. (dir.), « Des écocrimes à l'écocide, le droit pénal au secours de l'environnement » éd. Bruylant, coll. Droits et développement durable, Bruxelles, 2015, 465 p.

PAILLUSSEAU J., « La Société anonyme. Technique d'organisation de l'entreprise », Sirey, Paris, 1967, 294 p.

PRIEUR M., COHENDET M-A., MAKOWIAK J. et al., « Droit de l'environnement », 8è éd., Dalloz, coll. Précis, Paris, 2019, 1394 p.

RACINE J-B., « Droit de l'arbitrage », PUF, coll. Thémis droit, Paris, 2016, 641 p.

RAMBAUD T., « Introduction au droit comparé. Les grandes traditions juridiques dans le monde », PUF, coll. Quadrige manuels, Paris, 2014, 342 p.

ROBE J-P., « Le temps du monde de l'entreprise : globalisation et mutation du système juridique », Dalloz, coll. A droit ouvert, Paris, 2015, 601 p.

SCHILLER S. (dir.), « Le devoir de vigilance », Centre de recherche Droit Dauphine, LexisNexis, Paris, 2019, 246 p.

SEGRESTIN B., ROGER B. et VERNAC S. (dir.), « L'entreprise : point aveugle du savoir », éd. Sciences Humaines, Auxerre, 2014, 343 p.

SEVE R. (dir.), « L'entreprise multinationale dans tous ses états », Dalloz, coll. Archives de philosophie du droit, tome 56, Paris, 2013, 464 p.

SINTEZ C. (dir. C. THIBIERGE et M.P. NOIREAU), « La sanction préventive en droit de la responsabilité civile : contribution à la théorie de l'interprétation et de la mise en effet des normes », Thèse, Université d'Orleans et Université de Montréal UQAM, Dalloz, Paris, 2011, 514 p.

SUPIO A., « L'entreprise dans un monde sans frontières. Perspectives économiques et juridiques », Dalloz, coll. Le sens du droit : débat, Paris, 2015, 344 p.

SUPIO A. (dir.), « Face à l'irresponsabilité : la dynamique de la responsabilité », éd. Collège de France, Paris, 2018, 182 p.

TREBULLE F-G. et UZAN O., « Responsabilité sociale des entreprises : regards croisés Droit et Gestion. », éd. Economica, Paris, 2011, 530 p.

VERDUN F., « La gestion des risques juridiques », éd. d'Organisation, Paris, 2006, 174 p.

VIRASSAMY G. J., « Les contrats de dépendance. Essai sur les activités professionnelles exercées dans une dépendance économique », LGDJ, coll. Bibliothèque de droit privé Tome 190, Paris, 1986, 334 p.

VINEY G. et JOURDAIN P., « Traité de droit civil. Les conditions de la responsabilité », 2è éd., LGDJ, Paris, 1998, 1226 p.

VINEY G., JOURDAIN P. et CARVAL S., « Traité de droit civil. Les effets de la responsabilité », 4e éd., LGDJ, Paris, 2017, 872 p.

B. Droit africain

ADAM TAIROU Y., « Préoccupations environnementales et droit de l'entreprise dans l'espace OHADA », L'Harmattan, Paris, 2013, 425 p.

AKA N., FENEON A. et TCHAKOUA J-M., « Le nouveau droit de l'arbitrage et de la médiation en Afrique (OHADA) », LGDJ, coll. Droits africains EJA, Paris, 2018, 371 p.

AKAM AKAM A. (dir.), « Les mutations juridiques dans le système OHADA », L'Harmattan, Paris, 2009, 262 p.

ALGADI A. S., « Contrats et droit OHADA des procédures collectives », Thèse, Université de Toulouse, l'Harmattan, Paris, 2009, 369 p.

BARTON B., *Canadian Law of Mining*, Second edition, LexisNexis, Canada, 2019, 1030 p.

BLOHORN-BRENNEUR B. (dir.), « La médiation pour tous dans l'espace OHADA et en Afrique de l'ouest. Théorie, pratique et cadre juridique de la médiation », L'Harmattan, Paris, 2018, 220 p.

CADIET L. (dir.), « Droit et attractivité économique : le cas de l'OHADA », Travaux de l'Association pour l'efficacité du droit et de la justice (AEDJ) dans l'espace OHADA, éd. IRJS Éditions, coll. Bibliothèque de l'IRJS – André Tunc, Paris, 2013, 232 p.

CAMPBELL B. et LAFORCE M. (dir.), « La responsabilité sociale des entreprises dans le secteur minier. Réponse ou obstacle aux enjeux de légitimité et de développement en Afrique ? », 1ère éd., Presse de l'Université du Québec, Québec, 2016, 252 p.

DAGBEDJI O. G., « Arbitrage OHADA et prérogatives de puissance publique nationales », éd. IFJD Institut Louis Joinet, coll. des Thèses n°188, Paris, 2021, 498 p.

DAVID R., JAUFFRET-SPINOSI C., et GORE M., « Les grands systèmes de droit contemporains », 12è éd., Dalloz, Précis, Paris, 2016, 539 p.

DENEAULT A., ABADIE D. et SACHER W., « Noir Canada : pillage, corruption, et criminalité en Afrique », éd. Eco société, Montréal, 2008, 348 p.

FENEON A., « Droit des sociétés en Afrique (OHADA) », 2è éd., LGDJ, coll. Droits africains EJA, Paris, 2017, 1071 p.

GARNIER L. (dir.), « Aspects contemporains du droit de l'environnement en Afrique de l'Ouest et Centrale », UICN-PNUE, Droit et politique de l'environnement, n°69, Gland, Suisse, 2008, 242 p.

GONIDEC P-F., « Cours de droit du travail africain et malgache », LGDJ, Paris, 1966, 287 p.

HAMIDA W. B., NGWANZA A., HARELIMANA J-B., « Un demi-siècle africain d'arbitrage d'investissement CIRDI », LGDJ, coll. Droits africains EJA, Paris, 2019, 399 p.

HOCHSCHILD A., « Les fantômes du roi Léopold. La terreur coloniale dans l'État du Congo, 1884-1908 », éd. Tallandier, Paris, 2019, 624 p.

KODO M. J-V., « L'application des actes uniformes de l'OHADA », PUR, Bruylant-Academia, Bruxelles, 2010, 358 p.

KONATE L. et MORTIER S., « Manuel de l'intelligence économique en Afrique », VA éditions, 2022, 500 p.

LOE-MIE P-M. et TARI N., « Les nouveautés du plan comptable révisé de l'OHADA (SYSCOHADA révisé). Des textes à la pratique », L'Harmattan, Paris, 2018, 624 p.

MESTRE J. (dir), « Recueil d'études sur l'OHADA et les normes juridiques africaines. Collections Horizons Juridiques Africains », Centre de droit économique, vol. VI, PUAM, Marseille, 2013, 421 p.

MESTRE J. (dir.), « Recueil d'études sur l'OHADA et l'UEMOA. Collections Horizons Juridiques Africains », Centre de droit économique, vol. I, PUAM, Marseille, 2010, 690 p.

MIKPONHOU H. (dir. E. MICAU et F. LECLERC), « L'ordre juridique communautaire OHADA et les enjeux d'intégration du droit des affaires », Thèse, Université de Perpignan, 2016, 413 p.

MBUYU KABWE T. (dir. Y. NOUVEL), « La responsabilité sociétale des entreprises selon les nouveaux codes miniers africains », Thèse, Université Paris II Panthéon-Assas, 2019, 392 p.

NGANGO G-W. (Mélanges), « Dynamiques de développement. Débats théoriques et enjeux politiques à l'aube du XXe siècle », CEREG, éd. Montchrestien, coll. Grands colloques, Paris, 2003, 595 p.

POHE D., « Droit des sociétés commerciales et coopératives dans l'espace OHADA », Bruylant, coll. Droit uniforme africain, Bruxelles, 2019, 565 p.

POUGOUE P-G. (dir.), « Encyclopédie du droit OHADA », Lamy, Paris, 2011, 2174 p.

RUPPEL O.C. et KAM YOGO E. D. (dir.), « Droit et politique de l'environnement au Cameroun – afin de faire de l'Afrique l'arbre de vie », 1ère éd., Nomos, 2018, 961 p.

SANI MANI L. (dir. M. SAMB), « L'intérêt social dans la réforme du droit OHADA des sociétés commerciales au regard de la *Corporate Governance* », Thèse, Université Cheick Anta Diop, 2019, 438 p.

SAWADOGO F-M. (Mélanges), « Les horizons du droit OHADA », CREDIJ, Cotonou, 2018, 914 p.

TIGER P., « Le droit des affaires en Afrique (OHADA) », 3ème éd., PUF, coll. Que sais-je, Paris, 2001, 127 p.

II. Articles et chroniques

A. Droit français

ABADIE P., « Le juge et la responsabilité sociale de l'entreprise », Rec. Dalloz 2018, p. 302.

ABADIE P., « La responsabilité sociale et environnementale des entreprises », Gaz. Pal. 2015, hors-série, 2, p. 2019.

AMRANI-MEKKI S., « Le socle commun procédural de l'action de groupe de la loi de modernisation de la justice du XXI siècle. A propos de la loi n°2016-1547 du 18 novembre 2016 », La Semaine Juridique Edition Générale n°50, 12 déc. 2016, 1340.

ASCENSIO H., « Le Pacte mondial et l'apparition d'une responsabilité internationale des entreprises », in *Le Pacte mondial des Nations Unies, 10 ans après (dir. L. BOISSON DE CHAZOURNES et E. MAZUYER)*, CERIC, Bruylant, Bruxelles, 206 p., pp. 166-184.

BARRAUD DE LAGERIE P., BETHOUX E., et al., « La mise en œuvre du devoir de vigilance : une managérialisation de la loi ? », Lextenso, Droit et société, 2020/3, n°106, pp. 699-714.

BARLOW D., « Les nouvelles obligations de transparence des entreprises en matière sociale et environnementale », Rec. Dalloz 2012, p. 1502.

BEAU DELOMENIE T. et COSSART S., « Parties prenantes et devoir de vigilance », Revue internationale de la compliance et de l'éthique des affaires, Supplément à la Semaine Juridique Entreprise et Affaire n°50, étude 94, déc. 2017.

BERARD P-Y., « Droit des sociétés. L'intérêt social et la raison d'être des sociétés », Revue Banque, n°823, sept. 2018, pp. 83-88.

BERTHOIN ANTALE A. et SOBCZAK A., « Au-delà de la RSE : la responsabilité globale », Semaine Sociale Lamy, n°1186, 18 oct. 2004.

BERTHOIN ANTAL A., SOBCZAK A. et DIERKES M., « Le reporting sociétal : comment apprendre de 40 années d'expérience ? », Semaine Sociale Lamy, n°1186, 18 oct. 2004.

BILLAUDOT B., « La diversité des représentations de la RSE : Quelle origine ? », L'Économie Politique, vol. 45, n°1, 2010, pp. 99-112.

BILLET P., « La convention judiciaire d'intérêt public en matière environnementale », Revue internationale de la compliance et de l'Éthique des affaires n°2, avril 2021, comm. 85.

BONNEAU T., « Compliance et secteur bancaire et financier en Europe », in *Pour une Europe de la compliance (dir. M-A FRISON-ROCHE)*, Dalloz, coll. Thèmes et comm., Paris, 2019, 124 p., pp. 79-95.

BOSKOVIC O., « Brèves remarques sur le devoir de vigilance et le droit international privé », Rec. Dalloz 2016, p. 385.

BOSKOVIC O., « L'arbitrage international en matière environnementale », Energie – Environnement-Infrastructure, n° 4 avril 2019, dossier 11.

BOUCOBZA X. et SERINET Y-M., « Loi Sapin 2 et devoir de vigilance : l'entreprise face aux nouveaux défis de la compliance », Rec. Dalloz 2017, p. 1619.

BOUTONNET M., SINTEZ C. et THIBIERGE C., « Consacrons les fonctions et les effets de la responsabilité civile ! », Rec. Dalloz 2016, p. 2414.

BRABANT S., MICHON C. et SAVOUREY E., « Le Plan de vigilance, clé de voute de la loi relative au devoir de vigilance », Revue internationale de la compliance et de l'éthique des affaires, Supplément à la Semaine Juridique Entreprise et Affaire n°50, déc. 2017, étude 93.

BRABANT S. et SAVOUREY E., « La loi relative au devoir de vigilance. Des sanctions pour prévenir et réparer ? », Revue internationale de la compliance et de l'éthique des affaires, Supplément à la Semaine Juridique Entreprise et Affaire, n°28, 29 juin 2017, comm. 44.

BRABANT S., CHATELAIN L., CLAUDE O. et al., « Loi sur le devoir de vigilance des sociétés mères et entreprises donneuses d'ordre : premières mises en demeure et actions en justice », Cahiers de droit de l'entreprise n°2, mars 2020, entretien 2.

BRACONNIER S., « La technique de l'étude d'impact et le renouveau de l'action publique », Revue du Droit public, n°3, janv. 1998.

BRIDIER S., « Devoir de vigilance européen : le contenu de la proposition de directive », Dalloz actualité, 4 mars 2022.

BUREAU D., « L'extension conventionnelle d'un statut impératif. Contribution du droit international privé à la théorie du contrat », in *Liber amicorum. Mél. Ph. Malaurie*, Defrénois, Paris, 2005, 422 p., pp. 125-157.

CABANIS A., IGALENS J. et MARTIN M-L., « ISO 26000, norme politique et cosmopolite », in *ISO 26000 : une norme « hors-norme » ? Vers une conception mondiale de la responsabilité sociétale (dir. M. CAPRON, F. QUAIREL-LANOIZELEE et M-F. TURCOTTE)*, éd. Economica, Paris, 2011, 223 p, pp. 73-90.

CAILLET M-C., « Le devoir de vigilance et les relations d'affaires : vers une responsabilité collective ? », in *La responsabilité sociale de l'entreprise, vecteur d'un droit de la mondialisation ? (dir. I. DAUGAREILH)*, Bruylant, coll. Paradigme, Bruxelles, 2017, 569 p., pp. 515-546.

CAILLET M-C., COSSART C. et GUISLAIN M-L., « le devoir de vigilance pour les entreprises multinationales, un impératif juridique pour une économie durable », Revue Lamy droit des affaires, 2015/104, n°5587.

CAPRON M., « Introduction », in *ISO 26000 : une norme « hors-norme » ? Vers une conception mondiale de la responsabilité sociétale (dir. M. CAPRON, F. QUAIREL-LANOIZELEE et M-F. TURCOTTE)*, éd. Economica, Paris, 2011, 223 p., pp. 5-15.

CARREGA M., « Actions en justice sur le devoir de vigilance : les enseignements des premières décisions rendues et les questions qu'elles suscitent », La Semaine Juridique Entreprise et Affaires n°40, 5 oct. 2023, étude 1279.

CHOQUETTE C., « RSE, Médiation et « dialogue normatif » : une combinaison gagnante pour l'environnement ? », in *RSE & Médiation. Regard croisé France-Canada (dir. V. MERCIER)*, coll. Institut de droit des affaires CDE, PUAM, 2018, 171 p, pp. 133-150.

CIONNAITH S-M., JAZOTTES G., et SABATHIER S., « Délimiter le périmètre de la vigilance : entre concepts de soft law et de hard law », Revue Lamy droit des affaires, 2017/124, n°6168.

COLLARD C., « Le risque juridique existe-t-il ? Contribution à la définition du risque juridique », Cahiers de droit de l'entreprise n°1, janv. 2008, dossier 3.

COLLARD C. et ROQUILLY C., « Les risques juridiques et leur cartographie : proposition de méthodologie », Revue des Sciences de Gestion 2013/5-6, n°263-264, pp. 45-55.

COULON C., « Devoir de vigilance des sociétés : le désaccord persiste », Responsabilité civile et assurances, n°2, fév. 2017, alerte 5.

COURET C., « Faut-il réécrire les articles 1832 et 1833 du code civil ? », Rec. Dalloz 2017, p. 222.
CUZACQ N., « Le devoir de vigilance des sociétés mères et des donneurs d'ordre », in *La RSE saisie par le droit. Perspectives interne et internationale (dir. K. MARTIN-CHENUT et R. DE QUENAUDON)*, éd. Pedone, Paris, 2016, 717 p., pp. 453-467.
CUZACQ N., « Quelle place peut-on octroyer aux parties prenantes dans le puzzle de la gouvernance des sociétés ? », Rec. Dalloz 2017, p. 1844.
CUZACQ N., « Le nouveau visage du reporting extra-financier français », Dalloz rev. société n°6, juin 2018, p. 347.
CUZACQ N., « Le devoir de vigilance des sociétés mères et des entreprises donneuses d'ordre : Acte II, scène1 », Rec. Dalloz 2015, p. 1049.
D'AMBROSIO, « Le devoir de vigilance : une innovation juridique entre continuités et ruptures », Lextenso, Droit et société, 2020/3, n°106, pp. 633-647.
DANIS-FATÔME A., « La responsabilité civile dans la proposition de directive européenne sur le devoir de vigilance », Rec. Dalloz 2022, p. 1107.
DANIS FATÖME A., « Commentaire de la proposition de loi relative au devoir de vigilance des sociétés mères et des entreprises donneuses d'ordre (une avancée modeste pour les victimes), LPA 2015, n°251, p. 3.
DANIS FATÖME A. et VINEY G., « La responsabilité civile dans la loi relative au devoir de vigilance des sociétés mères et des entreprises donneuses d'ordre », Rec. Dalloz 2017, p. 1610.
DAOUD E., « Obligations de reporting extra-financier et responsabilité pénale : enjeux et perspectives », Revue Lamy droit des affaires, n°147, 1er avril 2019.
DESBARATS I., « La RSE " à la française " : où en est-on ? », Dalloz droit social n°6, juin 2018, p. 525.
DELALIEUX G., « La loi sur le devoir de vigilance des sociétés multinationales : parcours d'une loi improbable », Lextenso, Droit et société, 2020/3, n°106, pp. 649-665.
DEUMIER P., « La responsabilité sociétale de l'entreprise et les droits fondamentaux », Rec. Dalloz 2013, p. 1564.
DUBOIS C., « Faut-il punir l'écocide ? Réflexion sur le droit pénal face à la délinquance en col vert », Revue de droit d'Assas, n°22, nov. 2021, pp. 46-66.
FABRE-MAGNAN M., « Les fausses promesses des entreprises : RSE et droit commun des contrats », in *Le juriste dans la cité. Mél. P. NEAU-LEDUC*, LGDJ, Paris, 2018, 1078 p., pp. 451-458.
FAVARIO T., « Vers une redéfinition de l'intérêt social dans l'entreprise élargie ? », in *L'Enterprise élargie et son droit. (dir. B. ROLLAND)*, éd. Dare et Martin, Paris, 2020, 216 p, pp. 41-51.
FIEVEE A., « Condamnation d'une banque : le DPO était " juge et partie " », Doctrine, Revue Expertise, Mars 2022, pp. 116-117.
FRISON-ROCHE M-A., « Le droit de la compliance », Rec. Dalloz 2016, p. 1871.
FRISON-ROCHE M-A., « Du droit de la régulation au droit de la compliance », in *Régulation, Supervision, Compliance (dir. M-A. FRISSON-ROCHE)*, Dalloz, coll. Thèmes et comm., Paris, 2017, 140 p., pp. 1-14.
FRISON-ROCHE M-A., « Le droit de la compliance au-delà du droit de la régulation », Rec. Dalloz 2018, p. 1561.

FRISON-ROCHE M-A., « La responsabilité ex-ante, pilier du droit de la compliance », Rec. Dalloz 2022, p. 621.

FRISON-ROCHE M-A., « Contrat de compliance, clauses de compliance », Rec. Dalloz 2022, p. 2115.

GAUDEMET A. et DILL A., « Convention judiciaire d'intérêt public : une première particulière », La Semaine Juridique Edition Générale, 18 déc. 2017, 1331.

GOFFAUT-CALLEBAUT G., « La définition de l'intérêt social. Retour sur la notion après les évolutions législatives récentes », Dalloz RTD. Com. 2004, p. 35.

GUILLAUME N., « Cartographie des risques de compliance : premiers aperçus des enjeux, des limites et des bonnes pratiques », in *Les outils de la compliance (dir. M-A FRISON-ROCHE)*, Dalloz, coll. Thèmes et comm., Paris, 2021, 323 p, pp. 63-69.

HACTHUEL A. et SEGRESTIN B., « Devoir de vigilance : la norme de gestion comme source de droit ? », Lextenso, Droit et société, 2020/3, n°106, pp. 667-682.

HANNOUN C., « Le devoir de vigilance des sociétés mères et entreprises donneuses d'ordre après la loi du 27 mars 2017 », Dalloz droit social n°10, oct. 2017, p. 806.

HANNOUN C., « Le nouveau devoir de vigilance des sociétés mères », in *Groupes de sociétés et droit du travail (dir. A. GHENIM, Ch. HANNOUN, E. PESKINE et al.)*, Dalloz, coll. Thèmes et comm., Paris, 2019, 178 p., pp. 101-112.

HAUTEREAU-BOUTONNET M., « Première assignation d'une entreprise pour non-respect de son devoir de vigilance en matière climatique : quel rôle préventif pour le juge ? », Rec. Dalloz 2020, p. 609.

HEINICH J., « Devoir de vigilance des sociétés mères et des entreprises donneuses d'ordre : une loi finalement adoptée, mais amputée », Dr. sociétés n°5, mai 2017, comm. 78.

HENNEBEL L. et LEWKOWICZ G., « La contractualisation des droits de l'homme. De la pratique à la théorie du pluralisme politique et juridique », in *Repenser le contrat (dir. G. LEWKOWICZ et M. XIFARAS)*, Dalloz, coll. Méthodes du droit, Paris, 2009, 305 p., pp. 221-244.

INTOLE R., « Le reporting extra-financier dans les entreprises françaises à l'aune de la directive 2014/95/UE », Lettre des Juristes de l'Environnement, 1er mai 2018.

INTOLE R., « Devoir de vigilance et les premières décisions judiciaires de procédure : l'obligation de dialogue imposée par les juges aux parties n'est pas une idée tombée du ciel ! », Revue internationale de la compliance et de l'éthique des affaires, n°2, avril 2024, comm. 76, p. 22.

JAZOTTES G., « Sous-traitance et " relation commerciale établie " au sens de l'article L. 442-6 du code de commerce : quelle pertinence pour le plan de vigilance ? », Revue Lamy droit des affaires, n°139, 1er juill. 2018.

LE BARS B., « La " moralisation " de la vie des affaires est-elle en cours ? », La Semaine Juridique Edition Générale, n°10-11, 4 mars 2009, act. 115.

LE NABASQUE H. (dir.), « La loi PACTE et droit des sociétés », Bulletin Joly Société n°6, juin 2019, p. 33.

LE TOURNEAU P., « Responsabilité sociale des entreprises et droit des affaires », *in Responsabilité sociale des entreprises : regards croisés Droit et Gestion (dir. F-G. TREBULLE et O. UZAN)*, éd. Economica, 2011, 530 p, pp. 254-259.

LECOURT B., « Proposition de directive sur le devoir de vigilance : le nouveau tournant du droit européen des sociétés », Rev. sociétés 2022, p. 310.

LECOURT B., CONAC P-H., GERMAIN M. et HEINIC J., « La réécriture des articles 1833 et 1835 du Code civil, révolution ou constat », Dalloz rev. sociétés n°10 oct. 2018, p. 551 (1ère Partie).

LEVILLAIN K., « L'émergence de nouvelles formes de société : l'exemple de la *Flexible Purpose Corporation* », in *L'entreprise multinationale dans tous ses états (dir. R. SEVE)*, Dalloz, coll. Archives de philosophie du droit, tome 56, Paris, 2013, 464 p., pp. 321-336.

LEVILLAIN K., SEGRESTIN B. et HATCHUEL A., « La mission : une norme de gestion comme fondement de la gouvernance de l'entreprise responsable », Revue internationale de droit économique, 2021/2, tome 35, pp. 193-205.

LHUILLIER G., « *Blood minerals* : des résolutions de l'ONU au *Dood Franck Act*. Vers une convention internationale sur le commerce des minerais de guerre ? », in *La responsabilité de l'entreprise, vecteur d'un droit de la mondialisation ? (dir. I. DAUGAREILH)*, Bruylant, coll. Paradigme, Bruxelles, 2017, 569 p., pp. 487-514.

LOEVE B. (dir. M. DOUCIN), « Analyse des notions de " due diligence " et de " sphère d'influence " dans le contexte du respect des droits de l'homme par les entreprises : enjeux de la définition du champ d'application des standards en matière de RSE », Cahier de droit de l'entreprise n°3, mai 2010, dossier 16.

LOQUIN E., « Le droit de l'environnement devant les tribunaux arbitraux internationaux », in *Pour un droit économique de l'environnement. Mél. G.J. MARTIN*, éd. Frison-Roche, Paris, 2013, 715 p., pp. 299-307.

LUCAS F-X., « L'inopportune réforme du code civil par la loi PACTE », Bulletin Joly Société, n°118w0, sept. 2018, p. 477.

LYON-CAEN A., « Le droit sans l'entreprise », in *L'entreprise : point aveugle du savoir (dir. B. SEGRESTIN, B. ROGER et S. VERNAC.)*, éd. Sciences Humaines, Auxerre, 2014, 343 p., pp. 23-31.

MALECKI C., « le devoir de vigilance des sociétés mères et entreprises donneuses d'ordre : était-ce bien raisonnable ? », Bulletin Joly Société, mai 2017, n°116j8, p. 298.

MALECKI C., « Le Grenelle II et la gouvernance d'entreprise sociétale », Bulletin Joly Société n°9, sept. 2010, p. 704.

MALECKI C., « Opinion publique et gouvernance d'entreprise : un couple inséparable pour le meilleur et pour le pire », in *Mél. M. GERMAIN*, LGDJ, Paris, 2015, 874 p., pp. 503-523.

MARTIN D., « Les contraintes et les vertus de la compliance », in *Pour une Europe de la compliance (dir. M-A FRISON-ROCHE)*, Dalloz, coll. Thèmes et comm., Paris, 2019, 124 p., pp. 107-118.

MARTIN G. J., « Les risques environnementaux de l'entreprise », Cahiers de droit de l'entreprise n°5, sept. – oct. 2006, p. 17.

MARTINEAU-BOURGNINAUD V., « L'entreprise élargie à travers ses obligations de reporting et de vigilance », in *L'Enterprise élargie et son droit. (dir. B. ROLLAND)*, éd. Dare et Martin, Paris, 2020, 216 p., pp. 97-11.

MATHEY N. « La responsabilité sociale des entreprises et les droits de l'homme », in *Responsabilité sociale des entreprises : regards croisés Droit et Gestion, (dir. F-G. TREBULLE et O. UZAN)*, éd. Economica, Paris, 2011, 530 p., pp. 163-189.

MAZUYER E., « La Responsabilité sociale de l'entreprise : identification et régulation d'un phénomène complexe », in *Regards croisés sur le phénomène de la*

Responsabilité sociale de l'entreprise (dir. E. MAZUYER), CERIC, Université d'Aix-Marseille III, coll. Monde européen et international, 2010, 273 p., pp. 15-39.

MEKKI M., « Contrat et devoir de vigilance », Revue Lamy droit des affaires, 2015/104, n°5589.

MEKKI M., « La gestion conventionnelle des risques liés aux sols et sites pollués à l'aune de la loi Alur », La Semaine Juridique Notariale et Immobilière n°27, 4 juill. 2014,1239.

MEKKI M., « Le droit de l'environnement est dans l'air du temps… », Dalloz actualité, 19 sept. 2016.

MERCIER V., « De la transparence à la vigilance ou le renforcement des obligations en matière de RSE », in *RSE & Médiation. Regards croisé France-Canada (dir. V. MERCIER)*, PUAM, coll. Institut de droit des affaires, Marseille, 2018, 171 p., pp. 21-51.

MERCIER V., « La loi Grenelle II étend le champ d'application de l'obligation de présenter un bilan social et environnemental », Bulletin Joly Société n°1, janv. 2011, p. 69.

MERCIER V., « Responsabilité sociétale des entreprises et droit des sociétés : entre contrainte et démarche volontaire », Dr. sociétés n°4, avril 2011, étude 6.

MERCIER V. et BRUNENGO-BASSO S., « Les normes environnementales privées internationales », in *Les normes privées internationales*, Cahiers de méthodologie juridique n° 25, RRJ, 2011-5 numéro spécial, p. 2317.

MESTRE J., « Éthique, Droit et Entreprises multinationales », in *Mondialisation et éthique des échanges (dir. J-Y. NAUDET)*, Librairie de l'Université d'Aix-en-Provence, coll. Éthique et Déontologie, 2003, 331 p, pp. 67-87.

METAIS P. et VALETTE E., « Le devoir de vigilance et les enjeux en matière de responsabilité civile », Revue Lamy droit des affaires ; n°153, 1er nov. 2019.

MICHALLET I., « Le Pacte mondial et la protection de l'environnement », in *Le Pacte mondial des Nations Unies, 10 ans après (dir. L. BOISSON DE CHAZOURNES et E. MAZUYER)*, CERIC, Bruylant, Bruxelles, 206 p., pp. 111-123.

MICHON C., « Le futur du devoir de vigilance ? Regards sur le projet européen et l'évaluation de la loi française », Revue internationale de la compliance et de l'éthique des affaires n°2, avril 2022, comm. 87.

MORALES M., « La loi PACTE et la prise en compte des considérations sociales et environnementales en droit des sociétés : une réforme en trompe l'œil ? », Revue juridique de l'environnement, 2019/2 vol. 44, pp. 339-351.

MOREAU M-A., « L'originalité de la loi française du 27 mars 2017 relative au devoir de vigilance dans les chaines d'approvisionnement mondiales », Dalloz droit social 2017, p. 792.

NAJAR J-C., « La responsabilité sociale de l'entreprise », in *L'entreprise multinationale dans tous ses états (dir. R. SEVE)*, Dalloz, coll. Archives de philosophie du droit, tome 56, Paris, 2013, 464 p., pp. 295-319.

PAILOT P. et DE SAINT-AFRIQUE D., « La loi sur le devoir de vigilance : éléments d'analyse d'une forme de juridicisation de la RSE », Management international, vol. 24, n°2, 2020, pp. 109-124.

PAILLUSSEAU J., « Le droit des activités économiques à l'aube du XXIe siècle », Rec. Dalloz 2003, p. 260.

PAILLUSSEAU J., « Entreprise et société. Quels rapports ? Quelle réforme ? », Rec. Dalloz 2018, p.1395.

PARANCE B., « Les entreprises face au principe de précaution », *in Développement durable et entreprise (dir. L. FONBAUSTIER et V. MAGNIER)*, Dalloz, coll. Actes thèmes et comm., Paris, 2013, 169 p., pp. 59-71.

PATAUT E., « le devoir de vigilance – aspect de droit international privé », Dalloz droit social, n°10 oct. 2017, p. 833.

PEREIRA B., « ISO 26000, due diligence, sphère d'influence et droits de l'homme », Revue de l'organisation responsable, 2014/2, vol. 9, pp. 60-75.

PERIN P-L., « Devoir de vigilance et responsabilité illimitée des entreprises : qui trop embrasse mal étreint », Dalloz, RTD com. 2015, p. 215.

PESKINE E., « De la solidarité à la vigilance. A propos de la responsabilité dans les organisations pluri-sociétaires », in *Face à l'irresponsabilité : la dynamique de la responsabilité (dir. A. SUPIOT)*, Ed. Collège de France, Paris, 2018, 182 p.

PORACCHIA D., « Aspects de droit des sociétés de la loi relative à la transparence, à la lutte contre la corruption et à la modernisation de la vie économique du 9 décembre 2016 », Bulletin Joly Société, janv. 2017, n°115z5, p. 65.

POSTEL N. et ROUSSEAU S., « RSE et éthique d'entreprise : la nécessité des institutions », M@n@gement, 2008/2, vol. 11, pp. 137-160.

PRADES O., « Les droits fondamentaux face aux nouvelles formes de travail », Revue Lamy droit des affaires, n°153, 1er nov. 2019.

PUIG P., « Les clauses d'attribution des risques », La Semaine Juridique Notariale et Immobilière n°21, 22 mai 2015, 1161.

QUEINNEC Y., « Le plan de vigilance idéal n'existe pas ! Pour être raisonnable et effectif il doit être coconstruit », Revue Lamy droit des affaires, 2017/124, n°6167.

QUEINNEC Y., « La notion de sphère d'influence au cœur de la RSE. Lecture juridique d'un phénomène normatif », Journal des sociétés, n°100, juill. 2012, p. 66 et s.

QUEINNEC Y., « Les relations ONG/entreprises. Une dynamique contractuelle au service de l'environnement », in *Le contrat et l'environnement. Étude de droit interne, international et européen (dir. M. HAUTEREAU-BOUTONNET)*, coll. Droits de l'environnement, PUAM., 2014, 555 p., pp. 157-174.

QUEINNEC Y. et MAC CIONNAITH S., « La clause RSE, levier incontournable de vigilance », Revue Lamy droit des affaires, n°139, 1er juill. 2018.

QUEINNEC Y. et FEUNTEUN F., « La preuve de vigilance, un challenge d'interprétation », Revue Lamy droit des affaires., n°137, mai 2018.

RACINE J-B., « Droit économique et droits de l'homme : introduction générale », in *Droit économique et droits de l'homme (dir. L. BOY, J-B. RACINE, et F. SIIRIAINEN)*, Larcier, coll. Droit-Économie international, Bruxelles, 2009, 710 p., pp. 7-21.

RAVILLON L., « La RSE dans les contrats du commerce international », Revue Lamy droit des affaires 2013/84, n ° 4692.

REYGROBELLET A., « Devoir de vigilance ou risque d'insomnie », Revue Lamy droit des affaires, n°128, juill. 2017.

ROLLAND B., « L'environnement et l'obligation de vigilance des sociétés mères et des entreprises donneuses d'ordre », Energie-Environnement-Infrastructures n°4, avril 2018, étude 10.

ROUSSEAU L. et NABIH N., « Les dérives néfastes du mécanisme de la convention judiciaire d'intérêt public », Dalloz actualité, 16 mai 2022.

ROUSSILLE M., « Déploiement de la responsabilité sociale et environnementale des entreprises (RSE) dans l'union : la proposition de directive devoir de vigilance », Rev. aff. Euro. 2022, n°2, p. 241.

ROUSSILLE M., « Projet de la loi PACTE : quel impact ? - réflexions sur la consécration de l'intérêt social et de la raison d'être de la société », Dr. sociétés n°8-9, août 2018, étude 10.

SACHS T. et TRICOT J., « La loi sur le devoir de vigilance : un modèle pour (re) penser la responsabilité des entreprises », Lextenso, Droit et société 2020/3, n°106, pp. 683-698.

SAENKO L., « La société vigilante ou l'exposition au risque de responsabilité pénale », La Semaine Juridique Entreprise et Affaires, n°31-35, 3 août 2023, étude dossier 1245.

SCHILLER S., « Exégèse de la loi relative au devoir de vigilance des sociétés mères et entreprises donneuses d'ordre », La Semaine Juridique Edition Générale, n°22, mai 2017, doctr. 622.

SCHILLER S., « Les conséquences de la nouvelle rédaction des articles 1833 et 1835 du code civil sur l'ingénierie sociétaire », La Semaine Juridique Notariale et Immobilière n°5, 31 janv. 2020, étude patrimoine 1034.

TEYSSIER B., « OCDE-les principes directeurs de l'OCDE à l'intention des entreprises multinationales », JDI (Clunet) n°1, janv. 2021, doctr. 1.

THIBIERGE C., « Libres propos sur l'évolution du droit de la responsabilité (vers un élargissement de la fonction de la responsabilité civile ?) », Dalloz RTD civ. 1999, p. 561.

THIBIERGE C., « Avenir de la responsabilité, responsabilité de l'avenir », Rec. Dalloz 2004 p. 577.

THIEFFRY P., « L'arbitrage et le droit européen de l'environnement », Revue de l'Arbitrage (Comité Français de l'Arbitrage), vol. 2019, n° 4, pp. 1069-1108.

TREBULLE F-G., « L'entreprise citoyenne ? », in *Figures de la citoyenneté (dir. E. DESMONS)*, L'Harmattan, Paris, 2006, 247 p., pp. 195-238.

TREBULLE F-G., « Personnalité morale et citoyenneté, considérations sur " l'entreprise citoyenne " », Dalloz rev. sociétés n°1, janv – mars 2006, p. 41.

TREBULLE F-G., « Entreprise et développement durable », Dr. sociétés n°12, déc. 2011, chron. 1.

TREBULLE F-G., « L'environnement en droit des affaires », in *Aspects actuels du droit des affaires. Mél. Y. GUYON*, Dalloz, Paris, 2003, 1138 p., pp. 1035-1059.

TREBULLE F-G., « Stakeholders Theory et droit des sociétés », Bulletin Joly Société n°12, déc. 2006, p. 1337 (1ère Partie).

TREBULLE F-G., « Stakeholders Theory et droit des sociétés », Bulletin Joly Société n°1, janv. 2007, p. 7 (2ème partie).

TRICOT J., « La conformité, outil de juridicisation de la RSE et de transformation du droit », in *La RSE saisie par le droit. Perspectives interne et internationale (dir. K. MARTIN-CHENUT et R. DE QUENAUDON)*, éd. Pedone, Paris, 2016, 717 p., pp. 303-317.

URBAIN-PARLEANI I., « L'amélioration de l'information sur la gouvernance des entreprises », Dalloz rev. des sociétés n°7-8, juill. – août 2013, p. 393.

URBAIN-PARLEANI I., DECKERT K., MASSET E., et al., « La réécriture des articles 1833 et 1835 du Code civil, révolution ou constat », Dalloz rev. sociétés n°11, nov. 2018, p. 623 (2ème Partie)

VERDUN F., « Les risques juridiques liés à la démarche éthique de l'entreprise », Cahier de droit de l'entreprise n°5, sept. 2011, dossier 31.

VILLEY M., « Esquisse historique sur le mot responsable », in *La responsabilité à travers les âges (dir. M. BOULET-SAUTEL, G. CARDASCIA, J-P. LEVY et al.)*, éd. Economica, Paris, 1989, 153 p., pp. 75-88.

VINEY G., « Principe de précaution et responsabilité civile des personnes privées », Rec. Dalloz 2007, p. 1542.

B. Droit africain

ABWA D., « L'Afrique entre intégration régionale, unité africaine et mondialisation », in *Dynamiques de développement. Débats théoriques et enjeux politiques à l'aube du XXe siècle. Mél. G-W. NGANGO*, CEREG, éd. Montchrestien, coll. Grands colloques, Paris, 2003, 595 p., pp. 467-478.

ADAMOU M., « OHADA. La médiation : efficacité et exécution », L'essentiel droits africains des affaires, Lextenso, n°5, mai 2018, 111g7.

AFFAKI B. G. et KOENIG A., « Nouvelles tendances de l'arbitrage international en Afrique : le cas des litiges financiers », Revue de l'Arbitrage (Comité Français de l'Arbitrage) vol. 2014 n° 3, pp. 545-592.

AGBAM K. et MOUZOU H. B., « L'éthique dans l'arbitrage OHADA », Rec. Penant, éd. Juris Africa n°904 juill. – sept. 2018, pp. 296-314.

AKAM AKAM A., « L'OHADA et l'intégration juridique en Afrique », in *Les mutations juridiques dans le système OHADA (dir. A. AKAM AKAM)*, L'Harmattan, Paris, 2009, 262 p, pp. 21-36.

ALASSANE TRAORE C., « Le partenariat public privé (PPP) en Afrique : analyse descriptive et défis », Note d'analyses sociopolitiques n°11, 20 juill. 2019, CARPADD, Montréal, 18 p.

AYEWOUADAN A., « OHADA. La médiation : définition et principes directeurs », L'essentiel droits africains des affaires, Lextenso, n°5, mai 2018, 111g4.

BADJI P-S. A., « OHADA et bonne gouvernance d'entreprise », in *Recueil d'études sur l'OHADA et les normes juridiques africaines. Collections Horizons Juridiques Africains (dir. J. MESTRE)*, Centre de droit économique, vol. VI, PUAM, Marseille, 2013, 421 p., pp. 233-251.

BADJI P-S. A., « Réflexions sur l'attractivité du droit OHADA », Bulletin de droit économique, Université de Laval, 2014, pp. 50-63.

BADOZ P-A. et CISS L-C., « Lutte contre la corruption : où en sommes-nous en Afrique ? », Revue internationale de la compliance et de l'éthique des affaires, LexisNexis, n°4, août 2019, étude 133.

BARIL J., « L'information, une nouvelle forme de réglementation environnementale », in *Pas à pas vers une justice environnementale*, IFDD, Liaison Energie-Francophonie, n°98, 3è trimestre 2014, p. 50.

BENKEMOUN L., « Sécurité juridique et investissements internationaux », Rec. Penant, éd. Juris Africa n°855, avril-juin 2006, pp. 193-197.

BISSALOUE S., « L'informel et le droit OHADA », in *Les horizons du droit OHADA. Mél. F-M. SAWADOGO*, CREDIJ, Cotonou, 2018, 914 p., pp. 847-878.

BOURDON W., « L'accord Sherpa société civile africaine/Areva, un accord trop ambitieux ? », in *La responsabilité sociale de l'entreprise, vecteur d'un droit de la mondialisation ? (dir. I. DAUGAREILH)*, Bruylant, coll. Paradigme, Bruxelles, 2017, 569 p., pp. 153-159.

BOYE M., « La formalisation de l'informel : des systèmes financiers décentralisés à l'entreprenant », Rec. Penant, éd. Juris Africa n°886, janv. – mars 2014, pp. 58-88.

CALLEDE F., « Valeurs, traditions et droits de l'homme en Afrique », Le Petit Juriste, juin 2011.

CAMARA F. et CISSE A., « Arbitrage et médiation dans les cultures juridiques négro-africaines : entre la prédisposition à dénouer et la mission de trancher », Revue de l'Arbitrage (Comité Français de l'Arbitrage) vol. 2009 n° 2, pp. 285-316.

CAMPBELL B. et SAURIOL E., « Les entreprises canadiennes à l'étranger : un investissement responsable ? », GRAMA, 6 juin 2003, 46 p.

COSSI SOSSA D., « Une branche du droit controversée : le droit pénal communautaire des affaires OHADA », Rec. Penant, Juriscope Juris Africa n°917 oct. – déc. 2021, pp. 487-522.

DAOUDA Y-H., « Responsabilité sociétale des multinationales en Afrique subsaharienne : enjeux et controverses. Cas du groupe AREVA au Niger », Revue électronique en Sciences de l'Environnement, vol. 14, n°1, mai 2014, 19 p.

DECKON F-K., « Le pouvoir législatif du Conseil des ministres en droit uniforme de l'OHADA », in *Les horizons du droit OHADA. Mél. F-M SAWADOGO*, CREDIJ, 2018, 914 p., pp. 171-201.

DELABRIERE A., « La rupture d'une relation commerciale en droit OHADA – Aperçu croisé », Revue du droit des affaires en Afrique, fév. 2019.

DEMBELE M. B., « La notion de " juridiction compétente statuant à bref délai " en droit Ohada », Rec. Penant, éd. Juris Africa n°916 juill. – sept. 2021, pp. 377-400.

DJESSI DJEMBA P-G., « Le devoir d'alerte du commissaire aux comptes dans les sociétés commerciales de l'espace OHADA », Rec. Penant, éd. Juris Africa n°892, juill. – sept. 2015, pp. 370-393.

DIAMBOU B., « De l'application du droit étranger au Mali et par-delà dans les pays francophones de l'espace OHADA », Revue du droit des affaires en Afrique, 25 déc. 2015.

DIATA H., « Gouvernance et efficacité de l'investissement en Afrique », in *Dynamiques de développement. Débats théoriques et enjeux politiques à l'aube du XXe siècle. Mél. G-W. NGANGO*, CEREG, éd. Montchrestien, coll. Grands colloques, Paris, 2003, 595 p., pp. 265-286.

DIAWARA K. et LAVALLEE S., « La responsabilité sociale de l'entreprise (RSE) dans l'espace OHADA : pour une ouverture aux considérations non économiques », Revue internationale de droit économique, 2014/4 tome XXVIII, pp. 431-451.

DIEUDHIOU P., « L'article 10 du traité de l'OHADA : quelle portée abrogatoire et supranationale ? », Revue de droit uniforme (UNIDROIT), 2007-2, vol XII, p. 265.

DIFFO TCHUNKAM J., « Du droit commercial général au droit économique. L'esprit de la réforme de l'acte OHADA relatif au droit commercial général opérée le 15 décembre 2010 », in *Recueil d'études sur l'OHADA et les normes juridiques africaines. Collections Horizons Juridiques Africains (dir. J. MESTRE)*, Centre de droit économique, vol. VI, PUAM, Marseille, 2013, 421 p., pp. 169-192.

DIOP C. M. et NGAHA BAH A., « Peut-on parler de l'émergence d'un modèle RSE africain : la situation du Sénégal ? », Revue Congolaise de Gestion, 2018/1 n°25, pp. 67-96.

DOUCIN M., « La responsabilité sociale des entreprises plébiscitée par les pays émergents (malgré ses ambiguïtés) », Annales des Mines – Réalités industrielles, 2011/2 mai 2011, pp. 24-32.

DOUMBE-BILLE S., « La nouvelle convention africaine de Maputo sur la conservation de la nature et des ressources naturelles », Revue juridique de l'environnement, 2005, n°1, pp. 5-17.

DUMEZ H. et JEUNEMAITRE A., « Combinaison harmonieuse des vertus du public et du privé, ou mélanges des genres ? Les partenariats public/privé, nouveaux venus du management public », Politiques et Management public, 2003, 21-4, pp. 1-4.

FANDJIP O., « La prise en compte des droits de l'homme dans la législation OHADA des voies d'exécution », in *Recueil d'études sur l'OHADA et les normes juridiques africaines. Collections Horizons Juridiques Africains (dir. J. MESTRE)*, Centre de droit économique, vol. VI, PUAM, Marseille, 2013, 421 p., pp. 121-142.

FENEON A., « La mésentente entre associés dans les sociétés anonymes OHADA : prévention et modes de règlement », Rec. Penant, éd. Juris Africa n°848, juill. – sept. 2004, pp. 265-279.

FENEON A., « Le nouveau droit de l'arbitrage en Afrique », Rec. Penant, éd. Juris Africa n°861 oct. – déc. 2007, pp. 425-437.

FOKO A., « Analyse critique de quelques aspects du droit pénal OHADA », Rec. Penant, éd. Juris Africa n°859, avril – juin 2007, pp. 195-239.

FOKO A., « La consécration d'un nouveau statut professionnel dans l'espace OHADA : le cas de l'entreprenant », in *Recueil d'études sur l'OHADA et les normes juridiques africaines. Collections Horizons Juridiques Africains (dir. J. MESTRE)*, Centre de droit économique, vol. VI, PUAM, Marseille, 2013, 421 p., pp.143-168.

FOKO A., « L'essor de l'expertise de gestion dans l'espace OHADA », in *Les mutations juridiques dans le système OHADA (dir. A. AKAM AKAM)*, L'Harmattan, Paris, 2009, 262 p., pp. 141-180.

FOMETEU J., « Le clair-obscur de la répartition des compétences entre la Cour commune de justice et d'arbitrage de l'OHADA et les juridictions nationales de cassation », in *Les mutations juridiques dans le système OHADA (dir. A. AKAM AKAM)*, L'Harmattan, Paris, 2009, 262 p, pp. 37-69.

GONCALVES V., « Commissaire aux comptes : le nouveau régime issu de la réforme de l'acte uniforme relatif aux sociétés commerciales et aux groupements d'intérêt économique », Rec. Penant, éd. Juris Africa n°887, avril – juin 2014, pp. 244-255.

GORE M. et GRIMALDI C., « Arbitrage, médiation et règlement de la CCJA : les nouveaux textes sont en vigueur depuis le 15 mars 2018. La résolution des différends dans le droit OHADA : les enjeux d'un droit dynamique et moderne », L'essentiel droits africains des affaires, Lextenso, n°5, mai 2018, 111g3.

GORE M., « La médiation : champ d'application et articulation avec d'autres modes de résolution des conflits », L'essentiel droits africains des affaires, Lextenso, n°5, mai 2018, 111g6.

GORE M., « Compétence de la CCJA : exclusion des décisions appliquant des sanctions pénales (Traité OHADA, art. 14 al. 3 et 4) », L'essentiel droits africains des affaires, Lextenso, janv. 2017, n°110b5.

GOYETTE-COTE G., « Responsabilité sociale des entreprises dans le secteur minier. Quelle contribution pour le développement ? », in *La responsabilité sociale des entreprises dans le secteur minier. Réponse ou obstacle aux enjeux de légitimité et de développement en Afrique ? (dir. B. CAMPELL et M. LAFORCE)*, Presses de l'Université du Québec, Québec, 2016, 252 p., pp. 19-52.

HAMIDA W. B., « L'intégration imparfaite de l'arbitrage d'investissement dans le droit OHADA », Revue de l'Arbitrage (Comité Français de l'Arbitrage) vol. 2019 n°4, pp. 1109-1140.

HAMIDA W. B., « La prise en compte de l'intérêt général et des impératifs de développement dans le droit des investissements », JDI(Clunet) n° 4, oct. 2008, doctr. 10.

HAMIDA W. B., « L'État partie faible ? », in *Arbitrage et partie faible. Colloque du 9 mai 2016*, JDI (Clunet), LexisNexis, janv-mars 2017, pp. 11-17.

HOMMEL T., « Paternalisme et RSE : continuités et discontinuités de deux modes d'organisation industrielle », Entreprise et Histoire, 2006/4, n°45, pp. 20-38.

IDRISSA B. T., « OHADA. Le statut du médiateur », L'essentiel droits africains des affaires, Lextenso, n°5, mai 2018, 111g5.

INTOLE R., « La conduite des sociétés d'extraction canadiennes dans les pays de la Zone OHADA à l'épreuve du devoir de vigilance », Revue Horizons du droit, AFDD, n°42, janv. 2023, pp. 50-83.

INTOLE R., « La corruption et l'éthique des affaires dans l'espace OHADA », OHADATA D-21-20, 20 p.

ISSA-SAYEGH J., « L'entreprenant, un nouvel acteur économique en droit OHADA : ambiguïtés et ambivalence », Rec. Penant, éd. Juris Africa n°878, janv. – mars 2012, pp. 5-19.

JBARA N., « Perspective historique de la responsabilité sociale des entreprises (RSE) », REMEST, vol. 11, n°1, 2017, pp. 87-102.

KAIROUANI A., « Les contrats d'État dans les industries extractives africaines au regard de la jurisprudence du CIRDI », Rec. Penant, éd. Juris Africa n°913 oct. – déc. 2020, pp. 413-433.

KAMTO M., « La mise en œuvre du droit de l'environnement : forces et faiblesses des cadres institutionnels », Revue africaine de droit de l'environnement, n°01, 2014, 164 p., pp. 29-36.

KAM YOGO E. D., « Manuel judiciaire de droit de l'environnement en Afrique », Institut de la Francophonie pour le Développement Durable, IFDD, Québec, Canada, 2018, 252 p.

KANGAMBEGA E. L., « Observations sur les aspects pénaux de l'OHADA », Rec. Penant, Ediena, n°834, sept. – déc. 2000, pp. 304-335.

KEITA I-M., « L'effectivité de l'harmonisation du droit OHADA », Rec. Penant, éd. Juris Africa n°907, avril – juin 2019, pp. 157-178.

KENFACK H., « La médiation dans les droits africains », in *La médiation dans tous ses états (dir. W. B. HAMIDA et S. BOSTANJI)*, éd. Pedone, coll. Colloque de Tunis, Paris, 392 p., pp. 355-362.

KLEIN A., « Contribuer aux objectifs de développement durable par une meilleure gestion des ressources naturelles : le cas de l'Initiative pour la Transparence des Industries Extractives (ITIE) », Annales des Mines – Responsabilité & environnement, 2017/4, n°88, pp. 58-61.

KOFFI VOVOR J-L., « Les problématiques de lutte contre le blanchiment des capitaux en Afrique occidentale », Revue internationale de la compliance et de l'éthique des affaires, LexisNexis, n°4, août 2019, étude 132.

KONE M., « La notion de groupe de sociétés en droit OHADA », Rec. Penant, éd. Juris Africa n°856, juill. – sept. 2006, pp. 285-293.

LAGER F., « Le projet d'acte uniforme OHADA du travail du 24 novembre 2006 permettra-t-il de faire rentrer l'économie informelle dans le secteur formel ? », Rec. Penant, éd. Juris Africa n°866, janv-mars 2009, pp. 85-115.

LANMAFANKPOTIN G. et al., « La participation publique dans l'évaluation environnementale en Afrique francophone », Points de repère 23, IFDD, Canada, avril 2013, p. 17.

LAPORTE P., « La compliance en Afrique : état des forces en présence sur un terrain de jeu objet de toutes les convoitises », Revue internationale de la compliance et de l'éthique des affaires, LexisNexis, n°4, août 2019, étude 130.

LAURIOL T., « L'OHADA, le temps pour un acte uniforme minier », Rec. Penant, éd. Juris Africa n°892, juill. – sept. 2015, pp. 281-292.

LHUILLIER G., « Minerais de guerre. Une nouvelle théorie de la mondialisation du droit ? », Lextenso, Droit et société, 2016/1, n°92, pp. 117-135.

MAIDAGI M., « Le défi de l'exécution des décisions de justice en droit OHADA », Rec. Penant, éd. Juris Africa n°855 avril – juin 2006, pp. 176-192.

MANIRABONA A. M., « La responsabilité civile des entreprises pour complicité aux violations des droits humains à l'étranger : au-delà de l'exception du forum non conveniens en droit québécois », Journal européen des droits de l'homme, 2013/3, pp. 436-459.

MARECHAL L., « Les chaînes d'approvisionnement responsables en minerais issus de la région des Grands Lacs, quelles initiatives pour quels progrès ? », Annales des Mines – Réalités industrielles, 2019/3, août 2019, pp. 46-49.

MARTOR B. et THOUVENOT S., « L'uniformisation du droit des affaires en Afrique par l'OHADA », La Semaine Juridique, Cahiers de droit de l'entreprise n°5, Suppléments au n°44, 28 oct. 2004, pp. 5-11.

MASSAMBA R., « L'OHADA et le climat d'investissement en Afrique », Rec. Penant, éd. Juris Africa n°855, avril-juin 2006, pp. 137-150.

MBODJI M-F., « Les obligations sociales dites de " local content " dans les législations minières et pétrolières des États membres de l'OHADA », Rec. Penant, éd. Juris Africa, n°908, juill-sept. 2019, pp. 348-377.

MEKOUAR A. et DOUMBE-BILLE S., « La convention africaine révisée sur la conservation de la nature et des ressources naturelles : un cadre nouveau pour le développement intégré du droit de l'environnement en Afrique », in *Aspects contemporains du droit de l'environnement en Afrique de l'Ouest et centrale (dir. L. GRANIER)*, UICN-PNUE, Droit et politique de l'environnement, n°69, Gland, Suisse, 2008, 242 p, pp.197-213.

MESMIN K., « L'amélioration de l'alerte en droit OHADA : instrument de contrôle de la gestion de l'entreprise », Rec. Penant, éd. Juris Africa n°879, avril-juin 2012, pp. 257-268.

MEUKE B. Y., « De l'intérêt social dans l'AUSC de l'OHADA », Rec. Penant, éd. Juris Africa n°860, juill. – sept. 2007, pp. 338-355.

MEYER P., « La sécurité juridique et judiciaire dans l'espace OHADA », Rec. Penant, éd. Juris Africa n°855, avril-juin 2006, pp. 151-175.

MOHAMED SALAH M., « Conception et application de la compliance en Afrique », in *Les outils de la compliance (dir. M-A. FRISON-ROCHE)*, Dalloz, coll. Thèmes et comm., Paris, 2021, 323 p., pp. 165-180.

MONEBOULOU MINKADA H-M., « L'OHADA, le système juridique et le système judiciaire », Rec. Penant, éd. Juris Africa n°905, oct. – déc. 2018, pp. 417-453.

MOUMOUNI C. et MOTULSKY B., « De l'accès à l'information environnementale à l'obligation de communiquer », in *Pas à pas vers une justice environnementale*, IFDD, Liaison Energie-Francophonie, n°98, 3è trimestre 2014 p. 44.

MOUTHIEU M-A., « La responsabilité du dirigeant social à l'égard des tiers à la lumière des droits français et OHADA », in *Recueil d'études sur l'OHADA et les normes juridiques africaines. Collections Horizons Juridiques Africains (dir. J. MESTRE)*, Centre de droit économique, vol. VI, PUAM, Marseille, 2013, 421 p., pp. 267-282.

MOUTONDO E-G., « Les Lois-cadres environnementales dans les pays francophones d'Afrique », in *Aspects contemporains du droit de l'environnement en Afrique de l'Ouest et centrale (dir. L. GRANIER)*, UICN-PNUE, Droit et politique de l'environnement, n°69, Gland, Suisse, 2008, 242 p., pp. 57-68.

MUBERANKIKO G., « La responsabilité sociétale des entreprises dans la gouvernance des sociétés en droit OHADA », OHADATA D-21-09, 26 p.

MUKA TSHIBENDE L-D., « Harmonisation et simplification du droit francophone africain des affaires », in *Recueil d'études sur l'OHADA et l'UEMOA. Collections Horizons Juridiques Africains. (dir. J. MESTRE)*, Centre de droit économique, vol. I, PUAM, Marseille, 2010, 690 p., pp. 13-33.

MUKA TSHIBENDE L-D., « Droit OHADA, bonne gouvernance et assainissement des sphères politiques et économiques », in *Recueil d'études sur l'OHADA et les normes juridiques africaines. Collections Horizons Juridiques Africains (dir. J. MESTRE)*, Centre de droit économique, vol. VI, PUAM, Marseille, 2013, 421 p.., pp. 253-265.

MZAH R. et OUERTANI S., « L'intégration des règles de bonne gouvernance par les fonds de capital-investissement en Afrique », Revue internationale de la compliance et de l'éthique des affaires », LexisNexis, n°4, août 2019, étude 138.

NDAYE MBAYE M., « Les groupes de sociétés dans l'organisation pour l'harmonisation du droit des affaires (OHADA) », Rec. Penant, éd. Juris Africa n°848, juill. – sept. 2004, pp. 280-325.

NGO NONGA-NLOM M. et NGO NLEP-BODIONG N-H., « La responsabilité environnementale sous le prisme de la Convention de Maputo de 2003 », Revue Africaine de droit de l'environnement, n°4, 2019, pp. 116-131.

NGONO V-C., « Réflexions sur l'espace judiciaire OHADA », Revue de l'ERSUMA n°6, nouvelle édition janv. 2016, 620 p., pp. 197-225.

NGWANZA A., « OHADA entre adolescence et âge adulte : une crise existentielle ! rapport général de l'université d'été du Cercle Horizon Club OHADA d'Orléans 1-3 juillet 2008 », Rec. Penant, éd. Juris Africa n°866, janv-mars 2009, pp. 5-20.

NGWE M-A. et KAKOU S-P., « Le dirigeant social dans l'Acte uniforme révisé », Rec. Penant, éd. Juris Africa n°887, avril – juin 2014, pp. 161-195.

NJANDEU M-A., « La protection de la société commerciale en droit OHADA », in *Les mutations juridiques dans le système OHADA (dir. A. AKAM AKAM)*, L'Harmattan, Paris, 2009, 262 p., pp. 229-256.

NZOHABONAYO A., « Précarisation de l'intérêt général consécutive à la gestion défaillante de l'arbitrage d'investissement dans les pays en développement : cas de l'affaire GOETZ et consorts contre le BURUNDI », Rec. Penant, éd. Juris Africa n°904, juill. – sept. 2018, pp. 362-388.

NZOUABETH D., « La légalité criminelle malmenée dans le droit OHADA », in *Les horizons du droit OHADA. Mél. F-M. SAWADOGO*, CREDIJ, 2018, 914 p, pp. 521-546.

OLAKA J-M., « L'effectivité du droit à l'environnement inséré dans les constitutions en Afrique subsaharienne francophone », Rec. Penant, éd. Juris Africa n°916, juill. – sept. 2021, pp. 453-482.

OUATTARA A., « Prolégomènes pour une épistémologie du droit en Afrique », in *Recueil d'études sur l'OHADA et les normes juridiques africaines. Collections Horizons Juridiques Africains (dir. J. MESTRE)*, Centre de droit économique, vol. VI, PUAM, Marseille, 2013, 421 p., pp. 27-60.

PAILLUSSEAU J., « Une révolution juridique en Afrique francophone. L'OHADA », in *Perspectives de droit économique : dialogues avec Michel JEANTIN*, Dalloz, Paris, 1999, 502 p., pp. 93-100.

PETSOKO M., « Les obstacles potentiels et avérés à la mise en œuvre de la Convention africaine révisée sur la conservation de la nature et des ressources naturelles », Revue africaine de droit de l'environnement, n°04, 2019, 168 p., pp. 71-84.

POUGOUE P-G., « OHADA et intégration économique », in *Dynamiques de développement. Débats théoriques et enjeux politiques à l'aube du XXe siècle. Mél. G-W. NGANGO*, CEREG, éd. Montchrestien, coll. Grands colloques, Paris, 2003, 595 p, pp. 575-587.

POUGOUE P-G., « Doctrine OHADA et théorie juridique », Revue de l'ERSUMA, Numéro spécial, nov.-déc. 2011, 208 p., pp. 9-21.

POUGOUE P-G., « Les quatre piliers cardinaux de la sagesse du droit OHADA », in *Les horizons du droit OHADA. Mél. F-M. SAWADOGO,* CREDIJ, Cotonou, 2018, 914 p., pp. 391-404.

RAMSES A-A., « Regard sur les innovations introduites dans les réformes OHADA des procédures collectives du 10 septembre 2015 », Rec. Penant, éd. Juris Africa n° 897, oct.- déc. 2016, pp. 449-487.

SAUMIER G., « L'ouverture récente des tribunaux canadiens aux poursuites dirigées contre les sociétés mères pour les préjudices causés par leurs filiales à l'étranger », Dalloz, Revue critique de droit international privé, 2018/4, n°4., pp. 775-792.

SAVOVA D., « La protection des données : le RGPD ne s'arrête pas au Détroit de Gibraltar », Revue internationale de la compliance et de l'éthique des affaires, LexisNexis, n°4, août 2019, étude 134.

SAWADOGO F-M., « Les activités normatives de l'OHADA : Bilan et perspectives. Communication au colloque de Ouagadougou, Ohada 20 ans déjà : bilan et perspectives, 11-12 oct. 2013, 58 p.

SEGONDS M., « Pour un juste retour à la Convention de Maputo », Revue internationale de la compliance et de l'éthique des affaires, LexisNexis, n°4, août 2019, étude 131.

SIETCHOUA DJUITCHOKO C., « Les sources du droit de l'OHADA », Rec. Penant, éd. Juris Africa n°843, avril-juin 2003, pp.140-179.

TAGOURLA F., « Les pouvoirs des dirigeants sociaux dans l'espace OHADA à l'épreuve des principes de bonne gouvernance », Rec. Penant, éd. Juris Africa n°883, avril – juin 2013, pp. 189-221.

TAMKAM SILATCHOM G-A., « Réflexion sur l'administration provisoire dans l'AUDSC relatif au droit des sociétés commerciales et du GIE », Rec. Penant, éd. Juris Africa n°892, juill. – sept. 2015, pp. 345-369.

TCHAKOUA J-M., « La question environnementale dans le système juridique du Cameroun », in *Droit et politique de l'environnement au Cameroun – afin de faire de l'Afrique l'arbre de vie (dir. O.C. RUPPEL et E.D. KAM YOGO)*, 1re éd., Nomos, 2018, 961 p., pp. 181-200.

TCHAKOUA J-M., « Entre dogmes et recherche d'efficacité : réflexion sur l'exécution des décisions de justice en droit OHADA », in *Les horizons du droit OHADA. Mél. F-M SAWADOGO*, CREDIJ, Cotonou, 2018, 914 p., pp. 241-261.

TENE T., « Déployer une culture RSE en Afrique », Annales des Mines – Réalités industrielles, 2019/3 août 2019, pp. 76-79.

TIETSIA D. et CHOUDJEM M., « L'éthique en droit OHADA. Étude à la lumière de l'Acte uniforme relatif au droit des sociétés commerciales et du groupement d'intérêt économique (AUSCGIE) », Rec. Penant, éd. Juris Africa n°913, oct. – déc. 2020, pp. 455-468.

TIGER P. et BEN KEMOUN L., « Les rapports entre les juridictions de cassation nationales et la Cour Commune de Justice et d'Arbitrage de l'OHADA : bilan et perspectives d'avenir. Colloque international tenu à Lomé – du 6 au 9 juin 2006. Aspects conceptuels et évaluation », Rec. Penant, éd. Juris Africa n°860, juill.- sept. 2007, pp. 285-337.

TOUGAS D., « Responsabilité sociale des entreprises et minerais de conflit. L'Est de la République démocratique du Congo comme laboratoire », in *La responsabilité sociale des entreprises dans le secteur minier. Réponse ou obstacle aux enjeux de légitimité et de développement en Afrique ? (dir. B. CAMPELL et M. LAFORCE)*, Presses de l'Université du Québec, Québec, 2016, 252 p., pp. 163-229.

TSOPBEING M-W., « L'information des associés, une exigence fondamentale du droit des sociétés OHADA », Rec. Penant, éd. Juris Africa n° 892, juill. - sept. 2015, pp. 293-330.

TRAORE D-A., « Du code vert aux normes vertes : quel modèle d'intégration de la RSE en droit OHADA pour un taux d'investissement toujours en croissance ? », Revue Horizons du droit, AFDD, n°32, janv. 2022, pp. 47-68.

TURCOTTE M-F., LANGELIER L. et al., « Comprendre la responsabilité sociétale de l'entreprise et agir sur les bases de la norme ISO 26000 », Points de repère 18, OIF, IEEF, Québec, 2011, 184 p.

VIRCOULON T., « Éthique et commerce des matières premières », SER, Études 2011/2, tome 415, pp. 595-604.

YOULOU P., « Économies informelles et criminalités : la face cachée de la mondialisation. L'Afrique subsaharienne. », Rec. Penant, éd. Juris Africa n°861, oct.-déc. 2007, pp. 465-476.

III. **Législations et règlementations**

Actes uniformes OHADA

Diverses conventions internationales

Diverses chartes (Union européenne et Union africaine)

Diverses directives européennes et règlements
Divers codes, lois et décrets (France)
Divers codes, lois et décrets (Afrique, Congo-Kinshasa)
Divers codes, lois et décrets (Etats-Unis, Canada, Royaume-Uni, Belgique)
Diverses règlementations UEMOA, CEMAC

IV. **Jurisprudence**

Droit de l'Union européenne
Droit français
Droit africain
Droit étranger (Canada)
Sentences arbitrales

V. **Rapports, référentiels, guides et communications**

Divers rapports, référentiels, guides et communications

VI. **Articles de presse et dictionnaires**

CORNU G., Vocabulaire juridique, Ass. Henri Capitant, 13è éd., PUF, Paris, 2020, 1091 p.

Dictionnaire Le Grand Larousse illustré 2020.

Dictionnaire Le Petit Robert, Nouvelle édition millésime 2017, Le Robert.

GUINCHARD S. et DEBARD T., « Lexique des termes juridiques », 28è éd., Dalloz, 2020-2021.

« Label B-Corp : le label américain qui monte dans l'hexagone », Novethic, 6 mai 2016.

« La corruption s'aggrave dans des nombreux pays pauvres », The Economist, 25 janv. 2022.

« Les prédateurs. La nature face au crime organisé ». Une enquête Le Monde », éd. Ateliers Henry Dougier, 17/25, oct. 2015, 127 p.

« Partenariats public-privé : qu'est-ce que c'est ? », Banque mondiale, 16 fév. 2022. « RDC : 39 personnes tuées dans l'effondrement d'une mine », Jeune Afrique, 28 juin 2019.

« RDC : accident dans une mine d'or artisanale, plus de 50 disparus », Afrique Infos, 14 sept. 2020.

« La société civile congolaise s'engage en faveur de la nouvelle Norme ITIE », ITIE, 13 mars 2014.

Table des matières

Structures éditoriales du groupe L'Harmattan

L'Harmattan Italie
Via degli Artisti, 15
10124 Torino
harmattan.italia@gmail.com

L'Harmattan Hongrie
Kossuth l. u. 14-16.
1053 Budapest
harmattan@harmattan.hu

L'Harmattan Sénégal
10 VDN en face Mermoz
BP 45034 Dakar-Fann
senharmattan@gmail.com

L'Harmattan Cameroun
TSINGA/FECAFOOT
BP 11486 Yaoundé
inkoukam@gmail.com

L'Harmattan Burkina Faso
Achille Somé – tengnule@hotmail.fr

L'Harmattan Guinée
Almamya, rue KA 028 OKB Agency
BP 3470 Conakry
harmattanguinee@yahoo.fr

L'Harmattan RDC
185, avenue Nyangwe
Commune de Lingwala – Kinshasa
matangilamusadila@yahoo.fr

L'Harmattan Congo
219, avenue Nelson Mandela
BP 2874 Brazzaville
harmattan.congo@yahoo.fr

L'Harmattan Mali
ACI 2000 - Immeuble Mgr Jean Marie Cisse
Bureau 10
BP 145 Bamako-Mali
mali@harmattan.fr

L'Harmattan Togo
Djidjole – Lomé
Maison Amela
face EPP BATOME
ddamela@aol.com

L'Harmattan Côte d'Ivoire
Résidence Karl – Cité des Arts
Abidjan-Cocody
03 BP 1588 Abidjan
espace_harmattan.ci@hotmail.fr

Nos librairies en France

Librairie internationale
16, rue des Écoles
75005 Paris
librairie.internationale@harmattan.fr
01 40 46 79 11
www.librairieharmattan.com

Librairie des savoirs
21, rue des Écoles
75005 Paris
librairie.sh@harmattan.fr
01 46 34 13 71
www.librairieharmattansh.com

Librairie Le Lucernaire
53, rue Notre-Dame-des-Champs
75006 Paris
librairie@lucernaire.fr
01 42 22 67 13

www.ingramcontent.com/pod-product-compliance
Lightning Source LLC
LaVergne TN
LVHW011135061026
849535LV00003B/498